논리 연구 2-1

Logische Untersuchungen II/1

논리 연구 2-1

에드문트 후설
이종훈 옮김

현상학과 인식론 연구

민음사

일러두기

1 이 일련의 책은 후설이 1900~1901년에 발표한 *Logische Untersuchungen* Ⅰ, Ⅱ/1, Ⅱ/2(*Tübingen*: *Max Niemeyer*, 1968)를 번역한 것으로, 각각 『논리 연구』 제1권(서론), 제2-1권(제1연구~제5연구), 제2-2권(제6연구)으로 출판한다.

2 후설은 제1권과 제2-1권은 1913년에, 제2-2권은 1921년에 개정판을 출간했는데, 제1권과 제2-2권은 대부분 문구만을 손질한 데 반해 제2-1권은 상당한 내용을 수정했다. 따라서 제2-1권의 경우 초판과 재판의 차이를 명시해 밝히는 것도 후설의 사상이 발전되는 구체적인 모습을 살펴볼 수 있는 등 나름대로 의의가 있지만, 전체의 체제를 구성하는 데 매우 복잡해지고 어려운 점이 많아질 뿐만 아니라 일반 독자들에게는 서지학상의 관심이나 문제에 그칠 것으로 판단해 특별한 경우만 주석에서 언급했다.

3 본문에서 거명한 학자에 대해서는 각 권에서 처음 등장하는 곳에서만 간략하게 소개했다.

4 원문에서 격자체나 이탤릭체로 강조한 부분은 고딕체로, 겹따옴표(" ")로 강조된 부분은 홑따옴표(' ')로 표기했다. 몇 가지 말로 합성된 용어에도 원문에는 없는 홑따옴표로 묶었다.

5 상당히 긴 문장 가운데 문맥의 흐름을 부각시키거나 부분적 내용을 강조하기 위해 원문에 없는 홑따옴표로 묶었으며, 관계대명사로 길게 이어지는 문장은 짧게 끊거나 그것이 수식하는 말의 앞뒤에 줄표(—)를 넣었다. 물론 너무 긴 문단은 그 내용에 따라 새로운 단락으로 나누었다.

6 원문 중 괄호 ( )는 앞뒤에 줄표(—)로 넣었고, 문맥의 흐름에 따라 또는 독자의 이해를 돕기 위해 옮긴이가 보충한 말은 꺾쇠괄호〔 〕속에 넣었다.

7 후설의 저술에 대한 약칭은 대부분 한국현상학회가 정한 '후설 저서 약호표'에 따랐다.(이 책 끝의 '후설의 저술' 참조)

차례

2절　　의미를 부여하는 작용의 성격에 대해

4절   추상화와 재현함

5절   흄의 추상이론에 대한 현상학적 검토

2절 전체와 부분의 순수한 형식이론에 대한 생각

제5연구   지향적 체험과 그 '내용'

들어가는 말

1절   자아의 현상학적 존립요소로서의 의식과 내적 지각으로서의 의식

들어가는 말

1 순수논리학을 인식비판으로 준비하고 해명할 현상학적 연구의 필요성

논리학을 언어의 규명에서 시작해야 할 필요성은 논리적 기술학 (Kunstlehre)의 관점에서 종종 인정되었다. 밀[1]은 다음과 같이 말한다.

언어는 확실히 사유의 가장 고상한 수단이자 도구 가운데 하나다. 그리고 모든 사람이 검토하듯이, 그가 사용하는 도구와 방식의 불완전함은 다른 어떤 기술을 연마하는 것보다 더 〔기술의 연마를〕 방해하고 혼란시키며, 그 성과를 신뢰할 모든 근거를 파괴함에 틀림없다. …… 서로 다른 종류의 말의 의미와 올바른 사용법을 신뢰하기 전에 학문적 방법을 연구하

---

1 (옮긴이 주) 밀(J. S. Mill, 1806~1873)은 흄의 연상심리학에 영향을 받아 경험적 사실에 입각한 귀납법적 논리학의 체계를 완성했다. 개인의 자유와 기본권을 보장해 시민사회의 기틀을 마련했고, 개인의 욕구와 다수의 행복을 대화와 타협으로 조정해 노동계급의 지위와 복리를 향상시켰다. 쾌락의 양(量)을 중시한 벤담(J. Bentham)의 공리주의에 쾌락의 질(質)을 추가하고 개인적 이기심 외에 사회적 관습, 명예, 희생정신 등 도덕적 의무감을 부각시켜 개인과 사회의 관계를 중시했다. 저서로 『논리학 체계』(1843), 『정치경제학 원리』(1848), 『자유론』(1859), 『공리주의』(1863), 『대의제정부 고찰』(1863), 『여성의 종속』(1869) 등이 있다.

려는 것은 올바른 망원경 사용법을 배우기 전에 천문학을 관찰하려는 것처럼 전도된 것이다.[2]

그러나 밀은 논리학을 언어의 분석과 더불어 시작해야 할 필연성의 더 깊은 근거를, 언어를 분석하지 않으면 논리학 자체의 '문지방에 있는' 대상인 명제의 의미를 연구하는 것이 불가능할 것이라는 점에서 파악했다.

이 후자의 견해를 지적함으로써 그 탁월한 사상가는 철학적 학과로서의 순수논리학에 대해 결정적인 관점을 언급한다. 따라서 나는 '누구도 우리의 수학적 학과의 단순한 종류에서 순수논리학이 소박하고 실질적인 타당성 속에 생기는 명제체계로서 완성되는 것에 만족하려는 것이 아니다. 오히려 그것은 누구나 이 명제와 관련해 철학적 명석함, 즉 그와 같은 명제를 실행하고 이상적으로 응용할 경우에 작동하는 인식 방식의 본질, 이 인식 방식과 더불어 본질에 적합하게 구성되는 의미부여와 객관적 타당성의 본질에 대한 통찰을 얻으려 노력하는 사실'을 전제한다.

언어를 규명하는 것이 순수논리학을 구축하는 데 철학적으로 절대 포기할 수 없는 준비단계임은 확실하다. 왜냐하면 언어가 규명되어야만 비로소 논리적 탐구 본래의 객체, 심지어 이 객체의 본질적 종류와 차이가 오해 없이 명석하게 부각될 수 있기 때문이다. 그러나 이때 중요한 문제는 역사적으로 주어진 어떤 언어와 관련된 경험적 의미에서의 문법적 규명이 아니라, 인식의 객관적 이론과 (이 이론과 가장 밀접하게 연관된) 사유체험과 인식체험의 순수현상학이라는 더 넓은 영역에 속하는 가장 보편적인 규명이다. 이것을 포괄하는 순수현상학과 같이, 체험 일반의

---

2 밀, 『논리학』 1권, 1절 1항.

이 순수현상학은 순수본질의 보편성에서 직관(Intuition) 속에서 파악하고 분석할 수 있는 체험에만 관계하지, 실재적 사실로서 ── 경험의 사실로서 정립되어 나타나는 세계를 체험하는 인간이나 동물의 체험으로서 ── 경험적으로 통각이 된 체험에는 관계하지 않는다. 순수현상학은 본질직관 속에 직접 파악된 본질과, 순수하게 본질 속에 근거한 연관을, 본질의 개념과 법칙적 본질의 진술로 기술해 순수하게 표현한다. 그러한 모든 진술은 그 말의 가장 탁월한 의미에서 아프리오리한 진술이다. 이 영역은 순수논리학을 인식비판으로 준비하고 해명할 목적으로 철저하게 탐구되어야 할 영역이며, 그래서 우리의 연구는 이 영역 속에서 전개될 것이다.

순수현상학은 서로 다른 학문들의 근원인 중립적 탐구의 한 영역을 드러낸다. 순수현상학은 한편으로는 경험적 학문인 심리학에 이바지한다. 순수현상학은 ── 특히 사유작용과 인식작용의 현상학으로서 ── 순수한 직관적 처리절차로 표상·판단·인식의 체험을 본질에 적합한 보편성으로 분석하고 기술한다. 그러나 심리학은 이러한 체험을 동물의 자연적 실재성의 연관 속에 일어난 실제적 사건의 부류로, 경험적으로 파악해 경험과학적 탐구에 떠맡긴다.

다른 한편 현상학은 순수논리학의 근본 개념과 이념 법칙이 '발생하는' '원천'을 드러내고, 순수논리학을 인식비판으로 이해하는 데 필요한 '명석함(Klarheit)과 판명함(Deutlichkeit)'[3]을 마련하기 위해 다시 그

---

3 (옮긴이 주) '명석함'은 주의 깊은 정신에 명백하게 주어진 것을, '판명함'은 이 가운데 아주 간결해 다른 것과 확연히 구별되는 것을 뜻한다. 판명하지도 명석하지도 않은 혼란함에는 여러 가지로 이해될 수 있는 '애매함(ambiguity)'과 지시하는 대상의 범위가 명확하지 않은 '모호함(vagueness)'이 있다. 이러한 용어 사용에서도 알 수 있듯이, 후설은 『논리 연구』 단계에서 데카르트가 방법적 회의를 통해 더 이상 의심할 수 없는 확실한 원리가 '나는 생각한다. 그러므로 나는 존재한다.(cogito ergo sum)'이며 진리를 이와 같이 '명석하고 판명하게(clara et distinta)' 인식된 정합적 연역체계로 파악한 것에 충실하다.

원천으로 소급해 추적해야 한다. 따라서 순수논리학의 인식론적 또는 현상학적 기초를 놓는 것은 대단히 어렵지만 또한 비할 데 없이 중요한 탐구를 포괄한다. 만약 이 연구 1권(『서론』)에서 순수논리학의 과제에 대해 상술한 것을 기억하면,[4] 이때 겨냥한 것은 모든 인식에 객관적 의미와 이론적 통일성을 마련해 주는 개념과 법칙을 확립하고 해명하는 일이었다.

2 그와 같은 연구의 목표를 명확하게 함

모든 이론적 탐구는 — 비록 결코 단순히 표현하는 작용이나 심지어 완전한 진술 속에서 전개되지 않더라도 — 어쨌든 최후에는 진술로 귀착된다. 오직 진술의 형식 속에서만 진리와 특히 이론은 학문의 지속적 소유물이 되며, 지식과 계속된 탐구를 문서로 기록하고 언제나 마음대로 사용할 수 있는 보배가 된다. 사유(Denken)와 언어활동(Sprechen)의 결합이, 즉 주장하는 형식으로 최종 판단이 나타나는 방식이 — 본질의 근거에 입각한 필연적 방식이든 필연적 방식이 아니든 — 아무튼 더 높은 지성적 영역, 특히 학문적 영역에 속하는 판단이 적어도 언어적 표현 없이는 거의 일어날 수 없다는 사실은 명백하다.

따라서 순수논리학이 탐구하려 겨냥한 객체는 처음에는 문법의 옷을 입고 주어진다. 더 정확하게 말하면, 그 객체는 의미지향(Bedeutungs-intention) 또는 의미충족(Bedeutungserfüllung) — 의미충족의 관점에서 예시하거나 명증적으로 만드는 직관으로 — 의 기능에서 어떤 언어적 표현에 속하고, 이 표현과 함께 현상학적 통일체를 형성하는, 이른바 구체

---

4 1권의 결론절(11절), 특히 66항 이하 참조.

적인 심리적 체험 속에 깊이 파묻힌 것으로 주어진다.

이러한 복잡한 현상학적 통일체에서 논리학자는 그가 관심을 두는 구성요소, 따라서 우선 논리적 표상작용·판단작용·인식작용이 수행되는 작용의 성격을 포착해야 하며, 그 자신의 본래 논리적 과제를 추진하는 데 유리할 만큼 이 작용의 성격을 기술해 분석하면서 연구해야 한다. '이론적인 것이 어떤 심리적 체험 속에 '실현되며', 이 체험 속에 개별적으로 주어진다.'는 사실로부터, '이 심리적 체험이 논리적 탐구의 일차적 객체로 간주되어야 한다.'는 것을 결코 추정적 자명성으로서 직접 이끌어 낼 수 없다. 순수논리학자가 일차로, 또 본래 관심을 두는 것은 심리학적 판단, 즉 구체적인 심리적 현상이 아니라 논리적 판단, 즉 기술적(記述的)으로 매우 다른 다양한 판단의 체험에 대립된, 하나의 것(Eine)인 동일한 진술의 의미다.[5] 물론 이 이념적 통일체에는 개별적 체험 속에 있는, 어디에서나 공통적인 특징이 상응한다. 그러나 순수논리학자에게 중요한 문제는 구체적인 것(Konkretes)이 아니라 관련된 이념, 즉 추상하는 가운데 파악된 일반적인 것(Allgemeines)이다. 그래서 그는 추상의 토대를 제거하고 이념 대신 구체적 체험을 자신이 탐구하는 관심의 목표점으로 삼을 동기를 전혀 갖지 않는 것으로 보인다.

그런데 비록 구체적인 사유체험에 대한 현상학적 분석이 순수논리학에 가장 고유한 영역에 속하지 않더라도, 어쨌든 그 현상학적 분석은 순수논리적 탐구를 촉진시키기 위해서는 반드시 필요하다. 왜냐하면 모든 논리적인 것은, 탐구의 객체로서 우리 자신의 것이 되고, 그 속에 근거한 아프리오리(Apriori)한 법칙의 명증성을 가능하게 하려면 구체적으로 충만하게 주어져야 하기 때문이다. 그렇지만 논리적인 것은

---

5 이 책 제1연구 11항 참조.

우선 불완전한 형태로 우리에게 주어진다. 즉 그 개념은 다소 변동하는 말의 의미로, 법칙은 개념에서 수립되기 때문에, 그에 못지않게 동요하는 주장으로 주어진다. 물론 그럼에도 논리적 통찰은 있다. 우리는 명증성으로 순수법칙을 파악하고, 순수사유의 형식 속에 근거한 것을 인식한다. 그러나 이 명증성은 법칙의 판단을 현실적으로 수행할 때 생생했던 말의 의미에 의존한다. 알아차리지 못한 애매함에 의해 그 말은 추후 다른 개념으로 대체될 수 있으며, 변화된 명제의 의미에 대해 이전에 경험된 명증성이 거짓으로 쉽게 요구될 수 있다. 거꾸로 애매함에서 생긴 오해가 순수-논리적 명제(가령 경험적-심리학적 명제에서)의 의미를 왜곡시키고, 이전에 경험된 명증성과 순수논리적인 것의 유일한 의미를 희생시킬 수도 있다.

그러므로 논리적 이념과, 또 이 이념과 함께 구성된 순수법칙이 이렇게 주어진 것만으로는 충분치 않다. 그래서 논리적 이념, 개념과 법칙을 인식론적으로 명석하고 판명하게 이끄는 중대한 과제가 생긴다.

그리고 여기에 현상학적 분석이 시작된다.

타당한 사유의 통일체로서 논리적 개념은 그 기원이 반드시 직관 속에 있다. 그 개념은 어떤 체험에 근거해 '이념화하는'[6] 추상(Abstraktion)을 통해 생기며, 이 추상을 새롭게 실행함으로써 언제든 다시 새롭게 확증되고, 반드시 그 이념성에서 자기 자신과 동일하게 파악된다. 즉 우리는 순수논리학에서 수립된 법칙의 의미 —— '개념', '판단', '진리' 등 —— 에 대해 반성할 경우, 다양하고 특수한 형태를 함께 갖듯이 '단순한 말', 즉 단순한 기호적 말을 이해하는 것에 절대 만족하려 하지 않는다. 멀리 떨어진·희미해진·비본래적 직관 —— 어떤 직관이더라도 —— 에 의해서만 생기를 띠는 의미는 우리를 만족시킬 수 없다.

---

6 (옮긴이 주) 이 문구는 제2판에서 첨부한 것이다.

따라서 우리는 '사태 자체(Sache selbst)'로 되돌아가려 한다.[7] 현실적으로 수행된 추상 속에 — 여기에 이 주어진 것이 참으로 또 실제로 말의 의미가 법칙의 표현 속에 뜻하는 것인 — 완전히 전개된 직관이 우리를 명증성으로 이끌려 한다. 그리고 '인식실천적으로(erkenntnis-praktisch)'[8] 재생산할 수 있는 직관 — 또는 추상을 직관적으로 수행함 — 을 충분히 반복해 측정함으로써, 그 의미를 확고부동한 동일성 속에 확보할 성향을 우리 속에 일깨우려 한다. 마찬가지로 우리는 동일한 논리적 전문용어에서, 서로 다른 진술의 연관 속에서 증가하고 변화하는 의미를 예시로 설명함으로써 애매함의 이러한 사실을 곧 확신한다. 그래서 말이 여기저기에서 뜻하는 것이 본질적으로 서로 다른 직관의 계기나 형성에서, 또는 본질적으로 서로 다른 보편개념에서 충족된다는 명증성을 얻는다. 혼동된 개념을 분리해 냄으로써, 또는 전문용어를 적절하게 변경함으로써 이때 원하던 논리적 명제의 '명석함과 판명함'도 획득한다.

논리적 체험의 현상학은 이 심리적 체험과 이 체험에 내재하는 의미를 — 모든 논리적 기본개념에 관한 확고한 의미, 게다가 분석적으

---

7 (옮긴이 주) 흔히 하이데거가 『존재와 시간(Sein und Zeit)』(27, 34쪽)에서 현상학의 격률(슬로건)로 뽑은 '사태 그 자체로!(zu den Sachen selbst!)'의 원천은 『엄밀한 학문』(305/306)이 아니라 훨씬 이전인 『논리 연구』에서부터 일관된 것이다.

8 (옮긴이 주) 이 문구는 제2판에서 첨부한 것이다. 그런데 후설에게 이론(인식)과 실천의 관계는 학문들을 이렇게 구분한 아리스토텔레스의 전통과 전혀 다르다. 후설은 '술어로 인식하는 작업수행은 그 자체로 행동', '이론적이라는 이성적 인식작용은 실천적 이성에서 나온 행동', '이론적이지 않은 모든 작용은 태도 변경을 통해 이론적 작용으로 변화될 수 있다.'라고 말한다. 즉 실천적 관심은 이론적 인식을 주도하고 이론적 인식의 성과는 실천적 행위가 나아갈 방향을 제시하면서 부단히 상호작용 속에서 전개되는 개방된 순환 구조를 갖는다. 그래서 반성적(이론적) 태도와 자연적(실천적) 태도를 제3의 형식으로 종합하는 보편적 태도가 '이론적 실천'이며, '모든 이성은 실천적 이성인 동시에 이론(논리)적 이성'이라고 파악했다. 물론 이 책에서도 '이론적 표상작용은 감정과 의지의 실천적 모든 작용의 근본 토대'라고 간주해 그 정초 관계를 밝혔다.

로 철저히 탐구된 의미지향과 의미충족의 본질적 연관으로 되돌아감으로써 해명되고, 그 자신의 인식기능의 가능성으로 이해되는 동시에 보증되는 의미를 부여하기 위해 —— 아주 광범위하게 기술하여 이해(가령 경험적-심리학적 이해는 아닌)시키는 것을 목적으로 한다. 요컨대 그것은 순수논리학 자체의 관심과, 무엇보다 이러한 분과의 본질을 인식비판으로 통찰하는 관심이 요구하는 것과 같은 의미다. 그런데 논리적(logisch)이거나 '인식작용적(noetisch)'[9]인 기본개념들은 이제까지 아주 불완전하게 해명되었다. 이 기본개념들은 여러 가지 애매함, 즉 매우 해로우며 확정하기도 어렵고 일관된 구별로 확인하기도 어려운 애매함이 부착되어 있어, 순수논리학과 인식론이 매우 낙후한 주된 이유를 여기에서 찾을 수 있다.

물론 우리는 순수-논리적 영역을 여러 가지 개념으로 구별하고 한정하는 것이, 자연적 태도에서, 따라서 현상학적 분석 없이 명증성에 이른다는 점을 인정해야 한다. 관련된 논리적 작용이 충족하는 직관에 충전적으로 적합하게 수행되는 동안에는 현상학적 상태 자체가 반성되지 않는다. 그러나 가장 완전한 명증성도 그것이 파악한 것을 혼란스럽게 하고 거짓으로 해석될 수 있으며, 그 확실한 결정이 거부될 수도 있다. 특히 객관적 태도와 심리학적 태도가 무심코 대체되고 그 본질적인 내용상 서로 관련된 —— 하지만 원리적으로 구별할 수 있는 —— 두 측면에서 주어진 것이 서로 뒤섞인 결과로, 논리적 객관성을 해석할 때

---

9 (옮긴이 주) 이 문구는 제2판에서 첨부한 것이다. 그리고 이 용어의 어원은 '사유하는 삶의 주체'를 뜻하는 그리스어 'nous(지성)'다. 플라톤은 『국가』 6권 '선분의 비유'(519d~511e)에서 인식의 대상을 가시적인 것(ta horata), 즉 감각의 대상(ta aistheta)과 지성에 의해 알 수 있는 것(ta noeta)으로 나누고, 인식주관의 상태를 전자에서 그림자(像)를 짐작하는 것(eikasia) 및 실재를 확신하는 것(pistis)과, 후자에서 수학적인 것을 추론하는 것(dianoia) 및 이데아를 직관하는 것(episteme)과 대응시키고, 전자를 속견(doxa), 후자를 지성에 의한 인식(noesis)으로 불렀다. 이러한 역사적 맥락에서 'noesis'는 '인식작용'으로, 'noema'는 '인식대상'으로 옮긴다.

심리학적으로 오해해 착각을 일으키는 철학적 반성의 — 결코 우연적이지 않은 — 경향을 해명할 연구가 필요하다. 이러한 해명은 오직 그 본성상 사유체험과 인식체험에 대한 현상학적 본질학을 통해서만, 이 체험의 본질에 속한 사념된 것 — 정확하게 그것이 그 자체로서 이 체험 자체 속에 '드러나고(bekunden)' '제시되는(darstellen)' 등의 양상으로 — 을 끊임없이 고려해야만 수행될 수 있다. 심리학주의는 결코 심리학이 아닌 — 즉 동물적 실재성의 심리적 속성과 상태에 관한 경험과학이 결코 아닌 — 오직 순수현상학을 통해서만 근본적으로 극복될 수 있다. 또한 오직 순수현상학만이, 우리의 영역 속에 총체적으로 순수-논리적 근본 구별과 통찰을 궁극적으로 충족시켜, 확립하기 위한 모든 전제를 제공해 준다. 오직 순수현상학만이 본질적 근거에서 솟아나며, 그래서 우리에게 우선은 매우 — 객관적으로 논리적인 것을 심리학적인 것으로 바꾸어 해석하는 것이 매우 당연하다고 생각되는 — 불가피한 가상(Schein)을 제거한다.

방금 논의한 현상학적 분석의 동기는, 쉽게 이해하듯이, 가장 보편적인 인식론적 근본물음에서 생기는 동기와 본질적으로 연관된다. 왜냐하면 [한편으로] 우리는 이 물음을 가장 넓은 보편성 — 즉 모든 '인식의 질료'를 도외시한 명백히 '형식적' 보편성 — 에서 파악하고, 그런 다음 순수논리학의 이념을 완전히 해명하는 데 필요한 물음의 범위에 통합하기 때문이다. [다른 한편으로] 모든 사유작용과 인식작용이 대상이나 사태와 관계하며, 그 '그 자체의 존재(An-sich-sein)'가 — 실제로 가능한 사유의 작용이나 의미의 다양체 속에서 동일화할 수 있는 — 통일체로 드러나야 할 방식으로 명목상 적용되어야 하기 때문이다. 더구나 그 이상의 사실, 즉 이념적 법칙에 지배되는, 게다가 인식 일반의 객관성이나 이념성을 한정하는 법칙에 지배되는 하나의 사유형식이 모든 사유작용에 내재한다는 사실 때문이다.

나는 이러한 사실이 항상 다음과 같은 물음을 새롭게 자극한다고 주장한다. 즉 '객관〔객체〕성의 '그 자체〔의 존재〕'가 '표상되고', 참으로 인식 속에서 '파악되며', 따라서 어쨌든 결국 다시 주관적이 되는 것이 도대체 어떻게 이해될 수 있는지', '대상이 '그 자체로' 존재하거나 인식 속에 '주어진다'는 것은 무엇을 뜻하는지', '개념이나 법칙으로서 보편자의 이념성은 어떻게 실재적인 심리적 체험의 흐름 속으로 들어오고 사유하는 자의 인식 소유물이 될 수 있는지', '인식하는 '사물과 지성의 일치(adaequatio rei et intellectus)'가 — 인식하는 파악작용이 개체적인 것이나 보편적인 것, 사실이나 법칙 등과 관계하는 것에 따라 — 서로 다른 경우에는 무엇을 뜻하는지' 하는 물음이다. 그러나 이제 이러한 물음이나 이와 유사한 물음이 위에서 시사한 순수논리적인 것을 해명하는 물음과 결코 분리될 수 없다는 점은 분명하다. 개념과 대상, 진리와 명제, 사실과 법칙 등과 같은 논리적 이념을 해명하는 과제는 — 그러지 않으면 현상학적 분석을 통해 추구되는 해명 자체의 본질이 명석하지 않게 남기 때문에 — 우리가 착수해야 할 바로 이 물음으로 불가피하게 이끈다.

3 순수현상학적 분석의 어려움

논리적 근본 개념을 해명하는 어려움은 엄밀하게 현상학적으로 분석하는 크나큰 어려움에 그 자연적 원인이 있다. 그것은 내재적 분석이 순수본질에 따라 — 모든 경험적 사실성과 개체적 개별화를 배제하고 — 체험에 관계하든, 경험적-심리학적 태도로 체험에 관계하든 주로 동일한 어려움이다. 심리학자는 심리학적 개별인식의 원천으로서 내적 지각을 검토하는 경우에 이 같은 어려움을 논의하고는 한다. 물론 내적 지각과 외적 지각이라는 잘못 설정된 대립을 위해 올바른 방식으로 논의하는 것은 아니다.

　모든 어려움의 원천은 현상학적 분석에서 요구되는 직관과 사유의 반(反)자연적인 방향에 있다. 서로 잇달아 구축되는 다양한 작용을 수행하는 데 몰두하고, 그래서 그 작용의 의미 속에 사념된 대상을 ─ 존재하는 것으로 ─ 소박하게 정립하고 규정하거나 가설적으로 시작하여, 이것에 입각해 결론을 내리는 등 '반성하려' 한다. 즉 이 작용 자체와 그 내재적 의미내용을 〔연구의〕 대상으로 삼으려 한다. 대상이 직관되고 사유되며 이론적으로 검토되고, 이때 어떤 존재양상에서 실재성으로 정립되는 동안, 우리는 이론적 관심을 이 대상으로 향할 것이 아니라, ─ 그 대상이 그 작용의 지향 속에 나타나거나 타당하듯이, 그 대상을 실재성으로 정립하는 것이 아니라 ─ 반대로 이제까지 전혀 대상이 된 적이 없지만 이제 파악하고 이론적으로 정립하는 객체가 될 바로 그 작용으로 향할 것이다. 우리는 새로운 직관작용과 사유작용 속에서 그 대상을 고찰하고, 그 본질에 따라 분석하고 기술하여, 경험적이거나 이념화하는 사유작용의 대상으로 만들어야 한다.

　그러나 이것은 우리의 심리가 발달한 처음부터 줄곧 상승된, 지극히 견고한 습관과는 대립된 사유의 방향이다. 따라서 현상학적 사유의 태도에서 단적이고 소박한 사유의 태도로 언제나 다시 전락하는 거의 근절할 수 없는 경향, 근원적 작용을 소박하게 수행하는 가운데 그 대상이 인정된 규정성, 이 작용 자체 또는 그 작용에 내재하는 '나타남'이나 '의미'를 몰래 끼워 넣는 경향, 실로 이념 ─ 이것이 이념적(ideativ) 직관 속에 명증적으로 주어질 수 있는 점을 고려해 ─ 과 같은 전체 부류의 참으로 존재하는 대상을 그 대상의 표상에 대한 현상학적 존립요소로 간주하려는 경향이 생긴다.

　심리적 작용을 각각 내재적으로 기술할 가능성, 그리고 이것이 당연시되는 전이(轉移)로 현상학적 본질학의 가능성을 ─ 원리적으로 위협

할 것으로 보이는 많이 논의된 어려움은 작용을 소박하게 수행하는 가운데 ― 반성의 태도로 넘어가거나, 반성에 소속된 작용을 수행하는 가운데 소박한 작용이 필연적으로 변경되기도 하는 사실에 있다. 그렇다면 이러한 변경의 본성과 범위가 어떻게 올바로 평가될 수 있으며, 정말 그것이 사실이든 본질적 필연성이든, 도대체 어떻게 그 변경을 알 수 있는가?

반복해서 동일화하는 가운데 견지할 수 있는 명증적 성과를 획득하는 어려움 이외에, 이 성과를 제시하고 다른 사람에게 전달해야 하는 어려움이 있다. 지극히 정확한 분석을 통해 본질적 사정으로 완전히 명증적으로 확인된 것은 광범위하게 구분함으로써 우리에게 친숙한 자연적 객관성에만 적합한 표현으로 제시되어야 한다. 반면 이 객관성이 의식에 적합하게 구성되는 체험은 감각·지각·표상 등과 같이 매우 다의적인 약간의 말로써만 직접 표시될 수 있다. 그 밖에 우리는 이 작용 속에 지향적인 것, 그 작용이 겨냥하는 대상성을 거명하는 표현을 사용해야 한다. 표현 속에 사념된 사태에 의지하지 않고 사념하는 작용을 기술하기란 절대 불가능하다. 그리고 이때, 이 함께 기술하며 거의 모든 현상학적 기술에서 필연적으로 끌어낼 수 있는 '대상성'은 의미의 변양(Sinnesmodifikation) ― 이 의미의 변양 속에서 그 대상성은 곧 그 자체가 현상학적 영역에 속한다 ― 을 겪는다는 사실이 너무도 쉽게 간과된다.

그러나 이러한 어려움을 도외시하면, 획득된 통찰을 다른 사람에게 설득력 있게 전달하는 데 새로운 어려움이 생긴다. 반성이라는 반(反)자연적 습관(Habitus)으로 순수하게 기술할 수 있는, 따라서 현상학적 관계에 순수하게 감명받는 잘 훈련된 능력에 도달한 사람만이 이러한 통찰을 검증하고 입증할 수 있다. 이 순수함은 '현상학적으로 다룰 수 있는 작용에서 존재정립을 경험한 대상성을 소박하게 받아들이고,

평가하는 데에서 유래한 진술의 각기 왜곡된 혼합물을 떨쳐 낼 것을 요구한다. 그렇지만 그 순수함은 그 작용의 고유한 본질내용을 각기 다른 형태로 넘어서는 것을 금지하며, 따라서 이 작용 자체와 관련된 자연적인 통각(Apperzeption)[10]과 정립(Setzung)을 이용한 모든 것, 즉 그 작용이 비록 규정되지 않은 일반적이고 범례적인 것이라도 심리학적 실재성 — 이러한 자연이나 그 어떤 '영혼 존재'의 상태 — 으로 해석하는 데 이용하는 모든 것을 금지한다. 그러한 방식으로 탐구하는 능력은 쉽게 습득될 수 없으며, 예를 들어 심리학적 실험에 대한 아무리 풍부한 훈련을 쌓아도 대체되거나 획득될 수 없다.

순수현상학 일반, 특히 논리적 체험의 순수현상학에 장애가 되는 어려움이 매우 크지만 이를 극복하려는 시도가 가망 없지는 않다. 목표를 깨닫고 위대한 연구에 몰입하는 탐구 세대들의 단호한 공동작업은 — 내가 감히 판단하건대 — 그 근본 구조와 관련된 영역의 지극히 중요한 문제를 완전히 해결할 것이다. 여기가 도달할 수 있는 발견, 그리고 학문적 철학을 가능케 하는 근본적인 발견의 범위다. 물론 그 발견에는 눈부신 광채가 없다. 실천적 삶에 이용하거나 고상한 정서적 욕구를 촉진하는 데 곧바로 쉽게 이용할 수 있는 관계도 없다. 게다가 실험심리학이 신뢰와 많은 협력자를 얻었던 실험적 방법학의 출중한 기구장치도 없다.

---

10 (옮긴이 주) 이 용어는 라틴어 'appercipere(덧붙여 지각하다)'에서 유래하며, 직접적으로 지각함 외에 잠재적으로 함축된 감각들도 간접적으로 지각하는 것을 의미한다. 칸트 이후에는 새로운 경험(표상)을 이전 경험(표상)들과 종합하고 통일해 대상을 인식하는 의식의 적극적인 작용을 뜻하기도 한다.

4 논리적 체험의 문법적 측면을 함께 고려해야 할 불가피성

논리학자가 자신이 준비하고 기초를 놓는 일에 필요한 분석적 현상학은 무엇보다 우선 '표상(Vorstellung)', 더 자세히는 표현에 의한 표상에 관계한다. 이 복합체 가운데 일차적 관심은 '단순한 표현'에 부착된 체험, 의미지향이나 의미충족의 기능 속에 있는 체험이다. 그런데 그 복합체의 감성적-언어적 측면 — 즉 그 속에 '단순한' 표현을 형성하는 것 — 과, 이 측면에 생기를 불어넣는(beseelend) 의미작용(Bedeuten)을 결합하는 방식도 무시하면 안 된다. 의미분석이 얼마나 쉽게 그리고 무의식적으로 문법적 분석에 의해 조종되는지는 이미 알려져 있다. 직접적 의미분석의 어려움에서, 비록 불완전한 보조수단이더라도, 의미분석의 성과를 간접적으로 선취할 수 있는 각 수단은 물론 환영받지 못할 만한 것은 아니다. 하지만 문법적 분석은 이러한 적극적 도움을 통해서보다, 그것이 본래 의미분석을 대체할 경우에 수반하는 착각을 통해 더 중요해진다.

생각과 그 언어적 표현에 대한 조잡한 반성은 우리가 특별한 훈련을 쌓지 않아도 할 수 있으며, 실천적 사유의 목적에 종종 필요하기도 한데, 〔이에 대해서는〕 사유작용(Denken)과 언어활동(Sprechen)의 평행론에 대해 주목하는 것으로 충분하다. 우리 모두는 말이 어떤 것을 의미한다는 점, 일반적으로 말하면, 서로 다른 말은 서로 다른 의미를 각인시킨다는 점을 안다. 이러한 상응관계를 완전하고 아프리오리하게 주어진 관계로 간주해야 한다면, 특히 본질적 의미범주에 이것의 완전한 대응물을 문법적 범주 속에 제공하는 관계로 간주해야 한다면, 언어적 형식의 현상학은 동시에 의미체험 — 사유체험과 판단체험 등 — 의 현상학을 자체 속에 포괄할 것이며, 의미분석은 이른바 문법적 분석과 합치될 것이다.

이 광범위한 요구를 만족시키는 평행관계가 사실적으로 일어나지 않듯이, 어떠한 본질적 근거로도 요구되지 않는다는 점을 확인하기 위해 더 깊이 고찰할 필요는 없다. 따라서 문법적 분석도 감성적-외적 나타남으로서 표현을 단순히 구별하는 것으로는 이루어질 수 없고, 오히려 의미의 차이에 주목함으로써 원리적으로 규정된다. 그러나 이렇게 문법적으로 중요한 의미의 차이는, 논의(Rede)의 실천적 목적이 본질적 의미의 차이나 우연적 — 바로 대화하는 경우 특히 종종 등장하는 — 의미의 차이에 대해 고유한 표현 형식을 강요함에 따라서 때로는 본질적이고 때로는 우연적이다.

그러나 잘 알려져 있듯이 표현의 구분을 제약하는 것은 단순한 의미의 차이가 아니다. 나는 여기에서 단지 표현방식의 무미건조한 단조로움과 그 음성이나 운율의 불협화음에 저항하고, 그래서 마음대로 처리할 수 있는 많은 동의어의 표현을 요구하는 논의의 심미적 경향을 지적할 뿐이다.

언어의 차이와 생각의 차이, 특히 언어의 형식과 생각의 형식이 거칠게 제휴하기 때문에 — 또 명확한 모든 문법적 구별의 배후에는 논리적 구별을 추구하려는 자연적 경향이 있으므로 — 표현과 의미의 관계를 분석적이고 명석하게 밝히는 것, 그리고 모호한 의미작용에서 이에 상응하는 분절된 명석한 의미작용으로, — 풍부한 범례적 직관으로 가득 채우고 이 직관을 충족시키는 의미작용으로 되돌아가는 가운데 — 어떤 구별을 논리적 구별로 간주해야 하는지, 혹은 단순한 문법적 구별로 간주해야 하는지의 문제가 주어진 모든 경우에 결정 가능한 수단을 인식하는 것은 논리적으로 중요한 사안이다.

문법적 구별과 논리적 구별의 차이를 적절한 범례에서 쉽게 획득할 수 있는 일반적 인식은 충분하지 않다. 문법적 차이가 논리적 차이와 항상 협력하지 않는다는 이러한 일반적 인식 — 언어활동은 광범위한 의사소통의 효용에서 질료적 의미의 차이를, 근본적인 논리적 차이 즉 의미의 보편적 본질 속에 아프리오리하게 근거한 차이와 유사하게, 단호한 형식으로 명시한다는 인식 — 은 '논리적 형식의 영역을 과도하게 제한하고, 논리적으로 중요한 폭넓고 풍부한 차이를 추정적으로 단순히 문법적 차이로 간주해 폐기하며, 곧 전통적 삼단논법에 어떤 내용을 남겨 놓는 것으로 여전히 충분한, 심지어 단 몇 가지만 유지하는 해로운 근본주의(Radikalismus)에 자리를 마련해 줄 수 있다. 그럼에도 형식논리학을 개혁하려는 매우 가치 있는 브렌타노[11]의 시도는, 잘 알려져 있듯이, 이렇게 과도한 일에 빠져 버렸다. 표현과 의미, 의미지향과 의미충족의 현상학적 본질관계를 완전히 해명하는 것만이 여기에서 확실한 중간위치(Mittelstellung)를 제공해 줄 수 있으며, 문법적 분석과 의미분석의 관계를 판명하게 밝힐 수 있다.

5 다음 분석적 연구의 주요 목표를 지적함

이것으로 우리는 순수논리학이나 형식논리학의 구성적인 이념을, 특히 순수논리적 형식론과 관련된 이념을 해명하는 일련의 분석적 연구를 앞서 제시했다. 이 연구는 의미체험의 경험적 속박에서 출발해, '표현작용'이나 '의미작용'에 관한 여러 애매한 논의가 본래 무엇을 뜻

---

11 (옮긴이 주) 브렌타노(F. Brentano, 1838~1917)는 독일-오스트리아 학파를 주도해 마티 (A. Marty), 슈툼프, 마이농, 후설, 프로이트(S. Freud) 등 탁월한 많은 제자를 배출했다. 그는 독일 관념론과 신칸트 학파를 비판하고 자연과학에 따른 경험적-기술적 심리학의 방법으로 정신의 구조와 발생을 밝혔으며, 윤리적 인식의 근원을 해명하는 가치론을 탐구했다. 후설은 그에게 영향을 받아 수학에서 철학으로 전향했으며, 특히 물리적 현상과 구별되는 심리적 현상의 특징으로 의식의 지향성을 분석한 것은 후설현상학에 결정적인 역할을 했다. 저서로 『경험적 관점에서의 심리학』(1874), 『도덕적 인식의 근원』(1889) 등이 있다.

하는지를 — '현상학적 구별이든 논리적 구별이든 아프리오리하게 표현에 속하는 본질적 구별은 무엇인지', 계속해서 '표현의 현상학적 측면을 우선시하여 어떻게 체험을 본질에 적합하게 기술할 수 있는지', '이렇게 기능하는 의미작용의 아프리오리하게 가능한 체험이 어떤 순수 유(類)에 분류될 수 있는지', '체험 속에 수행된 '표상작용'과 '판단작용'이 어떻게 이에 상응하는 '직관'과 관계하는지', '그것이 직관 속에 어떻게 '직관화되고(veranschaulichen)' 혹은 '확증되고(bekräftigen)' '충족되는지(erfüllen)', '그것이 직관 속에서 어떻게 자신의 '명증성'을 발견하는지' — '표현'에서 밝혀내고자 한다.

이러한 문제와 관련된 연구가 근본 개념의 해명, 논리적 범주의 해명과 관련된 모든 연구보다 반드시 선행한다는 점은 쉽게 통찰할 수 있다. '표상'이라는 표제로 논리학에서 문제 삼는 작용이나 이념적 의미에 관한 근본 문제도 이러한 일련의 예비 연구에 포함된다. '표상'이라는 단어를 받아들인 많은 개념 — 심리학, 인식론과 논리학을 철저하게 혼란시킨 개념 — 을 해명하고 구별하는 일은 중요한 과제다. 이와 유사한 분석은 '판단', 게다가 논리학에서 문제 삼는 의미에서 판단이라는 개념과 관계한다. 이른바 '판단론'에서 겨냥하는 것은 어쨌든 그 주요 부분이나 그 본질적 어려움에 따른 '표상론'이다. 물론 이 경우 중요한 문제는 결코 심리학적 이론이 아니라, 인식비판적 관심을 통해 제한된 표상체험과 판단체험의 현상학이다.

표현적 체험의 고유한 본질내용과 같이, 이때 표현적 체험의 지향적 내용과 그 대상적 지향의 이념적 의미, 즉 의미의 통일체와 대상의 통일체도 상세하게 규명할 필요가 있다. 그러나 무엇보다 두 측면의 연관, 즉 '동일한 체험이 어떻게 이중의 의미에서 하나의 내용을 갖는지', '체험의 본래 내실적(reell) 내용 이외에 어떻게 이념적이고 지향적인 내용이 그 체험에 내재(einwohnen)하고 내재할 수 있는지'의 수수께끼 같은 의문이 우선 규명되어야 한다.

이러한 방향에는 논리적 작용의 '대상성'이나 '대상 없음'에 관한 문제, 지향적 대상과 참된 대상을 구별하는 의미에 관한 문제, 판단의 명증성 이념과의 관계에서 진리의 이념을 해명하고 이처럼 서로 밀접하게 연관된 그 밖에 논리적 범주와 '인식작용적(noetisch) 범주'[12]를 해명하는 문제가 포함된다. 이 연구는 — 물론 추정적인 논리적 형식을 승인하거나 거부하는 문제, 즉 논리적 형식이 이미 인식된 형식과 단순히 문법적으로만 구별되는지 논리적으로 구별되는지 하는 의문이 형식을 부여하는 범주적 개념의 해명과 함께 해결되는 한 — 논리적 형식의 구성에 관계하는 연구와 부분적으로 동일하다.

이것으로 아래 연구에 대해 주도하는 문제의 범위가 어느 정도 명시되었다. 아래 연구는 결코 완벽함을 요구하지 않는다. 그 연구는 논리학의 체계가 아니라 현상학의 근원적 원천에 입각해 해명된 철학적 논리학의 준비 작업을 제공하려 한다. 또한 분석적 연구의 길은 완전히 획득된 진리를 논리적으로 정돈된 체계 속에 확정해 서술하는 길과는 당연히 다르다.

6 첨부

첨부 1 앞에서 말한 연구는 — 그 검토가 논리적 이념을 해명하고 직접 명백하게 하는 데 실제로 필요한 — 좁은 현상학적 영역을 불가피하게 자주 넘어선다. 곧 이 영역은 실로 처음부터 주어지지 않은 채 연구가 진전되는 가운데 비로소 한정된다. 특히 논리적 용어를 이해하는

---

12 (옮긴이 주) 이 문구는 제2판에서 첨부한 것이다.

데 불투명하게 뒤섞여 희미한 많은 개념을 선별해 내며, 그러는 가운데 참된 논리적 개념을 발견해 탐구의 범위를 확장해야 한다.

첨부 2 논리학을 현상학적으로 기초 짓는 것은 이 기초 짓는 것이 해명하려는 거의 모든 개념을 서술하는 것 자체 속에 사용해야 할 어려움과도 싸운다. 현상학적 — 동시에 인식론적 — 기초 연구를 체계적으로 계속할 경우 전혀 해소할 수 없는 결함이 이와 연관된다.

사유작용을 무엇보다 먼저 해명해야 할 것으로 간주하면, 문제가 되는 개념이나 용어를 설명하려는 서술 자체 속에서 무비판적으로 사용하지 않아야 한다. 그러나 정말 관련된 개념의 비판적 분석은, 무엇보다 논리적 질료의 실질적 연관이 이러한 개념에 도달할 때까지 필요할 것이라고 먼저 예상하면 안 된다. 즉 그 자체만으로 고찰해 보면, 다른 모든 분과의 해명과 마찬가지로, 순수논리학의 체계적 해명은 우리가 사태의 질서와 해명해야 할 학문의 체계적 연관을 한걸음씩 추구할 것을 요구한다. 그런데 우리의 경우 연구의 고유한 확실성은 이 체계적 질서를 언제든 다시 타파해야 하고, 연구 자체의 진행이 위험해질 개념적 불명석함을 — 사태의 자연적 순서가 이러한 개념으로 이끌기 전에 — 제거할 필요가 있다. 연구는 비유컨대 지그재그로 진행해 간다. 이러한 비유는 우리가 서로 다른 인식의 개념에 긴밀하게 종속되어 언제나 다시 근원적 분석으로 되돌아가고, 이것을 새로운 분석에서, 또한 새로운 분석을 이것에서 반드시 확증해야 하기 때문에 그만큼 적절하다.

첨부 3 우리가 뜻하는 의미의 현상학이 파악되면, 현상학을 — 자연스러운 경험과학의 의미에서 — 기술적 심리학으로 임의로 해석하는 경우에 완전히 정당화할 반론을 더 이상 제기할 수 없다. 그 반론은 체계적인 현상학적 인식에 대한 해명으로서 모든 인식론은 심리학 위에 구축된다는 것이다. 그래서 순수논리학, 즉 우리가 철학적 분과로 부른 인식론적으로 해명된 논리학도 결국 심리학 — 심리학의 단순한 하부

단계인 지향적 체험을 기술하는 탐구 — 에 기초한다는 것이다. 그렇다면 심리학주의에 반대한 열렬한 논쟁은 무엇을 위한 것인가?

물론 우리의 답변은 다음과 같다. 심리학이라는 단어가 그 옛 의미를 유지한다면 현상학은 기술적 심리학이 아니다. 현상학 고유의 '순수' 기술(記述) — 즉 체험의 범례적 개별직관(자유로운 상상 속에 날조된 것이라도)에 근거해 수행된 본질직관과 순수개념으로 간취된 본질을 기술해 고정함 — 은 결코 경험적(자연과학적) 기술이 아니며, 오히려 모든 경험적(자연주의적) 통각과 정립을 배제한다. 지각·판단·감정·의지 등에 관한 기술적-심리학적 확증은 자연적 실재성의 동물적 존재자가 그렇게 처한 실재적 상태에 관계하며, 이것은 물리적 상태를 기술하는 확증, 자명하게 자연의 사건에 관한 확증 또한 날조된 것이 아니라 실제 자연의 사건에 관한 확증과 같다. 모든 보편적 명제는 여기에서 그 자연에 대해 타당한 경험적 보편성의 성격을 띤다.

그러나 현상학은 동물적 존재자의 상태에 대해 결코 — 가능한 자연 일반 상태에 대해서도 전혀 — 이야기하지 않는다. 지각·판단·감정 등 그 자체 — 이것들에 아프리오리하게, 무제약적 보편성에, 곧 순수한 종의 순수한 개개의 것으로서 속하는 것 — 에 관해, 즉 오직 '본질'(본질의 유, 본질의 종)을 순수하게 직관적으로 파악하여 그 근거로 통찰될 수 있는 것에 관해 이야기한다. 이것은 순수산술이 수에 관해, 기하학이 공간형태에 관한 순수직관에 근거해 이념적 보편성으로 이야기하는 것과 전적으로 유사하다. 따라서 순수-논리적(또한 모든 이성비판적) 해명의 토대는 심리학이 아니라 현상학이다. 그러나 동시에 현상학은 완전히 다른 기능에서 순수수학, — 예를 들어 순수공간론과 운동론이 모든 정밀한 자연과학(경험적 형태·운동 등을 지닌 경험적 사물에 관한 자연론)의 필연적 토대인 것과 유사하게 — 완전한 권리로 엄밀하게 학문적 심리학이라 불러도 좋을 모든 심리학에 필연적 토대가 된다. 지각·의지 그리고 그 밖의 모든 체험 형태에 관한 본질통찰은 기하학적 통찰이 자연의 공간형태에 대해 타당한 것과 같이, 당연히 이에 상응하는 동물적 존재자의 경험적 상태에 대해서도 타당하다.

7 인식론적 연구의 무전제성 원리

학문적 성격(Wissenschaftlichkeit)을 진지하게 요구하는 인식론적 연구는, 자주 강조했듯이, 무전제성(Voraussetzungslosigkeit)의 원리가 충족되어야 한다. 그러나 우리는 이 원리가 현상학적으로 완전히 실현될 수 없는 모든 진술을 엄밀하게 배제하는 것을 뜻할 뿐이라고 생각한다. 모든 인식론적 연구는 순수현상학적 근거에서 수행되어야 한다. 이러한 연구 속에서 쟁취되는 '이론'은 참으로 '사유작용과 인식작용 일반은 무엇인지, 즉 그 유(類)에 적합한 순수본질에 따라 무엇인지', '사유작용과 인식작용에 본질적으로 결합된 특성과 형식은 무엇인지', '그 대상적 관계는 어떠한 내재적 구조를 포함하는지', '그와 같은 구조에 관한, 예를 들어 이념, 타당성, 정당화, 직접적 명증성과 간접적 명증성 및 그 반대의 것은 무엇을 뜻하는지', '그와 같은 이념은 가능한 인식의 대상성의 영역과 평행하는 어떠한 특수 형태를 받아들이는지', '형식적 '사유법칙'과 질료적 '사유법칙'은 그 의미와 작업수행에 따라 — 인식하는 의식의 그 구조적 본질연관과의 아프리오리한 관계를 통해 — 어떻게 해명되는지' 등에 관해 성찰하고 명증적으로 이해하는 것일 뿐이다.

인식의 의미를 이렇게 성찰하는 것이 단순한 사념이 아니라 여기에서 엄밀하게 요구되듯 통찰로 앎[지식]을 산출하려면, 주어진 사유체험과 인식체험 가운데 범례적 근거에 입각해 순수한 본질직관으로 실행되어야 한다. 사유작용이 때에 따라 초월적 객체이거나 심지어 비(非)

존재적이며, 불가능한 객체로 향한다는 것은 그에 대해 손해를 입히지 않는다. 왜냐하면 이 대상적 방향은, 즉 체험의 현상학적 존립요소 속에 내실적으로 발견되지 않는 객체를 표상하고 사념하는 것은 관련된 체험을 기술하는 특징이기 때문이다. 그래서 그러한 사념의 의미는 순수하게 체험 자체의 근거에서 해명되고 확인되어야 한다. 다른 방식으로는 불가능할 것이다.

우리가 의식을 초월하는 '심리적' 실재성과 '물리적' 실재성을 가정하는 권리에 관한 문제, 즉 '이 실재성과 관련된 자연과학자의 진술이 실제적 의미로 이해되어야 하는지, 비본래적 의미로 이해되어야 하는지', '나타나는 자연, 자연과학의 상관자로서 자연에 강화된 의미에 제2의 초월적 세계를 대치시키는 것이 〔어떠한〕 의미와 정당성을 갖는지' 등의 문제는 순수인식론과는 분리된 것이다. '외부 세계'의 현존과 본성에 관한 문제는 형이상학의 문제다. 인식하는 사유작용의 이념적 본질과, 타당한 의미에 관한 보편적 해명으로서 인식론은 —— 대상을 인식하는 체험을 원리적으로 초월하는 사물의 —— '실재적' 대상에 대한 지식이나 이성적 추측이 과연 가능한지, 또 어디까지 가능한지, 그 같은 지식의 참된 의미는 어떤 규범에 적합해야 하는지의 보편적 문제를 포괄한다. 그렇지만 인간은 우리에게 사실적으로 주어진 자료에 근거해 그와 같은 지식을 실제로 획득할 수 있는지, 즉 경험에 관한 문제를 포괄하지 않으며, 심지어 그러한 지식을 실현하는 과제도 포괄하지 않는다.

인식론은 본래 말하면 결코 그러한 이론이 아니다. 인식론은 이론적 설명에서 나온 통일체의 적확한 의미로 학문이 아니다. 이론의 의미에서 설명하는 것은 일반적 법칙에서 개별자를, 또 근본법칙에서 일반적 법칙을 이해시키는 것이다. 이때 사실의 영역에서 중요한 문제는 주어진 상황의 배치에서 무엇이 필연적으로 일어나는지, 무엇이 자연법칙에 따라 일어나는지를 인식하는 것이다. 또한 아프리오리한 것의 영역에서 중요한 문제는 낮은 단계의 종적(種的) 관계의 필연성을 포괄적인 유적 (類的) 필연성에서, 궁극적으로는 공리(Axiom)라는 가장 원초적이고 보 편적인 관계의 법칙에서 이해하는 것이다. 그러나 인식론은 이러한 이 론적 의미에서 아무것도 설명할 수 없다. 인식론은 어떠한 연역적 이론 을 세우지도, 그와 같은 이론으로 정리하지도 않는다.

우리는 가장 보편적인, 이른바 형식적 인식론을 충분히 살펴보았는 데, 이 인식론은 〔1권〕「서론(Prolegomena)」의 서술에서 모든 아프리오리 한 범주를 체계적 이론의 형식 속에 총괄하는, 우리가 생각해 볼 수 있 는 가장 넓은 의미에서, 순수수학(Mathesis)에 대한 철학적 보충으로 제시 되었다. 이론들에 대한 이러한 이론과 더불어, 이론들을 해명하는 형식 적 인식론은 모든 경험적 이론에, 따라서 설명하는 모든 실재적 학문, 즉 한편으로는 물리적 자연과학에, 다른 한편으로는 심리학은 물론 모 든 형이상학에도 앞서 놓여 있다. 그 형식적 인식론은 객관적 자연 속 에 사실적으로 일어난 일을 심리학적 의미나 심리물리적 의미로 설명하 는 인식이려 하지 않으며, 그 구성적 요소나 법칙에 따라 인식의 이념을 해명하려 한다. 그것은 사실적 인식작용이 엮인 공존(Koexistenz)과 계기 (Sukzession)의 실재적 연관을 추적하려 하지 않고, 인식의 객관성이 명 시되는 종적 연관의 이념적 의미를 이해하려 한다. 그것은 충전적으로 충 족시키는 직관으로 되돌아감으로써 순수한 인식의 형식과 법칙을 명석 하고 판명하게 끌어올린다. 이러한 해명은 인식의 현상학, 즉 앞서 살 펴보았듯이, '순수'체험과 이 체험에 속한 의미의 존립요소들의 본질 적 구조를 겨냥한 현상학의 테두리 안에서 수행된다. 이러한 해명은 자 신의 학문적 확정 속에서 처음부터, 그리고 그 후 모든 발걸음에서 실 재적 현존재에 관한 주장을 전혀 포함하지 않는다. 따라서 어떠한 형이 상학적 주장이나 자연과학적 주장, 특히 심리학적 주장도 그 해명 속에 전제로서 기능하지 않는다.

물론 자체 속에 순수한 인식의 현상학적 '이론'은, 이때 자연적으로 생기는 좋은 의미에서, '소박한' 모든 학문 — 이러한 방법으로 '철학적' 학문으로 변화되는 모든 학문 — 에 적용된다. 즉 그러한 학문은 요구될 수 있는 가능한 모든 의미에서 해명되고 보증된 인식을 제공하는 학문으로 변화된다. 실재성의 학문에 관해 말하자면, 그래서 '자연철학적' 또는 '형이상학적' 평가는 이렇게 인식론적으로 해명하는 작업에 대한 다른 표현일 뿐이다.

아래 연구도 이러한 형이상학적, 자연과학적, 심리학적 무전제성을 충족시키려 하지, 다른 어떤 무전제성을 충족시키려는 것이 아니다. 물론 이 무전제성은 그 분석의 내용과 성격에 영향을 주지 않는 그때그때의 중간 논평이나, 심지어 배우가 관객에게 하는 많은 표명에 해를 입히지 않는다. 따라서 관객의 현존은 — 배우 자신과 마찬가지로 — 연구 내용에 대한 어떠한 전제도 형성하지 않는다. 예를 들어 언어의 사실에서 출발해 언어의 표현형식 가운데 많은 형식의 의사소통적 의미만을 단순히 규명하려 한다면 우리도 우리에게 부과된 한계를 넘어서지 못할 것이다. 누구나 어디서든 쉽게 확신하는 점은 '그 문제와 연결된 분석이, 언어와 이 언어를 유용하게 사용하려는 인간의 교류가 실제로 존재하는지, 과연 인간과 자연 같은 것이 존재하는지, 또는 이 모든 것이 단지 상상과 가능성 속에 존립하는지와 무관하게 그 분석 자체의 의미와 인식론적 가치를 갖는다는 것'이다.

부당하게 요구된 성과의 참된 전제는 다음과 같은 요구를 반드시 만족시킨다. 즉 그 명제가 진술하는 것은 충전적인 현상학적 정당화, 따라서 가장 엄밀한 단어의 의미에서 명증성을 통한 충족을 인정한다. 나아가 이러한 명제는 직관적으로 확인되는 의미에서만 항상 요구된다.

표현과 의미

1절 본질적 구별

1 기호라는 용어의 이중 의미

표현(Ausdruck)과 기호(Zeichen)라는 용어는 종종 같은 뜻으로 다루어 진다. 그러나 일반적인 언어 관습상 어디서나 일치하지는 않는다. 모든 기호는 무엇에 대한 기호이지만, 모든 기호가 기호에 의해 '표현된' '뜻 (Sinn)'인 '의미(Bedeutung)'[1]는 갖지 않는다. 많은 경우 기호가 그것에 대해 기호라 부르는 것을 '표시한다(bezeichnen)'고 말할 수조차 없다. 심지어 이렇게 말하는 방식이 허용되는 경우에도 표시하는 작용이, 그 표현을 특징짓는, 그 '의미하는 작용'으로서 항상 타당하지 않다는 점을 관찰해야 한다. 즉 기호는 표시(Anzeichen) —— 표지·부호 등 —— 의 의미에서, 그것이 지시하는(Anzeigen) 기능 이외에 어떠한 의미의 기능도 충족시키지 않는 한 아무것도 표현하지 않는다.

---

1 (옮긴이 주) 후설에서 명제의 의미(Sinn)는 사고(Gedanke)이고, 그 지시체(Bedeutung) 는 사태(Sache)다. 그는 초기에 "Sinn과 Bedeutung은 같은 뜻"(『논리 연구』 2-1권, 제1연구 15항)이라고 보았으나, 'Bedeutung'은 점차 표현의 이념적 내용으로 남고, 'Sinn'은 의식의 체험에서 표현되지 않은 기체(基體)의 인식대상 전체를 포괄하는 의미를 지닌 본질로 사용 된다.(『이념들』 1권, 133항 참조)

우리가 표현에 대해 논의할 때 자기 뜻과 상관없이 실행하고는 하듯 생생한 대화에서 기능하는 표현에 우선 한정하면, 이 경우 표시한다는 개념은 표현이라는 개념과 비교해 그 외연이 더 넓어 보인다. 따라서 표시한다는 개념은 내포와 관련해 결코 유(類) 개념이 아니다. 의미하는 작용은 지시하는 의미에서 일종의 기호로 있는 것(Zeichensein)이 아니다. 의미하는 작용의 외연은 단지 '의미하는 작용이 ― 전달하는 발언〔논의〕에서 ― 항상 그것이 표시로 있는 것(Anzeichensein)과의 관계에 얽혀 있다.'는 사실을 통해서만 더 좁은 개념이며, 이것은 다시, 표시로 있는 것도 바로 그와 같이 얽히지 않고 등장할 수 있다는 사실을 통해 더 넓은 개념을 정초한다. 표현은 그것이 더 이상 표시로서 기능하지 않는 고독한 영혼 삶에서도 그 의미기능을 발휘한다. 따라서 참으로 두 가지 기호의 개념은 결코 더 넓은 개념과 더 좁은 개념의 관계에 있지 않다.

어쨌든 여기에서 이 점을 더 상세히 검토할 필요가 있다.

2 지시의 본질

'기호'라는 말에 부착된 두 가지 개념에서 우선 표시의 개념을 고찰하자. 우리는 여기에서 존재하는 관계를 지시(Anzeige)라 한다. 이러한 의미에서 낙인은 노예에 대한 기호, 국기는 국가에 대한 기호다. 일반적으로 근원적인 말의 의미에서 '징표'는 이 징표가 부착된 객체를 능숙하게 식별할 수 있는 '특징적' 성질로서 여기에 속한다.

그러나 표시한다는 개념은 징표라는 개념보다 범위가 더 넓다. 우리는 화성의 운하를 화성에 거주하는 지성적 존재자가 현존함에 대한 기호, 화석이 된 뼈를 태고 시대 동물이 현존함에 대한 기호 등으로 부른다. 또한 손수건 속 좋아하는 장식매듭이나 기념비 등과 같이 기억의 기호도 여기에 포함된다. 사물이나 사건 또는 그와 같은 규정성이 표시로서 기능하기 위한 의도에서 산출되어 여기에 적절하면, 이때 그것이 자신의 기능을 실행하든 실행하지 않든 상관없이 그것을 기호라 부른다. 자기 뜻대로, 또 지시하는 의도로 형성된 기호의 경우에만 우리는 표시작용에 대해 이야기하며, 한편으로는 부호를 만들어 내는 — 낙인을 찍는 것, 분필로 적는 것 등 — 작용과 관련해, 다른 한편으로는 지시 자체의 의미에서, 결과적으로 지시할 수 있는 객체 또는 표시된 객체와 관련해 이야기한다.

이러한 차이와 이와 유사한 차이는 표시의 개념과 관련해 본질적 통일성을 폐기하지 않는다. 그것이 어떤 사유하는 존재자에게 사실적으로 어떤 것에 대한 지시로서 이바지하는 경우에 그것은 본래적 의미에서 오직 표시라 부를 수 있다. 따라서 어디에서나 공통적인 것을 파악하려면, 우리는 생생하게 기능하는 이러한 사례로 되돌아가야 한다. 그 사례에서 우리는 정말 이 공통적인 것으로서 다음과 같은 상황을 발견한다. 즉 누군가 그 존립요소에 관한 현실적 지식을 갖는 어떤 대상이나 사태는 — 한쪽의 존재에 대한 확신이 그에게는 다른 쪽 존재에 대한 확신이나 추측을 위한 동기로서 (게다가 통찰에 의하지 않는 동기로서) 체험된다는 의미에서 — 어떤 다른 대상이나 사태의 존립 요소를 그에게 지시해 준다.

동기를 부여하는 것은 사유하는 사람에 대해 지시하고, 지시된 사태가 구성되는 판단작용들 사이에서 기술적(記述的) 통일성을 수립하며, 이 통일성은 가령 판단작용 속에 기초가 된 '형태의 질(質)'로서 파악될 수 있는 것이 아니다. 즉 그 통일성 속에는 지시의 본질이 놓여 있다. 더 명확하게 말하면, 판단작용에 동기를 부여하는 통일성은 그 자체로 판단의 통일체 성격을 띠며, 그래서 자신의 전체성에서 나타나는 대상적 상관자, 즉 그 통일체 속에 존재하는 것으로 보이고 그 통일체 속에 추정된 통일적 사태(Sachverhalt)를 갖는다. 그리고 명백히 이러한 사태는 '어떤 사태(Sache)가 존립해도 좋다. 또는 존립해야만 한다. 왜냐하면 다른 사태가 주어져 있기 때문이다.'를 뜻할 뿐이다. 실질적 연관의 표현으로 파악된 이 '왜냐하면'〔이유〕은 판단작용들이 하나의 판단작용으로 엮여 짜는, 기술적으로 독특한 형식으로서 동기를 부여하는 객관적 상관자다.

3 앞서 지시함과 증명

그러나 이것으로 현상학적 상태가 매우 일반적으로 묘사되어, 현상학적 상태가 진정한 추론과 정초를 증명하는 것(Beweisen) 역시 지시를 앞서 지시하는 것(Hinweisen)과 함께 파악된다. 하지만 두 개념은 잘 구별될 수 있다. 우리는 그 차이를 이미 앞에서 지시가 통찰할 수 없음을 강조함으로써 시사했다. 사실상 어떤 사태의 존립을 다른 사태의 존립에서 통찰해 추리하는 경우, 후자는 전자에 대한 지시나 기호가 아니라고 부른다. 거꾸로 논리학의 본래적 의미에서 증명하는 것이 문제되는 것은, 통찰되거나 가능한 방식으로 통찰된 추론의 경우일 뿐이다. 우리가 증명으로, 가장 단순한 경우 추리라 말하는 많은 경우는 확실히 통찰된 것이 아니며, 심지어 잘못된 것이다.

그런데 이렇게 말하는 가운데, 어쨌든 우리는 그 결과가 통찰될 수 있기를 요구한다. 다음은 이와 연관된다. 즉 주관적 추리작용과 증명작용에는 객관적 추리와 증명 또는 근거와 귀결의 객관적 관계가 상응한다. 이러한 이념적 통일체는 관련된 판단체험이 아니라 그 판단체험의 이념적 '내용', 즉 명제다. 누가 전제와 결론, 그리고 이 둘의 통일체를 판단하든 전제는 결론을 증명한다. 이 점에서 이념적 합법칙성이 드러난다. 이것은 '지금 여기에(hic et nunc)'에 관해 동기부여를 통해 결합된 판단을 넘어서며, 동일한 내용의 모든 판단을, 나아가 참으로 동일한 '형식'의 모든 판단을 초경험적 보편성에서 그와 같은 이념적 합법칙성으로서 총괄한다. 바로 이 합법칙성은 통찰해 정초되는 가운데 주관적으로 의식되며, 법칙 자체는 현실적으로 동기를 부여하는 연관 속에서, ─ 현실적 추리와 증명 속에 ─ 통일적으로 체험된 판단의 내용 ─ 따라서 그때그때의 명제 ─ 에 대한 이념화하는 반성(ideirende Reflexion)을 통해 의식된다.

지시의 경우 이 모든 것은 전혀 문제가 안 된다. 여기에서 통찰성과, 객관적으로 말하면, 관련된 판단내용의 이념적 연관에 대한 인식은 곧바로 배제된다. '사태 A는 사태 B에 대한 표시다.' '어떤 사태의 존재는 다른 사태의 존재도 앞서 지시한다.'라고 말할 경우, 우리는 이 후자도 실제로 발견될 수 있다고 아주 확실히 예상할 수 있다. 그렇지만 이러한 방식으로 말하면서 우리는 A와 B 사이에 통찰에 의한 객관적이고 필연적인 연관 관계가 존립한다고 생각하지 않는다. 그 판단내용은 여기에서 우리에게 전제와 결론 관계에 있지 않다. 물론 우리는 (게다가 간접적) 정초의 연관이 객관적으로 존립하는 경우에도 표시에 대해 이야기한다. 계산하는 사람에게 (예를 들어 우리가 그렇게 말하는) 기수(奇數)의 대수방정식이 있는 상황은 그 방정식이 적어도 하나의 실근을 갖는 것에 대한 기호로서 이바지한다.

그러나 정확하게 검토해 보면, 우리는 이것으로 단지 다음과 같은 가능성을 관계 지을 뿐이다. 즉 계산하는 사람이 방정식의 차수가 홀수임을 확인하는 것은 ─ 그가 통찰해 증명하는 생각의 연관을 현실적으로 수립하지 않아도 ─ 그가 계산하는 목적에 법칙적으로 분류된 방정식의 속성에 대한 권리 행사를 통찰하지 않은 직접적 동기로서 이바지하는 가능성이다. 따라서 그러한 상황에서, 어떤 사태가 실제로 다른 사태 ─ 그 자체로 고찰해 보면 어떤 사태에서 추론할 수 있는 사태 ─ 에 대한 표시로서 이바지하는 경우, 그 사태는 이러한 일을 사유의 의식 속에서 논리적 근거로서 행하는 것이 아니다. 이전에 현실적으로 수행한 증명이나 심지어 권위를 신뢰해 배우는 것과 심리적 체험이나 심리적 성향으로서 얻은 확신 사이에서 수립된 연관에 의해서 행하는 것이다. 물론 여기에서 합리적 연관의 객관적 존립에 관한, 어쩌면 수반하지만 단순히 습관적인 지식을 통해서는 아무것도 변경되지 않는다.

그래서 지시 — 또는 이 지시가 객관적으로 주어지는 관계로 나타나는 동기부여의 연관 — 가 필연성의 연관에 어떠한 본질적 관계도 갖지 않으면, 물론 '지시는 개연성의 연관에 대해 본질적 관계를 요구하면 안 되는지' 심문할 수 있다. 어떤 것이 다른 것을 앞서 지시하는 경우, 어떤 것의 존재에 대한 확신이 다른 것의 존재에 대한 확신을 경험적으로 — 따라서 필연적 방식이 아니라 우연적 방식으로 — 동기부여하는 경우, 이때 확신은 동기가 부여된 확신에 대해 개연성의 근거를 포함하면 안 되는가?

여기는 끈질기게 달라붙는 이 물음을 더 자세하게 검토할 장소가 아니다. 그러한 종류의 경험적 동기를 부여하는 것이 정당한 동기나 부당한 동기에 대해 이야기하는 것 — 따라서 객관적 관점에서 외견상 타당하지 않은, 즉 어떠한 개연성의 근거도 제공하지 않는 표시에 대립해 실제 타당한, 즉 개연성과 어쩌면 경험적 확실성을 정초하는 표시에 대해 이야기하는 것 — 을 허용하는 이념적 재판권에 따르는 것이 맞는 한, 그 물음에 대해 긍정하는 결정은 확실히 타당하다는 점만 주목해야 할 것이다. 예를 들어, 우리는 화산 현상이 실제로 지구의 내부가 작열하는 액체 상태에 있는지 아닌지에 대한 표시인지 등의 논쟁을 생각해 낸다. 이 하나, 즉 표시에 대한 논의가 개연성의 검토와 일정한 관련을 전제하지 않는다는 점은 확실하다. 통상 그러한 논의에는 정말 단순한 추측이 아니라, 확고하고 단호한 판단이 기초가 된다. 그래서 여기에서 하나의 영역으로 인정한 이념적 재판권은 무엇보다 어떤 확신을 단순한 추측으로 겸손하게 제한하기를 요청해야 한다.

나는 여전히 정초와 경험적 암시를 동시에 포괄하는 일반적 의미에서 동기를 부여하는 것에 대한 논의가, 내 생각으로는, 회피될 수 없다는 데 주목한다. 왜냐하면 사실적으로, 더구나 통상의 논의로 드러내기 위해 명백히 충분하고 완전히 명백한, 현상학적 공동의 연대(Gemeinschaft)가 여기에 있기 때문이다. 추리와 추론에 대한 논의는 논리적 의미에서뿐 아니라 지시의 경험적 의미에서도 참으로 일반적이다. 이러한 공통성은 명백하게 여전히 광범위하게 파급되는데, 동기에 관해 오직 근원적으로 이야기되는 심정의 현상, 특히 의지의 현상 영역을 포괄한다. 언어적으로 가장 일반적인 의미에서 동기부여만큼 일반적으로 범위가 미치는 이유(Weil)도 여기에서 제 역할을 한다. 그래서 나는 내가 여기에서 연결한 브렌타노의 용어에 대한 마이농[2]의 비난을 정당한 것으로 인정할 수 없다.[3] 하지만 나는 이 속에서 동기가 부여된 것(Motiviertheit)을 지각하는 경우가 인과성(Kausation)에 대한 지각보다 결코 중요하지 않다는 점에는 그에게 완전히 찬성한다.

4 연상에서 지시가 성립함에 관한 보충설명

표시의 개념이 그 '기원'을 갖는 심리적 사실, 즉 표시의 개념이 추

---

2 (옮긴이 주) 마이농(A. Meinong, 1853~1920)은 브렌타노의 제자로 기술심리학에 영향을 받았으나, 표상·실재·감정·욕구의 대상을 그 현실적 존재나 가능성에 관계없이 자유롭게 탐구하는 대상이론에서 표상과 판단을 매개하는 가정(假定)을 중시해 분석했다. 이 대상이론은 후설의 『논리 연구』뿐 아니라 러셀(B. Russell)의 기술(description)이론과 신(新)실재론에도 영향을 주었다. 저서로 『기억의 인식론적 평가』(1886), 『대상이론』(1904), 『가능성과 개연성』(1915), 『일반 가치론 정초』(1923) 등이 있다.
3 마이농, 『괴팅겐 학보(Göttinger gelehrte Anzeiger)』(1892), 446쪽.

1절 본질적 구별

상적으로 파악될 수 있는 심리적 사실은 '관념의 연상(Ideenassoziation)'
이라는 역사적 명칭으로 포괄될 수 있는 보다 광범위한 그룹의 사실
에 속한다. 왜냐하면 이러한 명칭 아래 속하는 것은 연상법칙이 표현
하는 것, 즉 '다시 일깨움'을 통해 '관념들을 조직화하는' 사실뿐만 아
니라, 연상이 기술적으로 고유한 성격과 통일의 형식을 만들어 냄으로
써 창조적으로 입증되는 그 이상의 사실도 속하기 때문이다.[4] 연상은
그 내용을 단순히 의식 속에 되살리고 이미 주어진 내용과 결합하는 것
을 — 그것이 이 내용과 다른 내용(그 유의 규정성)을 법칙적으로 지정
하듯이 — 그 내용에 맡기는 것이 아니다. 순수하게 내용 속에 근거한
이 통일체, 예를 들어 시각의 장(場) 속에서 시각적 내용의 통일체는 물
론 연상을 방해할 수 없다. 그러나 연상은 그 위에 새로운 현상학적 성
격과 통일체를 만들어 내는데, 이 현상학적 성격과 통일체는 그 필연적
법칙의 근거를 바로 체험된 내용 자체 속에, 즉 체험된 내용의 추상적
계기의 유(類) 속에 갖지 않는다.[5]

　만약 A가 B를 의식 속에 되살리면, 이 둘은 단순히 동시에 또는 잇
달아 의식되는 것이 아니라, 어느 쪽이 다른 쪽을 앞서 지시하고 후자
가 전자에 속하는 것으로 존재한다고 느낄 수 있는 연관도 끈질기게 떠
오르게 하고는 한다. 단순히 함께 존재하는 것에서 함께 속하는 것을
형성하는 것, — 이것을 더 정확하게 시사하면, 함께 존재하는 것에서

4　물론 연상이 무엇을 창조한다는 의인화된 논의와 우리가 앞으로 계속 사용하는 이와 유사
한 비유적 표현은 그것이 편의를 위한 표현이라는 이유로 정말 비난해야 할 것은 아니다. 또
한 이러한 종류의 사실을 학문적으로 정확하게, 하지만 이때 또한 매우 번잡하게 기술하는
것이 아무리 중요하더라도, 어쨌든 쉽게 이해할 수 있는 목적에, 또 궁극적 정확성이 필요하
지 않은 방향에서 비유적 논의는 결코 불가결한 것이다.
5　나는 위에서 **체험된 내용**을 이야기했지만, 나타나는 추정적 대상이나 일어난 일을 이야기
하지 않았다. 그것에서 개체적인 '체험하는' 의식이 **내실적으로 구성되는** 모든 것은 체험된 내
용이다. 그 의식이 지각하고 기억하며 표상하는 것 등은 추정된 (지향적) 대상이다. 더 자세
한 것은 이 책의 제5연구 참조.

함께 속하는 것으로 나타나는 지향적 통일체를 형성하는 것 — 이것은 연상적 기능의 연속적인 작업수행이다. 사물, 일어난 일, 사물의 질서와 관계에 대한 경험적 통일체로서 모든 경험의 통일체는 — 나타나는 대상성이 통일적으로 부각되는 부분이나 측면의, 느낄 수 있는 함께 속해 있음을 통한 — 현상적 통일체다. 어느 하나는 나타남 속에 일정한 질서와 결합으로 다른 것을 앞서 지시한다. 그리고 개별자 자체는, 이렇게 앞서 지시하고 되돌이켜 지시함으로써, 단순히 체험된 부분이 아니라 나타나는 대상(또는 그 부분·징표 등)이며, 이 대상은 — 그 내용은 그 자체만으로는 더 이상 타당하지 않고 그 내용과 구별되는 어떤 대상을 표상하는 동안 — 경험이 그 내용에 새로운 현상학적 성격을 부여함으로써만 나타난다. 이러한 사실의 영역에는 지시의 사실이 속하는데, 이에 따르면 어떤 대상이나 사태는 단순히 다른 대상이나 사태를 기억하고 이러한 방식으로 앞서 지적하는 것이 아니다. 어떤 대상이나 사태는 동시에 다른 대상이나 사태에 유리한 증언을 하고, 다른 대상이나 사태가 마찬가지로 존립요소를 갖는다는 가정을 권하며, 앞서 기술한 방식으로 이것을 직접 느낄 수 있다.

5 유의미한 기호로서의 표현. 여기에 속하지 않은 표현의 의미를 분리함

우리는 지시하는 기호와 유의미한 기호인 표현을 구별한다. 이때 물론 '표현'이라는 용어는 제한된 의미로 받아들이는데, 그 타당성의 영역은 통상 논의에서 표현이라 부르는 많은 것을 배제한다. 이러한 방식으로 그 밖에 단지 애매한 용어가 요구되는 개념을 술어로 확정할 필요가 있는 경우, 언어의 사용을 강제로 제한해야 한다. 잠정적 의사소통을 위해 우리는 '모든 논의와 품사는 본질적으로 같은 종류의 모든 기호와 마찬가지로 하나의 표현이며, 이 경우 논의가 실제로 이야기되고, 따라서 의사소통의 의도에서 어떤 사람을 향하든 향하지 않든 문제가 되지 않을 것이다.'라고 확정한다.

반면 표정과 몸짓은 배제한다. 표정과 몸짓은 우리 논의를 본의 아니게, 또 어쨌거나 전달하는 의도에서 수반하지 않거나, 그 속에서 함께 작용하는 논의 없이 누군가의 영혼의 상태를 그 주변 사람에게 이해시키는 '표현'이 된다. 그런데 그 같은 표명은 논의의 의미 속에서 결코 표현이 아니며, 스스로 표명하는 사람의 의식 속에 표명된 체험과 현상적으로 하나인 이것과도 같지 않다. 즉 그러한 표명에서는 어떤 사람이 다른 사람에게 아무것도 전달하지 않으며, 어떤 사람이 표명할 경우에 그 사람에게는 어떤 '생각'을 ─ 다른 사람에게든 그가 자신만을 수반하는 한 오직 그 자신에게든 ─ 명확하게 수립할 의도가 없다. 요컨대 그러한 '표현'은 본래 전혀 의미가 없다. 우리의 본의 아닌 두 번째 표명 ─ 예를 들어 '표현의 움직임' ─ 을 해석함으로써, 또 그가 표명을 통해 우리의 내적 생각과 심정의 움직임에 관해 많은 것을 경험할 수 있다는 것으로 인해 여기에서는 아무것도 변경되지 않는다. 그가 우리의 표명을 바로 해석하는 한 그 표명은 그에게 무엇을 '의미한다.' 그러나 그에 대한 이 표명은 적확한 의미에서 언어적 기호의 의미를 갖지 않으며, 단순히 표시의 의미에서 의미를 가질 뿐이다.

다음의 고찰은 이러한 차이를 완전히 개념적으로 명석하게 해 줄 것이다.

6 표현 그 자체에 속한 현상학적 그리고 지향적 구별에 관한 문제

우리는 모든 표현과 관련해 다음 두 가지를 구별하곤 한다.

1) 물리적 측면의 표현(감성적 기호, 분절된 음성복합, 종이에 쓴 문자 등)

2) 표현에 연상적으로 연결된, 또한 이것에 의해 그것을 무엇에 관한 표현으로 만드는 심리적 체험의 어떤 총체. 적어도 이 심리적 체험을 표현의 '뜻(Sinn) 또는 의미(Bedeutung)'라 부르며, 게다가 그렇게 부름으로써 이러한 용어가 통상 논의에서 의미하는 것을 맞추려는 의견에서 그러하다.

그러나 이러한 파악은 옳지 않다. 물리적 기호와 의미를 부여하는 체험 일반을 단순히 구별하는 것, 게다가 논리적 목적을 위해 구별하는 것은 충분하지 않다.

특히 명사(Name)에 관해 여기에 속한 것도 이미 오래전에 주목했다. 우리는 모든 명사에서 이 명사가 '통지하는(kundgeben)' 것 ── 즉 그 심리적 체험 ── 과 그 명사가 의미하는 것을 구별했다. 또한 그 명사가 의미하는 것(의미, 명사적 표상의 '내용')과 그 명사가 부르는 것(표상의 대상)을 구별했다.

모든 표현에서 이와 유사한 구별이 필연적으로 발견되는데, 그 본질을 정확하게 탐구해야 한다. 이러한 구별에서 우리는 '표현'이라는 개념과 '표시'라는 개념을 분리하며, 이에 반해 생생한 논의에서 표현은 동시에 ── 즉시 규명하듯이 ── 표시로서도 기능한다는 것을 논쟁하지 않는다. 이것에는 이후 다른 중요한 차이가 등장하는데, 그 차이는 〔한편으로는〕 의미와, 〔다른 한편으로는〕 예시하거나 어쩌면 명증적으로 만드는 직관의 가능한 관계와 관련된다. 이러한 관계를 고려해야만 의미라는 개념을 명확하게 한정할 수 있으며, 계속된 결과로서 드러나는 의미의 상징적 기능과 그 인식기능을 근본적으로 대조할 수 있다.

7 의사소통 기능에서의 표현

논리적으로 본질적 차이를 부각시키기 위해 표현을 — 우선 그것을 충족시키는 것이 표현의 근원적 사명인 의사소통 기능에서 — 고찰해 보자. 분절된 음성복합(또는 작성된 문자 등)이 이야기된 말과 전달하는 논의 일반이 되는 것은 말하는 사람이 '자신을', '무엇에 관해 표명하려는' 의도로 그 음성복합을 산출함으로써, 즉 말하는 사람이 어떤 심리적 작용 속에서 그가 듣는 사람에게 전달하려는 어떤 의미를 그 음성복합에 부여함으로써 비로소 이루어진다. 하지만 이러한 전달은 듣는 사람이 정말 말하는 사람의 의도를 이해해야 가능해진다. 또한 듣는 사람이 말하는 사람의 음성을 발성할 뿐만 아니라 그에게 말하는 사람으로서, 음성과 동시에 그가 자신에게 통지하거나 그 의미를 전달하려는 어떤 의미를 부여하는 작용을 수행하는 사람으로서 파악하는 한, 듣는 사람은 말하는 사람의 의도를 이해한다. 정신적 교류를 무엇보다 가능하게 하고, 말하는 사람과 듣는 사람을 결합하는 논의를 진정한 논의로 만드는 것은, 논의의 물리적 측면을 통해 전달된, 서로 교류하는 사람들이 함께 속한 물리적 체험과 심리적 체험의 이러한 상관관계 속에 놓여 있다. 말하는 것과 듣는 것, 말하는 가운데 심리적 체험을 통지하는 것과 듣는 가운데 심리적 체험을 통지받는 것은 서로 종속된다.

이러한 연관을 개관해 보면, 우리는 모든 표현이 의사소통하는 논의에서 표시로서 기능한다는 사실을 곧 인식한다. 모든 표현은 듣는 사람에게 말하는 사람의 '생각'에 대한 기호, 즉 전달하려는 의도를 지닌 그 밖의 심리적 체험과 마찬가지로, 말하는 사람이 의미를 부여하는 심리적 체험에 대한 기호로서 이바지한다. 언어적 표현의 이러한 기능을 통지 기능이라 한다. 여기에서 통지하는 내용은 통지된 심리적 체험을 형성하며, 우리는 '통지된'이라는 술어의 의미를 더 좁거나 더 넓은 의미로 파악할 수 있다. 더 좁은 의미를 우리는 의미를 부여하는 작용에 한정하는 반면, 더 넓은 의미를 말하는 사람의 논의에 근거해 — 어쩌면 그 논의가 말하는 사람의 작용으로 진술함으로써 — 듣는 사람이 삽입하는 말하는 사람의 모든 작용을 포괄할 수 있다. 그래서 예를 들어, 어떤 소망을 진술하는 경우, 그 소망에 관한 판단은 더 좁은 의미에서 통지되며, 그 소망 자체는 더 넓은 의미에서 통지된다. 듣는 사람이 어떤 현실적 지각에 속하는 것으로 즉시 파악하는 통상적 지각의 진술도 마찬가지다. 그 지각작용은 이때 더 넓은 의미에서 통지되고, 이 지각작용 위에 세워진 판단은 더 좁은 의미에서 통지된다. 우리는 통상의 말투가 통지된 체험도 표현된 체험으로 부르는 것을 허용한다는 점을 즉시 알아차린다.

통지를 이해하는 것은 가령 통지를 개념적으로 알거나 일종의 진술로 판단하는 것이 아니다. 듣는 사람이 말하는 사람을, 이러저러한 것을 표현하는 하나의 사람으로 직관적으로 파악(통각)할 때, 또는 단도직입적으로 말할 수 있듯이, 그와 같은 것으로 지각할 때다. 내가 어떤 사람의 말을 귀 기울여 듣는다면 나는 그 사람을 곧 말하는 사람으로 지각하고, 그가 열거하고 증명하고 의심하고 소망하는 것 등을 들을 것이다. 듣는 사람은 통지를, — 비록 어쨌든 통지하는 사람을 인격으로 만드는 심리적 현상이 그가 존재하는 것이어서 다른 어떤 직관에 빠질 수 없더라도 — 그가 통지하는 사람 자체를 지각하는 것과 동일한 의미로 지각한다.

일반적인 통상의 논의는 생소한 사람의 심리적 체험에 대한 지각도 우리에게 배분하는데, 우리는 그의 분노나 고통 등을 '보게' 된다. 이러한 논의는, 예를 들어 외적 물체의 사물도 지각된 것으로 간주할 수 있는 한, 일반적으로 말하면 지각의 개념을 충전적 지각, 가장 엄밀한 의미에서 직관의 개념으로 한정하지 않는 한 완전히 옳다. 지각의 본질적 성격이 어떤 사물이나 일어난 일을 그 자체로 현재하는 것으로 파악하는, 직관적으로 추정함(Vermeinen) 속에 있다면, 그리고 그러한 추정함이 가능하고 정말 비할 데 없이 많은 경우에 — 명확한 개념적 파악이 전혀 없어도 — 주어진다면, 이때 통지받는 것(Kundnahme)은 통지하는 것(Kundgabe)을 단순히 지각하는 것이다.

물론 여기에서 방금 언급한 본질적 차이가 있다. 듣는 사람은 말하는 사람이 어떤 심리적 체험을 표명하는 것을 지각하며, 그가 이러한 체험을 지각하는 한 그것을 지각한다. 그러나 듣는 사람 자신은 말하는 사람의 체험을 체험하지 않고, 그 체험에 대한 어떠한 '내적' 지각도 갖지 않으며, 다만 '외적' 지각을 가질 뿐이다. 어떤 존재를 충전적 직관 속에 실제적으로 파악하는 것과, 직관적이지만 충전적이지 않은 표상에 근거해 그와 같은 존재를 추정적으로 파악하는 것에는 큰 차이가 있다. 전자의 경우에는 체험된 존재가, 후자의 경우에는 상정된 존재가 진리 일반에 상응하지 않는다. 말하는 사람과 듣는 사람의 상호 이해는 곧 — 통지하는 것과 통지받는 것 속에 전개된 — 두 측면의 심리적 작용의 어떤 상관관계를 요구하는데, 그러나 이 둘의 완전한 동등성을 요구하는 것은 결코 아니다.

8 고독한 영혼 삶에서의 표현

이제까지 의사소통 기능에서 나타나는 표현을 고찰했다. 이는 의사소통 기능은 본질적으로 표현이 표시로 작동한다는 점에서 기인한다. 그렇지만 교류하는 가운데 전달하지 않는 영혼 삶 속에서도 표현은 중대한 역할을 한다. 그렇다면 변경된 기능이 표현을 표현으로 만드는 것에는 분명히 들어맞지 않는다. 표현은 이전과 마찬가지로 이후에도 자신의 의미를 가지며, 대화의 경우와 마찬가지로 동일한 의미를 갖는다. 우리의 유일한 관심이 감성적인 것에만 향하는 경우, 즉 단순한 음성으로서 말(Wort)에 향하는 경우, 오직 거기에서 말은 말로 존재하기를 그친다. 하지만 우리가 말을 이해하며 살아가는 경우, 그 말이 누구에게 향해 있든 향해 있지 않든 그 말은 무엇을 표현하며, 또 동일한 것을 표현한다.

이것에 따라 표현의 의미와 그 밖의 표현에 본질적으로 속하는 것은 표현이 통지하는 작업 수행과 일치할 수 없다는 점이 분명해 보인다. 또는 가령 우리는 고독한 영혼 삶 속에서도 표현으로써 —— 두 번째 사람에게 대응해 무엇을 통지하지 않는 것 이외에 —— 무엇을 통지한다고 말해야 하는가? 우리는 고독한 말하는 사람이 자기 자신에게 말하며, 이 말은 그에게도 기호로서, 즉 자기 자신의 심리적 체험에 대한 표시로서 이바지한다고 말해야 하는가?

그런 견해는 지지될 수 없다. 말은 물론 여기에서도 기호로서 기능한다. 그리고 심지어 우리는 어디에서나 바로 앞서 지적함(Hinzeigen)에 대해 말할 수 있다. 표현과 의미의 관계를 반성해 보고, 이러한 목적에서 의미가 충족된 표현의 복잡하고 내적으로 통일된 체험을 '말'과 '의미'라는 두 가지 요소로 분석해 보면, 우리에게 말 자체는 그 자체로 타당한 것으로 나타나지만 의미는 그 말로 '겨냥한 것', 즉 이 기호를 매개로 사념한 것으로 나타난다. 그래서 표현은 자기 자신에게서 관심을 의미로 향하고, 의미를 앞서 지적하는 것으로 보인다.

그러나 이 앞서 지적하는 것은 우리가 앞에서 규명한 의미에서, 지시하는 것(Anzeigen)이 아니다. 기호의 현존은 의미의 현존을, 더 정확하게 말하면, 의미의 현존에 대한 우리의 확신에 동기를 부여하지 않는다. 우리에게 표시(표지)로서 이바지할 것은 현존하는 것으로서 우리에게 지각되어야 한다. 이것은 전달하는 논의의 표현에는 해당되지만, 독백의 표현에는 해당되지 않는다. 후자의 경우 우리는 사실상 통상적으로 실제의 말 대신 표상된 말에 만족한다. 말하거나 인쇄된 언어기호는 상상 속에서 우리 눈앞에 아른거리지만, 그것은 결코 존재하지 않는다.

어쨌든 우리는 상상의 표상이나, 심지어 그 기초가 되는 상상의 내용을 상상된 대상과 혼동하지 않는다. 상상된 말소리나 활자가 존재하는 것이 아니라, 이에 대한 상상의 표상이 존재한다. 그 차이는 상상된 켄타우로스와 이것에 대한 상상의 표상에 대한 차이와 같다. 말이 존재하지 않는다는 것이 우리 마음에 들지 않지만, 말이 존재하지 않는다는 것이 우리의 관심을 끌지도 않는다. 왜냐하면 표현 그 자체의 기능에 결코 그것이 중요하지 않기 때문이다. 그러나 그것이 중요한 문제가 되는 경우, 그때 의미하는 기능에는 바로 통지하는 기능이 결합된다. 즉 생각은 다만 어떤 의미의 방식으로 표현될 뿐만 아니라 통지함을 매개로 전달되기도 한다. 당연히 이것은 실제로 말하고 듣는 것 속에서만 가능할 뿐이다.

물론 우리는 어떤 의미에서는 독백 속에서도 말하며, 이 경우 자기 자신을 말하는 사람으로서, 심지어 어쩌면 자기 자신에게 말하는 사람으로서 파악할 수도 있다. 예를 들어, 누군가 '너는 일을 잘못했다. 그래서 너는 그 일을 더는 계속할 수 없다.'라고 자기 자신에게 말하는 경우와 같다. 그러나 우리는 그 경우 본래 의사소통의 의미로 말하지 않으며, 아무것도 전달하지 않고 자신을 오직 말하는 사람과 전달하는 사람으로서만 표상할 뿐이다. 독백에서, 말은 어쨌든 심리적 작용의 현존에 대해 표시의 기능으로 이바지할 수 없는데, 그러한 지시는 여기에서 완전히 목적이 없기 때문일 것이다. 문제가 되는 [심리적] 작용은 참으로 동일한 순간 우리 자신에 의해 체험된다.

9 물리적 표현의 나타남, 의미를 부여하는 작용과 의미를 충족시키는 작용의 현상학적 구별

이제 체험, 특히 통지함에 속하는 체험은 도외시하고, 독백에서 기능하든 대화에서 기능하든 동일한 방식으로 표현에 속하는 구별에 관한 표현을 고찰하면, 한편으로는 표현 자체와, 다른 한편으로는 표현이 그 의미로서(그 뜻으로서) 표현하는 것, 이 두 가지가 남는다. 그런데 여기에는 여러 관계가 서로 얽혀 있으며, '표현된 것'에 대한 논의와 '의미'에 대한 논의는 이에 상응하여 다의적(多義的)이다. 만약 우리가 순수기술(記述)의 토대 위에 서면, 의미를 불어넣은 표현의 구체적 현상은 한편으로는 표현이 그 물리적 측면에 따라 구성되는 물리적 현상과, 다른 한편으로는 표현에 의미를, 어쩌면 직관적 충족을 주며 표현된 대상성과의 관계가 구성되는 작용으로 구분된다. 이 후자의 작용에 의해 표현은 단순한 말소리 이상이 된다.

표현은 무엇을 뜻하고, 무엇을 뜻함으로써 대상적인 것과 관계된다. 이 대상적인 것은 수반하는 직관에 의해 현실적으로 현재하지만 적어도 현전화된 것으로 ── 예를 들어 상상의 상(像) 속에 ── 나타나며, 이러할 경우 대상성과의 관계가 실현된다. 하지만 이것이 일어나지 않은 경우에도 표현은 유의미하게 기능하며, 비록 표현이 기능하는 직관, 즉 표현에 대상을 부여하는 직관이 없더라도 언제든 공허한 말소리 그 이상의 것이다. 대상에 대한 표현의 관계는, 그 관계가 단순한 의미지향 속에 포함되는 한, 지금 실현되지 않는다. 예를 들어 명사(Name)는 모든 상황에서 자신의 대상을 ── 즉 명사가 그 대상을 뜻하는 한 ── 명명한다. 그렇지만 대상이 직관적으로 현존하지 않아 명명된 것 ── 즉 사념된 것 ── 으로도 현존하지 않는 경우에는 단순한 사념에 그치고 만다. 최초의 공허한 의미지향이 충족됨으로써 명명하는 것은 명사와 명명된 것 사이에 현실적으로 의식된 관계가 된다.

직관이 공허한 의미지향과 충족된 의미지향 사이의 이러한 근본적 구별을 기초에 놓으면, 또한 표현이 말소리로서 나타나는 감성적 작용을 제외하면 다음 두 가지 작용 또는 작용의 계열이 구별될 수 있다. 즉 한편으로는 표현이 여전히 표현, 즉 의미를 불어넣은 말소리인 한 표현에 본질적으로 작용하는 작용의 계열이다. 이것을 '의미를 부여하는 작용' 또는 '의미지향'이라 한다. 다른 한편으로는 표현 그 자체에 비본질적이지만 그 의미지향을 다소 적절하게 충족시키는, ── 입증하고 강화하며 예시하는 ── 그래서 표현의 대상적 관계를 현실화하기 위해 표현의 논리적 근본에 관계된 작용이다. 인식의 통일체나 충족의 통일체에서 의미를 부여하는 작용과 융합된 이 작용을 '의미를 충족시키는 작용'이라 한다. 요약된 표현인 의미충족은 어떤 의미지향이 상관적 작용 속에서 충족되는 총체적 체험과 밀접한 혼동이 배제된 경우에만 사용할 수 있다. 표현이 그 대상성과의 실현된 관계[6]에서 의미를 불어넣은 표현은 의미충족의 작용과 일체가 된다. 말소리는 우선 의미지향과 일체가 되고, 이 의미지향은 다시 관련된 의미충족과 ── 일반적으로 지향이 그 충족과 일체가 되는 것과 동일한 방식으로 ── 일체가 된다. 우리는 '단순한' 표현에 대한 논의가 아닌 한 실로 표현 자체로서 통상 의미를 불어넣은 표현을 다룬다. 그래서 본래 ── 그럼에도 종종 일어나지만 ── '표현은 자신의 의미(지향)를 표현한다.'라고 말하면 안 된다. 여기에서는 표현에 대한 다른 논의가 더 적절한데, 이 논의에 따르면, 예를 들어 '진술은 지각이나 상상에 표현을 부여한다.'라는 진술에서와 같이 '충족시키는 작용은 완전한 표현을 통해 표현

---

6 좁은 의미의 대상뿐 아니라 사태, 징표, 비자립적인 실재적 형식이나 범주적 형식 등이 중요한 문제이기 때문에 나는 좀 더 막연한 표현인 '대상성(Gegenständlichkeit)'을 종종 선택한다.

된 작용으로서 나타난다.'

의미를 부여하는 작용뿐 아니라 의미를 충족시키는 작용이 전달하는 논의와 통지하는 것에 함께 속할 수 있다는 사실은 앞서 지시될 필요가 전혀 없다. 의미를 부여하는 작용은 심지어 통지하는 것의 본질적 핵심을 형성한다. 의미를 부여하는 작용을 듣는 사람에게 바로 알게 하는 것은 무엇보다 전달하는 지향의 관심사여야만 한다. 듣는 사람이 의미를 부여하는 작용을 말하는 사람에게 삽입함으로써만 듣는 사람은 말하는 사람을 이해한다.

10 이러한 작용의 현상학적 통일체

위에서 구별한 작용들, 즉 한편으로 표현이 나타나는 작용과, 다른 한편으로는 의미지향 — 경우에 따라 의미충족도 — 의 작용은 이것들이 단순히 동시에 주어진 것처럼, 의식 속에 어떠한 단순한 함께 있음(Zusammen)도 형성하지 않는다. 오히려 그 작용들은 내적으로 융합된 독특한 성격의 통일체를 형성한다. 표현과 의미에 의해 표현된 — 명명된 — 대상의 관계는, 똑같지 않음이 반영되는 양 측면의 존립요소의 가치가 똑같지 않음을 누구나 자신의 내적 경험으로 알고 있다. 언어의 표상과 의미를 부여하는 작용은 체험된다. 하지만 언어의 표상을 체험하는 동안, 어쨌든 우리는 결코 언어를 표상하는 작용에 전념하지 않고 오직 언어의 의미를 수행하는 데에, 언어가 의미하는 작용에 전념한다. 그리고 이렇게 하는 가운데, 의미지향을 실행하고 어쩌면 의미지향을 충족시키는 데 몰두하는 가운데, 우리의 온 관심은 의미지향 속에 지향된 것과 의미지향에 의해 명명된 대상으로 향한다.(정확하게 살펴보면, 전자와 후자는 동일한 것을 뜻한다.) 언어 — 또는 오히려 직관적 언어의 표상 — 의 기능은 바로 우리가 의미를 부여하는 작용이라 한 것을 불러일으키고, 이 의미를 부여하는 작용 '속에' 지향되며, 어쩌면 충족하는 직관을 통해 주어진 것을 앞서 지적하며 우리의 관심을 오직 이러한 방향으로 밀어붙인다.

이렇게 앞서 지적하는 것은 가령 어떤 것에서 다른 것으로 관심을 규칙적으로 전환하는, 단순한 객관적 사실로서 기술하는 것이 아니다. 한 쌍의 표상의 객체 A와 B가 은폐된 심리학적 조정(Koordination) 덕분에 'A의 표상작용에 의해 B의 표상작용이 규칙적으로 일깨워지고, 이 경우 관심이 A에서 떠나 B로 이행되는' 관계에 있는 이러한 상황은 여전히 A를 B의 표상에 대한 표현으로 만들지 못한다. 오히려 표현으로-있음(Ausdruck-sein)은 기호와 이 기호로 표시된 것 사이에서 체험된 통일체에서 하나의 기술적(記述的) 계기가 된다.

물리적 기호가 나타나는 것과 이것을 표현으로 낙인찍는 그 의미지향의 기술적 차이에 관해서는, 우리의 관심을 우선 기호 그 자체에만 향하면, 가령 인쇄된 말 그 자체에 향할 때 그 차이는 가장 명확하게 부각된다. 이렇게 하면 우리는 다른 어떤 지각과 마찬가지로 외적 지각 — 또는 외적인 직관적 표상 — 을 가지며, 이 지각의 대상은 말의 성격을 상실한다. 이때 말이 다시 말로서 기능하면, 그 말이 가진 표상의 성격은 총체적으로 변경된다. 말 — 외적인 개체로서 — 은 우리에게 여전히 직관적으로 현재적이고 여전히 나타난다. 그렇지만 그 말을 겨냥하지 않았고, 본래적 의미에서 그 말은 더 이상 지금 우리의 '심리적 활동' 대상이 아니다. 우리의 관심, 지향, 사념 — 이것들은 적절한 범위의 경우 정말 같은 뜻의 표현일 뿐이다 — 은 오직 의미를 부여하는 작용 속에서 사태로만 향한다.

순수하게 현상학적으로 말하면, 그러나 이것은 다음과 같은 것을 뜻할 뿐이다. 즉 물리적 언어의 나타남이 구성되는 직관적 표상은, 그 대상이 표현의 타당성을 받아들일 경우, 어떤 본질적인 현상적 변양을 겪는다. 그 직관적 표상에서 대상의 나타남을 형성하는 것이 변경되지 않고 남아 있는 동안 체험의 지향적 성격은 변화된다. 이로써 언어표상의 직관적 내용 속에 자신의 버팀목을 갖는 — 하지만 언어 자체로 향하는 직관적 지향과는 본질적으로 구별되는 — 의미하는 작용은 어떤 충족시키는 직관이나 예시하는 직관이 등장하지 않아도 구성된다. 이때 이 의미하는 작용과 우리가 충족시키는 작용이라 부른 새로운 작용이나 작용들의 복합이 종종 특유한 방식으로 융합되고, 새로운 작용이나 작용들의 복합 대상은 의미 속에서 의미하는 대상으로, 또는 의미에 의해 명명된 대상으로 나타난다.

2절에서는 다음과 같은 점을 목표로 삼아 연구를 보충해야 할 것이다. 즉 '우리가 서술한 바에 따라 공허한 말소리와 대립된 표현의 현상학적 특징을 형성하는 '의미지향'이 지향된 대상에 대한 상상의 상(像)을 단순히 말소리에 결합하는 데에 존립하는지, 그와 같은 상상의 작용에 근거해 필연적으로 구성되는지', 또는 '〔말소리에〕수반하는 상상의 상은 오히려 표현의 비본질적 존립요소에, 또 본래 이미 충족의 기능 — 이때 충족이 부분적, 간접적, 일시적 충족의 단순한 성격을 갖는데에 불과하더라도 — 에 속하는지'다. 우리 생각의 주된 줄거리를 더 개괄하려는 관심으로, 우리는 여기에서 '이러한 연구 전체에서 — 과연 최초의 본질적 구별을 확인하는 데 필요한 것보다 얼마나 더 현상학적인 것에 파고들어야 하는지' 하는 — 현상학적 물음에 더 깊게 파고드는 일을 중지한다.

이제까지 제시한 잠정적 기술에서 이미 현상학적 상태를 올바로 기술하려 할 때 상황성(Umständlichkeit)이 적지 않게 필요하다는 점을 인지할 수 있다. 이 상황성은, 모든 대상과 대상적 관계에서 본질적으로 구별되는 사념작용 — 이 사념작용 속에서 대상과 대상적 관계는 우리에게 표상되고 사념된 통일체로서 우리에게 대립해 있다 ── 을 통해 우리 자신에 대해서만, 그것이 존재하는 그대로 존재한다는 사실을 명석하게 하는 한 사실상 불가피한 것으로 보인다. 순수현상학적 고찰방식에서 그러한 지향적 작용의 조직만 존재할 뿐이다.

현상학적 관심이 아니라 소박한-대상적 관심이 지배하는 경우, 우리가 지향적 작용에 대해 반성하는 대신 지향적 작용 속에서 살아가는 경우, 당연히 모든 논의는 단순하고 명석해지며 단도직입적이 된다. 이때 사람들은 단순히 표현과 표현된 것, 명칭과 명명된 것, 어떤 것에서 다른 것으로 주의를 전환하는 것에 대해 이야기한다. 그러나 현상학적 관심이 결정적인 경우에는 다음과 같은 어려움에 시달린다. 즉 무수히 체험하지만 통상 대상적으로 의식되지 않는 현상학적 관계를 기술해야 하는 어려움, 정상적 관심의 영역과 나타나는 대상성의 영역에 조정되는 표현에 의해 현상학적 관계를 기술해야 하는 어려움이다.

11 이념적 구별: 우선 이념적 통일체로서의 표현과 의미의 구별

우리는 이제까지 잘 이해할 수 있는 표현을 구체적 체험으로서 고찰했다. 표현이 '나타남'과 '의미를 부여하는 체험과 의미를 충족시키는 체험'이라는 두 측면의 요소 대신, 이제 어떤 방식으로 두 측면의 요소 '속에' 주어진 것, 즉 표현 자체와 그 의미, 그리고 이에 속한 대상성을 고찰하려 한다. 따라서 작용의 실재적 관계에서 그 대상이나 내용의 이념적 관계로 전환하여 주관적 고찰은 객관적 고찰에 길을 내준다. 표현과 의미의 관계가 갖는 이념성은 이 두 항(項)의 관련에서 다음과 같은 점을 바로 분명하게 보여 준다. 즉 우리가 어떤 표현 ── 예를 들어 '2차방정식의 나머지'[7] ── 의 의미를 심문할 경우, 그 표현으로 자명하게 '지금 여기에' 표명된 이러한 음성, 즉 일시적이며 결코 동일하게 반복하지 않는 음향을 뜻하지 않는다는 점이다. 우리가 뜻하는 것은 '종(種)에서의' 표현이다. '2차방정식의 나머지'라는 표현은 누가 이것을 표명하더라도 동일한 것이다. 또한 동일한 것이 의미에 대한 논의에서도 타당하며, 물론 이 의미는 의미를 부여하는 체험을 뜻하지 않는다.

여기에서 사실상 본질적 차이를 만드는 것을 모든 예가 보여 준다.

내가 —— 우리가 항상 전제하려는 진실한 논의에서 —— '삼각형의 세 수직선은 한 점에서 교차한다.'라고 진술하는 경우, 내가 그렇게 판단한다는 것이 당연히 그 기초가 된다. 나의 진술을 이해해 들은 사람은 이러한 사실도 안다. 즉 그는 나를 그렇게 판단하는 사람으로 통각을 한다. 하지만 내가 여기에서 통지한 나의 판단작용도 진술명제의 의미인가? 나의 판단작용은 그 진술이 말하는 것이며, 이러한 의미에서 표현이 되는 것인가? 명백히 아니다. 누구도 진술의 의미와 의미의 문제를 대개는 그렇게 이해하지 않아 심리적 체험으로서의 판단으로 되돌아갈 생각이 떠오를 것이다. 그런데 오히려 누구나 이 문제에 대해 다음과 같이 답변할 것이다. 즉 '이 진술이 진술하는 것은, 누가 이 진술을 주장해 표명하든, 또한 어떤 상황과 시간에서 그러하든, 동일한 것(dasselbe)이다. 이 동일한 것은 바로 '삼각형의 세 수직선은 한 점에서 교차한다.'는 것 그 이상도 이하도 아니다.'

그러므로 사람들은 본질적으로 '동일한' 진술을 반복하는데 이 진술이 그 의미를 뜻하는 동일한 것(Identisches)에 대한 특히 적절하고 유일한 표현형식이기 때문에 그 진술을 반복한다. 우리가 진술을 반복하는 가운데 동일한 것으로, 항상 명증적 의식으로 이끌 수 있는 이 동일

---

7 (옮긴이 주) 2차 이상의 방정식을 2차방정식으로 나눈 나머지를 뜻한다.

1절 본질적 구별

한 의미 속에는 판단작용과 판단하는 사람 중 어느 것도 발견되지 않는다. 우리는 어떤 사태의 객관적 타당성을 보증된 것으로 존재한다 믿었고, 그 사태의 객관적 타당성에 대해 진술명제의 형식으로 표현을 부여했다. 그런데 그 사태 자체는 우리가 그 타당성을 주장하든 주장하지 않든 그것이 존재하는 그대로다. 사태는 타당성의 통일체 그 자체다. 그러나 이 타당성은 우리에게 나타났으며, 그것이 우리에게 나타났듯이 객관적으로 우리는 그 타당성을 수립한다. 그래서 우리는 그것이 그러하다고 말한다. 만약 그 타당성이 우리에게 그렇게 나타나지 않았다면, 즉 우리가 그렇게 판단하지 않았다면 우리는 당연히 이것을 실행하지 않았을 것이고, 진술할 수도 없었을 것이다.

따라서 이것은 심리학적 사실로서 진술 속에 함께 포함되어 있으며, 통지함에 속한다. 그러나 그것은 오직 통지함에 속할 뿐이다. 왜냐하면 통지함은 심리적 체험 속에 존립하는 반면, 진술 속에 진술된 것은 결코 주관적인 것(Subjektives)이 아니기 때문이다. 나의 판단작용은 생기거나 사라지는 일시적 체험이다. 그러나 진술이 진술하는 것, 즉 '삼각형의 세 수직선은 한 점에서 교차한다.'라는 이 내용은 생기는 것도 사라지는 것도 아니다. 내가 또는 그 누구든, 종종 이 동일한 진술을 같은 뜻으로 표명하듯이, 종종 새롭게 판단된다. 판단하는 작용은 경우마다 다르다. 그러나 판단작용이 판단하는 것, 즉 진술이 말하는 것은 어디에서나 동일하다. 그것은 엄밀한 말의 의미에서 동일한 것이고, 하나의 동일한 기하학적 진리다.

진술이 말하는 것이 틀렸거나 심지어 불합리하더라도 모든 진술의 경우 사정은 이러하다. 또한 이 경우 우리는 한편으로는 참으로 간주하는 것과 진술하는 것의 일시적 체험을, 다른 한편으로는 그 이념적 내용, 즉 다양성 속 통일체로서 진술의 의미를 구별한다. 우리는 언제나 명증적인 반성의 작용 속에서 그 의미를 지향과 동일한 것으로 인식한다. 우리는 이 동일한 의미를 자기 마음대로 진술 속에 삽입하지 않으며, 진술 속에서 발견한다.

'가능성' 또는 '진리'가 없는 경우, 물론 진술의 지향은 '단지 상징적으로만' 수행된다. 직관에서, 또 직관의 근거에 입각해 작동할 수 있는 범주적 기능에서, 진술의 지향은 그 인식의 가치를 형성하는 충만함을 끌어낼 수 없다. 이때 그 지향에는 우리가 말하는 '참된' '본래의' 의미가 없다. 우리는 지향하는 의미와 충족시키는 의미의 이러한 차이를 나중에 더 정확하게 탐구할 것이다. 함께 속하는 이 이념적 통일체가 구성되는 서로 다른 작용을 성격 짓는 것과, 인식 속에서 이러한 작용이 현실적으로 '합치하는(Deckung)' 본질을 해명하려면 어려운 포괄적 연구가 필요할 것이다. 그러나 모든 진술은 참으로 인식의 기능 속에 있든,—즉 모든 진술이 그 지향을 이에 상응하는 직관 속에, 또한 이 직관을 형성하는 범주적 작용 속에 충족시키고 대체로 충족시킬 수 있든—기능 속에 있지 않든 자신의 사념〔의견〕을 갖는다는 점, 이러한 사념 속에서 진술의 통일적 종적 성격으로서 의미가 구성된다는 점은 확실하다.

'그' 판단을 '그' 진술명제의 의미로서 부를 경우, 우리는 이 이념적 통일체에 주목한다. 단지 '판단'이라는 말의 근본적 애매함이 즉시 통찰에 의해 파악된 이념적 통일체와 실재적 판단작용을, 따라서 진술이 통지하는 것과 진술이 말하는 것을 혼동하도록 몰아 댈 따름이다.

우리가 여기에서 완벽한 진술에 대해 설명한 것은 실제적이거나 가능한 진술의 부분으로 쉽게 전이된다. 내가 '어떤 삼각형의 세 내각의 합이 180도와 같지 않다면 평행선의 공준(公準)도 타당하지 않다.'라고 판단하면, 이때 가정적 전건(前件)은 그 자체만으로는 어떠한 진술도 아니다. 즉 나는 정말 그러한 같지 않음이 존재한다고 주장하지 않는다. 그럼에도 전건은 무엇을 말하며, 더구나 전건이 말하는 것은 다시 전건이 통지하는 것과 완전히 구별된다. 전건이 말하는 것은, 물론 내가 그것을 실행하듯이 참으로 말할 수 있기 위해 심리적 작용을 수행해야 하지만, 가정적으로 전제하는 나의 심리적 작용이 아니다. 오히려 이러한 주관적 작용이 통지되는 동안 객관적인 것과 이념적인 것이 표현된다. 즉 자신의 개념적 내용을 지닌 그 가정이 표현되는데, 이것은 여러 가지 가능한 사유의 체험 속에서 동일한 지향적 통일체로 등장할 수 있으며, 모든 사유를 성격 짓는 객관적-이념적 고찰 속에서 명증성을 지니고 하나의 동일한 것으로서 우리와 대립해 있다.

또한 동일한 것은 그 밖에 진술의 부분, 명제의 형식을 갖지 않은 진술의 부분에도 타당하다.

12 계속: 표현된 대상성

표현이 표현하는 것에 대한 논의는, 이제까지의 고찰에 따르면, 이미 본질적으로 서로 다른 많은 의미를 갖는다. 한편으로 그 논의는 통지함 일반과 이 중에서 특히 의미를 부여하는 작용, 게다가 의미를 충족시키는 작용 — 그와 같은 작용이 일반적으로 현존하는 한 — 에 관계된다. 예를 들어 어떤 진술에서 우리는 우리의 판단에 표현을 부여하지만, 그 판단을 통지한다. 또한 지각과 그 밖의 의미를 충족시키는 작용, 진술의 사념을 직관화하는 작용에 표현을 부여한다. 다른 한편으로 문제가 되는 논의는 이러한 작용의 '내용', 더구나 종종 충분히 표현된 것으로 불리는 의미에 관계된다.

표현되어 있음의 새로운 의미가 즉시 비교해 검토되지 않는다면, 11항의 사례 분석에서 의미의 개념을 그저 잠정적으로 이해하는 것으로 충분할지 의심스럽다. 의미, 내용, 사태 그리고 이와 유사한 모든 용어는 매우 효력 있는 애매함이 부착되어 있어서, 표현 방식에 아무리 신중을 기해도 우리의 지향〔의도〕이 오해될 수 있다. 표현되어 있음에 대해 지금 규명할 세 번째 의미는 의미 속에서 사념되고, 의미를 매개로 하여 표현된 대상성이다.

모든 표현은 무엇을 말할 뿐 아니라 무엇에 관해서도 말한다. 즉 모든 표현은 자신의 의미를 가질 뿐 아니라 어떤 대상에 관계된다. 이러한 관계는 하나의 동일한 표현에 대해 상황에 따라 여러 가지다. 그러나 그 대상은 결코 의미와 일치하지 않는다. 물론 이 둘은 대상에 의미를 부여하는 심리적 작용에 의해서만 표현에 속한다. 그리고 이러한 '표상'의 관점에서 '내용'과 '대상'을 구별하면, 그래서 표현의 관점에서 한편으로 표현이 의미하는 것 또는 '말하는' 것으로, 다른 한편으로 표현이 그것에 관해 무엇을 말하는 것으로 구별되는 동일한 것으로 사념된다.

의미(내용)와 대상을 구별할 필연성은 다수의 표현이 동일한 의미를 갖지만 서로 다른 대상을 가질 수 있거나, 서로 다른 의미를 갖지만 동일한 대상을 가질 수 있는 예를 비교할 경우 분명해진다. 게다가 그것들이 두 방향에 따라 구별되고 두 방향에서 일치할 가능성도 물론 있다. 후자는 동어반복의 표현, 예를 들어 다른 언어 속에 서로 상응하는 동일한 의미와 명명의 표현인 경우 —— '런던'이 London과 Londres로 '둘'이 zwei, deux, duo 등으로 —— 다.

명사는 의미와 대상적 관계를 구별하는 가장 분명한 예시다. 명사의 경우, 후자의 관점에서 '명명'에 대한 논의가 통용되며, 두 명사는 다른 것을 의미할 수 있지만 동일한 것을 명명한다. 예를 들어 '예나(Jena)의 승자'와 '워털루(Waterloo)의 패자'〔나폴레옹〕, '등변삼각형'과 '등각삼각형'〔정삼각형〕에서 표현된 의미는 쌍을 이루는 두 측면에서 동일한 대상을 뜻하더라도 분명히 서로 다르다. 그것이 규정되어 있지 않기 때문에 어떤 '외연'을 갖는 명사의 경우도 사정은 마찬가지다. '등변삼각형'과

'등각삼각형'이라는 표현은 가능하게 적용될 수 있는 동일한 대상적 관계와 동일한 외연을 갖는다.

반대로 두 표현이 동일한 의미를 갖지만 서로 다른 대상적 관계를 가질 수 있다. '말[馬]'이라는 표현은 그것이 나타나는 어떤 논의의 연관에서도 동일한 의미를 갖는다. 그러나 어느 때는 '[알렉산더 대왕의 군마] 부케팔라스(Bucephalus)는 말이다.' 다른 때는 '이 짐마차를 끄는 말(Karrengaul)은 말이다.'라고 하면, 어떤 진술에서 다른 진술로 이행하는 가운데 의미를 부여하는 표상에 의해 분명히 변화가 일어난다. 그 내용, 즉 '말'이라는 표현의 의미는 변화되지 않고 남지만 대상적 관계는 변화된다. 동일한 의미로 '말'이라는 표현은 어느 때는 '부케팔라스'를, 다른 때는 '짐마차를 끄는 말'을 표상한다. 모든 보편명사의 경우, 즉 하나의 외연을 갖는 명사의 경우에도 사정은 마찬가지다. 하나는 어디에서나 동일한 의미에 대한 명사다. 하지만 그런 이유로 계산하는 가운데 서로 다른 하나를 동일하게 정립하면 안 된다. 서로 다른 하나는 모든 동일한 것을 의미하지만 그 대상적 관계에서 구별된다.

개체적 대상이든 유적(類的) 대상이든 고유명사의 경우는 사정이 다르다. '소크라테스'와 같은 말은 그것이 오직 서로 다른 것을 의미하는, 즉 그것이 애매해지는 것을 통해서만 서로 다른 것을 명명할 수 있다. 그 말이 하나의 의미 속에 있을 때마다 그것도 하나의 대상을 명명한다. '그 둘'이나 '그 빨간색' 등과 같은 표현도 마찬가지다. 그래서 우리는 곧 다의적(애매한) 명사와 많은 가치가 있는 — 외연이 넓은, 보편적 — 명사를 구별한다.

다른 모든 표현형식에 대해서도 이와 유사하게 타당한데, 그 경우 대상적 관계에 대한 논의는 그 다양함 때문에 약간의 어려움이 생긴다. 예를 들어 'S는 p이다.'라는 형식의 진술명제를 고찰해 보면, 대개 주어인 대상은, 따라서 [그것에] '대해(von)' 진술된 대상은 진술의 대상으로 간주된다. 그렇지만 이와 다른 견해도 가능하다. 즉 진술에 속하는 전체 상태를 명사 속에 명명된 대상의 유사물(Analogon)로 파악하고, 이 대상을 진술명제의 의미와 구별하는 견해다. 이러한 견해를 취하면, 우리는 'a는 b보다 크다.'라는 명제와 'b는 a보다 작다.'라는 명제와 같은 종류의 한 쌍의 명제를 사례로 들게 된다. 이 두 명제는 분명 서로 다른 것을 진술한다. 이것들은 문법으로뿐 아니라 '생각에서', 바로 그 의미의 내용에 따라 서로 다르다. 하지만 이것들은 동일한 상태(Sachlage)를 표현하고, 동일한 '사태(Sache)'는 이중의 방식으로 술어로 파악되어 진술된다. 우리가 이제 진술 대상에 대한 논의를 이런 의미나 저런 의미로 정의하든, —— 각자 자신의 고유한 권리를 갖는다 —— 동일한 '대상'에 관계하는 의미를 부여하는 진술은 언제나 가능하다.

13 의미와 대상적 관계의 연관

이러한 사례에 따라 우리는 [한편으로] 표현의 의미와, [다른 한편으로] 명명하면서 때로는 이러저러한 대상적인 것에 향하는 표현의 속성 차이 —— 물론 의미와 대상 자체의 차이도 —— 를 보증된 것으로 인정해도 좋다. 그 밖에 모든 표현에서 구별할 수 있는 두 측면 사이에 밀접한 연관이 있다는 사실도 분명하다. 즉 표현은 오직 표현이 의미하는 것을 통해서만 대상적 관계를 획득하며, 따라서 표현은 그 의미를 매개로 대상을 표시한다.(명명한다) 또한 의미하는 작용이 그때그때의 대상을 사념하는 일정한 방식이라는 것을 정당화한다. 다만 유의미한 사념작용의 방식과 의미 자체는 그래서 대상적 방향을 동일하게 견지하는 경우에만 변화될 수 있다.

이러한 관계를 더 깊게 파고드는 현상학적 해명은 오직 표현의 인식

기능과 표현의 의미지향을 탐구함으로써만 수행될 것이다. 이 경우 모든 표현에서 구별할 수 있을 '두 측면'에 대한 논의를 진지하게 받아들이면 안 되며, 오히려 표현의 본질은 오직 의미 속에 있을 뿐이라는 점이 명백해질 것이다. 그러나 동일한 직관이 서로 다른 방식으로 범주적으로 파악되고, 다른 직관과 종합적으로 결합될 수 있는 한 동일한 직관은 ─ 우리가 나중에 입증하듯이 ─ 서로 다른 표현에 충족할 수 있다.

표현과 그 의미지향은 사유의 연관과 인식의 연관 속에서 단순히 직관 ─ 외적 감각과 내적 감각이 나타나는 것 ─ 에 적합해진다. 뿐만 아니라 단순히 직관된 객체(대상)가 무엇보다 잘 이해할 수 있게 규정되고, 서로 관련된 객체가 되는 서로 다른 지성적 형식에 적합해진다. 이에 따라 표현이 인식의 기능 밖에 있는 경우, 그 표현은 상징적 지향으로서 범주적으로 형성된 통일체를 암시한다. 그러므로 서로 다른 의미가 동일한 ─ 그러나 범주적으로 다르게 파악된 ─ 직관에 속할 수도 있고, 동일한 대상에 속할 수도 있다. 다른 한편 하나의 의미가 대상의 전체 외연에 상응하는 경우, 이 의미의 고유한 본질 속에는 그 의미가 규정되지 않은 것이라는 사실, 즉 그 의미는 가능한 충족의 영역을 인정한다는 사실이 포함되어 있다.

이러한 시사는 잠정적인 것으로 충분할 것이다. 그렇지만 그 시사는 오직 다음과 같은 오류를 처음부터 예방해야 한다. 즉 의미를 부여하는 작용에서 ─ 하나는 표현에 의미를 부여하고, 다른 하나는 표현에 대상적 방향이 규정된 것을 부여하는 ─ 두 측면이 진지하게 구별될 수 있다는 오류다.[8·9]

---

8 이에 반하는 것은 트바르돕스키의 저서 『표상의 내용과 대상에 관한 이론(*Zur Lehre vom Inhalt und Gegenstand der Vorstellung*)』(빈, 1894, 14쪽)에 "이중의 방향에서 움직이는 표상의 활동"의 가정을 참조.

9 (옮긴이 주) 트바르돕스키(K. Twardowski, 1866~1938)는 빈대학교에서 브렌타노에게 철학을 배우고 폴란드 르부프대학교 교수로 활동하며 루카시에비치(L. Lukasiewicz), 타르

14 대상으로서 내용, 충족시키는 의미로서 내용과 의미(Sinn) 또는 의미(Bedeutung) 그 자체로서 내용

통지함과 의미, 그리고 대상을 관련짓는 논의는 본질적으로 모든 표현에 필요하다. 모든 표현으로 어떤 것이 통지되고, 모든 표현으로 어떤 것이 의미되며, 어떤 것이 명명되거나 그 밖에 표시된다. 이 모든 것을 애매한 논의로 '표현되었다'라고 말한다. 앞에서 말했듯이, 표현에는 그 의미지향을 충족시키는, 현실적으로 주어진 대상성과의 관계가 비본질적이다.

이렇게 중요한 사례를 함께 검토해 보면, 대상에 대해 실현된 관계에서 여전히 이중의 것이 표현된 것으로 표시될 수 있다는 데에 주목하게 된다. 즉 한편으로는 대상 자체, 게다가 이러저러하게 사념된 것으로서 표현되고, 다른 한편으로는 더 본래적인 의미에서 대상을 구성하는 의미충족의 작용 속에서 대상 자체의 이념적 상관자(Korrelat), 즉 충족시키는 의미가 표현된다. 의미지향이 이에 상응하는 직관에 근거해 충족되는 곳에서, 달리 말하면 표현이 현실적 명명으로 주어진 대상에 관계되는 경우, 대상은 어떤 작용 속에 '주어진 대상'으로 구성되고, 게다가 ── 표현이 직관적으로 주어진 것에 실제로 적합한 한 ── 의미가 대상을 사념하는 것과 동일한 방식으로 대상은 그 작용 속에서 우리에게 주어진다. 이렇듯 의미와 의미충족이 합치되는 통일체에서, 의미하는 작용의 본질인 의미에는 의미충족의 상관적 본질이 상응하는데, 이것 역시, 우리가 말할 수 있듯이, 표현을 통해 표현된 의미[뜻]인 충족시키는

스키(A. Tarski) 등을 배출시켜 '르부프-바르샤바학파'를 통해 폴란드의 철학과 논리학을 발전시켰다. 그는 심리적 현상에서 작용·내용·대상을 구별하고 언어분석을 도입함으로써 후설의 지향적 분석에 큰 영향을 주었다. 저서로 『표상의 내용과 대상에 관한 이론』(1894), 『이른바 상대적 진리에 관해』(1902) 등이 있다.

의미다.

그래서 우리는 예를 들어 지각에 관한 진술의 경우, 이 진술은 지각에 표현을 부여하지만 지각의 내용에도 표현을 부여한다고 말한다. 지각에 관한 진술에서 우리는, 모든 진술의 경우와 마찬가지로, 내용과 대상을 구별하며, 게다가 이렇게 구별해서 그 내용을 듣는 사람도 — 비록 그 자신이 지각하는 사람이 아니더라도 — 올바로 파악할 수 있는 동일한 의미가 이해되어야 한다. 우리는 정확하게 이에 상응하는 구별을 충족시키는 작용 속에서, 따라서 지각과 그 범주적 형성 속에서 수행해야만 하는데, 의미에 적합하게 사념된 대상성은 이러한 작용을 통해 그것이 사념된 것으로서 우리에게 직관적으로 대립해 있다. 우리는 충족시키는 작용 속에 또다시 내용, 즉 범주적으로 형성된 지각의 의미에 적합한 것과 지각된 대상을 구별해야 한다. 충족의 통일체에서 이 충족시키는 '내용'은 그 지향하는 '내용'과 '합치되고', 그래서 이렇게 합치된 통일체를 경험하는 가운데 동시에 지향되어, '주어진' 대상은 우리에게 이중이 아니라 오직 하나로만 대립해 있다.

의미를 부여하는 작용의 지향적 본질을 이상적으로 파악한 것이 이념으로서 지향하는 의미를 산출하듯, 의미를 **충족시키는** 작용의 상관적 본질을 이상적으로 파악한 것은 똑같은 이념으로서 충족시키는 의미를 산출한다. 지각의 경우 이 충족시키는 의미는 — 동일한 대상을, 게다가 실제로 동일한 대상으로 지각하는 방식에서 사념하는 — 가능한 지각의 작용 전체에 속하는 동일한 내용이다. 따라서 이 내용은 하나의 대상에 대한 이념적 상관자다. 그런데 그 대상은 완전히 허구적 대상일 수 있다.

어떤 표현이 표현한 것 또는 표현된 내용에 대한 논의가 여러 가지로 애매한 경우, 우리는 주관적 의미의 내용과 객관적 의미의 내용을 구별하여 정리할 수 있다. 후자의 관점에서 다음과 같이 구별되어야 한다.

① 지향하는 의미〔뜻〕로서, 또는 의미 그 자체인 의미〔뜻〕로서 내용.

② 충족시키는 의미〔뜻〕로서 내용.

③ 대상으로서 내용.

15 이러한 구별과 연관된 의미와 무의미에 관한 논의의 애매함

의미와 의미〔뜻〕라는 용어를 의미지향의 내용 —— 이것은 표현 그 자체와 분리될 수 없다 —— 뿐 아니라 의미충족의 내용에도 적용하는 것은 물론 매우 불쾌한 애매함을 산출한다. 우리가 〔의미〕충족의 사실에 몰두한 잠정적 시사에서 이미 분명해졌듯, 지향하는 의미〔뜻〕와 충족시키는 의미〔뜻〕가 구성되는 두 측면의 작용은 결코 동일하지 않기 때문이다. 그렇지만 동일한 용어를 지향에서 충족으로 곧바로 전용하게 밀어붙이는 것은, 동일화 또는 합치의 통일체로서 충족의 통일체의 특성이며, 그래서 우리가 수식된 형용사를 통해 해가 미치지 않게 추구했던 애매함은 거의 피하기 어렵다. 그러나 자명하게 우리는 의미 그 자체에서 지향의 동일한 것(Identisches)으로서, 표현 그 자체에 본질적인 동일한 의미를 계속 이해하려 한다.

의미(Bedeutung)는 의미〔뜻〕(Sinn)와 같은 것을 의미하는 것(gleich-bedeutend) 이상으로 통용된다. 한편으로 우리가 교체할 수 있는 대등한 용어를 갖는 것은 이 개념의 경우 매우 기쁜 일이다. '의미'라는 용어의 의미〔뜻〕를 바로 탐구해야 할 지금 논의하는 종류의 연구에서는 특히 기쁜 일이다. 하지만 오히려 다른 것, 즉 이 두 말을 같은 것을 의미하는 것으로 사용하는 확고하게 뿌리내린 습관을 고찰해야 한다. 이러한 상황은 두 용어의 의미를 구별하고, —— 이것을 예를 들어 프레게[10]가

---

10 (옮긴이 주) 프레게(G. Frege, 1848~1925)는 논리학을 수학적 엄밀함으로 표현하는 것

제안했듯이[11] ― 한편으로 우리의 의미에서 의미에, 다른 한편으로 표현된 대상에 사용하는 것을 미심쩍어 보이게 했다. 우리는 바로 다음과 같은 것을 첨부한다. 즉 이 두 용어는 통상의 언어사용 못지않게 학문적 언어사용에서도 앞서 '표현되어 있음'에 대한 논의에서 구별한, 동일한 애매함이 부착되어 있는데, 이 '표현되어 있음'에도 다시 다른 애매함이 놓여 있다. 우리는 논리적 명석함에 매우 뒤늦은 방식으로, 〔이 말로〕 하나의 동일한 생각의 계열 안에서 드물지 않게, 때에 따라 통지된 작용과 이념적 의미, 관련된 표현의 의미〔뜻〕 또는 의미로서 표현된 대상성을 파악한다. 용어를 확고하게 구별하지 않기 때문에 개념 자체가 명석하지 않고 서로 혼동된다.

이와 연관해 근본적인 혼란이 생긴다. 예를 들어 보편적 명사와 애매한 명사는 언제든 다시 한데 뒤섞이는데, 우리가 확고한 개념을 결여해 애매한 명사의 다의성(Vieldeutigkeit)과 보편명사의 다치성(Vielwertigkeit)을, 즉 다수의 대상에 대한 술어와 관련된 보편명사의 능력을 구별하지 못했기 때문이다. 또다시 이와 연관된 것은 집합명사와 보편명사의 차이에 본래 본질에 관해 드물지 않게 드러난 명석하지 않음이다. 왜냐하면 집합적 의미가 충족되는 경우 다수성(Mehrheit)을 직관하게 되어, 달리 말하면, 충족이 다수의 개별적 직관으로 분절되기 때문이다. 그래서 여기에서 지향과 충족이 분리되지 않는다면 사실상 관련된 집합적 표현은 많은 의미를 갖는 것으로 보일 수 있다.

을 과제로 삼아 기호의 의미와 그 지시대상의 연관관계를 탐구하고, 진리함수의 명제계산·주어와 술어 대신 변항(變項)에 의한 명제분석·양화이론 등을 제시해 현대 수리논리와 분석철학에 결정적 영향을 주었다. 또한 후설의 『산술철학』을 심리학주의라고 비판함으로써 후설이 『논리 연구』 1권에서 순수논리학을 정초해 가는 데에도 큰 영향을 끼쳤다. 저서로 『개념기호법』(1879), 『산술의 기초』(1883), 『산술의 근본 법칙』(1893)이 있다.

11 프레게, 『의미와 의미에 관해(Über Sinn und Bedeutung)』, 《철학과 철학적 비판지(Zeitschrift f. Philos. u. philos. Kritik)》 100권, 25쪽.

어쨌든 우리에게는 의미(Bedeutung)와 뜻(Sinn)에 대한 논의, 또는 무의미한(bedeutungslos) 표현이나 뜻이 없는(sinnlos) 표현에 대한 논의에서 매우 해로운 결과를 수반하는 애매함을 정확하게 설명하는 것이 더 중요하다. 혼합된 개념을 분리하면 다음과 같은 계열이 생긴다.

1) 어떤 의미를 갖는 것은 표현의 개념에 속한다. 바로 이것이 실로 앞에서 상론한 그 밖의 기호와 표현을 구별해 준다. 따라서 무의미한 표현은, 결코 표현이 아니다. 그것은 기껏해야 하나의 표현이라는 요구나 겉모습을 불러일으키는 것 — 반면 더 자세히 살펴보면 그것은 이러한 것이 결코 아니다 — 일 뿐이다. 여기에는 '아브라카다브라'처럼 일종의 단어로 들리는 분절된 음성 형성물이 포함된다. 다른 한편 이러한 음성 형성물에는 예를 들어 '녹색 이다 또는(Grün ist oder)'처럼 외견상 그러한 의미라고, 어쨌든 부당하게 요구하는 것으로 보이는 종류인 반면, 어떠한 통일적 의미도 그에 상응하지 않는 실제적 표현들의 복합체도 있다.

2) 의미 속에 그 대상과의 관계가 구성된다. 따라서 표현을 의미 〔뜻〕와 함께 사용하는 것과, 표현하면서 그 대상과 관계되는 것 — 그 대상을 표상하는 것 — 은 같다. 이 경우 '그 대상이 존재하는지', '그 대상이 전혀 불가능하지 않다면 허구적인 것인지'는 결코 중요하지 않다. 그러나 '표현이, 그것이 일반적으로 의미를 갖는 사실을 통한 본래적 의미에서, 즉 대상의 존재를 포함하는 의미에서 어떤 대상에 관계된다.'라는 명제를 해석하면, 그 표현은 그에 상응하는 대상이 존재할 때 의미를 갖고, 그와 같은 대상이 존재하지 않을 때 무의미하다.(bedeutungslos) 사실상 우리는 종종 의미에 대해 이렇게 말해서 그중 의미된 대상이 사념된다. 언어사용은, 그것이 진정한 의미의 개념과 혼동하는 데에서도 생기듯이, 이제껏 일관되게 견지되기 어려웠다.

3) 방금 전에 말했듯이, 의미가 표현의 대상성과 동일화되면 '황금

산'과 같은 명사(名辭)는 무의미하다. 그러나 우리는 여기에서 일반적으로 '대상이 없는 것'과 '의미가 없는 것'을 구별한다. 반면 '둥근 사각형'처럼 모순되고 대체로 통찰로 양립할 수 없음이 부착된 표현을 '뜻이 없다(sinnlos)'라고 하거나, 그 표현을 같은 값으로 전환해 의미를 부정한다. 그래서 가령 지그바르트[12]에 따르면[13] '사각의 원'과 같은 모순된 문구는 우리가 생각해 볼 어떠한 개념도 표현하지 않으며, 단지 해소할 수 없는 과제를 포함하는 단어만 나열할 뿐이다. 즉 '사각의 원은 결코 존재하지 않는다.'라는 존재명제는, 그에 따르면, 이 단어에 어떤 개념을 결합할 가능성을 막는다. 이 경우 지그바르트는 개념으로 명백하게 '말의 보편적 의미'가 이해된 것을 알려 하고, 따라서 — 그 말을 올바로 파악할 경우 — 우리가 그 개념으로 이해하는 것을 정확하게 알려 한다. 이와 유사하게 에르트만[14,15]은 '사각의 원은 경솔하다.(leichtsinnig)'라는 사례와 관련해 판단한다. 이처럼 일관되게 우리는 간접적으로 불합리한 표현도 직접적으로 불합리한 표현과 더불어, 따라서 수학자가 번잡한 간접적 증명으로 아프리오리하게 대상이 없는 것으로 입증한 무수한 표현을 '뜻이 없는 것'이라 불러야 했고, 마찬가지로 '정10면체' 등과 같은 개념이 일반적으로 개념임을 부정해야 했다.

---

12 (옮긴이 주) 지그바르트(Chr. Sigwart, 1830~1904)는 튀빙겐대학교 교수로 독일뿐 아니라 영국 논리학자들의 저술을 깊이 연구해 논리학과 윤리학에 큰 영향을 주었다. 그는 심리학주의를 비판해 논리학을 확실하고 보편타당한 명제에 도달할 판단의 방법을 제공하는 사유작용의 기술학(技術學)이라 규정하고, 논리학을 분석론·규범론·기술론 세 부분으로 나누었다. 저서로 『논리학』(1권, 1873; 2권, 1878), 『윤리학의 선결문제』(1886) 등이 있다.

13 지그바르트, 『비(非)인칭적인 것들(Die Impersonalien)』(1888), 62쪽.

14 에르트만, 『논리학』 1권(제1판), 233쪽.

15 (옮긴이 주) 에르트만(B. Erdmann, 1851~1921)은 논리학을 심리학주의로 해석하는 데 반대하고, 논리학은 판단의 방법과 가치에 관한 규범학이라고 주장했다. 저서로 『기하학의 공리』(1877), 『논리학』(1권, 1892), 『인과법칙의 내용과 타당성』(1905), 『신체와 영혼의 학문적 가정』(1907) 등이 있다.

마티[16]는 방금 거명된 학자들에게 다음과 같이 반론을 제기한다.

만약 말에 의미〔뜻〕가 없다면, 우리는 그것이 존재하는지 하는 물음을 어떻게 이해할 수 있으며 그 물음을 부정할 수 있는가? 심지어 그 물음을 거부하기 위해 우리는 어쨌든 그러한 모순된 주제를 어떤 방식으로든 표상해야 한다.[17]

그러한 불합리성을 '뜻이 없는 것'이라 하면, 그 불합리성이 명백히 어떠한 이성적 뜻〔의미〕도 없다는 것을 말할 수 있을 뿐이다.[18]

이러한 반론은, 앞에서 거명한 학자들의 서술 방식이 위의 1)에서 특징지은 진정한 무의미성과 이와 완전히 다른 무의미성, 즉 충족시키는 의미가 아프리오리하게 불가능함을 혼동하는 추측에 가까운 한 전적으로 들어맞는다. 따라서 이러한 의미에서 그 지향에 가능한 충족이, 달리 말하면, 통일적 직관화(Veranschaulichung)의 가능성이 상응하는 경우에 표현은 의미를 갖는다. 이러한 가능성은 명백하게 이념적 가능성으로서 생각된 것이다. 그 가능성은 표현하는 우연적 작용과 충족시키는 우연적 작용에 관계하는 것이 아니라, 그 이념적 내용 ── 즉 한편으로는 이념적 통일체로서, 여기에서는 지향하는 의미라 말할 수 있는 의미와, 다른 한편으로는 이 의미가 어떤 관련 속에서 정확하고 적합하게 충족시키는

---

16 (옮긴이 주) 마티(A. Marty, 1847~1914)는 브렌타노의 제자로서 언어철학·심리학·논리학 분야에 많은 업적을 남겼다. 저서로 『색채감각의 역사적 발전에 관한 문제』(1879), 『일반문법학과 언어철학의 기초연구』(1902) 등이 있다.

17 마티, 『주어 없는 명제 그리고 논리학 및 심리학과 문법학의 관계에 대해(*Über subjektlose Sätz und das Verhältnis der Grammatik zur Logik und Psychologie*)』 제6논문, 《학문적 철학 계간지(*Vierteljahrsschrift f. wiss. Philosophie*)》 19권, 80쪽 이하.

18 위의 책, 81쪽 주석. 또한 제5논문, 위의 계간지, 18권, 464쪽 참조.

1절 본질적 구별

의미와 — 에 관계한다. 이 이념적 관련은 충족시킴의 통일체의 어떤 작용에 근거해 이념화하는 추상을 통해 파악된다. 반대의 경우 우리는 지향된 충족시킴의 통일체 속에서 부분적 의미가 '양립할 수 없음'을 체험한 것에 근거해 의미를 충족시킴의 이념적 불가능성을 파악한다.

이러한 관계를 현상학적으로 해명하는 것은, 다음에 계속되는 연구가 보여 주듯, 어렵고도 번잡한 분석을 요구한다.

4) 어떤 표현이 무엇을 의미하는지의 문제에서, 우리는 그 표현이 현실적 인식의 기능을 수행하는 경우나, 동일한 것이지만, 그 표현의 의미지향이 직관에 의해 충족되는 경우로 자연스레 되돌아간다. 이러한 방식으로 '개념적 표상'(곧 의미지향)은 그 '명석함과 판명함'을 획득하고, '올바르게' '실제로' 수행할 수 있는 것으로, 마치 직관에서 진열된 어음이 지불되듯 입증된다. 왜냐하면 이제 충족시킴의 통일체 속에서 지향의 작용이 충족시키는 작용과 합치되고, 그래서 가장 긴밀한 방식으로 충족시키는 작용과 융합되기 — 여기에서 일반적으로 여전히 어떤 차이가 남아 있는 경우 — 때문에, 사태는 마치 여기에서 표현이 무엇보다 의미를 획득한 것처럼, 마치 표현이 그 의미를 충족시키는 작용에서 비로소 끌어낸 것처럼 쉽게 나타난다. 따라서 충족시키는 직관 — 사람들은 여기에서 이 직관을, 범주적으로 형성하는 작용을 간과하고는 한다 — 을 의미로 간주하는 경향이 생긴다.

그러나 이 모든 관계를 더 근본적으로 연구해야 할 것이지만, 이 충족시킴이 항상 완전한 것은 아니다. 표현은 종종 완전히 멀리 떨어진 직관이나 단지 부분적으로만 예시하는 직관에 의해, 대개 어떤 직관에 의해서라도 수반된다. 하지만 서로 다른 경우에는 현상학적 차이를 더 자세하게 검토하지 않기 때문에, 우리는 표현 일반의 유의미성, 또한 적절한 충족시킴에 아무것도 요구할 수 없는 표현의 유의미성을 이에 수반하는 직관의 상(像)으로 전가하게 된다. 당연히 불합리한 표현에 의미 일반을 부정하는 결과가 요구된다.

그러므로 새로운 의미 개념이 의미와 충족시키는 직관을 혼동하는 과정에서 생긴다. 새로운 개념에 적합하게 표현은 이때, 그리고 오직 이때에만 — 그 지향, 우리의 논의로는 그 의미지향이 부분적이든, 멀리 떨어지고 비본래적이든 사실적으로 충족되는 경우 — 의미를 갖는다. 요컨대 표현에 대한 이해는 어떤 '의미의 표상', — 우리가 말하곤 하듯이 — 즉 어떤 예시하는 상으로 생기를 불어넣을 경우에 표현은 의미를 갖는다.

대립하고 또 지지하는 견해를 결정적으로 반박하는 것은 매우 중요하며, 그래서 더 포괄적인 고찰이 필요하다. 이와 관련해 다음 절을 참조하도록 지적하고, 지금은 서로 다른 의미의 개념을 계속 열거해 가자.

16 계속: 의미와 함축

5) 밀은 무의미성에 대한 논의의 다른 애매함을, 게다가 또다시 의미의 새로운 다섯 번째 개념에 근거해 다시 끌어들였다. 즉 그는 명사의 유의미성의 본질을 함축(connotation) 속에 두고, 그에 따라 함축하지 않는 명사를 무의미하다고 말했다. 그는 때로는 신중하지만 곧바로 명석하지는 않게 '본래의' 의미에서, 또 '엄밀한' 의미에서 무의미하다고 말했다. 잘 알려져 있듯이, 밀은 함축하는 명사는 '주어를 표시하고 수식어를 자체 속에 포함하는 것'으로, 함축하지 않는(non-connotative) 명사는 '주어를 표시하고 — 여기에서 명확하게 말하듯이 — 수식어 없이 주어에 부속하는 것으로서 지시하는 것'으로 이해한다.[19] 수식어 — 예

---

19 밀, 『논리학[체계]』 1권, 2절 5항. 곰페르츠(Gomperz)의 번역 1권, 14, 16쪽.

1절 본질적 구별

를 들어 '하얗다' —— 에 대한 명사와 같이 고유명사는 함축하는 것이 아니다. 밀은 고유명사를 잘 알려진 동화 『천일야화』에서 도적이 (알라딘의) 집을 구별하기 위해 표시해 둔 분필 기호와 비교한다.[20] 그러고는 다음과 같이 말한다.

어떤 고유명사를 부가할 경우 우리는 도적이 분필로 그은 선으로 의도했던 것과 어느 정도 유사한 일을 한다. 우리는 징표를 대상 자체가 아니라 이른바 대상에 대한 표상에 붙인다. 고유명사는 단지 **무의미한 기호에** 불과한데, 우리는 기호가 우리 눈과 마주치거나 우리 생각 속에 떠오르자마자, 개체적 대상으로 생각할 수 있도록 우리 정신 속에 그 무의미한 기호와 대상에 대한 표상을 결부시킨다.

어떤 사물에 대해 그 고유명사를 진술할 경우, 어떤 남자를 지목해 '이분은 뮐러 씨, 마이어 씨다.' 또는 어떤 도시를 지목해 '이 도시는 쾰른이다.'라고 말하는 경우, 우리는 그것이 명사라는 점 이외에는 이것을 통해 듣는 사람에게 이 대상에 대한 아무런 지식도 전달하지 않는다. …… 대상에 대해 함축적 명사로 말하는 경우는 다르다. '도시는 대리석으로 세워졌다.'라고 말하는 경우 우리는 듣는 사람에게 그에게는 완전히 새로울 수 있는 지식을 전달하며, 이것은 많은 말이 함축하는 명사 '대리석으로 세워졌다.'라는 의미를 통해 이루어진다. 그러한 명사는 '단순한 기호가 아니라 그 이상, 즉 의미에 대한 기호이며, 함축하는 것은 명사의 의미를 형성하는 것이다.[21]

---

20 위의 책, 19쪽 이하.
21 이에 대해서는 위의 책, 18쪽 참조. "우리가 대상에 부여하는 명사는 어떤 것을 전달하든, 즉 명사가 본래적 의미에서 의미를 갖는 경우, 그 의미는 명사가 표시하는 것 속이 아니라 명사가 함축하는 것 속에 놓여 있다."

밀의 이러한 발언과 우리 자신의 분석을 대조해 보면, 밀이 원리적으로 구별할 수 있는 차이를, 무엇보다 표시와 표현의 차이를 혼동했음이 분명해진다. 도적이 분필로 그은 선은 단순한 표시(표지)며, 고유명사는 표현이다.

모든 표현 일반과 마찬가지로 고유명사도, 즉 그것이 통지하는 기능에서 표시로서 작동한다. 사실 여기에는 도적이 분필로 그은 선과 유사한 것이 있다. 도적이 분필로 그은 선을 알아보면, 그는 '이것은 약탈해야 할 집이다.'라는 것을 안다. 고유명사가 발언되는 것을 들으면, 우리 속에 그 고유명사에 속한 표상이 일깨워지고, 우리는 '이 표상은 말하는 사람이 그 자체로 수행하는 것이며, 동시에 그가 우리에게 일깨우려는 것이다.'라는 것을 안다.

그러나 명사는 그 밖에 표현의 기능을 갖는다. 통지하는 기능은 의미기능에 대한 보조수단일 뿐이다. 일차적으로 중요한 문제는 표상이 아니다. 그래서 중요한 문제는 표상이 어떻게든 관계할 수 있는 것과 표상에 관심을 기울이는 것이 아니라, 사념된 대상 또는 그래서 명명된 대상으로서 표상된 대상에 관심을 기울이는 것, 표상된 대상 자체를 우리에 대해 내세우는 것이다. 그러므로 대상은 그것에 대해 어떤 것이 진술된 대상으로서, 소원명제에서는 그것에 대해 어떤 것이 소원된 대상으로서 등으로 진술 속에 비로소 나타난다. 그리고 오직 이러한 작업 수행을 위해서만 고유명사는, 다른 모든 고유명사와 같이, 복합적이고 통일적인 표현의 존립요소 — 진술명제·소원명제 등 — 가 될 수 있다. 그러나 그 대상과의 관계에서 고유명사는 결코 표시가 아니다. 이러한 사실은, 어떤 사실이나 현존을 지시하는 것이 표시의 본질에 속한다는 점을 숙고할 경우에는 즉시 명백한 반면, 명명된 대상은 참으로 존재하는 대상으로 간주할 필요가 전혀 없다. 밀이 자신의 유추를 실행하면서 분필로 그은 선을 집과 결부시키는 것과 본질적으로 같은 방식으로 고유명사를 명명된 사람의 표상과 결부시킬 경우, 아무튼 동시에 '기호가 우리 눈에 마주치거나 우리 생각 속에 떠오르자마자 우리가 개체적 대상으로 생각할 수 있기 위해 이러한 결합이 일어난다.'라는 점이 부가된다. 그래서 바로 이 부언을 통해 그 유추는 한가운데서 둘로 쪼개진다.

밀은 대상과 관련해 어떤 '지식'을 우리에게 전달하는 명사와 그렇지 않은 명사의 차이를 정당하게 강조한다. 하지만 이러한 차이도, —같은 정도로 중요한— 함축하는 명사와 함축하지 않는 명사의 차이도 유의미함과 무의미함의 차이와 관련되지 않는다. 근본적으로 그 밖에 처음에 거명한 두 가지 차이는 논리적 의미에서 같은 값을 지닐 뿐만 아니라 전적으로 동일하다. 단순히 문제는 속성적〔한정적〕 명사와 비속성적 명사의 차이다. 어떤 사태의 '지식'을 전달하는 것과 그 사태의 속성을 전달하는 것은 여기에서는 실로 하나의 동일한 것을 뜻한다. 어떤 명사가 자신의 사태를 직접 명명하는지, 그 명사가 자신의 속성을 매개로 사태를 명명하는지는 이제 확실히 중요한 차이다. 그러나 이 차이는 동등하고 극도로 중요한 차이, 즉 명사적 의미나 논리적 '표상'의 차이 —이 차이는 속성적 의미와 비속성적 의미를 분리한다— 가 '의미'라는 통일적 유(類) 안에서의 차이인 것과 정확하게 마찬가지로, '표현'이라는 통일적 유 안에서의 차이다.

밀은 아무튼 때에 따라 고유명사의 의미에 대해 이야기하는 반면, 함축하는 명사의 경우에는 '본래적' 의미, 또는 '엄밀한' 의미에서 의미에 대해 이야기할 필요가 있을 때, 어떤 방식으로 이 차이를 감지했다. 이 경우 그는 물론 총체적으로 새로운 —그러나 결코 권할 만한 가치가 없는— 의미에서 의미에 대해 이야기하는 것이 더 좋았을 것이다. 어쨌든 그 탁월한 논리학자가 함축적 명사와 비함축적 명사를 중요하게 구별한 것과 같은 방식은, 방금 언급한 완전히 다른 종류의 차이를 혼란시키는 데 안성맞춤이다.

그 밖에 '어떤 명사가 표시하는 것'과 '그 명사가 함께 표시하는 것〔함축하는 것〕'에 대한 밀의 차이를 '어떤 명사가 명명하는 것'과 '그 명사가 의미하는 것'이라는 단순히 유사한 차이와 혼동하면 안 된다. 이러한 혼동은 밀의 서술을 통해 특히 촉진된다.

그러나 이 모든 차이가 얼마나 중요한지, 또한 그 차이를 '단순히 문법적' 차이로 경시하고, 이에 상응해 피상적으로 다루는 것이 얼마나 부적절한지에 대해서는 계속되는 연구가 밝혀 줄 것이다. 계속되는 연구에서 우리가 제안한 단적인 구별을 선명하게 구분하지 않고는, 논리적 의미에서 표상과 판단이라는 개념을 확실하게 부각시키는 일은 생각해 볼 수 없다. 이 점이 명석하게 밝혀지기를 희망해 본다.

2절 의미를 부여하는 작용의 성격에 대해

17 추정적 의미로서 예시하는 상상의 상(像)

우리는 의미 또는 의미지향의 개념을 — 표현 그 자체에 본질적이며 표현을 의식 속에서, 따라서 기술적으로, 단순한 말소리와 구별되는 현상학적 성격에 방향을 맞추어 — 규명했다. 이러한 성격은 우리의 이론에 따르면 가능하고, 표현이 인식기능 속에 감성화(versinnlichend)할 수 있는 직관에 매우 느슨하며, 멀리 떨어진 관계에 있지 않아도 종종 충분히 실제적이다. 이제 우리의 견해와 대립해 생생하고 유의미한 표현의 작업수행 전체를, 그 표현에 항상 분류되는 어떤 상상의 상(Phantasiebild)을 일깨워 정립하는, 결코 우세하지 않지만 널리 유포된 견해와 대결할 시간이다.

그 견해에 따르면 어떤 표현을 이해하는 것은 그 표현에 속한 상상의 상(像)을 발견하는 것이다. 상상의 상이 일어나지 않는 경우, 표현은 무의미할 것이다. 흔히 사람들은 이 상상의 상 자체를 말의 의미로 부르는 것을 들으며, 더구나 통상 논의되는 '표현의 의미'로 이해하는 것에 들어맞아야 한다고 요구한다.

최초에는 매우 당연시되던 그와 같은 학설이 가능하다는 것, 그리고 편견 없는 학자가 이미 오래전에 그 학설에 반론을 제기해도 그러한 학설이 가능하다는 것은 기술적 심리학이 낙후된 상태라는 증거다. 확실히 많은 경우에 언어적 표현은 그 의미에 더 가깝거나 더 먼 관계에 있는 상상의 표상에 의해 수반된다. 그러나 이것은 그와 같은 종류의 수반이 표현을 이해하는 데 어디에서나 요구된다는 지극히 명백하게 드러난 사실과는 모순된다. 이와 동시에 상상의 표상이 현존함은 표현의 유의미함 — 또는 심지어 표현의 의미 자체 — 을 형성할 수 없으며, 상상의 표상이 중지되었으므로 표현의 유의미함을 억제할 수 없다는 것을 뜻한다. 그때그때 발견되는 상상의 수반물〔상상의 표상〕을 비교하는 고찰도 상상의 수반물이 변경되지 않은 말의 의미일 경우 여러 가지로 변화되며, 이 변경되지 않은 말의 의미와 종종 매우 멀리 떨어진 관계에 있음을 가르쳐 준다. 반면 표현의 의미지향이 충족되거나 강화되는 더 본래의 직관화(直觀化)를 끌어오는 것은 노력을 기울여야 비로소 가능하며, 전혀 성공하지 못하는 경우도 종종 있다.

예컨대 독자는 어떤 추상적 지식의 영역을 다루는 저술을 읽고, 그가 — 저자의 논지를 완전히 이해해 따라가면서 — 이해한 말을 넘어서서 발견하는 것을 관찰한다. 이 경우 관찰의 상황은 반대하는 견해에 확실히 최대한 유리하다. 상상의 상을 발견하려는 관찰을 주도하는 관심은 그와 같은 상 자체가 떠오르는 데 심리학적으로 도움이 되며, 추후 반성하는 가운데 발견할 수 있는 것을 즉시 근원적인 정황에 삽입하는 우리의 경향에서, 관찰하는 동안 새롭게 솟아 나오는 상상의 상 모두 표현의 심리학적 내용에 대해 권리를 요구할 것이다.

그러나 상황이 이렇게 유리한데도 그와 같은 상상의 수반물 속에서 유의미함의 본질을 보는 논박된 견해는 적어도 앞에서 말한 부류의 사례에서 외견상 입증을 심리학적 관찰에서 추구하지 않아야 한다. 잘 이해된 대수의 기호나 공식 전체, 또는 '홀수 차의 모든 대수방정식은 적어도 하나의 실근을 갖는다.'와 같은 언어명제를 예로 필요한 관찰을 해보자. 나 자신이 방금 전 발견한 것을 보고하면, 마지막 사례 속에 다음과 같은 것이 내 머릿속에 떠오른다. 즉 '열린 책(『세레의 대수학』[1])에 따르면, 대수함수의 감성적 유형이 터이브너(Teubner) 판(版)으로 인쇄되고 '근'이라는 말의 경우 잘 알려진 상징인 '√'를 나타낸다.' 그사이 나는 그 명제를 열두 번이나 제대로 읽었고, 어쨌든 어떤 방법으로든 표상된 대상성에 속하는, 수반하는 상상에 대한 최소한의 흔적도 발견하지 않고 완전히 이해했다. '문화, 종교, 학문, 예술, 미분계산' 등과 같이 표현을 직관화하는 경우에도 이는 우리에게 마찬가지로 일어난다.

여기에서 여전히 지적해야 할 것은 이미 말한 것이 복잡한 관계를 매개로 매우 추상적인 대상성의 표현뿐 아니라 개별적 객체, 잘 알려진 인물이나 도시, 풍경에 대한 명사에도 적용된다는 점이다. 직관적으로 현전화하는 능력은 현전할 수도 있지만, 주어진 계기 속에 그 능력은 실현되지 않는다.

18 계속: 논증과 반증

누군가 '상상은 그러한 경우에도 작동하지만 아주 일시적으로 내적 상(像)이 불쑥 떠오르다가 즉시 사라진다.'라고 반론을 제기하면, 우리는 '표현의 완전한 이해와 표현의 생생하고 완전한 의미는 상이 사라진 다음에도 여전히 존속하며, 그래서 바로 이러한 상 속에 있을 수 없다.'

---

1 (옮긴이 주) 세레(J. A. Serret, 1819~1885)는 프랑스의 수학자로 미분기하학에서 곡선이 움직이는 관계를 묘사한 공식 '프레네-세레(Frenet-Serret)의 공식'으로 잘 알려져 있다. 이 『세레의 대수학』은 1866년에 그가 출판한 책을 가리키는 것 같다.

라고 답변한다.

다시 누군가 '상상의 상은 아마 명확하지 않거나 처음부터 명확하지 않았을지 모르지만, 명확하든 명확하지 않든 현존하고, 지속적 이해를 가능하게 한다.'라고 반론을 제기하면, 우리는 여기에서도 의심하지 않고 이렇게 답변할 수 있다. 즉 발생적-심리학적 근거에 입각한 그와 같은 가정이 필요한지, 또는 권장할 만한 가치가 있는지를 우리가 여기에서 연구할 필요는 없다. 우리의 기술적 문제에 그러한 가정은 명백하게 완전히 무익하다. 사람들은 상상의 상이 종종 명확하지 않다고 인정한다. 또한 사람들은 그럼에도 표현의 이해가 성립하며, 게다가 아주 명확할 수 있다는 점을 부정하지 않을 것이다. 그러나 추상적 체험의 계기, 즉 상상의 표상에서 의미를 형성해야 할 계기는 명확하고, 체험 전체, 즉 구체적으로 완전한 상상의 표상은 명확하지 않다고 가정하는 것은 전도된 것 아닌가? 그리고 의미가 불합리한 것인 경우, 우리가 계속 심문해야만 한다면 사정은 어떠한가? 여기에서 명확하지 않음은 심리적 힘을 충족시키는 우연성에 기인할 수 있는 것이 아니며, 오히려 상은 결코 존재할 수 없다. 왜냐하면 그러지 않으면 상은 관련된 생각의 가능성(의미의 정합성)을 명증적으로 보증하기 때문이다.

물론 우리는 '폐쇄된 직선에서 내각의 합이 180도보다 크거나 작은 삼각형'과 같은, 그 자체로 불합리한 것을 어떤 방식으로 감성화하는 점을 지적할 수 있을 것이다. 메타기하학[2]의 논문에서 우리는 진정 그와 같은 종류와 모습의 도형을 발견한다. 그럼에도 그 누구도 그러한 종류의 직관을 관련된 개념을 실제로 직관화한 것으로, 나아가 말의 의미를 소유한 것(Inhaber)으로 간주하려 진지하게 고려하지 않을 것이다. 오직 사념된 사태의 상상의 상이 실제로 그 사태의 상으로 적절한 경우

---

2 (옮긴이 주) 비유클리드 기하학을 가리킨다.

에만, 표현의 의미를 이러한 상 속에 추구하는 유혹에 이끌리기 쉽다.

그러나 어쨌든 그에 못지않게 자신의 의미(Sinn)를 갖는 불합리한 표현을 공제하더라도 적절함(Angemessenheit)이 규정(Regel)인가? 이미 데카르트는 천각형(千角形)의 예를 지적하고, 이 예에서 상상(imaginatio)과 지성(intellectio)의 차이를 분명하게 밝혔다.[3] 천각형에 대한 상상의 표상은 폐쇄된 직선, 서로 교차하는 평행선의 상보다 더 적절하지 않다. 양 측면에서 우리는 완전히 도달할 수 있는 예시화(例示化) 대신 생각의 거칠고 단순히 부분적인 구상화(具像化)를 발견한다. 우리는 폐쇄된 직선을 말하며, 따라서 폐쇄성을 단순히 감성화하면서 폐쇄된 곡선을 그린다. 마찬가지로 우리는 천각형을 생각하며, '많은' 변을 가진 어떤 다각형을 상상한다.

그런데 정합적 의미의 경우에도 직관화가 적절하지 않음을 입증하기 위해 특별히 기하학의 사례를 선택할 필요는 전혀 없다. 정밀하게 검토해 보면, 모두에게 잘 알려져 있듯이 참으로 어떠한 기하학적 개념도 결코 충전적으로 감성화되지 않는다. 우리는 선을 상상하거나 그리며, 어떤 직선을 말하거나 생각한다. 이는 모든 도형의 경우에 해당한다. 어디에서나 상은 '지성(intellectio)'에 대한 발판으로서만 이바지할 뿐이다. 상은 지향된 형상의 실제적 범례가 아니라 단지 기하학적 '이념화(Idealisierung)'에 대한 자연스러운 출발점인 동일한 감성적 종류의 감성적 형태에 대한 하나의 범례만 제공한다. 기하학적 사유의 이러한 지성적 과정 속에 기하학적 형상의 이념이 구성되는데, 이 이념은 정의적(定義的) 표현의 확고한 의미로 뚜렷하게 새겨진다. 이러한 지성적 과

---

3 (옮긴이 주) 데카르트는 『제일철학에 관한 성찰』 「제6성찰(물질적 사물의 현존 그리고 정신과 물체의 실재적 차이에 관해)」에서 천각형의 예를 들면서 '상상'은 인식능력에서 '지성'의 한 양상으로, 그 대상을 이해하는 동시에 현전하는 것으로 직관하는 것이라 말했다. 즉 천각형을 상상할 경우, 삼각형이 세 개의 변으로 구성된 도형임을 이해하는 것처럼, 1000개의 변으로 구성된 도형임을 이해하지만 삼각형과 같은 방식으로 1000개의 변을 상상할 수는 없다.

정을 현실적으로 수행하는 것은 원초적인 기하학적 표현을 최초로 형성하고 인식에 적합하게 확증하는 전제가 된다. 그렇지만 그 표현을 다시 소생시켜 이해하고 계속 유의미하게 사용하는 경우에 대한 전제는 아니다. 어쨌든 일시적인 감성적 상은 현상학적으로 파악할 수 있고 기술할 수 있는 방식으로 단순히 이해를 돕는 것으로 기능하지만, 그 자체가 의미나 의미를 지닌 것으로서 기능하지는 않는다.

사람들은 아마 우리의 견해가 마치 말과 생각을 동일화하는 것 같은 극단적인 유명론(Nominalismus)이라고 비난할 것이다. 우리의 이론에 따르면, 종이 위에 쓴 이러한 감성적 필적, 생각의 정신없는(geistlos) 감성적 물체 이외에 직관적인 것은 아무것도 현존하지 않는다. 반면 상징[기호], 말, 명제, 공식이 이해되어야 한다는 점은 많은 사람에게 곧바로 불합리하게 보일 것이다. 그런데 앞의 1절[4]의 상론이 이것을 확인하듯이, 우리는 말과 생각을 동일화할 생각이 전혀 없다. 우리는 상징을 이것에 수반하는 상상의 상(像)의 버팀목 없이 이해한다고, 즉 단순한 상징이 거기에 있다고는 결코 생각하지 않는다. 오히려 이해가 거기에 있다. 즉 표현에 관련되고, 표현을 두루 비추고, 표현에 의미를 부여하며, 따라서 대상적 관계를 부여하는 그 독특한 작용의 체험이 거기에 있다. 감성적 복합체로서 단순한 말을 유의미한 말과 구별하는 그것을 우리는 우리 자신의 경험을 통해 아주 잘 알고 있다.

우리는 의미를 도외시하면서 오직 말의 감성적 유형에만 주의를 기울일 수 있다. 감성적인 것이 우선 그 자체만으로 관심을 일깨우고, 나중에야 비로소 말이나 그 밖에 상징으로서 지닌 성격이 우리에게 의식되는 경우도 생긴다. 어떤 객체가 우리에 대해 어떤 상징의 타당성을 받아들일 때, 또는 거꾸로 우리가 통상 상징으로서 기능하면서 그 유의

---

4 예를 들어 1절 10항 중간 부분 참조.

2절 의미를 부여하는 작용의 성격에 대해

미성을 도외시할 때, 그 객체의 감성적 외관(Habitus)은 변화되지 않는다. 또한 마치 실로 동등한 권리를 지닌 내용의 총합이나 결합이 앞에 놓여 있듯이, 어떠한 새로운 심리적 내용도 예전의 심리적 내용에 자립적으로 부가될 수 없다. 그러나 하나의 동일한 내용은 자신의 심리적 외관을 잘 변화시키고, 그것은 우리에게 그 동일한 내용과 다른 기분이 들게 하며, 단순히 종이 위에 쓴 감성적 필적이 우리에게 나타나는 것이 아니라, 물리적으로 나타나는 것은 우리가 이해하는 하나의 기호로서 간주된다. 그리고 우리가 그것을 이해하는 데 몰두하는 사이, 우리는 감성적 객체로서 기호에 관계된 표상작용이나 판단작용을 수행하는 것이 아니라, 표시된 사태에 관계된, 완전히 다른 종류의 표상작용이나 판단작용을 수행한다.

그러므로 의미는 의미를 부여하는 작용의 성격 속에 놓여 있으며, 이 작용의 성격은 관심이 감성적 기호로 향하느냐, 기호를 매개로 표상된 — 어떠한 종류의 상상의 표상을 통해 상화(像化)되지 않더라도 — 객체로 향하느냐에 따라 완전히 다르다.

19 직관 없는 이해

그러므로 우리의 견해에 비추어, 표현이 어떻게 유의미할 수 있고 예시하는 직관 없이 기능할 수 있는지 완전히 이해할 수 있게 된다. 의미의 계기를 의미로 전가시키는 사람은 순수한 상징적 사유의 이러한 사실에 접해 풀 수 없는 수수께끼에 직면하게 된다. 그 사람에게는 직관이 없는 발언(Sprechen)도 뜻이 없을(sinnlos) 것이다.

그러나 참으로 뜻이 없는 발언은 결코 어떠한 발언도 아니며, 기계 소음과 같다. 기껏 배워 익힌 시구나 기도문 등을 생각 없이 암송할 경우 그런 일이 생긴다. 하지만 이것이 해명되어야 할 경우와 관련되지는 않는다. 앵무새의 종알거림이나 거위의 꽥꽥거림과 즐겨 비교하는 것, 잘 알려진 인용구인 "개념이 없는 곳에 말은 제때 생긴다."[5] 또는 이와 유사한 화법은, 냉정한 고찰이 가르쳐 주듯, 결코 엄밀하게 받아들여서는 안 된다. 우리는 어쨌든 '판단 없는 잡담'이나 '뜻이 없는 잡담'과 같은 표현을 '감정 없는, 생각 없는, 정신없는 사람' 등과 같은 유사한 표현을 기준으로 삼아 잘 해석할 수 있으며, 또 그렇게 해석해야 한다. '판단 없는 잡담'을 우리는 명백하게 판단작용이 없는 것이 아니라, 판단작용 자체가 신중하게 숙고해 나오지 않는 것으로 이해한다. 또한 불합리(Absurdität) ─ 이치에 어긋남(Widersinn) ─ 로서 이해된 '뜻이 없음(Sinnlosigkeit)'은 뜻[의미, Sinn] 속에 구성된다. 즉 객관적으로 일치시킬 수 없는 것을 사념하는 것은 이치에 어긋난 표현의 뜻[의미]에 속한다.

반대하는 측에 대해서는 의식되지도 주목되지도 않는 직관의 궁핍한 가설로 도피하는 길만 남았을 뿐이다. 그러나 기초 짓는 직관이 명백하게 현존하는 경우, 그 직관의 작업수행을 고려하면 이것이 별 도움이 안 된다는 점을 알 수 있다. 매우 많은 경우 기초 짓는 직관은 의미지향에 결코 적절하지 않다. 어쨌든 여기에서 우리의 견해에는 아무 어려움이 없다. 만약 유의미함이 직관 속에 있지 않다면 직관을 수반하지 않는 발언이 그로 인해 결코 생각 없는 발언일 필요는 없다. 직관이 사라지면 표현에는 ─ 즉 감성적 표현의 의식 속에는 ─ 그와 다른 경우의 직관이 관계되고, 어쩌면 직관 대상에 대한 인식을 매개하는 작용과 동일한 종류의 작용이 바로 적용될 것이다. 그래서 의미하는 작용이 수행되는 작용은 이러한 경우와 다른 경우에도 현존한다.

---

5 (옮긴이 주) 괴테의 『파우스트』(1995~1996행)에서 인용.

2절 의미를 부여하는 작용의 성격에 대해

우리는 단순히 꾸밈없는 일상적 사유가 아니라 엄밀한 학문적 사유의 가장 넓은 구간에서 직관화하는 상의 성격(Bildlichkeit)이 사소한 역할을 하거나 전혀 역할하지 않는다는 점, 현실적 의미에서 '단순한 상징적 표상'에 근거해 판단, 추리, 숙고, 논박할 수 있다는 점을 철저하게 이해해야 한다. 사람들이 여기에서, 마치 기호 자체가 어떤 것을 대신하고 상징적 사유 속에 사유의 관심이 기호 자체로 향하게 되는 것처럼, 기호의 대리하는 기능에 대해 이야기한다면 그것은 이 상태를 매우 부적절하게 기술하는 것이다. 그러나 참으로 기호는 대리하는 방식이나 사유하는 고찰의 대상이 절대 아니며, 오히려 우리는 수반하는 직관이 전혀 없는 경우에도 의미의 의식이나 이해의 의식 속에서 철두철미 살아간다. 그러므로 다음을 유념해야 한다. 즉 상징적 사유는 단지 새로운 '지향적' 성격이나 작용의 성격을 위해서만 사유이며, 이 성격은 '단순한' 기호 — 즉 물리적 객체로서 단순한 감성적 표상 속에 구성되는 말소리 — 와 대립해 유의미한 기호의 차이를 형성한다. 이러한 작용의 성격이, 직관이 없지만 어쨌든 이해된 기호를 체험하는 가운데 기술적 특징이 된다.

사람들은 여기에서 제시한 상징적 사유의 해석에 반대해 아마 이런 반론을 제기할 것이다. 즉 이러한 해석은 내가 『산술철학(*Philosophie der Arithmetik*)』에서 강조한 상징적-산술적 사유를 분석하는 가운데 강조하며 제기한 가장 확실한 사실과 충돌된다는 반론이다. 어쨌든 산술적 사유에서는 단순한 기호가 실제로 개념을 대신한다. 람베르트[6]의 말로 표

---

6 (옮긴이 주) 람베르트(J. H. Lambert, 1728~1777)는 스위스의 수학자·물리학자(특히 광학자)·천문학자·철학자로서 삼각법에 쌍곡선함수를 도입하고, 횡축 메르카토르도법을 비롯한 지도 투영법을 개발하는 등 많은 업적을 남겼다. 특히 논리학과 철학 분야의 대표작인

현하면, '사태의 이론을 기호의 이론으로 환원하는 것'은 모든 계산술의 작업수행이다. 산술의 기호는 "기호의 이론, 결합, 변환 등이 개념들로 착수되어야만 할 것을 대신해 이바지할 수 있게 선택되고, 또한 그렇게 완성되어야 한다."[7]

더 자세하게 검토해 보면, 어쨌든 그것은 그 이론과 결합 등이 우리에게 거의 도움이 되지 않는 물리적 객체의 단순한 의미에서 기호가 아니다. 그러한 기호는 물리학이나 실천의 영역에는 있지만, 산술의 영역에는 없다. 문제가 된 기호의 참된 의도는 계산의 조작을 규칙화된 놀이, 예를 들어 체스의 조작과 즐겨 비교하는 것에 주목하면 뚜렷하게 나타난다. 체스의 말들은 경기 중에 상아나 나무 등으로 만든 이러저러한 형태와 색깔의 사물로서 고려되지 않는다. 체스의 말들을 현상적으로나 물리적으로 구성하는 것과는 아무 상관없으며, 자기 뜻대로 변할 수 있다. 오히려 확고한 놀이 의미(Spielbedeutung)를 부여하는 놀이규칙을 통해 체스의 말, 즉 문제가 된 놀이 칩[도구]이 된다. 그리고 산술의 기호도 그 원본적 의미 이외에 이른바 그 놀이 의미, 즉 계산조작의 놀이와 잘 알려진 그 계산규칙에 따라 방향이 정해진 놀이 의미를 소유한다. 만약 산술의 기호를 순수하게 이러한 규칙의 의미에서 놀이 도구로 이해하면, 계산의 놀이 과제를 해결하는 것은 수의 기호나 수식(數式)으로 이끌고, 원본적인 본래 산술의 의미[뜻]에서 그 놀이 칩을 해석하는 것은 동시에 이에 상응하는 산술의 과제를 해결하는 것을 나타낸다.

그러므로 우리는 상징적-산술적 사유와 계산의 영역에서 무의미한 기호로 조작하지 않는다. 그것은 산술의 의미로 영혼을 불어넣은 근원적

『새로운 기관』(1764)을 통해 객관적 현상과 주관적 현상을 구별하는 기준을 제시함으로써 칸트의 비판철학뿐 아니라 밀의 논리학 저술에도 큰 영향을 주었다.

7 람베르트, 『새로운 기관(Neues Organon)』 2권(1764), 23·24항, 16쪽.(람베르트는 여기에서 명확하게 산술과 관련시키지 않았다.)

2절 의미를 부여하는 작용의 성격에 대해

기호를 대신하는, 모든 의미가 떨어져 나간 물리적 기호의 의미에서 '단순한' 기호가 아니다. 오히려 산술적 유의미한 기호를 대신하지만, 어떤 조작 의미나 놀이 의미에서 이해된 기호다. 자연스럽고 무의식적으로 형성된 애매함의 체계는 무한히 성과가 많으며, 원본적인 일련의 개념을 필요로 하는, 비할 데 없이 큰 사유의 작업은 그것과 동등한 일련의 놀이 개념으로 수행되는 더 쉬운 '상징적' 조작을 통해 절약된다.

물론 우리는 그와 같은 처리절차의 논리적 권리를 정초하고, 그 한계를 확실하게 규정해야 한다. 여기에서 오직 중요한 문제는 사람들이 수학의 이러한 '순수상징적' 사유를 오해함으로써 쉽게 빠져드는 혼란을 제거하는 것이다. 산술에서 산술적 개념 — 또는 이 개념에 자신의 산술적 의미를 부여한 기호 — 을 '대신하는 것(Surrogat)'으로서 이바지하는 '단순한 기호'에 대한 논의를 위에서 설명한 의미로 이해하면, 산술적 기호의 대리하는 기능을 언급하는 것은, 우리가 여기에서 전념하는 문제, 즉 '수반하는 — 예시하고 예증하며 명증적이게 하는 — 직관이 없는 표현적 사유가 가능한지'의 물음을 본래 전혀 다루지 않는다는 점을 확실시한다. 한편으로 그와 같은 종류의 직관이 없는 사유의 의미에서 상징적 사유와, 다른 한편으로 대신하는 조작의 개념으로 수행된 사유의 의미에서 상징적 사유는 서로 다른 사항이다.

21 의미를 해명하고 그 의미 속에 근거한 진리를 인식하는 경우, 의미에 상응하는 직관으로 되돌아갈 필연성을 고려해 숙고함

다음과 같이 물을 수 있다. 즉 만약 순수하게 상징적으로 기능하는 표현의 의미가, 말의 기호를 이해하는 파악작용의 뜻이 비어 공허한 기호로 구별하는 작용의 성격 속에 있다면, 의미의 차이를 확인하고 다의성을 명증적으로 부각시키거나 의미지향이 동요하는 것을 제한하기 위해 직관으로 되돌아가는 것은 어떠한가?

다음과 같이 물을 수도 있다. 즉 의미라는 개념을, 여기에서 대표하는 견해가 옳다면 순수하게 개념 속에 근거한 인식, 즉 어쨌든 단순히 의미를 분석해서 생기는 인식을 통찰하기 위해 우리도 그에 상응하는 직관을 사용하는 것은 어떠한가? 사실상 일반적으로 다음과 같은 것을 말한다. 어떤 표현의 의미〔뜻〕— 어떤 개념의 내용 — 를 '명석하게 의식하기' 위해 우리는 그에 상응하는 직관을 수립해야 할 것이다. 즉 표현에 '본래 사념되었을' 것을 우리는 직관 속에서 파악해야 한다.

그런데 어쨌든 상징적으로 기능하는 표현도 어떤 것을 사념하지, 직관적으로 해명된 표현 이외의 다른 것을 사념하지는 않는다. 의미하는 작용이 직관을 매개로 최초로 수행될 수는 없다. 그러지 않으면 우리가 회화나 독서의 비할 데 없이 막대한 부분에서 체험하는 것은 청각적, 시각적 복합체의 단순한 외적 지각작용이나 상상작용이라고 말해야 한다. 우리는 현상학적으로 주어진 것의 내용이 그것에 명증적으로 모순된다는 사실, 즉 음성기호와 문자기호로 이러저러한 것을 사념한다는 사실, 이러한 사념이 비록 순수하게 상징적으로 이해하는 논의와 청취의 기술적 성격이라는 사실을 새로이 반복할 필요가 없다.

어쨌든 최초에 제기된 물음에 대한 답변에서 다음에 주의해야 한다. 즉 단순한 상징적 의미지향은 종종 서로 판명하게 분리되지 않으며, 비록 명증적이 아니더라도 실천적으로 유효한 판단작용의 목적을 위해 필요한 동일화(Identifizierung)와 구별(Unterscheidung)을 쉽고 확실하게 해 주지 않는다. '모기'와 '코끼리' 같은 의미의 차이를 인식하기 위해 특별히 준비해야 할 필요는 전혀 없다. 그렇지만 의미가 유동적이어서 서로 섞이고, 의미가 은밀히 동요해 한계를 희미하게 만들어, 그 의미의 한계를 엄수하려면 판단작용의 확실성이 요구될 경우, 직관화하는

2절 의미를 부여하는 작용의 성격에 대해

것(Veranschaulichung)은 판명하게 하는 것(Verdeutlichung)의 자연스러운 수단을 제공해 준다. 표현의 의미지향이 개념적으로 함께 속지 않는 서로 다른 직관에서 충족됨으로써 — 확연히 구별된 충족의 방향과 더불어 — 동시에 의미지향의 차이가 선명하게 드러난다.

그러나 두 번째 물음과 관련해 '판단작용 — 적확한 의미에서 모든 현실적 인식작용 — 의 모든 명증성은 직관적으로 충족된 의미를 전제한다.'는 점이 숙고되어야 한다. '단순한 말의 의미를 분석해 생긴 것'이 인식에 대한 논의인 경우, 이 말이 생각나게 하는 것 이외에 다른 것이 사념된다. 사념되는 일반적인 말의 의미가 완전한 방식으로 충족을 발견하는 '개념적 본질'을 단순히 현전화하는 것이 그 명증성에 필요한 인식이며, 반면 개념에 상응하는 대상이나 개념적 본질에 포섭되는 대상의 존재에 대한 물음은 제외된다.

하지만 이 개념적 본질은 결코 말의 의미 자체가 아니다. 그래서 '순수하게 개념 (또는 본질) 속에 근거한'과 '단순한 분석을 통해 말의 의미에서 생긴'이라는 두 화법은 오직 애매함을 통해서만 동일한 것을 말할 수 있을 뿐이다. 이 개념적 본질은 말의 의미, 더 정확하게는 말의 의미지향이 이에 상응하는 단적인 직관적 표상으로, 또 동일한 표상의 사유에 적합하게 가공하거나 형식화하는 것으로 끝나면서 그때그때 '주어진 것'인, 충족시키는 의미일 뿐이다. 그러므로 이러한 분석은 공허한 의미지향에 관계하지 않고, 공허한 지향에 충족을 부여하는 대상성과 형식에 관계한다. 그 분석은 의미의 단순한 부분이나 관계에 대한 진술도 전혀 제공하지 않으며, 의미 속에 이러저러하게 규정된 것으로 생각된 대상 일반과 관련해 통찰하는 필연성을 제공한다.

물론 이미 반복해서 불가결한 것으로 인식된, 현상학적 분석의 영역에 대한 이러한 숙고는 다음과 같은 점을 앞서 지시한다. 즉 현상학적 분석은 의미와 인식 또는 의미와 해명하는 직관의 아프리오리한 관계를 명증성으로 이끌며, 그래서 우리의 '의미'라는 개념도 충족시키는 의미를 구별함으로써, 그리고 이렇게 충족시킴의 의미를 규명함으로써 비로소 완전하고 명석하게 되도록 도와주어야 한다는 점이다.

22 서로 다른 이해의 성격과 '이미 알려져 있음의 질(質)'

우리의 파악은 이 의미지향이 직관화가 없는 경우에도 의미를 부여하는 작용의 성격을, 완전히 선명하지는 않더라도 어떤 구별을 전제한다. 그리고 실제로 우리는 이때 기호에 대한 이해나 유의미한 사용을 지배하는 '상징적 표상'이 기술적으로 같은 값을 갖는다는 점, 그 표상이 모든 표현에 대해 동일한 차이 없는 성격 속에 — 마치 단순한 말소리만, 우연적인 감성적 의미를 지닌 것이 차이를 형성하는 것처럼 — 존립한다는 점을 받아들일 수 없다. 우리는 애매한 표현의 예에서 '전혀 직관화하지 않고도 급격한 의미의 변경을 수행하고 인식할 수 있다.'는 점을 쉽게 확신한다.

여기에서 명증적으로 드러나는 기술적 차이는 정말 동일한 것인 감성적 기호일 수 없으며, 바로 종적(種的)으로 변경되는 작용의 성격에 관계해야 한다. 말이 변화되는 동안에도 그 의미가 동일하게 남는 경우, 예를 들어 단순히 관용어법에 차이가 있는 경우를 지적할 수 있다. 감성적으로 서로 다른 기호는 이 경우 같은 것을 의미하는 기호 — 우리는 경우에 따라, 심지어 단지 서로 다른 언어에 속하는 '동일한' 말에 대해 이야기한다 — 로 간주되며, 의미의 직관화에 관계하는 상(像)을 재생산적 상상이 우리에게 제공하기 이전에, 그 기호는 우리에게 직접 '동일한 것'으로 느끼게 한다.

이와 동시에 그러한 예는 처음에 그럴듯하게 보이는 다음과 같은

2절 의미를 부여하는 작용의 성격에 대해

생각이 유지될 수 없음을 분명하게 이해시켜 준다. 즉 이해(Verständnis)의 성격은 결국 릴[8]이 '이미 알려져 있음(Bekanntheit)의 성격'[9]이라고, 또 회프딩[10]이 적절하지 않지만 '이미 알려져 있음의 질(質)'[11]이라 부른 것[12] [13]일 뿐이라는 생각이다. 이해되지 않는 말도 예전에 이미 알려져 있는 것처럼 우리에게 다가올 수 있다. 즉 잘 암송된 그리스어의 시구는 그 시구의 의미에 대한 이해보다 더 오래 기억에 남으며, 여전히 잘 알고 있는 것으로 나타나지만 어쨌든 더 이상 이해되지 않는다. 결핍된 이해는 이때 종종 추후 — 어쩌면 모국어의 번역하는 표현이나 그 밖에 의미를 지탱해 주는 버팀목이 등장하기 훨씬 이전에 — 우리에게 번뜩 비춰 주며, 이미 알려져 있음의 성격에 명백하게 새로운 것 — 내용을 감성적으로 변경시키지 않고, 그 내용에 어쨌든 새로운 심리적 성격을 부여하면서 — 으로서 이해의 성격이 지금 부가된다. 예전에 이미 알려진 시(詩)를 수시로 생각[이해] 없이 읽거나 낭송하는 것이 이해할 수 있는 것으로 변모되는 것과 같은 방식도 지적하고 싶다. 이해의 성격에 고유함을 명증적으로 이끄는 풍부한 예들이 이렇게 제공된다.

---

8 (옮긴이 주) 릴(A. Riehl, 1844~1924)은 신칸트학파의 입장에서 인식론에서 심리학주의를 반대하고 논리주의를 강조했다. 또한 실증주의적 경향에 따라 기존의 형이상학을 부정하고 인식대상의 실재성을 주장했다. 저서로 『실재론 개요』(1870), 『철학의 개념과 형식』(1872), 『철학적 비판주의와 이것의 실증과학에 대한 의미』 1~2권(1876~1887) 등이 있다.

9 릴, 『철학적 비판주의[와 그 실증과학에 대한 의미](Der philosophische Kritizimus)』 2권, 1부 199쪽.

10 (옮긴이 주) 회프딩(H. Höffding, 1843~1931)은 덴마크의 철학자로 독일관념론과 키르케고르, 진화론의 영향을 받아 비판적 실증주의를 주장했다. 저서로 『심리학』(1882), 『윤리학』(1887), 『종교철학』(1901) 등이 있다.

11 회프딩, 『재인식, 연상 그리고 심리적 활동에 관해(Über Wiedererkennen, Assoziation und psychische Aktivität)』, 《학문적 철학 계간지(Vierteljahrsschrift f. wiss. Philos.)》 13권, 425쪽.

12 폴켈트, 『경험과 사유(Erfahrung und Denken)』, 362쪽 참조.

13 (옮긴이 주) 폴켈트(J. Volkelt, 1848~1921)는 오스트리아 출신의 독일 철학자로 실증주의에 반대하고 칸트와 헤겔, 쇼펜하우어를 이어받아 새로운 형이상학을 수립하려 했다. 꿈의 의미를 분석한 작업은 프로이트에게 큰 영향을 주었다. 저서로 『칸트의 인식론』(1879), 『꿈의 상상』(1875), 『경험과 사유』(1886) 등이 있다.

23 표현 속의 통각과 직관적 표상 속의 통각

기호의 의미하는 작용(Bedeuten)이 실행된 이해하는[14] 파악은, 바로 모든 파악하는 작용이 어떤 의미에서 이해하는 작용이나 해석하는 작용인 한, 체험된 감각의 복합체를 매개로 대상 — 예를 들어 '외적' 사물 — 의 직관적 표상(지각·상상·모사 등)이 생기는, 다른 형식으로 수행되는 객관화하는 파악과 유사하다. 어쨌든 두 측면의 파악하는 현상학적 구조는 현저하게 구별된다. 만약 모든 경험 이전에 어떤 의식을 상정하면, 그 의식은 가능성에 따라 우리와 동일한 것을 감각한다.

그러나 그 의식은 사물이나 사물에 일어난 일을 결코 직관하지 않으며, 나무와 집, 새가 날아가는 것과 개가 짖는 것도 지각하지 못한다. 우리는 여기에서 상태가 다음과 같이 표현되는 것을 직접 느낀다. 즉 그와 같은 의식에는 감각이 아무것도 의미하지 않고, 감각은 그와 같은 의식에 어떤 대상의 속성들에 대한 기호로서 간주되지 않으며, 그 감각의 복합체는 대상 자체에 대한 기호로서 간주되지 않는다. 감각은 단적으로 체험되지만, — '경험'에서 생기는 — 객관화하는 해석이 없다. 그래서 여기에서 표현과 이와 유사한 기호의 경우와 마찬가지로 의미와 기호에 대한 논의가 이루어진다.

그런데 이러한 논의는 — 우리가 단순화하기 위해 제한한 — 지각과 비교하는 경우에 — 예를 들어, 말소리처럼 본래의 의미에서 기호로서 기능하는, 사실상 대상적으로 의식된 물리적 객체의 경우 — 이것이 일어나듯 마치 의식이 감각에 눈길을 돌리면, 감각 그 자체를 지각과 이 지각 위에 비로소 정초할 수 있는 해석의 대상으로 만드는 것처럼

---

14 나는 '이해한다'는 말을 가령 말하는 사람과 듣는 사람의 관련을 지시하는 제한된 의미로 사용하지 않는다. 독백으로 사유하는 자는 자신의 말을 '이해하고', 이 이해하는 것은 단순히 현실적으로 의미하는 작용이다.

2절 의미를 부여하는 작용의 성격에 대해

오해하면 안 된다. 감각은 명백하게 오직 심리학적 반성 속에서만 표상의 객체[대상]가 된다. 그러나 감각은 소박한 직관적 표상작용 속에서 표상의 체험을 구성하는 요소 — 표상의 체험에서 기술적 내용의 부분 — 이지만 그렇다고 결코 표상의 체험 대상은 아니다.

지각의 표상은 체험된 감각의 복합체가 어떤 작용의 성격, 즉 어떤 파악작용이나 사념작용에 의해 생기가 불어넣어짐으로써 이루어진다. 그리고 감각의 복합체에 생기가 불어넣어지면서 지각된 대상이 나타나는 반면, 감각의 복합체 자체는 지각된 대상 자체가 구성되는 작용과 마찬가지로 나타나지 않는다. 현상학적 분석은 또한 감각의 내용이 감각을 통해 표상된 대상의 내용에 대해 이른바 유사한 건축자재를 제공해 준다는 사실도 알려 준다. 그러므로 한편으로는 감각된 색깔이나 연장(延長), 강도(强度)에 대한 논의, 다른 한편으로는 지각된(또는 표상된) 색깔이나 연장, 강도에 대한 논의 등이 있다. 양측에 상응하는 것은 결코 동일한 것이 아니며, 앞의 예에서 쉽게 확신하듯, 유(類)에 적합하게 유사한 것일 뿐이다. 우리가 보는 — 지각하는, 표상하는 등 — 공의 균등한 색깔을 우리는 감각하지 못한다.

표현의 의미에서 기호의 경우 바로 그와 같은 '해석'이 — 하지만 단지 최초의 파악으로서만 — 기초가 된다. 표현이 이해되지만 예시하는 어떤 직관을 통해 생기가 불어넣어지지 않는 더 단순한 경우를 고찰해 보면, 최초의 파악을 통해 단순한 기호의 나타남이 여기 그리고 지금 주어진 물리적 객체 — 예를 들어 말소리 — 로서 생긴다. 그러나 이 최초의 파악은 두 번째 파악을 기초 짓는데, 이 두 번째 파악은 체험된 감각의 질료를 완전히 넘어서며 이 감각의 질료 속에 지금 사념하고, 철저히 새로운 대상성을 위한 유사한 건축자재를 더 이상 발견하지 못한다. 이 새로운 대상성은 의미하는 작용(Bedeuten)이라는 새로운 작용 속에서 사념되지만, 감각 속에 직접 제시되지는 않는다. 의미하는 작용,

즉 표현하는 기호의 성격은 바로 기호를 전제하고, 그 기호의 의미하는 작용으로서 나타난다. 또는 순수현상학적으로 말하면, 의미하는 작용은 직관적으로 표상하는 어떤 작용을 필연적 토대로서 전제하는 이러저러하게 염색된 작용의 성격이다. 이 직관적 표상작용 속에 물리적 객체로서 표현이 구성된다. 그러나 그 표현은 기초 지어진 작용을 통해 비로소 완전한 본래 의미에서 표현이 된다.

직관 없이 이해된 표현이 가장 단순한 경우에 타당한 것은, 표현이 그에 상응하는 직관으로 짜인 복잡한 경우에도 타당해야 한다. 때로는 예시하는 직관으로, 때로는 예시하는 직관 없이 유의미하게 사용된 하나의 동일한 표현은 그 유의미함의 원천을 서로 다른 종류의 작용에서 끌어낼 수 없다.

물론 기술적 상태를 여기에서 고려하지 않은 더 상세한 단계와 세부사항에 따라 분석하기는 쉽지 않다. 특히 직관화하는 표상의 기능 ── 직관화하는 표상이 작업을 수행하는 의미지향을 강화하고 심지어 명증적으로 만드는 것, 또한 직관이 없는 표현 속에 이미 의미를 부여하는 체험으로서 이바지하는 이해의 성격이나 의미의 성격에 대한 그 관계 ── 을 올바로 파악하기는 어렵다. 여기가 현상학적 분석의 넓은 장(場)이며, 논리학자가 의미와 대상, 판단과 진리, 명석하지 않은 사념과 확증하는 명증성의 관계를 명석하게 밝히려 할 경우에 그가 피할 수 없는 장이다. 우리는 이후[15] 관련된 분석에 상세하게 전념해야 할 것이다.

---

15 제6연구〔『논리 연구』 2-2권〕 참조.

2절 의미를 부여하는 작용의 성격에 대해

3절 말의 의미가 동요함 그리고 의미통일체의 이념성

24 들어가는 말

우리는 2절에서 의미하는 작용에 전념했다. 그러나 1절에서 확인하는 가운데 작용(Akt)으로서 의미하는 작용(Bedeuten)과, 가능한 작용들의 다양체에 대립된 이념적 통일체(ideale Einheit)인 의미(Bedeutung) 자체를 구별했다. 이와 연관된 다른 구별과 마찬가지로, 이 구별은 주관적 의미에서 표현된 내용과 객관적 의미에서 표현된 내용을, 후자의 관점에서 '의미' 자체로서 내용과 '명명(命名)'으로서 내용을 구별하며, 이는 무수한 경우 확실하게 판명하다.

적절하게 서술된 학문적 이론의 연관 속에 있는 모든 표현의 경우도 그러하지만 사정이 다른 경우도 있다. 그 경우 획득된 구별을 다시 혼란시키는 경향을 갖기에 특별히 주의해야 한다. 여기에서 중요한 어려움을 제공하는 것은 의미와 관련해 동요하고 특히 본질적으로 우연적이며 모호한 표현이다. 이러한 어려움을 〔한편으로는〕 의미하는 작용의 동요하는 작용과, 〔다른 한편으로는〕 이념적-통일적 의미 ─ 이들 사이에 의미가 동요한다 ─ 의 구별을 통해 해결하는 것이 3절의 주제다.

25 통지함의 내용과 명명함 사이의 합치관계

표현은 다른 대상들뿐 아니라 스스로 표명하는 사람의 현재 심리적 체험과도 관계가 있다. 따라서 표현은 대상적인 것을 명명하고 ── 또는 일반적으로 표시하고 ── 동시에 통지하는 표현과, 명명된 내용과 통지된 내용이 분리되는 경우의 표현으로 구분된다. 전자의 예는 의문문이나 소원문이나 명령문이, 후자의 예는 외적 사물이나 과거 자신의 심리적 체험, 수학적 관계 등과 관련된 진술명제가 제공해 준다. 누군가 '물 한 잔 부탁합니다.'라는 바람을 말하면, 듣는 사람에게 이것은 말하는 사람의 바람에 대한 표시다. 그러나 동시에 이 바람도 진술의 대상이다. 통지된 것과 명명된 것이 여기에서는 부분적으로 합치된다. 나는 통지하는 것이 더 명백하게 도달하기 때문에 '부분적으로 합치된다.'라고 말한다.

통지하는 것에는 '나는 ……을 부탁합니다.'라는 말로 표현된 판단도 속한다. 물론 말하는 사람의 표상작용, 판단작용, 추측작용에 관해 무엇을 진술하는 진술도, 따라서 '나는 ……을 표상한다, …… 의견이다, ……을 판단한다, ……을 추측한다' 등의 형식을 지닌 진술도 사정은 마찬가지다. 심지어 '내가 지금 바로 표명한 말로 통지하는 심리적 체험'과 같은 예처럼, 총체적으로 합치하는 경우가 최초의 순간에는 ── 면밀히 검토해 보면 이러한 예의 해석이 유지될 수 없더라도 ── 가능해 보인다. 반면 통지함과 진술된 사태는 가령 '2×2=4'와 같은 진술에서 완전히 분리된다. 이 명제는 다른 명제 '나는 2×2=4라고 판단한다.'와 결코 동일하지 않다. 이 둘은 어느 하나가 참인데 다른 하나가 거짓일 수 있는, 같은 값을 지닌 것조차 전혀 아니다.

물론 '통지함'이라는 개념을 더 좁게 ── 이전에[1] 한정한 의미에서 ── 파악하는 경우, 위에서 든 예에서 명명된 대상은 더 이상 통지하는 체험의 영역에 포함되지 않는다는 점을 알아야 한다. 자신의 순간적인 심리적 체험을 진술하는 사람은 판단을 통해 그 체험이 현존함을 전달한다. 그가 이러한 판단, 즉 그가 이러저러한 것을 소원하고 바라는 등의 내용을 통지함으로써 비로소 그는 듣는 사람에게 소원하는 사람, 바라는 사람 등으로 통각된다. 그와 같은 진술의 의미가 이러한 판단 속에 있는 반면, 그 진술에 관련된 내적 체험은 그것에 대해 판단된 대상에 속한다. 우리가 표현의 의미를 지니는 오직 지시된 체험만을 더 좁은 의미의 통지함으로 간주하면, 통지함과 명명함의 내용은 여기 그리고 도처에 분리되어 남는다.

26 본질적인 우발적 표현과 객관적 표현

통지함의 순간적 내용에 명명하는 관계를 갖는 표현은 그 의미가 경우에 따라 변하는 표현의 더 넓은 존립요소에 속한다. 그러나 이런 의미의 변화는 여기에서 애매함에 대한 이야기를 숙고하는 매우 독특한 방식으로 일어난다. 내가 지금 어떤 소원을 표현하는 "나는 당신의 행운을 바란다!"라는 동일한 말은, '동일한' 내용의 소원을 표현하기 위해 수많은 다른 사람에게 이바지할 수 있다. 어쨌든 소원 자체뿐 아니라 소원하는 진술의 의미도 경우마다 서로 다르다. 어느 때는 사람 A가 사람 B에 대해, 다른 때는 사람 M이 사람 N에 대해 소원한다. 사람 M이 사람 N에게 한 것과 '동일한 것'을 사람 A가 사람 B에게 소원하면, 소원하는 진술의 의미는 그 의미가 마주 서 있는 두 사람에 대한 표상을 포함하기 때문에 명백하게 서로 다른 것이 된다.

---

1 앞의 7항 초반부 참조.

그러나 이러한 다의성(多義性)은 가령 어느 때는 동물의 일종을, 다른 때는 일종의 수레 차(광산에서 통상 사용하듯이)를 의미하는 '개(Hund)'라는 말의 다의성과는 완전히 다르다. 애매함에 대해 논의하는 경우, 사람들은 이 후자의 예를 표상하게 하는 부류의 다의적 표현을 우선적으로 염두에 두곤 한다. 이러한 표현의 경우, 다의성은 의미의 이념성과 객관성에 대한 우리의 확신에 충격을 주는 데 적당하지 않다. 그러한 표현을 하나의 의미로 제한하는 것은 우리의 자의(恣意)이며, 어쨌든 서로 다른 의미의 이념적 통일체는 그 의미가 동일한 명칭으로 부르는 우연적 상황과 전혀 관련 없다.

다른 표현의 경우 사정은 어떠한가? 다른 표현의 경우에는 —— 지금 그 의미는 사람들과 그들의 체험과 함께 곧바로 변화해야 하기 때문에 —— 우리가 그 외 사람들과 그들의 체험 변화에 대립해 명백하게 만든 동일한 의미의 통일체가 여전히 견지될 수 있는가? 명백하게 여기에서 중요한 문제는 우연적 다의성이 아니라, 어떠한 인위적 장치나 관행을 통해서도 언어에서 제거할 수 없는 불가피한 다의성이다.

좀 더 명석하게 우리는 한편으로 본질적으로 주관적이고 우발적인(okkasionell) 표현과, 다른 한편으로 객관적 표현 사이에서 다음의 구별을 정의한다. 논의를 단순하게 하기 위해 정상적으로 기능하는 표현으로 제한하자.

우리가 어떤 표현을 '객관적'이라 부르는 경우는, 그 표현이 단순히 음성적으로 나타나는 내용을 통해 자신의 의미를 구속하거나 구속할 수 있을 때, 따라서 표명하는 사람이나 그것이 표명하는 상황을 필연적으로 고려하지 않아도 이해될 수 있을 때다. 그런데 객관적 표현은 다른 방식으로 애매할 수 있으며, 이때 그 표현은 더 많은 의미에 대해 방금 기술한 관계에 놓여 있다. 이 경우 객관적 표현은 이러한 의미에 의해 그때그때 사실적으로 일어나고 의미하는 심리학적 상황 —— 든

3절 말의 의미가 동요함 그리고 의미통일체의 이념성

는 사람의 우연적인 사유의 방향, 이미 진행되고 있는 논의의 경과, 그리고 이 속에서 일어난 경향 등——에 의존한다. 이러한 관련에서 논의하는 사람과 그의 상태를 고려하는 것이 유익할 수 있다. 그러나 그 말이 일반적으로 이러한 의미로 이해될 수 있는지 아닌지는 불가결한 조건(condito sine qua non) 방식이며, 이와 같은 고려에 의존하지 않는다.

다른 측면에서 우리는 다음과 같은 모든 표현을 '본질적으로 주관적이며 우발적', 또는 간략하게 '본질적으로 우발적'이라고 부른다. 즉 개념적으로 통일된 그룹의 가능한 의미를 포함해 그때그때 그 현실적 의미가 형편에 따라, 논의하는 사람과 그의 상황에 따라 방향이 정해지는 것이 본질적인 표현이다. 여기에서 표명하는 사실적 상황을 고려하는 가운데 비로소 함께 속한 일정한 의미가 듣는 사람에게 일반적으로 구성될 수 있다. 그러므로 이해는 항상 정상적 관계 속에서 생기기 때문에 이러한 상황에 대한 표상 속에, 또 표현에 대한 상황의 일정한 관계 속에 모든 사람이 파악할 수 있고 충분히 확신하는 근거의 거점이 놓여 있으며, 이 근거의 거점은 듣는 사람이 주어진 경우에 사념된 의미에 주의를 기울이게 할 수 있다.

객관적 표현에는 모든 이론적 표현, '추상적' 학문의 원리와 공리, 증명과 이론이 구축되는 표현이 포함된다. 가령 수학적 표현이 뜻하는 것에는 현실적 논의 상황이 전혀 영향을 끼치지 못한다. 우리는 어떤 논의하는 사람을 전혀 염두에 두지 않고도 그 표현을 읽고 이해한다. 그러나 통상 살아가는 실천적 필요에 이바지하는 표현과 학문에서 이론적 성과를 준비하는 데 도움이 되는 표현은 사정이 전혀 다르다. 나는 후자의 관점에서 표현을 생각하는데, 이러한 표현을 통해 연구자는 자기 자신의 사유활동을 동반하거나 자신이 고찰한 것과 노력한 것, 자신이 방법적으로 준비한 것, 잠정적으로 확신한 것을 다른 사람에게 통지한다.

인칭대명사를 포함하는 모든 표현은 객관적 의미가 없다. '나'라는 말은 경우마다 다른 사람을 일컬으며, 이것은 항상 새로운 의미로 이루어진다. 그때마다 자신의 의미를 갖는 것은 오직 생생한 논의에서만, 그리고 이 논의에 속하는 직관적 상황에서만 이끌어 낼 수 있다. 우리는 누가 그 말을 썼는지 몰라도 그 말을 읽고, 그것이 무의미하지 않을 경우 적어도 그 말의 통상적 의미와 무관한 말을 갖게 된다. 물론 이때 이것은 임의의 아라베스크 무늬와는 다른 느낌을 준다. 즉 우리는 그것이 하나의 말, 게다가 그때그때 논의하는 사람이 자기 자신을 표시하는 하나의 말이라는 것을 안다.

그러나 이렇게 제기된 개념적 표상은 '나'라는 말의 의미가 아니다. 그렇지 않으면 '나'를 대신해 '자기 자신을 표시하는 그때그때 논의하는 사람'으로 단순히 대체해야 한다. 그런데 명백히 이 대체(Substitution)는 단순히 익숙하지 않은 표현이 아니라, 의미가 다른 표현으로 우리를 이끌 것이다. 예를 들어 우리가 '나는 기쁘다.' 대신 '그때그때 자기 자신을 표시하고 논의하는 사람은 기쁘다.'라고 말하려는 경우다. 그때그때 논의하는 사람은 표시하는 '나'라는 말의 일반적 의미기능이지만, 우리가 그것을 통해 이 기능을 표현하는 개념은 직접, 그리고 자신의 의미를 형성하는 개념이 아니다.

독백에서 '나'의 의미는 본질적으로 자기 인격의 직접적 표상 속에서 수행되며, 그래서 의사소통의 의미에서 '나'의 의미도 이러한 직접적 표상 속에 있다. 논의하는 사람은 각각 자신의 자아에 대한 표상(Ich-vorstellung) ─ 이와 함께 '나'에 대한 자신의 개체적 개념 ─ 을 가지며, 그래서 각자의 경우 그 말('나')의 의미는 다른 것이다. 그러나 각자가 자기 자신에 대해 말하는 경우에는 '나'를 말하기 때문에, 이 말은 이러한 사실에 대해 보편적으로 유효한 표시(Anzeichen)의 성격을 갖는다. 이 지시(Anzeige)를 매개로 듣는 사람에게 의미가 이해되며, 이제 듣는 사람

3절 말의 의미가 동요함 그리고 의미통일체의 이념성

은 자신에게 명백하게 마주 서 있는 사람을 논의하는 사람으로서, 또한 자신의 논의의 직접적 대상으로서 파악한다. '나'라는 말은 관련된 논의에서 자신의 의미를 규정하는 특별한 자아에 대한 표상을 직접 일깨우는 힘을 그 자체로 갖지 않는다. '나'라는 말은 사자에 대한 표상을 그 자체만으로 일깨울 수 있는 '사자'라는 말과 같이 작동하지 않는다. 아마 '나'라는 말의 경우, 듣는 사람에게 마치 '당신의 상대방은 자기 자신을 말한다!'라고 소리치고 지시하는 기능을 매개할 것이다.

어쨌든 여기에서 여전히 보충해야 한다. 정확하게 살펴보면, 우리는 마치 말하는 사람의 직접적 표상이 '나'라는 말의 완전한 전체 의미를 내포한다고 파악해서는 안 된다. 분명히 우리는 이 말을 그 의미가 가능한 모든 사람의 고유명사와 동일시될 수 있는 애매한 말로 간주할 수 없다. '자기 자신이 말하는 것(Sich-selbst-meinen)'과 이 속에 포함된 논의하는 사람의 직접적 개체에 대한 표상을 시사하는 표상도 어떤 방식으로 말의 의미에 함께 속한다. 여기에는 독특한 형식으로 두 가지 의미가 서로에 대해 수립되어 있다.

그 하나는 보편적 기능에 관계하는 것으로, 현실적 표상작용 속에 지시하는 기능을 수행할 수 있는 방식의 말과 결합되어 있다. 이 지시 기능은 자신의 측면에서 이제 다른 단수의 표상에 도움이 되며, 그 대상을 동시에 대체하는 방식으로 '여기 그리고 지금(hic et nunc)' 사념된 것으로 알려 준다. 그래서 우리는 첫 번째 의미를 지시하는 의미로, 두 번째 의미를 지시된 의미로 부를 수 있을 것이다.[2]

인칭대명사에 대해 타당한 것은 당연히 지시대명사에 대해서도 타당하다. 누군가 '이것'을 말하면, 그는 그가 사념한 것에 대한 표상을

---

2 이러한 구별에 대한 더 상세한 해명과 관련된 상론은 제6연구(『논리 연구』 2-2권) 5항 참조.

듣는 사람 속에 직접 일깨우는 것이 아니다. '그가 자신의 직관이나 사유의 영역 속에 어떤 것을 사념한다는 것'을, 그가 듣는 사람에게 앞서 제시하려는 표상이나 확신을 우선 일깨우는 것이다. 논의의 구체적 상황에서 이러한 생각은 실제로 사념된 것에 대해 충분한 지침이 된다. 또한 제각기 흩어져 읽힌 '이것(dies)'은 그 본래의 의미가 없고, 오직 그 말이 앞서 지시하는 기능의 개념 ── 우리가 그 말의 지시하는 의미라 부른 것 ── 을 불러일으키는 한에서만 이해된다. 그러나 그 말의 정상적 기능의 경우, 각각 그 완전한 실제적 의미는 그 말이 대상적으로 관계하는 것이 추진한 표상에 근거해서만 전개된다.

지시대명사는 우리가 객관적 방식과 같은 값을 지닌 것으로 요구할 수 있는 방식으로 여러 가지 기능을 한다는 점에 주목해야 한다. 수학적 연관에서 '이것'은 개념적으로 확고한 방식으로 이러저러하게 규정된 것을 앞서 지시하며, 이것은 〔누가 어떻게〕 현실적으로 표명하든 전혀 고려할 필요 없이 그렇게 사념된 것으로서 이해된다. 예를 들어 수학에서 어떤 정리(定理)를 명확하게 거명한 다음 '이것은 ……에서 명백해진다.'라고 계속해서 서술하는 경우가 그러하다. 이 경우 관련된 정리의 현전한 의미 변경 없이 '이것'에 대체될 수 있으며, 이러한 점은 그 서술의 객관적 의미 자체에서부터 이해된다.

물론 이러한 서술의 관통하는 연관에 주목해야 하는 것은 지시대명사에만 속하는 지향된 의미이기 때문이 아니라 단지 앞서 지시하는 생각이기 때문이다. 지시하는 의미를 통해 매개하는 것은 이 경우 생각의 지향에 대한 주된 특징을 간결하게 하고, 더 쉽게 통제하는 데 이바지할 뿐이다. 그렇지만 명백하게 동일한 것이 앞서 지시하는 '이것'〔이라는 말〕과 이와 유사한 형식, 가령 말하는 사람과 마주 서 있는 집, 말하는 사람 앞에서 날아가는 새 등을 뜻하는 보통의 경우를 생각하게 하지 않는다. 이 경우 때에 따라 변하는 개별적 직관을 상정해야만 하며, 그 전에 표명된 객관적 생각을 고려하는 것은 충분하지 않다.

나아가 본질상 우발적 표현의 영역에는 주관과 관련된 규정, '여기', '거기', '위에', '밑에' 또는 '지금', '어제', '아침', '그 후에' 등이 포함된다. 마지막에 든 예를 더 숙고하기 위해 '여기'는 말하는 사람의 모호하게 한정된 공간적 주변을 표시한다. 이 말을 사용하는 사람은 자신의 장소성(Örtlichkeit)을 지닌 그 사람의 직관적 표상과 정립에 근거한 자신의 장소를 지시한다. 이 장소성은 어쨌든 각자가 '여기'를 말할 수 있는 동안 경우마다 변하고, 다시 사람마다 변한다. 또한 이것이 말하는 사람의 공간적 주변을 명명하는 이 말의 일반적 기능이므로, 그 말의 본래적 의미는 그 장소에 대한 그때그때의 표상에 근거해 비로소 구성된다. 물론 '여기'가 어디에서나 어떤 장소 자체를 지명하는 한, 그 말의 의미는 어떤 부분에 따라 보편적으로 개념적이다. 그러나 이러한 보편적인 것에는 직접적 장소의 표상이 경우마다 변하면서 연결되는데, 이 장소의 표상은 주어진 논의 상황에서 '여기'를 이렇게 지시하는 개념적 표상을 통해 이해할 수 있게 강조되고 그 표상에 종속된다.

당연히 본질상 우발적인 성격은 이러한 표상과 이와 유사한 표상을 부분으로 포함하는 모든 표현으로 전이되며, 이러한 표현은 논의하는 사람이 어떤 것을 자기 자신과 관련짓거나 자기 자신과의 관계를 통해 생각된 것을 정상적으로 표현하는 다양한 논의형식 모두를 포함한다. 그러므로 지각, 확신, 의혹, 소원, 기대, 공포, 명령 등에 대한 총체적 표현을 포함한다. 단지 부류의 개념이나 성질의 개념을 통해 규정된 것, 개별적인 것과 관련된 정관사와의 모든 결합도 여기에 속한다. 독일 사람이 '그' 황제에 대해 이야기할 경우에는 당연히 현재 독일의 황제를 뜻한다. 또한 우리가 저녁에 '그' 전등을 요구할 경우에는 각자 자기 자신의 전등을 뜻한다.

주해

  이 항에서 다룬 본질상 우발적 의미를 지닌 표현은 표현에 관한 파울[3]의 유익한 구분, 즉 관용적 의미를 지닌 표현과 우발적 의미를 지닌 표현의 구분에 해당되지 않는다. 이러한 구분은 그 근거를 "어떤 말이 사용될 경우마다 갖는 의미는 관례에 따라 그 말 자체에만 속하는 의미와 반드시 합치될 필요가 없다."[4]는 점에 둔다. 그런데 파울도 우리의 의미에서 본질상 우발적 의미를 함께 다루며 깊이 숙고했다. 즉 그는 다음과 같이 말한다.[5]

  무엇은 그 본질상 어떤 구체적인 것을 표시하기 위해 규정되었지만 그럼에도 그 특정한 구체적인 것과의 관계가 그 말에 부착된 것이 아니라, 개별적 사용을 통해 비로소 주어져야 할 ― 우발적으로 사용된 말들 ― 몇 가지가 존재한다. 여기에는 인칭대명사, 소유대명사, 지시대명사와 '지금', '오늘', '어제' 같은 지시부사가 포함된다.[6]

  그러나 이러한 의미에서 우발적인 것은 정의하는 대립에서 벗어난 것으로 보인다. 그 의미를 규정하는 것은 〔그 말을 사용하는〕 이러한 기회에 비로소 의거하며, 따라서 어떤 다른 의미에서 우발적으로 존재하

---

3 (옮긴이 주) 파울(H.O.Th. Paul, 1846~1921)은 독일의 문법학 교수로 문장은 그 부분들이 선형으로 연결된 개별적 연상에서 잇달아 일어난 총합이라고 주장했다. 분트(W. Wundt)는 문장이 그 부분들로 변형된 동시적 사유로서 시작한다며 이러한 주장에 반박했다. 저서로 『언어역사의 원리』(1880), 『독일 언어학 개요』(1891~1893), 『역사학의 과제와 방법』(1920) 등이 있다.
4 파울, 『언어역사의 원리(Prinzipien der Sprachgeschichte)』 3판, 68쪽.
5 위의 책, 같은 곳 마지막 단락.
6 물론 구체적인 것으로 제한하는 것이 본질적인 것은 아니다. 그래서 지시대명사는 예를 들어 추상적인 것을 앞서 지시할 수도 있다.

는 부류의 표현의 관례적 의미에 속한다. 일반적으로 (파울의 의미에서) 관례적 의미를 지닌 표현은 관례적 일의성을 지닌 표현과 관례적 다의성을 지닌 표현으로 구분할 수 있다. 후자는 다시 관례적 방식으로 일정한 의미와 미리 지시할 수 있는 의미 사이에 동요하는 — 우연적 애매어 'Hahn'〔수탉 또는 꼭지〕 'acht'〔8 또는 주의〕 등 — 표현과 동요하지 않은 표현으로 구분할 수 있다. 표현이 그때그때 개별 사례에 따라 비로소 그 의미와 방향이 정해지는 한, 후자의 표현에는 본질상 우연적 의미의 표현이 포함된다. 반면 어쨌거나 그 표현이 이렇게 실행하는 방식은 관례적이다.

27 다른 종류의 동요하는 표현

본질상 우발적 표현이 동요하는 것은 그 표현이 종종 논의하는 사람의 의견을 완전히 부각시키지 못하기 때문이다. 대체로 본질상 우발적 표현과 객관적 표현의 구별은 동시에 다의성의 새로운 형식을 나타내는 다른 구별과 교차된다. 그래서 완전한 표현과 불완전한 — 약식 삼단논법[7]의 — 표현, 정상으로 기능하는 표현과 비정상으로 기능하는 표현, 정확한 표현과 모호한 표현의 구별과 교차된다. 통상의 논의에서 비인칭적인 것은 외관상 확고한 객관적 표현이 약식 삼단논법의 단축

---

7 (옮긴이 주) 일반적으로 삼단논법은 대전제·소전제·결론으로 이루어지는데, 약식 삼단논법은 이 가운데 하나를 생략한 것이다. 가령

　　모든 철학자는 이상주의자다.
　　플라톤은 철학자다.

　∴ 플라톤은 이상주의자다.

에서 하나를 생략한 것이다. 약식 삼단논법은 불완전하지만, 독자나 청중이 생략된 부분을 직접 추론하기 때문에 더 강한 여운이 남아 풍자나 수사학 등에 곧잘 사용된다.

으로 어떻게 참으로 주관적으로 동요되는지에 대한 좋은 예를 제공해 준다. 아무도 '케이크가 있다.'라는 명제를 '정다면체가 있다.'라는 수학 적 명제처럼 이해하지 않는다. 전자의 경우는 일반적으로, 또 전적으로 케이크가 있다는 것이 아니라 '여기에 지금 커피와 함께 케이크가 있 다.'를 뜻한다. '비가 내린다.'도 일반적으로 비가 오는 것이 아니라, '지 금 밖에' 비가 오는 것을 뜻한다. 표현에 없는 것은 단순히 말해지지 않 은 것이 아니라 전혀 명백하게 사유되지 않은 것이다. 그러나 그것은 확실히 논의 속에 사념된 것에 속한다.[8] 보충해 보면, 명백히 위에서 정 의한 의미에서 본질상 우발적인 것으로 특징지을 수 있는 표현이 분명 해진다.

표현이 매우 생략되어 우연적 기회를 이해하는 도움 없이 완결된 생 각에 표현을 부여하는 것이 적합하지 않을 경우, 〔한편으로는〕 본래 표 현된 논의 내용, 즉 관련된 말 어디에서나 동일한 종류의 의미기능 을 통해 부각되고 파악된 논의내용과, 〔다른 한편으로〕 이 논의에서 그 때그때 사념함의 차이는 여전히 더 크다. 'Fort!(앞으로)', 'Sie!(당신)', 'Mann!(남자)', 'Aber ─ aber!(그런데)' 등을 예로 들 수 있다.[9] 말하는 사 람과 듣는 사람이 공동으로 발견하는 직관적 상태를 통해 부분적으로 는 미흡한 의미와 부분적으로는 주관적으로 규정되지 않는 의미가 서 로 보완되거나 구별된다. 이러한 의미가 옹색한 표현을 이해시켜 준다.

표현의 다의성과 관련한 위의 구별에서 우리는 정확한 표현과 모호

---

8 (옮긴이 주) 이러한 후설의 주장은 언어로 표현되지 않는 것(예컨대 배경이나 분위기)에 도 주목하는 동양사상이나, 본 것을 모두 그릴 수 없다고 여백을 강조하는 동양미학과 매우 유사한 견해로 서양철학에서는 아주 독특한 견해다.

9 (옮긴이 주) 여기에서 'Fort!'는 '꺼져라 또는 비켜라'와 '버려라'로, 'Sie!'는 '성인에 대한 존칭'과 '신분이 낮은 사람에 대한 호칭'으로, 'Mann!'은 '성인 남성이나 남편'과 '예의 없는 호칭'으로, 'Aber!'는 '주장하거나 강조하고 감탄할 때'와 '불쾌하거나 다소 놀랄 때'가 서로 다르게 사용되는 경우다.

3절 말의 의미가 동요함 그리고 의미통일체의 이념성

한 표현도 구별해 불렀다. 순수한 이론과 법칙 속에 존립요소로 등장하는 모든 표현이 정확한 데 반해, '나무', '관목', '동물', '식물' 등 공동의 삶에서 대부분의 표현은 모호하다. 모호한 표현은 그것이 사용되는 각 경우, 하나의 동일한 의미내용을 소유하지 않는다. 모호한 표현은 유형적이지만 단지 부분적으로만 명석하고, 일정하게 파악된 사례 ─ 서로 다른 경우, 심지어 하나의 동일한 일련의 생각에서 여러 가지로 변화되는 사례 ─ 에 따라 그 의미의 방향이 정해진다. 실질적인 통일적, 또는 적어도 외견상 통일적으로 간주된 영역에서 이끌어 낸 이 사례들은 서로 다른 ─ 하지만 대개 유사하거나 관련 없는 ─ 개념을 규정하는데, 이 개념은 이제 논의의 상황과 그 논의가 겪는 생각의 자극에 따라 때로는 이러저러한 개념이 뚜렷이 드러난다. 그렇지만 이것은 대부분 서로 연관된 개념을 모르는 채 혼동하는 것을 방지할 수 있는 확실한 동일화와 구별의 가능성 없이 일어난다.

공간과 시간, 질과 강도의 방식에서 부단히 서로의 내부로 이행하여 나타나는 규정성의, 상대적으로 단순한 유(類)와 종(種)에 대한 표현이 희미해진 것은 이러한 모호한 표현이 희미해진 것과 연관된다. 지각과 경험에 근거해 끈질기게 달라붙는 유형적 성격, 예를 들어 공간 형태와 시간 형태, 색채 형태와 음 형태 등의 성격은 이러한 유형이 흘러가는 이행, 즉 이러한 유형의 상위 유 안에서의 결과 그 자체가 반드시 흘러가야만 하는 유의미한 표현을 규정한다. 물론 이러한 표현을 일정한 거리와 한계 안에서 사용하는 것은 확실하게 사용하는 것, 즉 유형적인 것이 명백하게 드러나는 영역, 유형적인 것이 명증성과 동일화될 수 있고 멀리 떨어진 규정성과 명증성을 통해 구별될 수 있는 영역 ─ '짙은 빨강'과 '새까만', '느리게'와 '빠르게' ─ 에서 확실하게 사용하는 것이다. 그러나 이 영역은 경계가 모호하고, 포섭하는 유(類)의 상관적 영역으로 넘치고, 표현의 사용에 유동적이며, 완전히 불확실하게 이행하는

영역을 발생시킨다.[10]

28 의미하는 작용의 동요함인 의미가 동요함

우리는 그 의미가 변화되고 논의의 우연적 상황이 이렇게 변화되는 데 영향을 끼치는 점에서, 총체적이고 주관적이며 형편에 따라 서로 다른 부류의 표현을 알게 되었다. 이러한 표현에는, 그 의미가 통상 전혀 동요하지 않는 한, 이에 상응하는 넓은 의미에서 객관적이고 확고하며 그때그때 다른 표현이 대립해 있다. 이렇게 전혀 동요하지 않음을 완전히 엄밀하게 받아들이면, 후자의 측면에서는 정확한 표현만 있고, 전자의 측면에서는 모호한 표현, 게다가 여전히 서로 다른 근거에 입각해 그때그때 변화하는 표현이 있다.

그러나 이제 '의미가 동요하는 이 중대한 사실이 우리가 의미를 이념적 — 따라서 고정적 — 통일체로 파악하는 것을 뒤흔드는 데 적합한지, 보편성의 관점에서 본질적으로 제약하는 데 적합한지'를 검토해야 한다. 특히 우리가 위에서 본질상 주관적 또는 우발적이라 부른 다의적 표현, 그리고 마찬가지로 모호한 표현과 정확한 표현의 차이는 이러한 관점에서 의심스러울 수 있다. 그래서 의미 자체가 객관적 의미와 주관적 의미로, 확고한 의미와 때에 따라 변화하는 의미로 나뉘는가? 달리 말하면, 우선은 그렇게 보이도록 그 차이가 그렇게 파악되기 때문에, 전자는 확고한 종(種)의 방식으로 주관적 표상작용과 사유작용의 흐름에 영향받지 않고 남아 있는 이념적 통일체를 서술하는 반면, 후자는

---

10 에르트만, 『유형의 구분 이론(Theorie der Typeneinteilungen)』, 《철학 월간지(Philos. Monatshefte)》 30권 참조.

주관적인 심리적 체험의 흐름 속에 가라앉아 일시적으로 일어난 일로서 때로는 거기에 있고 때로는 그렇지 않은가?

우리는 이 같은 견해가 맞지 않다고 결정해야 한다. 때에 따라 그 의미의 방향을 정하는 주관적 표현이 일정한 경우에 뜻하는 내용은, 확고한 표현의 내용과 정확하게 같은 의미에서 이념적이고 통일적인 의미다. 이러한 점은 다음과 같은 상황, 즉 이념적으로 말하면, 모든 주관적 표현이 그 표현에 순간적으로 소속되는 의미지향을 동일하게 확보하는 경우, 객관적 표현에 의해 대체될 수 있는 상황을 명백하게 보여준다.

물론 이 경우 이렇게 대체될 수 있는 것이 단지 실천적 요구에 근거해서만, 가령 그 번잡함 때문에 일어나지 않는 것이 아니라 거의 대부분 사실상 수행할 수 없으며, 심지어 언제까지나 수행할 수 없는 것으로 남게 된다는 사실을 인정해야 한다.

사실상 각각의 주관적 표현이 객관적 표현으로 대체될 수 있다는 우리의 주장은 근본적으로 객관적 이성(objektive Vernunft)에 제한이 없음(Schrankenlosigkeit)을 분명히 할 뿐이다.

① 존재하는 모든 것은 '그 자체로' 인식할 수 있고, 그 존재는 이러저러한 '진리 그 자체' 속에 명시된, 내용적으로 규정된 존재다.

② 존재하는 것은 그 자체로 확고하게 규정된 자신의 성질과 관계를 갖고, 사물적 자연의 의미에서 실재적 존재이며, 공간과 시간 속에 확고하게 규정된 자신의 넓이[확장]와 위치, 항속(恒續)하거나 변화하는, 확고하게 규정된 자신의 방식을 갖는다.

③ 그렇지만 그 자체로 확고하게 규정된 것은 반드시 객관적으로 규정될 수 있고, 객관적으로 규정될 수 있는 것은 이상적(理想的)으로 말하면 확고하게 규정된 말의 의미로 표현될 수 있다.

④ 존재 그 자체에는 진리 그 자체가 상응하고, 진리 그 자체에는 또

확고하고 명백한 진술 그 자체가 상응한다. 물론 진리를 어디에서나 실제로 진술할 수 있도록, 단순히 필요한 수의 잘 구별된 말의 기호가 아니라 무엇보다 그에 상응하는 수의 정확하고 유의미한 표현 — 이 말을 완전한 의미로 받아들일 경우 — 이 필요하다. 이 모든 표현, 따라서 이론적으로 문제가 되는 모든 의미에 대한 표현을 형성하고, 이와 관련해 그 표현의 의미를 명증성으로 동일화하거나 구별하는 능력이 필요하다.

그러나 우리는 이러한 이상에서 무한히 멀리 떨어져 있다. 사람들은 단지 시간의 규정과 장소의 규정이 충분하지 않다는 것만, 이미 미리 주어진 개체적 현존과의 관계를 통한 것 이외에 달리 우리가 이것들을 규정할 능력이 없다는 것만 생각한다. 반면 이 개체적 현존 자체는 본질상 주관적으로 유의미한 표현을 어떻게 적용해도 희미하지 않은 정확한 규정에 접근할 수 없다. 사람들은 본질상 우발적인 말을 우리의 언어에서 삭제하고, 어떤 주관적 체험을 일의적이며 객관적으로 확고한 방식으로 기술하려 시도한다. 어쨌든 모든 시도는 분명 헛된 일이다.

그럼에도 그 자체로 고찰해 보면, 의미와 의미 사이에 어떠한 본질적 차이도 없다는 것만큼은 분명하다. 사실적인 말의 의미는 동요하고 있으며, 동일한 사유의 과정이 경과하는 가운데 종종 변화되고 있다. 게다가 대부분 그 말의 의미는 본성상 때에 따라 규정된다. 그러나 정확하게 살펴보면, 의미가 동요하는 것은 본래 의미하는 작용이 동요하는 것이다. 즉 표현에 의미를 부여하는 주관적 작용이 동요하고, 이 경우 주관적 작용은 개별적으로뿐만 아니라, 특히 그 표현의 의미가 놓여 있는 종적 성격에 따라 변경된다. 그러나 의미 자체는 변경되지 않는다. 정말 이러한 논의는 곧 이치에 어긋난 것으로, 객관적으로 확고한 일의적 표현의 경우와 마찬가지로, 주관적으로 희미해진 애매한 표현의 경우에도 우리는 의미로서 이념적 통일체를 이해할 것이 남아 있다는 점을 전제한다. 하지만 의미를 이렇게 파악하려면 누가 동일한 표현을 표

3절 말의 의미가 동요함 그리고 의미통일체의 이념성

명하든 동일하게 같을 하나의 의미에 대한 ─ 확고한 표현에 따라 방향이 정해진 ─ 정상적 논의가 요구될 뿐만 아니라, 무엇보다 우리의 분석을 주도하는 목적이 그것을 요구한다.

29 순수논리학과 이념적 의미

순수논리학은 개념과 판단과 추리를 다루는 곳 어디에서나 사실상 여기에서 '의미'라 부르는 이념적 통일체에만 관계한다. 그리고 의미의 이념적 본질을 심리학적, 문법적 결합에서 가려내려 노력하면, 이후 이 이념적 본질 속에 근거해 의미된 대상성과 일치(Adäquation)의 아프리오리한 관계를 해명하려 겨냥하면 우리는 이미 순수논리학의 영향권 속에 있게 된다.

이것은, 한편으로 논리학이 다양한 학문에서 취하는 위치를 생각해 보면 처음부터 분명하다. 따라서 논리학은 학문 그 자체의 이념적 본질에 관계하는 법칙론적(nomologisch) 학문, 동일한 말이지만 학문적 사유 일반, 게다가 순수하게 사유 일반의 이론적 내용과 결합에 관한 법칙론적 학문이다. 다른 한편으로 어떤 학문의 이론적 내용이 판단하는 사람과 판단할 때 상황의 모든 우연성에서 독립적인 학문의 이론적 진술의 의미내용일 뿐이라는 점에 주목해 보면, 이 경우 진술은 이론의 형식 속에서 하나다. 또한 그 이론이 자신의 객관적 타당성을 의미된 ─ 그리고 명증적 인식 속에 우리에게 '주어진' ─ 대상성에서 의미의 통일체로서 그 이론의 통일성이 이념적 법칙에 적합해야만 한다는 점에 주목해 보면, 처음부터 분명해진다. 이러한 의미에서 의미(Bedeutung)라 부르는 것은 다양한 표현 속에서 표현되고 다양한 작용의 체험 속에서 사유되는 이념적 통일체만 포함한다는 점, 어쨌든 〔이념적 통일체를〕 우연적 표현과 구별해야 하듯이, 사유하는 사람의 우연적 체험과 확실하게 구별해야 한다는 점은 명백하다.

주어진 모든 이론적 통일체가 본질상 의미의 통일체이고, 논리학이 이론적 통일체 일반에 관한 학문이라면, 동시에 논리학이 의미 그 자체에 관한 학문, 그 의미의 본질적 종류와 차이에 관한 학문, 또한 순수하게 의미의 종류와 차이에 근거한, 따라서 이념적 법칙에 관한 학문임에 틀림없다는 것은 명증적이다. 왜냐하면 전자의 의미의 본질적 차이에는 대상적 의미와 대상이 없는 의미, 참된 의미와 거짓된 의미의 차이가 포함되므로, 따라서 후자의 법칙에는 의미의 범주적 형식과 의미의 대상성, 또는 진리의 아프리오리한 연관을 표현하는 순수한 '사유법칙'도 포함된다.

물론 논리학을 의미에 관한 학문으로 이렇게 파악하는 것은 전통논리학의 일반적 논의방식 및 취급방식과 대립된다. 전통논리학은 표상, 판단, 긍정, 부정, 전제, 결론 등 심리학적 용어나 심리학적으로 해석할 수 있는 용어를 다루며, 그래서 실제로 단순한 심리학적 차이를 확인하고 이러한 차이와 관련된 심리학적 법칙성을 추구하려 한다.

하지만 「서론」(『논리 연구』 1권)의 비판적 연구 이후 이러한 견해는 더 이상 우리를 현혹시킬 수 없게 되었다.[11] 그 견해는 논리학의 가장 고유한 탐구영역을 형성하는 객체(대상)를 올바로 이해하는 데에 논리학이 얼마나 멀리 떨어졌는지, 논리학이 어쨌든 그 본질을 이론적으로 이해할 수 있게 요구하는 객관적 학문에서 여전히 얼마나 배워야 하는지를 보여 줄 뿐이다.

학문이 체계적 이론을 전개하는 경우, 학문은 주관적 탐구와 정초의

---

11 (옮긴이 주) 따라서 『논리 연구』에서 1권과 2권을 분리해 1권에서는 심리학주의를 비판했다가 2권에서는 다시 심리학주의에 빠졌다고 해석하는 것은 후설 자체에서 전혀 근거를 찾을 수 없는 자의적 왜곡일 뿐이다.

단순한 경과를 전달하는 대신 인식된 진리의 풍성한 성과를 객관적 통일체로서 서술한다. 그 경우 판단과 표상과 그 밖에 심리적 작용은 어디에서도 결코 문제가 되지 않는다. 물론 객관적 탐구자는 표현을 정의한다. 그는 '활력, 질량, 적분, 사인곡선 등으로 사람들은 이러저러한 것을 이해한다.'라고 말한다. 그렇지만 그는 이것으로써 자신의 표현에 객관적 의미를 지적할 뿐이며, 그가 주목하는 '개념', 그 영역의 진리 속에 구성하는 계기로서 자신의 역할을 하는 '개념'에 서명한다. 그가 관심을 두는 것은 이해하는 것이 아니라, 그에게 이념적 의미의 통일체로서 타당한 개념과 그 자체로 개념에서 구축되는 진리다.

이때 탐구자는 명제를 수립한다. 당연히 그는 명제에 관해 주장하고 판단하지만 자신이나 누군가의 판단에 대해서가 아니라 그 판단과 관련된 사태에 대해 이야기하려 하며, 그 명제를 비판적으로 검토할 경우 그는 이념적 진술의 의미를 사념한다. 그는 판단이 아니라 명제를 참과 거짓이라 부른다. 즉 그에게 명제는 전제이자 귀결이다. 명제는 심리적 작용, 즉 표상작용이나 참으로 간주하는 작용에서 수립되는 것이 아니며, 다시 명제에서 수립되지 않는 경우 궁극적으로 개념에서 수립된다.

명제 자체는 추론의 건축소재다. 또한 이 경우 추론하는 작용과 그 통일적 내용과 추론, 즉 어떤 복합적 진술의 동일한 의미 사이에 차이가 다시 존립한다. 추론의 형식을 형성하는 필연적 귀결의 관계는 판단의 체험에 대한 경험적-심리학적 연관이 아니라 가능한 진술의 의미, 즉 명제의 이념적 관계다. 그 관계는 '실존하거나' '존립한다.' 즉 그 관계는 타당하고, 타당성은 경험적으로 판단하는 사람에게 모든 본질적 관련 없이 존재하는 것이다. 자연과학자가 지레의 법칙, 중력의 법칙 등에서 기계의 작동방식을 이끌어 낼 경우, 그는 물론 그 자체로 모든 종류의 주관적 작용을 체험한다. 그러나 그가 통일적으로 사유하고 결합하는 것은 그 대상적 관계를 지닌 개념과 명제다. 이 경우 주관적 생각의 결합에는 객관적 — 명증성 속에 '주어진' 객체성에 충전적으로 적합한 — 의미의 통일체가 상응하며, 이 의미의 통일체는 그것을 누군가 사유 속에서 현실화할 수 있든 없든 존재하는 그대로다.

그리고 이것은 어디에서나 그러하다. 학문 탐구자가 여기에서 언어적인 것(Sprachliches)과 표의적인 것(Signitives)[12]을 객관적인 생각(Gedankliches), 의미에 적합한 것(Beduetungsmäβiges)과 명확하게 구별할 이유가 없는 경우에도, 그는 어쨌든 그 표현은 우연적인 것이며 생각, 즉 이념적으로-동일한 의미는 본질적인 것이라는 점을 아주 잘 안다. 그는 자신이나 보편적 인간의 정신에 우연성이 문제일 때 그가 생각과 생각의 연관, 개념과 진리에 객관적 타당성을 만들지 않고, 그 객관적 타당성을 통찰하고 발견한다는 점을 안다. 진리와 이념적인 것 일반의 진정한 객관성에 의해 참으로 주관적인 존재를 포함한 모든 실재적 존재가 폐기될 것이기 때문에, 그것들의 이념적 존재가 어떤 심리적 '우리 정신 속 존재'의 의미를 갖지 않는다는 점을 그는 안다. 그리고 개개의 탐구자가 이러한 일에 관해 때에 따라 어쨌든 다르게 판단하면, 이 것은 그가 전공하는 학문의 연관 밖에, 그리고 추후 반성을 통해 일어난다. 그렇지만 만약 우리가 흄과 더불어 인간의 참된 확신은 그의 논의에서보다 그의 행동에서 더 잘 명시된다고 판단해도 좋다면, 우리는 그와 같은 탐구자에게 그는 자기 자신조차 이해하지 못한다고 비난해야 할 것이다. 그는 그 자신이 소박하게 탐구하고 정초하는 가운데 사념하는 것에 편견 없이 주의하지 않는다. 즉 그는 자신의 심리학주의의 오류추리와 주관주의적으로 왜곡된 용어를 지닌 논리학의 추정적 권위

---

12 (옮긴이 주) 후설은 말이나 문자(특히 상형문자), 즉 기호에서 직접 모사된 대상에 그치지 않고 그것을 넘어서는 것(가령 그것이 상징하는 것) 또는 주어진 사태와 무관한 것을 떠올리는 것을 '표의적 표상'이라고 한다. 이때 'signitive'를 '기호적'이라 하면 그 의미가 너무 포괄적이라 막연하기 때문에, 기호가 다양한 뜻을 지시한다는 말을 함축하는 '표의적(表意的)'이라고 옮긴다.

로 인해 혼란스럽다.

모든 학문은 그 객관적 내용에 따라 이러한 하나의 동질적 소재에서 이론으로 구성되었고, 그것은 의미의 이념적 복합체다. 우리는 심지어 이렇게 말할 수 있다. 즉 학문의 이론적 통일체라 부른, 이 여전히 매우 다양한 의미의 조직 전체조차 다시 그 조직의 모든 존립요소를 포괄하는 범주에 속하고, 이 조직은 그 자체로 의미의 통일체를 구성한다.

그래서 의미하는 작용이 아니라 의미가, 표상과 판단이 아니라 개념과 명제가 학문에서 본질적 표준이라면, 학문의 본질을 문제 삼는 학문에서 그것〔의미, 개념, 명제〕은 필연적으로 탐구의 일반적 대상이 된다. 사실상 모든 논리적인 것은 의미(Bedeutung)와 대상(Gegenstand)이라는 상관적으로 함께 속한 범주에 포함된다. 따라서 우리가 논리적 범주에 대해 복수(複數)로 이야기하면, 중요한 문제는 의미라는 이러한 유(類) 안에서 아프리오리하게 구분되는 순수한 종(種)일 뿐이거나, 상관적으로 속한 범주적으로 파악된 대상성 그 자체라는 형식뿐이다. 이 경우 논리학이 정식화할 수 있는 법칙은 이러한 범주에 근거한다.

그 법칙은 한편으로 의미지향과 의미충족의 이념적 연관을 도외시한 채, 따라서 의미의 가능한 인식기능을 도외시한 채 기존 의미를 새로운 의미 — '실재적' 의미이든 '가상의' 의미이든 상관없이 — 로 단순히 복합시키는 것(Komplikation)에 관계하는 법칙이다.[13] 다른 한편으로 더 적확한 의미에서는 논리적 법칙이다. 이것은 의미의 대상성과 대상이 없음, 진리와 거짓, 정합성과 이치에 어긋남에 대해 — 이것들이 의미의 단순한 범주적 형식을 통해 규정되는 한 — 의미에 관계되는 법칙이다. 이 후자의 법칙에는 같은 값을 지닌 상관적 표현방식으로 — 대상 일반이 단순한 범주를 통해 규정된다고 생각되는 한 — 대상 일

---

13 이에 관해서는 이 책 제4연구에서 상세한 점이 서술될 것이다.

반에 대한 법칙이 상응한다. 모든 인식의 질료를 추상화해, 단순한 의미의 형식에 근거해 수립되는 실존과 진리에 관한 모든 타당한 진술은 이러한 법칙에 포함된다.

4절 의미체험의 현상학적 내용과 이념적 내용

30 심리학적 의미에서 표현하는 체험의 내용과 통일적 의미라는 의미에 서 그 체험의 내용

우리는 의미의 본질을 의미를 부여하는 체험에서 보는 것이 아니라, 말하는 사람과 사유하는 사람의 실제적이거나 가능한 체험의 분산된 다양체에 대립해 하나의 동일한 지향적[1] 통일체를 서술하는 의미를 부여하는 체험의 '내용'에서 본다. 이러한 이념적 의미와 관련된 의미체험의 '내용'은 심리학이 뜻하는 내용, 즉 어떤 체험의 실재적 부분이거나 측면이 결코 아니다. 우리가 어떤 명사(名辭) ─ 이 명사가 명명하는 것이 개체적인 것인지 유적인 것인지, 물리적인 것인지 심리적인 것인지, 존재하는 것인지 존재하지 않는 것인지, 가능한 것인지 불가능한 것인지와 상관없이 ─ 를 이해하면, 또는 어떤 진술 ─ 이 진술이 내용상 참인지 거짓인지, 정합적인지 이치에 어긋나는지, 판단되었

---

1 '지향적'이라는 말은 그것이 형성되는 것에 따라 의미에 적용하는 것뿐만 아니라 '지향하는(intentio)' 대상에 적용하는 것도 허용한다. 따라서 지향적 통일체는 필연적으로 지향된 통일체, 즉 대상의 지향된 통일체를 뜻한다.

든 날조되었든지와 상관없이 ― 을 이해하면, 이것은 이러저러한 표현이 말하는 것 ― 한마디 말로 논리적 내용을 형성하는 의미, 순수-논리적 연관 속에 곧바로 표상이나 개념, 판단이나 명제 등으로 부르는 의미 ― 이지, 실재적 의미와 관련된 이해의 작용에 부분으로 간주되는 것이 아니다.

당연히 이러한 체험도 그 심리학적 구성요소를 가지며, 그 체험은 내용이고, 통상의 심리학적 의미로 내용에서 성립한다. 이 내용에는 무엇보다 체험의 감성적 존립요소, 그 순수한 시각적·청각적·운동적 내용에 따른 말의 나타남, 그리고 계속해서 말을 공간과 시간 속에 배열하는 대상적 해석의 작용이 포함된다. 심리학적 존립요소는 이러한 관점에서 잘 알려져 있듯이 매우 다양하며, 개인마다 현저하게 변화된다. 그렇지만 심리학적 존립요소는 동일한 개인에 대해 서로 다른 시간에 따라 변화되며, 게다가 '하나의 동일한 말'에 관해서도 변화된다.

내가 나의 무언(無言)의 사유 속에 수반하고 지지하는 말의 표상을, 그때그때 나의 음성으로 이야기한 말을 상상하는 것, 이 경우 여기저기에 나의 속기나 정상으로 쓴 필체의 문자도 불쑥 머릿속에 떠오르곤 하는 것 등은 나의 개인적 특성이며, 이 특성은 오직 나의 표상에 대한 체험의 심리학적 내용에 속한다. 계속해서 심리학적 의미의 내용에는 주관적 관점에서 사념이나 이해를 형성하는 작용의 성격을 고려해, 다양하고 기술적으로 언제나 쉽게 파악할 수 없는 차이가 포함된다. 내가 '비스마르크'라는 이름을 들 때, 그 말의 통일적 의미에서 그 말을 이해하는 경우, 내가 테가 넓고 처진 모자를 쓰고 외투를 입은 큰 사람을 표상하든, 중기병(重騎兵) 제복을 입은 키 큰 사람을 표상하든, 이러저러한 사진이 묘사한 기준에 따라 그 사람을 상상 속에 표상하든 전혀 상관없다. 심지어 일반적으로 직관화하는 상상의 상이나 의미의 의식에 간접적으로 생기를 불어넣는 상상의 상이 현재에 있는지 없는지조차 결코 중요하지 않다.

많은 사람이 지지하는 견해에 반대하는 논쟁에서 우리가 정초한 것[2]은 표현작용의 본질이 의미지향 속에 있지, 의미지향을 충족시키면서 덧붙일 수 있는 다소간 완전한, 더 자세하거나 모호하게 상으로 만드는 것(Verbildlichung) 속에 있지 않다는 점이다. 그렇지만 상으로 만드는 것은 현존하자마자 이것 역시 의미지향과 밀접하게 융합된다. 그래서 의미에 적합하게 기능하는 표현의 통일적 체험이 각 경우마다 고찰되고, 의미 측면에서 고찰된 심리학적 차이가 제시되는 반면, 그 표현의 의미는 변화되지 않은 채 동일한 것으로 남아 있는 것이 이해될 수 있다. 우리가 제시한 것[3]도 이에 속한 작용에서 의미의 이러한 동일성(Selbigkeit)에는 실제로 어떤 규정된 것이 상응한다는 점, 따라서 우리가 의미지향이라 부르는 것은 차이가 없는 — 충족시키는 직관과의 연관을 통해 비로소, 그래서 외적으로 세분화되는 — 성격이 아니라는 점이다. 오히려 서로 다른 의미에는, 또는 서로 다른 의미에 대해 기능하는 표현에는 내용적으로 서로 다른 성격을 띤 의미지향이 포함된다. 반면 동일한 뜻으로 이해된 모든 표현은 동일한 의미지향에 의해 동일하게 규정된 심리적 성격이 부여된다. 그리고 이 심리적 성격을 통해 그 심리학적 내용 속에 매우 강렬하게 차이 나는 표현의 체험은 최초로 동일한 의미의 체험이 된다. 물론 이 경우 의미하는 작용이 동요하는 것은 사태의 본질을 전혀 변경하지 않는 어떤 제한이 부과된다.

---

2 이 책 위의 2절 17항 초반부 참조.
3 이 책 2절 22항 초반부 참조.

31 의미하는 작용의 작용적 특성과 이념적으로 하나인 의미

그러나 심리학적으로 변화하는 것과 대조해 이 심리학적으로 공통적인 것을 언급함으로써 우리가 표현이나 표현하는 작용의 경우를 해명하려 했던 차이, 즉 표현의 심리학적 내용(Gehalt)과 논리적 내용의 차이를 우리는 아직 밝혀내지 못했다. 왜냐하면 심리학적 내용에는 당연히 때에 따라 변화하는 것과 마찬가지로 각 경우마다 동일한 것이 포함되어 있기 때문이다. 그래서 어디에서나 동일하게 남아 있는 작용의 성격 자체가 이미 의미라 하는 것은 결코 우리의 학설이 아니다. 예를 들어 진술명제 'π는 하나의 초월수(超越數)다.'가 뜻하는 것, 즉 우리가 그것에서 읽고 이해하며 그것으로 말하고 사념하는 것은 단지 항상 반복하는 우리 사유의 체험에 개별적인 움직임이 아니다. 각 경우마다 이러한 움직임은 결국 개별적으로 서로 다른 반면, 진술명제의 의미는 동일해야 한다. 우리나 어떤 다른 사람이 동일한 명제를 동일한 지향〔의도〕으로 반복하면, 각자는 자신의 현상과 말과 이해하는 계기를 갖는다. 그렇지만 개별적 체험의 이러한 제약 없는 다양성에 대립해 그 체험 속에 표현된 그것은 어디에서나 동일한 것(Identisches)이며, 말의 가장 엄밀한 의미에서 같은 것(dasselbe)이다. 사람이나 작용의 수에 의해 명제의 의미가 여러 가지인 것은 아니며, 이념적이고 논리적인 의미에서 판단은 하나다.

우리가 여기에서 의미의 엄밀한 동일성을 주장하고 이 동일성을 의미하는 작용의 변함없는 심리적 성격과 구별한 것은 치밀한 구별에 대한 주관적 선호가 아니라, 오직 논리학을 이해하는 데 근본적인 상태의 방식에서만 정당화할 수 있는 확실한 이론적 확신에 기인한다. 이 경우 풍부한 설명을 통해 비로소 정당화할 단순한 가설이 중요한 문제가 아니며, 우리는 그렇게 구별한 것을 직접 파악할 수 있는 진리로서 요구하고, 이러한 점에서 모든 인식의 문제에서 궁극적 권위를 명증성에 따른다.

나는 표상작용과 판단작용의 반복된 작용 속에서 동일하게 같은 것, 같은 개념이나 같은 명제를 뜻하며 뜻할 수 있다는 사실을 통찰한다. 예를 들어 'π는 하나의 초월수다.'라는 명제나 진리에 대해 논의하는 경우, 나는 어떤 사람의 개인적 체험이나 체험의 계기로서 주목하는 것이 결코 아니라는 사실을 통찰한다. 나는 이렇게 반성하는 논의가 단순한 논의에서 의미를 형성하는 것을 대상으로 갖는다는 사실을 통찰한다. 결국 나는 앞에서 말한 명제에서, 내가 사념하는 것이나 ― 그 명제를 들을 경우 ― 그 의미로서 파악하는 것은 내가 사유하고 존재하든, 대체로 사유하는 인간과 작용이 존재하든 존재하지 않든 그것이 존재하는 그대로 동일하다는 사실을 통찰한다. 동일한 것이 모든 종류의 의미, 즉 주어의 의미, 술어의 의미, 관계와 결합의 의미 등에도 타당하다. 무엇보다 일차적으로 오직 의미가 되는 이념적으로 규정된 것에 대해 타당하다. 몇 가지 특히 중요한 것을 기억하기 위해 여기에는 '참된', '거짓된', '가능한', '불가능한', '유적', '단수적', '규정된', '규정되지 않은' 등의 술어가 포함된다.

우리가 여기에서 주장하는 참된 동일성은 종의 동일성일 뿐이다. 그래서, 하지만 오직 그러하기 때문에, 이념적 통일성으로서 그 동일성은 산재된 다양한 개별적 단일성을 포괄한다.(symballein eis hen)[4] 이념적-하나의 의미에 대한 다양하고 개별적인 것은 당연히 그에 상응하는 의미하는 작용의 계기, 즉 그 의미지향이다. 그러므로 그때그때 의미하는

---

4 (옮긴이 주) 이 그리스어는 '하나로 모으다, 결합하다, 포괄하다'이다. 그런데 후설이 괄호 속에 언급한 것은 '보편적 하나와 개별적 여럿의 관계(to hen epi pollōn)'를 통해 의미규정(horismos)에서 더 나아가, 이것에서 질료가 빠진 본질(ousia), 즉 형상(eidos)을 규명하는 플라톤 철학을 염두에 둔 것으로 보인다.

작용에 대한 의미의 관계 ― 표상의 작용에 대한 논리적 표상, 판단의 작용에 대한 논리적 판단, 추론작용에 대한 논리적 추론 ― 는 모든 이 동일한 빨간색을 '갖는', 여기에 있는 종이테이프에 대한 가령 종(種)에서의 빨간색과 같다. 모든 테이프는 구성하는 다른 계기 ― 연장·형식 등 ― 이외에 그 자신의 개체적 빨간색, 즉 이러한 색깔 종(種)의 개별적 사례를 갖는 반면, 이 색깔 종 자체는 다시 이 테이프 속에 여전히 어떤 세계에서도 실재적으로 존재하지 않으며, 특히 우리의 사유작용이 정말 실재적 존재의 영역에, 시간성의 영역에 함께 속하는 한 '우리의 사유작용 속에'도 존재하지 않는다.

의미는 '보편적 대상'의 의미에서 어떤 부류의 개념을 형성한다고 말할 수도 있다. 그래서 의미는 '세계'에 그 어디가 아니라면 하늘(topos uranios)이나 신적인 정신 속에 존재하는 대상이 아니다. 왜냐하면 그와 같은 형이상학적 실체화(實體化)는 불합리할 것이기 때문이다. 존재 가운데 오직 '실재적' 존재만, 대상 가운데 실재적 대상만 이해하는 데 익숙한 사람에게는 보편적 대상과 그 존재에 대한 논의는 근본적으로 전도된 것으로 보일 것이다. 이러한 논의를 최초로 단순하게 어떤 판단의 타당성, 즉 수나 명제, 기하학적 형상 등에 관해 판단된 타당성의 표시로 받아들이고, 이제 다른 곳에서와 마찬가지로 여기에서도 ― 이때 그것에 관해 판단된 것에 대한 ― 판단의 타당성의 상관자로서 '참으로 존재하는 대상'이라는 표제를 명증적인 방식으로 인정하지 말아야만 하는지 자신에게 심문하는 사람은 이에 반대할 걸림돌이 여기에는 없다. 사실상 논리적으로 고찰해 보면, 일곱 개의 규칙적 물체는, 고대 그리스의 칠현인(七賢人)이 말하는 '힘의 평행사변형 정리'가 도시 파리가 하나의 대상이듯이 마찬가지로 일곱 개의 대상이다.[5]

---

5 보편적 대상의 본질에 관한 문제와 관련해서는 제2연구 참조.

4절 의미체험의 현상학적 내용과 이념적 내용

32 의미의 이념성은 결코 규범적 의미의 이념성이 아니다

의미의 이념성은 종적인 것 일반의 이념성에서 특수한 경우다. 따라서 그 이념성은 마치 완전함의 이상, 즉 다소간 접근된 실재화(Real-isierung)의 개별적 경우들에 대립된 이념적 극한치가 중요한 문제인 것처럼 결코 규범적 이념성의 의미를 갖지 않는다. 확실히 '논리적 개념', 즉 규범적 논리학의 의미에서 용어는 그 의미하는 작용에 관해 하나의 이상(理想)이다. 왜냐하면 인식하는 기술(技術)은 다음과 같이 요청하기 때문이다.

말을 절대적으로 동일한 의미에서 사용하라.
의미가 동요하는 모든 것을 배제하라.
의미를 구별하고 감성적으로 명확하게 구별된 기호를 통해 진술하는 사고 속에 그 차이를 유지하는 데 마음을 써라.

그러나 이러한 명령은 오직 명령의 지배를 받을 수 있는 것에만, 유의미한 용어를 형성하는 데에만, 생각의 주관적 선별과 표현을 배려하는 데에만 관계한다. 의미 '그 자체'는, 아무리 의미하는 작용이 동요하더라도, 이미 규명한 것에 따라 종적 통일체다. 의미 그 자체가 이상(Ideales)은 아니다. 통상의 규범적 의미에서 이념성(Idealität)은 실재성(Realität)을 배제하지 않는다. 게다가 이상은 실제적 사물로서 존재하고 눈앞에 현존할 수 있는 구체적이고 근원적인 상(Urbild)이다. 그것은 젊은 예술가가 자신의 창작활동에서 거장의 작품을 목표로 삼고 모방하는 이상으로서 내세우는 것과 같다. 심지어 그 이상이 실현되지 않은 경우에도 그것은 적어도 표상의 지향에서 하나의 개체다. 반면 종적인 것의 이념성은 실재성이나 개체성과는 완전히 대립된 것이다. 그것은 결코 가능한 노력의 목표가 아니며, 그 이념성은 '다양체 속의 통일체'의 이념성이다. 종 그 자체가 아니라 오직 그 종에 속한 개개의 것만이 경우에 따라 실천적 이상이다.

33 '의미'의 개념과 종(種)의 의미에서 '개념'은 합치하지 않는다

앞에서 의미는 어떤 부류의 '보편적 대상'이나 종을 형성한다고 말했다. 게다가 우리가 그 종에 대해 이야기할 경우, 모든 종은 그것이 표상되는 하나의 의미를 전제하고, 이 의미는 그 자체로 다시 하나의 종이다. 그러나 이것은 가령 어떤 종이 그 속에서 사유되는 의미가 아니며, 그 대상, 즉 종 자체는 하나의 동일한 것이다. 개체적인 것의 영역에서, 예를 들어 '비스마르크' 자신과 그에 대한 표상, 가령 '비스마르크 — 위대한 독일 정치가' 등을 구별하는 것과 정확하게 똑같이, 종적인 것의 영역에서도, 예를 들어 수 4 자체와 '4가 대상에 대해 갖는 표상(즉 의미)', 가령 '수 4 — 수열에서 두 번째 짝수' 등을 구별한다.

그러므로 우리가 사유하는 보편성은 '그 속에서 우리가 보편성을 사유하는 의미의 보편성'으로 해소되지 않는다. 의미는 의미 그 자체가 보편적 대상이라는 점과는 상관없이, 그 의미가 관계되는 대상에 관해서 개체적 의미, 특수한 의미 또는 — 우리가 말을 쉽게 이해할 수 있는 이유에서 더 즐겨 말하게 될 바와 같이 — 유적 의미로 나누어진다. 그러므로 예를 들어 개체적 표상은 의미의 통일체로서 보편자(Generalia)인 반면, 그 대상은 개체(Individualia)다.

34 의미는 의미하는 작용 속에 대상적으로 의식되지 않는다

앞에서 말했듯이 통일적 의미에는 현실적 의미의 체험 속에 그 종의 개별적 사례로서 개체적 특징이 상응한다. 종차(種差) 빨간색에는 빨간 대상 속에 빨간색 계기가 상응하는 것과 마찬가지다. 우리가 작용을 수행하고 마치 그 작용 속에서 살아갈 경우, 당연히 그 작용의 대상을 사념하지 그 의미를 사념하지 않는다. 예를 들어 어떤 진술을 할 경우 우리는 관련된 사태에 관해 판단하지 진술명제의 의미, 논리적 의미에서 판단에 관해 판단하지 않는다. 논리적 의미에서 판단은 우리가 수행된 진술을 단순히 돌이켜보는 것이 아니라, 필요한 추상 — 더 적절하게 말하면 이념화(Ideation) — 을 수행하는 반성적 사유의 작용 속에서 비로소 우리에게 대상적이 된다. 이 논리적 반성은 가령 인위적 조건 아래, 그래서 완전히 예외적으로 일어나는 행사(Aktus)가 아니라, 이것은 논리적 사유의 정상적인 존립요소다.

이 논리적 사유를 성격 짓는 것은 이론적 연관이며, 이 연관을 겨냥하는 이론적 숙고는 방금 수행된 사유작용의 내용을 한걸음씩 반성하는 가운데 수행된다. 사유하는 숙고의 매우 공통적인 다음의 형식을 예로 들 수 있다. 즉 'S는 p인가? 그것은 충분히 그럴 수 있다. 그러나 이러한 명제에서 M이다가 추론될 것이다. 이러한 것[M이다]은 있을 수 없다. 그래서 내가 처음에 가능하다고 간주한 것, 즉 S는 p라는 것은 거짓임에 틀림없다 등등.'

우리는 여기에서 강조된 말과 그 속에 표현된 형상화(Ideirung)에 주목한다. 숙고를 통해 주제로서 관철된 'S는 p이다.'라는 이 명제는 명백히 그 생각이 맨 처음 우리에게 떠오른 최초의 사유작용 속에서 단순히 일시적인 의미의 계기가 아니다. 또한 계속되는 단계에서 논리적 반성이 수행되며, 우리가 통일적 사유의 연관 속에 형상화하고 동일화하면서 동일한 하나로서 파악하는 명제의 의미는 앞으로도 계속 사념된다. 이러한 사정은 통일적인 이론적 정초가 전개되는 어디에서나 마찬가지다. 우리는 전제의 의미내용을 고려하지 않고는 결코 '그래서(also)'를 표명할 수 없다. 전제를 판단함으로써 우리는 단순히 판단작용 속에 살아가는 것이 아니라 판단의 내용을 반성한다. 결론명제는 판단의 내용을 고려함으로써만 동기가 부여되어 나타난다. 바로 이것을 통해, 또 이것을 통해서만 전제명제의 논리적 형식 — 물론 이것은 추론형식 속에 자신의 표현을 발견하는 보편적-개념적으로 부각시키는 것에 이르지 못했다 — 은 결론명제의 추론을 통찰해 규정할 수 있다.

35 의미 '그 자체'와 명확하게 표현된 의미

우리는 이제까지 우선적으로 의미(Bedeutung)에 대해 이야기했는데, 이 의미는 말의 통상의 상대적 의미(Sinn)가 이미 말하듯이 표현의 의미다. 그러나 한편으로는 사실적으로 의미로서 기능하는 이념적 통일체와, 다른 한편으로는 이것이 결합된 기호, 즉 그것에 의해 이념적 통일체가 인간의 영혼 삶 속에 실현되는 기호의 어떠한 필연적 연관도 그 자체로는 없다. 그래서 우리는 이러한 종류의 모든 이념적 통일체가 표현의 의미라고 주장할 수 없다.

새로운 개념을 형성하는 모든 경우 이전에는 결코 실현되지 않는 의미가 어떻게 실현되는지를 우리에게 알려 준다. 수 — 산술이 전제하는 이념적 의미에서 — 가 셈하는 작용에서 생성되거나 소멸되지 않듯이, 그러므로 무한수열이 누구도 늘리거나 줄일 수 없는 유적 대상들의 총체, 이념적 법칙성에 의해 명확하게 한정된 객관적으로 확고한 총체를 드러내듯이, 개념이나 명제나 진리의 이념적인 순수-논리적 통일체,

요컨대 논리적 의미도 사정은 마찬가지다. 그것은 유적 대상들의 이념적으로 폐쇄된 총체를 형성하는데, 이 총체에는 생각된 것과 표현된 것이 우연적이다. 따라서 말의 보통의 상대적 의미에서 단순히 가능한 의미일 뿐인 무수한 의미가 존재하는 반면, 무수한 의미는 결코 표현되지 않고 인간의 인식 능력이 지닌 한계 때문에 결코 표현될 수 없다.

종(種)의 이념적 통일체와 근대 추상이론

들어가는 말

제1연구가 규명한 것에 따라 우리는 의미하는 작용의 성격을 고려해 의미의 이념적 통일체를 파악했다. 의미하는 작용은 일정한 색깔(Tinktion)로 주어진 표현의 의미에 대한 의식과 의미가 서로 다른 표현의 의미에 대한 의식을 구별한다. 물론 이렇게 함으로써, 이러한 작용의 성격이 그것에 근거해 의미가 종으로서 우리에게 구성되는 구체적인 것(Konkretum)이라고 말하는 것은 아니다. 의미의 구성에 필요한 구체적인 것은 오히려 작용의 성격에 생기를 불어넣은 색깔로서 내재하는, 이해된 표현의 체험 전체다.

의미와 의미하는 표현이나 그 표현의 색깔이 갖는 관계는, 가령 종으로서 빨간색과 직관의 빨간 대상이나 그 대상에서 나타나는 빨간색의 계기가 갖는 관계와 동일하다. 우리가 '종에서' 빨간색을 사념함으로써 빨간 대상이 우리에게 나타나고, 이러한 의미에서 우리는 어쨌든 우리가 사념하지 않는 그 대상을 바라본다. 동시에 그 대상에서 빨간색의 계기가 드러나고, 여기에서 다시 말할 수 있는 한 우리는 빨간색의 계기를 바라본다. 그러나 예를 들어 나타나는 대상의 표면에 분리된 부분으로 빨간색이 갖는 계기 역시 분리되었다는 현상학적 소견을 표명하는 경우와 마찬가지로, 우리는 그 대상에서 이러한 계기, 즉 개체적으로 규정된 이러한 개별적 특징도 사념하지는 않는다. 빨간 대상과 이 대상에서 부각된 빨간색의 계기가 나타나는 동안 우리는 오히려 하나의 동일한 빨간색을 사념하고, 이것을 개체적인 것 대신 —— 종이 바로 우리에게 대상이 되는 —— 새로운 종류의 의식의 방식으로 사념한다. 그래서 이에 상응하는 것은, 표현이 그에 상응하는 직관에 관계되든 관계되지 않든, 표현과 그 표현을 의미하는 작용의 관계 속에서 의미로 이행하는 것일 수 있다.

그러므로 종으로서 의미는 앞에서 말한 근거에서 추상을 통해 생긴다. 그러나 물론 경험론의 심리학과 인식론이 지배한, 종적인 것을 전혀 파악할 수 없고 정말 사람들이 종적인 것을 파악할 수 없는 것을 그 공적(功績)으로 생각하는, 본래가 아닌 의미에서 추상은 아니다.

순수논리학에 철학적 기초를 놓기 위해, 추상의 문제는 이중의 이유에서 고찰된다. 첫째는 순수논리학이 본질적으로 고려해야 할 의미의 범주적 구별에서 개체적 대상과 보편적 대상의 대립에 상응하는 구별도 따르기 때문이다. 둘째는 특별한 이유인데, 의미 일반 —— 게다가 종적 통일체의 의미에서 의미 —— 은 순수논리학의 영역을 형성하고, 그래서 종의 본질을 오해하는 모든 것은 그 고유한 본질상 순수논리학 자체에 반드시 영향을 주기 때문이다. 그러므로 예비하는 일련의 연구인 여기에서 바로 추상의 문제에 착수하고, 개체적(또는 실재적) 대상 이외에 종적(또는 이념적) 대상의 고유한 권리를 옹호함으로써 순수논리학과 인식론의 주요한 기초를 확보하는 것이 바람직할 것이다. 이것이 상대주의적인 경험론적 심리학주의(Psychologismus)가 자기 자신과 일치하는 [정합적인] 인식론의 유일한 가능성을 제시하는 관념론(Idealismus)과 구별되는 점이다.

물론 관념론에 대한 논의는 결코 형이상학의 학설이 아니라, 이념적인 것을 객관적 인식 일반의 가능성의 조건으로서 인정하고 심리학주의적으로 해석해 버리지 않는 인식론의 형식을 뜻한다.[1]

---

1 (옮긴이 주) 후설 자신이 이처럼 명확하게 정의한 현상학의 '관념론'을 전통 형이상학의 관념론으로 왜곡해 비난하는 사이비 문헌을 철저히 경계해야 한다.

1절 보편적 대상과 보편성 의식

1 보편적 대상은 개체적 대상과 본질적으로 다른 작용 속에 의식된다

우리는 우리 자신의 입장을 위에서 이미 몇 마디 말로 나타냈다. 그 입장을 정당화하기 위해 더 이상 상론할 필요는 없을 것이다. 우리가 옹호한 모든 것 — 종적 대상과 개체적 대상의 차이의 타당성, 이 두 대상이 우리에게 명석하게 의식되는 표상작용의 서로 다른 방식 — 은 명증성을 통해 보증되었기 때문이다. 그리고 이 명증성은 관련된 표상을 해명함으로써 당연히 주어졌다. 개체적 또는 종적 표상이 직관적으로 충족되는 경우로 단순히 되돌아가기만 하면 된다. 그러면 대상에 대해 그 표상이 본래 사념하는 것에 대한, 그리고 표상의 의미 가운데 무엇이 본질적으로 같은 종류나 서로 다른 종류로 간주해야 하는지에 대한 지극히 명쾌한 명석함을 획득한다. 이때 두 측면의 작용에 대한 반성은 그 작용이 수행되는 방식에서 본질적 차이가 있는지 없는지를 확실하게 알려 준다.

이제 후자의 관점에서 비교하는 고찰은 종적인 것을 사념하는 작용이 개체적인 것을 사념하는 작용과 사실상 본질적으로 다르다는 것을 가르쳐 준다. 후자의 경우 구체적인 것을 전체로서 사념하든, 구체적인 것에서 개체적 단편이나 개체적 징표를 사념하든 마찬가지다. 확실히 두 측면에는 어떤 현상적 공통성이 있다. 두 측면에는 정말 동일한 구체적인 것이 나타나는데, 그것이 나타나는 가운데 두 측면에서 동일한 감성적 내용이 동일한 파악의 방식으로 주어진다. 즉 현실적으로 주어진 감각의 내용과 상상의 내용의 동일한 총계가 ─ 우리에게 그 대상의 나타남이 그 내용을 통해 제시된 성질들과 더불어 구성되는 ─ 동일한 '파악(Auffassung)'이나 '해석(Deutung)'의 기초가 된다.

그러나 동일한 나타남이 두 측면에서 서로 다른 작용을 지닌다. 한편으로 나타남은 개체적으로 사념하는 작용에 대한 표상의 기반이다. 즉 우리가 단적으로 주의를 향하는 가운데 나타나는 것 자체, 이러한 사물이나 징표, 사물 속에 이러한 단편을 사념하는 작용에 대한 표상의 기반이다. 다른 한편, 나타남은 종화(種化)하면서 파악하고 사념하는 작용에 대한 표상의 기반이다. 즉 그 사물이나 사물에서 징표가 나타나는 동안 우리는 이 대상적 징표, 즉 이러한 '지금 그리고 여기'를 사념하는 것이 아니라 그 내용, 즉 그 '이념'을 사념한다. 우리는 이 집에서 빨간색의 계기를 사념하는 것이 아니라 그 빨간색을 사념한다. 이 사념하는 작용은, 개별적 집이나 그 집의 빨간색에 대한 '직관' 위에 '빨간색'의 이념이 직관적으로 주어짐에 대해 구성적이고 새로운 파악방식이 세워지는 한, 그 파악의 기반과 관련해 명백하게 기초 지어진 것이다.[1]

이러한 파악방식의 성격을 통해 좋은 보편적 대상으로서 현존하며, 이와 밀접하게 연관해 빨간색, ─ 빨간색 그 자체를 갖는 하나의 사례 ─ 이러한 빨간색 ─ 이 집의 빨간색 ─ 등과 같은 방식의 형태가 생긴다. 그래서 종과 개별적 사례의 원초적 관계가 나타나며, 다양한 개

---

1 이 책 제6연구(2-2권), 46항 참조.

별적 사례를 비교하면서 개관하고, 어쩌면 명증적으로 판단할 가능성이 생긴다. 모든 경우에 개체적 계기는 다른 것이지만, 모든 계기 '속에' 동일한 종이 실재화된다. 이 빨간색은 저 빨간색과 동일한 것, 즉 종적으로 고찰해 보면 동일한 색깔이며, 어쨌든 이 빨간색은 저 빨간색과 구별된다. 개체적으로 고찰해 보면 서로 다른 대상의 개별적 특징이다. 모든 기본적인 논리적 차이와 마찬가지로 이 차이도 범주적이다. 그것은 가능한 의식의 대상성 그 자체의 순수한 형식에 속한다.[2]

2 보편적 대상에 관한 논의의 불가피성

극단의 개념실재론(Begriffsrealismus)[3]은 우리가 종의 실재성뿐만 아니라 대상성도 논쟁하게 이끌었다. 이것은 확실히 부당하다. 종을 대상으로 파악하는 것이 가능하고 필요한지의 문제는, 오직 우리가 종을 명명하는 명사의 의미(뜻, 사념)로 되돌아가고 종에 대해 타당성을 요구하는 진술의 의미로 되돌아감으로써만 명백하게 답변할 수 있다. 이 명사와 진술을 그렇게 해석하면, 또는 그 명사와 진술에 의미를 부여하는 명사적 생각과 명제적 생각의 지향을 그렇게 이해하면, 지향의 본래적 대상은 개체적인 것이며, 그래서 우리는 반대 학설〔유명론〕을 인정해야 한다.

그러나 그러한 경우가 아니라면, 그와 같은 표현의 의미를 분석하는 데 그 표현의 직접적인 본래 지향이 명백하게 어떠한 개체적 객체에도

---

2 이 책 제6연구〔2-2권〕, 6절 「감성적 직관과 범주적 직관」이하 참조.
3 (옮긴이 주) 개념실재론은 보편자(개념 또는 종)는 실제하며 개별적 사물에 '앞서' 존재한다는 견해로, 보편자는 개별적 사물 '뒤에' 인간의 지성이 만든 이름이나 기호일 뿐이라는 중세 둔스 스코투스(Duns Scotus), 오캄(W. Occam) 등의 유명론(唯名論)과 대립된 입장을 취한다.

향하지 않는다는 것이 분명해지면, 특히 어떤 범위의 개체적 객체의 표현에 속한 보편성의 관계가 단지 간접적인 것일 뿐이며, 논리적 연관을 지시하면서, 그 연관의 내용〔뜻〕이 비로소 새로운 생각 속에 전개되고, 새로운 표현을 요구하는 것이 분명해지면 반대 학설은 명백하게 거짓이다.

사실상 예를 들어 경험적 사물과 마찬가지로, 개체적 개별자와 수학에서 수와 다양체〔집합〕, 순수논리학의 표상과 판단(개념과 명제)과 마찬가지로 종적 개별자를 구별하는 것은 이제 완전히 불가피하다. '수'는, 여러 번 강조하듯이, 개별자로서 1, 2, 3, ……을 자체 속에 포섭하는 개념이다. 예를 들어 수 2는 하나의 수이며, 2라는 개체적인 개별적 객체의 어떤 그룹도 아니다. 우리가 이것을 사념하고, 게다가 완전히 규정되지 않은 채 사념하면 우리는 그렇게 말해야 한다. 어쨌든 이때 표현과 더불어 생각은 변화된다.

개체적 개별자와 종적 개별자의 차이에는 개체적 일반자와 종적 일반자(보편성)의 적지 않은 본질적 차이가 상응한다. 이러한 차이는 즉시 판단의 영역으로 옮겨 가며 논리학 전체를 밀고 나간다. 단칭판단은 '소크라테스는 인간이다.'와 같은 개체적 단칭과, '2는 짝수이다.' '둥근 사각형은 이치에 어긋난 개념이다.'와 같은 종적 단칭으로 나뉘고, 전칭판단은 '모든 인간은 죽는다.'와 같은 개체적 전칭과, '모든 해석함수는 미분할 수 있다.' '모든 순수-논리적 명제는 아프리오리하다.'와 같은 종적 전칭으로 나뉜다.

이러한 차이와 이와 유사한 차이는 결코 없앨 수 없다. 중요한 문제는 단순히 단축하는 표현이 아니다. 왜냐하면 그 차이는 아무리 번거롭게 바꿔 쓰더라도 제거될 수 없기 때문이다.

그 밖에 인식에서 어떤 종이 실제로 대상이 되는 것과, 이 종이 개체적 대상과 관련한 것과 동일한 논리적 형식의 판단이 가능하다는 것을 모든 사례에서 명백하게 확신할 수 있다. 우리가 특별하게 관심을 두는 그룹에서 예를 들어 보자. 이미 말했듯이, 논리적 표상과 통일적 의미 일반은, 그것 자체가 보편적인 것을 표상하든 개체적인 것을 표상하든 이념적 대상이다. 예를 들어, 반복된 논의와 사념 속에 동일한 의미로서 '베를린 도시'나 피타고라스 정리 — 이 정리의 발언을 명시할 필요가 없는 — 의 직접적 표상이나, '피타고라스 정리' 자체의 이러한 표상이 그러하다.

우리는 그와 같은 모든 의미가 어떻게 사유 속에서 의심할 여지없이 통일체로서 타당하고, 그 통일체에 관해 상황에 따라 심지어 명증성을 지니고 통일적으로 판단되는지를 우리의 관점에서 언급했다. 그러한 의미는 다른 의미와 비교되고 구별될 수 있다. 그 의미는 여러 가지 술어에 대해 동일한 주어와 다양한 관계 속에서 동일한 관련을 맺을 수 있으며, 다른 의미와 결합되고 통일체로 간주될 수 있다. 동일한 것으로서 이 통일체 자신은 다시 다양한 새로운 의미와 관련해 대상이다. 이 모든 것은 말(馬)이나 돌, 심리적 작용 등과 같은 의미가 아니라 다른 대상들과 정확하게 동등하다. 오직 의미가 동일한 것이기 때문에 의미는 동일한 것처럼 취급될 수 있다. 이것은 반박의 여지가 없는 논증으로 우리에게 간주되며, 물론 모든 종적 통일체, 의미가 아닌 것(Nicht-Bedeutung)인 종적 통일체에 대해 타당하다.

3 종의 통일체는 비본래적인 것으로 이해될 수 있는가. 동일성과 동등함

우리가 종적인 것의 엄밀한 동일성을 고대 전통의 의미에서 곧바로 유지하려 하는 반면, 지배적 학설은 동일성에 관한 비본래적 논의가 널리 확산된 것에 의지한다. 동등한 사태의 경우 종종 충분히 '동일한' 사태에 대해 이야기한다. 예를 들어 '동일한 옷장', '동일한 웃옷', '동일한 모자'를 이야기하는데, 이 경우 동일한 견본에 따라 작업한 서로 완전히 동등한 제품, 즉 그와 같은 종류의 물건에서 우리가 관심을 갖는 모든 것에서 동등한 제품이 앞에 놓여 있다. 이러한 의미에서 '동일한 확신', '동일한 의심', '동일한 물음', '동일한 소원' 등에 대해 이야기한다. 이와 같은 비본래성이 '동일한 종'에 대한 논의의 경우에도, 특히 '동일한 의미'에 대한 논의의 경우에도 앞에 놓여 있다. 어디에서나 동등한 의미의 체험에 관해서 우리는 '동일한 의미'('동일한 개념'과 '명제')에 대해 이야기하며, 어디에서나 동등한 색채에 관해, '동일한 빨간색'(빨간색 일반), '동일한 푸른색' 등에 관해 이야기한다.

나는 이러한 논증에 대해, 동등한 사물의 경우 동일성에 대한 비본래적 논의는 그것이 곧 비본래적이므로 그에 상응하는 본래적인 것, 그래서 아무튼 본래적 동일성을 소급해 지시한다는 반론을 제기한다. 사실적으로 우리는 항상 동등함(Gleichheit)이 존재하는 곳에서 엄밀하고 참된 의미에서 동일성(Identität)도 발견한다. 우리는 두 사물의 동등한 관점을 지적하지 않은 채 두 사물을 동등한 것으로 말할 수 없다. 나는 관점을 말했으며, 여기에 동일성이 놓여 있다. 모든 동등함은 비교되는 것들을 포섭하는 하나의 종과 관계를 갖는다. 그리고 이 종은 비교되는 것들의 두 측면에서 또다시 단순히 동등한 것이 아니며 이러한 것일 수 없다. 왜냐하면 그렇지 않을 경우 지극히 전도된 '무한소급(regressus in infinitum)'이 불가피할 것이기 때문이다.

비교하는 것의 관점을 지적하면서, 우리는 비교된 항들이 동일하게 나타나는 것으로 발견되는 종차(種差)의 범위를 더 보편적인 유의 명사〔용어〕로 앞서 지시한다. 두 사물이 형식의 관점에서 동등하면, 관련된 형식의 종은 동일한 것이다. 두 사물이 색채의 관점에서 동등하면, 색채의 종은 동일한 것이다 등등. 물론 모든 종이 명확하게 말로 각인되

　　　　　　　　1절 보편적 대상과 보편성 의식

지 않고, 그래서 때로는 관점의 적절한 표현이 없으며, 아마 관점을 명석하게 지적하기 어려울 수도 있다. 그렇지만 어쨌든 우리는 관점을 염두에 두며, 그 관점은 동등함에 대한 우리의 논의를 규정한다. 만약 감성적 영역에서뿐이지만 동일성을 동등함의 한계경우(Grenzfall)로서 본질적으로 정의하려는 사람이 있다면, 당연히 우리에게는 참된 사태를 뒤집는 것처럼 보일 것이다. 동일성은 절대적으로 정의할 수 없으며, 어쨌든 동등함이 아니다. 동등함은 하나의 동일한 종에 포섭되는 대상들과의 관계다. 만약 종의 동일성에 대해 이야기하는 것, 동등함이 일어나는 그 관점에 대해 이야기하는 것이 더 이상 허용되지 않는다면, 동등함에 대한 논의도 그 토대를 상실할 것이다.

4 이념적 통일체를 분산된 다양체로 환원하는 것에 대한 반론

다른 문제에도 주의를 돌려 보자. 누군가 하나의 속성에 대한 논의를 어떤 방식으로, 어떤 동등함의 관계의 존립요소로 환원하려 한다면, 다음과 같은 대조 속에 명시되는 차이를 깊이 숙고하게 된다. 다음과 같이 비교하자.

1) 어떤 그룹의 객체를 직관적 동등함에서 통일적으로 파악하는 경우나 그 객체의 동등함을 단번에 동등함으로 인식하는 경우, 각기 비교하는 작용 속에 규정된 객체의 동등함을 그 밖의 각 동등함과 같이 인식하고, 결국 그 그룹의 모든 객체와 같이 인식하는 경우 우리의 지향(Intention).[4]

2) 심지어 동일한 직관적 기반에 근거해 동등함의 관점이나 비교하

---

4 나의 『산술철학』(1891) 11절의 직관적 집합의 파악에 관한 상세한 논의 참조. 직관적 동등함의 인식에 관해서는 특히 같은 책, 233쪽 참조.

는 것을 형성하는 속성을 하나의 이념적 통일체로서 파악하는 경우 우리의 지향.

두 측면에서 우리의 지향의 목표, 우리가 사념하고 진술하는 것의 주어로서 거명된 대상적인 것은 총체적으로 다른 것이라는 사실은 명증적이다. 아무리 많은 동등한 객체가 직관 또는 비교하는 것 속에서 우리 눈앞에 아른거리더라도, 동등한 객체들과 그 동등함은 두 번째 지향의 경우에는 확실히 사념되지 않는다. 사념된 것은 '보편자(Allgemeines)', 이념적 통일체이지 이러한 개별적인 것과 다양한 것이 아니다.

두 측면에서 지향적 상태(Sachlage)는 논리적으로뿐만 아니라 심리학적으로도 완전히 다르다. 두 번째의 경우, 동등함을 직관하거나 비교할 필요가 전혀 없다. 나는 이 종이를 종이로, 흰 것으로 인식하며, 여기에서 어떤 동등함을 직관하거나 비교하지 않아도 '종이'와 '흰색 일반'이라는 표현의 보편적 의미를 명석하게 이끈다. 그런데 동등함을 통해 직관적 관계 속에 들어오는 동등한 객체들이 함께 나타나지 않고는 개념적 표상은 심리학적으로 결코 일어나지 않는다. 그러나 이 심리학적 사실은 어쨌든 속성이 인식 속에 간주하는 것과 명증성을 지니고 간주해야만 하는 것이므로, 현안이 되는 여기에서는 결코 중요하지 않다.

결국 어떤 종에 대한 지향을 동등한 그룹에서 여느 때와 같이 파악된 개개의 것에 대한 표상작용을 통해 이해하려 할 경우, 그때그때 표상된 개개의 것들은 그 그룹의 단지 몇 가지 구성요소만 포괄하지 결코 외연 전체를 다 끌어낼 수 없다는 사실도 분명하다. 그래서 우리는 종의 통일체가 없고 동시에 종의 통일체와 더불어 전체성(Allheit)의 사유 형식 — 이 사유형식을 통해 종의 통일체는 생각으로 표상된, 'A의 전체성'이라는 표현의 의미에서 사념된 A의 다양체 전체와의 관계를 획득한다 — 이 없다면 도대체 무엇이 외연의 통일체를 만들어 내고, 무엇이 외연의 통일체를 우리의 의식과 지식에 대해 가능하게 하는지 심문해도 좋다. 어디에서나 공통의 '동일한' 계기를 지적하는 것은 당연히 아무 도움도 줄 수 없다. 그 계기는 그 외연에 속하는 개별적 객체가 표상되는 수와 마찬가지 수로 현존한다. 그렇다면 그 자체가 먼저 통일하는 것(Einigung)이 필요한 것은 어떻게 통일해야 하는가?

그 외연의 모든 구성요소를 서로 동등한 것으로 인식하는 객관적 가능성 역시 아무 도움이 되지 않는다. 그 가능성은 사유작용과 인식작용의 외연에 통일성을 줄 수 없다. 이 가능성은 그것이 사유되지 않고 통찰되지 않는다면 우리의 의식에 무(無)일 뿐이다. 그러나 한편으로 외연의 통일성에 대한 생각은 이 경우 이미 전제되어 있고, 다른 한편으로 이 경우 통일성 자체가 이념적 통일체로서 우리에게 직면해 있다. 일반적으로 이념적인 것의 존재를 실재적인 것의 가능한 존재로 바꾸어 해석하는 모든 시도는, 그 가능성 자체가 다시 이념적 대상인 것에서 명백하게 반드시 좌초된다. 실재적 세계에서 수 일반과 삼각형 일반이 발견될 수 없듯이 어떠한 가능성도 발견될 수 없다.

그러므로 종적 대상을 받아들이는 것을 그 외연으로 되돌아감으로써 회피하려는 경험론적 견해는 관철될 수 없다. 이 견해는 무엇이 외연에 통일성을 주는지 아무것도 말해 줄 수 없다. 다음과 같은 반론은 이러한 점을 특히 명석하게 해 준다.

논박되는 견해는 '유사함의 범위'로 조작하는데, 모든 객체가 다수의 유사함의 범위에 속한다는 어려움, 무엇이 이 유사함의 범위 자체를 서로에 대해 구분하는지의 질문에 답해야 하는 어려움을 너무 쉽게 받아들인다. 우리는 이미 주어진 종의 통일체가 없으면 '무한소급'은 불가피할 것이라는 사실을 통찰한다. 어떤 객체 A는 다른 객체와 유사하다. 관점 a에 따른 어떤 객체는 관점 b에 따른 다른 객체와 유사하다 등등. 그러나 관점 자체는 통일체를 만들어 내는 하나의 종이 현존함을 말하지 않는다. 그래서 예를 들어 '빨간색'을 통해 제약된 유사함의 범위를 '삼각형이라는 점(Dreieckigkeit)'을 통해 제약된 유사함의 범위와 대립해 통일적으로 만드는 것은 무엇인가? 경험론적 견해는 '그것은 다른 유사함이다.'라고 말할 수 있을 뿐이다. A와 B가 빨간색의 관점에서 유사하고, A와 C가 삼각형이라는 관점에서 유사하면 이 유사함은 서로 다른 종류다. 그러나 여기에서 다시 종(Art)에 직면한다. 유사함 자체가 비교되고, 그 종과 유(Gattung)의 절대적 구성요소들(Glieder)과 마찬가지로 종과 유를 형성한다. 그러므로 우리는 다시 이러한 유사함의 유사함으로 되돌아가야 하고, 이렇게 무한히 되돌아가야 할 것이다.

5 계속: 밀과 스펜서 사이의 논쟁

물론 사람들은 종의 통일체를 이것에 포섭되는 대상들의 다양체로 분산시키는 심리학주의적 파악방식이 어려움을 겪을 것이라고 종종 충분히 느꼈다. 그러나 그 어려움을 해소하는 데 너무 일찍 안심했다. 밀이 자신의 심리학주의적 학설과 모순되게 속성의 동일성에 대한 논의를 어떻게 견지했으며,[5] 이 점에서 일관되게 완전히 동등한 속성에 대한 논의만을 인정하려는[6] 스펜서[7]에 대립해 자신의 학설을 정당화하려

---

5 밀, 「논리학」 2권, 2절 3항 결론의 주해(곰페르츠 번역, 1권(1판) 185쪽 이하) 참조.

6 스펜서, 「심리학」 2권, 294항 주해(훼터 번역, 2권, 59쪽 이하) 참조.

7 (옮긴이 주) 스펜(H. Spencer, 1820~1903)는 실증주의의 관점에서 진화론의 방법으로 자연과학·심리학·사회학·윤리학을 연구했다. 그는 제한된 개인의 경험으로 사물의 본질에 이를 수 없다는 불가지론과 함께 인간의 사회와 자연을 동질적으로 파악한 사회유기체설을 주장했다. 저서로 다양한 분야에 걸쳐 30여 년간 저술한 『종합철학의 체계』(1862~1892), 『사회학 연구』(1873) 등이 있다.

시도했는지 관찰하는 것은 흥미롭다. 서로 다른 사람의 모습은 우리에게 동일한 감성의 감각(Sinnesempfindung)이 아니라 단지 완전히 동등한 감성의 감각만을 일깨우며, 그래서 스펜서는 인간성(Menschentum)도 각 인간 속에 서로 다른 속성으로 나타내야 한다고 생각한다. 그러나 이때 밀은 지금 이 순간과 30분 후 동일한 인간의 인간성에 대한 반론을 제기한다. 그는 아니라며, 다음과 같이 말한다.[8]

모든 일반적 표상[개념]이 '다양체 속의 일자(一者)'가 아니라, 그 표상이 적용될 수 있는 사물들이 존재하는, 그와 같이 많은 다른 표상으로서 고찰되어야 한다면, 일반적 표현[언어]은 결코 존재하지 않을 것이다. '인간'[이라는 표상]이 한스(Hans)에 적용될 경우, 그 자체만으로 하나의 사항을, 피터(Peter)에 적용될 경우, 다시 다른 사항 — 비록 철저히 유사한 것이지만 — 을 나타내야 한다면, 어떤 명사도 결코 일반적 의미를 갖지 못할 것이다.

그 반론은 정당하며, 밀 자신의 학설 못지않게 들어맞는다. 어쨌든 몇 줄 밑에 계속 다음과 같이 말한다.

모든 일반적 명사의 의미는 궁극적으로 감정에서 성립하는 외적 또는 내적 나타남이고, 이 감정은 그 연관[연속성]이 어느 순간 중단된다면 개체적 동일성이라는 의미에서 더 이상 동일한 감정이 아니다.

밀은 여기에서 매우 선명하게 지적한 이 어려움을 쉽게 극복할 수 있다고 믿는다. 그는 다음과 같이 묻는다.

---

8 스펜서, 앞의 책, 186쪽.

일반적 명사에 그 의미를 부여하는 공통적인 것은 도대체 무엇인가? 스펜서는 '그것은 감정의 유사함'이라고 말할 수 있을 뿐이다. 〔이에 대해〕나는 '속성은 바로 이러한 유사함'이라고 답한다. 속성의 명사는, 궁극적으로 분석해 보면, 우리의 감성의 감각(또는 다른 감정)의 유사함에 대한 명사다. 모든 일반적 명사는, 추상적인 것이든 구체적인 것이든, 하나나 몇 가지 이러한 유사함을 지시하거나 함께 지시한다.[9]

이것은 기묘한 해결책이다. 그래서 '함께 지시함(Mitbezeichnung)'은 보통의 의미에서 더 이상 속성(Attribut)에서 성립하지 않고 이러한 유사함에서 성립한다. 그렇지만 이러한 전환을 통해 무엇이 달성되었는가? 그와 같은 모든 유사함은 실로 유사함의 개체적이고 순간적인 감정(feeling)을 뜻하지 않으며, 동일한 '다양체 속의 일자'를 뜻한다. 이 '다양체 속의 일자'로 설명해 없애야 할 것이 바로 전제되어 있다. 그래서 당연히 가령 소수의 그와 같이 설명하기 어려운 소수로 환원되지도 않는다. 어쨌든 서로 다른 속성에는 서로 다른 이러한 유사함이 상응한다.

그러나 어쨌든 모든 개개의 비교하는 사례에는 하나의 특수한 유사함이 상응하고, 그래서 각각의 속성에 무한한 수의 가능한 유사함이 속한다면, 우리가 단지 하나의 유사함에 대해서만 이야기하는 것이 본래 어느 정도까지 허용되는가? 이러한 물음은 이 모든 유사함의 통일적 공속성(共屬性)을 정초해야 할 것에 관한 위의 문제로 이끄는데, 이것은 상대주의적 견해의 잘못된 점을 인식하기 위해 우리가 반드시 제기해야 할 문제다.

밀 자신은 그의 설명에 미심쩍은 점을 느꼈다. 왜냐하면 그는 다음과 같은 문장을 첨부하기 때문이다.

---

9 위의 책, 186쪽.

100가지 감성의 감각이 구별될 수 없을 정도로 동등하다면, 그 유사함은 단순히 서로에 대해 유사한 100가지 유사함이 아니라, 하나의 유일한 유사함으로 이야기해야 한다는 것은 부정하기 어려울 것이다. 서로 비교되는 사물은 많지만, 아무튼 이 모든 것에 공통적인 것은 하나(Eines)로서 파악되어야 한다. 이것은 명사(Name)가 자주 표명될 때마다 수적으로 서로 다른 음의 감각에 상응하더라도 하나(의 명사)로서 파악되는 것과 마찬가지다.

이것은 기묘한 자기기만이다. 마치 생각한 것의 통일체가 작용의 다양체에 상응하든 상응하지 않든 우리가 논의방식을 결정함으로써 규정할 수 있다는 듯이, 마치 논의에 비로소 통일적 의미를 부여하는 것은 지향의 이념적 통일체가 아닌 듯이 말하기 때문이다. 확실히 비교되는 '사물들'이 많으며, 확실히 이것들에 공통적인 것은 하나로서 반드시 파악되어야 한다. 그러나 어쨌든 바로 그 어떤 것이 바로 하나이기 때문에, 그래서 그것은 '반드시(Muß)' 타당하다. 그리고 이것은 유사함에도 타당하고, 그래서 '감정(feelings)'과 본질적으로 구별될 수 있는 공공연한 속성 자체에도 타당하다. 그러므로 개념을 탐구하는 심리학을 연구할 때 더 이상 말해서는 안 된다.

밀은 다음과 같이 말한다.

스펜서와 나 사이의 논쟁은 단순히 말에 관한 논쟁일 뿐이다. 왜냐하면 우리 둘 가운데 누구도 …… 속성이 대상적 실존을 소유한 객관적 사물이라고 믿지 않기 때문이다. 우리는 속성 속에 우리의 감성의 감각(또는 감성의 감각에 대한 우리의 예상)을 명명하는 특수한 종류와 방식을 — 이것들을 불러일으키는 외적 대상에 대한 그 관계의 측면을 고려해 — 찾아낸다. 그러므로 스펜서가 제기한 논쟁의 문제는 실제로 실존하는 어떤 사물의 속성에 관계하지 않고, 명사의 두 가지 다른 사용 방식을 소유한 철학의

목적에 비교적 더 많거나 더 적게 적합함에 관계한다.[10]

물론 우리는 속성의 실재성도 가르치려 하지 않지만, 이 '명사의 사용 방식' 배후에 끼어 있는 것과 '철학의 목적'과 사유 일반에 '명사의 적합함'을 정초하는 것에 대한 좀 더 선명한 분석을 요구한다. 밀은 명사의 통일적 의미와 각 표현의 통일적 의미가 마찬가지로 종적 통일체라는 점, 그러므로 종의 통일체를 말의 의미의 통일체로 환원하는 경우 그 문제가 단지 뒤로 밀쳐질 뿐이라는 점을 보지 못하고 놓쳐 버렸다.

6 다음 절로 넘어감

우리는 이미 마지막[5항] 고찰에서 반대편 견해에 비판적으로 고려할 수밖에 없다는 점을 살펴보았다. 이때 중요한 문제는 모든 형식의 경험적 추상이론이 ― 그 내용상 다른 점에서 구별될 수 있더라도 ― 일치하는 일련의 사상이다. 그러나 보편적 대상과 보편적 표상의 본질에 관한 우리의 견해를, 근대 추상이론의 서로 다른 주된 형식을 검토해 분석하는 데 이용하기 위해서는 지금의 비판에 더해 많은 지면을 할애해야 한다. 다른 견해의 오류를 비판적으로 입증하는 것은 우리의 견해를 보완해 형성하고 그 신뢰성을 시험할 기회를 제공하기 때문이다.

경험론적 '추상이론'[11]은, 근대 인식론 대부분의 학설과 마찬가지로, 두 가지 본질적으로 서로 다른 학문적 관심이 혼합되어 시달렸다. 그 관

---

10 위의 책, 185쪽.

11 본문에서 계속 논의하겠지만, 이론화하는 것이 전혀 없는, 즉 설명하는 것이 전혀 없는 경우인 여기에서 이론에 대해 이야기하는 것은 적절하지 않다.

심 가운데 하나는 체험의 심리학적 설명(Erklärung)에 대한 비판에, 다른 하나는 체험의 사상적 내용이나 의미의 '논리적' 해명(Aufklärung)과 체험의 가능한 인식의 작업수행(Leistung)에 대한 비판에 관계한다. 전자와 관련해서 중요한 문제는 주어진 사유의 체험을 실재적으로 일어난 일의 흐름 속에 다른 사실 ── 사유의 체험을 원인으로서 불러일으키거나 사유의 체험이 영향력을 행사하는 사실 ── 과 결합하는 경험적 연관을 입증하는 것이다. 반면 후자와 관련해서는 말에 속한 '개념의 기원'을 겨냥한다. 따라서 개념 '본래의 사념'이나 의미를 충족시키는 의미 ── 우리는 적절한 직관을 불러옴으로써 비로소 이 의미를 현실화한다 ── 속에 그 지향을 명증적으로 확증함으로써 해명하는 것을 겨냥한다.

이러한 현상학적 연관의 본질에 대한 연구는 인식의 '가능성'을 인식비판적으로 해명하는 데 불가결한 기반을 제공해 준다. 그래서 우리의 경우에는 보편적 대상 ── 또는 이에 상응하는 보편적 개념의 대상으로서 개개의 대상 ── 을 타당하게 진술할 가능성을 본질적으로 명석하게 하고, 이와 연관해 보편자(Allgemeines)가 존재하는 것으로서 타당하고, 개별자(Einzelnes)가 보편적 술어에 포섭되는 것으로서 타당할 수 있는 정당한 의미를 통찰해 규정하는 데 불가결한 기반을 제공해 준다.

인식론적, 즉 인식을 해명하려는 모든 추상이론은 우리에게 종적인 것(Spezifisches)을 의식하게 해 주는 직접적인 기술적 상태를 기술하며, 이 상태에 의해 속성명사(Attributname)의 의미를 해명하고 계속해서 종의 본질이 겪은 여러 가지 오해를 명증적으로 해소하는 대신, 오히려 추상의 과정을 원인과 결과에 따라 경험적-심리학적으로 분석하는 데 몰두한다. 그리고 추상하는 의식의 기술적 내용을 피상적으로 간과하면서 그 관심을 주로 무의식의 성향이나 가설적 연상을 엮는 데 향할 경우, 그 추상이론은 처음부터 자신의 목표를 놓쳐 버린다. 통상 이 이론에서 보편성의식의 내재적 본질내용은 전혀 주목받지도 언급되지도 못했다. 그런데 우리가 원했던 해명은 이 보편성 의식에 의해 즉시 수행될 수 있다.

다음의 경우도 마찬가지로, 추상이론은 처음부터 자신의 목표를 놓쳐 버렸다. 즉 추상이론이 자신의 의도를 모든 본래의, 따라서 직관적 추상 속에 내재적으로 발견될 수 있는 것의 장(場)으로 향하고, 그래서 본질분석과 경험적 분석 — 인식비판적으로 해명하는 분석과 심리학적으로 설명하는 분석 — 을 혼동한 오류를 피하려 하지만, 이에 대해 특히 보편적 재현함(Repräsentation)에 대한 논의의 다의성을 통해 유발되는 다른 혼동, 즉 현상학적 분석과 객관적 분석을 혼동한 경우다. 즉 의미하는 작용이 그 대상에 부여하려는 것은 그저 작용 자체에 그 내실적 구성요소로서 귀속된다. 그래서 여기에서 중요한 의식의 영역과 그 내재적 본질이 은연중에 다시 버려지고, 모든 것은 혼란에 방치된다.

다음에 이어질 분석은 이러한 개괄적 성격 묘사가 가장 영향력이 큰 근대 추상이론에 적합하다는 점과, 이 추상이론이 사실상 방금 전 일반적으로 지적한 근거에서 자신의 목표를 놓쳐 버렸음을 보여 줄 것이다.

2절 보편자를 심리학적으로 실체화함

7 보편자의 형이상학적 실체화와 심리학적 실체화. 유명론

다음 두 가지 오해가 보편적 대상에 대한 학설이 전개되는 경우를 지배했다.

첫째는 보편자를 형이상학적으로 실체화하는 것(Hypostasierung), 즉 종의 실재적 현존을 사유 외부에 상정하는 것이다.

둘째는 보편자를 심리학적으로 실체화하는 것, 즉 종의 실재적 현존을 사유 속에 상정하는 것이다.

플라톤적 실재론 — 전통적 해석의 의미에서 — 의 기초가 되는 첫 번째 오해에 대해서는 더 오래된 유명론(Nominalismus), 심지어 개념주의적 유명론과 같은 극단적 유명론이 반대했다. 이에 반해 두 번째 오해, 특히 로크의 추상적 관념 형식으로 인해 그 오해에 대한 반박은 버클리 이래 근대 추상이론의 전개를 규정하고, 그 추상이론에 극단적 유명론 — 사람들은 현재 완전히 유명론이라 부르고 개념주의에 대립시키곤 한다 — 의 결정적 경향을 부여했다. 즉 로크의 추상적 관념의 불합리함을 벗어나기 위해 사람들은 독특한 사유의 통일체로서 보편적 대상과 독특한 사유작용 일반으로서 보편적 표상을 부정해야 한다고 믿었다. 보편적 직관 — 그 추상적 관념 이외에 전통논리학의 공통된 상(像)도 포함하는 — 과 보편적 의미의 차이를 보지 못함으로써, 말소리가 아니라 어쨌든 그 의미상 자신의 독특한 표상의 지향과 더불어 이 후자의 '개념적 표상'을 물리쳐 버리고, 이것에 단지 심리학적으로 독특하게 기능하는 개체적인 개별적 표상을 끼워 넣었다.

그러므로 그 두 오해에 유명론의 세 번째 오해가 연결되는데, 이 유명론은 서로 다른 형식으로 대상과 사유작용에 관해 보편자를 개별자로 바꾸어 해석할 수 있다고 믿는다.

이러한 오해가 여전히 현실적 관심인 한 이 오해를 순서에 따라 분석해야 한다. 보편적 대상의 본질에 관한 논쟁의 문제는 — 보편적 표상의 본질에 따라 분리될 수 없다는 것은 — 문제의 본성 속에 놓여 있으며, 또 지금까지 해 온 우리의 고찰이 명백하게 해 준다. 그러한 대상이 어떻게 표상될 수 있는지에 대한 의문을 해소하지 않으면, 나아가 '단순히 개별적 표상이 존재한다는 것, 그래서 우리에게 단지 개별적 객체만 의식될 수 있고 실로 의식되어 있다는 것, 그러므로 보편적 대상에 대한 논의도 단지 허구적으로만, 또는 완전히 비본래적으로 이해됨에 틀림없다는 것'을 과학적 심리학적 분석을 통해 실증하는 것으로 보이는 이론을 논박하지 않으면, 보편적 대상에 대한 논의의 독자적 타당성을 설득력 있게 실행할 가망이 없다.

우리는 플라톤화하는(platonisierend) 실재론의 오해를 오래전에 해소된 것으로 방치해 둘 수 있다. 반면 심리학화하는 실재론으로 다그치는 것으로 보이는 생각의 동기는, 로크를 비판하는 방식에서 특히 나타나듯, 여전히 오늘날에도 명백하게 활동하고 있다. 이 절에서 이러한 동기를 더 상세하게 조사해 보자.

8 기만하는 사유의 과정

우리의 견해에 대해 매우 진지한 확신에서가 아니라, 보편적 대상으로서 종에 대한 논의가 유지될 수 없음을 간접적 논증으로(apagonisch) 증명할 수 있기 위한 것으로, 다음과 같은 계열의 생각으로 이의를 제기할 수 있다.

종이 실재적인 것(Reales)이 아니면, 또한 종이 사유 속에서 아무것도 아니면 그 종은 그 무엇도 아니다. 그것이 적어도 우리의 사유 속에 있지 않다면 우리는 어떻게 무엇에 대해 논의할 수 있는가. 그러므로 이념적인 것(Ideales)의 존재는 자명하게 의식 속의 존재다. 그래서 그것을 당연히 '의식의 내용'이라 한다. 이에 반해 실재적 존재는 곧 의식 속의 단순한 존재나 내용으로-있음(Inhalt-sein)이 아니라, '그-자체의-존재(An-sich-sein)'나 초월적 존재, 의식 외부의 존재다.

그럼에도 그와 같은 형이상학의 미로에 빠지면 안 된다. 우리는 의식 '속에' 있는 것은 의식 '밖에' 있는 것과 정확하게 똑같이 실재적으로 간주한다.[1] 개체(Individuum)는 자신의 모든 존립요소와 더불어 실재적이다. 즉 그것은 하나의 '여기에 지금'〔있는 것〕이다. 실재성의 특징적 징표로서 우리는 시간성으로 충분하다. 실재적 존재와 시간적 존재는 물론 동일한 개념은 아니지만 어쨌든 외연이 같다. 물론 우리는 심리적 체험이 형이상학의 의미에서 사물이라고 생각하지 않는다. 그러나 모든 시간적 존재자가 필연적으로 하나의 사물이거나 사물을 함께 구성한다는 고대 형이상학의 확신이 정당하다면, 심리적 체험도 사물의 통

---

1 (옮긴이 주) 전통적으로 이념성(이념적인 것)과 실재성(실재적인 것)은 '의식'을 기준으로 '내(內)·외(外)'로 구분해 왔다. 그러나 후설은 '시간성'을 기준으로 삼기 때문에 시간 속에 일어나는 의식의 다양한 작용들도 실재성을 갖는다. 즉 구체적인 체험의 흐름인 내실적 내재(內在)뿐 아니라, '외적' 감각자료가 인식작용에 의해 구성된 인식대상도 지향적 내재, 즉 내실적 초재(超在)다.

일체에 속한다. 그렇지만 형이상학적인 것이 완전히 배제되어야 한다면 우리는 실재성을 바로 시간성을 통해 정의한다. 왜냐하면 여기에서 유일하게 중요한 것은 이념적인 것의 비(非)시간적 '존재'에 대립하는 것이기 때문이다.

더 나아가 종종 논의되듯, 보편자가 우리에 의해 사유된 것(Gedachtes)이라는 점은 확실하다. 그렇지만 그 때문에 보편자가 사유체험 속에 실재적 존립요소라는 의미에서 사유의 내용은 아니며, 의미의 내용이라는 의미에서 사유의 내용도 아니다. 오히려 그것은 그때 사유된 대상이다. 그렇다면 대상은 ─ 심지어 그것이 실재적 대상이고 참으로 존재하는 경우에도 ─ 그 대상을 사유하는 작용의 실재적 요소로서 파악될 수 없다는 점을 우리는 간과할 수 있는가? 그리고 종종 논의되듯, 우리에 의해 사유된 것 역시 허구적인 것이며 불합리한 것은 아닌가?

물론 이념적인 것의 존재를 허구적인 것이나 이치에 어긋난 것의 사유된 존재와 같은 단계에 놓는 것은 우리의 의도가 아니다.[2] 후자는 전혀 존재하지 않으며, 본래의 의미에서 그것에 대해 정언적(定言的)으로 아무 것도 진술될 수 없다. 그럼에도 마치 그것이 존재하는 듯이, '단순히 지향적인 것'이라는 그 자신의 존재양식을 가진 듯이 이야기한다면, 더 정확하게 고찰할 경우 그 논의는 비본래적인 것으로 입증된다. 실로 '대상이 없는 표상들' 사이의 어떤 법칙적으로 타당한 연관만 존립하는데, 이 연관은 대상적 표상과 관련된 진리와의 유비에 의해 실제로는 존재하지 않는, 단순히 표상된 대상에 대한 논의를 쉽게 생각나게 한다.

반면 이념적 대상은 참으로 존재한다. 그와 같은 대상 ─ 예를 들어 그 수 '2', 그 빨간색의 질, 그 모순율 등 ─ 에 대해 이야기하고, 이 대

---

2 이에 반대하는 것은 에르트만, 『논리학』 1권(1판), 81, 85쪽; 트바르돕스키, 『표상의 내용과 대상에 관한 이론』, 106쪽 참조.

상을 술어가 부착된 것으로 표상하는 것은 명백하게 충분한 의미가 있을 뿐만 아니라, 우리는 그러한 이념적 대상과 관련한 어떤 정언적 진리를 통찰해 파악한다. 이러한 진리가 타당하다면, 그 타당성이 객관적으로 전제하는 모든 것은 반드시 존재해야 한다. 내가 '4는 짝수다.' '진술된 술어는 이념적 대상 4에 실제적으로 속한다.'를 통찰하면, 이러한 대상 역시 단순한 허구나 단순한 '상투어(façon de parler)', 실제로 무(無)일 수 없다.

여기에서 이러한 이념적 존재의 의미, 이와 더불어 술어화(Prädikation)의 의미는 실재적 주어의 실재적 술어, 실재적 주어의 속성이 첨부되거나 부정된 경우와 같이 전혀 다르며, 특히 동일한 것이 아니라는 사실이 배제되지 않는다. 달리 표현하면, 우리가 부정하지 않고 오히려 중시하는 것은 존재자 — 또는 동일한 것이지만 대상 일반 — 의 개념적 통일체 안에서, 우리가 이념적 존재와 실재적 존재, 종(Spezies)으로서 존재와 개체적인 것(Individuelles)으로서 존재를 구별해 방금 고려한 기본적인 범주적 구별이 존립한다는 점이다. 마찬가지로 술어화의 개념적 통일체는 두 가지 본질적으로 구별된 종류로 분열된다. 즉 개체적인 것에 따라 그 속성이, 또는 종적인 것에 따라 그 유적 규정성이 첨부되거나 부정된다. 그러나 이 차이는 대상의 개념 속에, 그리고 이와 상관적으로 정언적 명제의 통일체 개념 속에 최고의 통일체를 폐기하지 않는다. 각 경우 하나의 대상(주어)에는 어떤 것(하나의 술어)이 속하거나 속하지 않으며, 이 가장 보편적으로 속하는 것의 의미는 이 속하는 것에 종속된 법칙과 더불어 존재나 대상 일반의 보편적 의미 역시 규정한다. 마찬가지로 유적 술어화의 더 특수한 의미는 이 술어화에 정리된 법칙에 의해 이념적 대상의 의미를 규정하거나 전제한다. 존재하는 모든 것이 정당하게 존재하는 것으로서, 또한 우리가 그것을 사유 속에 존재하는 것으로서 파악하는 명증성에 의해 그렇게 존재하는 것으로서 타당하면, 이는 결코 우리가 이념적 존재의 고유한 권리를 부정해도 좋다고 논의할 수 있는 문제가 아니다. 사실상 세계를 해석하는 어떠한 기술도 이념적 대상을 우리의 언어(Sprechen)와 사유(Denken)에서 제거할 수 없다.

9 추상적 관념에 대한 로크의 학설

로크의 철학에서 보편자(Allgemeines)를 심리학적으로 실체화하는 것은 특별한 역사적 영향력이 있었다. 그 실체화는 다음과 같은 일련의 생각 속에서 생겨났다.

실재적 실재성에서 보편자(Universales)와 같은 것은 전혀 존재하지 않으며, 동등함과 유사함에 따라 종과 유로 정리되는 개체적 사물만 실재적으로 존재한다. 우리가 직접적으로 주어진 것과 체험된 것의 영역 — 로크의 용어에 의하면 '관념' — 에 의거하면, 사물의 나타남은 '단순관념'의 복합, 즉 그와 같은 많은 복합 속에서도 동일한 단순관념, 개별적이든 집합적이든 동일한 현상적 징표가 반복되곤 하는 방식의 '단순관념'의 복합이다. 우리는 사물들을 명명하고, 사물들을 단지 고유명사로 명명하는 것이 아니라 주로 보통명사로 명명한다. 그러나 우리가 많은 사물을 하나의 동일한 보편적 명사로, 일의적(一義的)으로 명명할 수 있다는 사실은 이 보편적 명사에 바로 하나의 보편적 의미, 하나의 '보편적 관념'이 상응함에 틀림없다는 사실을 증명한다.

보편적 명사가 그에 속한 부류의 대상에 어떤 방식으로 관계하는지 더 상세하게 살펴보면, 다음과 같은 점이 분명해진다. 즉 보편적 명사는 이 모든 대상에 공통적인 하나의 동일한 징표 — 또는 징표의 복합 — 에 의해 그 대상에 관계한다는 점, 보편적 명사의 일의성은 바로

2절 보편자를 심리학적으로 실체화함

이 징표 — 또는 다른 어떤 것도 아닌 이 징표의 관념 — 에 의해 명명되는 그 범위까지만 도달한다는 점이다.

그러므로 보편적 의미 속에 수행되는 보편적 사유는 우리가 추상의 능력을 갖는다는 점, 즉 우리에게 징표의 복합으로 주어지는 현상적 사물과 부분적 관념, 개별적 징표의 관념을 분리할 수 있는 능력과 이 관념을 그 보편적 의미로서 말에 결합시킬 수 있는 능력을 갖는다는 점을 전제한다. 그와 같이 분리할 수 있는 가능성과 실재성은 다음과 같은 사실을 통해 보증된다. 즉 각 보편적 명사는 자신의 고유한 의미를 가지며, 따라서 오직 그 보편적 명사에만 결합된 징표의 이념을 지닌다. 마찬가지로 우리는 자기 뜻대로 그 어떤 징표를 끄집어낼 수 있으며, 이 징표를 새로운 보편적 명사의 특수한 의미로 만들 수 있다.

물론 '추상적' 또는 '보편적 관념'과 정신의 이러한 '날조'와 '술책'을 형성하기란 쉬운 일이 아니다.

이것들은 우리가 믿는 경향만큼 그렇게 쉽게 생기지 않는다. 예를 들어 삼각형의 일반적 이념(이것은 여전히 가장 포괄적이고 가장 어려운 관념에 속하지 않는다.)을 형성하는 수고와 숙련이 필요하지 않다. 왜냐하면 삼각형은 사각(斜角)도 아니고 직각도 아니며, 등변도 이등변도 아니고, 부등변도 아니라 이 모든 것이며, 이 가운데 결코 어떤 것도 아님에 틀림없기 때문이다. 사실상 그 일반적 관념은 실존할 수 없는 불완전한 것이며, 서로 다르고 결합할 수 없는 더 많은 관념의 부분들이 조립된 하나의 관념이다. 물론 정신은 이러한 자신의 불완전한 상태에서 그와 같은 이념을 필요로 하고, 전달하는 편리함과 지식을 확장하기 위해 가능한 한 그 이념에 도달하려 서두른다. …… 그럼에도 그와 같은 이념이 우리의 불완전함의 표시라는 것을 정당하게 추정해야 한다.[3]

이러한 사유과정에 몇 가지 근본적 오류가 얽혀 있다. 로크의 인식론과 영국 인식론 일반의 근본적 결함, 즉 관념에 관한 명석하지 않은 생각은 그 사유과정의 귀결로 더욱 명백해졌다. 다음과 같이 기록해 두자.

1) 관념은 내적 지각의 각 객체로 정의된다. 즉 "마음(mind)이 그 자신 속에 지각한 것은 무엇이든, 또는 지각이나 사유나 오성의 직접적 객체(object)는 내가 관념(idea)이라고 부른 것이다."[4] 당연하다고 생각되는 연장에서, — 지각이 곧바로 현실적으로 일어날 필요가 없는 — 이때 내적 지각의 모든 가능한 객체와 결국 내재적-심리학적 의미에서 모든 내용은 모든 심리적 체험 일반이 관념이라는 표제 아래 포괄된다.

2) 그러나 로크의 경우 관념은 동시에 표상에 대한 더 좁은 의미를 갖는다. 게다가 그것은 매우 제한된 부류의 체험, 더 상세하게는 지향적 체험을 드러내는 의미에서 표상이다. 모든 관념은 무엇에 대한(von Etwas) 관념이며, 그 관념은 무엇을 표상한다.

3) 나아가 로크의 경우, 표상과 표상된 것 그 자체는 혼동되고, 나타남이 나타나는 것과 작용 — 의식흐름의 내실적-내재적 존립요소로서 작용의 현상 — 이 지향된 대상과 혼동되었다. 그래서 나타나는 대상은 관념이, 그 대상의 징표는 부분적 관념이 된다.

4) 앞의 3)에서 지적된 혼동은 로크가 대상에 귀속하는 징표를 표상

---

3 로크, 『인간 오성론(*Essay*)』 4권, 7장, 9쪽.(레클람 문고판의 슐쳐(Th. Schultzer) 번역 2권, 273쪽)

4 『인간 오성론』 2권, 8장, 8쪽. 또한 보르체스터(Worcester) 주교에게 보낸 두 번째 편지(존(J. A. St. John) 편집, 『철학 저작집』(런던, 1882) 2권 340, 343쪽) 참조. "사유하는 사람은 사유하는 가운데 그의 마음의 어떤 직접적 객체[대상]를 반드시 갖는다. 즉 **관념**을 반드시 갖는다."

작용의 감성적 핵심을 형성하는 내재적 내용과 혼동한 것, 즉 파악하는 작용이 대상적으로 해석하는 감각과 혼동한 것과 잘 연관된다. 또는 그가 감각에 의해 대상적 징표를 지각하는 것과, 그 밖에 어떤 방법으로 직관하는 것으로 추정하는 것과 잘 연관된다.

5) 게다가 '일반적 관념'이라는 표제 아래 종적 속성으로서 징표와 대상적 계기로서 징표가 혼동되었다.

6) 끝으로 여전히 특별히 중요한 것은 로크의 경우 직관적 표상 — 나타남, 눈앞에 아른거리는 '상' — 의 의미에서, 표상과 의미표상의 의미에서 표상의 구별이 전혀 없다. 이 경우 의미표상으로, 마찬가지로 의미지향을 의미충족으로 이해할 수 있다. 이 둘은 로크에게 똑같이 전혀 구별되지 않기 때문이다.

바로 이러한 혼동 — 인식론은 오늘날까지 이러한 혼동에 병들어 있다 — 이 추상적인 보편적 관념에 대한 로크의 학설에 그 학설의 주창자를 기만할 만큼 자명한 명석함의 겉모양을 씌워 주었다. 동물, 나무 등 직관적 표상의 대상은 그것이 곧바로 나타나듯이, 그래서 로크에 따르면 참된 사물인 '제1성질'과 '힘'의 형성물로서가 아니라 — 이것들은 어쨌든 직관적 표상 속에 나타나는 그 사물이 아니기 때문이다 — 그렇게 파악되었기에 우리는 결코 '관념'의 복합으로, 그래서 그 자체의 '관념'으로 인정하지 않는다. 그것은, 마치 그것이 의식 속에 복잡한 현상학적 내용을 형성하고 그 의식 속에 내실적 자료로서 발견되듯이, 가능한 '내적 지각'의 대상이 아니다.

우리는 애매한 논의에서 감성적으로 나타나는 사물의 규정성과 지각이 드러내는 계기를 동일한 말로 나타내므로, 그래서 '색깔', '광택', '형태'에 대해 때에 따라 객관적 속성의 의미나 감각의 의미로 이야기함으로써 현혹되면 안 된다. 그렇지만 이 둘은 원리적으로 대립된다. 감각은 관련된 사물의 지각에서 그 감각에 생기를 불어넣는 파악에 의해 객관적 규정성을 드러내지만, 결코 객관적 규정성 자체는 아니다. 나타나는 대상은, 그 대상이 거기에서 나타나듯이, 현상으로서 나타남을 초월한다. 나타나는 규정성 자체도, 어떤 근거에서 단순히 현상적 규정성과 참된 규정성, 가령 전통의 의미에서 이차적 규정성과 일차적 규정성으로 구별해도 좋다.

이차적 규정성의 주관성은 현상의 내실적 존립요소라는 이치에 어긋난 그것을 결코 뜻할 수 없다. 외적 직관으로 나타나는 객체는 사념된 통일체이지만, 로크가 논의한 의미에서 '관념'이나 관념의 복합은 아니다. 더구나 보편적 명사를 통해 명명하는 것은 그와 같은 관념의 복합에서 개별적인 공통적 관념을 끌어내는 것과, 이 관념을 그 '의미'로서 말과 연결시키는 것에 존립하지 않는다. 직관에 근거해 수행되는 본래적인 것으로서 명명하는 것은 특히 개별적 징표로 향할 수 있지만, 이렇게 향하는 것은 — 구체적 대상으로 그 자체가 향하는 것이 사념하는 것인 — 유비적 의미에서 사념하는 것이다. 그리고 이렇게 사념하는 것은, 구체적인 것을 사념하는 가운데 어떤 방식으로 함께 사념되는 것인 어떤 것을 그 자체만으로 사념한다. 그러나 이것은 사념하는 것이 〔이 둘을〕 분리시키는 것을 뜻하지 않는다.

우리는 일반적으로 지향이 무엇을 향하는지, 이것을 통해 그 작용의 고유한 대상이 된다고 말할 수 있다. '그것은 고유한 대상이 된다.'와 '그것은 다른 모든 대상과 분리된 하나의 대상이 된다.'는 근본적으로 다른 두 가지 주장이다. 징표로 속성의 계기를 이해하는 한 징표는 구체적 기반에서 명백하게 분리될 수 없다. 이러한 종류의 내용은 그 자체만으로 존재할 수 없다. 그렇지만 그래서 그 내용은 그 자체만으로 사념될 수 있다. 지향은 지향된 것과 분리되지 않고, 지향은 사념하며, 지향이 사념한 것은 지향이 오직 바로 이것만을 사념하는 한 당연히(eo ipso) 격리된다. 이것은 모든 종류의 사념작용에도 타당하며, 우리는 모든 사념작용이 직관작용은 아니며, 모든 직관작용이 그 대상을 완전히 또 남김없이 내포하는 충전적 직관작용이 아니라는 점을 반드시 명백하게 알아야 한다.

그러나 이 모든 것으로는 우리 문제에 아직 충분하지 않다. 개체적인 개별적 대상의 계기는 아직 '종에서의' 속성이 아니다. 전자, 즉 개별적 대상의 계기를 사념하면 그것은 개체적 사념작용의 성격이 되고, 종적인 것이 사념되면 그것은 종적 사념작용의 성격이 된다. 자명하게 이 경우에도 속성의 계기를 겪는, 강조하는 것이 다시 그 계기를 분리시키는 것을 뜻하지 않는다. 후자의 경우 사념작용은 나타나는 계기에도 어느 정도 향하지만, 이것은 본질적으로 새로운 방식으로 일어난다. 즉 직관의 기반이 동일한 경우, 작용의 성격 속에만 차이가 있을 수 있다. 이와 유사한 차이가 보통의 의미에서 유의 표상 —— '나무', '말' 등과 같은 —— 과 직접적 사물의 표상 —— 일반적으로 구체적인 것에 대한 직접적 표상 —— 사이에서 주목될 수 있다. 어디에서나 한편으로는 기반을 형성하는 단적인 총체적 직관 및 부분적 직관과, 다른 한편으로는 사상적인 것으로서 그 위에 구축되는 변동하는 작용의 성격을 구별해야 한다. 이 변동하는 작용의 성격은 감성적-직관적인 것 속에 최소한 변화되는 것이 없지는 않다.

더 정확한 분석을 위해 여기에서 로크의 비판을 검토하는 목적에 필요한 것보다 더 다양한 작용의 구별을 당연히 고찰해야 할 것이다. 직관적-개별적인 것은 어느 때는 거기에 있는 이러한 것으로서 직접 사념되고 이때 다시 그것은 어떤 보편자를 지닌 것으로서, 어떤 속성의 주체로서 경험적 유에 속한 개별자로서 사념된다. 다른 때는 보편자 자체가, 예를 들어 부분적 직관 속에 강조된 징표의 종이 사념된다. 이때 다시 (이념적) 유의 종(Art)으로서 그와 같은 종(Spezies)이 사념된다 등등. 이 모든 파악방식의 경우 일정한 상황 아래 하나의 동일한 감성적 직관이 공통의 기반으로서 기능할 수 있다.

'본래적' 사유작용을 구별하는 가운데 여러 가지 범주적 형식이 현실적으로 구성되는데, 실로 표현의 상징적 지향도 이 구별에 따른다. 어쩌면 본래적 직관적으로 충족된 방식으로, 결코 현실화되지 않는 모든 것이 진술하고 의미하는 방식으로 말해지고 사념된다. 여기에서 '사유작용'은 '단순한 상징적' 사유작용, 또는 '비본래적' 사유작용이다.

이러한 현상학적 사태에 로크는 정당하게 부응할 수 없다. 그것에 의해 의미지향이 충족되는 감성적-직관적 상은, 위에서 말했듯이,[5] 로크에 의해 의미 자체로 간주된다. 우리의 마지막 고찰은 이러한 반론을 입증하고 해명한다. 왜냐하면 로크의 동일화는 우리가 의미를 지향하는 의미로 이해하는 경우와도, 충족시키는 의미로 이해하는 경우와도 일치하지 않기 때문이다. 지향하는 의미는 표현 그 자체 속에 놓여 있다. 표현의 의미지향은 일반적 의미작용의 의미에서 일반적 표상작용을 형성하며, 그와 같은 표상작용은 어떠한 현실적 직관의 기반 없이도 가능하다. 그렇지만 경우에 따라 충족이 일어나면, 가령 감성적-직관적 상은 의미충족 자체가 아니라 이렇게 충족시키는 작용의 단순한 기반에 불과하다. 이때 단지 '상징적으로' 수행된 보편적 생각, 즉 보편적 말의 단순한 의미에는 '본래적으로' 수행된 생각 — 이 생각은 자신의 측면에서는 감성적 직관의 작용 속에 기초하지만 이 작용과 동일한 것이 아니다 — 이 상응한다.

이제 우리는 로크의 사유과정에서 기만적 혼동을 완전히 이해했다. 모든 보편적 명사는 그 자신의 고유한 보편적 의미를 갖는다는 자명성에서 그는 모든 보편적 명사에는 보편적 관념이 속한다고 주장하며, 그에게 이 관념은 징표의 직관적이고 특수한 표상(특수한 나타남)일 뿐이다.

---

5 위에 열거한 로크의 혼동 6) 참조.

　　　　　　　　　　　　　　2절 보편자를 심리학적으로 실체화함

이러한 것은 말이 징표가 나타남에 근거해 충족되기 때문에, 그가 말의 의미를 이러한 나타남 자체와 혼동해 생긴 필연적 결과다. 그래서 분리된 의미 — 지향하는 의미이든 충족시키는 의미이든 — 에서 징표의 분리된 직관이 생긴다. 동시에 로크가 징표의 나타남과 나타나는 징표를 구별하지 않았기 때문에,[6] 마찬가지로 계기로서의 징표와 종적 속성으로서의 징표를 구별하지 않았기 때문에,[7] 그의 '일반적 관념'에 의해 사실상 보편자의 심리학적 실체화가 수행되었고, 보편자는 내실적 의식의 자료가 되었다.[8][9]

11 로크의 보편적 삼각형

이러한 오류는 삼각형의 보편적 관념의 사례 속에 그 위대한 사상가를 휩쓸리게 한 불합리를 통해 보복이 된다. 이 관념은 직각도 예각 등도 아닌 하나의 삼각형의 관념이다. 그래서 삼각형의 보편적 관념을 우선 명사의 보편적 의미로 파악하고, 그런 다음 이것에 의식 속의 직관적 특수표상이나 그것에 속한 징표복합의 직관적 특수현존(Sonderdasein)을 끼워 넣는다면, 물론 쉽게 그렇게 보일 수 있다. 이 경

---

6 위에 열거한 로크의 혼동 3) 참조.
7 위에 열거한 로크의 혼동 5) 참조.
8 우리가 플라톤의 이데아 학설에 대한 그의 해석에 대단히 감사하게 빚지고 있는, 심지어 로체도 보편자의 심리학적 실체화의 오류에 빠졌다는 사실은 매우 주목할 만하다. 우리는 그의 고찰을 그의 저서 『논리학』(1874), 569쪽 이하, 특히 316항에서 보게 된다.
9 (옮긴이 주) 로체(H. Lotze, 1817~1881)는 실증적 자연주의, 감성적 유물론, 비합리주의에 대항해 사변적 관념론과 기계론적 자연관을 결합했다. 철학은 세계존재뿐 아니라 진리(논리학)와 가치(실천철학)도 포함시킨 타당성이론과 가치론으로 신칸트학파(독일 서남학파)의 선구자가 되었다. 저서로 『형이상학』(1841), 『논리학』(1843), 『소우주: 자연의 역사와 인간 역사의 이념』(1856~1858) 등이 있다.

우 우리는 삼각형일 뿐인 하나의 내적 상을 가질 것이다. 즉 유(類)의 징표는 종차에서 분리되고, 심리적 실재성으로 독립된다.

이러한 파악이 거짓일 뿐만 아니라 이치에 어긋난다는 점은 말할 필요도 없다. 보편자가 분리될 수 없음이나 보편자가 실재화될 수 없음은 아프리오리하게 타당하며, 이것은 유(類) 자체의 본질에 근거한다. 그 사례와 관련해 사람들은 아마 다음과 같이 인상 깊게 말할 것이다. 즉 기하학은 삼각형의 정의에 근거해 '모든 삼각형은 예각삼각형이든지 둔각삼각형이든지 직각삼각형이다.' 등을 아프리오리하게 증명한다. 그리고 기하학은 '실제성'의 삼각형과 '관념'의 삼각형, 즉 정신 속의 상(像)으로서 떠도는 삼각형의 어떠한 차이도 알지 못한다. 그것은 단적으로 아프리오리하게 양립할 수 없는 것이며, 따라서 상에서도 그렇다. 삼각형의 충전적 상은 그 자체로 하나의 삼각형이다.

그러므로 로크가 실재적인 보편적 삼각형이 명증적으로 존재하지 않음을 명백하게 인정하려 표상 속에 그것이 존재함과 결합시킬 수 있다고 믿었다면 그는 착각했다. 그는 '심리적 존재도 실재적 존재다,' 그리고 '표상되어 있는 것(Vorstellt-sein)과 실제로 있는 것(Wirklich-sein)을 대립시킬 때, 이것으로써 심리적인 것과 심리 외적인 것의 대립이 겨냥되는 것이 아니라, 한편으로는 단순히 사념된 것이라는 의미에서 표상된 것과, 다른 한편으로는 의견〔사념〕에 상응하는 것이라는 의미에서 참된 것 사이의 대립이 겨냥된다.'라는 점을 간과했다. 그러나 '사념되어 있는 것(Gemeint-sein)'은 '심리적으로 실재해 있는 것(Psychisch-real-sein)'을 뜻하지 않는다.

무엇보다 로크 역시 '삼각형은 삼각형의 성격(Dreieckigkeit)을 가진 것이다.'라고 말해야 했다. 그러나 삼각형의 성격은 그 자체로 삼각형의 성격을 가진 것이 아니다. 그러므로 삼각형의 성격의 관념으로서 삼각형의 보편적 관념은 모든 삼각형 그 자체가 갖는 것의 관념이다. 그렇지만 이것은 하나의 삼각형 자체의 관념이 아니다. 만약 보편적 의미를 '개념'으로, 속성 그 자체를 '개념의 내포'로, 이 속성에 대한 모든 주체를 '개념의 대상'으로 부른다면, 이러한 것도 '개념의 내포를 동시에 개념의 대상으로 파악하는 것, 또는 개념의 내포를 개념의 외연에 분류하는 것은 불합리하다.'[10]라고 표현할 수 있다.

그 밖에 우리는 로크가 보편적 삼각형을 모든 종차가 없는 삼각형으로 파악했을 뿐만 아니라, 종차 모두를 동시에 일치시키는[11] 삼각형으로 파악하는 가운데, 따라서 삼각형 개념의 내포에 그 개념을 분할하는 종의 외연을 끼워 넣는 가운데, 불합리성이 여전히 부착되어 있다는 점에 주목한다. 그렇지만 이것은 로크의 경우 완전히 일시적인 착오다. 어쨌든 명백하게 보편적 의미의 '어려움'은 인간 정신의 '불완전함'에 대해 진지하게 탄식할 어떠한 기회도 제공하지 않는다.

주해

보편적 관념에 대한 로크의 오류가 이제까지 별로 해명되지 않았더라도, 다른 곳에서[12] 보편적 대상에 대한 학설이 새롭게 다루어져 제시된다. 이것은 에르트만의 선례에 따라 다시 개체적 대상과 나란히 승인하는 것으로 시작하는데, 물론 우리가 지지하는 의미에서는 아니다. 그래서 트바르돕스키는 "보편적 표상을 통해 표상된 것은 그 표상에 특수한 고유의 대상이다."[13] 게다가 "더 많은 대상에 공통적인 그룹의 존

---

10 그러므로 나는 로크가 개념의 내포와 외연을 혼동했다고 마이농이 말하는 것은 정확하지 않다는. 것을 발견했다. 『흄-연구(*Hume-Studien*)』 1권, 5(《빈아카데미 철학-역사학 회보》(*Sitzungsber. der phil.-hist. Klasse der Wiener Ak. d. W. Jhrg.*, 1877), 187쪽 참조.
11 위의 9항 인용문에서 마지막에 강조한 부분 참조.
12 예를 들어 이 책 제2연구 5절 '보충' 참조.
13 트바르돕스키, 『표상의 내용과 대상에 관한 이론』, 109쪽 참조.

립부분이다."[14]라고 생각한다. 보편적 표상의 대상은 "그 표상에 포섭되는 표상의 대상에 대한 한 부분인데, 이 부분은 다른 개별적 표상의 대상에 일정한 부분과 동등함의 관계에 놓여 있다."[15] 보편적 표상은 많은 사람이 수행할 수 없는 것으로 간주될 '정도로 비본래적' 표상이다.

그럼에도 그 표상의 대상에 관해 어떤 것이 진술되어야 하는 것을 인정하는 사람은 그와 같은 표상이 존재하는 것을 승인한다. 이 경우 명백하게 그러하다. 직관적으로 누구도 보편적 삼각형, 즉 직각삼각형도 둔각삼각형도 예각삼각형도 아닌 삼각형, 어떠한 색깔도 일정한 크기도 갖지 않는 삼각형을 표상할 수 없다. 그렇지만 '흰 검은 말', '나무로 만든 강철 대포' 등의 간접적 표상이 존재하는 것과 마찬가지로, 그와 같은 삼각형에 대한 간접적 표상은 확실히 존재한다. [계속해 서술하기를] 플라톤의 이데아는 보편적 표상의 대상일 뿐이다. 플라톤은 이러한 대상에 존재를 부여했다. [그런데] 오늘날 우리는 더 이상 이렇게 하지 않는다. 보편적 표상의 대상은 우리에 의해 표상된 것이지만, 존재하지 않는다.[16]

여기에서 로크의 이치에 어긋난 점으로 분명히 되돌아온다. 우리가 '하나의 보편적 삼각형'에 대해 '간접적 표상'을 갖는다는 사실은 확실하다. 왜냐하면 '간접적 표상'으로써 '하나의 보편적 삼각형'이라는 이치에 어긋난 표현의 의미만을 뜻하기 때문이다. 그러나 '삼각형'이라는 보편적 표상이 '하나의' 보편적 삼각형의 그 간접적 표상이라는 점, 또는 그 보편적 표상이 모든 삼각형에 포함되어 있지만 그렇다고 예각삼각형이나 둔각삼각형 등은 아닌 하나의 삼각형의 표상이라는 점을 누구

---

14 위의 책, 105쪽.
15 위의 책, 같은 곳.
16 마지막 두 인용문은 위의 책, 106쪽.

2절 보편자를 심리학적으로 실체화함

도 결코 인정하지 않는다. 트바르돕스키는 보편적 대상의 존재를 완전히 시종일관 부정한다. 그가 끼워 넣은 불합리한 대상에 대해 〔그는〕 정당하다. 그러나 '개념, 명제가 존재한다.' '대수학의 수가 존재한다.' 등과 같은 참된 존재명제의 경우에 사정은 어떠한가? 실로 트바르돕스키의 경우, 우리의 경우와 완전히 마찬가지로, 존재(Existenz)는 실재적 존재와 똑같은 것을 뜻하지 않는다.

또한 어쨌든 그것에 종속된 구체적인 것의 '존립부분'이 되어야 할 보편적 대상이 어떻게 직관성(Anschaulichkeit)을 결여할 수 있으며, 오히려 이 구체적인 것과 직관을 공유하면 안 되는지 이해하기 어렵다. 전체의 내용이 직관되면 그 내용과 함께, 또 그 내용 속에 그 모든 개별적 특징이 직관되며, 이 개별적 특징 가운데 많은 것이 그 자체만으로 주목되고 '부각되며', 그래서 독자적 직관의 객체〔대상〕가 된다. 우리가 녹색의 나무를 보는 것과 똑같이 그 나무에서 녹색 색깔을 본다고 더 이상 말할 필요가 없을까? 물론 우리는 녹색이라는 개념을 볼 수 없으며, 의미라는 의미〔뜻〕에서 개념도 속성, 즉 녹색이라는 종의 의미〔뜻〕에서 개념이라 볼 수 없다. 그러나 개념을 개체적 객체의 부분, 즉 '개념의 대상'의 부분으로 파악하는 것은 불합리하다.

12 공통의 상(像)에 관한 학설

이렇게 숙고한 다음 새롭게 분석하지 않아도 다음과 같은 점이 분명해진다. 즉 보편자를 실체화하는 다른 형식, 즉 전통논리학에서 '공통의 상'이라는 표제 아래 자신의 역할을 했던 그 형식은 로크의 경우와 똑같은 불합리성이 부착되어 있으며, 그것과 유사한 혼동에서 생겼다는 점이다. 종차(種差)에 관해 공통의 상의 희미함과 일과성은 그 구

체화에 아무것도 변경시키지 않는다. 희미함은 일정한 내용의 규정성
이고, 이것은 질적으로 이행하는 연속성의 일정한 형식 속에 존립한다.
그렇지만 일과성에 관해서는, 어쨌든 그것은 변화하는 내용의 모든 개
별적 구체화에 아무것도 변경시키지 않는다. 사태의 본질적인 것은 변
화하는 내용 속이 아니라 불변하는 징표를 향한 지향의 통일체 속에 놓
여 있다.

3절 추상화와 주목함

13 추상화를 주목함의 작업수행으로 파악하는 유명론의 이론

이제 영향력이 큰 추상이론, 우선 밀이 해밀턴[1]을 반박하는 저서에서 충분히 전개한 추상이론의 분석으로 넘어가자. 이 이론 이후에 추상화(Abstrahieren)는 주목함의 단순한 작업수행이 될 것이다. 사람들은 보편적 표상도 보편적 대상도 존재하지 않는다고 말한다. 그렇지만 개체적이고 구체적인 것을 직관적으로 표상하는 동안, 우리는 대상의 서로 다른 부분이나 측면에 독점적 주목함이나 독점적 관심을 기울일 수 있다. 그 자체만으로, 즉 분리된 채 실제로 존재할 수도 표상될 수도 없는 징표는 그 자체만으로 주목되며, 독점적 관심 또한 그래서 함께 결합된

---

1 (옮긴이 주) 해밀턴(W. Hamilton, 1788~1856)은 버클리의 관념론이나 흄의 회의론에 반대해 학문적 인식의 기초와 진리의 궁극적 규준을 상식에서 찾았다. 리드(T. Reid)와 칸트에 영향을 받아 정신의 상태는 모두 인지·감정·의욕의 세 요소가 결합된 조건이며, 의식은 인지하는 주관과 그 대상의 관계에서 이루어진다는 자연적 실재론의 심리학을 주장했다. 논리학도 순수한 형식적 학문으로 파악해 판단들의 객관적 타당성이 아니라 상호관계만 다루어야 한다고 역설했다. 저서로 『철학·문학·교육 논고』(1852), 『형이상학과 논리학 강의』(1859~1860) 등이 있다.

모든 징표에서 제외된 관심의 객체〔대상〕가 된다. 그러므로 '추상화'라는 말의 이중적 사용, 즉 때에 따라 적극적이거나 소극적인 사용이 이해된다.

이때 이러한 주된 생각을 보충하는 것은 직관적 대상의 이렇게 강조된 개별적 특징에서, 보편적 명사를 연상적으로 결합하는 것에 관한 고찰을 제공해 준다. 또한 이러한 명사가 그 특징을 재생산적으로 일깨우고, 이 특징에 대해 주목함이 습관적 집중을 재생산적으로 일깨우는 보편적 명사의 영향에 관한 고찰을 제공해 준다. 사람들은 보편적 명사가 어떻게 그 이후 연상의 경과를 주로 강조된 징표의 내용을 통해 규정하고, 그래서 그 생각의 움직임에서 실질적인(sachlich) 통일성을 촉진시키는지를 지적한다. 이러한 생각의 더 자세한 설명은 위에서 언급한 밀의 저서에서 인용하는 것이 가장 적당하다. 그런데 그는 그의 개념주의적 〔진영의〕 적대자인 해밀턴으로부터 추상을 주목함의 기능으로서 파악해 받아들였다. 그는 다음과 같이 주장한다.

개념의 …… 형성은 그것을 구성한다고 말하는 속성을 동일한 대상의 다른 모든 속성과 분리시키는 데, 다른 어떤 속성들에서 떼어 낸 그 속성을 우리가 이해하게 하는 데 있지 않다. 우리는 속성을 결코 별개의 것으로 이해하거나 생각하거나 인식하지 않지만, 수많은 다른 속성과 결합되어 개체적 대상의 관념을 형성하는 것으로서만 이해하고 생각하며 인식한다. 그러나 속성을 더 큰 덩어리의 부분으로만 생각하더라도 그 속성을 다른 속성과 결합된 것으로 생각하는 것을 무시한 채 그 속성에 주목해 고정하는 힘이 있다. 주목하는 집중이 현실적으로 지속하는 동안 그 집중이 충분히 강력하면 우리는 다른 속성들 가운데 어떤 속성을 일시적으로 의식하지 못할 수 있고, 실제로 잠시 동안 그 개념을 구성하는 속성 이외에 우리 마음에 아무것도 제시되지 않을 수 있다. 어쨌든 일반적으로 주목하는 것은 이와 같이 완전히 배타적[독점적]이지 않다. 주목함은 구체적 관념의 다른 요소를 위한 의식 속에 여지를 남긴다.

비록 이 요소들 가운데 의식이 집중하는 노력의 에너지에 비례해 희미하더라도, 또 주목함이 완화되는 순간 만약 동일한 구체적 관념이 지속적으로 응시되면, 그 구체적 관념에 속한 다른 구성요소가 의식되어 나타난다. 그러므로 정확하게 말하면, 우리는 일반적 관념을 전혀 갖지 않고 구체적으로 대상의 복합적 관념만 가질 뿐이다. 그렇지만 구체적 관념의 일정한 부분에만 독점적으로 주목할 수 있다. 그리고 이 독점적 주목함에 의해 우리는 이 부분을 그 뒤 연상에 의해 일깨워진 것으로서 우리 사유의 진행을 독점적으로 결정할 수 있으며, 정확하게 마치 우리가 그 부분을 나머지 부분들과 분리해 이해할 수 있는 것처럼 그 부분에 관련해서만 일련의 성찰이나 추론을 수행할 수 있는 상태가 된다.

우리가 이것을 원리적으로 사용할 수 있는 것은 기호를 사용하는 데 특히 가장 유효하며 친숙한 종류의 기호, 즉 명사를 사용하는 데 있다.[2]

계속해서 그는 해밀턴의 강의 중 어떤 부분과 관련해 다음과 같이 말한다.[3]

이것의 근본적 이유는 대상의 속성들 가운데 일정한 속성에 관해 생각할 수 있기를 원할 경우, 그 속성들에 의해 부여된 그와 같은 것 이외에 어떤 대상도 불러들이지 않고 독점적으로 그 속성들을 향한 우리의 주목함으로 그 대상을 불러들일 경우, 우리는 속성들의 그 결합에 부여함으로써, 또는 속성들을 소유한 대상들의 집합을, 즉 하나의 특수한 명사를 부여함

---

2 밀, 『윌리엄 해밀턴 경의 철학에 대한 검토(*An Examination of Sir William Hamilton's Philosophy*)』, 5판), 393쪽 이하.
3 위의 책, 394쪽 이하.

으로써 이것을 성취한다. 우리는 이 속성들과 분절된 음성의 일정한 결합 사이의 인위적인 연상을 만들어 낸다. 이 인위적 연상은 음성을 들을 경우 나 이것에 상응해 쓴 문자를 볼 경우, 이 속성들을 소유한 어떤 대상에 대 한 관념이 마음속에 일어날 것이라는 점을 보증해 준다. 이 관념 가운데 오직 그 속성들만 마음에 생생하게 제시될 것이며, 구체적 관념의 나머지 부분에 대한 우리의 의식은 희미해진다. 그 명사가 오직 그 속성들에 직접 연상됨에 따라 다른 어떤 구체적 결합에서와 같이 어느 한 구체적 결합에 서 속성들을 그 자체로 불러들이는 것 같다.

특수한 경우 그 명사가 어떤 결합을 불러들일 것인지는 경험의 새로움, 기억의 우연한 일이나 마음을 통해 지나가 버렸거나 심지어 방금 지나가 버린 다른 사유의 영향에 달려 있다. 따라서 결합은 항상 동일한 결합이 결코 아니며, 그 결합을 시사하는 명사와 그 자체가 강하게 연상되는 경우 는 드물다. 반면 명사의 관용적 의미를 형성하는 속성과 명사의 연상은 변 함없이 점차 더 강해진다. 특수한 일련의 속성과 주어진 단어의 연상은 그 속성들이 구체적 상(像)의 나머지 부분과 연상된 것보다 더 강한 매듭으로 그 속성들을 마음속에 함께 유지하는 것이다. 그 의미를 해밀턴 경의 어법 으로 표현하면, 이 연상은 일련의 속성에 우리 의식 속에 통일성을 부여한 다. 우리가 해밀턴 경이 개념이라 부른 것을 소유하는 것은 오직 이러한 일이 수행되었을 때이며, 개념을 형성하는 것은 그 문제에 포함된 심리적 현상 전체다. 우리는 구체적 표상을 가지며, 그 구성요소들 가운데 어떤 것 에 특별히 주목함으로써 그것들을 지시하는 특징에 의해 구별된다. 그리 고 이 주목함은, 예외적으로 강렬한 경우, 다른 구성요소에 대한 모든 의식 을 배제한다.

14 모든 형식의 유명론에 동시에 들어맞는 반론

a) 목표점을 기술해 확정하는 것이 없음

이러한 서술이나 이와 유사한 서술에서 우선 우리에게 이상한 느낌을 주는 것은, 지극히 상세한 논의임에도 기술적(記述的)으로 주어진 것과 해명할 수 있는 것을 정확하게 지적하며 이 둘을 서로에 대한 관계로 정립하려는 시도가 본래 전혀 이루어지지 않는다는 점이다. 우리 자신의 확실히 명석하고 본성에 따른 사유 과정을 다시 요약해 보자.

우리에게 주어진 것은 명사의 영역에서 어떤 구별이다. 이 가운데는 개체적인 것이라 부르는 명사와 종적인 것이라 부르는 명사의 구별도 포함된다. 단일하게 하기 위해 직접적 명사 — 더 넓은 의미에서 고유명사 — 에 제한하면, 한편으로는 '소크라테스'나 '아테네'와 같은 종류의 명사가, 다른 한편으로는 '4'(수열의 개별적 항으로서 수 4) 'c'(음계의 한 항으로서 음 c) '빨강'(하나의 색깔의 이름)과 같은 명사가 서로 대립된다. 명사에는 일정한 의미가 상응하며, 이 의미를 매개로 우리는 대상에 관계한다. 이 명명된 대상이 무엇인지는 전혀 논의할 여지가 없다고 사람들은 생각할 것이다. 그것은 어느 때는 사람 '소크라테스', 도시 '아테네' 또는 그 밖의 개체적 대상이고, 다른 때는 수 '4', 음계 'c', 색깔 '빨강' 또는 그 밖의 관념적 대상이다. 우리가 말을 유의미하게 사용하는 경우는 무엇을 뜻하는지, 우리가 명명하는 대상은 무엇인지, 이 경우 대상은 우리에게 무엇으로 간주되는지에 대해 누구도 우리를 부인하지 않는다.

그러므로 예를 들어 '4는 7에 대해 상대적 소수(素數)다.'라는 명제에서처럼, 내가 유적 의미에서 '4'를 말할 때 나는 바로 종으로 4를 사념하고 이것을 논리적 시선에 앞서 대상적으로 갖는다는 것, 즉 나는 그것에 관해 대상 ─ 주체가 된 것(subjectum) ─ 으로 판단하지만 어떤 개체적인 것에 관해 판단하지 않는다는 것은 명증적이다. 그래서 나는 '4'라는 사안에 대한 어떤 그룹의 개체나 어떤 구성적 계기에 관해, 그와 같은 그룹의 어떤 부분이나 측면에 관해서도 판단하지 않는다. 왜냐하면 모든 부분은 개체적인 것의 부분이고 그 자체가 다시 개체적이기 때문이다. 어떤 것을 대상적으로, 즉 그것을 술어화(Prädikation)나 속성화(Attribution)의 주어로 만드는 것은 표상작용, 게다가 모든 논리학에서 기준이 되는 의미 ─ 비록 유일한 의미는 아니지만 ─ 에서 표상작용에 대한 그저 다른 표현일 뿐이다. 따라서 우리가 뜻하는 명증성은 다음과 같은 것이다. 개체적인 것에 대한 표상이 존재하는 것과 아주 똑같이 '보편적 표상', 즉 종적인 것에 대한 표상도 존재한다.

우리는 명증성에 대해 이야기했다. 의미의 대상적 구별에 관해서 명증성은 우리가 표현의 단순한 상징적 사용의 영역을 넘어서서 표현에 상응하는 직관에 궁극적 가르침을 받는다는 점을 전제한다. 우리는 직관적 표상에 근거해 단순한 의미지향에 상응하는 의미충족을 수행하며, 의미지향의 '본래적' 사념을 실현한다. 우리의 사례에서 이것을 실행하면, 물론 어떤 개별적 '4'의 그룹이 상(像) 속 눈앞에 아른거리며, 이러한 한에서 그 그룹은 우리의 표상작용과 판단작용의 기초가 된다. 그러나 우리는 위의 예에 주어의 표상에서 그 그룹에 관해 판단하지 않고 그 그룹을 사념하지 않는다. 상의 그룹이 아니라 수 '4', 즉 종적 통일체가 우리가 '그것은 7에 대해 상대적 소수다.'라고 이야기하는 주어다. 그리고 당연히 이 종적 통일체는, 엄밀하게 말하면, 결코 나타나는 그룹 속이나 그 그룹에 있는 것이 아니다. 왜냐하면 그와 같은 것은 실로 다시 개체적인 것, '지금 여기에 있는 것'이기 때문이다. 어쨌든 우리의 사념은, 비록 그 자체는 '지금-존재하는 것'이지만 결코 '지금'을 사념하지 않으며, 시간이 없는 이념적 통일체인

'4'를 사념한다.

개체적 사념작용과 종적 사념작용 — 순수한 직관적 사념작용, 순수한 상징적 사념작용, 그리고 상징적인 동시에 그 의미지향을 충족시키는 사념작용 — 의 체험에 대한 반성에서 이제 더 나아간 현상학적 기술(記述)이 수행될 것이다. 현상학적 기술은 인식을 해명하는 데 맹목적, 즉 순수한 상징적 사념작용과 직관적(본래적) 사념작용의 기본적 관계를 드러내고, 직관적 사념작용의 영역 속에 지향이 개체적인 것을 겨냥하는지 종적인 것을 겨냥하는지에 따라 개체적 상이 어떻게 의식에 적합하게 기능하는지와 같은, 서로 다른 방식을 명백하게 설명하는 과제를 가질 것이다. 이 과제를 통해 우리는 예를 들어 '보편자가 어떻게 또 어떤 의미에서 개별적 사유작용 속에서 주관적 의식이 되고, 혹은 통찰에 의해 주어진 것이 되는지', 그리고 '보편자가 어떻게 그것에 포섭되는 개별자의 무제한의 — 그래서 어떤 적당한 상의 성격(Bildlichkeit)을 통해서도 표상될 수 없는 — 영역에 대한 관계를 획득할 수 있는지' 하는 물음에 답변할 수 있는 상태가 될 것이다.

밀의 논쟁 가운데는 — 유사한 모든 논쟁에서와 마찬가지로 — 명증성을 통해 주어진 것을 단순하게 승인하고, 이에 따라 곧바로 미리 드러난 생각의 궤도에 대해 전혀 논의하지 않는다. 반성적 해명에서 당연히 확실한 지점으로 간주되는 것은 주목되지 않은 채 무시되었고, 그래서 그 이론은 처음부터 놓쳤거나 결코 포착하지 않았던 자신의 목표를 이루지 못했다. 그 이론이 우리에게 말하는 것은 직관적으로 실현된 보편성 의식의 이러저러한 심리학적 전제조건이나 구성요소와 관련해, 또는 생각의 통일적 진전을 통제하는 기호의 심리학적 기능 등과 관련해 계몽적일 수 있다. 그러나 이것은 보편적 의미의 객관적 의미(뜻)와 의심의 여지가 없는 진리 — 보편적 대상(주체, 개별성)에 대한 논의 속에, 또 이 보편적 대상과 관련된 술어화 속에 놓여 있는 진리 — 와는 직접적으로 전혀 관계없다.

물론 밀의 견해는, 모든 경험론의 견해 일반과 마찬가지로, 그 명증적 출발점이나 목표점으로 되돌아오지 않는다. 왜냐하면 그 명증성을 참으로 존립하는 것으로 통찰할 수 있는 것 — 즉 보편적 대상과 이와 같은 대상이 의식에 적합하게 구성되는 보편적 표상 — 을 무효한 것(nichtig)으로 증명하는 것이 그 견해에는 매우 중요한 문제이기 때문이다. 확실히 '보편적 대상'과 '보편적 표상'이라는 표현은 오래된 중대한 오류에 대한 생각을 일깨운다. 그러나 이러한 표현이 역사적으로 아무리 많은 오해를 겪었더라도 어쨌든 그 표현을 정당화하는 규범적 해석이 존재함에 틀림없다. 그리고 이 규범적 해석을 우리에게 가르쳐 줄 수 있는 것은 경험적 심리학이 아니라, 유적 표상을 통해 구축되고 그 술어화의 주체로서 보편적 대상에 관계하는 명제의 명증적 의미로 되돌아가는 것뿐이다.

15 b) 보편적 관념에 대한 로크 학설의 극단적 반작용으로서 현대 유명론의 기원. 이 유명론의 본질적 성격과 주목함을 통한 추상이론

밀과 그의 경험론 후계자들의 추상이론은 — 버클리와 흄의 추상이론과 아주 똑같이 — '추상적 관념'의 오류를 극복하는 데 전념했다. 그의 추상이론이 전념한 것은, 로크가 보편적 표상을 해석하는 데 그의 불합리한 보편적 삼각형을 착상한 우연적 사정 때문에 그러한 의견에 빠져든 한에서, 보편적 표상에 대해 진지하게 받아들인 논의가 필연적으로 그와 같은 불합리한 해석을 요구하게 되었다. 사람들은 이러한 오류가 특히 '관념(idea)'이라는 말 — 마찬가지로 '표상(Vorstellung)'이라는 독일어 — 의 명석하지 않은 애매함에서 생겼다는 사실, 어떤 개념에 대해 불합리한 것이 다른 개념에 대해 가능하고 정당화될 수 있다는 사실을 간과한다. 이 같은 일은 로크의 반대자 측면에서도 마찬가지로 볼 수 있는데, 그들의 경우 관념이라는 개념이 로크가 빠져들었던 동일한 불명료함에 머문다. 이러한 상태 때문에 사람들은 새로운 유명론(Nominalismus)에 빠졌는데, 그 본질은 실재론(Realismus)을 거부함으로써가 아니라, ─ 충분히 이해된 ─ 개념론(Konzeptualismus)을 거부함으로써 규정된다. 사람들은 로크의 불합리한 유적 관념뿐 아니라 말의 완전히 참된 의미에서 ─ 따라서 사유작용의 분석이 그 객관적 의미내용에 따라 명증적으로 제시하고, 또 사유의 통일성 관념에 대해 구성적인 그와 같은 것으로 제시하는 의미에서 ─ 보편적 개념도 거부한다.

사람들은 심리학적 분석의 오해를 통해 이러한 견해를 착상한다. 자연적 경향은 시선을 항상 논리적 현상의 최초의 직관적인 것과 이른바 명백한 것으로만 향하는데, 명사와 나란히 발견되는 내적 상을 명사의 의미로 잘못 파악하도록 이끈다. 그러나 의미는 우리가 표현에 의해 사념하는 것이나 표현을 이해하는 것일 뿐이라는 점을 분명히 하면 이러한 견해에 머물지 않을 수 있다. 왜냐하면 사념은 직관적인 개별적 표상 속에 있는데, 이 개별적 표상은 보편적 명사의 의미를 '명시해' 주며, 이때 이러한 표상의 대상은 그것이 직관적으로 표상된 바와 같이 대상 그 자체이며 사념된 것이고, 각각의 명사는 애매한 고유명사일 것이기 때문이다. 이제 그 차이에 부합하기 위해 다음과 같이 말한다. 즉 직관적인 개별적 표상은 보편적 명사와의 연관 속에 등장하는 여기에 있고, 다른 종류의 표상의 경과를 규정하는 사유과정 경과에 다른 방식으로 적응되거나, 사유과정의 경과를 다른 방식으로 통제하는 형태로 새로운 심리학적 기능을 지닌다.

그럼에도 이것으로써 어떤 방식으로 현상학적 상태에 속한다고 말한 것은 전혀 없다. 보편적 명사를 유의미하게 발음하는 순간에 우리는 지금 여기에서 보편자를 사념하며, 이러한 사념작용은 우리가 개체적인 것을 사념하는 경우와는 다르다. 이러한 차이는 개개의 체험의 기술적 내용 속에, 유적 진술을 개별적으로 현실에 수행하는 가운데 증명됨에 틀림없다. 무엇이 인과적으로 결합되어 있는지, 그때그때의 체험은 어떤 심리학적 성과를 일으킬 수 있는지는 여기에서 우리와 전혀 상관없다. 그것은 추상에 관한 심리학의 문제이지, 추상에 관한 현상학의 문제는 아니다.

현대 유명론 사조에 영향을 받은 개념론은 물론 자신이 그토록 단호하게 유명론자로서 자처한 밀과 유명론을 둘러싸고 논쟁하려 할 정도로 변모될 위험에 처했다.[4] 그러나 이것을 유명론의 본질적인 점으로 파악하면 안 된다. 즉 유명론은 보편자의 의미와 이론적 작업수행을 해명하는 의도에서, 단순한 말소리로 명사의 맹목적인 연상적 놀이에 몰두한 것이 아니다. 오히려 유명론은 일반적으로, 게다가 그와 같이 해명할 의도로 고유한 의식을 간과했다. 이 고유한 의식은 한편으로 기호가 생생하게 감각된 의미〔뜻〕속에 기호를 현실적으로 이해하는 가운데 진술작용의 이해할 수 있는 의미〔뜻〕속에 드러나고(sich bekunden), 다른 한편으로 보편자의 '본래적' 표상작용을 형성하는 이와 상관적인 충족의 작용 속에, 달리 말하면 보편자 '자신'이 우리에게 주어지는 통찰적인 이념화작용(Ideation) 속에 드러난다. 이 의식은 모든 심리학, 심리적 선행조건과 결과, 연상적 성향 등에 대해 어떤 것을 알든 모르든 그 의식이 의미하는 것을 우리에게 암시해 준다.

그런데 만약 유명론자가 이러한 보편성 의식을 인간 본성의 사실로서 경험적으로 설명하면, 동일한 것〔보편성 의식〕을 이러저러한 요인, 이러저러한 선행의 체험, 무의식적 소질 등에 인과적으로 의존한다고

---

4 예를 들어 마이농, 『흄-연구』 1권, 68(250쪽) 참조.

3절 추상화와 주목함

말하면 이에 어떠한 원리적 반론도 제기할 수 없을 것이다. 우리는 단지 이 경험적-심리학적 사실이 순수논리학과 인식론에 관심이 없을 것이라는 점만 진술할 것이다. 그러나 그 대신 유명론자는 '개체적 표상에 대립해 보편적 표상에 대해 구별하는 논의는 본래 무의미하다.'라고 말한다. 보편적 명사와 의미에 명증성을 마련해 주는 독특한 보편성 의식의 의미에서 어떠한 추상도 존재하지 않는다. 실제로 개체적 직관과 의식적이든 무의식적이든 경과의 유희(Spiel)만 존재할 뿐인데, 이 경과는 우리에게 개체적인 것의 영역을 넘어서게 하지 않으며, 본질적으로 새로운 어떠한 대상성도 구성하지 않는다. 즉 의식으로, 또 어쩌면 스스로 주어진 것(Selbstgegebenheit)으로 이끌지 않는다.

모든 심리적 체험과 마찬가지로 모든 사유의 체험은, 경험적으로 고찰해 보면, 자신의 기술적 내용을 가지며, 인과적 관점에서 자신의 원인과 결과를 갖는다. 모든 사유의 체험은 어떤 방식으로 분주한 생활에 관여하며 자신의 발생적 기능을 행사한다. 그러나 현상학의 영역에는, 그리고 무엇보다 인식론 — 이념적 사유의 통일체나 인식의 통일체에 대한 현상학적 해명으로서 — 의 영역에는 본질과 의미만 속한다. 그것은 우리가 진술하는 동안 우리가 일반적으로 사념하는 것, 이 사념작용 자체가 그 의미에 따라 구성하는 것, 사념작용이 자신의 본질에 따라 본질적 형식과 차이를 제시하는 부분적 사념에서 구축하는 것 등이다. 인식론이 관심을 두는 것은 오직 의미의 체험과 충족의 체험 자체의 내용 속에서만, 게다가 본질적인 것으로 제시되어야 한다. 만약 우리가 이렇게 명증적으로 제시할 수 있는 것 가운데 보편적 표상과 개체적-직관적 표상의 차이를 발견하면, — 어쨌든 의심할 여지없이 일어나는 것 — 발생적 기능과 연관에 대한 어떠한 논의도 그 사실에서 아무것도 변경시킬 수 없거나, 단지 그 사실을 해명하는 데 기여할 수 있을 뿐이다.

그러나 만약 밀과 같이, 직관적 대상의 개개의 속성적 규정성(비자립적 특징)에 독점적으로 주목함을 현실적 의식 속에 놓여 있는 작용 ── 주어진 발생적 상태에서 명사에 그 '보편적' 의미를 부여하는 작용 ── 으로 간주하면 이러한 관계에서 현저하게 나아가지 않으며, 우리의 반론을 벗어나지도 않는다. 만약 여기에서 밀의 견해 ── 비록 그의 극단적 경험론의 경향은 아니더라도 ── 를 공유하는 최근의 연구자가 '속성'을 대상화하는 관심에 의해 실로 보편적 의미가 존립하는 것이 보증되는 한 스스로를 개념론자라 부른다면, 어쨌든 그의 학설은 실제로 유명론이며 유명론으로 남아 있을 것이다.

이 경우 보편성은 기호의 연상적 기능의 사안으로 남아 있고, 그것은 '동일한 기호'가 '동일한' 대상적 계기에, 또는 오히려 언제나 동일한 규정성에서 반복되고 때로는 주목함을 통해 강조된 계기에 심리학적으로 규제된 결합에 존립한다. 그러나 이러한 심리학적 기능의 보편성은 결코 논리적 체험 자체의 지향적 내용에 속하는 보편성이 아니다. 객관적이고 이념적으로 말하면, 의미와 의미충족에 속하는 보편성이 아니며, 이 후자의 보편성은 유명론에서 완전히 상실되어 버렸다.

16 c) 심리학적 기능의 보편성과 의미의 형식으로서의 보편성. 보편자가 외연에 대해 갖는 서로 다른 의미

심리학적 기능의 보편성과 의미내용 자체에 속하는 보편성의 이렇게 중요한 차이를 완전히 판명하게 하기 위해, 보편적 명사와 의미의 서로 다른 논리적 기능에 주목하자. 또한 이와 연관해 명사의 의미의 보편성에 대한 논의나 개별자의 외연과의 관계에 대한 논의에 주목하는 것은 반드시 필요하다.

다음 세 가지 형식, 즉 '어떤 A', '모든 A', 'A 일반', 예를 들어 '어떤

삼각형', '모든 삼각형', '삼각형 일반'을 비교해 보자. 마지막 형식은 '삼각형은 일종의 도형이다.'라는 명제의 기준에 따라 해석된다.[5]

술어적 기능에서 '어떤 A'라는 표현은 무한히 많은 정언적 진술 속에 술어로 사용될 수 있고, 이러한 종류의 참된 진술이나 그 자체 속에 가능한 진술의 총괄은 '어떤 A'가 존재하는 것이 참에 이를 수 있거나 모순 없이 이를 수 있을 가능한 모든 주어를 규정한다. 그래서 한마디로 말하면, A라는 개념의 참되거나 가능한 '외연'을 규정한다. A라는 이 보편적 개념이나 '어떤 A'라는 보편적 술어는 그 외연의 모든 대상과 관계한다. 우리는 단일함을 위해 진리의 의미에서 외연을 받아들인다. 즉 앞에서 나타낸 총괄의 명제에 관한 문제이며, 현상학적으로 말하면, 그 외연에 상응하는 내포에 대한 판단이 명증적 판단으로서 가능하다.

그러므로 이 보편성은 술어의 논리적 기능에 속한다. 개개의 작용 속에, '어떤 A'라는 의미나 이에 상응하는 형용사적 술어를 그때그때 수행하는 가운데, 보편성은 아무것도 대표하지 않는다. 보편성은 규정되지 않음의 형식을 통해 그 작용 속에 대표된다. '어떤(ein)'이라는 단어가 표현하는 것은 의미지향이나 의미충족에 명증적으로 귀속하는 형식이며, 게다가 의미지향이 사념하는 것에 관한 형식이다. 그것은 전혀 환원될 수 없는 계기이며, 우리는 단지 이 계기의 특성을 승인할 수 있을 뿐이지만 심리학적-발생적 고찰을 통해 결코 설명해 없애 버릴 수 없다. 이념적으로 말하면, '어떤'은 원초적인 논리적 형식을 표현한다.

---

5 A라는 문자가 그러한 결합에서 상징하는 말은 공의적(synkategorematisch)으로 간주되어야 한다. '사자 일반', '한 마리 사자', '이 사자', '모든 사자' 등의 표현은 확실히 게다가 명증적으로 하나의 의미요소를 공유하지만, 그 의미요소가 고립되어 있지는 않다. 우리는 단순히 '사자'라 말할 수 있지만, 그 말은 오직 그 형식의 기준에 따라서만 하나의 자립적 의미를 가질 수 있다. '이러한 의미 가운데 하나가 다른 모든 의미 속에 **포함되지 않는지**', 'A에 속한 종의 직접적 표상이 그 밖의 모든 의미 속에 끼워 있지 않은지' 하는 물음을 우리는 부정해야 한다. 종 A는 이러한 의미 속에 '끼워 있지만', 단지 잠재적이며 **사념된 대상**으로서는 아니다.

이와 유사한 것이 바로 그렇게 원초적인 논리적 형성의 형식을 제시하는 '어떤 A'의 형성에도 명백히 적용된다.

이미 말했듯이, 여기에서 이야기하는 보편성은 술어의 논리적 기능에 속하는데, 어떤 종류의 명제에 대한 논리적 가능성으로 존립한다. 이러한 가능성의 논리적 성격을 강조하는 것은 종적 통일체로서 의미 ─ 하지만 심리학적으로 우연적 작용은 아닌 ─ 에 속하는, '아프리오리하게' 통찰할 수 있는 가능성이 중요함을 뜻한다. 만약 '빨갛다.'가 보편적 술어, 즉 많은 가능한 주어에 결합될 수 있는 술어라는 사실을 통찰하면, 사념은 실재적 의미에서 존재할 수 있는 것, 즉 시간적 체험이 일어나고 사라지는 것을 규제하는 자연법칙에 따라 존재할 수 있는 것을 겨냥하지 않는다. 여기에서 문제는 결코 체험이 아니라 '빨갛다'라는 하나의 동일한 술어이며, 이 동일한 술어가 등장하는 동일한 의미에서 어떤 통일적 명제의 가능성이다.

'모든 A'의 형식으로 넘어가면, 여기에는 보편성이 작용 자체의 형식에 속한다. 명백하게 우리는 '모든 A'를 사념하는데, 이 '모든 A'에는 ─ 아마 약간의 A '그 자체'를, 또는 '직접' 표상하지 않더라도 ─ 모든 것이 우리의 표상작용과 술어화작용의 보편적 판단 속에 관계된다. 외연의 이러한 표상이 곧 외연에 포함된 항(項)에 대한 표상의 복합이 아니며, 가령 눈앞에 아른거리는 개별적 표상이 결코 '모든 A'의 의미지향에 속하지도 않는다. 또한 여기에서 '모든(Alles)'은 독특한 의미형식을 시사하는데, 이 경우 그 의미형식이 더 단일한 형식으로 해소될 수 있는지 없는지를 결정하지 않고 놓아둘 수 있다.

마지막으로 'A 일반(종에서)'의 형식을 고찰하면, 지금 보편성도 다시 의미내용 자체에 속한다. 그러나 여기에서 완전히 다른 종류의 보편성, 종적인 것의 보편성이 나타나는데, 이 보편성은 외연의 보편성과 매우 밀접한 논리적 관계에 있지만 그럼에도 외연의 보편성과 명증적으로 구별된다. 'A 일반'과 '모든 A'라는 형식 — 또한 무엇이든 상관없이 '어떤 A 일반' — 은 의미가 동일하지 않다. 이들의 차이는 '단순히 문법적 차이', 결국 말소리를 통해서만 규정될 수 있는 차이가 아니라, 본질적 의미의 차이를 표현하는 논리적으로 구별된 형식이다.

종적 보편성 의식은 '표상작용'의 본질적으로 새로운 방식으로 간주되어야 하고, 게다가 단순히 개체적 개별성에 대한 표상의 새로운 방식을 제시하는 것이 아니라 새로운 종류의 개별성, 즉 종적 개별성을 의식하게 하는 방식으로 간주되어야 한다. 그것이 어떤 종류의 개별성인지, 이것은 개체적 개별성과 아프리오리하게 어떤 관계인지, 개체적 개별성과 어떻게 구별되는지 하는 점은 당연히 논리적 진리에서 알아차릴 수 있다. 이 논리적 진리는 순수한 형식에 근거해 이러저러한 개별성과 이들의 상호 관계에 대해 아프리오리하게, 즉 순수한 본질과 이념에 따라 타당하다. 우리가 이러한 진리의 단적인 의미에, 또는 같은 말이지만, 관련된 의미형식 — 이것의 명증적 해석을 곧 논리적 진리라고 한다 — 의 단적인 의미에 의거하는 한 여기에는 어떠한 불명석함도, 어떠한 혼란의 가능성도 없다. 심리학주의적 사유과정과 형이상학적 사유과정으로의 잘못된 기초이동(metabasis)에서 비로소 불명석함이 생긴다. 이 기초이동은 가상(Schein)의 문제를 만들어 내고 가상의 이론으로 이 문제를 해결한다.

17 d) 유명론에 대한 비판에 적용

이제 다시 유명론의 추상이론으로 되돌아가면, 앞서 말한 것에서 알아차릴 수 있듯이, 이 추상이론의 오류는 무엇보다 의식의 형식들 — 지향의 형식과 이 형식에 상관적인 충족의 형식 — 이 환원될 수 없는 고유한 성질을 지녔다는 것을 완전히 간과한 데 있다. 기술적(記述的) 분석이 부족하기 때문에 유명론의 추상이론에는 '논리적 형식은 이 형식을 통일성의 의식으로 고양시키며, 따라서 그 자체가 다시 이념적 종으로 객관화된 의미지향의 형식일 뿐'이라는 점을 통찰하지 못했다. 그리고 이러한 형식에는 곧 보편성도 속한다.

더 나아가 유명론은 우리가 위에서 구분한 서로 다른 보편성의 개념을 혼동했다. 유명론은 그 술어적 기능에서 개념에 속하고, 더구나 동일한 개념을 다수의 주체에 술어로 결합할 수 있는 가능성으로 속하는 보편성을 일방적으로 선호했다. 그러나 유명론은 의미에 적합한 형식 속에 뿌리내린 이러한 가능성의 논리적-이념적 성격을 잘못 보았기 때문에, 그 가능성을 관련된 술어와 명제의 의미에 필연적으로 생소한, 실로 이 의미와 비교될 수 없는 심리학적 연관에 끼워 넣었다. 동시에 유명론은 그러한 심리학적 분석으로 보편적 의미의 본질을 완전히 해명했다고 주장하기 때문에 유명론의 혼동을 통해, 특히 극단적인 방식으로 보편적 표상작용의 보편성과 종적 표상작용의 보편성 ─ 우리는 이 보편성에 대해 그것이 그 자체만으로 개개의 작용의 의미에 적합한 본질에 속하고, 이 본질에 내재하는 의미의 형식으로서 속하는 것을 확인했다 ─ 이 관계되었다. 현상학적으로 개개의 작용의 내재적 본질에 속하는 것이, 어쨌든 완전한 보편성 의식이 그 속에 생생한 개개의 작용에 대한 결과나 원인의 방식으로, 아무것도 말할 수 없는 사건에 대해 하나의 심리학적 유희로 왜곡된 것으로 보인다.

18 일반화하는 힘으로서 주목함에 관한 학설

물론 마지막 비판적 논평을 통해 밀과 ─ 또는 더 되돌아가기 위해 버클리에 — 연결된 몇몇 최신 연구자는 관계되지 않는다. 그들이 다양체에 대립해, 차이 없는 통일체로서 종이 어떻게 생기는지의 문제를 별도로 제기하고, 연상적 기능의 보편성이나 동일한 명사와 개념을 그 외연에 포함된 모든 대상에 보편적으로 적용하는 것에 호소하지 않은 채 그 문제를 해결하려 시도하는 한 관계되지 않는다.

이 경우 생각은 다음과 같다.

독점적 관심으로서 추상은 그 자체에서 보편화(Verallgemeinerung)가 생긴다. 물론 추상된 속성은 '사실상(de facto)' 우리가 현상적 대상이라 부르는 속성의 개체적 복합이 나타나는 가운데 하나의 존립요소일 뿐이다. 그러나 그와 같은 무수한 복합 속에 '동일한' 속성, 즉 내용적으로 완전히 동등한 속성이 등장할 수 있다. 이 동일한 속성이 반복되는 것을 경우마다 구별하는 것은 유일하게 개체화하는 결합뿐이다. 그래서 독점적 관심으로서 추상은 추상된 것의 차이, 즉 그 개체화(Individualisation)가 소실된다. 개체화하는 모든 계기를 도외시하는 것 — 이것은 집중된 주의력의 이면으로서 주어진다 — 은 속성을 사실상 도처에서 하나의 동일한 것으로 제공한다. 왜냐하면 그것은 모든 경우 수행될 수 있는 추상을 구별된 것으로 제시할 수 없기 때문이다.

사람들은 이러한 견해에 보편적 사유를 이해하는 데 필요한 모든 것이 동시에 포함되어 있다고 말한다. 우리는 여기에서 〔아일랜드의 작은 마을〕 클로인의 천재적 주교〔버클리〕의 말을 인용하는 것이 가장 적절하다. 그가 비록 그 자신의 학설에서 여기에서 다룬 것과 다른 생각에 영향을 끼쳤더라도, 앞에서 말한 학설에 관한 최초의 주장자였다. 그는 무엇보다 다음과 같은 어려움이 있다고 생각한다.

우리가 〔삼각형에 관련된〕 어떤 명제를 맨 처음 모든 개별적 삼각형에 동등하게 적용되는 삼각형의 추상관념에서 논증했다고 아는 경우와 다르게, 우리는 어떤 명제가 어떻게 모든 개별적 삼각형에 대해 참인지에 대해서는 알기 어렵다. 왜냐하면 어떤 속성이 어떤 개별적 삼각형에 적합한 것으로 논증될 수 있으므로, 어쨌든 그 속성이 모든 점에서 그것과 동일하지 않은 어떤 다른 삼각형에도 동등한 방식으로 속한다고는 추론하지 않기 때문이다. 예를 들어 내가 이등변직각삼각형의 세 각의 합이 2직각과 동등하다는 것을 논증했다고 해서 이것에서 하나의 직각도, 두 개의 서로 같은 등변도 갖지 않는 다른 모든 삼각형에도 동일하게 적용된다고 결론 내릴 수 없다. 따라서 우리는 이 명제가 보편적으로 참이라는 사실을 확신하기 위해 모든 개별적 삼각형에 대해 특별한 논증을 수행하거나, ── 이는 불가능하다 ── 이것에서 모든 개별적 관념이 구별 없이 참여하고, 이것을 통해 개별적 관념 모두 동등하게 재현되는 삼각형의 보편적 관념에서 결단코 논증해야 한다고 여긴다.

이에 대해 나는 다음과 같이 답변한다. 내가 논증하는 동안 주목하는 관념이, 예를 들어 그 변의 길이가 일정한 이등변직각삼각형의 관념인데도, 나는 그럼에도 동일한 논증이 어떤 형식이나 크기에서 항상 동일할 수 있는 다른 모든 직선의 삼각형에 적용된다고 확신할 수 있다. 게다가 직각도 아니고 두 변이 동등하지도 않으며, 변의 일정한 길이도 논증에서 어떤 방식으로 고려되지 않았기 때문에 확신할 수 있다. 물론 내가 주목하는 도형은 이 모든 특수성 자체를 지니지만, 도형에 관련된 그 명제를 증명하는 과정에서 그 특수성은 전혀 언급되지 않는다. 세 개의 각의 합이 2직각과 동일하다는 것은 그 각 가운데 하나가 직각이거나, 이 도형을 둘러싼 변의 길이가 동등하기 때문에 그러하다는 것을 말하지 않는다. 충분히 제시되는 것은, 각은 하나는 직각을, 다른 하나는 예각을 가질 수 있으며, 변은 동등하지 않다는 것, 그럼에도 논증은 유효하게 남아 있을 것이라는 점이다. 이러한 근거에서 나는 특정한 직각이등변삼각형에 대해 논증한 것이 모든 예각삼각형과 부등변삼각형에 대해 참이라고 결론 내리며, 이것

3절 추상화와 주목함

은 내가 삼각형의 추상적 관념에 대한 논증을 제공해서가 아니다. 우리가 어떤 도형을 각의 특수한 속성이나 변의 관계를 무시해도 단순히 삼각형으로 고찰하는 것이 가능하다는 점은 인정되어야 한다. 그것은 우리가 추상할 수 있는 한에서 가능하다. 그러나 이것이 결코 삼각형의 추상적인 일반적 — 내적 모순이 부착된 — 관념을 형성할 수 있음을 증명하지는 않는다. 동일한 방식으로, 우리는 앞에서 말한 어떤 인간이나 생명체의 추상적 관념을 형성하지 않으며 그가 인간인 한 지각된 모든 것(alles Perzipierte)을 고려하지 않아도 피터라는 사람을 고찰할 수 있다.[6]

19 반론

a) 징표의 계기에 배타적으로 주의를 기울이는 것은 그 계기의 개체성을 제거한다

우리가 처음에는 이렇게 매우 설득력 있는 견해를 거부해야 하는 것은, 추상이론에 적용해야 할 목표 — 즉 보편적 의미와 개체적 의미의 차이를 해명하고, 그 차이의 직관적 본질을 명백하게 제시하는 목표 — 를 생생하게 떠올릴 때 즉시 분명해진다. 우리는 직관적 작용을 현전화해야〔생생하게 떠올려야〕하며, 이 직관 속에 단순한 말의 지향(상징적 의미)은 직관에 의해 충족되며, 이렇게 충족된 결과 우리는 표현과 의미에 의해 '본래 사념된 것'을 간파할 수 있다. 그러므로 이 경우 추상은 보편성 의식이 보편적 명사를 지향하는 것을 충족시킴으로써 수

---

6 버클리, 위버메크 옮김, 『인간 지식의 원리론(*A Treatise concerning the Principles of Human Knowledge*)』「들어가는 말」16항, 12쪽 이하.

행되는 작용이어야 하고, 우리는 이러한 점에 유의해야 한다. 이제 부각된 주목함이 이렇게 바로 설명한 작업을 수행할 수 있는지, 특히 그 주목함이 이론 속에 본질적 역할을 하는 전제, 즉 추상적 주목함이 부각시킨 내용이 직관의 구체적 대상의 구성적 계기이고 그 대상에 내실적으로 내재하는 징표라는 전제 아래 있는지 검토해 보자.

주목함은 어떻게 성격 지어져도 기술적으로 독특한 방식으로 의식의 대상을 우선시하며, ─ 어느 정도 차이를 도외시하고 ─ 경우마다 이렇게 우선시하는 대상을 통해 구별되는 기능이다. 그러므로 추상하는 것과 주목하는 것을 동일시하는 이론에 따라, 예컨대 고유명사의 지향에 속하는 것과 같은 개체적인 것에 대한 사념작용과, 속성의 명사에 부착된 보편적인 것에 대한 사념작용에는 본질적 차이가 전혀 없으며, 그 차이는 한편으로는 개체적 대상 전체에, 다른 한편으로는 속성이 마치 정신적 시선으로 고정되는 것에 있다.

그러나 이론의 의미에서 대상을 구성하는 계기가 되어야 할 속성이 대상 전체와 정확하게 똑같이 속성의 개체적 개별자가 분명히 아닌지 숙고해 보자. 바로 우리 앞에 있는 나무의 녹색에 우리의 주목함을 집중한다고 가정하자. 이것을 마음속에 가능하게 할 수 있는 사람은 밀이 가정한,[7] 함께 결합된 모든 계기에 관해 무의식의 상태까지 주목함의 집중(Konzentration)을 상승시킬 것이다. 이 경우 사람들은 개체화하는 구별을 하는 경우, 총체적으로 파악할 수 있는 어떤 기준점이 사라졌다고 말한다. 만약 정확하게 같은 색깔을 지닌 다른 객체가 갑자기 대체되면 우리는 어떠한 차이도 전혀 알아채지 못할 것이고, 우리가 독점적으로 주시했던 녹색은 우리에 대해 하나의 동일한 것이 될 것이다. 이 모든 것을 타당하다고 간주하자. 그렇지만 이제 이 녹색은 실제로 그 녹

---

7 예를 들어 앞의 13항에서 인용한 문장의 결론 참조.

3절 추상화와 주목함

색과 동일한 것인가? 모든 차이를 잘 잊는 우리의 성격이나 의도적 맹목성은 객관적으로 구별된 것이 이전과 마찬가지로 이후에도 구별되어 유지된다는 사실, 우리가 주목한 대상적 계기가 바로 여기 지금 존재하는 이것일 뿐이라는 사실에 어떤 것을 변경시킬 수 있는가?

어쨌든 우리는 차이가 실제로 존립한다는 사실을 의심할 수 없다. '동일한' 성질, 가령 '동일한' 녹색의 두 가지가 구체적으로 분리된 나타남을 비교하는 것은 각각의 나타남이 자신의 녹색을 가졌다는 점을 명증적으로 가르쳐 준다. 양쪽의 나타남은, 마치 이것들이 '동일한' 녹색을 개체적-동일한 것으로서 공유하듯이 서로 함께 유착되지 않는다. 오히려 어떤 것의 녹색은 다른 것의 녹색 — 양쪽의 녹색이 내재하는 구체적 전체와 마찬가지로 — 과 실재적으로 분리된다. 그 밖에 동일한 성질이 반복해 등장할 수 있는 통일적 성질의 형태〔배치〕가 어떻게 존재하며, 표면 전체 위에 어떤 색깔을 확장하는가에 대한 논의는 무슨 의미를 가질 것인가? 표면을 기하학적으로 분할하는 모든 것에는 색채를 분할하는 것도 명증적으로 상응하는 반면, 우리는 어쨌든 완전히 동등한 색채라는 전제 아래, '그' 색깔은 어디에서나 '동일한 것'이라고 말하며 또 그렇게 말해도 좋다.

따라서 추상이론은 동일한 하나의 속성에 대한 논의, 즉 다양체 속의 통일체인 종에 대한 논의의 의미를 전혀 설명해 주지 않는다. 이러한 논의는 명백히 종의 개별적 사례로서 감성적 나타남 속에 등장하는 대상적 계기와는 다른 것을 뜻한다. 개별적 사례에 의미와 진리를 갖는 진술은 종에 대해 거짓이며, 곧바로 이치에 어긋난다. 색채는 자신의 장소와 시간을 갖고 확장되며, 자신의 농도를 갖고, 생성되고 소멸한다. 이러한 술어를 종으로서 색깔에 적용하면 온통 이치에 어긋날 뿐이다. 만약 집이 불타 버리면, 모든 부분이 불타 버린다. 개체적 형식과 성질, 구성하는 모든 부분과 계기 일반은 이제 사라져 버린다. 이제 가령 관련된 기하학적 성질의 종과 그 밖의 종이 불에 탔는가? 이에 대해 논의하는 것은 완전한 불합리 아닌가?

지금까지 말한 것을 요약해 보자. 추상에 대한 주목함의 이론이 올바르다면, 그 이론의 의미에서 객체 전체에 주목하는 것과 그 부분과 징표에 주목하는 것이 본질상 하나의 동일한 작용 — 오직 이 작용이 향하는 객체를 통해서만 그것들이 구별된다면 — 이라면 우리의 의식, 우리의 지식, 우리의 진술에서 어떠한 종도 존재하지 않을 것이다. 우리가 구별하든 혼동하든 이때 의식은 항상 개체적 개별자를 향하며, 이와 같은 것으로서 그 개별자는 의식에 현재해 있다. 그러나 우리가 명료한 의미에서 종에 대해 이야기한 것, 무수한 경우 우리가 사념하고 명칭을 부른 것은 개별자가 아니라 개별자의 관념이라는 것, 우리가 개체적 개별자와 같이 주어로서 이러한 이념적 일자(一者)에 관해서도 정확하게 그렇게 진술할 수 있다는 것을 이제 부정할 수 없기 때문에, 추상이론은 자신의 목적을 놓쳐 버렸다. 추상이론은 보편성 의식을 해명하려 하는데 그 이론이 해명한 내용 속에서는 그 의식을 포기한다.

20 b) 기하학적 사유에 입각한 논증에 대한 반박

그러나 이제 보편적 사유를 이해하는 데 추상이론이 약속하는 장점의 사정은 어떠한가? 버클리가 매우 강렬하게 상론한 것, 즉 우리가 모든 삼각형에 관련된 어떤 명제를 기하학적으로 증명하는 가운데 단지 그때마다 어떤 개체적 삼각형, 도면의 삼각형에 주목한다는 점, 이 경우 우리는 삼각형 일반을 삼각형으로 특징짓는 규정성을 사용하는 반면에 다른 모든 규정성을 도외시한다는 점은 올바르지 않은가? 우리는 단지 이러한 규정성만 사용한다. 즉 이러한 규정성에만 주의하고 이 규정성을 전적으로 주목하는 객체로 삼는다. 그래서 우리는 보편적 관념을 가정하지 않아도 그럭저럭 해 나간다.

보편적 관념을 가정하지 않아도 그럭저럭 해 나갈 수 있는 경우는 우리가 보편적 관념으로 로크 학설의 관념을 이해할 때다. 그러나 이러한 장애를 피하려면 더 이상 유명론 학설의 오류에 빠져들지 않아야 한다. 우리는 버클리의 상론을 본질적으로 완전히 시인할 수 있으나, 그가 자신의 상론에 기초로 삼은 해석은 거부해야 한다. 그는 추상의 기반을 추상된 것, ─ 보편성 의식이 자신의 직관적 충만함을 끌어내는 구체적인 개별 사례 ─ 즉 사유가 지향하는 대상과 혼동했다. 버클리는 마치 기하학적 증명이 종이에 잉크로 그리거나 칠판에 백묵으로 그린 삼각형에 이끌리는 것처럼, 마치 보편적 사유 일반에서 우리에게 우연히 눈앞에 아른거리는 개별적 객체가 우리의 사유가 지향하는 단순한 버팀목 대신 그 객체인 것처럼 말한다.

그런데 버클리가 말하는 의미에서 그려진 도형에 따른 기하학적 처리 방식은 매우 현저한 성과를 거두겠지만, 매우 만족할 만한 성과를 거두기는 어렵다. 물리적 의미에서 그려진 도형에는 어떠한 기하학적 명제도 적용되지 않는다. 왜냐하면 그것은 본래 완전한 도형, 기하학적 도형 일반이 아니며, 결코 그럴 수 없기 때문이다. 이념적인 기하학적 규정성은 가령 색채를 지닌 것을 직관하는 가운데 색깔이 있듯이 그려진 도형 속에서 발견되지 않는다. 확실히 수학자는 선으로 그리는 것에 눈길을 돌리며, 이것은 그에게 그 밖에 직관의 객체가 나타나는 방식으로 나타난다. 그러나 어떠한 사유작용에서도 그는 이렇게 선으로 그리는 것을 사념하지 않으며, 개체적인 개별적 특징을 선으로 그리는 가운데 사념하지 않는다. 그는 그가 개별적인 것을 사념하는 것에서 벗어나지 않는 한 '직선 일반'을 사념한다. 이러한 생각이 그가 이론적으로 증명한 것의 주체가 되는 부분이다.

그러므로 우리가 주의하는 것은 직관의 구체적 객체도, 이 객체의 '추상적 부분의 내용'(즉 비자립적 계기)도 아니라, 종적 통일체의 의미에서 관념(Idee)이다. 관념은 논리적 의미에서 추상된 것이며, 이에 따라 논리적으로, 또한 인식론적으로 추상이란 어떤 부분의 내용을 단순히 부각시킨 것이 아니라 종적 통일체를 직관적 근거에서 직접 파악하는 독특한 의식이다.

21 직관된 대상의 비자립적 계기에 주목함과 이 계기에 상응하는 종(種)의 속성에 주목함 사이의 차이

이렇게 논박한 이론의 어려움을 여전히 더 추구하는 것은 아마 무익하지 않을 것이다. 대립되는 것을 관철해 가는 가운데 우리 자신의 견해는 판명함을 획득할 것이다.

속성의 계기에 집중된 주목함은 그 계기에 속한 속성의 명사에 부착된 보편적 의미를 직관적으로 충족시켜야('본래' 사념) 한다. 종을 직관적으로 사념하는 것과, 집중된 주목함을 실행하는 것은 한가지여야 한다. 그러나 이제 다음과 같이 심문한다. 우리가 명백하게 개체적 계기를 겨냥했던 경우 사정은 어떠한가? 무엇이 양쪽의 차이를 형성하는가? 만약 대상에서 어떤 개체적 특징, 그 대상 특유의 색채, 대상의 고상한 형식 등이 눈에 띄면 우리는 특히 이 특징에 주목하고, 어쨌든 어떠한 보편적 표상도 수행하지 않는다. 동일한 물음이 완전히 구체적인 것에 관계한다. 개체적으로 나타나는 조각에 독점적으로 주목하는 것과 무수한 실재적 조각 속에 실현될 수 있을, 그에 상응하는 관념을 직관적으로 파악하는 것의 차이는 어디에 있는가?

반대하는 측은 이렇게 답변할 것이다. 즉 개체적으로 고찰하는 경우 개체화하는 계기가 관심의 영역으로 들어오고, 종적으로 고찰하는 경우 그 계기는 배제되어 남는다. '관심은 오직 보편자를 향한다.' 즉 그 자체만으로는 개체적 구별에 충분하지 않은 내용으로 향한다. 여기에서 위에서 말한 반론 — 그래서 개체화하는 규정에 주의하는 것이 비로소 개체성을 만들고, 주의하지 않는 것은 다시 그 개체성을 폐기한다는 반론 — 을 재촉하는 대신, 우리는 오히려 개체적으로 고찰하는 가운데 어쨌든 우리가 함께 주목해야 할 개체화하는 계기를 필연적으로 사념하는지 하는 의문을 제기한다. 개체적 고유명사는 개체화하는 규정도, 따라서 가령 시간성과 장소성도 함축적으로 명명하는가?

예를 들어 여기에 친구 한스가 있고, 나는 그를 '한스'라 부른다. 의심할 여지없이 그는 개체적으로 규정되며, 그에게는 그때그때 일정한 장소, 일정한 시간적 위치가 당연히 주어진다. 그러나 만약 이러한 규정성을 함께 사념하면, 친구 한스가 내딛는 발걸음마다, 또 내가 그를 이름으로 부르는 모든 개별적 경우마다 명사〔이름〕는 자신의 의미를 변경시킬 것이다. 우리는 이와 같이 주장하기 어려울 것이며, 마치 동일한 사물의 개체에 다양한 시간이나 위치, 상태의 관계에서 고유명사에 속하는 보편성이 사물의 속성이나 '사물 일반'이라는 유의 관념 (Gattungsidee)의 종적 보편성과 형식에 구별되지 않는 것처럼, 고유명사는 본래 보편적 명사라는 평계를 대려 하지 않을 것이다.

어쨌든 대상에서 어떤 부분이나 고유한 특징을 주의 깊게 고찰하는 경우, '여기 그리고 지금'은 우리에게 종종 대개 상관이 없다. 그래서 우리는 보편적 표상의 의미에서 — 추상을 수행하는 것에 대해 전혀 생각하지 않는 동안 — 특히 그러한 추상을 수행하는 것에 주의하지 않는다.

아마 사람들은 여기에서 개체화하는 규정은 곁들여(nebenbei) 주목된다고 가정함으로써 도움을 청할 것이다. 그러나 이것은 우리에게 거의 도움이 될 수 없다. 곁들여 매우 많은 것이 주목되지만, 그렇다고 좀처럼 사념되지는 않는다. 보편성 의식이 참되고 진정한 추상으로서 직관적으로 수행되는 경우, 기초 짓는 직관의 개체적 대상은 비록 전적으로 사념되지 않더라도 확실히 함께 의식된다. 그래서 추상적으로 배제된 규정에 관해 의식이 없는 상태(Bewußtlosigkeit)에 대한 밀의 논의는 무익한 허구이자, 정확하게 말하면, 심지어 불합리한 허구다.[8] 우리가 직관적인 개개의 사실에 관해 이에 상응하는 보편성을 표명하는 매우 많은 경우, 개별자는 우리 눈앞에 남아 있으며, 우리는 그 사례의 개체적인 것에 대해 갑자기 맹목적이 되지는 않는다. 예를 들어 우리가 꽃이 만발한 이 재스민을 그 향기를 맡으면서 바라볼 때 확실히 '재스민은 황홀한 향기를 가졌다.'고 진술하지는 않는다.

만약 사람들이 결국 새로운 돌파구로 '개체화하는 것은 우리가 특히 관심을 두는 것과 같이 특별하게 주목되지 않고, 완전히 지배적 관심 밖에 있는 객체처럼 곁들여 주목되지도 않지만, 이러한 관심에 함께 속하고 그 관심의 지향에 의해 고유한 방식으로 함축된 것으로서 함께 주목된다.'라고 파악하려 하면, 이미 추상이론의 토대를 떠나 버린 것이다. 어쨌든 추상이론은 주어진 구체적 대상이나 이 대상 속에 주어진 특수성을 단순히 강조하는 시선으로 바라봄으로써 그럭저럭 해 나가는 주장을 제기하며, 이것으로써 이제 추상이론이 생략해야 할 서로 다른 의식의 형식을 가정하는 것을 끝낸다.

---

8 우리는 이른바 이러한 '의식이 없는 상태'의 결과 로크의 일반적 관념의 불합리한 분리(korismos)가 되풀이되는 것을 쉽게 보게 된다. '의식되지' 않은 것이 의식된 것을 세분화할 수 없다. 만약 삼각형 일반의 계기에 독점적으로 주의하는 것이 (삼각형 일반을) 세분화하는 성격이 의식에서 사라져 버리는 방식으로 가능하다면, '의식된' 대상, 직관적 대상은 삼각형 일반이고 그 이상 아무것도 아닐 것이다.

22 주목함의 현상학적 분석에서 근본적 결함

이것은 동시에 추상이론의 가장 아픈 점으로 이끈다. 가장 아픈 점은 '주목함은 무엇인가?'라는 물음에 있다. 물론 우리가 그 이론을 비난하는 것은 추상이론이 우리에게 주목함에 대한 어떠한 완성된 현상학과 심리학을 제공하지 않았기 때문이 아니라, 주목함의 본질을 추상이론의 목적에 반드시 필수 불가결할 정도로 해명하지 않았기 때문이다. 주목함이라는 말이 적용되는 범위가 어디까지 이르는지, 보통의 의미에서 주목된 것으로 간주될 수 있는 대상은 그때그때 무엇인지를 이때 주시하기 위해, 추상이론이 주목함이라는 말에 통일적 의미를 부여하는 것을 확인해야 했다. 그리고 무엇보다 추상이론이 주목하는 작용이 명사나 그 밖의 표현을 유의미하게 만드는 의미작용, 또는 사념작용과 어떤 관계인지도 심문해야 했다.

이와 같이 논박된 추상이론은 이미 로크가 도입한 선입견을 통해서만 가능한데, 그 선입견은 '의식이 그 작용 속에 직접 그리고 본래 향하고 있는 대상, 특히 주목하는 작용의 대상은 필연적으로 심리적 내용, 즉 의식의 내실적 사건임에 틀림없다.'는 점이다. 의식의 작용이 직접 관여할 수 있는 것은 오직 의식 속에 실제로 주어진 것, 따라서 의식이 내실적으로 그 존립요소로서 자체 속에 포함하는 내용뿐이라는 점은 참으로 자명해 보인다. 그러므로 의식 밖의 것은 작용의 간접적 대상일 뿐이며, 이것은 작용의 직접적 내용, 작용의 첫 번째 대상이 의식되지 않은 것을 재현하는 것, 기호나 상(像)으로서 기능한다는 사실을 통해 단순히 일어난다.

이러한 고찰방식에 익숙해지면, 사람들은 작용의 지향에 포함되는 객관적 관계와 형식을 해명하기 위해 무엇보다 추정적인 직접적 대상으로서 직접 제시된 대상에 눈길을 돌리고, 그런 다음 재현하는 것 또는 기호에 대한 논의의 가상적 자명성에 현혹되어 작용의 본래 — 이른바 간접적 — 대상을 완전히 간단히 무시하게 된다. 사람들은 이제 작용이 그 단적인 사념에 따라 대상 속에 놓아둔 모든 것을 무심코 내용에 귀속시키고, 이때 대상의 속성·색깔·형식 등은 즉시 내용으로 불리며, 실제로 심리학적 의미에서 내용, 예를 들어 감각으로 해석된다.

우리는 이러한 견해 전체가 명석한 현상학적 상태에 얼마나 모순되는지, 인식론에서 이러한 견해 전체가 얼마나 많은 재해를 일으켰는지 다시 충분히 고찰할 기회를 가질 것이다. 여기에서는 예를 들어 어떤 말[馬]을 표상하거나 판정할 경우, 우리가 표상하고 판정하는 것은 바로 그 말이지 우리의 그때그때 그 말에 대한 감각이 아니라는 점만 시사하는 것으로 충분하다. 우리의 감각은 심리학적 반성 속에서 비로소 표상되고 판정되며, 이 반성이 파악하는 방식을 우리가 직접적 정황으로 해석하면 안 된다. 직접적 정황에 속하는 전체가 감각이나 환영에서 체험되고, 이러한 의미로 의식되는 것이 그 전체가 그것을 향한 지각작용·표상작용·판단작용의 의미에서 의식의 대상이라는 것을 뜻하지 않으며, 또한 뜻할 수도 없다.

이렇게 전도된 견해는 이제 추상에 대한 학설에도 해로운 영향을 끼친다. 그 추정적 자명성에 현혹되어 사람들은 체험된 내용을 우리가 주목하는 통상의 객체로 받아들인다. 나타나는 구체적인 것은 하나의 직관의 상(像)에 생겨난 내용의 복합, 즉 속성의 복합으로 간주된다. 그런 다음 (체험된, 심리적) 내용으로 파악된 이러한 속성에 대해 그것은 그 비자립성에 의해 구체적으로 완전한 상에서 분리될 수 없으며, 단지 그 상에서 주목될 수 있을 뿐이라고 말한다. 그와 같은 추상이론을 통해 지각되지만 그 본성상 결코 충전적으로 지각될 수 없고, 심지어 심리적 내용의 형식으로 주어질 수 없는 그와 같은 부류의 속성적 규정의 추상적 관념이 어떻게 생기는지는 이해할 수 없다. 나는 삼차원의 공간

형태, 특히 폐쇄된 물체의 표면이나 공이나 주사위 같은 완전한 물체만 생각한다. 그렇다면 무수한 개념적 표상의 경우 사정은 어떠한가? 이러한 표상은 기껏해야 감성적 직관의 협조를 받아야 실현되며, 어쨌든 개별적 사례로서 개념적 표상에 상응하는 것은 결코 직관적 계기도 아니고, 내적 감성의 영역도 아니다. (감성적) 직관 속에 주어진 것과 하물며 체험된 내용에 단순히 주목하는 것은 여기에서 확실히 중요한 문제일 수 없다.

우리의 입장에서 우선 이제까지 논의를 단일하게 하기 위해 주로 선호했던 감성적 추상의 영역에서 다음을 구별해야 할 것이다. 즉 속성의 계기가 직관적으로 '주어지는' 작용과 그 위에 구축된 작용 — 이 속성의 계기에 단순히 주목하는 작용 대신 오히려 일반화하면서 (generalisierend) 이에 속한 종을 사념하는 새로운 종류의 작용 — 을 구별해야 할 것이다. 직관이 속성의 계기를 충전적 방식으로 부여하는지 아닌지는 여기에서 중요하지 않다. 그런 다음 보충하면서 한편으로는 감성적 추상의 경우, 즉 감성적 직관에 단적으로 또 어쩌면 충전적으로 적합한 추상의 경우와, 다른 한편으로는 비(非)감성적 추상이나 기껏해야 부분적으로 감성적 추상의 경우를 구별할 것이다. 후자의 경우는 실현된 보편성 의식이 기껏해야 부분적으로는 감성적 직관의 작용에 입각하고, 그런 다음 부분적으로는 다른 비감성적 작용에 입각하며, 그래서 그 본성상 결코 감성 속에 충족될 수 없는 사고(범주)의 형식에 관계된다. 전자의 경우에는 색깔·잡음·고통·판단·의지와 같은 외적 감각이나 내적 감각에서 혼합되지 않은 개념이 적절한 예를 제공해 주고, 후자의 경우에는 급수·총합·선언명제·동일성·존재 등과 같은 개념이 적절한 예를 제공해 준다. 우리는 이러한 차이를 계속되는 연구에서 여전히 진지하게 전념해야 한다.

23 주목함에 대한 의미에 적합한 논의는 단순히 직관작용의 영역이 아니라 사유작용의 영역 전체를 포괄한다

주목함에 대한 논의의 통일적 의미는 우리가 유념하는 대상으로서 심리학적 의미 속의 '내용'을 거의 요구하지 않아, 그 의미가 직관의 영역을 넘어서며 사유의 영역 전체를 포괄한다. 이 경우 사유가 어떻게 수행되는지, 직관적으로 기초하는지, 순수하게 상징적으로 기초하는지는 상관없다. 만약 '르네상스의 문화', '고대의 철학', '천문학적 표상의 발달 과정', '타원 함수', 'n차 곡선', '대수의 연산법칙' 등에 전념하면 우리는 이 모든 것에 주목할 것이다. 만약 '그 어떤 A'라는 형식의 생각을 하면, 우리는 이 속에서 '그 어떤 A'에 주목하지 거기에 있는 이것(dieses da)에 주목하지 않는다. 만약 판단이 '모든 A는 B다.'라는 형식을 취하면, 우리의 주목함은 이러한 보편적 사태의 일부이며, 우리에게 중요한 문제는 전체성(Allheit)이지 이러저러한 개별성(Einzelheit)이 아니다. 그리고 이것은 어디에서나 그렇다.

물론 그래서 모든 생각이나 적어도 그 자체 속에 일치하는 생각은, 그 생각이 어떤 방식으로 '상응하는' 직관 위에 구축됨으로써 직관적이 될 수 있다. 그렇지만 직관에 근거해, 내적 감각이나 외적 감각에 근거해 수행된 주목함은 직관의 현상학적 내용에 주목함과 이에 못지않게 직관 속에 나타나는 대상에 주목함을 뜻할 수 없다. '그 어떤 일정한'이나 '그 어떤 임의의', '모든'이나 '각각의', '그리고', '또는', '아니다', '만약', '그렇다면' 등은 기초 짓는 감성적 직관의 어떤 대상에서 제시될 수 있는 것이 아니며, 그것은 감각되거나 하물며 외적으로 서술되거나 묘사될 수 있는 것이 아니다. 물론 모든 일정한 작용에 상응하는 것은 '말은 실로 자신의 의미를 갖는다.'는 점이다. 말을 이해함으로써 우리는 대상적 형식에 속하는 일정한 형식을 실행한다. 그러나 이 작용이 우리가 사념하는 객체적인 것은 아니다. 그 작용은 실로 사념작용(표상작용) 자체이며, 심리학적 반성 속에서만 대상적이 된다.

사념작용의 객체적인 것은 때에 따라 보편적 사태 '모든 A는 B다.', 유적 사태 '그 A(종에서)는 B다.', 일정하지 않은 단수의 사태 '어떤 A는 B다.' 등이다. 우리가 주목하는 그것은 가령 명증성을 기초 지을 경우 사유의 표상을 수반하는 개체적 직관도 직관을 형성하거나, 형성된 직관 속에 직관적으로 충족되는 작용의 성격이 아니라, 그와 같은 기초 위에 작용을 수행하는 가운데 '통찰하는' 생각의 객체, 즉 생각에서 이러저러하게 파악된 대상과 사태다. 그 속에서 우리가 단순히 개체적이고 직관적인 것에 시선을 돌리는 것(그것에 주목해 지각하는 것 등) 대신 생각에 의한 것, 의미에 적합한 것을 파악하는 '추상'은 (당연히 우리가 때에 따라 이러저러하게 형성된 생각의 작용이) 이렇게 통찰에 의해 수행되는 가운데 살아간다는 사실을 뜻할 뿐이다.

그러므로 주목함의 통일적 개념의 외연은 매우 넓어서 의심할 여지 없이 직관하고 사유하는 사념작용의 범위 전체를 포괄하며, 따라서 확고하게 한정된 의미지만 직관작용과 사유작용을 동등하게 포함하는 충분히 넓게 파악된 의미에서 표상작용의 범위 전체를 포괄한다. 결국 그 개념은 일반적으로 무엇에 대한 의식[9]이라는 개념과 동일한 외연을 갖는다. 그래서 의식의 영역 안에서 일정한, 우선적인 것으로서 주목함에 대해 구별하는 논의는 의식 종류의 종(의식의 방식)에 독립적인 일정한 구별과 관련된다. 그 표상의 대상이 아니라 다른 표상의 대상에 '집중하는' 동안 우리는 일정한 '표상'을 수행한다.

만약 주목함(Bemerken)이 그렇지 않으면, 의식의 통일성 속에 합류

---

9 (옮긴이 주) 의식의 본질적 구조가 항상 '무엇에 대한 의식(Bewußtsein von etwas)', 즉 '지향성'이라는 점은 후설현상학의 총체적 얼개이자 문제제기 그 자체다.

되는 내용이 우리에게 특별히 의식되는 방식, 즉 그 내용이 우리에 의해 '부각되거나' '발견되는' 방식보다 더 기술할 수 없는 단적인 방식으로 표상되면, 만약 이와 유사한 의미에서 모든 구별이 표상작용의 방식으로 부정되고 그런 다음 주목함(Aufmerksamkeit)을 이러한 범위 속에 지배하며 드러내 밝히고 강조하는 기능으로 간주하면, 우리는 과도한 방식으로 그 개념을 축소하게 된다. 어쨌든 우리는 그 개념의 더 이상의 의미를 폐기할 수 없으며, 그래서 불가피하게 그 개념으로 돌아가게 된다.

사람들은 대상과 심리적 내용을 혼동해 현혹됨으로써 우리에게 '의식된' 대상들이 의식 속에서 단순히 발견될 수 있고, 대상들에 따라 포착할 수 있게끔 상자 속에서와 같이 의식 속에 단순히 거기에(einfach da) 있는 것이 아니라는 사실, 오히려 대상들은 대상적 지향의 서로 다른 형식으로 그것들이 우리에게 존재하고 타당한 것으로서 최초로 구성된다는 사실을 간과한다. 사람들은 심리적 내용의 발견, 즉 그와 같은 심리적 내용에 대한 순수 내재적 직관작용에서 내재적으로 발견되지 않은 대상과 실로 발견될 수 없는 대상에 대한 외적 지각(Wahrnehmung)과 상상(Imagination)에 이르기까지, [다시] 여기에서 그 다양한 범주적 형식과 이 형식에 적합한 의미의 형식을 지닌 사유작용의 최고 형태에 이르기까지, 본질적으로 통일적인 어떤 개념이 계속 경과한다는 사실을 간과한다. 사람들은 우리가 지각하고 상상하며 기억하면서 직관하든, 경험적 형식이나 논리적-수학적 형식으로 사유하든 어디에서나 어떤 대상을 겨냥한 사념작용(Vermeinen), 지향작용(Intendieren)은 현존하며, 그 대상에 대한 의식은 현존한다는 사실을 간과한다.

그러나 어떤 내용이 심리적 연관 속에 단순히 현존하는 것은 결코 그 내용이 사념된 것이 아니다. 그 내용이 사념된 것은 그 내용을 '주목함' 속에서 비로소 생기며, 이것은 곧 그 내용을 겨냥하는 것으로서

3절 추상화와 주목함

표상작용이다. 어떤 내용이 단순히 체험된 것을 그것이 표상된 것으로 정의하는 것과, 이것을 전달하면서 모든 내용을 일반적으로 표상이라 부르는 것은 철학이 아는 가장 나쁜 개념을 왜곡하는 것 가운데 하나다. 어쨌든 철학이 저지른 인식론적 오류와 심리학적 오류의 수는 엄청나다.

만약 인식론과 논리학에 대해 유일한 기준으로 지향적 표상의 개념에 입각한다면, 우리는 표상작용과 〔다른〕 표상작용의 모든 차이가 표상된 '내용'의 차이로 환원된다는 것을 더 이상 판단할 수 없게 된다. 이에 반해 특히 순수논리적인 것의 영역에서, 모든 원초적인 논리적 형식에는 명백히 고유한 '의식의 방식'이나 고유한 '표상작용의 방식'이 상응한다. 물론 지향적 관계의 모든 새로운 방식이 어떤 방법으로든 항상 대상에 관련되는 한, 즉 그 대상성이 바로 의식되는 새로운 형식이 구성되는 한 우리는 '표상작용의 모든 차이는 표상된 것 속에 놓여 있다.'라고 충분히 말할 수도 있다. 그렇지만 이때 반드시 주목해야 할 점은 표상된 것, 즉 객체성의 차이는 두 가지인데, 하나는 범주적 형식의 차이이고, 다른 하나는 다수의 형식 속에 하나의 동일한 형식으로 의식될 수 있는 '사태 그 자체(Sache selbst)'의 차이라는 것이다. 이러한 점에 관해 상세한 것은 계속 이어질 연구에서 다루어진다.

4절 추상화와 재현함

24 사유경제의 기교로서 보편적 표상

보편적 개념과 보편적 명사를 사유경제의 단순한 기교 —— 이 기교는 모든 개체적 사물을 개별적으로 고찰하고 개별적으로 명명하는 것을 생략해 준다 —— 로서 주장하기를 선호하는 것은 중세 유명론에서 유래하는 오류다. 사유하는 정신은 개체적 개별자의 헤아릴 수 없이 많은 다양체에 의해, 그 정신에 끼워진 제한을 개념적 기능을 통해 극복하고, 그 기능의 사유경제적인 작업수행에 힘입어 직접적인 길로 결코 도달할 수 없을 인식의 목표에 간접적으로 도달한다고 사람들은 말한다. 보편적 개념은 각각의 객체를 그 자체만으로 파악하고 판정해야 하는 대신, 사물들을 마치 다발로 고찰하고 단번에 부류 전체에 대해, 따라서 무수한 객체에 대해 진술할 가능성을 부여한다.

로크는 근대철학에 이러한 생각을 도입했다. 예를 들어 『인간 오성론(*Essay*)』 3권 3절 맺음말에서 이렇게 말한다.

추상적 관념을 만드는 사람과 추상적 관념을 이것에 첨부된 명사와 더

붙어 자기 마음속에 정착시키는 사람은, 이렇게 함으로써 그가 사물들을 고찰하고 마치 다발로 논의할 수 있게 되며, 그 결과 그의 지식은 더 쉽고 더 빠르게 개선되고 전달된다. 왜냐하면 그의 말과 사유가 오직 특수한 것에 국한된다면 그의 지식은 아주 느리게 진보할 것이기 때문이다.[1]

만약 보편적 의미가 없는 어떠한 진술도, 따라서 어떠한 개체적 진술도 결코 수행할 수 없다는 점, 사유작용·판단작용·인식작용에 대한 논의는 결코 논리적으로 중요한 의미에서 단순히 직접적인 개체적 표상에 근거할 수 없다는 점을 숙고해 보면 이러한 서술은 이치에 어긋난다. 인간의 정신이 다양한 개체적 사물에 가장 이상적으로 적합한 것, 충전적인 개별적 파악을 실제로 또 심지어 쉽게 성취하는 것은 사유를 무용지물로 만들지 않을 것이다. 왜냐하면 그렇게 도달할 수 있는 작업수행은 결코 사유의 작업수행이 아니기 때문이다.

직관의 길에는 어떠한 법칙도 없다. 법칙에 대한 지식이 사유하는 존재자를 보존하는 데 도움이 될 수 있고, 그 지식이 직관적 예상의 표상을 형성하는 데 유리하게 규제하며, 또 연상의 자연적 진행보다 더 많이 유익한 방식으로 규제할 수도 있다. 그러나 사유의 기능과 사유하는 존재자 — 인류 — 를 보존하는 관계는 심리적 인간학에 속하지만 인식비판에 속하지 않는다. 이념적 통일체로서 법칙이 수행하는 것, 즉 진술의 보편적 의미의 방식으로 무수히 가능한 각 사례를 논리적으로 자체 속에 포괄하는 것은 결코 직관이 수행할 수 없으며, 신의 전체적 직관(Allerschauung)도 수행할 수 없을 것이다. 직관하는 것이 곧 사유하는 것은 아니다. 물론 사유작용의 완전함은 '본래적' 사유작용으로서

1 이 책 제2연구 2절 9항 인용문 결론부 참조. 현대철학자 가운데 나는 리케르트(Rickert)의 『자연과학적 개념형성의 이론(*Zur Theorie der natur-wissenschaftl. Begriffsbildung*)』, 『계간 학문적 철학』 18권을 언급한다.

직관적 사유작용 속에 있다. 또는 사유의 지향이 마치 만족하여 직관으로 이행하는 인식작용 속에 있다.

그러나 앞의 3절에서 이미 간략하게 상론한 것에 따라, '우리가 외적 감각이나 내적 감각의 작용이라는 보통의 의미로 이해된 직관작용을 본래의 지성적 기능으로 파악하려 하고, 그 기능의 유감스럽게도 너무 좁은 한계를 직관을 절약하는 간접적 보조 수단을 통해 극복하는 것은 포괄하는 사유작용의 참된 과제일 것이다.'라는 견해는 이러한 상태에 대한 근본적 오해라고 말할 수 있다. 물론 전체를 직관하는 신적 정신이 논리적 이상(理想)으로 간주되고는 한다. 하지만 이것은 우리가 전체를 직관하는 것과 더불어, 전체를 알고 전체를 사유하며 전체를 인식하는 것을 그 정신에 암묵적으로 끼워 넣기 때문에 그러할 뿐이다. 따라서 우리는 그 정신을 하나의 정신, 단순한 ─ 충전적이더라도 생각이 비어 공허한 ─ 직관작용 속에 작동시키지 않고, 자신의 직관도 범주적으로 형식화하고 종합적으로 결합하며, 이렇게 형식화되고 결합된 직관 속에 자신의 사유가 지향한 것이 궁극적으로 충족되는 것을 발견하며, 이것을 통해 전체를 인식하는 이상을 실현하는 정신으로 표상한다. 그러므로 다음과 같이 말해야 한다. 즉 단순한 직관이 아니라 범주적으로 형식화되고, 그래서 사유에 완전히 적합한 충전적 직관이나 반대로 직관에서 명증성을 끌어내는 사유가 목표이고, 참된 인식작용이다. '사유경제', 오히려 인식의 경제는 오직 사유하는 인식작용의 범위 안에서만 의미를 가지며, 이때 자신의 풍부한 분야도 갖는다.[2]

---

2 『순수논리학 서론』(『논리 연구』 1권), 9절(사유경제의 원리와 논리학)도 참조.

25 보편적 재현은 보편적 표상의 본질적 특징으로 이바지할 수 있는가

보편적 개념을 사유를 절약하는 기교로서 방금 성격 지은 견해는 재현(Repräsentation)[3] 이론을 통해 자신의 더 면밀한 형태를 유지한다. 그 이론은 '실제로 직관적인 개별적 표상만 존재하고 모든 사유는 이 표상 속에서 진행된다.'라고 주장한다. 그렇지만 우리는 필요함이나 편리함에서 본래 수행될 수 있는 표상에 그 대리자(Stellvertreter)로서 일정한 다른 표상을 대체한다. 어떤 부류 전체에 관련된 보편적 재현이라는 재치 있는 기교는, 마치 본래의 표상이 언제나 현재적인 것처럼 상태가 되는 성과나, 실제적 표상에 근거해 획득할 수 있을 모든 개별적 성과를 함께 포괄하는 집중된 작업수행의 성과를 허용한다.

물론 이 이론은 우리가 앞에서 제기한 반론에 함께 관련된다. 그렇지만 재현에 대한 생각은 대리하는 기능의 사유경제적 가치를 상당히 중시하지 않거나, 전혀 무시하는 추상학설에서도 역할을 한다. 따라서 사유경제의 학설에서 벗어난 이러한 생각이 보편적 의미의 본질적 특성에 유익하게 이바지할 수는 없는지 심문해야 한다. 어쨌든 재현이라는 말은 동요하는 애매성이 있다. 우리가 보편적 명사나 기초 짓는 개별적 직관이 그 부류를 '재현하는 것(Repräsentant)'이라고 감히 표현할 수 있음은 확실하다. 그러나 말의 다른 의미들이 서로 혼동되는지, 그래서 보편적 의미를 사용하는 성격을 해명하는 대신 오히려 혼란시키거나 곧바로 거짓된 학설을 조장하지는 않는지 검토해야 한다.

---

3 (옮긴이 주) '재현(함)'은 의식의 직접적 내용이 직접 의식되지 않는 것의 대표자 구실을 함으로써 간접적으로 대상이 되는 것을 뜻한다. 그래서 후설은 '지각(Wahrnehmung)'에 대해 '상상(Phantasie)'을, '현재화(Gegenwärtigung)'에 대해 '현재화(Vergegenwärtigung)'를, '직접적 제시(Präsentation)'에 대해 '재현'을 대비시킨다.(후설전집 제23권 『상상, 상 의식, 기억(Phantasie, Bildbewußtsein, Erinnerung)』, 85쪽 이하 참조) 즉 '재현'은 '간접적 제시(Appräsentation)'의 한 유형이다.

우리의 설명에 따르면, 보편적 표상 — 보편적 의미지향으로 이해하든, 이에 상응하는 의미충족으로 이해하든 상관없이 — 과 직관적인 개별적 표상을 구별하는 것은 심리학적 기능의 단순한 차이, 즉 우리의 심리적 삶의 과정의 연관 속에 내적 감각과 외적 감각의 일정한 개별적 표상을 분배하는 역할의 단순한 차이일 수 없다. 이에 상응해 우리는 재현 이론에 대한 서술과 더 이상 논쟁할 필요가 없다. 재현 이론에 대한 서술은 재현에 대해 단지 그와 같은 심리학적 기능으로 이야기하는 반면, 보편적으로 표현하고 사유하는 개별적 체험에 그 명백한 특징 전체를 부여하는 새로운 종류의 의식방식인 근본적인 현상학적 사실을 전혀 언급하지 않는다. 때로는 이렇게 근본적인 점이 지나가는 길에 가볍게 다루어지고, 사람들이 현상학적인 것(Phänomenologisches)을 완전히 간과했다는 것이 개별적 표명에서 밝혀진다. 아마 심지어 대부분은 우리의 질책에 대해 '당신들이 강조하는 것 역시 자신의 의견'이라고 답변할 것이다.

아무튼 재현하는 기능은 현상적으로 독특한 어떤 성격 속에 드러난다. 그러나 이때 보편적 표상은 단지 다소 다른 방식으로 염색된 개별적 표상일 뿐이다. 즉 직관적으로 표상된 것은 이렇게 염색되어 서로 유사한 개체들의 부류 전체에 대해 재현하는 것으로 우리에게 간주된다.〔라고 답변할 것이다.〕 그럼에도 논리적으로, 또 인식론적으로 가장 중요한 것을 개체적 직관에 사소하게 첨가하는 것 — 체험을 기술하는 내용에서 어떤 현저한 것도 변화시키지 않는 사소하게 첨가하는 것 — 과 같은 방식으로 다룬다면, 그와 같이 인정하는 것도 별로 도움이 될 수 없다.

여기에서 말소리와 예시하는 상(像)에 최초로 사상적인 생기를 불어넣는 새로운 작용의 성격을 완전히 간과했더라도, 사람들은 그 작용의 성격에 특별히 기술적(記述的) 관심을 기울일 필요는 없다고 생각한다. 그리고 재현에 대한 피상적 논의로 모든 것이 처리되었다고 생각한

4절 추상화와 재현함

다. 사람들은 모든 논리적인 것이 이러한, 또 이와 유사한 작용의 성격 속에 포함되어 있다는 것, 논리적 의미에서 '표상'과 '판단' 그리고 이들의 다양한 형식에 대해 논의하는 경우, 이러한 종류의 작용만 개념을 규정할 수 있다는 것을 깨닫지 못한다. 사람들은 그것이 보편자에 대한 의식으로 존재하는 그와 같은 작용의 성격에 대한 내재적 본질이라는 것, 순수논리학이 형식과 법칙에 관해 전념하는, 사념된 보편성의 모든 양식이 이에 상응하는 그와 같은 지향적 성격의 양상에 의해서만 주어지게 된다는 것에 주목하지 않는다. 또한 사람들은 개체적 직관이 일정한 방식으로 그 직관 위에 구축된 새로운 종류의 작용, 즉 생각에 의해 표상하는 작용 — '상징적' 표상작용이든 '본래의' 표상작용이든 — 에 기반을 준다는 것, 하지만 개체적 직관 자체는 그 자신의 감성적-직관적 지향과 더불어 생각의 내용 속으로 결코 들어가지 않는다는 것, 그래서 재현 이론의 대표자가 사념한 재현에 대한 논의의 주요한 의미가 전제하는 것이 곧바로 주어지지 않았다는 것을 알아보지 못한다.

26 계속: 보편성 의식의 서로 다른 변양과 감성적 직관

여기에서 더 자세한 상론이 무익하지 않을 것이다. 우리가 강조했듯이, 명사나 상(像)에 대표하는 성격을 부여하는 이 새로운 파악은 새로운 종류의 표상하는 작용이다. 의미작용 속에서 — 단순히 보편적 의미작용 속이 아니라 — '외적 감각'이나 '내적 감각'의 단순한 직관과 비교해 새로운 방식의 사념이 수행된다. 이 사념은 단순한 직관에서 사념과 완전히 다른 의미를 가지며, 종종 완전히 다른 대상도 갖는다. 그리고 이 새로운 사념의 내용은 보편적 명사의 그때그때 논리적 기능에 따라, 보편적 명사가 그 속에 등장하고 보편적 명사가 부각되게 도와주는 그때그때 의미 연관에 따라, ─ 우리가 때에 따라 이미 주목했듯이[4] ─ 그 내용의 기술적 본질에 따라 다양하게 세분화되는 서로 다른 것이다. 개체적으로 직관된 것은 그것이 거기에 나타나자마자 더 이상 단적으로 사념되지 않고, 때로는 그 이념적 통일체에서 종 ─ 예를 들어 '음계 c', '수 3' ─ 이 사념되고, 때로는 보편자에 참여하는 개별자들의 전체로서 부류 ─ '이러한 음계의 모든 음', 형식적으로는 '모든 A' ─ 가, 때로는 이러한 종류의 정해지지 않은 개별자('어떤 A')나 이러한 부류에서 정해지지 않은 개별자('A에 속한 그 어떤 것')가, 때로는 직관된 이 개별자가, 그렇지만 속성을 지닌 것으로 생각된 것('여기에 있는 이 A') 등이 사념된다.

이와 같은 모든 변양은 지향의 '내용'이나 '의미'를 변경시킨다. 달리 말하면, 논리학의 의미에서 '표상'으로 부른 것 ─ 그것이 논리적으로 파악되고 사념된 바와 같은 표상된 것 ─ 은 각 단계에서 변경된다. 그때그때 수반하는 개체적 직관이 동일한 것으로 남는지, 항상 변하는지는 아무래도 좋다. 사념(표현의 의미)이 변경되면 논리적 표상도 변경되고, 그 표상의 사념이 동일한 것으로 남는 한 그 표상은 동일한 표상으로 남는다. 여기에서 기초 짓는 나타남이 완전히 소실될 수 있음을 중시할 필요가 없다.

〔이성적〕'파악'과 감성적 '파악'의 차이는 본질적이다. 그것은 우리가 예를 들어 '동일한 객체'를 어느 때는 밀랍인형으로, 다른 때는 착각에 사로잡혀 생생한 인격으로 파악하는 것, 즉 마치 단지 두 가지 개체적-직관적 파악이 서로 교체되는 것과는 다르다. 또한 표상하는 지향이 생각의 개별적 표상, 다수의 표상과 전체 표상의 형식으로 개체적 개별자 ─ 그러한 종류의 '하나의' '다수의' '모든' 개별자 ─ 를 향할 수

---

4 이 책〔제2연구〕3절 16항 전반부 참조.

4절 추상화와 재현함

있는 상황으로 착각하면 안 된다. 실로 지향의 성격은, 그래서 의미의 내용은 그 어떤 직관적(감성적) 표상에 대립해 총체적으로 다르다는 점이 명백하다.

'어떤 A'를 사념하는 것은 어떤 A를 단적으로 직관적으로, '어떤 A'라는 생각 없이 표상하는 것과는 다른 것이며, 또한 직접적 의미와 명명(命名)으로, 그래서 고유명사를 통해 그것에 관계하는 것과는 다른 것이다. '어떤 인간'이라는 표상은 '소크라테스'라는 표상과 다른 것이며, 마찬가지로 이 둘은 '소크라테스라는 인간'이라는 표상과는 다른 것이다.

'약간의 A'라는 표상은 이러저러한 A라는 직관의 총계가 아니며, 미리 주어진 개별적 직관들을 하나로 총괄하고, 비록 이미 그 대상적 상관자, 총체와 이렇게 합일하는 것이 감성적 직관의 영역을 넘어서는 그 이상의 작업수행이더라도 집합하는 작용은 아니다. '약간의 A'라는 표상이 예시하는 직관으로서 근저에 있는 경우, 그것은 우리가 겨냥했던 이렇게 나타나는 개별자와 그 총체가 아니다. 우리는 바로 '약간의' A를 사념하며, 이것은 어떠한 외적 감각이나 내적 감각 속에서도 간취될 수 없다.

물론 동일한 것이 다른 보편적 의미의 형식에도 적용되며, 그래서 '2'나 '3'과 같은 수의 형식, 또한 '모든 A'와 같은 전체성(Allheit)의 형식에도 적용된다. 전체성은 우리가 '모든 A'라는 표현을 이해하고 그 의미에 적합하게 사용하는 것과 마찬가지로 논리적 의미 속에서 표상된다. 그러므로 전체성은 통일적으로 생각하는 방식으로 표상되고, 오직 그렇게 또는 그에 상응하는 '본래적' 형식으로, 일반적으로 전체성으로서 의식될 수 있다. 왜냐하면 우리는 오직 이러저러한 것만 직관할 수 있기 때문이다. 이 경우 아무리 많은 개별자를 훑어보더라도, 아무리 열심히 그 개별자에 집중하더라도, 개념의 외연을 끌어내는 데 실제로 도달한다면 기껏해야 모든 'A'가 표상되지, 어쨌든 '모든 A'가 표상되지는 않을 것이며, 논리적 표상이 수행되지도 않을 것이다.

다른 한편 논리적 표상이 수행되면 그 표상은 직관을 구할 수 있으며, 직관에 의해 해명을 기대하고 또 해명될 수도 있다. 그러나 표상된 대상성 — 여기에서는 총체적 A — 을 감성적-직관적으로 만들어 내는 것은 '본래 사념된 것'을 명백하게 제시할 수 없다. 오히려 생각의 지향은 그 형식과 내용이 요구하는 방식으로 직관에 관계되어야 하며, 직관 속에서 충족되고, 그래서 명석함과 통찰성의 장점을 획득하는 복합적 작용이 생긴다. 그렇지만 가령 생각을 배제하거나 생각에 단순한 상(像)을 대체한 것은 아니다.

여기에서는 이렇게 잠정적이고 여전히 상당히 피상적인 시사에 만족해야 한다. 사유작용과 직관작용, 본래적 표상작용과 비본래적 표상작용의 차이를 해명하기 위해 우리는 이 책의 마지막 연구에서 포괄적으로 분석하고, 이 경우 새로운 직관 개념이 보통의 직관 개념, 즉 감성적 직관의 개념으로부터 부각될 것이다.

27 보편적 재현의 정당한 의미

이렇게 숙고한 다음 우리는 이제 보편적 기호와 직관의 상이 재현하는 기능에 대한, 예전부터 인기 있는 논의에 거의 생소한 경향을 띨 것이다. 그 논의는 다의성에 의해, 특히 사람들이 대개 그것에 부여한 해석으로 보편적 형식 속에서 이루어지는 사유의 성격을 해명하는 데 적절하지 않게 기여했다.

표상의 보편성은 재현의 보편성 속에 있어야 한다. 우리가 재현의 보편성을 직관의 근거 위에 수행되는 그 새로운 의식의 방식으로 이해할 수 있다면, 더 정확하게 말하면, 보편성 의식 — 종적인 것의 의식이든 전체성의 의식이든, 규정되지 않은 통일체의 의식이든 다수의 의식이든 등등 — 이 성격 지어지는 변화하는 변양으로 이해할 수 있다면 모든 것이 해결될 것이다. 이 경우 직관의 상이 재현하는 기능에 대한 논의가 적용될 수 있는 것은 직관의 상이 그 자체로 관련된 종의 개별적인 것만 표상하게 한다. 그러나 그 위에 구축된 개념적 의식에 대해 실마리로서 기능해, 그 결과 직관의 상에 의해 종에 대한 지향, 개념 대상의 전체성에 대한 지향, 그 종류의 규정되지 않은 개별자에 대한 지향 등이 성립하는 한에서다. 이때 대상적 관점에서 직관적 대상 자체는 종에 대해, 부류에 대해, 규정되지 않은 지향된 개별자 등에 대해 재현하는 것으로 부를 수 있다.

예시하는 직관의 상에 대해 타당한 것이 예시적 도움 없이 '재현해' 기능하는 경우는 명사에도 타당하다. 의미에 대한 의식이 충전적이지 않고 결국 본래 예시화에서 멀리 떨어진 직관에 근거해 충분히 전개될 수 있듯이, 단순한 명사에 근거해서도 충분히 전개될 수 있다. 명사는 재현하는 것이고, 이것은 명사의 물리적 나타남이 개념적 객체가 그 속에서 지향됨과 관련된 의미지향을 지닌 것이라는 점을 뜻할 뿐이다.

이러한 파악에서 유명론은 배제된다. 왜냐하면 이제 사유작용은 명사와 개별적 관념에 의해 더 이상 어떤 외부 조작으로 환원되지 않거나, 개별자를 계산기 숫자처럼 자신의 위치에서 튀어나오게 하는 무의식의 연상적 메커니즘으로 전혀 환원되지 않기 때문이다. 오히려 — 나타나는 대상에 관련된 직접적 사념작용으로서 — 직관적 표상작용과 기술적으로 구별되는 개념적 표상작용이 존재한다. 이것은 근본적으로 새로운 특성의 사념작용, 그 본질에 따라 '하나'와 '다수', '2'와 '3', '어떤 것 일반'과 '모든' 등의 형식이 속하는 사념작용이다. 이때 그 가운데 표상된 대상의 방식으로 종(種)이 구성되는 형식이 발견되며, 그 결과 이러한 형식은 가능한 속성화(Attibution)나 술어화(Prädikation)의 주어로서 기능할 수 있다.

28 대리하는 것으로서의 재현. 로크와 버클리

그러나 보편적 재현에 대한 논의는 역사상 추상학설에서 방금 서술한, 또 유일하게 정당화된 내용 — 물론 이 내용에 대해 재현이라는 명칭은 전적으로 적합하지 않다 — 을 갖지 않는다. 오히려 기호로 표시된 것에 대해 기호를 대리하는 것(Stellvertretung)이 사념된다.

이미 로크는 추상적 관념에 대한 그의 학설에서 대리하는 것에 본질적 역할을 부여했고, 버클리와 그 후계자의 추상이론은 로크로부터 이 생각을 이어받았다. 예를 들어, 로크는 다음과 같이 서술한다.[5]

일반적인 것(general)과 보편적인 것(universal)이 사물의 실재적 존재에 속하지 않는다는 것, 그러나 오성 자신의 사용에 의해 오성이 만든 발명품이자 창조물은 말이든 관념이든 오직 기호에만 관계한다는 것 …… 명백하다. 말은 …… 일반적 관념의 기호로 사용될 때 일반적이며, 그래서 많은 개별적 사물에 차별 없이 적용될 수 있다. 그리고 관념은 많은 개별적 사물을 재현하는 것으로 제기될 때 일반적이다. …… 그것들의 일반적 본성은 오성에 의해 투입될 수 있는 능력, 많은 개별적인 것을 의미하거나 재현하는 능력일 뿐이다. 그 의미에 대해 개별적인 것들은 인간의 마음이 그것들에 부가한 관계만 가질 뿐이다.

로크의 추상이론에 대한 버클리의 격렬한 공격은 그의 '추상적 관

---

5 『인간 오성론(*Essay*)』 3권, 3장 11절.

넘'과 관련된다. 그러나 로크가 이 추상적 관념에 인정한, 이 동일한 재현적 기능을 버클리는 그때그때 제시된 개별적 관념이나 보편적 명사 그 자체에 맡긴다. 나는 『인간 지식의 원리(*Principles of Human Knowledge*)』 「들어가는 말」 가운데 다음과 같은 상론을 지적한다.

> 만약 우리의 말로 일정한 의미에 결부시키고 오직 개념적인 것에 대해서만 논의하려 하면, 다음과 같은 점을 인정해야 한다. 즉 그 자체로 보면 하나의 개별적 관념인 관념은 그것이 동일한 종류의 다른 모든 개별적 관념을 재현하거나 그것을 대리해 등장하게 적용됨으로써 일반적이 된다. 이것을 예를 통해 명확하게 하면, 어떤 기하학자가 선분이 어떻게 이등분될 수 있는지 증명했다고 상상해 보자. 그는 가령 1인치 길이의 검은 선분을 그린다. 그 자체만으로는 하나의 개별적 선분인 이 선분은 그럼에도 그 선분을 통해 표시된 것을 고려하면 일반적이다. 왜냐하면 그 선분은, 여기에서 사용된 바와 같이, 언제나 동일한 것이 제공되듯이 모든 개별적 선분을 재현하며, 그 결과 그 선분에 관해 증명된 것은 모든 선분에도, 즉 선분 일반에도 증명되기 때문이다. 개별적 선분이 기호로 쓰임으로써 일반적이 되는 것과 마찬가지로, 그 자체로 특수한 것인 선분이라는 명사도 기호로 쓰임으로써 일반적이 된다. 그리고 개별적 선분의 일반성은 그 선분이 추상적 선분이나 일반적 선분에 대한 기호가 아니라 존재할 수 있는 모든 개별적 직선에 대한 기호라는 데 의거하듯이, 선분이라는 말, 선분이라는 명사의 일반성은 동일한 원인에서, 즉 그 명사가 서로 다른 개별적 선분을 차별 없이 지시하는 상황에서 유래한다.[6]

내가 이해할 수 있는 한, 보편성은 그 어떤 것에 대한 절대적인 적극적

---

6 위버베크의 번역에서 (다소 변형시켜) 인용한다. 10쪽 이하.(12항)

본질(nature)이나 개념(conception)에 있는 것이 아니라, 그것에 의해 표시되거나 대표되는 어떤 것이 다른 개별적인 것들과 맺는 관계에 있다. 이것을 통해 그 자신의 본성에 따라 특수한 것인 명사, 사물(things) 또는 관념(notions)[7]은 보편적이 된다.[8]

　　말은 그것이 추상적인 일반적 관념에 대해서가 아니라 그 각각이 차별 없이 마음에 제시되는 다수의 개별적 관념에 대해 사용됨으로써 일반적이 되는 것으로 보인다. 예를 들어 '운동의 변화는 가해지는 힘에 비례한다.' 또는 '연장된 모든 것은 나눌 수 있다.'라고 말하는 경우, 이러한 명제는 운동이나 연장 일반에 대해 이해될 수 있다. 그럼에도 그 명제가 움직인 물체나 일정한 방향과 속도 없이 내 마음속에 운동에 대한 표상〔관념〕을 제기한다고 추론되지 않는다. …… 그 명제가 함축하는 것은 빠르든 느리든, 수직이든 수평이든 비스듬하든, 이러저러한 객체의 운동이든, 내가 어떤 운동을 고찰하더라도 운동에 관련된 공리가 균등하게 확인된다는 점뿐이다. 마찬가지로 모든 특별한 연장의 경우에도 다른 명제가 확인된다.[9]

7　버클리에게 '사물'은 '관념'의 복합체일 뿐이라는 것을 우리는 안다. 그러나 '관념(notions)'에 관해서는, 어쨌든 **여기에서** 정신과 그 활동에 관련된 표상 또는 그 객체, 그것이 맺는 모든 관계와 마찬가지로 그 활동을 '포함하는' 표상을 뜻한다. 버클리가 감성적 관념으로부터 근본적으로 다른 것으로 분리하고 관념이라 부르는 것을 알려 하지도 않았던(142절 참조) 이 표상은 그래서 로크의 반성의 관념과 동일하며, 더구나 이것은 반성의 순수한 관념뿐 아니라 혼합된 관념도 포괄한다. 그런데 '관념'이라는 버클리식 개념은 거의 통일적으로 또 명석하게 진술될 수 없다.
8　위의 책, 15항, 12쪽.
9　위의 책, 11항, 8쪽 이하.(프라저(A. C. Fraser) 판, 『버클리 저작집(The Works of G. Berkeley)』, 144쪽 참조)

우리는 이러한 상론에 다음과 같이 반론해도 좋을 것이다. '대리한다.'는 말의 통상의 의미를 고려해, 개별적 관념이 동일한 종류의 다른 모든 개별적 관념을 대표하는 데 사용된다는 버클리의 주장은 결코 확고한 의미를 지닐 수 없다. 우리가 대리하는 것에 대해 이야기하는 것은, 그러지 않으면 다른 대상을 수행하거나 받아들일 수 없는 작업수행을 어떤 대상 — 또는 작업수행을 받아들이는 객체 — 이 이어받는 경우다. 그래서 전권을 위임받은 변호사는 의뢰인의 용무를 대리인으로서 수행하고, 공사(公使)는 통치자를 대표하며, 생략된 상징(기호)은 복잡한 대수적 표현을 대표한다 등등. 우리는 '이 경우 순간적으로 생생한 개별적 표상이 대리하는 일을 하고, 본래 다른 개별적 관념이나 심지어 그 부류의 모든 개별적 관념이 완수하도록 임명되었을 작업수행을 이어받는가?' 하고 심문한다.

그렇지만 물론 버클리가 표명한 분명한 원문에 따르면 실제로 이것이 중요한 문제일 수 없다. 현존하는 개별적 관념을 수행하는 작업수행은 다른 모든 개별적 관념에 대해서도 마찬가지로 수행될 수 있다는 점만 자명할 뿐이다. 즉 모든 개별적 관념은 추상의 기반으로서, 보편적 의미를 직관적으로 기초 짓는 것으로서 동등하게 이바지할 수 있다. 그러므로 대리한다는 생각은 모든 개별적 관념이 이러한 기능에서 가치가 같다는 반성, 우리가 어떤 개별적 관념을 선택한 경우에 다른 모든 개별적 관념이 그 개별적 관념을 대표할 수 있으며 거꾸로도 마찬가지라는 반성을 통해 비로소 생긴다. 어디에서 보편적 관념을 직관적으로 수행하더라도 이러한 생각은 가능하다. 그러나 그 생각은 결코 실제적이지 않으며, 특히 그 생각이 대체해야 할 보편적 관념을 오히려 그 자체로 전제한다. 그에 따라 개별적 관념도 자신과 동등한 다른 개별적 관념에 대해 가능하게 대리하는 것(Stellvertreter)일 뿐이지, 실제로 대리하는 것은 아니다.

그러나 버클리는 대리하는 것을 진지하게 받아들이고, 이때 한편으로는 보편적 진술의 의미에 의지하고, 다른 한편으로는 기하학적 증명에서 도형의 역할에 의지한다. 전자는 앞에서 그의 『인간 지식의 원리』, 「들어가는 말」 11항의 인용문에 적용된다. 만약 '연장된 모든 것은 나눌 수 있다.'라고 판단하면, 우리는 실로 우리가 고찰할 수 있는 연장된 모든 것이 나눌 수 있는 것으로 증명된다고 생각한다. 그 보편 명사 — 또는 기껏해야 수반하는 개별적 관념 — 는 그 명제의 단순한 의미에 적합하게 연장된 모든 개별적인 것을 그것이 무엇이든 상관없이 재현한다. 그래서 주어진 개별적 관념을 통해 연장(延長)이라는 부류에 속하는 다른 모든 개별적 관념은 '마음속에 차별 없이 시사하게' 된다.

그런데 버클리는 여기에서 본질적으로 다른 다음 두 가지를 혼동했다.

1) 기호(명사나 개별적 관념)는 개념의 외연에 속하는 모든 개별자에 대해 재현하는 것이고, 버클리에 따르면 이것은 심지어 개별자의 표상을 제기(시사(suggest))한다.

2) 기호는 '모든 A'나 '어떤 것이든 하나의 A'라는 뜻, 의미를 갖는다.

후자의 관점에서 대리하는 것의 의미가 재현하는 것은 전혀 중요한 문제가 아니다. '어떤 A'나 '약간의 A'가 제기되거나 완전히 직관적으로 표상될 수 있다. 그러나 내가 — 그것을 겨냥하지 않아도 — 곧바로 주목하는 개별자는 그것의 대용물로서 대신하는 다른 어떤 개별자도 지시하지 않으며, 하물며 동일한 종류의 모든 개별자를 지시하지도 않는다.

'모든 A'나 '각각의 임의의 A'는 완전히 다른 의미에서 재현된다. 즉 완전히 다른 의미에서 생각으로 표상된다. '모든 A'라는 의식은 통일적 맥락 속에 하나의 동질적이고 독특한 작용 속에서 수행되는데, 이 작용은 모든 '개별적 A'에 관련된 어떠한 구성요소도 갖지 않으며, 개별적 작용들이나 개별적 시사들의 어떠한 총계나 조합을 통해서도 생산할 수 있거나 대체할 수 없을 것이다. 그 작용의 '내용'을 통해, 이념적으로 파악할 수 있는 그 작용의 의미를 통해 이 작용은 그 외연에 속하는 각 항에 관계되지만, 실재적이 아니라 이념적으로, 즉 논리적 방식으로 관계된다.

우리가 모든 A에 대해 진술하는 것, 그래서 '모든 A는 B다.'라는 형식의 통일적 명제로 진술하는 것은 자명하게, 또 아프리오리하게 규정되어 제시된 모든 Ao에도 타당하다. 보편자로부터 개별자를 추론하는 것은 주어진 각각의 사례에서 수행될 수 있으며, 논리적으로 당연히 Ao에 대해 술어 B가 진술될 수 있다. 그러나 그 때문에 보편적 판단이 특수한 판단을, 보편적 표상이 그에 종속된 개별적 표상을 — 아무리 심리학적 의미나 현상학적 의미로 파악할 수 있더라도 — 자체 속에 내실적으로 포함하지 않으며, 그래서 대리하는 것들을 다발로 묶는 방식으로 포함하지 않는다. 경험적 현존재 정립에 의해 혼합되지 않은 모든 '순수한' 보편적 개념 — 수·공간 형태·색깔·강도 — 의 외연의 무한함이 이미 이렇게 왜곡하는 것을 이치에 어긋난 것이라고 지적한다.

30 계속: 기하학적 증명 방식에 입각한 버클리의 논증

버클리는 두 번째로 기하학자가 증명하는 가운데 이바지하는 그려진 선분의 예를 논거로 내세운다. 버클리가 얼마나 감성적-직관적 개별성을 본래 사유의 객체에 앞서 어디에서나 우선시하는 경험론적 경향을 통해 길을 잘못 들어섰는지는, 그가 다른 곳과 같이 여기에서 수학적 사유에 그 버팀목을 제공해 주는 감성적 개별 사례 — 오히려 이념적 개별 사례와 감성적으로 유사한 것 ─ 를 증명의 주체로서 요구한 점에서 제시된다. 마치 그 증명이 종이에 그린 선분, 칠판에 분필로 그린 삼각형에 대해 각기 실행되듯이, 직선에 대해, 삼각형 그 자체나 삼각형 '일반'에 대해 실행되지 않는다.

우리는 이러한 오류를 이미 앞에서[10] 수정했고, 그 증명이 실제로 그려진 개별자에 대한 것이 아니라 처음부터 보편자에 대해, 즉 하나의 작용 속에 생각된 모든 직선 일반에 대해 실행된 것이라는 점을 밝혔다. 이러한 점에서 기하학자가 자신의 명제를 보편적으로 수립하고, 가령 그 증명을 'AB는 그 어떤 직선이다……'라는 말로 시작하는 그의 논의 방식으로 아무것도 변경되지 않는다. 따라서 그 증명은 결코 맨 먼저 이러한 직선 AB에 대해 ─ 또는 그 직선을 통해 대표되는 일정한 이념적 직선에 대해 ─ 실행되고, 이때 그 직선은 다른 모든 직선에 대해 대리하는 것으로 기능한다.'라는 점을 뜻하지 않는다. 오히려 'AB는 직관적 상징화(Symbolisierung) 속에 '직선 일반'이라는 생각, 즉 그 증명에서 논리적 연관의 참되고 지속적으로 관철하는 존립요소를 형성하는 생각을 가능한 한 직관적으로 이해하는 발판으로서 이바지하기 위해 어떤 범례(Exempel)를 표상하게 해야 한다.'는 점을 뜻할 뿐이다.

대리하는 것이 보편적 사유를 해명하는 데 별 도움이 될 수 없다는 것은 '종이에 그린 직선에 대한 이른바 증명 속에 등장해야 할 다양한 보편적 표상의 경우에는 과연 사정이 어떠한가?' 하는 물음 속에서도 밝혀진다. 어쨌든 보편적 표상에 상응하는 직관성도 증명하는 사유의 객체로서 파악될 수 없다. 왜냐하면 그러지 않을 경우 '우리는 대리하는 개별적 관념을 가질 뿐 결코 사유를 갖지 못한다.'라는 유일한 명제만 구성되지는 않을 것이기 때문이다.

---

10 이 책[제2연구] 29항 참조. 로크의 『인간 오성론』 4권, c. 1. 9항도 참조.

4절 추상화와 재현함

그렇다면 사람들은 그와 같은 개별적인 것들의 어떤 덩어리를 통해 술어화가 이루어진다고 믿는가? 물론 술어 속 보편적 명사와 그 보편적 의미의 기능은 주어 속 그것과 다른 것이며, 앞에서 이미 말했듯이, 그것은 논리적 형식에 따라, 즉 생각이 연관된 형식에 따라 대개 여러 가지로 구별된다. 이 생각이 연관된 형식에는 보편적 의미가 어떤 핵심적 내용을 동일하게 보존하면서, 또 서로 다른 구문론적 기능에 의해 변양시키면서 융합되어 있다.[11] 그런데 사람들은 어떻게 '사유' 그 자체의 구성(Konstitution)이 드러나는, 또는 객관적으로 말하면 — 수의 형식에서 수의 본질과 마찬가지로 — 의미의 이념적 본질이 아프리오리하게 전개되는 이 모든 형식을 '대리하는 것'이라는 한마디 관용어로 처리하려 하는가?

31 명시된 혼란의 주된 원천

사람들이 로크와 버클리가 개체적 지향 속의 개별적 관념과 — 개념적 의식의 토대로서 — 보편적 지향 속의 동일한 개별적 관념의 기술적 차이를 완전히 간과했다고 비난하는 것은 지나치다. 개별적 관념에 대리하는 기능을 부여하는 것이 '정신'이라는 점, 정신은 나타나는 개별자를 재현하는 것으로서 사용한다는 점은 서로 다른 표현 방법에서도 확실히 그렇다. 그리고 이러한 정신의 활동이 의식되고, 그래서 반성의 영역에 속한다는 점은 이 위대한 사상가들도 인정할 것이다. 그러나 이들의 근본적인 인식론적 오류나 불명료함은 이미 앞에서[12] 밝힌 동

---

11 이 책(제2연구) 16항 주석 참조.
12 이 책(제2연구) 15항 참조.

기에서 생긴다. 즉 현상학적으로 분석할 경우 그들은 거의 유일하게 직관적 개별자, 이른바 사유의 체험이 포착할 수 있는 명사와 범례화하는 직관에 의거하는 반면, 작용의 성격은 포착할 수 있는 것이 전혀 아니기 때문에 작용의 성격과 더불어 아무것도 시작할 수 없다는 것을 아는 데에서 그들의 인식론적 오류가 생긴다.

그래서 사람들은 언제나 동일한 것에서 그들이 편견에 사로잡힌 종류의 실재성 ──사유는 실제 현상 속에 이 실재성을 결코 제시하지 않는다── 을 사유에 부여하기 위해 또 다른〔새로운〕 어떤 감성적 개별자와 감성적으로 표상할 수 있는 어떤 처리방법을 추구한다. 그들은 사유작용을, 이것이 순수하게 현상학적으로 제시되는 것으로 받아들인다. 그래서 완전히 새로운 종류의 작용의 성격, 즉 직접적 직관에 대립하는 새로운 '의식의 방식'으로 간주하는 데에 마음이 내키지 않았다. 사람들은 전승된 선입견에 현혹되지 않은 상태를 고찰하는 가장 명백한 것이 무엇인지 보지 못했다. 즉 이러한 작용의 성격은 이러저러한 의미내용에 대한 사념작용과 의미작용의 방식이라는 것을 보지 못했다. 그리고 그 방식의 배후에는 바로 사념작용, 의미작용 이외에 다른 것도 아니고 다른 것일 수도 없다는 것을 결코 추구하지 않았다.

'의미'가 무엇인지는 색깔이나 음이 무엇인지가 주어지는 것과 같이 우리에게 직접 주어질 수 있다. 그것은 더 이상 정의될 수 없으며, 기술적으로 최후의 것이다. 우리가 어떤 표현을 하거나 이해할 때마다 그 표현은 우리에게 어떤 것을 의미하고, 우리는 그 표현의 의미〔뜻〕를 현실적으로 의식한다. 이렇게 이해하는 것, 의미하는 것, 어떤 의미〔뜻〕를 실행하는 것은 말소리를 듣거나 어떤 동시적 환영을 체험하는 것이 아니다. 또한 나타나는 음성들 사이의 현상학적 차이와 마찬가지로 의미들의 차이도 명증적으로 주어진다.

물론 의미의 현상학은 이것으로 그 목표에 도달한 것이 아니라 이것과 더불어 시작한다. 우리는 한편으로 상징적-공허한 의미와 직관적으로 충족된 의미 사이의 인식론적인 근본 차이를 확인하고, 다른 한편으로 의미의 본질적 종류와 결합의 형식을 연구해야 한다. 이것은 현실적 의미분석의 영역이다. 이 의미분석의 문제는 관련된 작용과 이 작용에 주어진 것을 현전화(Vergegenwärtigung)함으로써 해결된다. 순수현상학적 동일화(Identifikation)와 구별 속에서 결합과 분리는 일반화하는 추상을 통해서와 같이, 의미의 본질적 종류와 형식을 획득한다. 달리 말하면, 바로 의미의 원초적 차이를 이념적으로 파악하는 것일 뿐인 논리적 기본 개념이 획득된다.

그러나 논리적 근본형식을 규정하기 위해 의미를 현상학적으로 분석하거나, 거꾸로 논리적 근본형식이 작용들과 ── 복합적 지향을 형성하는 경우 ── 그 결합형식의 유형적 성격일 뿐임을 분명하게 설명하는 대신, 사람들은 통상의 의미에서 논리적 분석을 실행하고, 대상적 관점에서 의미 속에 지향된 것을 고찰하며, 그런 다음 대상에 대해 사념한 이것을 작용 속에 내실적으로 추구한다. 의미에 관해(über) 사유하는 대신, 의미 속에(in) 사유한다. 표상과 판단 ── 즉 명사적 의미와 명제적 의미 ── 에 전념하는 대신, 표상된 사태와 판단된 사태에 전념한다. 사람들은 반성의 토대를 일찌감치 떠나 현상학적 분석에 객관적 분석을 끼워 넣는 반면, 작용을 기술적으로 분석했다고 부당하게 요구하고는 그렇게 믿는다. 그리고 '단순한 개념(또는 의미) 속에 놓여 있는 것', 즉 이러한 형식 속에 사유된 것으로서 대상 일반에 아프리오리하게 귀속된 것을 탐구하는 순수논리적 분석도 객관적이다.

이러한 의미에서 순수논리학과 순수수학의 공리(Axiom)는 '개념의 단순한 분석을 통해' 생긴다. 그런데 현실적 의미분석은 이와 완전히 다른 의미에서 '의미 속에 놓여 있는 것'을 탐구한다. 오직 이러한 의미분석의 경우에만 '의미가 반성적으로 탐구의 대상이 되고, 의미 자체의 실제적 부분과 형식에 관해 심문하지, 의미의 대상에 대해 타당한 것에 관해 심문하는 것이 아니다.'라는 표현방법이 본래의 의미를 띤다. 로크가 일반적 관념에 대한, 특히 재현에 대한 자신의 학설에 도달한 방법, 마찬가지로 버클리가 이러한 학설을 수정하고 옹호한 방법, 즉 그가 특히 보편적 명제의 의미를 끌어들인 방법[13]은 우리가 진술한 것에 대해 충실한 전거를 제공해 준다.

---

13 『인간 지식의 원리』의 「들어가는 말」 11항에서 인용한, 이 책(제2연구) 28항 후반부에 소개한 그의 범례 분석 참조.

5절 흄의 추상이론에 대한 현상학적 검토

32 버클리에 대한 흄의 의존성

추상에 대한 흄의 견해는, 오늘날 더 이상 강조할 필요 없이, 결코 버클리의 견해와 동일하지 않다.[1] 그럼에도 흄의 견해는 버클리의 견해와 매우 밀접해 '어떻게 흄이 『인성론(Treatise)』 7절의 서술을 시작하며 자신의 논제를 곧바로 버클리에게 떠넘길 수 있었는지' 이해할 수 있다. 그는 다음과 같이 말한다.[2]

어떤 위대한 철학자는 재래의 의견을 …… 반박하고 모든 일반적 관념은 일정한 명사와 결합된 개체적 관념일 뿐이며, 그 명사는 개체적 관념에 더 포괄적인 의미를 부여하고 경우에 따라 다른 유사한 개별적 관념이 기억 속에 상기되게 작동한다고 주장한다. 나는 이러한 통찰에서 최근 학계

---

1 마이농, 《흄-연구(Hume-Studien)》 1권, 36쪽 참조.
2 나는 립스(Lipps)가 독일어로 번역한 탁월한 책 『인성론(Traktat über die menschliche Natur)』, 1부, 7절, 30쪽을 인용하는데, '표상(Vorstellung)'을 '관념(Idee)'으로 대체했다. 〔관념이라는〕 흄의 표현은 그의 독특한 표상이라는 개념을 우리에게 생생하게 유지시켜 줄 수도 있다.

에서 이루어진 가장 위대하고 가장 가치 있는 발견 가운데 하나를 본다.

확실히 이것은 전체적으로 버클리의 견해가 아니다. 버클리는, 흄이 그러했듯이, 처음에는 보편 명사에 수반하는 개별 표상을 — 동일한 부류의, 그 밖에 개별 표상들을 재현하는 것으로 만드는 힘을 — 보편 명사에 혼합하지 않았다. 버클리에 따르면, 보편 명사는 그에 상응하는 개별 표상 없이 오직 그 자체만으로 재현하는 기능을 할 수 있지만, 개별 표상도 명사 없이 재현할 수 있으며, 결국 이 둘이 동시에 일어나는 경우에 명사는 재현하는 표상과 결합되는 데 어떠한 특권도 없다. 그러나 결국 '보편성은 재현함 속에 놓여 있다.'라는 주안점은 상존하며, 흄은 이 재현함을 명백하게 나타나는 개별자가 다른 개별자들에 대해 대리하는 것으로 파악했다. 후자는 전자를 통해, 버클리가 표현했듯이 심리적으로 '제시되거나', 흄이 단적으로 말했듯이 기억 속에 상기된다.

그래서 흄은 우리의 모든 반론에 함께 들어맞고 심지어 더 강하게 들어맞는다. 왜냐하면 버클리의 경우에는 대리함과 재현된 개별적 표상을 불러일으킨다는 문자 그대로의 파악이 여전히 다소 불명료하게 동요하는 것으로 보이는 반면, 흄의 경우 문자 그대로의 파악이 노골적으로 예리하고 명석하게 뚜렷이 나타나기 때문이다.

33 추상적 관념에 대한 흄의 비판과 이 비판의 추정적 성과. 그는 현상학적 주안점을 고려하지 않았다

그러므로 주안점에서 버클리가 주장한 학설의 정신은 흄 속에 생생하다. 그러나 흄은 그의 학설을 단순히 재생산한 것이 아니라 더 발전시켰다. 그는 그 학설을 더 정확하게 완성시키고 특히 심리학적으로 심

5절 흄의 추상이론에 대한 현상학적 검토

화하려 시도했다. 이러한 관점에서 흄이 추상적 관념에 대한 학설에 반대하는 논증은 오히려 그가 그 학설에 결부시킨 연상-심리학적 고찰보다 더 문제가 되지 않는다. 전자의 논증은 본질적으로 버클리가 생각한 범위를 넘어서지 않으며, 그 증명의 목표가 올바르게 고정된다면 전혀 논쟁의 여지가 없다. 로크의 철학적 의미에서 추상적 관념이 불가능하다는 것, 즉 구체적 상(像)에서 징표의 관념을 분리함으로써 생긴 추상적 상이 불가능하다는 것은 확실히 증명되었다.

그러나 흄 자신은 자신의 성과를 다음과 같은 명제로 파악한다.

따라서 추상적 표상(관념)은, 그것이 재현하는 것에 관해 아무리 일반적이더라도, 그 자체로는 개체적이다. 마음속 상은 마치 그 상이 보편적인 것처럼 우리가 추상하는 데 적용되더라도 단지 개별적인 대상의 상일 뿐이다.[3]

물론 흄의 비판은 이러한 명제를 증명할 수 없다. 그는 추상적 상이 불가능함을 증명했고, 이것에 '우리가 그럼에도 보편 명사에 그 의미(또는 의미충족)로서 속하는 보편적 표상에 대해 이야기한다면, 의미의 이 보편성을 만들어 내는 것을 여전히 구체적 상에 부가해야 한다.'는 결론을 연결시키려 했다. 이렇게 부가되는 것은 ── 그 고찰이 그렇게 올바로 계속 이어져야 했었다 ── 새로운 구체적 관념 속에, 따라서 명사-관념 속에 있을 수 없다. 즉 구체적 상들의 덩어리는 그 상들을 포함하는 구체적 객체를 더 이상 곧바로 표상하게 할 수 없다.

그래서 의미작용의 보편성 ── 의미지향의 보편성이든 의미충족의 보편성이든 ── 이 우리가 보편 명사를 이해하고, 의미에 적합하게 직관에 관계시키는 모든 개별적 경우에 느낄 수 있게 내재하는 것이라는 점,

---

3 위의 책, 34쪽.(그린 앤 그로세(Green and Grose) 판, 1권, 328쪽)

이 보편적 표상을 직접적인 명백한 방식으로 개체적 직관과 구별하는 것이라는 점을 보지 못해 '그 차이를 형성하는 것은 지향의 방식, 즉 의식의 방식임에 틀림없다.'는 결론만 남았다. 이 경우 사념작용의 새로운 성격이 등장하는데, 이 성격 속에서 사념되는 것은 직관적으로 나타나는 대상 그 자체 —— 말의 관념(Wort-Idee)의 대상이나 수반하는 사태의 관념(Sach-Idee)의 대상 —— 가 아니라 가령 사태의 관념 속에 범례화된 질이나 형식, 게다가 종적 의미에서 통일체로 보편적으로 이해된 질이나 형식이다.

그런데 흄은 재현함이라는 버클리의 생각에 파묻혀 그 생각을 철저히 피상화했다. 그가 —— 의미지향과 의미충족에서 —— 의미의 성격에 눈길을 돌리는 대신, 명사에 그 부류 대상들과의 연상적 관계를 부여하는 발생적 연관 속에 빠져들었기 때문이다. 그는 보편성이 주관적 체험 속에 드러나며, 더구나 조금 전 강조했듯이 보편적 의미가 개별적으로 수행되는 각각의 경우에 드러난다는 것을 한마디도 언급하지 않았고, 효과적으로 명석하게 인식하지도 못했다. 나아가 이 경우에 드러나는 것이 명확한 기술적 차이를 제시한다는 점에도 거의 주목하지 못했다. '일반성(Allgemeinheit)'의 의식은 때에 따라 유적(generell) 일반성이나 보편적(universal) 일반성의 성격을 갖거나, 그 밖의 방법으로 이러저러한 '논리적 형식'에 따라 염색된다.

모든 것을 '인상(감각)'과 '관념들' —— '인상'이 퇴색된 그림자로서 환영 —— 의 연상적 병렬로 환원하려는 '이데올로기적(ideologisch)' 심리학과 인식론은 의식의 방식, 즉 지향적 체험의 의미에서 물론 불편하게 작용한다. 나는 여기에서 어떻게 흄이 '신념(belief)'으로 헛수고했고 이러한 작용의 성격을 관념의 강도(强度)나 이와 유사한 것으로서 관념에 집어넣는 착상을 거듭했는지 상기시킨다. 왜냐하면 '재현함'도 어떤 방식으로 파악할 수 있는 것으로 환원되어야 하기 때문이다. 이것을 이제 발생적-심리학적 분석이 수행해야 한다. 이 분석은 우리가 체험하는 단순한 개별적 상이 어떻게 우리가 '그 자신의 본성을 넘어서서' '마치 그것이 보편적인 것처럼'[4] 판단에 사용되는지 밝혀야 한다.

방금 전 강조한 표현방법은 흄의 명확하지 않은 입장에 대해 각별히 특징적이다. '마치'라는 말로 흄은 그의 위대한 선구자인 로크에게 근본적으로 '일반적 관념의 이론은 ─ 만약 그와 같은 관념이 가능하다면 ─ 그 목적을 충족시켰다.'라고 인정한다. 그런데 그는 구체적 내용이 떨어져 나간 단편으로서 로크의 일반적 관념이 그 자체로 다시 개체적 개별성을 제시하게 된다는 점, 일반적 관념이 그와 유사한 ─ 구체적 관념에서 분리되든 내재하든 ─ 다른 관념과 구별될 수 없다는 사정이 여전히 그 관념에 생각의 보편성을 부여할 수 없다는 점에 주목하지 못했다. 그는 그러기 위해 독특한 작용, 즉 사념작용이나 의미작용의 독특한 방식이 필요하다는 점에도 주목하지 못했다. 게다가 로크의 추상적인 것들(Abstrakta)을 전제하는 가운데 내실적으로 표상되지 않은 개별자의 무한한 외연을 통일적 방식으로 지향하기 위해 전체성(Allheit)에 대한 생각의 형식이 필요할 것이다. 마찬가지로 의식에 대한 동일한 통일체로서 유(Genus)가 유적 사유작용을 통해 비로소 우리에게 구성된다. 등등. 객관적 동등함의 관계는 그것이 주관적으로 드러나지 않아도 존립하며, 어쨌든 개별적으로 의식된 동등함에 전혀 관계할 수 없다. 동등함의 범위에 대한 생각의 관계를 개별자에게 주는 것은 바로 그 생각일 뿐이다.

---

4 위의 책, 같은 곳.

34 흄의 연구는 두 가지 문제로 귀착된다

이제 흄의 심리학적 분석 내용에 시선을 돌리면, 그가 자신의 분석을 통해 수행하려 했던 것을 다음 두 가지 물음으로 표현할 수 있다.

1) 개별적 관념이 어떻게 자신을 재현하는 기능이 되는가? 다른 유사한 관념과 결국 동일한 부류의 가능한 모든 관념을 대리하는 것으로서 기능하는 능력은 어떻게 개별적 관념에 심리학적으로 생기는가?

2) 동일한 개별적 관념은 유사함의 많은 범위에 정리되는 반면, 일정한 생각의 각 연관 속에서 그와 같은 하나의 범위의 관념만 재현할 뿐이다. 그러므로 재현함의 바로 이 범위가 이러한 연관 속에 두드러지는 이유는 무엇에 있는가? 무엇이 개별적 관념의 대리하는 기능을 이러한 방식으로 제한하고, 그래서 처음으로 의미의 통일성을 가능하게 하는가?

만약 우리가 여기에서 결정적인 재현함의 개념을 내려놓고 이것을 보편적 의미나 의미충족의 작용[5]으로서 보편적 표상이라는 충분히 이해되고 진정한 개념으로 대체하면, 이러한 심리학적 문제는 자신의 충분한 의미를 유지한다. 보편적 표상이 개체적-직관적 표상에서 발생적으로 생긴다는 것은 일반적으로 인정된다. 그렇지만 보편자에 대한 의식이 개체적 직관에서 언제든 불타기 시작하고, 개체적 직관에서 명석함과 명증성을 끌어낸다면, 그로 인해 그 의식은 개개의 직관작용에서 직접 발생되지 않는다.

그렇다면 우리는 어떻게 개체적 직관을 넘어서고 나타나는 개별자 대신 다른 어떤 것을 사념하며, 개별자 속에 개별화되고 어쨌든 개별자 속에 내실적으로 포함되지 않은 보편자를 사념하게 되는가? 그리고 보편자에 변화하는 대상적 관계를 부여하고, 표상의 논리적 종류의 차이

---

5 이것은 제6연구(『논리 연구』 2-2권) 53항의 의미에서 '보편적 직관'이다.

를 형성하는 형식 모두는 어떻게 생기는가? 이 경우 연상적 연관을 설명하면서 끌어들이자마자 우리는 즉시 성향에서 유사함의 그룹과, 이 그룹에 외면적으로 결합된 기호에 직면하게 된다. 이것으로써 두 번째 문제, 즉 유사함의 범위가 그 확고한 결합을 보존하고, 사유 속에 서로 뒤섞여 혼란스럽지 않은 것이 어떻게 가능한지 하는 문제가 현실적이 된다.

이러한 상태의 경우, 우리가 한편으로는 흄의 추상이론을 극단적인 과오로 다루는 반면, 다른 한편으로는 추상의 심리학적 이론에 길을 열어 제시한 명성을 반환할 것을 요구하는 것은 결코 모순이 아니다. 그의 추상이론은 ― 근본적 인식의 개념을 명석하게 하기 위해 인식의 체험을 순수하게 현상학적으로 탐구하고, 사유작용 그 자체의 본질과 그 내용을 고찰하는 것이 중요한 문제인 ― 논리적이고 인식론적인 관점에서 극단적인 과오다. 그러나 흄의 발생적 분석에 관해서는, 그의 분석은 물론 그 기반으로서 충분한 기술적 분석이 없기 때문에, 완전하고 결정적인 이론이라고 주장할 수 없다. 그러나 이것이 그의 분석이 앞으로도 계속 주목될 수밖에 없고 성과가 풍부한 영향력도 행사하는, 가치 있는 일련의 생각을 포함한다는 사실을 방해하지 않는다.

그런데 사유에 대한 엄밀한 기술적 분석이 완전히 결여된 것이나, 인식론적 연구의 위치에 경험적-심리학적 연구를 끼워 넣는 것은 '흄도 사유를 인식-경제적 기능으로 파악하는 가운데 사유의 인식론적 해명에 대한 관점을 소유했다고 생각한 점'과 연관된다. 이러한 점에서 흄은 로크 철학에 충실한 제자다. 이에 대해 반론을 제기한 것은 위의 4절[6]에서 충분히 논의했다.

---

6 [제2연구 4절] 24항 참조.

35 흄의 추상학설의 주도적 원리와 결과, 그리고 상론하는 주된 생각

흄은 자신의 심리학적 설명의 주도적 원리를 다음과 같은 말로 표명한다.

〔우리 마음속에 항상 현재하는〕관념〔표상〕이 그 본성상 개체적이고 동시에 그 수가 제한된다면, 그것이 재현하는 것에 관해 일반적이 되고 다른 무제한의 수의 관념을 내포하는 것은 습관에 근거해 가능할 뿐이다.[7]

그 성과는 다음과 같다.

개별적 관념은 일반적 명사. 즉 동시에 습관에 적합하게 다른 많은 개별적 관념에 결합되고, 이로써 이것들과 함께 연상적 관계 속에서 이 자발적 구상력(Einbildungskraft)으로 이끄는 명사와 결합됨으로써 일반적이 된다.[8]

다음의 인용문은 상론의 주된 생각을 명시해 준다.

이제 관념을 그 자신의 본성을 넘어서서 이렇게 적용하는 것은 우리가 인생의 목적에 따르는 불완전한 방식으로 양과 질의 모든 가능한 정도를 우리 마음속에 수집할 수 있는 데 기인한다. …… 만약 우리가 종종 마주치는 다수의 대상이 유사함을 발견했다면, 그 양과 질의 정도에서 차이를 지각하는 것이든, 그 밖에 이것들에서 그 차이가 뚜렷이 나타날 수 있는 것이든 우리는 모든 대상에 동일한 명사를 사용한다. 이제 이것이 우리에게 습관이 되면, 그 명사를 듣는 것은 우선 그 대상 가운데 하나의 관념

---

7 『인성론』, 39쪽.(그린 앤 그로세 판, 1권, 332쪽)
8 위의 책, 37쪽.(그린 앤 그로세 판, 1권, 330쪽)

5절 흄의 추상이론에 대한 현상학적 검토

을 일깨우고, 상상력이 이 관념을 그것의 모든 일정한 속성과 크기의 비례로 파악하게 작동한다.

그러나 우리가 전제하듯이, 동일한 말은 많은 관점에서 흔히 마음에 직접 현재하는 그 관념과 구별되는 다른 개별적 사물에도 적용된다. 그래서 이러한 모든 개별적 사물의 관념은 이제 그 말을 불러일으킬 수 없다. 그렇지만 그 말은 마음을 움직이고, 동일한 개별적 사물을 고찰할 경우 획득하는 습관을 불러일으킨다고 할 수 있다. 개별적 사물은 실제로 또 사실적으로 마음에 현재하지 않으며, 단지 잠재적으로만 현재한다. 우리는 개별적 사물을 모두 상상력 속에 뚜렷이 부각시키지 않고, 그것이 곧 주어진 순간 계획이나 필요성을 촉구할 수 있듯이, 마음대로 그 개별적 사물을 주시하게 우리를 준비시킨다. 말은 하나의 개별적 관념을 불러일으키고, 이 관념과 함께 동시에 표상작용의 일정한 습관에 적합한 경향(custom)을 불러일으킨다. 그러면 이 습관에 적합한 경향은, 우리가 곧바로 사용할 수 있듯이, 다른 개별적 관념을 일깨운다. 명사가 적용되는 모든 관념을 불러일으키는 것은 대부분의 경우 불가능하기 때문에, 우리는 단순히 부분적으로 고찰함으로써 그 작업을 단축한다. 동시에 그와 같이 단축함에서 우리의 사유에 대해 단지 사소한 불편함만 생긴다는 것을 확신한다.[9]

이 인용문은 흄의 이론의 주요 내용을 우리의 목적에 충분히 완전하게 현전화하는 데 기여할 수 있다. 발생적 문제는 우리가 제기한 과제의 범위에 속하지 않기 때문에, 여기에서는 그 인용문을 비판적으로 분석하지 않는다.

---

9 위의 책, 40쪽.(그린 앤 그로세 판, 1권, 332쪽)

흄의 '이성적 구별(distinctio rationis)'[10]에 대한 학설에 우리는 특별한 관심을 갖는데, 위에서 정식화한 두 번째 문제는 이 학설을 통해 간접적으로 동시에 그 해결 방안을 발견하게 된다. 어쨌든 그 자체만으로는 ─ 즉 로크의 분리하는 것의 의미에서 추상을 통해서는 ─ 관념이 될 수 없는 추상적 계기를 우리는 어떻게 직관적 객체로부터 구별할 수 있는지가 문제다. 어쨌든 '흰색'과 '공의 형태'가 구체적 관념 속에 특별한 부분으로, 또 구체적 관념에서 이끌어 낼 수 있는 부분으로 포함될 ─ 로크의 의미에서 ─ 관념으로 간주될 수 없기 때문에, 방금 전 직관된 '흰 공'과 '흰색'이나 '공의 형태'는 어떻게 구별되는가? 버클리는 주목함을 강조하는 힘을 지적함으로써 이 문제에 답변한다. 흄은 여기에서 더 깊이 파고들어 다음과 같이 해결한다.[11]

흰 공을 한편으로 검은 공과 비교하고, 다른 한편으로 흰 주사위와 비교하면 우리는 두 가지 서로 다른 유사함에 주목하게 된다. 그와 같은 종류의 비교를 더 자주 함으로써 객체들이 유사함의 범위에서 구별되며, 우리는 증대하는 습관에 적합한 경향(habits)을 통해 각각의 객체를 '서로 다른 관점에 따라 고찰하고,' 그것을 구별되지만 일정한 범위로 분류하는 것을 허용하는 유사함에 상응하면서 고찰하도록 배운다. 만약 경우에 따라 단순한 색깔에 주의를 기울이면 ─ 색깔을 분리한다는 의미가 포함된 것이 아니라 ─ 사실적으로 통일적이며 나누어질 수 없는

---

10 (옮긴이 주) 중세 형이상학에서 현실태(actus)와 가능태(potentia), 즉 존재(esse)와 본질(essentia)이 실재로 구별된다(distinctio realis)는 토마스 아퀴나스(Thomas Aqinas)의 견해와, 이에 반대해 양상으로(modalis) 구별된다는 둔스 스코투스(Duns Scotus), 이성으로(rationis) 구별된다는 수아레스(F. Suarez)나 유명론자의 견해가 있다. 특히 수아레스는 존재와 본질을 "객관적 사물에 기초한(cum fundamento in re)" 이성의 구별이라고 주장한다.
11 위의 책, 40쪽 이하.(그린 앤 그로세 판, 1권, 332쪽 이하)

직관을 '습관에 의해 단지 매우 막연하게 의식되는 일종의 반성과 더불어 수반한다.'는 의미가 포함될 것이다. 이렇게 막연한 의식 속에 가령 우리에게 흰 주사위가 눈앞에 아른거리고, 이것을 통해 우리의 내적 시선이 향하는 유사함 ─ 즉 색깔에 관해서 ─ 이 뚜렷하게 나타난 결과 지각된 흰 공은 오직 색깔의 유사함의 범위로만 분류된다. 이러한 반성의 종류에 따라, 즉 반성 속에 [그 방향에] 결정적인 유사함에 따라 동일한 직관의 객체에서 서로 다른 '계기'가 주목된다. 또는 본질적으로 같은 것이지만, 동일한 직관은 이른바 보편적 표상을 직관하기 위한 기반으로서 이바지한다. 유사함의 각 범위에는 특수한 명사가 연상적으로 속하는데, 그 결과 보편적 명사도 그 내적 반성을 통해 고찰의 '관점'과 더불어 규정된다.

심리학적 연구는 여기에서 우리의 문제가 아니다. 그래서 한편으로 이러한 이론적 시도의 가치와, 다른 한편으로 또한 미숙함을 비판적으로 제기하는 것은 본래 우리의 임무가 아니다. 그러나 흄의 서술을 움직인 것으로 보이는 역설적인 생각을 고려해 어느 정도 비판적 연구에 전념해야 한다. 반면 그의 생각은 현대 흄 학파에 의해 비로소 솔직하고 단호하게 주장된다. 이러한 생각은 다음과 같이 표명된다.

징표, 내적 성질은 이것이 '소유하는' 대상, 즉 참된 의미에서 내재하는 것이 아니다. 심리학적으로 말하면, 어쨌든 우리가 직관적 내용 속에 현존하는 것으로 파악할 수 있다고 생각하는 색채·형식 등과 같이, 어떤 직관적 내용의 서로 다르지만 분리될 수 없는 측면이나 계기는 실제로는 결코 직관적 내용 속에 현존하는 것이 아니다. 오히려 일종의 실제적 부분, 즉 그 자체만으로 분리되어 부분, 요컨대 단편(Stück)만 존재한다. 그 자체만으로 존재할 수 ─ 또는 직관될 수 ─ 는 없지만, 그럼에도 그 자체만으로 주목될 수 있는 것을 뜻하는 이른바 추상적 부분의 내용은 '[객관적] 사물에 기초한(cum fundamento in re)' 어느 정도 단순한 허구(Fiktion)다. 색깔은 색깔이 있는 것 속에 있지 않으며, 형태는 형태가 있는 것 속에 있지 않다. 오히려 실제로는 관련된 객체가 정렬되는 그 유사함의 범위, 그 객체의 직관에 속한 일정한 습관(habits), 무의식적 소질이나 직관을 통해 불러일으키거나 야기되는, 느껴지지 않는 심리적 경과만 존재할 뿐이다.

더 정확하게 파악하면, 물론 의심은 객관적 의심과 주관적 의심으로 이중적이다. 객관적 관점에서 의심은 나타나는 대상의 내적 성질과 관계에서 나타남의 대상과 관련된다. 주관적 관점에서 의심은 감각에서, 또 일반적으로 감성적 내용에서, 즉 직관의 작용 속에서 객관화하는 '파악(통각)'을 받아들이는 동일한 내용에서 그 내용과 관계된 — 내재적 체험으로 이해된 — 나타남 자체다. 이에 상응하는 대상적 징표나 성질이 나타내는 것은 이러한 파악으로 수행된다. 그러므로 한편으로 공 자체와 그 내적 성질, 예를 들어 그 균등한 흰 색채가 문제이고, 다른 한편으로 공의 나타남과 이것에 내재하는 감각 복합체가 문제다. 감각 복합체 가운데는, 예를 들어 연속적으로 음영 지어지는 흰색의 감각 — 지각 속에 균등하게 나타나는 객관적 흰색의 주관적 상관자 — 이 있다. 그러나 흄은 다른 곳에서와 마찬가지로 여기에서도 이러한 차이를 주목하지 않은 채 놓아두었다. 그에게는 나타남과 나타나는 것이 합류한다.

나는 위에서 정식화한 논제에서 흄 자신의 견해를 정확하게 파악했는지, 그가 다만 (로크 학파에 반대해) '구체적 객체는 그 징표와 관련해 단적으로 단일하다고, 더구나 '일치의 계기'[12]로서 징표가 어쨌든 개개의 같은 종류의 객체 자체 속에 현존하는 것으로 남아 있는 반면, 이러한 징표로 세분화될 수 없다는 의미에서 단일하다.'라고 생각하지 않았는

---

12 위의 책, 35쪽.(그린 앤 그로세 판, 1권, 328쪽 주석)

5절 흄의 추상이론에 대한 현상학적 검토

지 정말 확신할 수 없다. 만약 이러한 해석이 옳다면, 흄은 이 문제에서 버클리와 일치하고, '이성적 구별'이 성립하는 방식을 심리학적으로 해명했을 뿐이다.

추상적 계기를 참으로 내재하는 것으로 고수하더라도 문제는 명백히 충분한 의미가 있다. 우리는 실로 개개의 징표가 극히 밀접하게 상호 침투되는 가운데 등장할 수 있으며, 결코 그 자체만으로 등장할 수 없기 때문에, 어떻게 개개의 징표는 어쨌든 직관의 지향과 사유의 지향의 독점적인 객체가 될 수 있는지 심문한다. 그리고 전자의 관점에서는 지금 바로 이 징표에, 그런 다음 다른 징표에 주의를 기울이는 호의를 베푸는 주목함의 우선권은 어떻게 설명될 수 있는지가 문제다.

37 그 학설의 과격한 해석에 대한 반론

흄의 서술을 온건하게 파악하는 전제 아래 생긴 반론을 우리는 심리학적 관심에 빠지면 안 되는 여기에서 규명해야 한다. 적절하게 변경하면, 흄의 생각에 근거해 유용한 이론이 충분히 형성될 수 있다는 점만은 말해 두어야 한다. 그런데 무엇보다 신화적인 '내적 반성'을 진지하게 받아들여서는 안 된다. 뮐러[13] ― 슈만[14]이 출판한 구술논문[15]에

---

13 (옮긴이 주) 뮐러(G. E. Müller, 1850~1934)는 괴팅겐대학교에서 로체(L. H. Lotze), 드로비슈(M. W. Drobisch), 페히너(G. T. Fechner), 헬름홀츠(H. von Helmholtz)에게 철학과 심리학을 배웠고, 1887년 심리학연구소를 세워 실험심리학의 발전에 크게 기여했다. 저서로 『심리물리학의 기초』(1878), 『기억에 대한 실험적 연구』(1894), 『심리물리적 방법론의 관점과 사실』(1904) 등이 있다.

14 (옮긴이 주) 슈만(F. Schumann, 1863~1940)은 뮐러의 제자로 취리히대학교에서 철학과 심리학을 가르쳤으며, 그가 주도한 프랑크푸르트 심리학연구소의 실험심리학적 성과는 이후 게슈탈트심리학의 발전에 크게 기여했다.

15 슈만, 『시간직관의 심리학(Zur Psychologie der Zeitanschauung)』, 《감각기관의 심리

서——는 매우 명석하고 예리한 방식으로 흄의 이론을 더 정확하게 완성했는데, 그 자신이 과격한 해석을 선호한 것으로 보이더라도, 어쨌든 이렇게 완성된 형태 속에 흄의 발단이나 싹이 풍부한 성과를 거둘 수 있음이 명백하게 밝혀진다.

이제 흄의 학설에 대한 과격한 해석을 비판해 보자. 이 비판은 인식론적 관심의 영역 한가운데서 이루어진다. 하지만 그 비판을 일관되게 수행하는 경우 전개될 어려움은 적지 않다.

만약 절대적 징표에 상응하는 추상적 내용이 구체적 직관 자체 속에서 아무것도 아니라면, 결합과 관계의 내용은 더구나 그에 상응하는 통일성의 형식을 지닌 총체의 직관 속에서 아무것도 아니다. 물론 '이성적 구별'의 문제와 그 해결의 원리는 모든 추상적 내용에 대해 동일하다. 따라서 절대적 내용뿐 아니라 관계와 결합의 내용에 대해서도 동일하므로 색깔을 지닌 대상에서, 또는 대상으로부터 색깔을 외견상 발견하거나 구별하는 것이 어떻게 이루어지는지 하는 물음은, 색깔을 지닌 대상과 다른 색깔을 지닌 대상의 유사함을 발견하는 것에 의거해 답변할 수 없다. 왜냐하면 그 설명을 일관되게 계속하면, 이렇게 발견하는 것은 이 유사함과 다른 유사함 사이의 유사함을 발견하는 것으로 되돌리기 때문이다. 예를 들어 색깔의 경우, 그것이 색깔을 지닌 객체들 사이에 존립하는 유사함에 대한 유사함의 그룹으로 되돌려지게 된다. 그래서 이러한 유사함에 설명의 원리를 다시 적용해야 한다.

이러한 논증은 우리가 구체적 직관의 통일성 가운데 내실적으로 체험된 계기를 이해하는 추상적 내용에서 '외적' 대상의 징표와 복합

학과 생리학 잡지(*Zeitschr. f. Psychologie und Physiologie der Sinnesorgane*)》, 17권, 107쪽 이하.

형식에 대한 표상으로 적용된다. 그래서 위에서 우리가 흄에 반대해 강조했던 구별을 적용하면, 즉 그것은 내실적으로 현재하는 대상의 나타남(체험)으로서, 구체적 직관과 직관된(지각된·상상된 등) 대상의 구별이다. 여기에서 주의해야 할 것은 이러한 대상에 어떤 자연과학적 초재(Transzendenz)나 형이상학적 초재를 끼워 넣으면 안 된다는 점, 대상은 이러한 직관 속에 나타나는 것으로서, 대상이 직관에 이른바 타당한 것으로서 사념된다는 점이다. 그러므로 공의 나타남은 나타나는 공에 대립되며, 마찬가지로 다시 공의 나타남의 감각된 내용 ─ 기술적 분석이 현상학적으로 발견할 수 있는 계기로서 ─ 과, 나타나는 공의 부분이나 측면은 대립된다. 예를 들어 흰색의 감각과 공의 흰색은 대립된다.

이러한 사실을 인정하면 다음과 같이 말할 수 있다. 누군가 추상적인 대상적 규정성의 직관적 표상에 대한 모든 논의를 단순한 가상의 논의라고 선언하려 하고, 예를 들어 우리가 흰색이라는 성질을 지각한다고 믿을 때마다 본래 단지 나타나는 대상과 다른 대상 사이의 어떤 유사함만 지각되거나, 그 밖에 어떤 방법으로 표상될 뿐이라고 주장하려 하면, 표상된 유사함에 대한 논의가 그에 상응해 바꾸어 해석될 수 있기 때문에 그는 무한소급으로 휩쓸리게 된다.

그러나 우리가 반박한 견해의 불합리성은 '모든 명증성에도 불구하고 지향적 객체에 이 객체와 다른 객체가 끼워 있다.'는 점에서도 직접 여기에서 밝혀진다. 직관의 지향 속에 놓여 있는 것, 내가 지각하면서 파악할 수 있는 것, 상상하면서 나에게 생각된다고 사념하는 것은 논쟁의 여지가 전혀 없다. 나는 지각하는 대상의 실존에 관해 착각할 수 있지만, 내가 그 대상을 이러저러하게 규정된 것으로 지각한다는 것, 그 대상이 이러한 지각작용의 사념 속에서 총체적으로 다른 대상이 아니라는 것, 예를 들어 소나무가 아니라 왕퉁쉥이라는 것을 착각할 수 없다. 지향적 대상 그 자체를 규정하면서 기술하는 것, 또는 동일화하는 것과 상호 구별하는 것에서 이러한 명증성은, 쉽게 이해할 수 있듯이, 분명 자신의 한계를 갖지만, 그 명증성은 참된 진정한 명증성이다. 실로 이 명증성이 없으면 통상 이 명증성과 혼동되는, 잘 알려진 내적 지각의 명증성은 ── 아무리 '내적' 지각이 지향적 체험의 지각으로 이해되더라도 ── 전적으로 무익하다. 표현하는 논의가 시작되고 내적으로 지각된 체험이 기술적으로 구별되자마자, 지향적 체험을 구별하고 기술하는 것이 동일한 체험의 지향적 관계 없이는 불가능한 한에서, 이러한 명증성은 이미 전제된다.[16]

이 명증성은 여기에서 명백하게 드러난다. 이 대상의 빨간색을 직관하는 것과 그 어떤 유사함의 관계를 직관하는 것은 명증적으로 서로 다르다. 후자의 직관을 주목되지 않거나 의식되지 않은 것으로 옮기면, 주목할 수 없는 것을 위해 명증적으로 주어진 지향을 포기하기 때문에 무익한 것만 쌓인다.

반성적 현상학적 분석에서 내용이 지각의 객체가 되는 한, 나타나는 객체에 관한 현재의 고찰에서 이전의 고찰은 합류한다. 우리가 공의 나타남(체험)을 더 이상 사물로 부르지 않고, 그 나타남에 내재하는 추상적 내용을 더 이상 속성이나 징표로 부르지 않거나 부르면 안 된다면 여기에서 문제가 되는 점에 관한 기술적 상태는 어쨌든 동일하다. 사물과 속성의 차이는 존재론적 차이이고, 이 차이는 결코 체험의 성격이 아니며, 그때그때 주어진 현상 자체 속에 내실적 계기의 방식으로 놓여 있어서 제시할 수 있는 것이 전혀 아니다. 오히려 그 차이는 그 속에서 그것이 일치해 나타나고 경험되며, 자연과학적으로 규정되는 의식체험의 연관을 소급해 지시한다.

---

16 이에 대해서는 이 37항 마지막에 있는 '주해' 2) 참조.

5절 흄의 추상이론에 대한 현상학적 검토

이러한 상태를 고려하면, 지향적 대상의 구별에 일반적으로 타당한 명증성을 내적 자료의 지향적 구별에도 요구할 수 있다. 지향된 대상이 — 완전히 구체적으로 이해하면 — 체험 자체의 내실적 내용에 속하는 이러한 한계의 경우에는 '내적' 지각의 명증성이 동시에 작용하며, 우리는 지향된 자료의 차이에 대한 명증성뿐만 아니라 이 자료의 실제적 현존에 대한 명증성도 갖는다. 예를 들어 나타나는 공 대신 공의 나타남에 분석의 관심을 돌리고, 그 나타남에서 부분이나 측면을 구별하며, 이때 감각된 내용이 우리에게 의미하는 것을 마음대로 도외시하는 경우, 이러한 색깔의 내용과 그 전체의 내용 등이 지각된다는 명증성과 더불어 그 내용이 실제로 존재한다는 명증성도 동시에 갖는다.

해석을 도외시하는 것이 어디에서든 성공하지 못하고, 또 체험된 내용에 대해 임의로 더 수행할 수 있는 분석이 별로 성공하지 못하더라도 어쨌든 도외시하고 분석하는 것은 대체로 가능하다. 지향적 대상의 차이에 관한 명증성은 — 결국 대략적 차이의 범위를 넘어서자마자 — 우리가 지향을 쉽게 착각한다는 점에 의해서도 폐기되지 않듯이, 따라서 예를 들어 왕풍뎅이와 소나무 — 이 둘을 우리의 지향 속에 지향적 객체로서 의식된 바와 같이 순수하게 이해하면 — 의 차이는 진정한 명증성이다. 그것은 색깔의 계기, 그 속에 통일적 직관이 내실적으로 현존하는 감각, 이 통일적 직관을 함께 구성하는 것, 그리고 이 직관 속에 형태의 계기로부터 구별되는 것이라고 종종 말한 진정한 명증성이다. 이러한 계기를 분리하는 것, 단순히 어떤 것에서 부수적으로 존재하거나, 어떤 성질을 가지고 존재하는 대신 동일한 계기가 그 자체만으로 존재하는 것은 생각해 볼 수 없다는 사실이 이러한 상태에 전혀 침해받지 않는다.

이러한 명증적 상태는 '어떤 심리적 경과, 가령 유사함의 계열의 주목되지 않은 자극은 그 자체로 존립하고, 이로써 관련된 절대적으로 단일하고 구체적인 것은 일정한 색채, 제임스[17]의 용어로 '언저리(fringe)'[18]를 유지한다.'라고 말함으로써 정당화되지 않는다. 왜냐하면 첫째로 '언저리'는 순수현상학적 고찰에서 우리와 전혀 관계하지 않는 상정된 무의식적 경과와 같이 자신의 실재성을 갖기 때문이며, 둘째로 '언저리'는 어쨌든 없을 수 있는 것과 같이 거기에 있을 수 있는 일종의 첨가물이기 때문이다. 그러므로 여기에서 상정된 '언저리'를 구체적인 것에서 명증적으로 현저한 계기와 동일화하면, 이 계기는 총체적으로 지닌 것(Träger)에 단순한 첨가물이 될 것이며, 이 지닌 것은 아무도 더 이상 진지하게 받아들이지 않는, 질(質)이 전혀 없는 놀랄 만한 실체(Substanz)의 성격을 완전히 소유할 것이다.

감각의 계기, 색깔의 계기, 형태의 계기, 그 밖에 내재적 규정성이 직관의 통일성을 구성하는 계기로서 실제로 직관의 통일성에 속한다는 명증성은 결코 없는 것으로 해석할 수 없다. 우리는 기껏해야 이 계기들을 어떤 융합의 성과나 융합의 요소들이 여전히 내실적인, 어쨌든 주목하지 못한 방식으로 자체 속에 포괄하는 산물로서 설명할 수 있다. 그러나 이러한 설명이 심리학적 관점에서 아무리 흥미롭더라도, 기술

---

17 (옮긴이 주) 제임스(W. James, 1842~1910)는 하버드대학교에서 화학·생리학·의학을 공부하고 독일에서 실험심리학을 연구한 후, 모교에서 철학과 심리학과 교수로 활동했다. 그는 분트와 같은 요소심리학에 반대하고, 직접 경험에 주어지는 '사유(의식)의 흐름', 주관과 객관이 분리되기 이전의 '순수경험'을 강조하는 '근본적 경험론'을 주장했다. 그의 심리학은 후설현상학에, 특히 '순수경험'은 객관적 술어로 진술되기 이전에 주관적 속견(doxa)이 직관하는 '생활세계'에, 의식의 '언저리'는 발생적 분석이 다양하게 전개될 '지평(Horizont)' 개념에 깊은 영향을 주었다. 저서로 『심리학의 원리』(1890), 『종교적 경험의 다양성』(1902), 『프래그머티즘』(1907), 『근본적 경험론』(1912) 등이 있다.

18 (옮긴이 주) 후설은 제임스의 용어인 '언저리' 개념에서 의식의 익명성을 밝히는 단초를 찾았다. 즉 의식의 모든 작용에는 직접 주어진 국면은 아니지만 기억이나 예상으로 지향된 대상에 속하는 국면들이 있으며, 이것들이 그 대상의 지평을 구성해 경험이 발생하는 기본적 틀을 형성한다.

5절 흄의 추상이론에 대한 현상학적 검토

적인 직접적 검사 결과에서 개념과 인식을 해명하는 데 고려해야 할 유일한 것에서 그것을 통해 아무것도 변경되지 않는다. 추상적 내용과 더불어 추상적 개념을 없다고 이론화하는 것(wegtheoretisieren), 이것은 참으로 모든 통찰해 사유하고 증명하는 것 일반의 전제인 것을 허구적인 것으로 입증하려는 것이다.

아마 사람들은 혹평하며 고찰하지 않으면서 여전히 '이성적 구별(distinctio rationis)'은 단지 판단 속에서만 주어진다고 반론을 제기할 것이다. 한편 절대적으로 통일적인 현상이 있고, 그런 다음 그 현상에 내적 차이를 인정하면서 거기에 진술이 따라붙는다. 그러나 이것은 현상이 그것으로 인해 실제로 내적 차이를 가졌다는 것을 증명하지 못한다고 반론을 제기할 것이다.

우리는 이에 대해 다음과 같이 답변할 것이다. 즉 당연히 우리가 체험에 관해 어디에서 판단하더라도, 체험과 진술이라는 두 가지가 거기에 있다. 그러나 진술 역시 참으로 올바를 수 있으며, 그것은 통찰적일 때에 더욱 그러하다. 우리가 '포함되어 있는 것'이 참으로 주어지고 체험되는 그 어떤 경우를 승인하려 한다면, 어쨌든 오직 명증성에 근거해서만 그렇게 주장할 수 있다. 그리고 언젠가 명증성이 '포함되어 있는 것'을 지지한다면, 명증성은 여기에서 확실하게 이것을 실행한다. 물론 우리는 '포함한다'는 개념을 쓸데없이 제한하면 안 된다. 즉 단편으로 '분절되어 있는 것'의 개념으로 제한하면 안 된다. 만약 이렇게 좁은 개념을 고수한다면, '포함한다'는 말은 적용될 수 없게 되지만, 사태는 여전히 명백하게 남아 있다.

주해

1) 방금 전 고찰한 일련의 생각과 밀접하게 유사한 생각은 이미 이

전에[19] 마주친 것이다. 거기에서 문제가 되는 것은 종이 대상으로서 고찰될 수 있는지, 또는 유사함에 따라 여러 가지로 분류되는 개체적 대상만 참으로 존재한다고 말하는 것이 옳은지 하는 것이다. 이에 반해 방금 전 고찰에서 문제가 되는 것은 종이 아니라 그 개개의 사례다. 사람들은 빨간색이라는 하나의 사유의 객체에 대해 일반적으로 이야기해도 된다는 것뿐만 아니라 빨간색의 개별적 사례, 즉 '여기 그리고 지금' 등장하는 직관의 계기로서 빨간색에 대해 이야기해도 된다는 것도 부정한다. 추상을 실제로 수행하는 데 ── 개별적 사례가 직관적으로 주어져 있음이 전제되는 ── 개별적 사례가 상대주의적으로 바뀌어 해석된다면, 그 속에 마치 종이 그 자체로 주어지는 명증적인 보편성 의식은 물론 형성될 수 없을 것이다. 그래서 평행하는 논증도 본질적으로 이와 연관되어 있다.

2) 추가해 말하자면, 마이농이 자신의 소중한 논문 「고차의 대상과 이것과 내적 지각의 관계에 관해(Über Gegenstände köherer Ordnung und deren Verhältnis zur inneren Wahrnehmung)」── 이 논문은 내가 『논리 연구』에 여전히 도움을 받을 수 있기에는 유감스럽게도 너무 늦게 발표되었다[20] ── 에서 내재적 대상 그 자체를 명증적으로 승인하는 것과 내적 지각의 관계를 약간 규명했다.[21] 마이농에 따르면, 전자의 명증성은 관련된 표상의 실존에 관계된 내적 지각의 명증성과 일치한다. 그러나 이때 그는 우리가 본문 속에 생각한 것과 같은 명증성을 생각할 수 없었다. 이른바 내재적 대상은 진정한 의미에서 결코 표상 속의 대상이

---

19 이 책 제2연구 1절, 특히 3~5항 참조.
20 (옮긴이 주) 마이농의 논문은 1899년에 발표되었고, 후설의 『논리 연구』는 1권과 2권의 초안이 이미 1898년경에 완성되었다.
21 《감각기관의 심리학과 생리학 잡지》, 21권, 2절, 205쪽 이하.

아니라는 ── 여전히 트바르돕스키[22·23]가 이 문제를 서술했듯이 ── 사실은 물론 나의 견해이기도 하다. 표상의 측면에서는 '이-대상을-사념함', 이른바 표상의 의미내용만 존재할 뿐이다. 그러나 내가 '소나무'에 대한 표상과 더불어 바로 어떤 소나무, 즉 이러저러한 징표를 통해 규정된 종류의 나무를 사념하고, 가령 어떤 왕풍뎅이와 그 밖에 어떤 것이든 사념하는 것이 아니라는 명증성은 단순한 표상의 체험에 관련된 지각이더라도 결코 단순한 지각에 배분될 수 없다. 오히려 문제는 진술에 대한 명증성인데, 진술의 복합적 의미지향은 여러 가지 작용에 근거해 다수의 표상, 이 표상들을 결합하는 동일화함과 구별함에 근거해 충족된다. 그리고 비록 지향(Intention)의 측면에 있는 작용을 고려하지 않아도, 충족시킴(Erfüllung)의 측면에서 우리는 단순한 내적 지각에 만족하지 않는다. 동일화하거나 구별하는 방금 전에 거론한 작용의 내적 지각은 동일성과 차이가 존립함에 대한 명증성을 보증할 수 없다.

38 추상적 부분의 내용에서 모든 부분 일반으로 회의가 파급됨

추상적 부분의 내용과 관련된 회의에 상응해 구체적 부분의 내용, 즉 단편에 관련된 회의도 가능하다. 동질의 흰 평면은 우리에게 나눌 수 있는 객체로 간주되고, 실제로 나누는 데 구별할 수 있는 모든 부분을 우리는 처음부터 그 평면에 존재하는 부분으로서 그 부분에 넣는다. 우리는 이러한 것도 감각에 떠넘긴다. 흰 평면을 관찰할 경우, 현실적으로 체험된 내용은 단편들을 포함하는데, 이 단편들과 전체 내용의 관

---

22 위에서 반복해 비판했지만, 그래도 철저하게 신중하고 탁월한 논문 속에서.

23 (옮긴이 주) 2연구 제2절 8항과 11항에서 트바르돕스키에 대한 비판을 참조.

계는 평면의 객관적 단편들과 전체 평면의 관계와 유사하다. 그 평면을 직관적으로 표상하는 경우 '그 전체에 시선을 기울여야' 한다는 점, 우리는 이것에 의해 서로 다르며, 서로 혼합된 다양한 내용을 체험한다는 점에 주목하면 이러한 것에 혼란을 겪지 않는다. 이때 우리는 이러한 견해를 바로 이러한 내용 각각에 떠넘긴다.

그러나 우리는 내용이 실제로 합성체(Komposium)라는 것을 어떻게 아는가? 만약 통일적인 흰 평면으로 나누는 것을 들어가(hinein) 상상하면, 이제 이에 상응하는 감각의 내용은 부분들의 결합으로 실제로 제시될 수 있다. 그러나 들어가 상상함으로써 근원적 내용은 사실상 변화되지 않고 남아 있다. 지금 주어진 내용, 즉 불연속성을 통해 세분된 복잡한 내용은 근원적 내용, 즉 완전히 통일적이고 그 자체 속에 분리되지 않은 내용과 동일하지 않다.

사람들이 그와 같은 통일체가 그 부분으로 해체된다고 생각할 수 있는 부분은 허구의 부분이다.[24]

우리는 분리해 낼 수 없는 의식의 내용에 근거해 어떤 상상과 판단을 하며, 이 활동이 최초로 산출한 것을 근원적 내용 자체에 끼워 넣는다.

그렇지만 우리가 처음에는 논박하지 않았던 사례, 즉 직관의 내용이 이미 나누는 것을 제시하는 사례를 검토한다면 의심은 더 퍼진다. 이 경우에도 체험은 우리가 나중에 부분에서 합성된 내용으로서 나타내는 어떤 통일적 내용을 우리에게 맨 처음 제공하는가? 이러는 가운데 우리는 그것을 합성된 내용으로서 나타내는 것을 분명하게 밝히는 새로운 조작을 수행하는가?

---

24 슈만, 같은 논문,《감각기관의 심리학과 생리학 잡지》, 17권, 130쪽.

5절 흄의 추상이론에 대한 현상학적 검토

일상적으로 논의하듯, 우리는 그 내용에서 지금 이 부분에, 그런 다음 다른 부분, 그리고 계속 다른 부분에 주의를 기울인다. 그렇지만 체험은 각 단계마다 변화되며, 우리는 감각된 내용을 지각된 대상이나 상상된 대상과 혼동하는 경향을 통해 극히 다른 내용을 근원적 내용에 단계마다 끼워 넣는다. 그때그때 주목된 부분은 주목하는 작용(Bemerken)의 시점뿐만 아니라 더욱이 문자 그대로 보는 작용(Sehen)의 시점 속에도 놓여 있으며, 그래서 그 부분이 배경 속에 남아 있는 경우에 제공하는 것과는 다른 감각을 제공한다.

만약 우리가 더 엄밀하게 내용에 의거하면, 우선적으로 주목된 내용은 단지 이 내용에서 분리된 것이 아니라 이 내용과 짜여 엮인, 명료하지 않고 완전히 혼돈된 덩어리 — '언저리', '마당(Hof)'이나 형용할 수 없는 것을 어떻게 부르더라도 — 와 같이 그때그때 둘러싸여 있다. 부분에서 〔다른〕 부분으로 이행하는 경우에 상태는 일반적으로 동일하지만 내용적으로는 언제나 서로 다른 것이며, 이것은 심지어 우리가 시선을 바꾸지 않더라도 그러하다. 간접적으로 보인 것 — 또는 이에 상응하는 체험의 부분 — 의 이러저러한 부분에 주목하는 것을, 마치 내용의 동일한 통일성 속에 — 이 경우 체험 자체에 변화가 걱정되지 않는 듯이 — 단지 개별적 부분이 주목되는 것처럼 서술하려 하면, 이것은 확실히 기술적 상태에 대한 조잡한 묘사일 것이다. 추상적 내용의 경우와 마찬가지로 여기에서 발생적 근거는 경험의 일정한 연관을 되돌려 지시한다. 이 연관은 그 자체로 주목하는 작용을 가능하게 하며, 그 결과에 따라 그 밖에도 의식 속에 나타나게 한다. 간접적으로 보인 것은 경험에 적합하게 한정된 유사함의 영역에 속한 어떤 것에 대한 표시〔지표〕로서 작동하며, 주목함을 통해 상승시킴으로써 동시에 해석이 주어지고, 이 해석과 더불어 대개 내용의 변화 — '상상 속으로 개입함' — 가 주어진다.

그러나 체험된 내용을 반복해서 현전화하고 비교하는 것이 나눔에 대한 논의가 내용의 경우에도 충분히 정당하다는 것을 우리에게 가르쳐 준다고 반박하면, 그 회의론자는 그러한 비교가 지배되는 끊임없는 착각, 즉 나타나는 사물과 체험된 내용, 대상의 비교와 내용의 비교 등을 혼동한 것에만 집착하게 된다.

39 회의의 궁극적 상승과 그 논박

이렇게 회의하는 방향으로 끊임없이 계속 나아가면, 우리는 '과연 어떤 종류의 부분이 존재하는지', 더 나아가 '결국 ── 우리가 여기에서 어떤 판단을 해도 좋다면 ── 공존과 계기 속에 등장하는 내용이 언제나 일정한 방식으로 통일적이기 때문에, 과연 다수의 구체적 내용이 존재하는지' 의심해야 한다. 그 회의는 결국 '의식은 도대체 부분적 내용을 가졌는지, 동시적 체험이든 시간적으로 잇달아 일어나는 체험이든 과연 어떤 체험으로 전개되는지, 〔그 회의는〕 적어도 알 수 없는, 절대적으로 통일적인 것이다.'라는 주장에서 정점에 이를 것이다.

그와 같은 회의주의가 모든 심리학을 불가능하게 만들 것이라는 점은 분명하다.[25] 위에서 상론한 것에 따라, 나는 어떻게 회의주의에 대처해야 하는지 말할 필요가 없다. 내재적 나타남의 모든 흐름은 다음과 같은 가능성을 폐기하지 않는다. 즉 내재적 나타남에 대하여 맨 처음에는 ── 직관에 근거해 직접 형성되었기 때문에 ── 완전히 명석하더라도 모호한 개념 속에서 파악할 가능성을, 그런 다음 이 개념에 근거해 실

---

25 내가 올바로 보았다면, 슈만은 그 자체로 확실히 칭찬할 만한 노력을 기울여 그와 같은 회의의 가능한 한 엄밀함과 무전제성을 향해 나아갔다.(앞에서 인용한 그의 논문 참조)

5절 흄의 추상이론에 대한 현상학적 검토

질적으로 매우 조야하지만 그래도 명증적인 여러 가지 구별 — 이 구별은 심리학적 탐구를 가능하게 하는 데 전적으로 충분하다 — 을 수행할 가능성을 폐기하지 않는다.

흰 평면의 사례에 관해서는, 우리는 '흰 평면'의 내용 — 나는 여기에서 사물을 고찰하는 데 흰 평면 자체를 생각하고 있지 않다 — 을 비교하면서 고찰할 경우 당연히 변화에 주목하지만, 그 변화와 더불어 어쨌든 동등한 것(Gleiches)과 실로 동일한 것(Identisches)에도 주목한다. 들어가 상상된 한계가 비로소 단편들을 만들어 내는 것이 아니라, 단지 단편들의 경계를 지을 뿐이다. 이러한 단편들이 '흰 평면'이라는 내용의 통일체 속에 실제로 현존했다는 것은 명증적이다. 동일한 지향 속에 확보된 내용은 오직 들어가 상상하는 것을 통해서만 변화된 동일한 내용과 한계 없이 일치하며, 경계를 지은 부분에 관해서는 이러한 내용과 일치한다. 부분들은 단지 분리된 통일체 바로 그 자체로서가 아니라 전체 속에 존재했었고, 언제나 존재한다. 내용이 이렇게 동요하고 흘러 움직이는 것, 불확실성, 심지어 그 내용을 완전히 동일하게 확보하는 것이 불가능하다는 것이 이러한 판단의 명증성을 폐기하지 않는다. 그 판단은 직관적으로 주어진 그 자체에 관한 충실한 '표현'의 방식으로 내린 — 순수하게 기술하는 모든 판단과 마찬가지로 — 어떤 범위에서 동요하는 가운데 타당하며, 따라서 일정한 정도의 모호함을 수반하면서 타당하다.[26] 당연히 우리가 고찰하는 사례는 모든 관계가 조야한 차이를 나타내며, 그래서 위에서 이야기한 조야한 명증성의 영역에 실제로 포함된 사례일 뿐이다.

우리가 거꾸로 된 방향으로 나아가면서 현존하는 세분화가 폐기된 것으로 생각할 경우에도 명증성이 제시된다. 어떤 평면이 흰 단편과 빨

---

26 물론 이 점에서 여전히 더 정확한 탐구가 필요하다.

간 단편으로 나뉘면 단순한 질적 변화의 경우, 양쪽의 연장(延長)에 부분의 동일성은 유지되어 남는다. 전자의 흰색과 후자의 빨간색이 연속적으로 서로 침투된 것을 생각해 보면, 두 단편은 이제 내적으로 구분되지 않는 통일체로 합류한다. 그러나 아무리 이러한 일이 생기더라도, 그 결과는 절대적으로 단순한 내용이 아니라, 단지 모든 내적 분리가 상실된 것에 불과한, 동질적 통일체라는 점은 명증적이다. 부분들은 명증적으로 현존하지만, 그럼에도 각 부분은 자신의 질(質)을 가지며, 일반적으로 구체화하는 데 필요한 모든 것을 가지며, 어쨌든 부분들에는 떼어 내는 질적 불연속성이 없고, 그와 동시에 함께 융합된 부분들에 대립해 매듭을 지으며 분리하는 성격이 없다.

경험적 개념과의 관계를 정밀한 개념과의 관계로 전환시키면, 또 연장과 평면, 질적 동등함과 연속성 등의 이념적 개념을 형성하면, 엄밀한 개념의 지향 속에 근거한 것을 열거해 설명하는 아프리오리한 정밀한 명제가 생긴다. 이 명제와 비교해 순수하게 기술하는 진술은 정확하지 않은 근사치다. 그러나 단수의 현상적 개별자의 영역 일반인 모호함은 ― 오직 이념적인 것을 다루는 ― 정확한 인식의 영역에 포함되지 않지만, 그래서 인식 일반의 영역에서 결코 배제되지 않는다.

이에 따라 '우리는 계속되는 회의, 그리고 결국 모든 부분과 차이를 부정하는 회의에 대해 어떤 태도를 취해야만 하는지'도 분명해진다. 개개의 사례에서 감성적 ― 또한 특수하게 심리적 ― 체험이 유동적인 경우 확실히 회의가 가능하다. 그러나 모든 사례에서 회의가 가능하지는 않다. 차이가 조야한 경우, 각각의 회의에 정당성을 박탈하는 명증성은 획득될 수 있다.

보충: 현대의 흄 학파

천재적인 심리학적 분석에서, 풍부하고 인식론적인 관점 어디에서나 심리학주의를 관철한 흄의 철학은 현대의 지배적 경향에 아주 잘 상응해, 이 경향에 대한 생생한 영향력을 느낄 수 있다. 정말 흄은 오늘날보다 더 강한 영향을 끼친 적이 없다고 말할 만큼 상당한 수의 연구자를 고려해, 곧바로 '현대 흄 학파'에 대해 이야기해도 좋을 것이다. 이경우 역사적 영향력이 확대되는 가운데 과오가 장점만큼 많은 것, 아니그보다 더 증대되는 것도 여기에서 다시 관찰할 수 있다. 특히 '이성적구별'에 대한 학설에 관해서는, 최신 저술에서 이러한 학설의 급진적 의미에 적합한 개개의 의견과 상론을 만나는 일이 좀처럼 없다.[27]

코르넬리우스[28]는 그 학설을 특히 단호하고 상세하게 대표하는데, 그의 저술 『경험과학으로서의 심리학』은 심리학주의적 인식론을 현대 심리학의 토대 위에 전면적으로 관철하려는 시도를 확실하게 드러낸다. 이 저술이 사실상 심리학인 한 매우 흥미롭고 자극적인 많은 상론을 포함한다. 그러나 이 저술이 인식론인 한 나는 다음과 같은 주장을 지지할 수 없다. 즉 한편으로는 인식의 지향적 내용 ─ 인식의 이념적 의미, 인식이 사념하는 것과 이것을 통해 함께 정립되는 것 ─ 에 속하는 것과, 다른 한편으로는 인식의 지향적 대상에 속하는 것의 혼동, 그리고 이 둘을 다시 인식체험의 단순한 심리학적 구성에 ─ 경우에 따라서는

---

27 예를 들어 에르트만, 『논리학』 1권(1판), 80쪽 참조.
28 (옮긴이 주) 코르넬리우스(H. Cornelius, 1863~1947)는 뮌헨대학교에서 수학·물리학·화학을 공부한 후 철학을 전공했고, 프랑크푸르트대학교 철학과 심리학 교수로 활동하면서 마흐의 인식론과 칸트의 선험철학 입장에서 유물론과 관념론이 교차되는 의식의 본질을 탐구했다. 그의 프랑크푸르트대학교 교수직 후임자는 틸리히(P. Tillich)이며, 제자로 호르크하이머(M. Horkheimer), 아도르노(Th. Adorno) 등이 있다. 저서로 『경험과학으로서의 심리학』(1897), 『선험적 체계론』(1916) 등이 있다.

지향에 단순히 수반되는 나타남이나 이 나타남의 무의식적이거나 주목하지 않은 발생적 근거에 ── 더 가깝거나 더 멀게 속하는 것의 혼동이다. 이러한 혼동은 학술 문헌에서 그와 같은 범위로 이루어진 적이 거의 없으며, 어디에서도 그 혼동이 인식론적 문제를 다루는 방식 전체에서 코르넬리우스의 서술보다 강렬한 인상을 새긴 것은 없다.[29]

이러한 점은 특히 우리가 여기에서 전념한 문제의 영역에서도 뚜렷이 나타난다. 이러한 사정에 관심을 두고 몇 가지 ── 일부는 『심리학』에서, 일부는 코르넬리우스의 보충 논문에서 끌어낸 ── 인용문을 통해이 점을 명백하게 하자. 학문의 조류가 잘못된 길로 나아갔다는 것을증명하는 데에는 그 조류의 대표자를 일관되게 관철해 연구하는 것과,이때 그 대표자가 도달했다고 믿은 확정적 이론을 그가 오히려 얼마나명증적인 모순 속에 전개했는지를 확인하는 것이 가장 유익하다.

뮐러의 구술 논문과 관련해 그 내용에 전적으로 찬성하면서 코르넬리우스는 다음과 같이 말한다.[30]

서로 다른 징표의 구별은 …… 내용을 그 유사함에 따라 그룹으로 통합하고 공통의 명사로 부르는 데 근거한다. 따라서 어떤 내용의 서로 다른징표를 이야기하는 경우에 우리가 사념하는 것은, 어떤 내용이 서로 다른 그와 같은 그룹의 서로 유사하고 그 때문에 같은 명사로 부르는 내용에 소속하는 것일 뿐이다.

---

29 코르넬리우스는 '모자이크 심리학'〔요소 심리학〕에 대한 반박과 '언저리'에 대한 학설을 윌리엄 제임스로부터 받아들였지만, 인식론적 입장은 받아들이지 않았다. 제임스는, 내가 코르넬리우스에 대해 말한 것과 같이, 흄의 철학을 현대화하지 않았다. 그리고 표상에 대한 체험의 기술적 심리학 분야에 제임스의 천재적 관찰이 얼마나 심리학주의를 강요하지 않았는지는 이 책(『논리 연구』)에서 알 수 있다. 왜냐하면 내가 기술적 분석에서 이 탁월한 학자에게 신세 진 추진이 내가 심리학주의적 입장을 벗어나게끔 이끌어 주었을 뿐이기 때문이다.

30 코르넬리우스, 『형태의 질에 관해(*Über Gestaltqualitäten*)』, 《감각기관의 심리학과 생리학 잡지》, 22권, 103쪽.

그래서 명백히 흄의 경우 이것을 읽지 못했고, 아마 그 위대한 사상가는 이러한 명제에 동의하기를 망설였을 것이다. 어쨌든 '우리가 사념하는 것'은 의미〔뜻〕다. 그런데 '그 음이 약하다.'라는 명제의 의미가 '그 음은 어떻게 일컬을 수 있든 어떤 유사함의 그룹에 속한다.'라는 명제의 의미와 동일하다는 것을 단지 한순간에 주장할 수 있는가? 음의 약함에 대해 이야기하기 위해 약함의 관점에서 몇 가지 유사한 음을 반드시 현전화해야 한다면, 그 때문에 우리는 논쟁할 필요가 없다. 그럴 수도 있다. 하지만 이러한 그룹에 소속함, 가령 n개의 객체에 소속함을 사념하는가? 그리고 무한히 많은 유사한 객체를 하나의 그룹으로 우리 눈앞에 세울 수 있고, 세우더라도 문제가 된 표현의 의미는 이러한 그룹에 소속함 속에 놓여 있는가?

물론 '어떤 음이 약하다.'와 '그 음은 약함의 관점에서 서로 동등한 객체들의 총체에 속한다.'는 표현은 의미에 따라 같은 값을 지닌다. 그러나 같은 값을 지닌 것(Äquivalenz)이 동일성(Identität)은 아니다. 만약 우리가 약한 음들의 유사함에 주의를 끌지 않았다면, 음의 약함에 대한 논의는 결코 생길 수 없었을 것이라고 말하면, 계속해서 만약 우리가 약한 음에 대해 유의미하게 이야기할 때마다 그와 같은 이전 체험에 관한 기억의 잔재가 성향에서 계속 영향을 끼치며 지금의 체험에 성격을 규정하면서 어떤 방식으로 일깨워진다고 말하면, 그것은 가능하다.

그러나 이 모든 것이 의미, 즉 우리가 우리말로 사념하는 것과 무슨 연관이 있는가? '어쨌든 직접 주어진 독특한 체험인 지금의 사념이 그 명증적 내용과 더불어 어떻게 성립될 수 있는지', '발생적 관점에서 그 사념에 무엇이 불가결하게 필요한지', '무의식과 주목되지 않은 것 속에 무엇이 그 사념에 생리학적으로, 또 심리학적으로 기초가 되는지'에 관한 문제를 탐구하는 것은 매우 흥미로울 것이다. 그렇지만 이러한 방법으로 우리가 사념하는 것에 관한 정보를 추구하는 것은 이치에 어긋난다. 그것은 음(音)이 공기의 진동, 청각신경의 자극 등이라고 우리에게 단언하려는 일상적 유물론의 오류와 여러 면에서 유사하다. 또한 이 유물론에서는 주어진 것을 발생적으로 설명하는 이론적 가정이 이 주어진 것 자체와 혼동되어 있다.

코르넬리우스의 경우, 중요한 문제는 표현의 일시적 부정확함이 아니라는 점은 다음의 상론이 밝혀 준다. 그는 다음과 같이 말한다.[31]

> 방금 전에 말한 이론에 따라 단순한 내용의 '공통의 징표'가, 가령 이러한 내용들 사이에 존립하는 유사함을 설명하는 데 일반적으로 ── 어떤 벽지와 다른 벽지의 유사함을 통상 색깔의 동등함으로 …… 환원하는 방식으로 ── 적용될 수 있다는 것은 언급할 필요가 거의 없다. 왜냐하면 색깔의 그 동등함에 대한 주장은, 이미 말한 이론에 따라, 이전부터 이미 알려진 그 밖의 내용과 더불어 양쪽 내용의 유사함에 대한 주장일 뿐'이기(ist)' 때문이다.

전자의 주장은 후자의 주장에 '있고(ist)' ── 이 말은 코르넬리우스 자신이 강조한 것이다 ── 따라서 이것들은 동일한 주장이다. 이러한 상론에는 문제가 된 동등함에 대한 주장이 각자에 대해 서로 다른 의미를 가지며, 서로 다른 시간에 서로 다른 의미를 갖는다. 동등함에 대한 주장의 의미는 '다른 때에 이미 알려진' 내용에, 따라서 사람과 시점에 따라 변화하는, 이전에 체험된 내용에 의존한다.

코르넬리우스가 "술어의 의미는 그때마다 분리된 표상의 형식으로 나타날 필요가 없고 '잔류하는 연상' 속에 …… 주어질 수 있다."[32]라고 부언할 때, 이 부언은 별 도움이 되지 않는다. 현실적 연상을 수행할 수

---

31 위의 책, 104쪽.
32 위의 책, 같은 곳, 주해 3.

5절 흄의 추상이론에 대한 현상학적 검토

없는 것은 단지 대용으로 기능할 뿐인 '잔류하는' 연상도 할 수 없게 된다. 그래서 코르넬리우스는 그의 이론을 통해 이 사실을 은폐해, 추상적 내용이나 추상적 표상이라는 표현은 "어떤 내용이 다른 내용과 일정한 관점에서 존립하는 유사함의 표상에 대한 '단축어'"[33]라고 단언한다. 어떤 내용의 서로 다른 징표 가운데 어떤 것이 그때마다 말해지고, 그 내용의 어떤 방향이나 관점에 따라 고찰되는지의 문제는 "그 서로 다른 유사함 가운데 어떤 것이 우리에게 의식되는지 — 우리에 의해 '내적으로 지각되는지'"[34] — 에 달려 있다.

코르넬리우스는 자신의 견해가 유명론의 견해로 불리지 않기를 바란다. 그런데도 극단적 유명론도 보편적 명사와 이에 속한 부류의 관계를 유사함을 통해 매개된 것으로 항상 생각했고, 유명론과 마찬가지로, 코르넬리우스도 보편적 명사에 일종의 단순한 애매함을 만들어 냈다. 이러한 이론의 의미에서 명사를 적용하는 것이 심리학적 이유로 그 부류에 제한되지만, 그 명사의 의미는 그때그때 체험된 개개의 유사함 속에 놓여 있고, 그래서 경우에 따라 변화하는 의미다. 그 부류의 이념적 통일체는 의미의 이러한 다양성을 제약하지만, 일의적 개념의 유일한 의미를 창출하는 것이 아니며 창출할 수도 없다. 그런데 우리가 이러한 이념적 통일체에 대해, 즉 하나의 유사함을 통해 포괄되는 객체들의 그 그룹에 대해 어떤 것을 어떻게 알 수 있는가 하는 문제는 이러한 이론의 토대 위에서 하나의 신비로 남는다.[35] 즉 그 이론은 자신의 내용 속에 자기 자신의 전제를 폐기한다.

보편성 의식도 기술적으로 타당하고 설명을 요구하는 것이라는 점에

---

33 위의 책, 108쪽.
34 위의 책, 107쪽.
35 이것은 본질적으로 마이농의 논거일 것이다.(위의 책,《감각기관의 심리학과 생리학 잡지》, 21권, 235쪽) 그럼에도 마이농의 학설에는 이념적 통일성 의식이 결여되어 있다. 오직 지향과 그 고유한 형식의 동일성을 고려함으로써만 마이농의 반박은 설득력 있게 된다.

대한 어떤 예감이, 코르넬리우스의 경우에는 그의 논문 여러 곳에서 나타난다. 예를 들어 그는 다음과 같이 말한다.

술어는 그 기원과 의미에 따라 이러저러한 개별적 내용이나 일정한 수의 특수한 내용이 아니라, 오히려 이 모든 내용에 공통적인 것을 나타낸다. 술어에서 연상되고 그 의미를 제약하는 '보편적 표상'은 그 모든 내용을 서로 결합하는 유사함에 대한 기억, 더 상세하게 기술할 수 없지만 그래도 내적 지각에서 직접 이미 알려진 각각의 기억이다.

물론 '더 상세하게 기술할 수 없지만 내적 지각에서 직접 이미 알려진 것'은 곧 독특한 의미의 의식, 즉 보편적으로 의미하는 작용이다. 그러나 방금 전 인용한 말로써, 이 기술할 수 없는 것은 어쨌든 어떠한 방식으로 기술되며, 옳지 않게 기술된다. 왜냐하면 작용의 성격에 감성적 내용이 대치되고, 현상학적으로 결코 발견될 수 없는 허구적 내용이 여전히 그것에 대치되기 때문이다.

만약 이러한 입장을 말 그대로 전혀 받아들이지 않는다고 가정할 때 심리학에 관한 코르넬리우스의 서술에서 더 정확한 교훈을 구해, '코르넬리우스가 어떻게 의미를 부여하는 작용의 성격 —— 이 작용의 성격은 어쨌든 본래 설명될 수 있는 것으로 선명하게 결정되고, 그 본질적 변화에서 구별되며, 이러한 확고한 차이에 따라 모든 발생적 분석을 분명하게 설명해야 한다 —— 을 정당하게 평가했는지'를 그의 서술 속에서 검토하면, 우리는 다음 두 가지 기본적 혼합을 알게 된다.

첫째, 한편으로는 보편적 명사가 연상적 연관을 통해 유사함의 범위에 제한되는 객관적 사실과, 다른 한편으로는 우리가 개개의 작용 속에 보편자를 사념하고, 따라서 하나의 지향 속에 부류 —— 그 부류의 항(項)으로서 규정되지 않은 개별자, 통일적 종 등 —— 에 관계하는 주관적 사실의 혼합이다. 이것은 극단적 유명론이 마치 자양분을 얻는 듯한 혼동이다. 이러한 혼동만이 극단적 유명론을 가능하게 하며, 극단적 유명론은 이 혼동과 함께 존재하거나 없어진다.

코르넬리우스의 심리학에는 이러한 혼동과 엮인 두 번째 혼합이 있다. 이 혼합 속에 근본적으로 서로 다른 사물들이 다시 뒤섞여 경과한다. 즉 한편으로는 기억의 부정확함이나 '막연하게' 재생산된 환영의 희미해짐 및 유동성과, 다른 한편으로는 보편성 의식에 그 작용의 형식으로 속하는 보편성의 성격과의 혼동, 또는 '부정'관사의 일정한 의미를 형성하는 그 지향의 내용 속에 규정되지 않음(Unbestimmtheit)과의 혼동이다. 다음의 인용문이 그 전거가 될 것이다.

유사한 내용이 더 빈번히 체험될수록 …… 그 내용에 대한 기억의 상(像)이 시간적으로 규정된 내용을 상기하는 것은 더 적어지고, 이 상이 보편적 표상의 성격을 획득하고 일정한 유사함의 한계 안에서 모든 임의의 내용의 상징으로 이바지할 수 있는 것은 더 많아진다.[36]

여기에 우리는 다음 서술을 나란히 제시한다.[37]

처음으로 들은 말은 아직 이해될 수 없다. …… 그러나 그 말을 상기할 경우 들었던 음성복합과 그 당시 결합된 다른 때의 내용 가운데 그 어떤 내용이 마찬가지로 상기되자마자, 동시에 그 말의 최초의 의미가 주어진다.[38] …… 상기의 부정확함에 상응해 말의 의미도 처음에는 부정확한 의미

---

36 코르넬리우스. 『경험과학으로서의 심리학』, 58쪽.
37 위의 책, 62~63쪽.
38 어떤 α가 어떤 β를 상기시키는 상황이 β가 이미 α라는 '표현'의 '의미'가 되게 하는가? 그렇다면 교회는 사제관(司祭館) 등의 '의미'일 것이다.

가 된다. 왜냐하면 말에서 연상된 기억의 표상은 단순히 완전히 규정된 체험의 상징으로서 사용되는 것이 아니라 오히려 이 체험의 속성을 어떤 한계 안에 규정되지 않은 것으로 남겨 두어, 그 말도 기억의 표상을 연상함으로써 반드시 다의적이 되기 때문이다. 따라서 거꾸로 이후의 내용도 이전에 그 말과 결합된 내용의 차이가 그 한계를 넘어서지 못하자마자 곧 그 말을 연상할 수 있게 된다. ······ 그러므로 어떤 말의 의미가 성립됨으로써 서로 다르지만 일정한 관점에서 유사한 내용을 동일한 방식으로 표시하는 추상적이고 다의적인 상징이 필연적으로 만들어진다. 말은 그 의미가 성립함에 의해 어떤 한계 안에서 일정한 유사함의 계열 속에 있는 모든 내용에 대한 상징으로 개인에게 사용됨으로써 개념적 의미를 얻는다.[39]

이와 같은 절의 마지막 부분에는 다음과 같이 서술하고 있다.[40]

우리는 ······ 말뿐만 아니라 표상도 개념론이 이러한 보편성을 주장하는 의미에서 보편적으로 ── 그리고 어떤 한계 안에서조차 항상 보편적으로 ──존재할 수 있다는 것, 그러나 이 일반성은 획득된 정밀한 구별을 통해 규정된 일정한 한계 안에 국한되는 반면, 말의 보편성은 말에 연상된 환상의 보편성의 이러한 한계를 통해 결코 국한되지 않는다는 것을 알게 된다.

예각삼각형의 속성과 둔각삼각형의 속성이 통합될 삼각형에 대한 표상은 결코 존재하지 않는다는 점을, 우리는 절대적으로 로크에 반대해 버클리를 인정할 수 있다. 그러나 삼각형에 대한 모든 표상에서 완전히 규정된 변

---

39 이것에 이어 의미는──각각의 개별적 경우에 생생한 말의 의미에 관련된 '의미의 성립'에 대한 논의와 대조적으로──가능한 명칭(Nennung)의 외연으로 정의된다. 그러나 의미(뜻)로서 의미와 명칭으로서 의미의 차이는 코르넬리우스의 경우 결코 명확하게 분리되지 않는다.

40 위의 책, 66쪽 이하.

5절 흄의 추상이론에 대한 현상학적 검토

과 각의 관계를 표상할 수 있다는 점을 마찬가지로 단호하게 부정할 수 있다. 우리는 변들의 비율이 완전히 정확하게 규정된 삼각형의 환영을 ─ 그와 같은 삼각형을 언제나 묘사할 수 있는 것과 마찬가지로 ─ 형성할 수 있다. 그래서 최초에 거명한 그 표상이 가능하지 않은 이유는 예각삼각형과 둔각삼각형의 형태의 차이가 너무 크고 또 너무 잘 알려져 있어, 우리가 어떤 삼각형의 형식에서 그 삼각형에 상응하는 속성에 관해 의심할 수 없기 때문이다. 그렇지만 완전히 규정된 삼각형의 ─ 완성된 ─ 표상은 다른 근거에서는 불가능하다. 왜냐하면 삼각형의 형식에 대한 우리의 구별은 결코 완전히 정확한 구별일 수 없고, 적어도 기억의 경우에서도 사소한 차이가 끊임없이 우리를 벗어나기 때문이다.

이러한 인용문에서 위에서 지시한 혼동이 즉시 명백해진다. 개별자에 대한 상징, 우리가 이 개별자를 유사한 [다른] 개별자와 끊임없이 혼합한 결과 유사함의 계열에 각 항(項)을 표시하는 상징, 즉 각 항을 추정적으로 상기할 수 있는 상징은 코르넬리우스에 따르면 이미 보편적 상징이다. 더구나 그때그때 개념 대상의 규정성 ─ 그 개념의 내포에 속하지 않는 규정성 ─ 에 관련된 보편적 개념의 무차별성은 기억의 상(像)의 모호함과 동일시된다.

그리고 그 논문의 결론 구절에서 코르넬리우스는 삼각형의 보편적 관념에 대한 버클리와 로크 사이의 논쟁을, 모순된 규정성을 지닌 삼각형 ─ 즉 로크의 삼각형의 관념 ─ 을 감성적으로 표상할 수 있느냐 하는 문제에 다른 문제, 즉 우리가 정해진 관계에서 기하학적으로 규정된 어떤 삼각형을 상상 속에 정확하게 묘사할 수 있는지, 묘사된 삼각형을 기하학적 이상(理想)에 상응하는 것으로 인식할 수 있고, 별로 다르지 않은 삼각형과 구별할 수 있는지 하는 문제를 깔아 놓음으로써 조정할 수 있다고 믿었다. 이 경우 동시에 모호함으로 규정되지 않음은 이상을 예시하는 것의 부정확함과 혼동된 것으로 보인다.

코르넬리우스에 따르면, 삼각형의 감성적 관념은 모순된 속성을, 더구나 무한히 많은 속성을 자체 속에 통합한다. 그 관념은 단지 둔각의 속성과 예각의 속성과 같이 대략적 차이가 통합되기를 바라면 안 된다. 우리는 로크의 삼각형 관념을 이렇게 심리학주의로 복권시키는 것에, 또한 이것을 더 미세한 차이로 한정하는 것에 대해 도저히 동의하기 어렵다. 우리는 논리적으로, 또 기하학적으로 이치에 어긋난 것이 심리학적으로는 가능한지 확신하는 결심이 서지 않았다.

5절 흄의 추상이론에 대한 현상학적 검토

6절 추상과 추상적인 것이라는 서로 다른 개념의 분리

40 추상과 추상적인 것의 개념을 한편으로는 비자립적 부분의 내용에, 다른 한편으로는 종(種)에 관련시키는 혼동

주목함을 통한 추상이론은 '이성적 구별(distinctio rationis)'의 학설이 부정한 것을 전제한다. 즉 내용 자체 속에 추상적인 것과 구체적인 것의 차이에 상응하는 어떤 차이가 존립한다는 것을 전제한다. 이렇게 명명한 학설의 의미 속에는 단지 일종의 부분, 즉 분리될 수 있거나 분리된 것으로 표상할 수 있는 부분인 단편이 존재해야 한다. 그러나 반대되는 이론에서는—슈툼프[1]의 용어로 말하면—이 '자립적' 부분과 비자립적 '부분의 내용'을 구별하며, 후자에 단편을 제외하고 내용의 내적 규정성을 계산해, 이 가운데 그 내용 속에 인지할 수 있는—객관적으로 말하면, 그 내용 속에 현존하는—통일성의 형식—이러한 형식을 통해 그

---

1 (옮긴이 주) 슈툼프(C. Stumpf, 1848~1936)는 브렌타노의 제자로, '현상학'이라는 용어를 처음 사용했으며, 실험적 방법으로 심리적 현상과 의식작용의 구조를 기술하는 실험심리학을 통해 후설에게 영향을 주었다. 그의 이러한 분석은 제임스(W. James)의 근본적 경험론에 입각한 『심리학의 원리』(1890)에도 영향을 끼쳤다. 저서로 『음향(音響) 심리학』(1883, 1890), 『나타남과 심리적 기능』(1906), 유작으로 『인식론』(1939)이 있다.

내용의 부분들은 전체의 통일체로 결합되는 —— 을 계산에 넣는다. 이 동일한 차이와 관련해 사람들은 구체적 내용과 추상적 내용 또는 그 각각의 내용 부분에 대해서도 이야기한다.[2]

이제 로크 이래 추상에 대한 학설에는 이 '추상적 내용'을 강조해 부각시키는 의미에서, 추상의 문제가 개념을 형성하는 의미에서 추상의 문제와 혼합되어 있다. 후자와 관련해 중요한 문제는 어떤 종이 우리에게 명증적으로 의식되는 작용의 본질을 기술적으로 분석하는 것, 또는 충족시키는 직관으로 되돌아감으로써 보편적 명사의 의미를 해명하는 것이다. 그러나 경험적-심리학적 관점에서는 소박하게 그럭저럭 살아가는 자연적 과정이나 개념을 자의적으로 형성하거나 논리적으로 형성하는 인위적 과정 속에서, 인간의 보편적 표상의 발생적 기원에 관해 인간의 의식의 연관 속에 이에 상응하는 심리학적 사실을 규명하는 것을 겨냥한다. 여기에서 문제가 되는 추상적 표상은, 어떤 비자립적이거나 추상적인 내용을 지향하는 것이 아니라, 종을 지향하는 표상이다.

만약 이 지향이 직관적으로 충족되면, 구체적 직관은 마치 강조된 추상적 부분의 내용과 더불어 그 지향의 기초에 놓이게 된다. 그렇지만 지향된 종은 아무리 강조해도 보편성 의식 속에 그 자신을 지향하지 않으며, 자신의 주의를 기울이는 작용의 객체도 되지 않는 이러한 부분의 내용 자체도 아니다. 그런데도 지금 제시된 비판적 연구에서 알아볼 수 있듯이, 대상 속에 포함된 추상적 계기나 비자립적 계기는 종과, 이 계기에 상응하는 주관적으로 체험된 추상적 내용은 추상적 개념(어떤 명사의 의미)과, 또한 이 추상적 내용을 강조하는 것이나 주의를 기울이는 작용은 보편적 표상의 작용과 끊임없이 혼합되었다. 예를 들어 로크의 경우

---

2 이 책 '제3연구'는——그 차이를 대상과 대상의 부분 일반으로 확장할 필요가 있는——그 차이를 더 정확하게 탐구하는 데 전념할 것이다.

추상적 관념은 보편적 의미이어야 하지만, 그 추상적 관념은 징표로서 기술되고, 구체적 직관에서 분리된 추상적 감각의 내용으로서 심리학화(心理學化)된다.

이와 마찬가지로 주목함의 이론은 그와 같은 추상적 내용에 ─ 그것이 분리되지 않은 채 ─독특하게 주의를 기울일 가능성을 제시하고, 그래서 (의미로서) 보편적 개념의 기원을 해명했다고 믿는다. 동일한 방식으로 사람들은 ─추상적 내용이 구체적 직관의 계기로서 함께 직관되더라도 ─추상적 내용의 직관성을 부정한다.[3,4] 그리고 이러한 잘못은 사람들이 보편적 개념을 감성적으로 직관할 수 없기에 그 착각으로 인해 일어난다. 물론 이 보편적 개념은 상(像)으로서 제시될 수 없다. 음(音)을 그리려 하거나 색깔을 냄새로 그리려 하고, 일반적으로 이질적 내용을 〔다른〕 이질적 내용을 통해 묘사하려 하는 것이 불합리하다면, 그 본질상 비감성적인 것을 감성적으로 서술하려는 것은 그보다 두 배는 더 불합리할 것이다.

일반적으로 추상적인 것과 추상에 대한 서로 다른 개념은 구별될 수 있고, 이러한 차이를 이제 추구하려 한다.

41 비자립적 내용의 개념을 둘러싸고 그룹 지은 개념들의 구별

근대 추상이론에서 곧잘 쓰는 내용에 대한 논의를 놓치지 않고 유지하면, 다음과 같이 말할 수 있다.

---

3 그래서 예를 들어 회플러와 마이농의 『논리학』, 25쪽. 또한 트바르돕스키에 반대해 비판적 주해는 이 책 〔제2연구 2절〕 11항 끝부분 참조.

4 (옮긴이 주) 회플러(A. Höfler, 1853~1922)는 오스트리아의 심리학자로 브렌타노의 영향으로 심리학에서 연상보다 형태를 중시하고, 마이농의 영향을 받아 논리학에서 대상이론에 충실했다. 저서로 『논리학과 심리학의 근본』(1903) 등이 있다.

a) '추상적' 내용은 비자립적 내용이고, '구체적' 내용은 자립적 내용이다. 우리는 이 차이를 객관적으로 규정된 것으로 생각한다. 가령 그래서 추상적 내용은 단지 구체적 내용 속에(in), 또는 구체적 내용에서 (an) 가능한 데 반해, 구체적 내용은 그 자신의 본성상 그 자체만으로(an und für sich) 존재할 수 있다고 생각한다.[5]

내용에 대한 논의가 현상학적 의미에서 의식의 내실적 요소보다 여기에서 더 넓게 받아들여질 수 있고, 또 그렇게 받아들여야 한다는 점은 분명하다. 그러나 나타나는 현상적인 외적 대상은 그래서 적어도 만약 '지향적' 대상, 즉 단순히 지향된 대상을 지향이 실행되는 그러한 체험의 내실적 존립요소로서 잘못 해석하는 경우 의식의 내실적 자료가 아니라 전체로서 구체적이다. 색깔·형태 등과 같은 그 대상에 내재하는 규정성은, 더구나 그 대상의 통일체의 구성적 계기로서 이해된 규정성은 추상적이다. 추상적인 것과 구체적인 것 사이의 이러한 대상적 구별은 더 보편적인 구별이다. 왜냐하면 내재적 내용은 대상 ─ 물론 이것으로써 사물을 뜻하는 것은 아니다 ─ 의 단지 특수한 부류일 뿐이기 때문이다. 그래서 문제가 되는 차이는 추상적 대상이나 추상적 대상의 부분과 구체적 대상이나 구체적 대상의 부분 사이의 차이로 부르는 것이 본래 더 적절할 것이다.

내가 여기에서 내용에 대해 계속 이야기하는 것이 독자에게 끊임없이 불쾌한 기분을 일으키지는 않을 것이다. 직관화하는 것이 당연히 항상 감성적 사례에 따라 포착되는 경우, 심리학의 토대 위에 생긴 이러한 구별에서 '대상'이라는 말을 사물을 통해 해석하는 것이 매우 우세해, 색깔이나 형태를 대상이라 부르는 것이 그것을 이해하는 데 방해가 되거나 심지어 혼란스럽다고 느낄 수도 있을 것이다. 어쨌든 내용에 대

---

5 이러한 규정의 정당성과 내용에 관해 더 자세한 것은 바로 이어지는 연구를 참조.

한 논의는, 여기에서 내실적 의미에서는 의식의 내용 영역에 결코 제한되지 않고, 모든 개체적 대상과 대상의 부분을 함께 포괄한다는 점에 예민하게 유념해야 한다. 심지어 우리가 직관하는 대상의 영역도 우리를 제한하지 않는다. 오히려 그 구별은 존재론적 가치를 지닌다. 즉 모든 인간의 의식 일반에 접근할 수 있는 나타남의 저편에(jenseits) 사실적으로 놓여 있는 대상들이 어쨌든 가능하다. 요컨대 그 구별은 제한 없는 보편성에서 개체적 대상 일반에 관계하고, 그 자체로 아프리오리한 형식적 존재론의 테두리에 속한다.

b) 이제 '추상적 내용'이라는 객관적(존재론적) 개념을 기초에 놓으면, 추상으로 다음과 같은 작용을 사념한다. 그것은 그 작용을 통해 추상적 내용이 '구별되는' 작용, 즉 그 작용을 통해 추상적 내용이 분리되지 않지만 어쨌든 추상적 내용을 향한 직관적 표상작용의 고유한 객체가 되는 작용이다. 추상적 내용은 ── 그것이 구체적인 것에서 추상되는 것과 관련된 ── 구체적인 것 속에(in), 또 이 구체적인 것과 함께(mit) 나타나지만 특히 사념되고, 이 경우 아무튼 ── '간접적인', 단순히 상징적 표상작용에서와 같이 ── 사념될 뿐만 아니라 추상적 내용이 사념된 것 자체로서도 직관적으로 주어진다.

c) 어쨌든 우리는 여기에서 이미 여러 번 강조한[6,7] 하나의 중요한 차이를 여전히 고려해야 한다. 만약 우리가 주사위의 '나타남 속에 들어오는' 측면 가운데 한 측면에 주의를 기울이면, 이것은 우리의 직관적 표상작용의 '추상적 내용'이다. 그렇지만 이 나타나는 측면에 상응하는 참으로 체험된 내용은 이 측면 자체와 다른 것이다. 참으로 체험된 내용은 '파악'의 기반일 뿐이며, 그 내용이 감각되는 동안 이 파악에 의

---

6 이 책 제6연구 15항〔의미기능 이외에 표의적 지향〕참조.
7 〔옮긴이 주〕제2연구 끝부분인 여기에서 "이미 여러 번 강조한"이라는 본문의 표현과 한참 후 등장할 "제6연구 15항"을 참조하라."는 주석의 지시는 분명히 서로 일치하지 않는다.

해 그 내용과 다른 주사위의 면이 나타난다. 이 경우 감각된 내용은 우리의 직관적 표상작용의 객체가 아니며, 그 내용은 심리학적 또는 현상학적 '반성'을 통해 비로소 객체가 된다.

그럼에도 기술적 분석은 그 내용이 단순히 일반적으로 주사위가 구체적으로 나타남의 전체 속에 함께 포함된 것이 아니라, 관련된 측면의 이러한 표상작용 속에 재현하는 기능을 하지 않는, 다른 모든 내용에 대립해 일정한 방식으로 부각되고 강조된다는 점을 가르쳐 준다. 이러한 것은 감각된 내용 자체가 특히 그 내용을 향해 표상하는 지향의 대상이 될 — 따라서 반성 속에 바로 이러한 지향을 여전히 부가하는 때는 제외하고 — 때에도 당연히 그러하다. 그래서 내용을 이렇게 부각시키는 것도 추상으로 부를 수 있을 것이다. 이 부각시키는 것은 그 자체가 결코 작용은 아니지만,[8] 그 내용이 내용 자체의 지향을 지닌 것이 되는 그 작용이 나타나는 측면의 기술적 특징이다. 그러나 이것으로써 완전히 새로운 추상의 개념이 규정되는 것은 아니다.

d) 만약 추상하는 작용(Abstrahieren)에 대해 추상적 내용을 그 구체적 기반에서 이끌어 내 부각시킴으로써 일어나는 독특한 작용 혹은 대체로 기술적으로 독특한 체험이라 가정하면, 또는 이끌어 내 부각시키는 방식으로 곧바로 추상적 내용 그 자체의 본질적인 것을 알아보면 또 다시 추상적인 것에 대한 새로운 개념이 생긴다. 구체적인 것과 대립된 차이는 내용의 고유한 본성이 아니라 주어져 있음의 방식 속에서 추구된다. 그 내용은 그것이 추상되는 한에서 '추상적'이라 부르고, 그것이 추상되지 않는 한에서 '구체적'이라 부른다.

우리는 그 내용의 차이를 성격 짓는 것을 작용으로 되돌리는 경향

---

8 이 책 제5연구 9항(브렌타노가 '심리적 현상'의 경계를 설정한 의미) 이하에서 확인할 수 있는 엄밀한 의미에서.

6절 추상과 추상적인 것이라는 서로 다른 개념의 분리

이 계속 이어지는 추상적인 것과 구체적인 것의 개념 — 이 개념들에서 사태의 본질은 물론 작용 속에 놓여 있다 — 을 혼동함으로써 일깨워진 다는 점에 쉽게 주목하게 된다.

e) 만약 적극적 의미에서 추상하는 작용으로, 어떤 내용을 우선적으로 주의를 기울이는 작용(Beachten)이라 이해하고, 소극적 의미에서 추상하는 작용으로 동시에 함께 주어진 내용을 도외시하는 것(Absehen)으로 이해하면, 그 말[추상하는 작용]은 비자립적 내용의 의미에서 추상적 내용과 자신의 독점적 관계를 상실한다. 심지어 구체적 내용의 경우에도 사람들은 실로 추상에 대해 이야기하지만 단지 소극적 의미에서일 뿐이다. 사람들은 예를 들어, '배경을 추상[도외시]하는 가운데' 구체적 내용에 주의를 기울인다.

42 종의 개념을 둘러싸고 그룹 지은 개념들의 구별

a) 우리는 추상적 개념과 구체적 개념을 구별하고, 이 개념으로 명사의 의미를 이해한다. 따라서 이러한 구별에는 동시에 명사의 구별이 상응하며, 유명론적 논리학에서는 통상 이 문법적 구별만 수행하고는 한다. 우리는 이 문법적 구별에서 시작하는 것이 편리할 수 있다.

명사는 '인간', '소크라테스'와 같은 개체를 일컫거나 '덕(德)', '흰색', '유사함'과 같은 속성을 일컬을 수 있다. 전자를 구체적 명사라 부르고, 후자를 추상 명사라 부른다. '덕이 있는', '흰', '유사한'과 같이 후자에 상응하는 술어의 표현을 구체적 명사에 포함시킨다. 그러나 우리는 술어의 표현은, 그것이 관계되는 가능한 주어가 구체적 주어인 경우, 구체적이라고 더 정확하게 말해야 한다. 이것은 항상 그런 경우가 아니다. '속성', '색깔', '수' 등과 같은 명사는 — 종적 개별성으로서 ─ 속성상 술어와 관계하고, 개체와 관계하지 않거나 적어도 단지 간접적으로, 또 술어의 의미가 변경되어 개체와 관계한다.

이러한 문법적 구별의 배후에 명백히 논리적 구별이 놓여 있다. 즉 논리적 구별은 속성을 향한 명사적 의미와 ─ 대상이 속성에 관여하는 한 ─ 대상을 향한 명사적 의미로 구별된다. 만약 우리가 헤르바르트[9]와 더불어 모든 논리적 표상 ─ 우리는 이것이 모든 명사적 의미를 뜻한다고 말했다 ─ 을 개념이라 부르면, 이러한 종류의 개념은 추상적 개념과 구체적 개념으로 나뉜다.

그러나 '개념은 곧 속성'이라는 견해를 취하는 개념에 대한 논의의 다른 의미를 선호하면, 그것은 개념을 표상하는 의미와 개념의 대상, 그리고 그 자체를 표상하는 의미의 차이다. 이 차이는 개념의 대상 자체가 다시, 즉 어떤 새로운 대상과의 관계에서 개념의 성격을 가질 수 있는 한 상대적이다. 하지만 이것을 '무한히(in infinitum)' 진행할 수 없고, 결국 우리는 '개념'과 더 이상 개념으로 기능할 수 없는 '개념의 대상' 사이의 절대적 차이에 필연적으로 이르게 된다. 따라서 그것은 한편으로는 속성을, 다른 한편으로는 대상을 '갖지만' 그 자체가 결코 속성은 아닌 대상 사이의 차이다.

그래서 의미의 차이에는 대상적 영역 속의 차이, 즉 개체적 대상과 종적('보편적') 대상의 차이가 상응한다. 그렇지만 보편적 대상도 보편적 표상(보편적 의미) ─ 더 정확하게 말하면, 보편적 대상에 대한 직접적 표상 ─ 도 애매한 '개념'이라 부른다. '빨간색'이라는 개념은 빨간색

---

9 (옮긴이 주) 헤르바르트(J. F. Herbart, 1776~1841)는 헤겔의 관념론에 반대하고 칸트의 실재론 입장에서 철학을 경험에서 발생한 개념을 명석하고 판명하게 다듬는 방법으로 파악해, 이 방법론으로서 논리학을 형이상학·인식론·심리학·윤리학·미학 등에 적용했다. 또한 페스탈로치의 실천적 교육 사상도 이론적으로 심화시켜 근대 교육학의 기초를 세웠다. 저서로 『일반 교육학』(1806), 『일반적 실천철학』(1808), 『과학으로서 심리학』(1824~1825), 『일반 형이상학』(1828~1829) 등이 있다.

자체 — 이 개념에 그 다양한 대상, 즉 빨간 사물들을 대립시키는 경우와 같이 — 든지 빨간색이라는 명사의 의미다. 양자는 분명히 '소크라테스'라는 의미와 소크라테스 자신의 관계와 대등한 관계다. 물론 '의미'라는 말도 이러한 차이를 혼동하기 때문에 애매해져, 사람들은 때로는 표상의 대상을, 때로는 표상의 '내용'(명사의 의미〔뜻〕)을 '의미'(Bedeutung)라 부르는 것을 주저하지 않는다. 의미도 개념이라고 부르는 한, 그 밖에 개념과 개념의 대상과 관련된 논의는 애매해진다. 즉 중요한 문제가 어느 때는 속성(빨간색)과 이 속성이 당연히 주어진 대상(빨간 집) 사이의 — 방금 전 결정적인 — 관계이고, 다른 때는 논리적 표상 — 예를 들어 '빨간색'이라는 말이나 '테티스'(Thetis)[10]라는 고유명사의 의미 — 과 표상된 대상 — '빨간색'이라는 속성, '테티스'라는 여신 — 사이의 총체적으로 서로 다른 관계이다.

b) 그러나 구체적 표상과 추상적 표상의 차이는 다른 방식으로도 파악될 수 있다. 즉 그래서 표상이 개체적 대상을 직접 — 개념적(속성적) 표상을 매개하지 않고 — 표상할 경우 그 표상을 구체적이라 부르고, 반대의 경우를 추상적이라 부른다. 이 경우 의미의 영역 속에는 한편으로는 고유명사의 의미가, 다른 한편으로는 그 밖의 모든 명사적 의미가 있다.

c) 추상적인 것이라는 말을 위에서 특징지은 의미에는 추상에 대한 논의의 새로운 범위도 상응한다. 그 의미는 그것을 통해 추상적 '개념'이 생기는 작용을 포함한다. 더 정확하게 말하면, 중요한 문제는 보편명사가 종적 통일체와 직접적 관계를 획득하는 작용이며, 또다시 이 명사의 속성적 기능이나 술어적 기능 속에 그 명사에 속하는 작용이다. 그

---

10 (옮긴이 주) 테티스는 그리스 신화에 나오는 요정 가운데 하나로, 바다의 신 아버지 네레우스(Nereus)와 어머니 도리스(Doris) 사이에 태어나 제우스(Zeus)의 자손인 펠레우스(Peleus)와 결혼해 아들 아킬레스(Achilles)를 낳았다. 아킬레스는 트로이전쟁에서 활약한 영웅이다.

래서 그 작용 속에 '어떤 A', '모든 A', '약간의 A', 'A인 S' 등의 형식이 구성된다. 결국 중요한 문제는 그 속에서 이러한 다양한 사유의 형식으로 파악된 대상들이, 그렇게 파악된 것으로서 우리에게 명증적으로 '주어지는' 작용이다. 달리 말하면, 그것은 그 속에서 개념적 지향이 충족되고 그 명증성과 명석함을 획득하는 작용이다. 그래서 우리는 '빨간색'이라는 종적 통일체를 직접 ─ '그 자체로', 빨간 것에 대한 단수의 직관에 근거해 ─ 파악한다.

우리가 빨간색의 계기에 눈길을 돌리면, 그 지향은 '이념', 즉 '보편자'를 향한 독특한 작용을 수행한다. 이러한 작용의 의미에서 추상은 빨간색의 계기에 단순히 주의를 기울이거나 그 계기를 부각시키는 것과는 완전히 다르다. 그 차이를 시사하기 위해 우리는 이념화하는(ideirend) 추상이나 일반화하는(generalisierend) 추상에 대해 반복해 이야기했다. 추상에 대한 전통적 논의는 이러한 작용을 겨냥하며, 우리가 '추상'을 통해 그 의미 속에서 획득하는 것은 개체적이고 개별적인 특징이 아니라 보편적 개념 ─ 사유의 통일체로서 속성에 대한 직접적 표상 ─ 이다. 추상에 대한 이 논의도 기껏해야 우리가 지적한 복잡한 형식의 개념적 표상에 적용된다. '어떤 A', '약간의 A' 등의 표상 속에 그 밖의 모든 징표가 추상[도외시]되고, A라는 추상적 표상은 새로운 '형식(Form)'을 취하지만 결코 새로운 '질료(Materie)'를 취하지는 않는다.

전체와 부분에 관한 학설

들어가는 말

슈툼프의 비자립적 내용과 자립적 내용의 구별과 동일하고 명백하게 제시되는 '추상적' 내용과 '구체적' 내용의 구별은 모든 현상학적 연구에 매우 중요해서, 그 구별을 미리 철저하게 분석하는 것이 불가피하다. 나는 이미 앞의 연구에서[1] "최초의 감각자료에 입각한 기술적 심리학의 영역 속에 나타나는 구별은 보편적 구별의 특수한 사례로서 파악될 수 있다."라고 언급했다. 이때 그 구별은 의식내용의 영역을 넘어서고, 대상 일반의 분야 속에 이론적으로 지극히 중요한 구별에 이른다. 그래서 그 구별에 대한 설명이 차지하는 체계적 지위는 대상 그 자체의 순수한(아프리오리한) 이론 속에 있을 것이다. 이 이론 속에 '전체와 부분', '주체와 성질', '개체와 종(Spezies)', '유(Gattung)와 종(Art)', '관계와 집합', '통일체', '수', '서수', '크기' 등과 같이 범주적 대상에 속하는 이념과, 마찬가지로 이러한 이념에 관련된 아프리오리한 진리가 다루어진다.[2]

우리의 분석적 연구는 또한 여기에서 사태(Sache)의 체계론(Systematik)

---

1 〔제2연구〕41항.
2 '형식적 대상적 범주'와 이에 속한 형식적-존재론적 본질의 진리에 관해서는 「서론」의 결론절〔11절〕(『논리 연구』 1권(2판), 67~68항) 상론 참조.

을 통해 규정될 수 없다. 우리가 인식을 해명하는 탐구에 사용하고, 이러한 탐구에서 어느 정도 지렛대로서 이바지해야 할 어려운 개념이 논리 분야 자체의 체계적 연관 속에 등장할 때까지 기다리기 위해 검토하지 않은 채 놓아두면 안 된다. 우리가 여기에서 착수하려는 것은 논리학의 체계적 서술이 아니라, 논리학의 인식비판적 해명과 동시에 이러한 종류의 모든 미래를 서술하기 위한 준비다.

자립적 내용과 비자립적 내용의 구별을 더 깊이 규명하는 것은 직접 전체와 부분에 대한 순수한 ─ 형식적 존재론에 속한 ─ 학설의 근본 문제로 이끌기 때문에, 우리는 이 문제를 상세하게 파고들어야 한다.

1절 자립적 대상과 비자립적 대상의 차이

1 복합적 대상과 단일한 대상, 분절된 대상과 분절되지 않은 대상

이하 연구가 주로 부분들의 관계를 문제 삼기 때문에, 이러한 관계의 아주 일반적인 설명을 먼저 살펴보자.

대상들은 전체와 부분의 관계 속에, 또는 하나의 전체에 대해 동등한 지위를 가진 부분들의 관계 속에 있을 수 있다. 이 관계는 대상의 이념에 아프리오리하게 근거한 관계다. 모든 대상은 실제적 부분이거나 가능한 부분이다. 즉 그 대상을 포함하는 실제적 전체나 가능한 전체가 존재한다. 다른 한편, 모든 대상이 부분을 가질 필요는 없으며, 그래서 대상은 관념적으로 단일한 대상과 복합적 대상으로 나뉜다.

따라서 '복합적'과 '단일한'이라는 용어는 '부분을 갖는'과 '어떤 부분도 갖지 않는'이라는 규정을 통해 정의된다. 그러나 이 용어는 두 번째, 그리고 아마도 더 자연스러운 의미로 이해될 수 있을 것이다. 그 의미 속에 복합된 것은, 그 말의 어원도 당연하게 생각되듯이, 전체에서 다수의 선언적(選言的) 부분을 지시하고, 그 결과 다수의 부분으로 '분해될' 수 없는 것, 즉 그 속에 적어도 두 개의 선언적 부분으로 구별될 수 없는 것을 '단일한'이라 불러야 한다. 감성적으로 나타나는 것의 통일체에서 우리는 가령 계기로서 완전히 규정된 빨간 색채를 발견하고, 그런 다음 다시 색깔의 유적 계기를 발견한다.

그러나 색깔과 규정된 빨간색은 선언적 계기가 아니다. 다른 한편, 빨간 색채와 이것이 덮고 있는 연장(延長)은, 즉 이 둘은 그 내용상 서로 공유하는 것이 아무것도 없기 때문에 선언적이다. 우리가 여기에서 문제 삼는 일반적인 부분들의 관계, 즉 하나의 전체 안에서 선언적 부분들의 관계를 '결부시킴(Verknüpfung)'이라 부를 경우, 빨간 색채와 연장은 가장 넓은 의미에서 서로 결부되어 있다. 우선 결부된 부분들을 결부시킴의 항(Glied)으로 부르는 것이 당연시되지만, 하나의 전체에서 항에 대한 논의를 그렇게 넓게 파악할 경우, 색깔과 형태는 채색되어 연장된 것의 통일체 속에 결부된 항으로 간주되어야 할 것이다. 그런데 이것은 언어의 관용(慣用)에 반대된다. 즉 그와 같은 전체의 경우, 항들은 상대적으로 서로에 대해 '비자립적'이고, 우리는 곧바로 '침투됨'이라 부를 정도로 그 항들이 밀접하게 통합된 것을 발견한다. 그 자체 속에 세분화된 전체 또는 세분화될 수 있는 전체의 경우는 사정이 다른데, 이 경우 항이나 분해함에 대한 논의만 유일하게 자연스러운 논의다. 그 부분들은 여기에서 단지 선언적이지 않고, 상대적으로 서로에 대해 '자립적'이며, 서로 결부된 '단편'의 성격을 띤다.

우리는 부분들의 관계를 고찰하는 최초의 단초에서 당장 이 관계가 성격상 서로 다른 형식에 종속되는 것을 알게 되며, 이 형식은 1절에서 우리가 겨냥한 것이 자립적 대상성과 비자립적 대상성의 근본적 구별임을 예감한다.

2 비자립적 대상(내용)과 자립적 대상(내용)의 차이에 대한 입문

우리는 '부분'이라는 개념을 그것이 허용하는 가장 넓은 의미에서 파악하고, 하나의 대상 '속에' 구별될 수 있는 것, 객관적으로 말하면 그 대상 속에 '현존해' 있는 것을 모두 부분이라 한다. 부분은 대상이 '실재적' 의미에서, 더 적절하게 말하면 내실적 의미에서, 즉 대상을 실제로 구축하는 것의 의미에서 '가진' 것, 게다가 대상이 그 자체만을, 따라서 그 대상이 얽힌 모든 연관을 추상〔도외시〕하고 가진 것 모두다. 그래서 관련이 없는 모든 '실재적' 술어는 주어인 대상의 한 부분을 지시한다. 예를 들어 '빨간'과 '둥근'은 그러하지만, '존재하는'이나 '어떤 것'은 그러하지 않다. 마찬가지로 동일한 의미에서 모든 '실재적으로' 결부시키는 형식(Form), 예를 들어 공간적 형태(Konfiguration)의 계기는 전체 그 자신의 한 부분으로 간주된다.

부분이라는 용어는 일상적 논의에서 그렇게 넓은 의미로 이해되지 않는다. 일상적 논의의 '부분이라는 개념'을 우리의 개념과 구별하는 제한을 명확하게 밝히려면, 우리가 자립적 부분과 비자립적 부분의 구별이라 한 그 근본적 구별에 직면하게 된다. 부분 그 자체에 대해 논의하는 경우, 우리는 자립적 부분 — 이것을 일컬어 '단편'이라 한다 — 을 염두에 두곤 한다. 모든 부분이 이것을 겨냥하는 표상작용 자체의 대상 — 우리도 말하고는 하는 '내용' — 이 될 수 있고, 그래서 그 부분을 대상(내용)이라 할 수 있기 때문에, 방금 전 언급한 부분들의 구별은 대상(내용) 일반의 구별을 시사한다. 이 경우 '대상'이라는 용어는 항상 가장 넓은 의미로 이해된다.

물론 대상에 대해 통상 논의하는 경우, 부분에 대해 통상 논의하는 경우와 똑같이 무심코 자립적 대상을 생각하고는 한다. 이러한 관점에서 '내용'이라는 용어는 거의 제한되지 않는다. 일반적으로 사람들이 추상적 내용에 대해서도 이야기하기 때문이다. 반면 내용에 대한 논의는 단순한 심리학적 영역에서 사용되고는 하는데, 한 가지 제한은 지금 탐구하려는 '자립적'과 '비자립적'을 구별할 경우에 그 제한과 더불어 시작하지만 그 제한에 머물지는 않는다.[1]

자립적 내용과 비자립적 내용의 구별은 역사적으로 심리학 분야에서, 더 정확하게 말하면, 내적 경험의 현상학 분야에서 생겼다. 버클리[2]는 로크를 논박하면서 다음과 같이 상론한다. 즉 우리는 이전에 지각한 개개의 사물을 다시 현전화하는 능력을 가질뿐 아니라 그것을 상상 속에 복합시키거나 나눌 수 있는 능력도 갖는다. 머리가 둘인 사람, 사람의 상반신과 말의 하반신이 결합된 것을 상상할 수 있으며, 개개의 단편, 즉 하나의 '머리', '코', '귀' 그 자체만으로도 상상할 수 있다. 반면 '추상적 관념'을 형성하는 것, 예를 들어 운동의 '관념'을 움직인 물체의 관념에서 분리시키기란 불가능하다. 로크가 주장하는 분리시킴의 의미에서 추상하는 작용을 우리는 표상된 전체에 속하는 그와 같은 부분으로 할 수 있으며, 이 부분은 사실적으로 다른 부분들과 통합되지만 다른 부분들이 없어도 실제로 존재할 수 있다. 그런데 버클리에 따르면, '존재하는 것(esse)'은 여기 어디에서나 '지각된 것(percipi)'과 똑같은 것을 뜻하기 때문에, '존재할 수 없는 것'은 '지각될 수 없는 것'을 뜻할 뿐이다. 또한 버클리에게 지각된 것은 관념이며, 따라서 내실적으로 체험된 내용이라는 의미에서 의식의 내용이라는 점에 주목해야 한다.

그에 따라 버클리의 구별에서 본질적 의도는, 그 용어를 쉽게 이해할 수 있게 변경시켜 다음과 같은 말로 파악될 수 있다.[3]

---

1 한편으로 임의로 표상된 대상(심리학의 영역에서는 모든 심리적 자료)의 의미에서 표상된 내용과, 다른 한편으로 표상의 의미에 적합한 '무엇(Was)'의 의미에서 표상된 내용 사이를 혼동하는 것은 지금 연구의 범위에서 전혀 위험하지 않다.
2 버클리, 『인간 지식의 원리론』, 「들어가는 말」 10항.
3 게다가 슈톰프의 『공간 표상의 심리학적 기원에 관해(Über den psychologischen Ursprung

함께 속함의 관점에서 그때그때 함께 표상된 ─ 또는 의식 속에 함께 존재하는 ─ 내용은 자립적 내용과 비자립적 내용[4]의 두 가지 주된 부류로 나뉜다. 자립적 내용은 표상의 복합 ─ 내용의 복합 ─ 의 요소들이 그 본성상 분리되어 표상될 수 있을 경우 현존한다. 비자립적 내용은 그러지 않은 경우 현존한다.

3 비자립적 내용의 분리될 수 없음

이렇게 '분리되어-표상될-수 있음'이나 '분리되어-표상될-수 없음'의 특성을 더 상세하게 서술하기 위해, 다음과 같은 슈툼프의 예리하지만 충분히 주목받지 못한 논평을 이용할 것이다.[5]

우리는 어떤 내용에 관해, 그 내용과 함께 주어진 ─ 그러나 그 내용 속에 포함되지는 않은 ─ 내용 가운데, 적어도 하나를 변경시키거나 폐기시키는 것이 그 내용 자체를 반드시 변경시키거나 폐기시킨다는 명증성을 갖는다. 그렇지만 다른 내용들의 경우에는 이러한 명증성이 우리에게 결여되어 있다. 왜냐하면 그 내용과 공존하는 다른 모든 내용을 임의로 변경하거나 폐기하는 경우, 그 내용 자체가 영향을 받지 않은 채 남아 있을 것이라는 생각은 어떠한 양립불가능성〔모순〕도 포함하지 않기 때문이다. 전자의 내용은 단지 포괄적인 전체의 부분으로서만 생각할 수 있는 반면, 후자의 내용은 오직 그것만 현존하더라도, 따라서 그

---

der Raumvorstellung)』, 1873) 109쪽에 따라 거의 문자 그대로다.

4 슈툼프는 이전에 "부분의 내용"이라는 표현을 사용했는데, 최근에는 "속성적 계기"라는 표현을 선호한다.

5 나는 이하 설명에서 나의 논문 「추상적 내용과 구체적 내용에 관해(*Über abstrakte und konkrete Inhalte*)」, 『기초논리학으로 심리학적 연구(*Psychologische Studien zur Elementaren Logik*)』의 1편(《철학 잡지(*Philos. Monatshefte*)》(1894), 30권)을 활용한다.

1절 자립적 대상과 비자립적 대상의 차이

내용과 더불어 하나의 전체로 결합되는 것이 전혀 없더라도 가능한 것으로 나타난다.

모든 현상적 사물과 그 사물의 모든 단편은 방금 명확하게 밝힌 의미에서 분리되어 표상될 수 있다. 우리는 말의 머리를 '분리해', 또는 '그 자체만으로' 표상할 수 있다. 즉 말의 나머지 부분과 직관될 수 있는 주변 전체를 임의로 변경시키고 사라지게 하는 반면, 말의 머리를 상상속에 굳게 유지할 수 있다. 정확하게 살펴보면, 현상적 사물이나 사물의 단편, 즉 여기에서는 감성적으로 나타나는 것 그 자체 — 감성적 질로 충족되어 나타나는 공간 형태 — 는 기술적 내용에 관해 결코 절대적으로 동일하게 남아 있지 않다. 그러나 어쨌든 이 '나타남'의 내용 속에는 그 변화가 공존하는 '나타남'의 변화에 함수적 종속성을 필연적이고 명증적으로 요구하는 것은 아무것도 없다.

우리는 이것이 나타나는 객체 그 자체의 의미에서 나타남에 관해서뿐만 아니라, 현상적 사물이 그 속에 나타나는 체험으로서 나타남에 관해서도, 동시에 이러한 체험 속에 대상적으로 '파악된' 감각의 복합에 관해서도 타당하다고 말할 수 있다. 음향과 음향의 형성물, 냄새와 다른 체험들 — 우리가 사물의 현존과 관련된 모든 것에서 쉽게 떼어 내 생각할 수 있는 체험들 — 의 나타남이 여기에 속한 유리한 사례를 제공해 준다.

4 슈툼프에 따른 사례 분석

이제 분리될 수 없는 내용에 대한 사례를 고찰해 보자. 이러한 것으로서 시각적 질과 연장의 관계, 또는 이 양자와 제한된 도형의 관계가 유용할 수 있다. 이러한 계기가 서로에 대해 비종속적으로 변경될 수 있다는 점은 어떤 방식으로는 확실하게 타당하다. 색깔이 임의로 변화되는 동안 연장(延長)은 동일한 것으로 남아 있을 수 있고, 연장과 도형이 임의로 변화되는 동안 색깔은 동일한 것으로 남아 있을 수 있다. 그러나 정확하게 말하면, 이 비종속적으로 변화할 수 있음은 단지 그 유(類) 안에서 계기의 종(種)에만 관련된다. 색깔의 계기가 색깔의 종에 관해 변화되지 않고 남아 있는 동안, 확장과 형식은 종에 있어 임의로 변화되며, 그 역도 가능하다.

동일한 ── 종에서 동일한 ── 질(Qualität)과 질적 음영(Abschattung)은 모든 연장에 대해 '연장될 수 있거나' '확장될 수 있고', 거꾸로 동일한 연장은 모든 성질로 '덮어씌울 수' 있다. 그러나 주목해야 하듯이, 종을 이념적으로 파악하는 것을 통해서는 모두 끌어낼 수 없는 계기의 변화에서 함수적 종속성이 성립할 여지는 여전히 남아 있다. 직관된 구체적인 것의 직접적 부분의 내용으로서 색깔의 계기는, 색깔이라는 유의 가장 낮은 종차인 질이 동일한 것일 때에도, 두 가지 구체적 직관의 경우에도 실로 동일하지 않다.

슈툼프는 다음과 같이 중요한 논평을 한다.

질은 어떤 방식으로 연장의 변화에 참여한다. 우리는 '색깔이 감소하고 사라질 때까지 더 적어진다.'라고 말함으로써 이것을 언어적으로 표현한다. 증가함과 감소함은 양적 변화에 대한 명칭이다.

사실상 질의 고유한 변화의 방식이 그것에 비독립적이더라도 질은 연장이 변화됨으로써 함께 촉발된다. 이 경우 질은 덜 녹색이 되거나 덜 빨간색이 되지 않는다. 질 자체는 등급(Grad)을 갖지 않고 종(Art)만 가지며, 그 자체로 증감될 수 없고 단지 변화될 뿐이다. 그럼에도 질을 그 질에 고유한 이러한 방식에 관해 완전히 변화시키지 않았을 때, 예를 들어 녹색으로 남겨 두었을 때 어쨌든 그 질은 양적 변화를 통해 함께 촉발된다. 그리

1절 자립적 대상과 비자립적 대상의 차이

고 이것이 가령 단지 언어의 비본래적 표현이나 기만적 전용(轉用)일 뿐이라는 것은 질이 사라질 때까지 감소한다는 점, 질이 결국 양의 단순한 변화를 통해 제로가 된다는 점을 보여 준다.[6]

이러한 관찰을 받아들이자. 그는 다만 본래 촉발되는 것은 질이 아니라 직관 속 질에 속한 직접적 계기라고 언급한다. 우리는 질을, 연장의 도형이나 크기와 마찬가지로, 두 번째 단계의 추상적인 것으로 파악해야 한다. 그러나 바로 여기에서 규명하는 법칙성 때문에 관련된 직접적 계기는 질과 연장이라는 유를 통해 규정된 개념으로만 명명될 수 있다. 질을 앞에서 문제 삼은 질의 계기로 세분화하는 것은 더 이상 색깔이라는 유를 통해 한정되지 않으며, 그러므로 질을, 예를 들어 빨간색의 일정한 뉘앙스를 당연히 이러한 유 안에서 가장 낮은 종차라 한다. 마찬가지로 일정한 도형은, 이에 상응하는 직접적 직관의 계기가 여전히 더 세분화되더라도 도형이라는 유의 최종적 종차다. 그렇지만 도형이나 색깔이라는 유 안에서 최종적 종차 중에서 각기 하나를 결합하는 것이 그 계기들을 완전히 규정하며, 경우에 따라 동등하거나 동등하지 않을 수 있는 것을 법칙적으로 함께 규정한다. 따라서 직접적 계기의 종속성은 그 계기의 합법칙적으로 관련된 것 — 이러한 계기의 가장 가까운 상위의 추상적인 것을 통해 순수하게 규정되는 것 — 에 관계한다.

슈툼프는 다시 우리에게 소중한 다음과 같은 상론을 첨부한다.[7]

이제 이것에서, 즉 위에서 성격 지은 질과 연장이라는 두 계기의 함수적 종속성에서 '두 계기가 그 본성상 분리될 수 없다.'는 점, '두 계기가 어떤 방

---

6 위의 책, 112쪽.
7 위의 책, 113쪽.

식으로 하나의 전체적 내용 — 두 계기는 이 전체에 대해 단지 부분적 내용이다 — 을 형성한다.'는 점이 명백해진다. 만약 두 계기가 총합의 단순한 항이라면, 단적으로 말하면, 연장이 없어질 때 질도 없어진다 — 이 둘은 종속적으로만 존재한다 — 는 것을 생각해 볼 수 있을 것이다. 그러나 질이 그와 같이 점차 감소하고, 양이 단순히 감소하거나 사라짐으로써 — 이 경우 질로서 자신의 방식으로 변화되지 않고 — 사라진다는 것은 이해하기 어려울 것이다. …… 어쨌든 두 계기는 자립적 내용일 수 없고, 그 본성상 분리될 수 없으며, 표상 속에 서로에 대해 비종속적으로 존재한다.

이와 유사한 것이 강도와 질의 관계에서 상론될 수 있을 것이다. 어떤 음의 강도는 그 음의 질과 무관한 것, 이른바 그 음에 생소한 것이 아니다. 우리는 강도를 그것이 존재하는 그대로, 그 자체만으로 유지할 수 없으며, 질을 임의로 변화시키거나 심지어 소멸시킬 수 없다. 질을 폐기함으로써 불가피하게 강도가 폐기되며, 거꾸로 강도를 폐기함으로써 질도 폐기된다. 이것은 명백하게 단순한 경험적 사실이 아니라, 순수한 본질에 근거한 아프리오리한 필연성이다. 또한 변화의 태도를 취할 경우, 그 밖에 맨 처음 시각적 질과 연장에 관해 논의된 경우와 유사한 것이 나타난다. 즉 질 그 자체는 (종적으로) 변화되지 않고 남아 있는 반면, 우리는 강도가 제로의 한계에 대해 연속적으로 접근하는 것을 질의 인상(印象)이 저하되는 것으로 감각한다.

더 광범위한 사례를 풍부하게 제공해 주는 것은 직관적 내용의 통일성의 계기, 따라서 최초로 구별될 수 있는 요소들에 관해 구축되며, 이 요소들을 때에 따라 같은 종류나 다른 종류로 감성적-직관적 전체에 결부시키는 계기다. 이 통일성의 계기에 관해 우리는 전체나 결부시킴 등에 대한 최초의 또 더 좁은 개념을 획득하고, 나아가 외적이거나 내적인 감성적 전체에 대한 서로 다른 유와 종의 구별된 개념도 획득한다.

물론 통일성의 계기는 에렌펠스[8]가 "형태의 질(Gestaltqualität)"로, 나 자신은 "도형적(figural)" 계기로, 마이농은 "기초 지어진(fundiert) 내용"으로 부른 바로 그 내용이다.[9] 어쨌든 여기에서 한편으로는 체험과 그 체험의 부분 그 자체 ─ 내실적인 현상학적 자료 ─ 에 통일성을 부여하는 현상학적 통일성의 계기와, 다른 한편으로는 일반적으로 체험의 영역을 초월하는 지향적 대상과 그 대상의 부분에 속하는 객관적 통일성의 계기에 대한 보충적 구별이 여전히 필요하다. 릴이 나에게 제안한 "통일성의 계기"라는 표현은, 그것을 직접 이해할 수 있다는 점에서 명백한 장점이 있으므로 그 표현을 일반적으로 채택하는 것이 바람직할 것이다.

5 분리될 수 없음이라는 개념에 대한 객관적 규정

슈툼프가 '연장과 질이 서로 분리될 수 없다.'라고 주장하고 따라서 이들의 비자립성을 증명하기 위해 이러한 고찰을 목표로 세운 반면, 우리는 오히려 분리될 수 없음이나 비자립성을, 또는 다른 측면에서 분리될 수 있음이나 자립성을 정의하기 위해 이러한 고찰을 이용하려 한다. 슈툼프 자신은 이런 기회를 위의 인용문 마지막 구절에서 제공해 준

---

8 (옮긴이 주) 에렌펠스(C. von Ehrenfels, 1859~1832)는 오스트리아의 심리학자로서 마흐, 슈툼프와 함께 게슈탈트심리학을 개척했다. 그는 "형태의 질"을 주장해 특정한 경험의 질은 그 개별적 감각요소 이상임을 역설했는데, 형태를 인식하기 위해서는 필수적인 구조적 기능에 대한 파악이 필요하고, 이것이 전체(게슈탈트)를 형성한다. 저서로 『형태의 질에 관해』(1890) 등이 있다.

9 에렌펠스, 「형태의 질에 관해(Über Gestaltqualitäten)」, 《계간지 학문적 철학》(1890); 나의 저서 『산술철학』(1891), 특히 11절 전체; 마이농, 『심리적 분석의 이론에 대한 논고(*Beiträge zur Theorie der psychische Analyse*)』, 《감각기관의 심리학과 생리학 잡지》, 11권(1893) 참조. 〔이 주석은 제2판에서 첨부한 것이다.〕

다.[10] 우리가 어떤 내용을 '그 자체만으로', 즉 '분리시켜' 표상할 수 있다는 말은 무엇을 뜻하는가? 이것은 현상학적 영역에서, 즉 실제로 체험된 내용의 영역에서 그와 같은 내용이 공존하는 내용들과의 모든 융합에서 해방될 수 있고, 따라서 결국 의식의 통일체에서 떼어 낼 수 있다는 것을 뜻하는가? 명백하게 아니다.

이러한 의미에서 모든 내용은 분리될 수 없는 것이다. 이것은 나타나는 것 그 자체의 통일체 전체에 대해, 나타나는 사물의-내용에 대해 타당하다. 만약 '말의 머리'라는 내용을 그 자체만으로 표상한다면, 그래서 어쨌든 그 내용을 불가피하게 어떤 연관 속에 표상하고, 그 내용이 함께 나타나는 대상적 배경에서 두드러지게 부각되며, 불가피하게 여러 가지 다른 내용들과 함께 동시에 주어져 이 내용들과 어떤 방식으로 또한 일치하게 된다. 그러므로 이러한 내용이 표상을 통해 분리될 수 있음은 무엇을 뜻하는가? 우리가 할 수 있는 유일한 답변은 다음과 같다.

분리할 수 있음은 우리가 함께 결합되고 일반적으로 함께 주어진 내용이 무제한으로 ― 내용의 본질 속에 근거한 어떠한 법칙으로도 제외되지 않는, 자의로 ― 변경하는 경우, 이러한 내용을 표상 속에 동일하게 견지할 수 있다는 것을 뜻할 뿐이다. 그리고 그 내용은 함께 주어진 내용들의 임의의 모든 존립요소를 폐기함으로써 영향을 받지 않고 남아 있다.

그러나 이러한 답변에는 명백하게 다음과 같은 점이 포함되어 있다.

이러한 내용의 존재는, 그 내용 자체에서 그 본질에 따라 놓여 있는 한 다른 내용의 존재를 통해 전혀 제약되지 않는다. 그 내용은 그 내용 이외에 아무것도 현존하지 않거나 그 내용 주변에 모든 것이 자의적으

---

10 우리가 강조한 말 참조.

로, 즉 법칙 없이 변화되더라도 그 내용이 존재하는 그대로 아프리오리하게, 즉 바로 그 본질에 따라 존재할 수 있다.

또는 명백하게 이와 같은 뜻인데, 내용 자체의 '본성' 속에, 내용의 이념적 본질 속에 다른 내용에 대한 어떠한 종속성도 근거하지 않으며, 내용은 그것이 존재하는 것을 통해, 그 내용이 되는 본질 속에 다른 모든 내용에 개의치 않는다. 사실적으로 이러한 내용이 현존함과 더불어 다른 내용이 게다가 경험적 규칙에 따라 주어질 수 있다. 그렇지만 내용은 이념적으로 파악할 수 있는 본질 속에 비종속적이며, 이러한 본질은 자기 자신을 통해, 따라서 아프리오리하게 함께 엮인 다른 본질을 결코 필요로 하지 않는다.

그리고 이에 상응해 비자립성의 의미가 종속성의 적극적인 생각 속에 놓여 있다. 이때 내용은 그 본질상 다른 내용들에 결합되어 있지 않고, 그 내용과 함께 다른 내용들이 동시에 존재하지 않는다면 그 내용은 존재할 수 없다. 이 경우 다른 내용들이 그 내용과 하나가 된다는 사실은 강조될 필요가 없다. 아무리 느슨하더라도 결합(Verbindung)이나 '융합(Verschmelzung)'이 없다면 어떻게 본질적 공존(Koexistenz)이 존재하는가? 따라서 비자립적 내용은 단지 내용의 부분으로서만 존재할 수 있다.

우리는 — 내용이라는 용어를 현상학적 영역에 제한된 더 좁은 용어로 간주하는 한 — 단순히 내용과 내용의 부분이라는 말 대신 대상과 대상의 부분이라는 말을 사용하기만 하면 되며, 한편으로는 파악하는 작용에 대한 모든 관계에서 해방되고, 다른 한편으로는 파악할 수 있는 어떤 현상학적 내용에 대한 모든 관계에서 해방된 객관적 구별을 얻게 된다. 그러므로 여기에서 문제되는 '추상적인 것(Abstraktes)'과 '구체적인 것(Konkretes)'의 차이를 규정하기 위해 의식으로, 가령 '표상작용의 방식'에서 차이로 소급해 관련지을 필요가 없다. 그와 같은 관련에 사용되는 모든 규정은 — 추상적인 것에 대한 다른 개념과 혼동함으로써 — 옳지 않거나 오해받기 쉬운 것이며, 아니면 당연하다고 생각해서 사용하는 표현방법과 같이, 순수하게 객관적이며 이념적인 상태에 대한 주관적으로 전환된 표현일 뿐이다.

6 계속: 좋아하는 규정에 대한 비판과의 연관

그래서 자립적 내용과 비자립적 내용의 차이는 때로는 다음과 같이 명백한 공식으로 표현된다. 즉 자립적 내용 — 또는 내용의 부분 — 은 그 자체만으로 표상될 수 있으나, 비자립적 내용은 단지 그 자체만으로 주목될 수 있으나 그 자체만으로 표상될 수는 없다.

그러나 이러한 공식에 대해 반론이 제기될 수 있다. 즉 '그 자체만으로'에서 '그 자체만으로 주목된 것'과 '그 자체만으로 표상된 것'은 서로 다른 표현이며 매우 다른 역할을 한다. '그 자체만으로 주목된 것'은 오직 그것을 향해 주목하는 작용 — 강조해 주의를 기울이는 작용 — 의 대상이고, '그 자체만으로 표상된 것'은 오직 그것을 향한 표상작용의 대상이다. 그러므로 〔공식이 성립하려면〕 적어도 후자의 '그 자체만으로'가 전자의 '그 자체만으로'와 유사한 기능을 가져야 한다.

그렇지만 이러한 전제에서 오직 그 자체만으로 주의를 기울일 수 있는 것과 그 자체만으로 표상될 수 있는 것의 대조는 유지될 수 없다. 가령 어떤 부류의 사례에서 부각시키는 주의를 기울이는 작용은 표상작용과 양립하지 않으므로, 표상작용을 배제해야 하는가? 그런데 징표나 관계의 형식과 같은 비자립적 계기는, — 위에서 이미 상론했듯이 — 예를 들어 '창문'이나 '머리' 등 자립적 내용과 아주 똑같이, 그것을 향한 표상의 대상이다. 그렇지 않으면 우리는 비자립적 계기에 대해 아무것도 이야기할 수 없을 것이다. 위에서 전제된 의미에서 '그 자체

1절 자립적 대상과 비자립적 대상의 차이

만으로 주의를 기울인다.'와 '그 자체만으로 표상한다.'는 일반적으로 서로 배제하지 않아 우리는 이것을 양쪽에서 함께 발견한다. 즉 지각하는 '파악'에서 '그 자체만으로 주의를 기울인 것'은 '당연히' 동시에 표상되며, '그 자체만으로 표상된 것'은 완전한 내용, 예를 들어 '머리'이며 '그 자체만으로 주의를 기울인 것'이다.

실제로 '그 자체만으로'는 표상작용의 경우, 우리가 방금 전 가정한 것과는 완전히 다른 것을 뜻한다. '분리되어 표상한다.'는 같은 값을 지닌 표현이 이미 이러한 점을 명백하게 지시한다. 이것은 분명 대상을 '그 자체만으로 존재하는 것', 그것의 현존에서 다른 모든 자립적인 것에 대립해 표상할 수 있는 가능성을 뜻한다. 어떤 사물이나 그 단편이 그 자체만으로 표상될 수 있다는 것은, 그것 이외에 모든 것이 무효화되더라도 그것이 있는 그대로 존재한다는 것을 뜻한다. 따라서 그것을 표상하는 경우, 우리는 그것 가운데(in), 그것에서(an), 그것과 결부되어 존재하거나, 그것 덕분에 이른바 존재할 다른 것을 필연적으로 지시하지 않는다. 즉 우리는 오직 그것 자체만으로 존재하고, 그것 이외에 아무것도 존재하지 않는 것을 머리에 떠올려 생각할 수 있다. 만약 그것을 직관적으로 표상하면 어떤 연관이, 즉 적어도 그것을 포함하는 어떤 전체가 주어질 것이며, 심지어 불가피하게 함께 주어질 것이다.

우리는 '머리'라는 시각적 내용을 이것이 부각되는 시각적 배경 없이 표상할 수 없다. 그러나 이 '할 수 없음(Nicht-können)'은 비자립적 내용을 정의해야 할 '할 수 없음'과는 완전히 다른 것이다. '머리'라는 시각적 내용을 자립적 내용으로 간주하면, 우리는 불가피하게 함께 주어진 배경에도 불구하고, 그 내용〔'머리'〕이 그 자체만으로 존재하는 것으로 표상될 수 있으며, 따라서 그 자체만으로 분리되어 직관될 수 있다고 사념한다. 그러면 단지 우리는 근원적이거나 습득된 연상의 힘에 의하거나 그 밖에 순수한 사실적 종류의 연관에 의해 성취하지 못할 것이다. 그런데 '논리적' 가능성은, 예를 들어 우리의 시야가 이 하나의 내용으로 수축'될 수 있다.'는 등의 사실에 대해 흔들리지 않는다.

'표상한다'는 말이 여기에서 표현하는 것은 '사유한다'는 말보다 더 함축성 있는 것을 나타낸다. 우리는 하나의 징표, 하나의 결합형식, 이와 유사한 것을 '그 자체만으로 존재하는 것'으로, 즉 다른 모든 것과 분리된 것으로, 그래서 유일하게 실존하는 것으로 사유할 수 없다. 이와 같은 것을 사물과 같은 종류의 내용의 경우에만 사유할 수 있다. '사유한다'는 말이 이러한 독특한 의미에서 나타나더라도, 거기에는 객관적인, 게다가 아프리오리한 상태를 주관적으로 전환한 것 — 이것은 이미 위에서 암시되었다 — 중 하나가 확인될 수 있다.

어떤 대상 — 이제 다시 우리는 체험할 수 있는 직관의 내용들을 함께 포괄하는 더 보편적인 용어를 선택한다 — 이 그 자체만으로 존재할 수 있다는, 즉 오직 다른 어떤 대상 가운데, 또는 다른 어떤 대상에서 다른 대상이 존재할 수 있다는 이러한 구별은 우리의 주관적 사유작용의 사실성에 전혀 관계하지 않는다. 그것은 사태의 순수한 본질 속에 근거한 실질적 구별, 그러나 그 구별이 존립하고 우리가 그 구별을 알기 때문에 '그것에서 벗어나는 사유작용은 불가능하다. 즉 그것에서 벗어나는 판단작용은 잘못된 것이다.'라는 진술로 규정되는 구별이다. 우리가 사유할 수 없는 것은 존재할 수 없으며, 존재할 수 없는 것을 우리는 사유할 수 없다. 이처럼 같은 값을 지닌 것이 한편으로는 사유작용이라는 적확한 개념과, 다른 한편으로는 통상의 주관적 의미에서 표상작용과 사유작용의 구별[차이]을 규정한다.

1절 자립적 대상과 비자립적 대상의 차이

7 순수법칙과 순수 유(類)라는 개념을 도입함으로써 우리의 규정을 더 선명하게 부각시킴

그러므로 '사유한다'라는 적확한 용어와 연관해 '할 수 있음 (können)'이라는 낱말이 등장하는 곳에서 주관적 필연성, 즉 '다르게-표상할-수-없음'의 주관적 무능력이 아니라, '다르게-존재할-수-없음' 의 객관적-이념적 필연성이 사념된다.[11] 이 필연성은 그 본질상 필증적[12] 명증성의 의식 속에 주어진다. 만약 이러한 의식의 진술에 의거한다면, 우리는 그와 같은 객관적 필연성의 본질에는 이와 상관적으로 그때그 때 규정된 순수한 법칙성이 속한다는 점을 확인해야 한다. 우선 객관적 필연성 일반이 객관적 법칙성에 근거한 존재(Sein)와 같은 값을 지닌다는 것은 명백하게 아주 보편적으로 타당하다.

단일의 개별자 '그 자체만'은 그 존재상 우연적이다. '개별자가 필연 적이다.'라는 것에는 '개별자는 법칙적 연관 속에 있다.'라는 것이 포함 되어 있다. 개별자가 다르게 존재하는 것을 거부하는 것은 바로 법칙이 며, 이것은 개별자가 단순히 '여기에 지금' 그렇게 존재하는 것이 아니 라 일반적으로, 즉 법칙적 보편성에서 존재한다는 것을 뜻한다. 그러나 이제 우리가 여기에서 '비자립적' 계기를 설명하는 과정에서 문제가 되 는 필연성이 실질적 본질에 근거한, 이념적이거나 아프리오리한 필연 성의 의미를 갖듯이 이와 상관적으로 법칙성은 본질의 법칙성, 따라서

---

11 이 명제와 더불어 시작하고 이후 연구 내용에 결정적인 존재론적 전환, 명증성의 생각에 서 순수 본질법칙성으로의 생각 전환은 이미 1894년 나의 논문 「논리학의 독일문헌에 관한 보고(Bericht über deutsche Schriften zur Logik)」, 『체계적 철학 총서(*Archiv für syst. Philos.*)』의 3권, 225쪽 주해 1에서 완전히 선명하게 수행되었다. (이 주석은 2판에서 첨부 한 것이다.)

12 (옮긴이 주) '충전적(adäquat)'은 진리나 명증성에 대한 전통적 견해인 '사물과 지성의 일치(adequatio rei et intellctus)'를 뜻하며, '필증적(apodiktisch)'은 의식에 주어진 사태 가 존재하지 않음을 결코 의심할 수 없는 자기의식의 확실성을 뜻한다.

경험적이지 않은, 절대적으로 보편타당한 법칙성의 의미를 갖는다는 점에 주목해야 한다. 경험적으로 일반적인 규칙과 법칙의 경우에서, 이것이 일어나는 사례와 달리 경험적 현존재와의 어떠한 관련도 법칙의 개념에 외연을 제한할 수 없고, 경험적 현존재의 어떠한 정립도 법칙의 의식으로 짜여 엮이지 않는다. 경험적 학문이란 의미에서 '자연법칙'은 결코 본질법칙 — 이념적 법칙, 아프리오리한 법칙 — 이 아니며, 경험적 필연성은 결코 본질의 필연성이 아니다.

그에 따라 비자립적 부분이 '그 자체만으로-존재할-수-없음'은 이러한 부분의 순수한 종 — 예를 들어 색깔의 종, 형식의 종 등 — 에, 어떤 내용의 존재가 '일반적으로' 그것에 속한 어떤 순수한 종의 내용, 이러한 첨가가 여전히 필요한 경우에 그것이 부분이나 그것에 부착된 것, 그것에 연결된 것이 되는 내용에 존재를 전제하는 본질법칙으로 존립한다는 점을 뜻한다. 더 단일하게 다음과 같이 말할 수 있다. 즉 비자립적 대상은 그와 같이 순수한 종의 대상이며, 이러한 종과 관련해 이 종은, 비록 그렇더라도, 그것에 속한 어떤 종의 더 포괄적인 전체의 부분으로서만 존재한다는 본질법칙이 존립한다. 바로 이것은 '비자립적 대상은 단지 부분으로서만 존재하고, 그 자체만으로 존재하는 것으로는 생각될 수 없는 부분이다.'라는 보다 간결한 표현을 뜻한다. 이 종이의 색채는 그 종이의 비자립적 계기이며, 이것은 단지 사실적으로 부분이 아니라 그것의 본질, 그것의 순수한 종에 따라 부분으로 존재하게(Teil-sein) 예정되어 있다. 왜냐하면 색채 일반과 순수한 그 자체는 오직 채색된 것 속에 계기로서만 존재할 수 있기 때문이다. 자립적 대상의 경우에는 그러한 본질법칙이 결여되어 있으며, 그래서 자립적 대상은 더 포괄적인 전체 속에 분류할 수 없으며, 분류하지 말아야 한다.

규정될 수 있는 구별을 비판한 공식적 표현 중에서 '그 자체만으로 표상한다.'는 말로 사념되어야 할 것을 명료화하는 것은 이 구별의

1절 자립적 대상과 비자립적 대상의 차이

본질을 우리에게 완전히 선명하게 해 준다. 이때 그 구별은 관련된 객체 — 또는 부분의 내용 — 그 자체의 순수한 본질 속에 정초된 객관적 구별로서 명백하게 밝혀진다.

우리는 이제 다음과 같이 묻는다. 즉 '그 공식적 표현의 나머지는 어떠한 상태에 있는가?' '따라서 비자립적 대상이나 계기는 '다만' 그 자체만으로 주목될 수 있다는 진술, 또는 다만 함께 결합된 대상이나 계기로부터 독점적으로 주의를 기울임으로써 구별될 수 있다는 — 그러나 그 자체만으로는 표상되지 않는 — 진술은 비자립적 대상이나 계기를 규정하는 데 어떠한 기여를 하는가?' 여기에서 우리는 '전혀 그렇지 않다.'고 답변할 뿐이다. 왜냐하면 '다만'은 '그 자체만으로 표상한다.'에 독점적으로 결부되므로, 표상작용에 독점적으로 대립해 수행될 수 있는 모든 것이 수행되기 때문이다.

물론 정확하게 살펴보면, 비자립적인 것의 측면에서는 〔그러한 본질법칙이 존립한다는〕 적극적 규정이 포함되어 있고, 자립적인 것의 측면에서는 소극적 규정이 포함되어 있다. 우리가 비자립적인 것을 '그 자체만으로 표상될 수 없는 것'으로 부를 때, 〔그러한 본질법칙이 존립한다는〕 이중의 부정 속에서 다만 본래의 출발점으로 되돌아올 뿐이다. 그러나 아무리 그렇더라도 우리는 강조하는 데 온 주의를 기울이며 되돌아올 필요는 없으며, 주의를 기울이는 것이 우리에게 어떤 도움이 될 것인지 예상할 수도 없다.

확실히 머리, 즉 인간으로부터 분리된 머리는 표상될 수 있다. 그런데 어떤 색깔이나 모양 등은 이러한 방식으로 표상될 수 없으며, 어떤 기체(Substrat)가 필요하다. 그것은 기체에 배타적으로 주목하지만, 기체에서 분리될 수는 없다. 그렇지만 머리도, 가령 시각의 관점에서 '단지 그 자체만으로 주목될' 수 있는데, 머리는 불가피하게 전체 시야의 존립요소에 부분으로서 주어지기 때문이다. 그래서 만약 머리를

존립요소의 부분으로서 파악하지 않으면, 만약 배경을 머리에 실질적
으로 생소한 것으로서, 또 상관없는 것으로서 '추상하면' 이것은 내용
의 특수성 속에 놓이는 것이 아니라 사물에 대한 파악의 상황에 놓이
게 된다.

7a 자립적 이념과 비자립적 이념[13]

우리의 구별은 우선 '이념적 보편성에서' 생각된 개체적 개별자의
존재, 즉 이념의 개별자로서 순수하게 파악된 개별자의 존재와 관련된
다. 어쨌든 그 구별은 당연히 이념 자체로 전용되고, 따라서 이념은 비
록 다소 변경된 의미라도 이에 상응하는 의미에서 자립적 이념과 비자
립적 이념으로 부를 수 있다. 예를 들어 순수한 최고 유(類)에 가장 낮
은 종차(種差)는 최고 유에 오르기까지 순수한 종의 단계와 관련해 상
대적으로 자립적이라 부를 수 있으며, 이 경우 다시 더 낮은 종은 더 높
은 종에 비해 상대적으로 자립적이라 부를 수 있다. 개체적 개별자가
유에 상응해 아프리오리하게 존재할 수 없고, 동시에 개체적 개별자가
다른 유의 ─ 개체적인 것이지만 순수하게 생각된 ─ 외연에 속하지 않
는다면 후자의 유와 관련해 비자립적일 것이며, 다른 영역의 예에서도
'적절하게 수정하면' 그러하다.

---

[13] (옮긴이 주) 이 7a 전체는 2판에서 첨부한 것이다.

8 자립적 내용과 비자립적 내용의 차이를 직관적으로 부각된 내용과 융합된 내용의 차이에서 분리시킴

여전히 다음과 같은 반론을 수용해야 한다. 즉 자립적 내용이 그 자체만으로 타당하고 주변의 모든 것에서 분리된 통일체를 관철해 가는 방식으로, 또는 비자립적 내용이 다만 다른 내용, 더구나 자립적 내용에 근거해서만 주어진 것으로서 성격 지어지는 방식으로, 우리의 고찰을 통해서는 결코 충분히 고려되지 않는 현상학적 구별이 생긴다고 아마 강력하게 주장할 것이다.

이 경우 실로 다음과 같은 기술적(記述的) 상태가 고려될 것이다. 직관의 비자립적 계기는 단순한 부분이 아니며, 어떤 — 개념적으로 매개되지 않은 — 방식으로 우리는 또한 그 계기를 부분으로서 파악해야 한다. 즉 그 계기가 포함된 구체적 전체 내용이 통일적으로 부각되지 않으면 비자립적 계기는 그 자체만으로 주목될 수 없다. 물론 이것은 비자립적 계기가 적확한 의미에서 대상적이 된다는 것을 뜻하지 않는다. 우리는 어떤 도형이나 색깔의 — 이 도형이나 색깔을 갖는 객체 전체가 부각되지 않으면 — 그 자체에만 주목할 수 없다. 때로는 어떤 '눈에 띄는' 색깔이나 모양이 스스로 부각되는 것처럼 보이지만, 이러한 일의 경과를 현전화하면 다음과 같은 점이 분명해진다. 즉 현상적으로 부각되지만 바로 우리 눈에 띄는 그 특수성과, 오직 본래 의미에서 대상적인 그 특수성 때문에 현상적으로 부각되는 객체 전체가 여기에서도 드러난다는 점이다. 감성적 통일체의 계기, 예를 들어 통일체로서 끈질기게 달라붙는 다수의 감성적인 것이 내적으로 밀집된 것을 다른 통일체의 계기와 나란히 정초하는 공간적 형태[배열]의 계기[14]가 부각되는 것

---

14 내 책 『산술철학』 1권(1891), 11장, 228쪽('가로수 길(Allee)'의 나무, '한 무리의(Schwarm)'

도 감성적-통일적 전체 자체를 파악하는 것과 유사한 관계에 있다. 따라서 이러한 방식으로 어떤 내용이 부각되는 것은, 때때로 그 내용에 밀접하게 속한 다른 내용을 주목하는 데 기초가 된다.[15]

이러한 상태의 더 깊은 근거를 탐구하면, 우리는 이제까지 고찰한 구별, 즉 현상학적 영역이나 직관적으로 주어진 것 자체의 영역에서 자립적 내용과 비자립적 내용의 구별과 두 번째 구별 — 첫 번째 구별과 혼동된 구별 — 이 교차하는 것에 주목하게 된다. 즉 두 번째 구별은 한편으로는 결합된 내용에서 '부각되거나' '격리되어' 직관적으로 '분리된' 내용과, 다른 한편으로는 결합된 내용과 융합되어 그 속에서 격리되지 않고 넘쳐흐르는 내용의 구별이다. 물론 그 표현은 다의적이지만, 이미 그것들을 대조하는 것에서 사실상 중요한 문제가 본질적으로 새로운 구별임을 분명하게 해 준다.

그러므로 내용은 공존하는 다른 내용들 중 그 내용이 '구별 없이' 넘쳐흐르지 않아 다른 내용들과 나란히 독특한 타당성을 얻을 수 있으며, 그 자체만으로 부각될 수 있는 공존하는 다른 내용들과의 관계 속에서 직관적으로 분리된다. 직관적으로 분리되지 않은 내용은 공존하는 다른 내용들과 더불어 하나의 전체를 형성하는데, 이 전체 중 그 내용은 이러한 방식으로 격리되지 않으며, 자신의 동료와 단지 결합되는 것이 아니라 '융합된다.' 만약 그 주변에 어떤 일이 생기더라도 그것이 있는 그대로 존재하는 한, 앞에서 말한 의미에서 자립적 내용을 생각해 보면 그 내용은 그로 인해 격리하는 것의 완전히 다른 종류의 자립성을 가질 필요는 없다. 균등하거나 연속적으로 음영 지어진 흰색의 직관적 평면의 부분들은 자립적이지만, 분리되지 않는다.

새, '일련의(Zug)' 오리 등) 참조.

15 내 논문 「기초논리학의 심리학적 연구(Psychologischen Studien zur elementaren Logik)」, 《철학 잡지(Philos. Monatshefte)》 30권(1894), 162쪽.

1절 자립적 대상과 비자립적 대상의 차이

그런데 직관적으로 분리하는 것에 무엇이 속하는지 심문해 보면, '넘쳐흐른다(Überfließen)' 또는 '서로 뒤섞여 흐른다(Ineinanderfließen)'라는 비유적 표현은 우선 내용들이 연속적으로 단계 지어지는 사례를 떠올리게 한다. 이것은 특히 감성적으로 구체적인 분야에, 더 정확하게 말하면, 외적 감각의 영역에서 자립적 내용에 대해 타당하다. 분리하는 것은 여기에서 여러 가지 불연속성(Diskontinuität)에서 기인한다.

우리는 이것을 다음과 같은 명제로 표명할 수 있다.

두 개의 동시적인 감성적으로 구체적인 것은 한편으로는 직접적인 구성적 계기의 전부가, 다른 한편으로는 이에 상응하는 구성적 계기가 '끊임없이' 이행하는 경우, 필연적으로 하나의 '구별 없는 통일체'를 형성한다. 이때 어떤 상응하는 계기가 동등한 사례는 끊임없음의 허용할 수 있는 극한의 사례, 즉 끊임없이 '자기 자신으로 이행하는 것'으로 간주되어야 한다.

이 명제는 쉽게 이해할 수 있는 방식으로, 다수의 구체적인 것으로 전용될 수 있다. 총체에 속하는 구체적인 것이 일렬로 질서 지어져 단계적으로 끊임없이 접속되면, 즉 방금 위의 명제로 상세히 표시한 것이 인접한 쌍에 적용되면, 모든 개별적이고 구체적인 것은 다수의 구체적인 것 속에 분리되지 않은 채 남아 있다. 그러나 어떤 개별적인 것은, 그것이 다른 개별적인 것들 중 단지 하나에 의해 부각되지 않으면, 다른 모든 개별적인 것에서 실로 분리되지 않은 채 남아 있게 된다.

9 계속: 융합의 현상이라는 더 넓은 영역을 앞서 지시함

물론 이러한 명제는 어떤 의미에서는 사실을 이상화(理想化)한 표현을 제공해 준다. 연속성과 불연속성은 당연히 수학적 정밀성으로 받아들일 수 없다. 끊긴 자리는 수학적 극한이 아니며, 그 간격은 '너무 작을' 필요가 없다.

다소 세련되게, 선명한 간격이나 경계와 희미한 간격이나 경계를 구별할 수 있을 것이다. 게다가, 가령 일상생활에서, 무디거나 심지어 둥글게 만든 첨단과 모서리를 예리한 첨단과 모서리와 대조해 이야기하는, 경험적으로 모호한 의미로 구별할 수 있을 것이다. 명백히 직관적으로 주어진 모든 것 그 자체의 본질형태는 수학적 본질형태와 다르게, 원리적으로 '정밀한' 개념이나 '이상적 개념'에 포섭되지 않는다. 지각된 나무 그 자체의 공간적 형태는 ── 그것이 관련된 지각 속에 그 지각의 지향적 대상에서 계기로서 발견되는 것으로서 ── 엄밀하게 말하면 결코 기하학적 형성물이 아니며, 정밀한 기하학의 의미에서 '이상적인 것'이나 '정밀한 것'도 전혀 아니다. 마찬가지로 직관적 색깔 그 자체는 결코 이념적 색깔이 아니며, 그 종은 '색깔의 입체(立體)' 속의 이념적 점(点)이다.

직관적으로 주어진 것에서 직접적 이념화작용(Ideation)을 통해 파악한 본질은 '정밀하지 않은' 본질이며, 그 이념은 칸트가 말한 의미에서[16] '정밀한' 본질, ── 이념적 점, 이념적 평면, 공간 형태 또는 '이념적' 색깔의 입체 속에 있는 '이념적' 색깔의 종과 같은 ── 독특한 '이념화(Idealisierung)'를 통해 생기는 '정밀한' 본질과 혼동하면 안 된다. 그러므로 모든 순수한 기술, 즉 직관에 직접적으로 또 충실하게 적합한 모든 기술, 또한 모든 현상학적 기술에 기술하는 개념은 객관적 학문이 규정하는 개념과는 원리적으로 다른 것이다. 이러한 상태를 해명하는 것은 여전히 진지하게 착수되지 않았고, 또한 앞에 놓여 있는 [분리와

---

16 (옮긴이 주) 칸트에 따르면, "어떤 경험도 결코 이념에 합치할 수 없다는 점에 바로 이념의 특성이 있다."(『순수이성비판』, B 649) 따라서 "이념은 범주보다 객관적 실재성에서 더 멀리 떨어져 있다. 이념이 구체적으로 표상하게 만드는 어떠한 나타남[현상]도 발견될 수 없기 때문이다. 이념은 어떠한 가능한 경험적 인식도 도달하지 못하는 완전성을 포함한다."(위의 책, B 595~596)

융합의〕 구별과 관련해 전혀 해결되지 않은 현상학적 과제다.

불연속성을 통한 이러한 분리나 연속성을 통한 융합이라는 개념이 단지 매우 제한된 분야만 포괄한다는 점도 확실하다.

여기에서 명백히 고찰하는 영역인 융합(Verschmelzung)[17]의 주목할 만한 사실에 관해 나는 슈툼프의 매우 교훈적인 탐구를 상기시키려 한다. 물론 우리가 선호해 취한 사례는 융합 현상의 범위 속에서 독특한 역할을 한다. 이러한 사례를 더 자세하게 주시해 보면, 그 사례의 경우 구체적인 것, 즉 자립적 '감각의 전체'로부터 그 구체적인 것의 직접적인 비자립적 계기나 이 계기에 맨 먼저 소속된 종(種)으로 되돌아오게 된다. 불연속성 그 자체는 하나의 동일한, 가장 가까운 상위의 순수 유(類) 안에서 가장 낮은 종차(種差)에 관계된다. 그래서 예를 들어 색깔의 질과 비교하는 가운데 색깔의 질에 관계된다.

그러나 우리는 가령 불연속성을 그와 같은 가장 낮은 차이에 관해서 공존하는 내용들의 단순한 간격(Abstand)으로 정의하지 않는다. 동시적 음들은 간격을 갖지만, 적확한 의미에서 불연속성이 결여되어 있다. 이러한 의미에서 불연속성은, 단지 종적으로 차이가 나는 계기들이 연속적으로 변화하는 하나의 계기를 넘어서는 한에서만, 즉 공간적 계기나 시간적 계기를 넘어서서 '경계에 인접해 확산되는(angrenzend ausgebreitet)'한에서만 종적으로 차이가 나는 계기들에 관계된다. 예를 들어 시각적 질은 공간의 경계나 시간의 경계에 '인접해(an)' 다른 시각적 질을 뛰어넘는다. 공간의 부분에서 공간의 〔다른〕 부분으로 연속적으로 이행하는 가운데, 우리는 동시에 뒤덮인 질 속에 연속적으로 진행

---

17 슈툼프는, 잘 알려져 있듯이, 융합을 우선 더 좁은 의미에서 동시적인 **감각의 성질들**의 관계——이 관계에 의해 감각의 성질은 감각의 전체에 부분으로서 나타난다——로 정의한다. 그러나 그는 우리에게 여기에서 척도가 되는 더 넓은 개념을 시사하는 데에는 등한시했다. 그의 저술 『음향심리학(*Tonpsychologie*)』 2권, 17항, 64쪽 이하 참조.

해 나가지 않고, '경계에 인접한' 질은 공간의 한자리에서 적어도 유한한 ─ 또한 너무 작지 않은 ─ 간격을 갖는다.

그리고 현상적 잇따름(Nacheinander) 속에 불연속성의 경우도 마찬가지다. 그러나 이때 단순히 질, 예를 들어 색깔이 다른 색깔에서 분리되는 것이 아니라, 오히려 구체적인 것 전체가 서로에 대해 경계를 분명하게 지으며, 시야는 부분들로 분리된다. 이러한 뒤덮음(Deckung)의 연관 ─ 이러한 연관과 관련해 비로소 불연속성이 논의된다 ─ 속에 색깔의 간격은 바로 동시에 함께 결합된 계기들 ─ 우리가 든 예로는 〔색깔로〕 덮인 공간의 부분들 ─ 을 분리하게 된다. 그러지 않으면 이 계기들은 융합 일반에서 떨어질 수 없을 것이다. 공간성도 필연적으로 끊임없이 변화한다. 이러한 변화의 한 단편은, 불연속성이 공간성을 뒤덮는 계기를 통해 만들어지고, 그래서 그 단편에 상응하는 구체적인 것 전체가 분리될 때, 그 자체만으로 현저하게 또 우선적으로 실로 의식에 적합하게 '부각될'[18] 수 있다.

우리는 여기에서 '공간성(Räumlichkeit)'이라는 말로 우선 가령 감각의 계기를 이해하며, 이 계기의 객관적 통각(Apperzeption)은 나타나는 본래의 공간성을 최초로 구성한다. 그러나 다른 한편, 우리는 여기에서 공간성이라는 말로 그때그때 직관에 근거해 나타나는 사물 그 자체에서 파악할 수 있는 '공간적인 것(Räumliches)'도 이해할 수 있다. 그래서 이 공간적인 것은 그 속에 객관적 측정으로 규정할 수 있는 물리적 '사물 자체'의 객관적 공간 형태가 바로 직관적으로 드러나고(bekunden), 서로 다른 직관 속에 서로 다른 방식으로 드러나는 지향적 계기로 이해된다.

이제 감성적 직관의 구체적인 것이 분리되는 경우, 경계에 인접한

─────────

18 이 책 제2연구 40항 중간 참조. 거기에서 우리는 비자립적 계기 자체가 지향되고 주목된 객체가 되는 사례에 대립해 비자립적 계기가 이념화하는 추상의 의식 속에 단순히 '강조되어 있음'에 대해 비유적으로 이야기했다.

1절 자립적 대상과 비자립적 대상의 차이

계기의 간격에 의거하면, 어쨌든 구체적인 것 전체가 부각되는 것은 그 구체적인 것의 내용이 서로에 대해 떨어져 있는 계기들이 부각되는 것에 비해, 이전의 것이다. 이러한 것은 다분히 구체적인 것의 서로 다른 계기가 특히 밀접하게 융합됨에 의거한다. 즉 변화되고 소멸되는 경우, 상호 종속성 속에 드러나는 계기들이 상호 '침투함'에 의거한다. 이 융합은 연속성이나 분리를 폐기하는 다른 방식으로 서로 뒤섞여 희미해지는 것이 아니라 오직 하나의 계기만이 불연속성을 통해, 그것에 예비조건을 만들어 내는 것과 같이 침투하는 계기들의 복합 전체를 일거에 또 필연적으로 부각시키는, 적어도 특별히 밀접한 함께 속함의 일종이다.

더 깊게 연속해서 파고드는 분석은 여기에서 여전히 흥미 가득한 기술적 차이를 증명할 수 있을 것이다. 그런데 우리의 목적에는 상당히 거친 서술로도 충분하다. 우리가 이 서술에서 다루는 부각된 내용과 부각되지 않은 내용 또는 '그 자체만으로 표상될 수 있는 내용'과 '그 자체만으로 표상될 수 없는 내용', 자립적 내용과 비자립적 내용 — 실로 이러한 표현이 여기에서 끈질기게 떠오르지만 — 의 차이를, 바로 그 주목할 만한 본질의 특징을 갖는 모호한 '주관적' 직관성의 영역에서 다루고 있다는 사실, 따라서 이러한 차이로는 추상적 내용과 구체적 내용 — 위에서 선호해 부른 것처럼, 자립적 내용과 비자립적 내용 — 의 보편적 존재론적 차이에 전혀 도달하지 않았다는 사실을 검토하기 위해 충분히 살펴보았다. 전자의 경우, 통일적으로 분리되는 내용과 배경 속에서 희미해지는 내용의 구별에서 중요한 문제는 분석과 융합의 사실이며, 이때 분리되는 내용은 자립적일 수도 있고 비자립적일 수도 있다.

따라서 예를 들어 균등하게 채색된 평면의 구분되지 않은 부분의 비자립성을 기술적으로 완전히 다른 종류인 추상적 계기의 비자립성과 동등하게 간주할 경우, 또는 '구체적'과 '추상적'의 존재론적 차이의 본질을 작용의 영역에 속하는 현상학적 사실 ── 구체적인 것의 경우 표상하는 작용은 직접적 작용이므로, 따라서 이러한 점에서 다른 표상작용을 기반으로서 필요로 하지 않는 자립적 작용이지만, 추상적 내용을 파악하는 작용은 이 내용에 속한 구체적인 것의 표상작용이 기반을 형성해야만 하는 한에서 간접적이고 비자립적 작용이라는 사실 ── 을 통해 정초하려는 경우, 위의 두 구별을 혼동하면 안 된다. 그러나 우리의 분석은 이러한 기술적 상태로 유지할 수 있는 것이 여전히 〔존재론적 차이와〕 완전히 다른 상태와 연관되어 있고, 어쨌든 존재론적 차이의 본질을 밝히는 데 적당하지 않다는 점을 분명하게 해 준다.

10 서로 다른 종류의 비자립성에 속하는 다양한 법칙

이제까지의 고찰에 따라, 관련된 부분과 전체의 보편자 속에 그 개념적 기반을 갖는 아프리오리한 법칙은 언제나 비자립성에 속한다. 그러나 이 법칙은 더 크거나 작은 규정성으로 파악되고 표명될 수 있다. 비자립성이라는 개념을 확정하는 데에는 비자립적 대상이 그것이 존재하는 그대로, 즉 그 본질의 규정성에 의해 단지 더 포괄적인 전체 속에서만 존재할 수 있다고 말하는 것으로 이미 충분하다. 그렇지만 비자립적 대상은 경우에 따라 때때로 이러저러한 종류가 되며, 그래서 그 대상이 존립할 수 있기 위해 필요한 보충하는 방식도 변한다.

이제 예를 들어 '감각의 질 계기, 가령 감각의 색깔 계기는 비자립적이며, 그 속에 그것이 구체화되는 전체가 필요하다.'라고 말하면, 이 예를 지배하는 법칙성은 단지 한 측면에 따라서만, 즉 그 보편적 성격이 감각의 질로서 지시되는 부분에 따라서만 규정된다. 이에 반해 전체의 종류는 규정되지 않은 채 남아 있으므로, 그와 같은 '질'이 부분인 종류와 그 질이 실존할 수 있기 위해 보충이 필요한 종류도 규정되지 않은 채 남아 있다.

다른 한편 우리가 '감각의 질은 다만 '감각 장(場)' 속에서만 존재할 수 있다.' 더 자세하게 '감각의 색깔은 시각적 감각 장 속에서, 또는 감각의 질은 단지 '확장함(Ausbreitung)'을 '질화함(Qualifizierung)' 속에서만 존재할 수 있다.'라고 말하는 경우, 사정은 완전히 달라진다. 이 경우 법칙성도 다른 측면에 따라 규정되는데, 시각적 감각 장의 개념은 주어진 개념이며, 전체의 가능한 종류 중 일정하고 특수한 종류를 표시한다. 마찬가지로 '질화함'의 개념과 '확장함'의 개념은 비자립적인 것이 전체에 법칙적으로 내재하듯이, 서로 다른 가능성 중 특별한 가능성을 표시한다. 그 특수성은 감각의 질의 본질이나 확장함의 본질을 통해 보편적으로 규정되지만, 각각의 본질은 시각적 감각이나 시각 장의 본질의 통일성 — 그와 같은 모든 통일성은 이 시각 장에 분류된다 — 속에 그 자신의 방식으로 포함된다.

그런데 이러한 방식은 더 이상 기술되지 않는다. 왜냐하면 예를 들어 '감각의 계기가 되는 것'이라는 규정성이 ''질'의 방식으로 감각의 계기가 되는 것'이라는 규정성으로, 무엇이 세분화하는지의 물음에 더 이상 상세한 답변을 줄 수 없다면 질의 개념을 포함하지 않을 부가하는 규정성을 제시할 수 없기 때문이다. 이와 아주 똑같이 그것에 의해 종인 '빨간색'이 결과로 생길 무엇을 '색깔'에 부가해야 하는지의 물음에 대해 단지 '빨간색'이라 답변할 수 있을 뿐이다.

어쨌든 비자립적인 것의 개념은 비자립적인 것을 정의하는 법칙성, 그러나 단지 간접적이며 보편적으로 표시된 법칙성과 함께 실질적으로 규정되고, 여러 가지 변화하는 본질법칙을 지시한다. 어떤 종류의 부분이 '이것과 더불어 무엇이 응집되는지', '그 부분이 삽입되는 연관은 어떻게 만들어지는지'와 무관한 반면, 단지 일반적으로 부분으로만 존재해야 한다는 것이 어떤 종류의 부분이 가진 특이성은 아니다. 오히려 비자립적 내용의 순수한 종류와 더불어 변하고, 그에 따라 종류마다 다른 보충을 지정하는 확정된 필연성과의 관련, 따라서 내용적으로 규정된 순수한 법칙이 존립한다. 이러한 법칙 속에 연계된 종(Spezies), — 바로 이러한 법칙의 관점에서 — 우연적인 개별자의 영역을 제한하는 종은 항상 가장 낮은 종차(種差)는 아니지만 때때로 가장 낮은 종차다. 예를 들어 어떤 법칙이 '색깔'이라는 종류의 내용에 '연장'이라는 종류의 내용과의 연관을 지정하는 경우, 그 법칙은 결코 특정한 색깔에 특정한 연장을 지정하지 않으며, 반대의 경우도 마찬가지다. 그러므로 여기에서 가장 낮은 차이의 가치는 결코 서로 함수관계에 있지 않다. 법칙은 다만 가장 낮은 종류, 즉 다양한 최종적 종차를 직접 포섭하는 종류만을 거명할 뿐이다. 다른 한편 질의 간격이 그것을 기초 짓는 질에 종속함을 고찰하면, 그 간격은 이 후자[의 질]의 가장 낮은 종차를 통해 일의적으로 규정되며, 따라서 다시 가장 낮은 차이로 규정된다.

그러므로 이에 따라 비자립성의 개념은 통일적 연관 속에서 이념적 법칙성의 개념과 같은 값을 지닌다. 어떤 부분이 단순히 사실적이 아닌 이념적 법칙의 연관 속에 있다면, 그 부분은 비자립적이다. 왜냐하면 그와 같은 법칙적 연관은 — 실로 그 순수본질에 따라 그러한 종류가 된 부분은 법칙적으로 여기저기에 속한 종류의 — 어떤 다른 부분들과의 연계 속에서만 존립할 수 있을 뿐이기 때문이다. 또한 법칙이 연계의 필연성 대신 연계의 불가능성에 대해 이야기하는 경우, 예를 들어 법칙이 어떤 부분 A의 현존이 어떤 부분 B의 현존을 자신과 양립할 수 없는 것으로 배제한다고 진술하는 경우, 여기에서도 우리는 비자립성으로 되돌아오게 된다. 왜냐하면 A와 B 양자가 배타적으로 동일한 것을 요구함으로써 A는 B를 배척할 수 있기 때문이다. 어떤 색깔과 다른 색깔의 양자가 결국 동일한 평면의 단편에서 완전히 뒤덮어야 하지만, 바로 그렇게 할 수 없을 경우에만 어떤 색깔은 다른 색깔을 배척한다. 일정하게 한정하는 것을 본질법칙으로 배척하는 모든 것에는 — 그에 부합해 한정하는 것에 대한 — 적극적인 본질법칙으로 요구하는 것이 상응하며, 그 역도 마찬가지다.

11 이 '질료적' 법칙과 '형식적' 또는 '분석적' 법칙의 차이

우리가 여러 번 강조했듯이, 어떤 부류의 비자립성을 정의하는 필연성이나 법칙은 내용의 본질적 특수성 속에, 내용의 독자성(Eigenart) 속에 근거한다. 더 정확하게 말하면, 관련된 비자립적 내용과 보충적 내용이 우연적 개별자로서 포섭되는 순수한 유와 종, 차이 속에 근거한다. 그와 같은 이념적 대상의 총체를 생각해 보면, 우리는 이와 함께 순수한 '본질(Wesen)'의 총체, 이념적으로 가능한 모든 개체적 대상성 — 존재(Existenz) — 에 '본질(Essenz)'의 총체를 갖는다. 나아가 이 본질에는 '실질적 개념'이나 실질적 명제가 상응하는데, 우리는 이것을 모든 '실질적 질료(sachhaltige Materie)'에서 벗어난 '단순한 형식적 개념'과 '단순한 형식적 명제'로부터 선명하게 구별했다. 후자의 개념에는 '서론' 〔『논리 연구』 1권〕의 결론 절〔11절 '순수논리학의 이념'〕에서 논의한 '형식적-논리적 범주'와 이것에 본질적으로 관련된 '형식적-존재론적 범주' 가 속하며, 이 범주들에서 생긴 구문론적 형성 구조가 포함된다.

'어떤 것'이나 '하나', '대상', '상태', '관계', '연계', '다수', '수', '순서', '서수', '전체', '부분', '크기' 등의 개념은 그것 나름대로 실질적인 것(Sachhaltiges)을 표현하는 '집', '나무', '색깔', '음', '공간', '감각', '감정' 등의 개념과는 근본적으로 다른 성격을 띤다. 전자가 어떤 것이나 대상 일반의 공허한 이념을 중심으로 그룹 지어지고 형식적-존재론적 공리를 통해 이것과 연계되는 반면, 후자는 '질료적 존재론'이 그 속에 뿌리내린 서로 다른 실질적인 최고 유——'질료적 범주'——를 중심으로 배열된다. '형식적' 본질의 영역과 '실질적' 또는 질료적 본질의 영역에서 이 주요한 구별은 '분석적-아프리오리한' 학과와 '종합적-아프리오리한'[19] 학과, 또는 '법칙과 필연성'의 진정한 구별을 제공해 주는데, 이에 관해서는 바로 다음 항인 12항에서 체계적으로 규정할 것이다.

이제 서로 다른 종류의 비자립성에 속하는 모든 법칙이나 필연성이 종합적 아프리오리의 영역을 분류한다는 점은 즉시 분명해졌으며, 우리는 이제 무엇이 그 법칙이나 필연성을 실질적이 아닌 것으로서, 단순한 형식적 법칙이나 필연성에서 분리시키는지 완전히 이해하게 될 것이다. 우리는 사물의 실재적 변화의 비자립성을 규정하는 인과법칙과 같은 종류의 법칙, 또는 단순히 '질', '강도', '연장', '한계', '관계의 형식' 등의 비자립성을 규정하는——대개 충분히 정식화되지 않은——법칙을 '전체는 부분들 없이 존재할 수 없다.'와 같은 순수 '분석적' 보편성, 또는 '왕, 주인, 아버지는 신하, 하인, 자녀가 존재하지 않으면 존재할 수 없다.'와 같은 분석적 필연성과 같은 위치에 놓지 않는다. 분석적 보편성이나 필연성의 경우, 일반적으로 상관적인 것들은 서로(einander) 상대방을 요구하지만 서로가 없다면 생각될 수 없거나 존재할 수 없는 것을 뜻한다. 그 보편성이나 필연성 옆에 반대 측면의 어떤 일정한 명제, 예를 들어 '색깔은 그 색깔을 가진 것 없이 존재할 수 없다.' 또는 '색깔은 그 색깔을 통해 뒤덮인 어떤 연장 없이 존재할 수 없다.' 등을 세

---

19 (옮긴이 주) 칸트에 따르면, 진리를 파악하는 판단에는 주어의 개념을 술어가 단순히 설명해 주는 아프리오리한 필연성을 지닌 '분석판단'과, 주어의 개념 속에 없는 새로운 지식을 확장해 주는 아포스테리오리(aposteriori)한 우연성을 지닌 '종합판단' 이외에 경험과 관련 맺으면서도 경험을 통해 획득되거나 영향을 받지 않는 '아프리오리한 종합판단'이 가능하다고 주장한다.(『순수이성비판』, B 10~24 참조)

1절 자립적 대상과 비자립적 대상의 차이

우면 그 차이가 두드러진다. '색깔'은 그 표현의 의미가 다른 것과의 관계를 표상하는 것을 포함하는 상대적 표현이 아니다. 색깔은 색깔이 있는 것 없이 '생각될' 수 없더라도, 어쨌든 어떤 색깔이 있는 것의 존재(Existenz), 더 자세하게는 어떤 연장의 존재이지, 색깔이라는 개념 속에 '분석적으로' 정초되지 않는다.

그 차이의 본질을 다음의 고찰이 분명하게 해 준다.

부분 그 자체는 부분이 그것의 부분인 전체가 없다면 전혀 존재할 수 없다. 그러나 다른 한편 우리는 — 즉 자립적 부분과 관련해 — '부분은 부분이 그것의 부분인 전체 없이도 종종 존재한다.'라고 말한다. 물론 여기에는 모순이 전혀 포함되지 않는다. 이것은 다음과 같은 것, 즉 '만약 부분을 그 내적 내용에 관해, 그 독특한 본질에 관해 고찰하면, 이 동일한 내용을 소유한 것은 그 속에 그것이 존재하는 전체가 없어도 존재할 수 있고, 그것은 다른 것과의 연계 없이 그 자체만으로 존재할 수 있으며, 그 경우 그것은 곧 부분이 아니다.'를 뜻한다. 이 경우 연계를 변경시키거나 완전히 폐기하는 것은 부분의 이러저러한 종류의 독특한 내용에 영향을 끼치지 않고, 현존재 속에 그 부분의 내용을 폐기하지 않으며, 단지 그 부분의 관계만을, 그것이 부분으로 존재함(Teilsein)만을 폐지할 뿐이다.

다른 종류의 부분인 경우에는 사정이 거꾸로다. 즉 다른 종류의 부분은 어떠한 연계도 없으면 부분이-아닌 것(Nicht-Teil)으로서 그 내용의 독자성 때문에 생각할 수 없다. 따라서 이러한 불가능성이나 가능성은 내용의 본질적 특수성에 근거한다. 그런데 부분 그 자체가 그것의 부분인 전체가 없다면 존립할 수 없는 '분석적' 사소한 일의 경우 사정은 완전히 다르다. 어떤 것이 소속한 전체가 없을 경우, 그 어떤 것을 부분으로 부르는 것은 '모순', 즉 '형식적으로', '분석적으로' 이치에 어긋날 것이다. 이 경우 중요한 문제는 부분의 내적 내용이 결코 아니며, 여기에 기초가 되는 '형식적' 법칙성은 위에서 언급한 실질적 법칙성과는 공유하는 것이 전혀 없으며, 따라서 실질적 법칙성을 방해할 수 없다.

상관적인 것들이 일반적으로 상호 제약되는 것은 물론 상호 요구되는 어떤 계기, 즉 모든 관계(Relation)에서 서로 필연적으로 속한 관계(Verhältnis)와 이 관계의 규정을 시사한다. 그러나 형식적으로 규정되지 않은 채 시사할 뿐이다. 여기에서 지배하는 합법칙성은 모든 관계 그 자체에 대한 하나의 합법칙성이고, 바로 단순한 '분석적 본질' 속에 근거한, 따라서 여기에서는 '관계(Relation)'라는 형식적 범주의 본질 속에 근거한 단순한 형식적 합법칙성이다. 그것은 관계와 그 관계의 항들의 실질적 특수성에서 자체 속에 아무것도 받아들이지 않으며, 이것을 단지 '어떤' 관계와 그 관계의 항들이라 부를 뿐이다. 그 합법칙성은 가령 관계의 항이 두 개인 단순한 경우 '만약 '어떤' a가 '어떤' b와 '어떤' 관계에 있으면, 이 동일한 b는 그 a와 '어떤 상응하는' 관계에 있다.' 'a와 b는 이 점에서 제한 없는 변항(Variable)이다.'

12 분석적 명제와 종합적 명제에 대한 근본 규정

우리는 일반적으로 다음과 같이 정의해도 좋을 것이다.

분석적 법칙은 무조건적인 보편적 — 그래서 개체적인 것의 실존을 명시적이든 함축적이든 정립하는 모든 것에서 벗어난 — 명제다. 이 명제는 형식적 개념만 포함할 뿐이며, 따라서 우리가 원초적 개념으로 되돌아갈 경우 형식적 범주만 포함할 뿐이다. 분석적 법칙은 실질적 개념을 도입함으로써, 또 어쩌면 개체적 존재를 정립하는 생각 — 예를 들어 '이것' '그 황제' — 을 도입함으로써 생기는 그 특수한 형태들에 대립된다. 일반적으로 법칙을 특수화하는 것이 필연성을 산출하듯, 분석적 법칙을 특수화하는 것은 '분석적 필연성'을 산출하며, '분석적 명제'라는 대개 분석적 필연성이다. 분석적 명제가 현존재의 정립을 함축한다면, — 예를 들어 '이 집이 빨갛다면, 빨간색이 이 집에 소속된다.' — 분석적 필연성은 그 명제의 그 내용, 그래서 그 명제가 분석적 법칙의 경험적 특수한 형태인 내용에 관련되고, 따라서 경험적 현존재의 정립에는 관련되지 않는다.

분석적 필연적 명제를 그 대상성 — 규정되어 생각되거나 규정되지 않은 보편성에서 생각된 — 의 실질적 독자성, 어쩌면 사례의 사실성, 현존재의 정립의 타당성에 완전히 종속적이지 않은 진리를 갖는 명제, 따라서 완벽하게 '형식화되고' 그와 같이 형식화함으로써 타당하게 된, 형식적이거나 분석적인 법칙의 특수한 사례나 경험적 적용으로서 파악할 수 있는 명제로 정의할 수 있다. 분석적 명제에서는 그 명제의 논리적 형식을 완전히 유지할 경우, 모든 실질적 질료를 '어떤 것'이라는 공허한 형식을 통해 대체하는 것, 모든 현존재의 정립을 그에 상응하는 '무조건적 보편성'이나 법칙성이라는 판단형식으로 이행함으로써 배제하는 것이 가능함에 틀림없다.

예를 들어 '이 집의 현존은 그 집의 지붕, 벽, 그 밖의 부분들을 포함한다.'는 것은 분석적 명제다. 왜냐하면 전체 $G(a, b, c \cdots\cdots)$의 존재는 일반적으로 그 부분들 $a, b, c \cdots\cdots$의 존재를 포함한다는 분석적 공식이 타당하기 때문이다. 이 법칙은 실질적 유나 종을 표현할 어떠한 의미도 함축하지 않는다. 앞의 예에서 '이것(dies)'을 함축하는 개체적 현존재의 정립은, 우리가 알고 있듯이, 순수법칙으로 이행함으로써 폐지된다. 그리고 이 법칙은 분석적 법칙이며, 순수하게 형식적-논리적 범주와 범주적 형식으로 구축된다.

만약 우리가 분석적 법칙과 분석적 필연성의 개념을 가지면, 당연히 '아프리오리한 종합적 법칙'과 '종합적-아프리오리한 필연성'의 개념이 생긴다. '진리의 가치를 해치지 않고(salva veritate)' 이러한 개념의 형식화를 허용하지 않는 방식으로, 실질적 개념을 포함하는 모든 순수한 법칙, 요컨대 결코 분석적 필연성이 아닌 그와 같은 모든 법칙은 아프리오리한 종합적 법칙이다. 그와 같은 법칙이 특수화된 것이 종합적 필연성이며, 이 중에는 예를 들어 '이 빨간색은 이 녹색과 다르다.'와 같이 경험적으로 특수한 형태도 있다.[20]

내용의 종적 본성에 근거하고 비자립성이 이에 의거하는 법칙과, 순수하게 형식적 '범주' 속에 근거하는 것으로서 모든 '인식의 질료'에 영향을 받지 않는 분석적 형식적 법칙의 본질적 차이를 명백하게 하기 위해서는 여기에서 상론한 것으로 충분할 것이다.

주해

주해 1 사람들은 여기에서 제시한 규정과 칸트의 규정, 즉 우리의 생각으로는 결코 '고전적(klassisch)'이라 부를 만하지 않은 규정을 비교한다. 여기에서 제시한 규정으로 가장 중요한 학문이론의 문제 중 하나가 만족스럽게 해결되고, 동시에 아프리오리한 존재론을 체계적으로 구분하는 첫 번째 결정적인 발걸음을 내디뎠다. 이에 계속된 것은 다음에 출간할 책[21]에서 주어질 것이다.

주해 2 이 항에서 우리가 다루는 개념에서 주요한 것, 즉 '전체'와 '부분', '자립성'과 '비자립성', '필연성'과 '법칙'은 그것이 본질의 사건의 의미로 이해되는 것이 아니라, 따라서 순수개념으로 이해되는 것이

---

20 (옮긴이 주) 이 문단은 2판에서 첨부한 것이다.

21 (옮긴이 주) 후설이 1913년 이 책 『논리 연구』 2-1권의 개정판을 작성한 점과 이 문맥에서 언급한 내용으로 볼 때 '다음에 출간할 책'은 이미 1912년 초고가 완성된 『이념들』, 특히 3권을 가리킨다.

아니라 경험적 개념으로 해석되는 경우 본질적인 의미의 변화를 겪는다는 점을 쉽게 알게 된다. 그러나 우리의 계속되는 연구의 목적을 위해 이 경험적 개념 및 이 개념과 순수개념의 관계를 상세하게 논의하는 것은 필요하지 않다.[22]

13 '상대적' 자립성과 '상대적' 비자립성

이제까지 자립성을 절대적인 것, 즉 함께 결합된 모든 내용에서 어떤 비종속성으로, 비자립성을 이에 모순된 대립, 즉 적어도 어떤 내용에 대해 상응하는 종속성으로 간주했다. 그러나 이때 절대적 구별을 상대적 구별의 극한사례로 성격 지을 정도로 이 개념들도 상대적 구별로 정의하는 것이 중요하다. 그렇게 하는 유인은 사태 자체 속에 있다. 단순히 감각이 주어지는 영역 안에서, 따라서 지금 감각이 주어짐 속에 제시되고 나타나는 사물 그 자체가 아니라 시각적 확장의 계기[23]가 확장의 모든 부분과 더불어 우리에게 비자립적인 것으로 간주되지만, 추상적으로 고찰된 확장 안에서 확장의 각 단편은 상대적으로 자립적인 것으로 간주된다. 그 확장의 각 계기, 예를 들어 '위치'와 '크기'[24]로부터 구별될 수 있는 형태는 상대적으로 비자립적인 것으로 간주된다. 그러므로 이 경우 절대적이거나 다른 어떤 관계에서 이해된 비자립성일 수 있는 자립성에 대한 상대적 논의는 어떤 전체, 즉 그 부분들 ── 전체 자체는

---

22 (옮긴이 주) 이 주해 2는 2판에서 첨부한 것이다.
23 나타나는 색깔이 있는 공간 형태의 **공간적 연장**(延長)에 대해 제시하는 계기. [이 주석은 2판에서 첨부한 것이다.]
24 '위치'와 '크기'는 여기에서 당연히 감각의 영역 속에서 일어난 일을 표시하고, 변양되지 않은 의미에서 지향적으로 (나타나는) 위치와 크기에 대해 제시하는 계기를 표시한다. [이 주석은 2판에서 첨부한 것이다.]

이것에 의해 계산된다 ─ 의 총괄을 통해, 이전에 제한 없이 수행된 구별이 진행될 수 있는 영역 안에서 하나의 영역을 만들어 내는 전체에 관련된다.

그래서 우리는 다음과 같이 정의할 수 있을 것이다.

전체 G, 또는 G를 통해 규정된 내용의 전체 총괄 속에 있고, 전체 G에 상대적으로 '비자립적인 것'은 단지 부분으로서만 존재할 수 있는, 게다가 이러한 총괄 속에 대표되는 어떤 종류의 전체에 부분으로서만 존재할 수 있는 전체 총괄에 각 부분의 내용을 뜻한다. 이것이 적용되지 않는 각 부분의 내용은 전체 G 속에 있고, 전체 G에 상대적으로 자립적이라 부른다. 간략히 우리는 전체의 비자립적 부분이나 자립적 부분에 대해, 이에 상응하는 의미에서 부분 ─ 부분의 전체(Teilganz) ─ 의 비자립적 부분과 자립적 부분에 대해서도 이야기한다.

그 규정은 여전히 명백하게 일반화될 수 있다. 우리는 그 정의를 쉽게 파악할 수 있는데, 단지 부분의 내용이 더 포괄적인 전체와의 관계 속에서 정립되는 것이 아니라, 완전히 일반적으로 어떤 내용이 다른 내용 ─ 이 둘이 선언적(選言的)이더라도 ─ 과의 관계 속에서 정립된다.

이에 따라 우리는 다음과 같이 정의한다.

어떤 내용 a의 유와 어떤 내용 b의 유의 특수성에 근거한 순수법칙이 존립하고, 이 법칙에 따라 일반적으로 순수 유 a의 어떤 내용이 b를 통해 규정된 순수한 내용의 유의 전체 총괄에서 단지 다른 내용들 속에, 또는 다른 내용들과 연계되어 아프리오리하게 존립할 수 있는 경우, 어떤 내용 a는 어떤 내용 b에 상대적으로 비자립적이다. 아니면 b를 통해, 또 그 모든 부분을 통해 규정된 내용의 전체 총괄에 대해 상대적으로 비자립적이다. 이와 같은 법칙이 결여될 경우, 우리는 'a를 b에 대해 상대적으로 자립적'이라 부른다.

더 간단하게 이렇게 말할 수 있다. 즉 유적 본질 a, b에 근거한 법칙이 존립하고, 이 법칙에 따라 순수 유 a의 어떤 내용이 단지 유 b의 어떤 내용 속에서, 또는 이 내용과 연계되어 아프리오리하게 존립할 수 있는 경우, 어떤 내용 a는 어떤 내용 b에 대해 상대적으로 비자립적이다. 이때 우리는 당연히 a와 b의 유도 복합체의 유이며, 그래서 복합체의 요소에는 상응하는 다수의 유가 서로 뒤섞여 짜일 수 있다는 점을 유보해 둔다. 이러한 정의로부터 a 그 자체가 무조건적 보편성에서 어떤 b가 통일적으로 함께 주어져 있음에 의지한다는 점이 분명해진다. 달리 표현하면, 순수 유 a는 그에 상응하는 개체적 개별자의 가능한 현존에 관해 유 b에 의지하거나 b의 외연에 속하는 개별자가 〔a의 외연에 속하는 개별자와〕 결합되어 함께 주어져 있음에 의지한다는 점이 분명해진다. 요컨대 우리는 'a의 존재는 유 b와 관련해 상대적으로 자립적이거나 비자립적이다.'라고 말할 수 있을 것이다.[25]

그 정의에서 문제가 되는, 필연적으로 함께 존립함(Zusammenbestehen)은 임의의 한 시점과 관련된 공존(Koexistenz)이거나 연장된 시간 속에 함께 존립함이다. 후자의 경우 b는 어떤 시간적 전체이며, 이때 그 시간적 규정성은 b를 통해 규정된 내용의 총괄 가운데 ── 게다가 시간의 관계, 시간의 구간으로서 ── 함께 역할을 한다. 그래서 시간의 규정 t_0를 내포하는 어떤 내용 κ는 시간의 규정 $t_1 = t_0 + \varDelta$를 지닌 어떤 다른 내용 λ의 존재를 요구할 수 있고, 그러한 점에서 비자립적일 수 있다.

'의식의 흐름'이라는 현상학적 사건의 영역에서 마지막에 언급한 비자립성의 범례적 전거는 다음과 같은 본질법칙을 명시해 준다. 즉 모든 현실적인, 충족된 '의식의-지금(Bewußtseins-Jetzt)'은 필연적으로, 또 끊임없이 방금 전 존재했던 것으로 이행하는 법칙, 따라서 의식의 현재가 의식의 미래를 연속적으로 요구하는 법칙, 이와 연관해 방금 전 존

---

25 (옮긴이 주) 이 문단은 제2판에서 첨부한 것이다.

재했던 것의 과거지향적(retentional)[26] 의식, ── 이것 자체가 현실적 지금(Jetzt)의 내재적 성격을 띤다 ── 방금 전 존재했던 것으로서 의식된 현상이 방금 전에 존재했음을 요구하는 법칙이다. 물론 이러한 논의에서 관계하는 시간은 현상학적 시간의 흐름 자체에 속한 내재적 시간의 형식이다.[27]

더 나아가 우리가 정의한 의미에서, 이제 다른 방향의 예를 들기 위해, 시각적 계기의 직관에서 구체적 전체 속에, 또 그 전체에 대해 상대적인 각 단편, 즉 시각 장의 구체적으로 충족된 각 절편은 자립적이고, 그러한 단편의 각 색깔, 전체 색깔의 형태 등은 비자립적이다. 또한 순간적인 감성적 전체의 직관 속에, 또 이 직관에 대해 상대적인, 충족된 시각 장, 충족된 촉각 장 등은 자립적이며, 질, 형식 등은 그것이 전체에 부착되든 개개의 항에 부착되든 상관없이 비자립적이다. 동시에 우리는 이전〔시각적 계기의 직관〕의 예가 전체에 대해 상대적으로 비자립적이거나 자립적으로 간주한 모든 것이, 이 경우 방금 전 기준으로 제시한 전체 그 자체에 대해서도 상대적으로 간주되어야 한다는 점에 주목한다. 즉 다음과 같은 보편적 진리가 타당하다.

어떤 β와의 관계에서 자립적이거나 비자립적인 것은 β′와의 관계에서 자립적이거나 비자립적인 β′ 각 전체와의 관계에서 바로 이러한 특성으로도 유지된다.

---

26 (옮긴이 주) 이 용어는 라틴어 'retentare(굳게 보존하다)'에서 유래하는데, 방금 전 나타났다 사라지는 것을 생생하게 유지하는 작용이며, 그것의 변용인 미래지향(Protention)은 유형을 통해 이미 친숙하게 알려진 것에 근거해 직관적으로 예측하는 작용이다. 과거지향은 방금 전 지나가 버린 것이 현재에 직접 제시되는 지각된 사태로서, 일차적 기억(직관된 과거)인 반면, 회상(Wiedererinnerung)은 과거에 지각된 것을 현재에 다시 기억하는 것으로 연상적 동기부여라는 매개를 통해 간접적으로 제시되기 때문에 그 지속적 대상성이 재생산된 이차적 기억(기억된 과거)이다.(『시간의식』 참조)

27 (옮긴이 주) 이 내적 시간의식의 흐름에 관한 분석은 1904~1905년 괴팅겐대학교 강의의 일부인 『시간의식』의 중심 주제다.

1절 자립적 대상과 비자립적 대상의 차이

물론 이 명제는 그 역도 타당하지는 않다. 그러므로 우리가 경계를 그은 종류[방식]에 따라 관계가 변화되고, 따라서 상대적 [자립성과 비자립성의] 개념들이 변화되어도, 방금 언급한 법칙은 앞에서 표시한 연관 속에 있는 내용의 그룹에 대해 일정한 관계를 매개한다. 그래서 예를 들어 각 시점에 속하는 공존(Koexistenz)의 그룹 가운데 어떤 그룹을 그 그룹을 포괄하는 계기(Sukzession)의 그룹과 비교할 경우, 어쩌면 무한히 완전한 (현상학적) 시간의 그룹 전체와 비교할 경우와 같은 상태에 있다. 후자의 그룹에 속하는 자립적인 것은 더 포괄적인 것이며, 따라서 공존의 질서 속에 자립적으로 간주된 모든 것이 계기의 질서 속에 자립적인 것으로 간주되면 안 된다. 그렇지만 그 역도 마찬가지다.

사실상 공존하는 어떤 자립적인 것, 예를 들어 구체적으로 충족된 시각 장에 경계를 그은 어떤 단편은, 우리가 그 시간적 규정성을 단순한 시점으로 생각하는 한, 충족된 시간 전체에 대해 상대적으로 비자립적이다. 왜냐하면 하나의 시점 그 자체는, 위의 상론에 따라, 비자립적인 어떤 충족된 시간의 연장, 즉 지속(Dauer)의 연관 속에서만 구체적으로 충족될 수 있기 때문이다. 그러나 그 시점을 어떤 시간의 지속 ─ 지속하는 가운데 관련된 구체적 내용은 절대로 변화하지 않은 것으로 생각될 것이다 ─ 을 통해 대체하면, 이때 이 지속하는 공존도 확장된 영역 속에 자립적으로 간주될 수 있을 것이다.

2절 전체와 부분의 순수한 형식이론에 대한 생각

14 기초 지음의 개념과 이에 속한 정리

13항 마지막 단락에서 표명되고 활용된 법칙은 경험명제가 아니지만, 다른 한편으로 직접적 본질법칙도 아니다. 그것은 다른 유사한 법칙과 마찬가지로, 아프리오리한 증명을 허용한다. 우리에게 다른 모습으로 친숙한 그와 같은 명제를 연역적으로 정초할 수 있는 가능성보다 엄밀한 규정의 가치를 더 명백하게 비춰 줄 수 있는 것은 없다. 연역적 이론화(Theoretisierung)의 구성을 각 분야 속에서 요구하는 위대한 학문적 관심을 고려해, 여기에서 이 문제를 잠시 살펴보자.

정의. 어떤 a 그 자체가 본질법칙으로 오직 그것이 어떤 m에 연계된 어떤 포괄적 통일체 속에서만 존재할 수 있다면, 우리는 '어떤 a 그 자체가 어떤 m를 통해 기초 지음(Fundierung)을 필요로 한다.' 또는 '어떤 a 그 자체는 어떤 m을 통해 보충될 필요가 있다.'라고 말한다. 그에 따라 a_0, m_0가 앞에서 말한 관계에 있는 순수 유 a 또는 m의 개별 사례, 즉 하나의 전체 속에 실현된 일정한 개별 사례라면, 우리는 a_0를 'm_0를 통해 기초 지어진 것', 더구나 a_0를 보충할 필요성이 오직 m_0를 통해서만 채

워질 경우, '독점적으로 m_0를 통해 기초 지어진 것'이라 부른다. 물론 전문용어를 그 종류 자체로 전용할 수 있다. 애매함은 여기에서 전혀 해가 되지 않는다. 나아가 이 두 가지 내용이나 순수한 종류가 '기초 지음' 관계나 '필연적 연계' 관계에 있다고 더 막연하게 말한다. 이때 서로 배척하지 않는 가능한 두 가지 관계를 사념하는 것이 물론 결정되지 않고 남아 있다. 'a_0는 보충이 필요하고, 그것은 어떤 계기 속에 기초 지어져 있다.'라는 규정되지 않은 표현은 'a_0는 비자립적이다.'라는 표현과 명백히 같은 뜻이다.

> 명제 1 어떤 a 그 자체가 어떤 m을 통한 기초 지음이 필요하면, 어떤 m이 아니라 어떤 a를 부분으로 갖는 모든 전체도 그와 같은 기초 지음이 필요하다.

이 명제는 공리적으로 분명하다. 어떤 a가 m을 통해 보충되는 것 이외에 존재할 수 없다면, 어떠한 m도 자체 속에 포함하지 않는 a의 전체도 a를 보충할 필요성을 채울 수 없고, 그 전체 자체는 보충되어야 한다. 그 결과 이전 항의 정의를 고려해 다음과 같이 표명할 수 있다.

> 명제 2 어떤 비자립적 계기를 그것에 요구되는 보충 없이 부분으로서 포함하는 전체는 또한 비자립적이고, 그 비자립적 계기가 함께 포함된 상위 자립적 전체에 대해 상대적으로 비자립적이다.

> 명제 3 G가 F의 자립적 부분——따라서[1] F에 대해 상대적으로——이면, G의 모든 자립적 부분 g는 또한 F의 자립적 부분이다.

---

1 나타나는 색깔이 있는 공간 형태의 **공간적 연장**(延長)에 대해 제시하는 계기. 〔이 주석은 제2판에서 첨부한 것이다.〕

만약 F에 대해 상대적으로 고찰된 g가 보충 m을 필요로 하고, 그래서 F의 영역 속에 기초 지음 m_0를 소유한다면, 그 기초 지음은 G 속에 함께 포함되어 있음에 틀림없다. 왜냐하면 그러지 않을 경우 '명제 1'에 따라 G는 m에 관해 보충이 필요하고, 그렇다면 m_0가 F의 한 부분이고 '명제 2'에 따라 F에 대해 상대적으로 비자립적인데, 이것은 전제와 모순되기 때문이다. 그러나 전제에 따라 g는 G의 자립적 부분이며, G에 대해 상대적으로도 자립적 부분이다. 그래서 g가 기초 지음에 이바지하는 것은 G의 영역 속에 아무것도 존립할 수 없으며, 그 결과 F의 영역 전체 속에서도 존립할 수 없다.

당면한 명제는 문자의 표기를 적절히 변경시킬 경우, 다음과 같이 표명될 수 있다.

a가 b의 자립적 부분이고, b가 c의 자립적 부분이면, a도 c의 자립적 부분이다.

또는 더 간략하게 표기하면,

자립적 부분의 자립적 부분은 전체의 자립적 부분이다.

명제 4 c가 전체 G의 비자립적 부분이면, c도 G가 부분으로서 속한 다른 모든 전체의 비자립적 부분이다.

c는 G에 대해 상대적으로 비자립적이다. 즉 c는 G의 영역에 속하는 m_0 속에 기초 지음을 소유한다. 당연히 G의 상위에 있는 전체, 즉 G를 부분으로서 포함하는 전체 영역 속에서도 이 동일한 m_0가 나타남에 틀림없으며, 따라서 c도 이 각각의 전체에 대해 상대적으로 비자립적임에 틀림없다. 첨부하면, 이에 반해 c는 하위 전체에 관해 아주 충분히 자립적일 수 있다. 우리는 필요한 보충 m이 하위 전체에 의해 배제되어 남도록 그 전체의 경계를 그을 필요가 있을 뿐이다. 그래서 나타나는 연

2절 전체와 부분의 순수한 형식이론에 대한 생각

장(延長)의 단편은 '추상적으로(in abstracto)', 그렇지만 계기로서 이해된 이러한 연장에 대해 상대적으로 자립적이다. 그러나 이 연장 그 자체는 충족된 연장의 구체적 전체에 대해 상대적으로 비자립적이다.

우리의 명제는 이전 명제와 유사한 형식으로 표명된다. 즉

a가 b의 비자립적 부분이고, b가 c의 비자립적 부분이면, a도 c의 비자립적 부분이다.

비자립적 부분의 비자립적 부분은 전체의 비자립적 부분이다.

명제 5 상대적으로 비자립적 대상은 절대적으로 비자립적인 반면, 상대적으로 자립적인 대상은 절대적 의미에서 비자립적일 수 있다.

이것을 증명하기 위해 이전 항을 비교해 보자.

명제 6 a와 b가 어떤 전체 G의 자립적 부분이면, a와 b도 서로에 대해 상대적으로 자립적이다.

왜냐하면 a가 b를 통해, 또는 b의 어떤 부분을 통해 보충할 필요가 있다면, G를 통해 규정된 부분들의 총괄 속에 a가 그 속에 기초 지어질 그러한 부분들 — 즉 b의 부분들 — 이 존재할 것이고, 따라서 a가 속한 전체 G에 대해 상대적으로 자립적이지 않을 것이기 때문이다.

15 더 중요한 부분의 관계에 대한 고찰로 이행함

이제 전체와 부분 사이, 마찬가지로 하나의 동일한 전체의 부분들 사이의 아프리오리한 관계에서 가장 주목할 만한 가치가 있는 몇 가지

차이를 고찰해 보자. 이러한 관계의 보편성은 극히 다양한 차이에 대해 실로 풍부한 여지를 남겨 둔다. 각 부분은 전체 속에 동일한 방식으로 포함되지 않으며, 각 부분은 전체의 통일체 속에 동일한 방식으로 다른 각 부분과 엮이지 않는다.

우리는 서로 다른 전체 속에 부분들의 관계를 비교하거나, 하나의 동일한 전체 속에 부분들의 관계를 비교할 경우 '전체와 부분'이라는 서로 다른 종류의 통상적 논의가 근거하는 현저한 차이를 발견한다. 예를 들어, 손은 이 손의 색깔, 신체의 연장(延長) 전체, 심리적 작용 또한 이러한 현상의 내적 계기가 인간의 부분인 것과는 완전히 다른 방식으로 인간의 부분이다. 연장의 부분들은, 그것들 자체가 자신들의 색깔 등과 통합되는 것과는 다른 방식으로 서로 함께 통합된다. 우리는 이러한 차이가 지금 연구하는 범위에 철저하게 속하는 문제라는 사실을 즉시 알게 될 것이다.

16 상호 간 기초 지음과 일방적 기초 지음, 간접적 기초 지음과 직접적 기초 지음

어떤 전체의 부분들 가운데 어떤 쌍에 주목하면, 다음과 같은 가능성이 존립한다.

1) 두 부분 사이에 기초 지음의 관계가 존립할 가능성.

2) 이러한 관계가 존립하지 않을 가능성.

전자의 경우 관련된 합법칙성이 역으로 성립할 수 있는지 없는지에 따라

a) 상호 간에(gegenseitig) 기초 지음과,

b) 일방적(einseitig) 기초 지음이 있을 수 있다.

어떠한 색깔도 어떤 연장도 없다면 생각해 볼 수 없고, 어떠한 연장도 어떤 색깔도 없다면 생각해 볼 수 없기 때문에, 색깔과 연장은 통일적 직관[2] 속에서 상호 간에 기초 지어진다. 이에 반해 판단의 성격에 기초가 되는 표상이 판단의 기초로서 기능할 필요가 없기 때문에, 판단의 성격은 기초가 되는 표상 속에 일방적으로 기초 지어진다. '상호 간에 분리시킬 수 있음'을 지닌 부분과 '일방적으로 분리시킬 수 있음'을 지닌 부분으로, 브렌타노가 구별한 것은 정의에 따른 것이 아니라 외연에 따라 우리가 구별한 것과 일치한다. 이에 보충하는 '상호 간에 분리시킬 수 있음'에 대한 브렌타노의 논의는 어떠한 기초 지음도 존재하지 않는 경우에 상응한다.

이때 부분들의 상대적 자립성이나 비자립성, 당연히 부분들이 그 속에서 고찰되는 전체에 대한 상대적 자립성이나 비자립성의 사정이 어떠한지는 약간 흥미 있다. 두 부분 사이에 상호 간 기초 지음의 관계가 존립하면, 그 부분의 상대적 비자립성은 의심의 여지가 없고, 예를 들어 질과 장소의 통일체에서 그러하다. 그런데 기초 지음의 관계가 단지 일방적이면, 사정은 다르다. 이때 기초 짓는 내용 — 물론 기초 지어진 내용은 아니더라도 — 은 자립적일 수 있다. 그렇다면 연장 속에 어떤 단편의 도형[모양]은 단편 속에 기초 지어지고, 그래서 이러한 연장 전체에 대해 상대적으로 비자립적인 것은 그 전체에 대해 자립적인 것 속에 기초 지어진다.

더 나아가 어떤 부분을 다른 부분으로 기초 지음은 두 부분이 직접적으로 연계되었는지, 간접적으로 연계되었는지에 따라

α) 직접적일 수 있거나

β) 간접적일 수 있다.

---

2 더 정확하게 말하면, 시각적으로 직관된 것 그 자체의 통일체 속에.

물론 이 관계는, 이전 관계와 마찬가지로, 개체적으로 앞에 놓인 계기에 결합되는 것이 아니라 그 본질의 존립요소에 따라 기초 지음의 관계에 관여한다. a_0가 직접적으로 b_0 속에, 그렇지만 간접적으로 c_0 속에 — 즉 b_0가 직접적으로 c_0 속에 기초 지어지는 한 — 기초 지어지면, '어떤 a가 일반적으로 b 속에 직접적으로, c 속에 간접적으로 기초 지어진다.'는 것은 보편적으로, 또 순수본질에 따라 타당하다. 이것은 '어떤 a와 어떤 b가 일반적으로 연계된 경우, 이 둘은 직접적으로 연계된다.'는 것과 '어떤 a와 어떤 c가 연계된 경우, 이 둘은 단지 간접적으로만 연계된다.'는 것에서 도출된 귀결이다.

간접성과 직접성의 질서는 순수 유 속에 법칙적으로 정초된다. 예를 들어, '색깔'의 유의 계기는 단지 '빨간색', '푸른색' 등과 같은 가장 낮은 차이의 계기 속에서만, 또 그 계기와 함께 실현되며, 다른 한편 '밝음'의 계기는 완전히 다른 방식으로 실현된다. '빨간색', '푸른색' 등과 같은 가장 낮은 차이의 계기는 다시 단순히 어떤 연장의 규정성과의 연관 속에서만 실현된다. 이러한 항상 직접적인 연계와 기초 지음은 '색깔'이나 '밝음'과 '연장의 규정성' 사이의 간접적 연계와 기초 지음을 제약한다. 간접적 기초 지음에 속하는 연관의 법칙은 명백히 직접적 기초 지음에 속하는 분석적 귀결, 더구나 추론식〔삼단논법〕에 따른 귀결이다.

17 단편과 계기, 물리적 부분과 추상적인 것, 구체적인 것의 개념에 대한 정밀한 규정

이제 우리는 그 밖에 일련의 잘 알려진 기본 개념들을 위에서 확정한 개념으로 환원할 수 있고, 이렇게 함으로써 그 개념들에 정밀한 규정성을 부여할 수 있다. 그 용어들 각각은, 미리 주목할 수 있듯이, 의심스러울 수 있다. 어쨌든 그 개념들에 이어져 분류된 개념들은 중요한 가치가 있다.

우리는 우선 '부분'이라는 개념의 근본적 구분, 즉 가장 좁은 의미에서 '단편'이나, 부분과 전체의 '계기'나, '추상적 부분'의 구분을 확정한다. 우리는 전체 G에 대해 상대적으로 자립적인 모든 부분을 단편이라 부르고, 전체 G에 대해 상대적으로 비자립적인 모든 부분을 이 동일한 전체 G의 계기(추상적 부분)라 부른다. 이때 전체 자체가 절대적으로 고찰되는지, 더 높은 전체에 대해 상대적으로 고찰되는지, 전체 자체가 자립적인지 아닌지는 상관없다. 그에 따라 추상적 부분은 다시 단편을 가질 수 있고, 단편은 다시 추상적 부분을 가질 수 있다. 우리는 어떤 시간의 지속(Zeitdauer)에 단편이 추상적인 것이더라도 이 단편에 대해, 마찬가지로 어떤 연장의 단편에 대해 이야기한다. 이러한 단편의 형식은 그 단편에 내재하는 추상적 부분이다.

어떠한 단편도 동일하게 고유하지 않은 단편을, 우리는 배척되는('선언적') 단편이라 부른다. 하나의 전체를 다수의 배척되는 단편으로 구분하는 것을 전체의 '세분화(Zerstückung)'라 부른다. 그러한 두 가지 단편은 여전히 동일한 계기를 공유해 가질 수 있다. 그래서 구분된 연속체(Kontinuum)의 경계에 인접한 단편에 대한 공동의 경계가 동일한 계기다. 단편은 엄밀한 의미에서 선언적일 때, 따라서 어떠한 계기도 더 이상 동일하게 갖지 않을 때 '분리되었다.'라고 말한다.

추상적 부분도 더 포괄적인 각 전체와의 관계, 또 일반적으로 이러한 전체를 포괄하는 대상들의 모든 총괄과의 관계에서 추상적이기 때문에,[3] 상대적 고찰에서 추상적인 것은 당연히 절대적 고찰에서도 추상적이다. 절대적 고찰은 상대적 고찰의 극한 사례, 전체와 부분의 관계

---

3 앞의 14항에서 '명제 4'에 따라.

가 대상 일반의 전체 총괄을 통해 규정되는 극한 사례로서 정의될 수 있다. 따라서 그 결과 절대적 의미에서 추상적인 것이나 비자립적인 것에 대한 이전 정의는 필요 없다. 그래서 추상적인 것 그 자체는 어떤 대상에 대해 일반적으로 어떤 전체가 존재하는, 그 전체와 관련해 어떤 대상이 비자립적 부분인 대상이다.

단편이 그 본질상 구분되지 않은 전체를 통해 규정되는 것으로서, 동일한 가장 낮은 유와 동일한 종류로 어떤 전체가 세분화될 경우, 우리는 이 전체를 '연장적(extensiv) 전체'라고, 그 단편을 '연장적 부분'이라고 한다. 여기에는 예를 들어, 어떤 연장을 연장들로 나누는 것, 특히 어떤 공간의 구간을 공간의 구간들로, 어떤 시간의 구간을 시간의 구간들로 나누는 것 등이 속한다.

여기에서 다음과 같은 정의를 첨가할 수 있다.

대상은 그 추상적 계기에 관해 '상대적으로 구체적인 것'이라 부르고, 더구나 가장 가까운 계기에 관해, 그것의 '가장 가까운 구체적인 것'이라 부른다.(여기에서 전제된 더 가까운 계기와 더 먼 계기의 차이는 다음 18항에서 더 정확하게 규정될 것이다.) 반면 그 자체로 어떠한 방향에서도 추상적이 아닌 구체적인 것은 '절대적으로 구체적인 것'이라 부를 수 있다. 모든 절대적으로 자립적인 내용은 추상적 부분을 소유한다는 명제가 타당하기 때문에, 그러한 모든 내용은 절대적으로 구체적인 것으로 간주되며, 그렇게 부를 수 있다. 따라서 절대적으로 자립적인 내용과 절대적으로 구체적인 것이라는 두 개념은 동등한 외연을 갖는다. 이와 동등한 근거에서 우리는 단편에 대해서도 구체적 부분이라 말할 수 있고, 이때 당연히 구체화(Konkretion)는 전체 그 자체가 단지 추상적 부분들만 갖는지, 그 자체가 추상적인지에 따라 절대적 구체화나 상대적 구체화로 이해될 수 있다. '구체적인 것'이라는 말이 전적으로 사용되는 경우, 대개 절대적으로 구체적인 것이 사념된다.

2절 전체와 부분의 순수한 형식이론에 대한 생각

18 전체에서 간접적 부분과 직접적 부분의 차이

간접적 부분과 직접적 부분, 더 명확하게 말하면, 더 가까운 부분과 더 먼 부분의 차이는 단편과 추상적 부분의 차이와 밀접하게 연관되어 있다. 왜냐하면 직접성과 간접성에 대한 논의는 이중의 의미에서 이해될 수 있기 때문이다. 우선 이러한 논의에 가장 당연한 의미를 논해 보자.

$\vartheta(G)$가 전체 G의 부분이면, 이 부분의 부분, 가령 $\vartheta(\vartheta(G))$는 다시 전체의 부분이지만, 간접적 부분이다. 이때 $\vartheta(G)$는 전체의 비교적으로 직접적인 부분이라 할 수 있다. 그 속에 $\vartheta(G)$가 포함된 전체의 다른 부분들과 관련해 $\vartheta(G)$ 자체가 다시 간접적 부분일 수 있기 때문에 그 구별은 상대적 구별이다. 우리가 절대적으로 간접적인 부분에서, 그것과 관련해 전체 속에 부분이 존재하며, 그것 자체가 부분으로서 그것에 내재하는 그러한 부분으로 이해하고, 절대적으로 직접적 부분에서 동일한 전체의 어떠한 부분도 부분으로 간주될 수 없는 부분으로 이해하면, 상대적 구별은 절대적 구별로 변화된다. 연장의 모든 기하학적 부분은 이러한 절대적 의미에서 간접적이다. 왜냐하면 기하학의 연장은 기하학적 부분들을 포괄하는 (기하학적) 부분들을 언제든 다시 갖기 때문이다. 절대적으로 직접적인 부분의 적절한 예를 제시하기란 더 어려운 일이다. 가령 다음과 같은 예를 들 수 있다.

만약 우리가 시각적 직관 속에 단지 장소만 변화되는 경우, 동일하게 유지되는 모든 내적 계기의 통일적 복합체를 끄집어내면, 그 복합체는 상위 어떠한 부분도 소유할 수 없는 전체의 부분이다. 위치에 종속적이지 않은, 기하학적으로 합동하는 입체들에 관해서는 내적 계기가 단순히 연장된 전체에 대해서도 동일한 것이 타당할 것이다. 하나의 동일한 종류의 부분들로 구별을 제한하면, 통일적 색채의 계기는 그것이 다시 부분으로 편입될 수 있을 전체에서 같은 종류의 계기가 존재하지 않는 한 실로 절대적으로 직접적인 부분이다. 이에 반해 전체의 한 단편에 부착된 색채는, 그것이 전체의 전체적 색채에 기여하는 한 간접적으로 고찰될 수 있다. '연장'의 종류에 관해 동일한 것이 전체적 연장과 이러한 연장의 한 단편에 대해서도 타당하다. 즉 전체적 연장은 그 사물의 절대적으로 직접적인 부분인 반면, 그 연장의 단편은 그 사물의 절대적으로 간접적인 부분이다.

19 이러한 차이의 새로운 의미, 전체에서 더 가까운 부분과 더 먼 부분

전체와 간접적 부분의 관계를 비교하는 고찰의 경우, 끈질기게 달라붙는 어떤 주목할 만한 차이에 주의를 기울이면, 직접적 부분과 간접적 부분에 대한 논의는 완전히 다른 내용을 얻는다.[4,5] 어떤 연장적 전체가 세분화되었다고 생각해 보면, 단편은 다시 세분화를 허용하고, 단편의 단편은 다시 세분화를 허용한다 등등. 이 경우 부분의 부분은 근원적 부분과 정확하게 동일한 방식으로 전체의 부분이며, 게다가 우리는 부분 관계의 종류에 관해 동등함, 즉 전체를 고려해 동일한 종류의 부분에 대한 논의를 조건 짓는 동등함 — 단편의 단편은 또한 전체의 단편이다[6] — 에 주목할 뿐만 아니라, 한편으로는 전체와 간접적 부분들

---

4 볼차노, 『학문이론(*Wissenschaftslehre*)』 1권, 58항 251쪽 이하. 그리고 트바르돕스키, 앞의 책, 9항, 49쪽 이하 참조.
5 (옮긴이 주) 볼차노(B. Bolzano, 1781~1848)는 칸트와 독일관념론의 주관주의를 비판하고 수학과 논리학, 인식론과 윤리학에서 독특한 객관주의를 주장했다. 특히 논리학을 주관적으로 해석하는 심리학주의에 반대하고, 판단작용과 판단내용을 구별해 객관적인 '명제 그 자체', '진리 그 자체'를 확립하기 위해 순수논리학을 추구했다. 후설은 이 이론에 영향을 받아 『산술철학』에서 취했던 심리학주의의 한계를 극복하고, 『논리 연구』 1권에서 수학의 근거로서 순수논리학을 정초했다. 저서로 『학문이론』(1837), 『무한한 것의 역설』(1851) 등이 있다.
6 이것은 앞의 14항에서 '명제 3'의 새로운 표현이다.

2절 전체와 부분의 순수한 형식이론에 대한 생각

의 관계, 다른 한편으로는 전체와 (상대적으로) 직접적인 부분들의 관계의 동등함으로 드러난다. 그래서 동일한 부분이 그 속에 생기고, 때에 따라 이전 부분이나 나중 부분으로 생길 수 있는 [전체를] 나눌 수 있는 차이에 의해, 우리가 전체 속에 포함되어 있음에서 어떤 부분에 다른 부분보다 절대적 우선권을 부여할 이유가 전혀 없다. 즉 그러한 관계의 동등함이 드러날 경우, 나눔의 단계가 정해진 질서에는 전체에 대한 부분과 관련해 실질적으로 규정된 확고한 단계가 상응한다.

이것을 마치 간접적 부분과 직접적 부분에 대한 논의가 객관적 기초를 결여한, 완전히 자의적인 것으로 이해하면 안 된다. 물리적 전체는 맨 처음 고찰된 그 부분을 참으로 가지며, 이것은 다시 그 부분 속에 구별된 부분, 따라서 전체와 관련한 간접적 부분을 그에 못지않게 참으로 갖는다. 그리고 계속되는 나눔의 각 단계의 경우에도 그러하다. 그러나 이러한 부분들의 가장 먼 부분은 가장 가까운 부분보다 그 자체로 전체에서 더 멀리 있지 않다. 어쨌든 부분들은 그 순위를 나눈 덕분에 나눔의 순위에는 객관적 기초가 결여되어 있다. 연장적 전체에서 그 자체로 최초의 나눔은 존재하지 않으며, 확고하게 제한된 그룹의 어떠한 나눔도 최초의 나눔의 단계로서 존재하지 않는다. 즉 주어진 나눔으로부터 사태의 본성을 통해 규정된 진행, 즉 새로운 나눔이나 나눔의 단계로의 진행이 존재하지 않는다. 우리는 [나눔에서] 내적 우선권을 경시하지 않은 채 모든 나눔과 더불어 시작할 수 있다. 모든 간접적 부분은 선호하는 나눔의 방식에 따라 직접적 부분으로 간주될 수 있고, 모든 직접적 부분은 간접적 부분으로 간주될 수 있다.

그런데 다른 예를 고찰할 경우 사정은 완전히 다르다. 일련의 직관적인 통일적 음, 가령 어떤 멜로디는 우리가 그중에서 개개의 음을 부분으로 발견하는 전체다. 각각의 이 음은 또다시 질의 계기, 강도의 계기 등 부분 — 이것은 부분의 부분으로서 또한 멜로디의 부분이다 ── 을 갖는다. 그러나 이 경우, 가령 개개 음의 질의 계기가 전체에 내재하는 간접성은 분명 우리의 주관적 나눔의 순서나 그 밖의 주관적 동기를 고려해 정립되지 않는다. 더구나 개개 음의 질의 계기가 그 자체만으로 주목되어야 할 경우, 음 자체가 반드시 '부각되는 것'은 확실하다. 따라서 간접적 부분을 특별히 파악하는 것은 직접적 부분을 특별히 부각시키는 것을 전제한다.

그러나 이러한 현상학적 관계를 여기에서 고찰하는 객관적 상태와 혼동하면 안 된다. 즉 질 그 자체는, 다만 그것이 개개 음의 부분인 한에서만, 멜로디의 부분이라는 점은 명증적이다. 질 그 자체는 개개 음에 직접적으로 속하고, 그 음의 전체적 형성물에는 다만 간접적으로만 속한다. 따라서 여기에서 이 '간접적'이라는 것은 ── 우리가 우선 어떤 음에 관여한 다음 그 음의 질의 계기에 직면하지 않을 수 없을 때 ── 나눔의 진행에 자의적인 우선권이나 심지어 심리적 강제를 통해 제약된 우선권에 관련되는 것이 아니라, 멜로디 전체 속에서 음이 그 자체로 앞선 부분이자 그 음의 질에서는 그 자체로 나중 부분, 즉 간접적인 부분이다. 음의 강도의 경우에도 사정은 마찬가지다. 실로 이 경우 그것은 거의 우리를 멜로디 전체에서, 마치 음의 강도는 음의 직접적 계기가 아니라 더 자세하게는 음의 질의 직접적 계기, 따라서 음과 관련해 이미 이차적 부분인 것처럼 ── 이것은 물론 우려할 점이 완전히 없는 것이 아니며, 그래서 더 정확한 숙고할 필요가 있는 파악이다 ── 다시 한 걸음 정도 빗나가게 하는 것으로 보일 수도 있다. 만약 고찰된 음, 가령 음 c의 질에서 어떤 부분, 모든 음과 더불어 음 그 자체에 공통적인 것, 따라서 그 음의 유의 계기를 제시하는 부분을 가정하는 것이 정당하다면 이 부분은 질에 일차적으로 내재하고, 음에 이차적으로 내재하며 음의 형성물 전체에 적어도 삼차적으로 내재할 것이다 등등. 마찬가지로 시각적으로 직관된 것(그 자체)의 연장적 부분에 내재하는 색깔이나 형태의 계기는, 우선 이러한 부분에, 그다음 비로소 이차적으로 직관 전체에 접합된다. 형태 지어진 연장에 내재하는 '부피감(volumness)', 그 연장에 일차적으로 속한 크기의 종류는 전체에 대해 간접적 관계에 있다.(순수하게 직관에 주어진 것 그 자체의 영역에서 본래 양적 규정에 대한 논의는 물론 없다.)

이렇게 상론한 다음, 직접적 부분과 간접적 부분을 구별하는 새롭고 중요한 의미를 명백하게 할 필요가 있다. 그러나 전체 자체에 직접 속하지만 처음에는 전체의 한 부분에 속하지 않는 부분들이 모든 전체 속에 존재하는 한, 그 차이는 단순히 상대적인 차이가 아니다. 개개의 부분에 대해 그것이 지금 논의하는 의미에서 간접적 부분인지 아닌지, 간접적 부분인 경우 그것이 첫 번째 단계에서 간접적 부분인지, 두 번째 또는 그 이상의 단계에서 간접적 부분인지는 그 자체로 확고하게 규정되어 있다. 용어상 구별하기 위해 우리는 전체의 '더 가까운' 부분과 '더 먼' 부분, 더 정확하게 규정할 목적으로는 전체의 '일차적' 부분과 '이차적' 부분 등에 대해 이야기할 수 있다. 우리는 간접적 부분과 직접적 부분이라는 용어를 임의의 부분에 적용할 수 있는, 더 일반적인 의미를 유지한다. 이차적 부분은 일차적 부분의 일차적 부분이고, 삼차적 부분은 이차적 부분의 일차적 부분 등이다. 이러한 계열의 개념은 명백히 서로 양립하지 않는다.

일차적 부분은 절대적으로 간접적 부분일 수 있으며, 실로 일반적인 동시에 절대적으로 간접적인 부분이다. 그런데도 절대적으로 직접적인 부분, 즉 어떠한 부분 속에서도 그것의 전체를 부분으로 포함하지 않는 일차적 부분도 존재한다. 연장의 모든 단편은 언제든 동일한 연장의 간접적 부분으로 파악될 수 있더라도, 그 연장 속에 일차적으로 포함되어 있다. 객관적으로는 단편이 그 부분에 속하는 부분들이 항상 존재한다. 이에 반해 연장의 형식은 연장의 어떠한 부분 속에서도 부분으로 포함되지 않는다.

20 더 가까운 부분과 더 먼 부분은 서로에 대해 상대적이다

우리는 앞에서 그것이 속한 전체와의 관계에서 간접적 부분과 직접적 부분, 더 가까운 부분과 더 먼 부분에 대해 이야기했다. 그러나 서로에 대한 관계에서 부분을 고찰하는 경우에도, 비록 완전히 다른 의미일지라도, 이 용어를 사용하고는 한다. 즉 부분의 직접적 연관과 간접적 연관에 대해 이야기하고, 간접적 연관의 경우에는 다시 차이를 밝힌다. 우리는 어떤 부분은 서로 가깝고 어떤 부분은 멀다고 말한다. 여기에서 다음과 같은 관계가 고찰된다.

어떤 연계형식은 두 부분 a, b를 특히 하나의 부분적 통일체로 통합하고 다른 부분을 배제하는 것이, 더구나 b는 c와 바로 그와 같은 방식으로 연계된 반면 a는 그렇지 않은 것이 통상적인 경우다. 이러한 상태에서 이제 a도 c와, 즉 a⌢b와 b⌢c의 연계에서 구축된 복합적 통일형식에 의해 연계된다. 이때 a⌢b와 b⌢c의 연계를 직접적 연계라 하고, a⌢b⌢c의 형식으로 수행되는 a와 c의 연계를 간접적 연계라 한다. 이때 다시 c⌢d, d⌢e 등의 독특한 연계가 존립하면, '그 연계의 최종 항 d, e, ……는 계속 상승된 간접성에서 a와 연계되고, d는 c보다 더 먼 부분이며, 또 e는 d보다 더 먼 부분이다.' 등이라 한다. 명백히 이러한 연계형식으로써만 더 단일한 특수 사례가 성격 지어진다. 예를 들어 a, b, c……라는 문자는 각기 어떤 복합적인 부분의 통일체를, 따라서 어떤 통일적으로 연계된 그룹 전체의 항(項)을 통합할 수 있고, 실로 서로 다른 그룹의 항은 전체로서 부분의 통일체를 서로에게 연결하는 연쇄에 근거해 더 가깝거나 더 먼 연관의 관계 속에서도 나타난다.

2절 전체와 부분의 순수한 형식이론에 대한 생각

여전히 다른 방식의 연계가 존립하는지, 특히 간접적으로 연계된 항들 사이에 여전히 직접적 연계 — 아마 심지어 직접적으로 연계된 항들 사이의 같은 유의 연계 — 가 존립하는지에 대해, 앞에서 진술한 단락에서는 아무것도 말하지 않는다. 우리는 오직 기본적 연계를 통해 규정되는 복합적 관계의 형식에 따라서만 항들을 고찰한다. 물론 이러한 형식을 고찰하는 것은 이론뿐 아니라 실천으로 대부분 문제가 되는 특별한 부류의 사례 속에, 하나의 직선 안에 나열된 점들의 연계에서 그 특색이 명백하게 밝혀질 수 있는, 특별한 부류의 사례 속에서 특수한 의미를 갖는다.

만약 하나의 직선에서 임의의 점 계열을 끄집어내면, 다음과 같은 사실에 주목하게 된다. 즉 간접적으로 연계된 항들의 직접적 연계는, 직접적으로 이웃한 항의 연계와 더불어, 하나의 동일한 가장 낮은 연계의 유(類)에 속한다는 사실, 게다가 그래서 이 두 연계는 서로에 의해 단지 그 가장 낮은 종차에 의해서만 구별되는 반면, 이 종차 자체는 그때그때 항들을 매개하는 연계의 차이를 통해 명확하게 규정된다. 시간의 순서, 공간적 형태의 경우도 사정은 마찬가지다. 요컨대 연계가 하나의 동일한 유의 방향이 정해진 선분을 통해 성격 지어질 수 있는 경우, 어디에서나 사정은 마찬가지다. 즉 선분의 덧셈은 어디에서나 존립한다. 그런데 우리는 완전히 형식적으로 고찰하는 여기에서 이 모든 것을 도외시할 수 있다.

본질적인 것은 다음과 같은 방식으로 개념적으로 포착될 수 있다. 두 가지 연계는, 모든 항은 아니지만 어떤 항들을 공유할, 따라서 예를 들어 동일한 항들이 여러 가지 연계를 통해 일치할 때와 다르게 일치되는 경우, 하나의 '연쇄(Verkettung)'를 형성한다. 그에 따라 모든 연쇄는 복합적 연계다. 이제 연계는 연쇄를 포함하는 연계와 연쇄를 포함하지 않는 연계로 나뉜다. 전자 종류의 연계는 후자 종류의 연계의 복합체다. 연쇄에서 벗어난 연계의 항을 '직접적으로 연계된' 항이나 '인접한' 항이라 부른다.

모든 연쇄 속에, 그래서 연쇄를 포함한 모든 전체 속에 직접적으로 연계된 항, 즉 더 이상 연쇄를 포함하지 않는 부분의 연계에 속하는 항이 반드시 존재한다. 그와 같은 전체에 그 밖의 모든 항은 서로 '간접적으로 연계되었다.'고 한다. '단일한 연쇄' $a \frown b \frown c$ —— 이것이 그 부분으로 어떠한 연쇄도 갖지 않기 때문에 단일한 —— 의 공통적 항은, 이러한 규정의 의미에서, 그것의 가까운 항들과 직접적으로 연계되어 있고, 이 가까운 항들 자체는 서로 간접적으로 연계되어 있다 등등. 서로 더 가까운 부분과 더 먼 부분에 대한 논의는 항상 연쇄에 관련되는데, '가까운 항' —— 직접적으로 연결된 항 —— 과 '어떤 가까운 항의 가까운 항' 등의 개념은, 형식적으로 쉽게 규정할 수 있게 보충한 후에 '멀리 떨어짐 (Entfernung)'의 단계를 부여하며, 이것은 이때 '첫 번째' '두 번째' 등의 '서수(序數)'일 뿐이다. 그 보충은 당연히 '전진하는 방향'을 고정시킴으로써 이러한 개념의 일의성을 배려하는 것을 겨냥한다. 예를 들어 'A의 오른쪽 가까운 항'(A의 오른쪽 첫 번째 항), 'A의 오른쪽 가까운 항의 오른쪽 가까운 항'(A의 오른쪽 두 번째 항) 등과 같은 개념이 생기는 부류의 관계에 본질적으로 부등변성(Ungleichseitigkeit)을 끌어들임으로써 이러한 개념의 일의성을 배려하는 것을 겨냥한다. 우리 연구의 본질적 목표는 그 자체로 사소하지 않은 이러한 점에 더 상세하게 검토하는 것을 요구하지 않는다.

21 전체와 부분의 적확한 개념에 대한 정밀한 규정, 마찬가지로 기초 지음 개념에 의한 이것들의 본질적 종류

앞의 고찰에서 우리의 관심은, 전체와 부분 또는 부분들 — 하나의 '전체'에 결합되는 내용들 — 사이에 가장 보편적인 본질의 관계로 향하고 있었다. 이와 관련해 우리가 정의하고 기술한 것에는 전체라는 개념이 전제되었다. 어쨌든 우리는 어디에서나 이러한 개념 없이 지낼 수 있고, 이러한 개념을 부분이라 불렀던 내용이 단순히 함께 존립함(Zusammenbestehen)으로 대체할 수 있다. 그래서 예를 들어 다음과 같이 정의할 수 있다.

어떤 a가 그 본질상, 즉 a의 종적 독자성에 근거해 법칙적으로 어떤 b가 존립하지 않으면 존립할 수 없을 경우, 종류 a의 내용은 종류 b의 내용 속에 기초 지어진다. 이때 함께 존립하는 것인 어떤 c, d가 여전히 필요한지 아닌지는 결정되지 않았다.

그 밖에 정의할 경우에도 마찬가지다. 모든 것을 이러한 보편성에서 포착한다면, '전체라는 적확한 개념'을 기초 지음이라는 개념을 사용해, 주목할 가치가 있는 방식으로, 다음과 같이 정의할 수 있을 것이다.

우리는 '전체'라는 말로 통일적 기초 지음을 통해 포괄되는, 게다가 더 이상 내용의 도움 없이 포괄되는 내용의 총괄을 이해한다. 그와 같은 총괄의 내용을 '부분'이라 한다. '기초 지음의 통일성(Einheitlichkeit)'에 대한 논의는 '모든 내용이 기초 지음을 통해 직접적이든 간접적이든 모든 내용과 연관된다.'는 것을 의미할 것이다. 이러한 연관은 이 모든 내용이 외부의 도움 없이 직접적이거나 간접적으로, '서로의 속으로(ineinander)' 기초 짓게 일어날 수 있다. 또는 거꾸로 모든 내용이 함께 새로운 내용을, 게다가 외부의 도움 없이 기초 짓게 일어날 수 있다. 후자의 경우 '이 통일적 내용은 부분의 내용에서 구축되고, 부분의 내용은 자신의 측면에서 전체 내용이 총괄 전체 속에 기초 지어지는 것과 유사한 방식으로, 전제된 총괄 부분의 그룹 속에 기초 지어진다.'는 점이 배제되지 않는다. 결국 연관의 방식을 매개하는 사례, 즉 a가 b와 함께 어떤 새로운 내용을 기초 짓고, 그다음 다시 b가 c와 함께, c가 d와 함께 등등으로, 요컨대 연쇄의 방식으로 기초 지음의 통일이 성립되는 사례도 가능하다.

우리는 그와 같은 차이를 통해 전체의 본질적 구분이 어떻게 규정되는지 즉시 알아차린다. 최초에 말한 사례에서 ─ 문제가 된 총괄의 항으로서 정의된 ─ '부분'은 '침투되고', 다른 사례에서 부분은 '서로의 외부에' 있지만, 이 모두는 함께 또는 쌍을 이루는 방식으로 연쇄되어, 실재적 연계의 형식을 규정한다. 사람들이 좁은 의미에서 '결합'이나 '연계' 등에 대해 이야기할 경우, 두 번째 종류의 전체를 사념한다. 즉 서로에 대해 상대적으로 자립적인 내용 ─ 이때 이 내용 속에서 전체는 그 단편으로 분해된다 ─ 은 그것을 '결합하는 형식'으로서 새로운 내용을 기초 짓는다. 또한 전체와 부분에 대한 논의는 일반적으로 오직 이러한 사례에 따라서만 방향이 정해지고는 한다.

동일한 전체가 어떤 부분에 관해 침투될 수 있고, 다른 부분에 관해 결합될 수 있다. 그래서 감성적으로 나타나는 사물, 감성적 질에 의해 뒤덮인 직관적으로 주어진 공간의 형태, 그것이 거기에 나타나는 바와 똑같은 공간의 형태는 색채나 연장과 같이 상호 간에 기초 지어진 계기에 관해 침투하고, 그 단편에 관해 결합한다.

22 감성적 통일의 형식과 전체

더 나가기 전에, 우리가 정의한 기준에 따라 모든 부분을 결합하는 특수한 '통일의 계기'라는 의미에서, 독특한 형식이 모든 전체에 속할 필요가 없다는 점을 명백하게 지적하는 것이 좋겠다. 예를 들어 가까운 항들의 각 쌍이 하나의 새로운 내용을 기초 짓는 방식의 연쇄를 통해 통일체가 생기면, 모든 부분 속에 함께 기초 지어진 독특한 하나의 계기, 즉 통일의 계기가 현존하지 않더라도 우리의 정의가 요구한 것을 충분히 만족시키며, 그와 같은 계기가 그때그때 가정되어야만 한다는 것을 거의 '아프리오리하게' 주장할 수 없을 것이다. 전체에 대한 우리의 개념에 따르면, 부분들도 단지 그룹의 방식이나 쌍을 이루는 방식으로, 독특한 통일의 계기를 통해 연계된다는 점은 전혀 필요하지 않다. 전체가 '연장적인 것'이고, 일반적으로 단편으로 분해될 경우에만 그와 같은 계기는 자명한 것이며, '아프리오리하게' 불가결하다.

그럼에도 우리가 이러한 정의로 만족하게 처리하고, 심지어 '모든 전체는 세분화될 수 있는 전체를 단순히 제외하고 결합하는 통일의 형식을 결여한다.'는 생각을 감행할 수 있는 점이 의아할지 모른다. 예를 들어 '연장과 색채의 통일, 음의 질과 음의 강도의 통일, 또는 〔한편으로는〕 사물에 대한 지각 감각의 존립요소와 〔다른 한편으로는〕 이 지각감각의 존립요소에 대립해, 지각의 의식이 고유한 현상학적 계기에 끌어들인 것의 통일 등이 — 게다가 이 둘의 함께 존재함(Zusammensein)이 독특한 형식의 내용, 즉 독특한 통일의 계기를 기초 짓지 않더라도 — 일방적이거나 상호 간 기초 지음에 의거한다는 생각을 감행할 수 있는 점이 의아할지 모른다.

어쨌든 부분들이 연계되는 형식이 독특한 계기로서 직관 속에 실제로 명시되더라도, 연계된 것이 서로에 대해 상대적으로 자립적인 부분임은 두드러진 사실이다. 예를 들어 멜로디의 통일성 속에 있는 음이나 색깔 형태의 통일 속에 있는 단편적으로 분리된 색채, 복합적 도형의 통일 속에 있는 부분적 도형 등이다. 이에 반해 시각적 나타남의 통일 속에서 단편들에 통일성을 부여하는 형식의 내용 이외에, 예를 들어 색채와 연장의 비자립적 계기를 서로 연결하는—색채 안에서 색조와 밝기, 연장 안에서 형태의 계기와 크기의 계기 등—형식적 내용도 발견하려 노력하는 것은 헛된 일이다. 물론 우리는 '발견되지 않음(Nicht-vorfinden)'에 즉시 '존재하지 않음(Nicht-sein)'을 끼워 넣으려는 생각조차 하지 않는다. 그러나 어쨌든 추상화할 수 있는 감성적 형식 없이 감성적 통일의 가능성을 숙고하는 것이 가능하다면 그 가능성을 해명하는 것은 매우 중요하다.

이러한 관점에서 다음과 같은 점은 우선 이상한 느낌을 줄 수 있다. 즉 다만 공존(Koexistenz)의 필요에서, 어떤 종류의 내용을 가진 존재가, 그것으로 분류되는 어떤 종류의 내용들이 단순히 '동시에 존재함(Zugleichsein)'을 조건 짓는 것 속에서만 존립하는 보충의 요구나 이러한 성질의 요구가, 내가 말하는, 통일성을 부여하면서 기능해야 한다는 점이다. 사람들은 즉시 다음과 같이 반론을 제기할 것이다. 즉 내용들은—여기에서 추정되듯이, 기초 지음이 이미 결합된 통일체를 의미해야 하는 대신—그 모든 경우에 현존하는 가운데, 서로에 대해 (aufeinander) 의지하고 어쨌든 전혀 결합되지 않은 채 완전히 분리되어 서로 나란히(nebeneinander) 놓여 있을 수는 없는가?

우리의 답변은 분명하다. 분리함에 대한 논의는 분리된 내용의 상대적 자립성에 대한 생각을 함축한다. 그리고 이 상대적 자립성을 우리는 배척했다. '서로 나란히'라는 비유적 표현은 우리에게 유리한 증거를 주는데, 그것이 바로 상대적으로 자립적이기 때문에 '서로 나란히'라는 이러한 감성적 형식을 기초 지을 상대적으로 자립적인 내용을 명백하게 전제한다.

이 적절하지 않은 비유적 표현—감성적으로 형식이 없음을 감성적 형식의 사례를 통해 예시하려 하기 때문에 실로 적절하지 않은—을

2절 전체와 부분의 순수한 형식이론에 대한 생각

반론하는 측이 매우 적극적으로 추천하는 것은, 다만 공간적으로 '함께(Zusammen)' 주어진 내용들의 서로에 대한(gegeneinander) 무관심이다. 이 무관심으로 다음과 같은 생각을 대체한다. 즉 '매우 느슨한 형식이 한 번도 통일되지 않은 것이 아니라 어떠한 형식도 전혀 통일되지 않은 경우, 그 내용들은 더구나 서로 함께(miteinander) 아무 연관도 가질 수 없을 것이다. 그래서 그 내용들은 결코 통합되지 않을 것이고, 영원히 개별화되어 남을 것이다.'라는 생각이다. 그리고 내용들을 유대없이 결합하려는 것은 이치에 어긋난 것(Widersinn) 아닌가? 물론 비유적 표현이 전제하는 그러한 내용에 대해 이 모든 것은 완전히 옳다. 그러나 우리가 이야기하는 내용은 서로가 함께 아주 많이 연관되어 있고, 실로 서로의 '속에(ineinander)' 기초 지어져 있으며, 바로 그래서 서로(aneinander) 결합되거나 연결되고, 서로에게(zueinander) 이끌리기 위해어떠한 사실이나 유대도 필요하지 않다. 이 모든 표현은 그 내용에 대해본래 전혀 의미가 없다. 분리함에 대한 이야기가 전혀 의미가 없는 경우, 분리함을 잘 극복해야 한다는 문제 역시 무의미한 것이다.

당연히 이러한 견해는 우리가 범례로 사용한 단순히 직관적인 대상, 특히 현상학적 내용의 분야에만 타당한 것이 아니라, 대상 일반의 분야에도 타당하다. 참으로 통일하는 모든 것은 기초 지음의 관계라고 우리는 직설적으로 말할 것이다. 그러므로 자립적 대상의 통일성도 다만 기초 지음을 통해서만 성립한다. 그러한 대상은 자립적인 것으로서 서로의 속에 기초 지어지지지 않기 때문에, 그 대상 자체는 '서로 함께'이지만 새로운 내용 — 이 내용은 이제 바로 이러한 사정을 위해 기초 짓는 '항'에 관해 통일성을 부여하는 내용이라고 한다 — 을 기초 짓는다는 사실은 남는다. 그렇지만 서로의 속에 (상호 간에든 일방적이든) 기초 지어진 내용도 통일성 — 매개된 것이 적기 때문에 훨씬 더 밀접한 통일성 — 을 갖는다. 그 '밀접함'은 그 내용의 통일성이 하나의 새로운 내용을 통해 비로소 산출되지 않는다는 데 곧바로 놓여 있다. 이 새로운 내용은 실로 자신의 측면에서는 오직 그 내용이 그 자체로 분리된 많은 항 속에 함께 기초 지어짐으로써만 통일성을 '산출한다.'

그와 같은 내용을 '통일체'라 하면, 이때 통일체는 물론 '실재적 술어'와 '적극적' 내용과 '실재적' 내용이다. 이때 이러한 의미에서 다른 전체도 어떠한 통일체를 갖지 않는다. 그리고 이때 우리는 고유한 통일성의 계기가 통일된 항 각각과 하나가 된다〔통일된다〕고 더 이상 말할 수 없다. 그러나 〔내용의 통일성과 통일성을 부여하는 내용이〕 그렇게 전도되고 실천적으로 애매함으로 강요하는 전문용어를 채택하지 않으려면, 우리는 통일적 기초 지음이 도달하는 범위만큼 통일체와 전체에 대해 이야기해야 할 것이다. 이때 이러한 종류로 통일된 각 내용의 총괄에 대해, 그것에 첨부된 〔통일이라는〕 술어가 결코 '실재적인 것'이 아니더라도, 마치 전체 속 어디에서인가 '통일성'이라는 존립요소가 부각될 수 있는 듯 '그 내용의 총괄은 통일성을 갖는다.'라고 말해도 좋을 것이다. 통일성은 바로 범주적 술어다.

사람들은 우리의 견해가 전체에 대한 학설에서 — 예전부터 잘 알려져 있고 강압적으로 느꼈던 어려움을 제거함으로써 약속한 — 적지 않은 이론적 장점도 평가해야 할 것이다. 중요한 문제는 통일성의 계기를 무한히 혼란시키는 것을, 게다가 각각의 전체 속에 혼란시키는 것을 요구하는 것으로 보이는 부분들의 관계를 무한히 혼란시키는 것이다. 우리가 의심을 품는 견해는 '두 가지 내용이 하나의 실재적 전체를 형성하더라도 이 내용들을 서로에게 연결하는 어떤 독특한 부분 — 통일성의 계기 — 이 현존해야 한다.'라는 추정적 자명성에서 출발한다. 그런데 통일성의 계기 e가 a와 b에 속하면, 새로운 계기 e_1도 a와 e에 — 왜냐하면 이 둘도 실로 하나로 통일되었기 때문에 — 속하고, 다시 새로운 계기 e_2는 b와 e에, 새로운 계기 e_1'는 e와 e_1에, 새로운 계기 e_2'은 마찬가지로 e와 e_2에 속한다. 그리고 이렇게 '무한히' 계속된다.

그런데 만약 연계와 관련의 차이, '감성적 질료'와 '범주적 형식'의 차이를 명백히 긋지 않으면, 오히려 무제한으로 다양하며 아프리오리하게 가능한 — 이념적 합법칙성에 따라 무한히 복잡해진 — 견해의 차이가 실재적 계기로서 대상들 속으로 들어와 해석되면, 트바르돕스키가 그의 '심리학적' 연구에서 제시했던,[7] 그러한 기이할 뿐만 아니라 치밀한 분석이 그 결과 생긴다.

우리의 견해는 부분이 항상 새로운 계열로 분열되는 이러한 무한 소급을 모면한다. 실재적으로 가능한 감성 속에 지각할 수 있는 것으로 전체 단편들의 총괄만 존재하며, 마찬가지로 단편들의 '함께 (Zusammen)' 속에 근거한 감성적 통일의 형식만 존재한다. 그러나 단편들 안에서 계기들에 통일성을 부여하고, 마찬가지로 단편들과 더불어 통일의 계기에 통일성을 부여하는 것은 우리가 정의한 의미에서 기초 지음이다.

결국 전체에 통일성을 부여하는 '형식'이라는 개념과 구별되는 '통일성의 계기'라는 개념에 관해서는, 이 개념을 지나가는 길에 이미 위에서 정의했다. 명백하게 표현하면, '통일성의 계기'라는 개념은 다수의 내용을 통해 기초 지어진 하나의 내용을, 하지만 그 가운데 개개의 내용이 아니라 모두 '함께'를 통해 기초 지어진 하나의 내용을 의미한다.(물론 이때 우리의 기초 지음의 개념을 전제한다.) 논의를 현상적 영역으로 제한하면, 이러한 내용은 실로 그 기초의 본성에 따라 외적 감각의 내용뿐 아니라 내적 감각의 내용일 수 있다.

---

7 트바르돕스키, 앞의 책, 10항, 51쪽 이하.

통일성의 계기는, 다른 모든 추상적 내용과 마찬가지로, 순수 유와 종으로 정렬된다.[8] 그래서 '공간적 도형'의 유는 '삼각형의 도형'으로 세분화되고, 이것은 다시 더 낮은 종 '특정한 삼각형의 도형'으로 세분화되는데, 이러한 더 낮은 종은 그 도형을 어떻게 이동시키거나 전환시켜도 '동일한 것'이라는 의미에서, '특정한 삼각형의 도형'이다. 그와 같은 예에서 분명한 점은, '통일성의 계기의 유가 통일성의 계기를 기초 짓는 내용의 유를 통해, 마찬가지로 전자의 가장 낮은 차이가 후자의 가장 낮은 차이에 의해 일의적으로 규정된다.'는 것이다. 통일성의 계기에도 — 형식이 직접적으로 절대적 내용 속에 기초 지어졌는지, 첫 번째 단계의 그와 같은 형식 속에 이미 기초 지어졌는지, 그 자체가 다시 첫 번째 단계의 형식 속에 기초 지어진 형식 속에 기초 지어졌는지 등에 따라 — 계기나 형식은 첫 번째, 두 번째, 세 번째 단계……로 구별될 수 있다. 더 나아가 높은 단계 형식의 내용은 낮은 단계 형식의 하강하는 계열 전체와 더불어 필연적으로 하나의 전체로 엮여 짜이며, 그래서 이러한 엮여 짜임 속에 항상 궁극적으로 기초 짓는 절대적 요소에 대해 상대적인 복합적 형식을 제시한다. 복합적인 감성적 형태, 특히 시각적 형태와 청각적 형태의 영역에서 이러한 사실은 쉽게 예시될 수 있는 반면, 그 보편적 상태는 개념에서 '아프리오리하게' 통찰될 수 있다.

---

8 내 책 『산술철학』(1891), 232쪽 참조.

23 범주적 통일의 형식과 전체

전체라는 개념은 여기에서 시도해 정의한 의미에서, 어떤 개념의 단순한 총괄 — 단순히 '함께-있음(Zusammen-sein)' — 을 결코 '전체'라 하지 않으며, 이것은 동등함 — 동일한 종류의 존재로서 — 이나 차이성 — 서로 다른 종류의 존재 또는 다른 의미에서, 즉 동일하지 않은 존재 — 도 마찬가지다.[9] '총괄(Inbegriff)'은 사유의 단순한 '형식'에 상응하는 '범주적' 통일에 대한 표현이며, 그때그때 객체 모두에 관련된 어떤 사념(Meinung)의 통일에 상관자(Korrelat)를 표시한다. 객체 그 자체는, 다만 생각에서 함께 포착되는 한에서, 그룹의 방식도 아니고, 모두 '함께'도 아니고, 하나의 새로운 내용을 기초 짓는다. 통일적 지향을 통해 어떠한 실질적 연계의 형식도 객체 그 자체의 것이 되지 않으며, 객체 그 자체는 오히려 '그 자체로 결합되어 있지 않고 아무 관계도 없는 것'이다. 이것은 '총괄의 형식이 그 질료에 대해 완전히 상관없는 것, 즉 총괄의 형식은 포괄된 내용이 완전히 자의로 변경되는 경우에도 계속 존립할 수 있는 것' 속에서 분명해진다.

그러나 기초 지어진 내용은 기초 짓는 내용의 특수한 '본성'에 결코

---

9 범주적 통일로서 동등함과 감성적 동등함의 계기는 충분히 구별될 수 있는데, 후자와 전자의 관계는 다수성과 비(非)동일성에 대해 우리가 간접적 표시로 사용한 감성적 집합의 성격이 다수성 또는 비동일성 자체와 갖는 관계와 정확하게 일치한다.(내 책,『산술철학』, 233쪽) 일반적으로 나의 이 처녀작 — 책으로 출판되지 않고 부분적으로만 인쇄된 할레대학교의 1887년 교수자격 논문의 퇴고 — 은 '총괄', '통일성의 계기', '복합체', '전체와 고차의 대상'에 대한 이 책『논리 연구』의 모든 상론에 대해 비교될 수 있다. 어쨌든 '분석', '다수성의 파악', '복합체'의 문제에 대해 코르넬리우스, 마이농 등이 그 이후 상론한 제법 중요한 부분이 본질적 생각에 관해 이미『산술철학』에서 — 비록 다른 전문용어로서 표현했지만 — 발견되더라도, '형태의 질'에 대한 학설에 많이 기여한 새로운 논문 속에 이 저서가 대부분 주목받지 못하고 그친 데 대해 유감스럽다. 특히 고차의 작용과 대상에 가치를 인정하고 철저하게 탐구한, 문제가 된 현상학적 및 존재론적 주제제기에 대한, 최초의 저서인『산술철학』은 오늘날에도 여전히 유익할 것이다.

의존하지 않는다. 기초 지어진 내용의 유를 기초 짓는 내용의 일정하게 표시된 유에 종속적이게 만드는 순수법칙이 존립한다. 완전하고 본래적인 의미에서 전체는 일반적으로 '부분'의 가장 낮은 유를 통해 규정된 연관이다. 모든 실질적 통일체에는 법칙이 속한다. 서로 다른 법칙에 따라, 즉 부분으로 기능해야 할 서로 다른 종류의 내용에 따라 서로 다른 종류의 전체가 규정된다. 따라서 동일한 내용은 자유로운 제멋대로의 때에 따라 전체의 이러저러한 종류의 부분으로 기능할 수 없다. '부분으로-존재함(Teil-sein)', 더 자세하게 말하면, '이렇게-규정된-종류의 — 형이상학적 부분, 물리적 부분, 논리적 부분, 그리고 어떻게 구별하더라도 그러한 종류의 — -부분으로-존재함'은, 우리가 이해한 의미에서 아프리오리한 법칙이나 '본질법칙'인 법칙에 따라, 관련된 내용의 순수한 유의 규정성 속에 근거한다. 이것은 철저하게 그 의미에 적합하게 다루어지고, 따라서 언젠가는 정식화되어야 할 기본 통찰이다. 그 통찰과 동시에 전체와 부분의 관계에 대한 체계적 이론의 기초는 관계의 순수한 형식에 따라 주어지며, 관계에 범주적[정언적]으로 정의될 수 있는 유형, 그리고 전체의 '감성적' 질료를 추상화[도외시]하는 유형에 따라 주어진다.

이러한 생각을 뒤따라가기 전에 한 가지 의혹을 제거해야 한다. 총괄의 형식은 순수하게 범주적인 것이며, 이에 반해 전체의 형식, 즉 기초 지음의 통일 형식은 우리에게 질료적인 것으로 보인다. 그러나 이전 항에서 통일성 — 그것은 바로 기초 지음을 통한 통일성에 대한 논의였다 — 은 범주적 술어라 하지 않았는가? 그런데 이 경우 다음과 같은 점에 주목해야 한다. 즉 우리가 주장하는 의미에서 통일체나 전체 이념은 기초 지음의 이념에 근거하고, 이 이념은 다시 순수한 법칙의 이념에 근거한다는 점이다. 더구나 법칙 일반의 형식은 범주적인 것이며, — 법칙은 실질적인 것이 아니고, 따라서 지각할 수 있는 것이 아니다 — 그래서 그러한 한에서 기초 지음 전체라는 개념은 범주적 개념이다. 그렇지만 그와 같은 각 전체에 속하는 법칙의 내용은 기초 짓는 내용의 종류와 계속해서 기초 지어진 내용의 종류의 질료적 특수성을 통해 규정되며, 전체에 그 통일성을 부여하는 것은 내용적으로 규정된 법칙이다. 따라서 그와 같은 통일성의 이념에 모든 이념적으로 가능한 특수한 형태를 질료적 통일성이나 실재적 통일성이라고 정당하게 부른다.

이전에 상론한 것[10]에 따라, 서로 다른 종류의 전체를 구성하는 법칙은 종합적-아프리오리한 법칙인 반면, 단순한 범주적 형식에 속하는 법칙, 예를 들어 전체 일반 형식의 이념에 속하고, 이 이념의 단순한 형식적이고 특수한 형태 모두에 속하는 법칙은 분석적-아프리오리한 법칙이다. 그와 같은 특수한 형태를 다음 항에서 우선적으로 다루려 한다.

24 전체와 부분에 관한 순수형식적 유형. 아프리오리한 이론의 요청

법칙의 순수한 형식에 따라 전체와 부분의 순수한 형식이 규정된다. 이 경우 정의에서 명백하게 드러나듯이, 단지 기초 지음의 형식적으로 보편적인 것만이, 그것을 가능하게 하는 아프리오리한 복합체와 같이 타당하게 된다. 관련된 내용의 종류의 특수성을 '추상함'으로써 우리는 전체 어떤 종류에서 그 종류의 순수한 형식, 그 범주적 유형을 제시한다. 더 명백하게 말하면, 이 '형식화하는 추상'은 우리가 추상이라는 표제로 통상 염두에 둔 것과는 총체적으로 다른 것이며, 따라서 예를 들어 구체적으로 시각적으로 주어진 것에서 보편적 '빨간색'을, 또는 이미 추상된 빨간색에서 '색깔'이라는 유의 계기를 부각시키는 것과는 완

---

10 이 책 (제3연구) 11항 참조.

전히 다른 종류의 작업수행이다. 관련된 내용의 종류를 표시하는 명사 대신 우리는 형식화하면서 '어떤 내용의 종류', '어떤 다른 내용의 종류' 등과 같이 규정되지 않은 표현을 쓰며, 이와 동시에 의미 측면에서 그에 상응해 질료적 생각 대신 순수한 범주적 생각을 대체한다.[11]

앞에서 규정한 것에서 바로 알아보았듯이, 추상적 부분과 단편의 차이는 순수하게 범주적으로 수행될 수 있는 성격을 묘사하는 의미에서 형식적이다. 이러한 규정으로 실로 우리는 궁극적 형식화를, 이제까지 탐구한 경향에 따라 적절하게 해석해야 하며, 우리가 마지막에 정의한 의미에서 전체라는 순수한 개념이 그 규정의 기초가 되어야 한다. 또한 이전[12] 범례에 따라 단순히 기술적으로 명백하게 제시한, 더 가까운 부분과 더 먼 부분의 차이는 이제 어떤 기초 지음의 관계에 단순한 형식으로 환원되고, 이것을 통해 형식화된다.

위에 든 예에서, 다수의 직관적 전체를 세분화하는 단계의 진행에는 언제든지 전체 그 자체의 단편, 전체에 모두가 동등하게 떨어져 있고, 아주 똑같이 최초에 세분화한 성과로 간주될 수 있는 단편이 그 결과 생기게 된다. 세분화의 순서는 이러한 예에서 전체의 본질을 통해 미리 지시되지 않는다. 이때 문제가 되는 것은 첫째, '전체의 단편에 대한 단편은 다시 전체의 단편이다.'라는 명제다. 이것은 우리가 위에서[13] (단지 다른 말로) 순수하게 형식적으로 증명한 명제다. 둘째, 이때 문제는 기초 지음에서 어떠한 단계의 순서도 단편화의 순서에 상응하지 않기 때

---

11 '보편수학(mathesis universalis)'으로서 순수논리학의 이념을 구성하는 것에 대한 형식화(Formalisierung)의 역할에 관해서는 이 책(『논리 연구』) 1권, 67~72항 참조. 여전히 우리 자신이 단적으로 추상에 대해 이야기할 경우, 이제까지 비자립적 내용의 계기를 부각시키는 것을 생각한 바와 같이, 또는 이념화하는 추상이라는 표제 아래 그에 상응하는 이념화(Ideation)를 생각한 바와 같이, 따라서 형식화를 생각한 것이 아니라는 점이 강조될 것이다. (이 주석은 2판에서 첨부한 것이다.)

12 이 책 (제3연구) 19항 참조.

13 이 책 (제3연구) 14항에 '명제 3'. (19항 전반부 참조)

문에, 단편화의 순서가 무의미했던 단편이 중요하다. 모든 단편은 전체에 대해 항상 동일한 기초 지음의 관계에 있다. 그래서 전체와 관련된 형식에서 모든 차이가 결여되었고, 모든 부분은 '동일한 방식으로 전체 속에 포함되었다.'

그런데 심미적 통일체, 예를 들어 하나의 별의 모습 — 이것은 별들의 모습에서 재구축되고, 그러면 이것들은 선분에서 합성되며, 이 선분은 최종적으로는 점에서 합성되는 별의 모습 — 을 세분화할 경우, 사태는 이미 완전히 다를 것이다. 점은 선분을 기초 짓고, 선분은 새로운 심미적 통일체로서 개개의 별을 기초 지으며, 개개의 별들은 이 경우 최상의 통일체로서 별들의 모습을 기초 짓는다. 점, 선분, 별 그리고 최종적으로 별들의 모습은, 가령 어떤 선분의 부분적 선분과 같이, 지금 서로 동격(同格)이 되는 것이 아니라 이것들에는 기초 지음의 확고한 단계 순서가 포함된다. 이 단계 순서 속에 어떤 단계의 기초 지어진 것이 가장 가까운 상위의 기초 짓는 것이 되고, 더구나 그래서 모든 단계에 새로운 형식이 규정되며 또한 단지 이러한 단계에 도달할 수 있는 형식만이 규정된다.

우리는 여기에서 다음과 같은 일반적 명제를 연결할 수 있다.

단편이 결합하는 형식을 통해 다른 단편들과 전체로 통합되고, 전체 자체는 다시 새로운 종류의 형식을 통해 더 높은 차원의 전체를 구성할 경우, 단편은 본질적으로 그 단편들이 그것에 속하는 전체의 간접적 부분 또는 더 먼 부분이다.

그러므로 전체에 대해 상대적으로 더 가깝거나 더 먼 부분의 구별은, 여기에서 기초 지음의 관계에 형식적으로 표현할 수 있는, 차이 속에 그 본질적 근거를 갖는다.

우리가 다만 완전한 전체 속에서만 보충할 필요를 채울 수 있는 계기와 전체 단편들 속에, 이미 그것을 할 수 있는 계기의 본질적인 형식적 차이를 고려할 경우, 이와 유사한 것이 비자립적 계기의 범위 속에 나타난다. '함께 속함'의 방식으로도 기초 지음의 형식 속에 다시 구별이 생긴다. 즉 그 구별에 적합하게 어떤 부분, 가령 직관한 사물의 전체 연장과 같은 부분은 전적으로 전체로서 사물에 속하며, 다른 부분, 가령 어느 한 단편의 연장은 특히 이 단편에 속하여, 최초로 멀리 떨어져서 전체에 속하게 된다. 이러한 간접성은 어떤 선분을 나눔에서, 두 번째 단계 단편의 간접성과 같이, 더 이상 비본질적 간접성이 아니라 전체와 부분의 관계에 형식적 본성을 통해 성격 지을 수 있는 본질적 간접성이다. 또한 명백하게 유사한 이유로 전체에 가장 가까이 있는 비자립적 계기의 단편은 바로 이러한 계기로서 전체에 더 먼 것이며, 그래서 적어도 직관의 영역 속에 타당한 것으로 발견되는 명제가 들어맞는 경우, 그와 같은 단편은 직접적으로 다만 전체의 한 단편 속에서만 기초 지어질 수 있다.

그 이상의 명제도 다음과 같이 형식적으로 확실하게 나타낼 수 있다. 즉 추상적 부분은 전체에 더 먼 것이며, 그것을 보충할 필요성이 하나의 단순한 부분의 영역 속에서 만족될 경우, 본질적으로 간접적 부분이다. 이때 이 부분은 그 자체로 이미 전체의 한 단편이거나 여전히 더 보충할 필요가 있다. 후자의 경우 간접성은 '추상적 부분을 근원적으로 고찰할 때 기초 지음의 형식이, 그 속에 있는 보충의 법칙이 어떤 새로운 보충의 법칙에 의해 더 포괄적인 전체, 그래서 추상적 부분을 단지 간접적으로 포함하는 바로 완전한 전체의 부분이 되고, 그러한 부분이 되어야만 하는 어떤 전체를 시사한다.'라는 데 있다. 따라서 다음과 같이 말할 수도 있다. 즉 전체의 단편에 추상적 부분이 아닌 전체의 추상적 부분은 단편의 추상적 부분으로서 전체에 가까이 있다.

이러한 생각은 전체와 부분에 대한 이론을 미래에 다루는 데 단순한 암시로서만 타당할 것이고, 타당할 수 있다. 우리가 여기에서 염두에 두는 순수이론을 실제로 실행하는 것은, 모든 개념을 수학적 정밀성으로 정의해야 하고, 정리(定理)를 '형식적 논증(argumenta in forma)'으로, 즉 수학적으로 연역해야 가능할 것이다. 그래서 전체와 부분의 형식 속에 '아프리오리하게' 가능한 복합에 관한 합법칙적인 완벽한 조망이 생기고, 이러한 영역에서 가능한 관계에 대한 정밀한 인식이 생길 것이다. 이 2절에서 순수하게 형식적으로 다루는 작은 싹은 이러한 목표가 명백한 것이라는 사실을 입증한다. 어쨌든 모호한 개념 형성과 이론을 수학적으로 정밀하게 향상시키는 것은, 어디에서와 같이 여기에서도, 아프리오리한 연관에 대한 완전한 통찰의 예비조건이자 학문의 불가피한 요구다.

25 전체의 계기를 세분화함으로써 전체를 세분화하는 것에 대한 추가

끝으로 흥미 있을 만한 논평을 첨부해 보자.

단편이, 이 단편에 그것이 속하는 전체에 대해 상대적으로 고찰해 보면 일방적이든 상호 간에든, 전체로서 그 부분에 관해서든 서로 속에 기초 지어질 수 없는 것은 분석적 명제다. 다른 한편, 단편이 더 포괄적인 전체, 그 가운데 단편이 모두 비자립적 계기의 타당성만을 갖는 전체를 고려해 이 기초 지음의 관계를 정초할 수 없음은 척도가 되는 정의의 내용에서 결코 추론되지 않는다. 그러나 우리는 사실상 우리가 접근할 수 있는 순수한 직관과 명증성 분야에서 어떠한 예도 발견하지 못하며, 그래서 바로 이러한 분야에서 주목할 만한 부분의 관계와 연관 짓는다.

즉 더 넓은 의미에서 다음의 현상학적 명제를 표명할 수 있다. 상대적으로 추상적인 것 가운데 각 단편에는, 그 추상적인 것에 대해 각기 상대적으로 구체적인 것 가운데 단편이 상응하며, 그래서 전자의 배척된 단편은 후자의 각각 가운데 배척된 단편을 정초한다. 달리 말하면, 배척된 단편이 그 자체로 기초 지음의 관계 속으로, 서로에 대해 들어오지 않고도 새로운 계기 그 자체를 이끌고, 이 계기를 통해 이제 개별적으로 전체의 단편에 보충됨으로써, 비자립적 계기의 세분화는 구체적 전체의 세분화를 제약한다.

몇 가지 예를 들어 설명해 보자. 변화되지 않은 채 지속하지만 시간적 계기를 추상해 고찰한 시각적 내용의 유사-공간적 확장을 세분화하는 것은 이러한 내용 자체를 세분화하는 것도 규정한다. 이것은 공간적 세분화와 관련해 공간적 직관에 주어진 것에 대해서도 마찬가지다. 분리된 공간의 단편은 서로에 대해 독립적인 보충의 계기를 기초 짓는다. 어떤 단편의 색채는 가령 그 어떤 다른 단편의 색체를 통해 기초 지어지지 않는다. 이러한 점에서 우리는 '이러한 보충하는 계기는 이 계기를 기초 짓는 공간적인 것 자체를 세분화함으로써 세분화된다.' 또는 '그 계기가 공간적인 것의 단편으로 하나씩 나뉜다.'라고 말할 수도 있다. 단편의 색채는 단편 자체와 마찬가지로 동일한 나눔의 관계 ─ 배척, 포함, 교차 ─ 에 있다. 이 경우 어떤 계기의 세분화가 동시에 전체의 세분화를 수반하는 이러한 특유의 상태는, '그 계기의 단편도 서로 더 포괄적인 전체 속에 기초 지어지는 것이 아니라, 그때그때 새로운 계기는 그것이 기초 지음을 필요로 한다.'라는 데 명백하게 기인한다. 동시에 어쨌든 '이 새로운 계기 자체도 다시 그 단편 속에서만 자신의 필요한 기초 지음을 발견하지만 상호 간 서로 속으로 발견하지는 않는다.'라는 데 기인한다.

직관의 시간적 전체의 경우에도 사정은 마찬가지다. 어떤 구체적 경과가 지속하는 것을 세분화하면, 우리는 경과 그 자체, 즉 시간의 절편

(Abschnitt)에 상응하는 운동의 절편 ─ 이때 이 용어를 가장 넓은 아리스토텔레스의 의미로 이해해도 좋다 ─ 을 세분화한다. 동일한 것이 정지의 경우에도 타당하다. 어떤 부분이 지속하는 가운데, 정지와 그 어떤 다른 부분이 지속하는 가운데, 정지가 어떠한 관점에서도 명증적인 기초 지음의 관계에 있지 않기 때문에, 정지는 우리가 규정한 의미에서 단편으로서 타당해야 할 자신의 절편을 갖는다.

직관 속에 탐구할 수 있는 본질이 주어지는 영역에 한정하는 대신, 자연의 경험적-실재적 연관을 숙고할 경우 사정은 완전히 다르다.

어쨌든 이렇게 넘어가는 것은 개념을 확장할 필요가 있다. 우리는 모든 개념의 형성을 순수한 본질의 영역에 관련짓고, 기초 지음의 법칙은 순수한 본질법칙에 종속적이며, 부분들은 부분과 계기에 상응하는 이념의 아프리오리한 연관에 근거해 대체로 본질적으로 하나가 되었다. 다른 한편 그 모든 사물성(Dinglichkeit)을 지닌 자연에 관해 말하자면, 자연은 확실히 자신의 아프리오리를 지니는데, 이 아프리오리를 체계적으로 부각시키고 전개하는 것은 자연의 존재론에 여전히 해결되지 않은 과제다. 그러나 보통의 의미에서 자연법칙은 이러한 아프리오리, 즉 순수하고 보편적인 자연의 '형식'에 속하지 않는다는 점, 자연법칙은 본질의 진리(Wesenswahrheit)의 성격이 아니라 사실의 진리(Tatsachenwahrheit)[14]의 성격을 갖는다는 점은 처음부터 의심할 여지가 없다. 따라서 자연법칙의 보편성은 결코 '순수한' 또는 '무제약적' 보편성이 아니며, 마찬가지로 자연법칙에 종속되는 사물의 모든 사건에 '필연성'은 '우연성'이 부착되어 있다. 자연은 그 모든 물리학적 법칙과 더

---

14 (옮긴이 주) '본질의 진리'와 '사실의 진리'는 라이프니츠의 '이성의 진리'와 '사실의 진리', 흄의 '관념의 관계'와 '사실의 문제'의 구별에 상응한다. 전자는 모순율에 근거하고 필연적이며 아프리오리하게 알 수 있고, 그 대상 영역은 가능세계다. 반면 후자는 충족이유율에 근거하며 우연적이고, 아포스테리오리하게 알게 되며, 그 대상 영역은 현실세계다.

불어 다르게 존재할 수도 있을, 바로 하나의 사실(Faktum)이다.

이제 자연법칙을 이렇게 우연성이 부착된 점을 인정하지 않은 채 실제적 법칙과 같이 다루면, 우리는 우리가 각인시킨 모든 순수한 개념을 자연법칙에 관련지으며, '경험적 기초 지음', '경험적 전체', '경험적 자립성과 비자립성'이라는 변양된 이념을 얻게 된다. 그러나 우리에게 주어진 자연의, 단수의 특수한 형태인 사실적 자연 일반의 이념을 생각해 보면, '경험적 전체'와 '경험적 자립성' 등 우리의 자연에 속박된 이념이 아니라 보편적 이념을 얻는다. 게다가 이 이념은 명백히 자연 일반 이념에 대해 구성적이며, 그것에 속한 본질의 관련과 더불어 자연의 보편적 존재론 속에 분류됨에 틀림없다.

이러한 점이 전제되면, 우리의 특수한 문제로 되돌아오게 된다. 우리가 질료적 본질의 영역에서 비자립적 계기, 예를 들어 공간적 계기와 시간적 계기의 세분화가 구체적 전체의 세분화를 수반하는 경우의 예를 발견하는 반면, 공존과 계기에서 모든 경험적-실재적 연관 분야 속의 사정은 다르다. 공간적으로 분리된 것과 시간적으로 분리된 것을 서로 함께 연계시키는 경험적 필연성의 연관에 의미를 숙고해 보면 이것은 명백할 것이다. 어떤 시간의 절편 t_1 — t_0 속에 수행되는 구체적인 일련의 변화에서, 경계에 인접한, 시간의 절편 t_2 — t_1 속에 어떤 새로운 일련의 변화가 일정한 인과법칙에 따라 필연적으로 연결될 경우, 바로 이렇게 연결됨으로써 전자는 후자에 대해 자신의 자립성을 상실한다. 이제 모든 구체적 변화의 경과에는 그것에 시간적으로 인접한 일정한 필연적 귀결을 지정하는 법칙, 즉 그러한 종류로 규정되고 그 본질상 오직 경험적으로만 인식할 수 있는 법칙이 존재론적으로 — 자연 일반의 이념 속에 포함된 것으로서 — 속한다. 게다가 다시 모든 변화의 경과 자체가 선행하는 경과의 필연적 귀결이라고 가정하면, 다음과 같이 표명된다. 즉 자연의 모든 구체적 변화의 경과는 그 경과가 실현되는 더 포괄적인 시간 전체와 관련해 비자립적이며, 따라서 어떤 시간의 구간을 세분화하는 어떠한 것도 이에 속한 구체적 시간 전체의 세분화를 제약하지 않는다.

어쨌든 논의를 변화의 경과로 제한하는 것은 불필요하며, 실로 엄밀하게 고찰하면 결코 허용되지 않는다. 역학이 정지와 운동을 하나의 관점에서 고찰하는 것과 똑같이, 역학이 정지를 운동의 극한적 사례와 특수한 사례로서 운동의 법칙 속에 함께 포괄하는 것과 똑같이, 우리는 아리스토텔레스의 용어법의 의미에서 확장된 개념으로 유사하게 취급해야 한다. 모든 세계에서 격리된 항속적 '정지'라는 허구적 사례도 그것에 속하는 공식화된 인과법칙을 벗어날 수 없다. 그와 같이 작은 시간의 구간이 항구적으로 변화가 없는 상태에서 어떤 구체적 내용으로 충족된 것을 생각해 보면, 자연의 이념이 사유의 가능성으로서 이것을 정하지 않은 채 놓아두는 경우, 우리는 이러한 시간 동안 실재적 실제성 전체를 이렇게 변화가 없는 존재로 환원해 생각하며, 그래서 인과법칙은 그 '미래의 부분(a parte post)'이 영원히 변화되지 않은 채 항속함에 틀림없다 — 반면 그 '과거의 부분(a parte ante)'이 영원한 정지에서 생겼든 법칙적 변화에서 생겼든 — 는 점을 확실히 요구한다.

그러므로 우리는 어떠한 시간적 존재도 벗어날 수 없는 인과적 연관을 고려해, 시간 계기의 세분화는 결코 구체적 시간 전체의 세분화를 수반하지 않는다고 주장해도 좋다. 시간의 단편에 속하는 보충의 계기는 시간의 단편에 따라 분리되지만, 이렇게 분리하는 것은 시간적으로 구체적인 것 속에 전혀 세분화되지 않으며, 이것은 시간적으로 분리된 내용들의 상호 인과적 기초 지음에 의해 저지된다.

적어도 전체의 경우 공간적 세분화도 물론 사정이 이와 유사함에 틀림없다. 그 전체 속에 공간적 연장과 시간적 연장은 어느 한 계기의 모든 세분화와 더불어 다른 계기의 세분화가 주어지며, 그 역도 마찬가지

방식으로 합치된다. 운동의 공간적 계기의 세분화는, 그 시간적 계기의 세분화와 마찬가지로, 운동 자체의 세분화를 거의 제약하지 않는다.

이러한 고찰에서 다음과 같은 점도 분명해진다. 즉 시간의 구간을 포괄하는 모든 '추상적인(in abstracto)' 시간의 연장과 관련해, 단편의 성격을 지녔던 시간의 구간을 그것이 비자립적 계기로서 내재하는 구체적으로 충족된 시간적 통일체와의 관계에서 고찰할 경우에 객관적 시간, 즉 자연의 시간 안에서, 그 시간 구간의 단편으로서의 성격과 더불어 상호 독립성의 성격도 상실한다. 모든 객관적 시간의 지속은 과거와 미래 양쪽에서 '무한히' 확장을 허용할 뿐 아니라 요구하는 단순한 시간의 부분이라는 명제는, 쉽게 조망할 수 있듯이, 인과성의 단순한 귀결이며, 그래서 시간의 충족과 관련된다. 시간의 충족을 통해 시간의 부분은 자신의 충족 그 자체에 관해서뿐 아니라, 인접한 시간의 부분과 그 충족에 관해서도 비자립적이다.

시간의 부분과 그 상호 기초 지음의 이러한 비자립성은 '결코 시간의 구간을 단지 다른 시간의 구간에 연계하는 것이 아니라, 구체적으로 충족된 시간 전체를, 바로 그와 같은 시간 전체에 연계하는 법칙에 의해 지배된다. 이러한 법칙 속에 시간 전체를 충족시키는 시간 내용의 계기를 제시하는 그 밖의 변항(變項)과 나란히, 시간 또는 시간의 구간도 서로 영향을 끼치는 변항으로서 기능하기 때문에, 이 시간의 구간도 더 포괄적인 구체적 통일체와의 관계에서 간접적으로 기초 지음의 관계를 획득한다.

물론 공간의 단편도 더 포괄적인 공간의 통일체와의 관계에서, 결국 자연의 무한한 공간 전체와의 관계에서 사정이 시간의 구간과 유사하다. 모든 공간의 단편은 모든 측면에서 확장을 요구하는 명제, 여기에서 더 정확하게 말해야 한다면, 더구나 무한히 하나의 공간으로까지 모든 측면에서 확장할 실재적 가능성을 요구하는 명제도 일정한 인과적 법칙, 더 자세하게는, 일정한 자연법칙의 귀결이다.

우리가 시간적 구간과 마찬가지로 공간적 구간을 상상 속에 임의로 확장하는 사실, 우리가 공간이나 시간의 상상된 각각의 한계에서 상상 속으로 옮겨 놓을 수 있고 이때 항상 새로운 공간과 시간이 우리의 내적 시선에 떠오른다는 사실 — 이 모든 사실이 공간의 단편이나 시간의 단편을 상대적으로 기초 지음을 입증하지 않으며, 공간과 시간이 실재적으로 무한히 존재함에 틀림없거나, 단지 실재적으로만 무한히 존재할 수 있는 필연성을 입증하지 않는다. 이러한 사실은 다만 주어진 각각의 한계를 넘어 계속할 수 있음을 전제하고, 그래서 요구하는 인과적 법칙성만 입증할 수 있을 뿐이다.

자립적 의미와 비자립적 의미의 차이, 그리고 순수문법학의 이념

들어가는 말

다음 고찰은 의미 분야에서 뚜렷하지 않은 문법적 구별의 배후에 숨겨진 근본적 차이, 즉 자의적(自義的) 표현과 공의적(共義的)[1] 표현, 완결된 표현과 완결되지 않은 표현의 차이에 주목한다. 그와 같은 구별을 해명하는 것은, 앞에서 밝힌 자립적 대상과 비자립적 대상의 일반적 구별을 의미 분야로 적용하게 하여, 그 결과 우리의 연구에서 의도된 차이를 자립적 의미와 비자립적 의미의 차이로 특징짓는다. 그 차이는 본질적 의미의 범주를 확정하는 데 필수적인 기초를 형성하며, 간략하게 밝히듯이, 의미의 객관적 타당성──실재적 진리나 형식적 진리, 실재적 대상성이나 형식적 대상성──을 도외시한, 아프리오리한 다양한 의미의 법칙이 본질적 의미의 범주 속에 뿌리내린다.

의미의 복합 영역 속에 지배하고, 그 의미(Sinn)에서 무의미(Unsinn)와 분리하는 기능을 지닌 이 의미의 법칙은 적확한 의미에서 여전히 논리적 법칙이 아니다. 이 법칙은 순수논리학에 가능한 의미의 형식, 즉

---

1 (옮긴이 주) 그리스어 'kategorema(진술하다)'에서 유래한 '자의적(kategorematisch)'은 그 자체로 완전한 의미를 지니는 언어표현을, 공의적(synkategorematisch)'은 다른 언어와 결합해야만 비로소 의미를 지니는 언어표현을 말한다.

통일적으로 유의미한 복합적 의미의 아프리오리한 형식을 제공하며, 이때 적확한 의미에서 '논리적 법칙'은 그 복합적 의미의 '형식적' 진리 나 '대상성'을 규제한다. 전자의 의미의 법칙이 무의미를 방지하는 반면, 이 논리적 법칙은 형식적 또는 분석적 이치에 어긋난 것(Widersinn) 과 형식적 불합리를 방지한다. 이 순수-논리적 법칙이 '아프리오리'하고 순수형식에 근거해 대상의 가능한 통일에 필요한 것을 말한다면, 의미 복합의 그 법칙은 의미의 단순한 통일에 필요한 것, 즉 서로 다른 의미의 범주에 속하는, 의미가 혼돈된 무의미를 산출하는 대신, 하나의 의미로 통일되는 아프리오리한 형식을 규정한다.

근대 문법학은 독점적으로 심리학과 그 밖에 경험적 학문 위에만 구축되어야 한다고 믿었다. 이에 반해 여기에서 우리는 '가능한 의미형 식을 규정하는 아프리오리한 법칙을 입증함으로써 보편적 문법학, 특히 아프리오리한 문법학의 예전 이념이 의심할 여지 없는 기반을 획득하고, 어쨌든 일정하게 한정된 하나의 타당성의 영역을 획득했다.'라는 점을 통찰하게 된다. 가령 문법학에 속하는 아프리오리(Apriori)의 다른 영역 이 어느 정도까지 여전히 제시될 수 있는지는 여기에서 우리의 관심 밖 에 있다. 순수논리학 안에는 모든 대상성을 도외시한 법칙의 한 영역이 존재하는데, 이 법칙을 통상적이고 적확한 의미에서 논리적 법칙과 구 별해 '순수논리적 문법적 법칙'이라 부를 수 있는 충분한 근거가 있다. 〔이를 위해〕 우리가 '의미의 순수형식 이론'과 이것을 전제하는 의미의 '순수 타당성 이론'을 대조해 보는 것은 바람직하다.

본론: 자립적 의미와 비자립적 의미의 차이

1 단일한 의미와 복합적 의미

먼저 의미를 단일한 의미와 복합적 의미로 당연하게 구분하는 것에서 출발하자. 이 구분은 단일한 표현과 복합적 표현, 또는 단일한 논의와 복합적 논의의 문법적 구별에 상응한다. 복합적 표현은, 그것이 하나의 의미를 갖는 한, 하나의 표현이다. 복합적 표현으로서 그것은 부분들에서 구축되며, 이 부분들 자체는 다시 표현이고, 그와 같은 표현으로서 다시 자신의 고유한 의미를 갖는다. 예를 들어 '강철 같은 남자', '신하의 사랑을 받는 왕' 등의 표현을 읽으면, '남자', '강철', '왕', '사랑' 등이 부분적-표현이나 부분적-의미로서 우리 머릿속에 떠오른다.

여기에서 하나의 부분적 의미 가운데 또다시 부분적 의미를 발견하면, 이 후자의 부분적 의미 속에는 다시 부분으로서 의미가 등장할 수 있다. 그러나 이것이 무한히 계속될 수 없다는 것은 명백하다. 결국 어디에서나 우리는 계속 나누는 가운데 요소로서 단일한 의미에 반드시 직면할 것이다. 실제로 단일한 의미가 존재한다는 사실을 '어떤 것 (Etwas)'이라는 확실한 예가 가르쳐 준다. 단어를 이해하는 가운데 수행되는 표상의 체험은 확실히 복합적이지만, 그 단어의 의미는 복합성의 어떠한 그림자도 없다.

2 의미의 복합성은 대상의 복합성의 단순한 반영인가

이 모든 것이 명석하게 나타나더라도, 어쨌든 온갖 의문과 의혹이 자꾸 떠오른다.

우선 의미[2]의 복합성이나 단일성은 의미 안에서 의미하는 작용의 방식으로 '표상된', 대상의 복합성이나 단일성의 단순한 반영인가 하는 의문이다. 사람들은 아마 첫눈에는 이것을 받아들일 것이다. 표상은 실로 대상을 표상하며, 그것은 대상의 정신적 모사(Abbild)다. 그런데 아주 간단히 반성하더라도, '모사에 대한 이러한 비유가, 다른 많은 경우와 마찬가지로, 여기에서도 기만한다.'라는 점'과 '그 비유의 전제된 평행론이 어느 측면에서도 존립하지 않는다.'라는 점이 밝혀진다. 첫째, 복합적 의미는 단일한 대상을 표상할 수 있다. '단일한 대상'이라는 우리의 표현 자체가 결정적이며 명석한 예를 제공해 준다. 이때 그러한 대상이 존재하는지 존재하지 않는지는 전혀 상관없다.[3]

그러나 반대로, 즉 단일한 의미가 복합적 대상을 '표상할' 수 있고, 의미하는 작용의 방식으로 그 대상에 관계될 수 있다는 것도 타당하다.

---

2 우리는 이것을 아주 똑같이 '표상'이라 말할 수 있을 것이다. 왜냐하면 더 특수한 의문과 더불어 표상 일반(객관화하는 작용 일반)에 관련된 더 보편적인 의문이 명백하게 답변되어야 하기 때문이다. [이 주석은 2판에서 첨부한 것이다.]

3 트바르돕스키는, 그가 볼차노(우리는 여기에서 볼차노의 학설에 따른다)에 반대해 단일한 대상이 전혀 존재하지 않는다고 주장할 때, 착수할 수 있는 결정의 기반 전체를 명백하게 벗어났다.(앞의 책, 94쪽. 트바르돕스키 자신의 문제 제기는 같은 책, 92쪽 참조) 그는 여기에서 명백하게 **표상한** 대상에 대해 이야기한다. 여기에서 실로 중요한 문제는 의미한 대상 **그 자체**다.

사람들은 ─ 나는 정당하지 않다고 생각하지만 ─ 위의 예에서 ─ '남자', '강철', '왕' 등의 ─ 단일한 명사가 실제로 단일한 의미를 표현에 부여하는지 의심을 품을 수 있지만, '어떤 것'이나 '하나의'와 같은 명사를 타당하게 간주해야 한다. 이 경우 그 명사는 규정되지 않은 가운데 ─ 물론 결코 규정되지 않은 방식으로, 곧 단순한 어떤 것으로서 ─ 모든 가능성, 따라서 모든 복합적 대상에 관련될 수 있다는 사실은 분명하다.

나아가 복합적 의미가 복합적 대상에 관계되는 경우 의미의 각 부분에 대상의 한 부분이 반드시 속하지 않으며, 심지어 그 반대도 마찬가지다. 물론 트바르돕스키는 볼차노의 '산이 없는 나라(Land ohne Berge)'라는 적절한 예를 반박하지만, 이것은 '그가 〔한편으로〕 의미와, 〔다른 한편으로〕 의미된 대상의 직접적-직관적 표상을 동일시한 반면, 그에게는 논리적으로 유일한 기준이 되는 의미라는 기본 개념이 완전히 벗어나 있다.'는 사실로 설명된다. 그러므로 그는 '산이 없는'이라는 의미의 존립요소를, '어원(Etyma)의 방식에 따른 보조적 표상'으로 포착하여 생각해 냈다.[4]

3 의미의 복합성과 구체적 의미작용의 복합성. 함축적 의미

다른 한편으로는 여전히, 게다가 넓은 부류의 사례에서 다음과 같은 의혹이 자꾸 떠오른다. 즉 '미리 주어진 의미는 복합적 의미로 간주해야 하는지, 단일한 의미로 간주해야 하는지'를 결정하는 의혹이다. 예를 들어 고유명사에 속하는 의미, 요컨대 고유한 명사의 의미(Eigenbedeutung)를

---

4 트바르돕스키, 같은 책, 98쪽.

본론: 자립적 의미와 비자립적 의미의 차이

단일한 의미로 파악하려면, 다음과 같은 상황이 이에 반대되는 것으로 보인다. 즉 우리는 확실하고도 명백하게 정당화된 의미로 '예를 들어, 우리가 잘 아는 인물의 이름으로 이해된 '슐체(Schultze)'라는 고유명사로 어떤 일정한 인간을 표상한다, 따라서 우리가 한 사람의 인간으로서 일반적으로 당연하며, 이 인물을 다른 사람과 구별 짓는 많은 개인적 특성과 마찬가지로, 모든 부분과 성질을 소유한 존재자를 표상한다.'라고 진술해도 좋은 상황이다. 그러나 이에 반해 우리는 고유하게 의미된 것과, 고유한 명사의 의미 안에서 다소 명석하게 표상된 대상의 속성을 점차 부각시킬 수 있는 규정을, 부분적 의미로 분류하기를 주저하거나, 심지어 이러한 고유한 명사의 의미가 '슐체'라는 표상의 내용을 그 대상적 방향에서 분석하면서 'α, β, γ ……인 어떤 사람 A'라는 형식으로 한걸음씩 합성한 그 복합적 의미와 동일하다고 받아들이기를 주저하게 된다.

더 자세하게 고찰해 보면, 우리는 여기에서 단일성과 복합성의 이중 의미가 어느 한 의미에서 단일성을, 다른 의미에서 복합성을 배제하지 않는 방식으로 구별될 수 있다는 점을 알아차린다. 우선 우리는 고유한 명사의 의미를 의미 속에 분절된 하나의 의미로, 또 이러한 방식으로 복합적 의미로 파악하는 것을 확실하게 거부해야 한다. 그렇지만 동시에 이 경우, 의미에 대한 의식이 실제로 어떤 ─ 물론 설명할 필요가 매우 많은 ─ 복합을 자체 속에 지닌다는 점을 인정해야 한다. 일정한 내용을 지니고 표상되는 '슐체'라는 사람에서 뒤따라오는 설명과 개념적 포착이 이끌어 내 규정하는 모든 것은 항상 새로운 의미를 제공하며, 가령 근원적 의미 속에 내실적으로 함축된 부분적 의미나 다만 강조되지 않았을 뿐인 부분적 의미를 제공하는 것이 아니라는 점은 확실하다. 고유한 명사의 의미는 확실히 단일하다. 게다가 이 '슐체'가 일정한 표상의 내용과 더불어 고유명사와 일체가 되어 표상되면, 그 표상의 내용은 여러 가지로 변화될 수 있는 반면, 고유명사는 어쨌든 동일한 '슐체'를 항상 '직접' 거명하면서 동일한 의미로 기능한다는 점은 분명하다.

다른 한편, 중요한 문제는 의미에 대한 표상에 부가되는 우연적인 부수적 표상이 아니라, 비록 내용적으로 변화하더라도 필연적인 표상의 존립요소다. 이러한 표상의 존립요소가 없다면 현실적 의미는 의미된 대상성과의 방향을 획득하지 못하므로, 결코 의미로서 존재할 수 없다. 고유명사를 유의미하게 사용하면서 우리는 고유명사로 부른 것, 여기에서는 '슐체'라는 특정한 인물을 어떤 내용을 지닌 이 특정한 인물로서 표상해야 한다. 그 인물이 비직관적으로, 불충분하게, 모호하게, 규정되지 않고 표상되었더라도, 표상의 내용이 아예 없을 수는 없다.

그런데 사물의 실재적인 것이 직관적으로 가장 생생하고, 또 내용상 가장 풍부한 표상이 원리적으로 단순히 불완전한 일면적 표상인 한에서, 이 경우 대부분 심지어 필연적으로 규정되지 않음(Unbestimmtheit)은 결코 완전히 내용이 공허한 것(Inhaltleeres)일 수 없다.[5] 이 규정되지 않음은 명백하게 그 자신의 본질 속에 더 상세하게 규정될 가능성을 내포하며, 임의의 방향에 따라서가 아니라, 다른 어떤 사람이 아닌 바로 우리에게 주어진 사례에서 사념된 '슐체'라는 동일한 인물로 방향이 정해져 있다. 또는 이것과 동일한 뜻이지만, 완전한 구체화 속에 받아들인 그때그때 의미에 대한 의식은 규정되지 않음의 고유한 본질을 통해, 다른 어떠한 그룹도 아닌 일정한 그룹의 직관과 충족시켜 합치되는 가

---

5 (옮긴이 주) 후설의 지향적 분석에 따르면, 모든 경험은 스스로 거기에(Selbst da) 주어진 핵심을 넘어서서 처음에는 주시하지 않았던 국면을 점차 드러내 밝혀 줄 가능성(Möglichkeit)을 미리 지시하는 생생한 지평을 갖는다. 이것은 자아의 측면에서 보면, 능력(Vermöglichkeit)이다. 즉 공허한 지평(leere Horizont)은 아직 명확하게 규정되지 않았지만 지속적 관심으로 구성된 친숙한 유형을 통해 앞으로 지각할 수 있고, 규정할 수 있는 가능성의 활동공간이다. 이렇게 아직 규정되어 알려져 있지 않지만 앞으로 상세하게 규정할 수 있고, 그래서 그 존재에 성큼 다가가 그 사태를 직관할 수 있는 영역이, 곧 그가 말하는 아프리오리(Apriori)를 뜻한다.

본론: 자립적 의미와 비자립적 의미의 차이

능성을 정초한다. 그래서 이러한 의식이, 또한 완전히 비직관적인 의식이 필연적으로 어떤 지향적 내용을 수반한다는 점은 분명하다. 개체는 이 내용을 통해 완전히 공허한 어떤 것이 아니라, 어떤 방식으로 규정되고 일정한 유형 — 물리적 사물, 동물, 인간 등으로서 — 에 따라, 비록 의미되지 않았더라도 규정할 수 있도록 표상된다.

그에 따라 우선 여기에서 고유명사에 속하는 의미에 대한 의식의 경우, 복합성이나 단일성에 대해 이야기될 수 있는 어떤 이중성, 즉 이중적 방향이 밝혀진다. 그 한 측면은 의미 자체의 단일성이나 복합성을 규정한다. 따라서 이것은 의미작용 그 자체의 순수한 본질이 놓여 있는 측면이며, 구체적으로 완전한 의미에 대한 의식 — 이것은 종적으로 파악된 의미다 — 의 그러한 지향적 본질은 오직 이 측면에만 속한다. 우리가 문제 삼는 고유한 명사의 의미작용의 경우, 그 측면은 단일하다. 그렇지만 그 측면은 바로 다음과 같은 상황에 상응해, 더 넓은 지향적 내용을 기반으로서 필연적으로 전제한다. 즉 동일하게 의미된 것과 동일한 의미로 의미된 것 — 또는 동일한 고유명사를 통해 일의적이라 부른 것 — 은, 서로 매우 다른 방식으로 규정하는 징표에서 변화하는 존립요소와 더불어 표상됨이 틀림없는 반면, 이러한 변화와 이 존립요소의 복합은 어쨌든 의미 자체에 관계하지 않는 상황이다.

이러한 측면은, '슐체'라는 일정한 대상이 주어진 경우에 무엇으로, 또 어떻게 표상되는지 하는 물음에 답변을 추구하려 할 때, 우리에게 설명에 대한 가능성과, 그런 다음 술어로 의미를 파악하는 것에 대한 가능성을 제공해 준다. 근원적 의미에 대한 의식을 복잡하게 하는, 그와 같이 형성하는 것과 근원적 의미에 대한 의식 자체의 대조에서 우리는 처음으로 여기에서 다루는 차이의 본질을 분명하게 이해한다. 그것은 한편으로 그 의미작용에 관해 순수하게 의미작용으로서 복합적(또는 단일한) (구체적으로) 의미를 부여하는 체험과, 다른 한편으로 단지 그 두 번째 점에서, 즉 의미된 것이 그때그때 그것과 더불어 의식되는 표상의 내용에 따라서만 복합적(또는 단일한) (구체적으로) 의미를 부여하는 체험의 차이다.

위에서 살펴보았듯이, 그때그때 표상된 것 그 자체를 술어로 설명하는 경우, 등장하는 의미가 그 자체로 완전히 단일하고 고유한 명사의 의미인 근원적 의미 속이 아니라, 새롭게 수용된 의미를 어떤 방식으로 내실적으로 함축한다는 점은 실로 명백하다. 고유명사 E — 또는 고유한 명사의 의미 E — 는 그 자체에서 하나의 모양으로, 그래서 동일한 지향적 대상과 관련해 세분화될 수 없는, 이른바 '한줄기 빛으로(in Einem Strahl)' 대상을 명명한다.(또는 의미한다.) 'E는 a이다.' 'b인 (Ea)' 'a인 Eb' 등 설명적 의미는 여러 줄기의 빛이며, 어쨌든 많은 단계와 서로 다른 형식으로 구성되어 결국 그 설명적 의미는 서로 다른 내용으로 동일한 대상에 관계할 수 있다. 많은 단계를 지닌 것이 그 의미의 통일성을 방해하지 않아, 즉 통일적, 복합적 의미가 존재한다. 이에 상응하는 의미에 대한 의식은 순수한 의미의 측면에 관해 하나의 의미작용이지만 복합적인 의미작용이다.

우리는 위에서 고유명사는 잘 아는 어떤 인물의 고유명사라고 전제했다. 여기에는 고유명사가 정상적으로 기능하며, 따라서 단순히 간접적 의미에서 '슐체라는 어떤 인물'로서 이해되지 않는다는 점이 함축되어 있다. 이 후자의 의미는 물론 복합적인 것이다.

많은 다른 명사적 의미와 결국 어떤 형용사적 의미나 그 밖의 의미, 예를 들어 '인간', '덕(德)', '올바른' 등이 중요한 문제가 되는 경우, 어려움과 그 해결의 시도는 명백히 유사하다. 나아가 우리가 분절하는 분석의 어려움, 무엇보다 말의 의미가 동요함에 한계를 설정하는 논리적 정의는 물론 단순히 실천적-논리적 기교이며, 이 기교를 통해 의미는 본래의 의미에 제한되지 않고, 내적으로 분절된다는 사실이 여전히 언

본론: 자립적 의미와 비자립적 의미의 차이

급되어야 한다. 오히려 여기에서 그것이 존재하는 그대로의 의미에는, 분절된 내용의 새로운 의미가 우리가 관련된 의미가 의거하는 판단 속에 따라야만 할 규범으로서 대치된다. 그러므로 논리적 기만을 피하기 위해, 우리는 관련된 의미가 그 규범적 동의어를 통해 대체될 수 없는 판단을 허용되지 않는 것으로 곧바로 배제하고, 동시에 인식의 활동 속에 가능한 한 이러한 규범적 단어의 의미를 사용하는 규칙이나 주어진 의미를 빈번히 측정함으로써, 규범적 의미에서 규제하고 적절하게 사용함으로써 그 인식의 효과에 규제하는 규칙을 추천한다.[6]

4 복합적 표현의 '공의적' 존립요소의 유의미성에 관한 물음

복합적 의미에 대한 고찰은 즉시 새롭고 기본적인 구별로 이끈다. 그와 같은 의미는 통상 분절된 단어복합의 의미로서 우리에게 주어진다. 그러나 이러한 단어복합에 관해 '복합의 각 단어에는 고유한 의미가 분류될 수 있는지', '언어적 표현의 모든 분절화와 형식을 과연 그에 상응하는 의미가 분절되거나 형식이 각인된 것으로 간주할 수 있는지' 하는 의문이 제기된다. 볼차노에 따르면, "언어에서 각 단어는 고유한 표상을 지시하는 데에, 약간의 단어는 문장 전체를 지시하는 데에"[7] 이바지하며, 따라서 그 밖에 상세한 논의를 하지 않아도 모든 접속사와 전

---

6 1판(1900)의 이 항에서 이미 다룬 의미지향의 이중성은 이 개정판(1913)에서 더 명석하고 현상학적으로 더 깊이 포착하게 되었다. 이 책의 근원적 구상에서 저자 자신이 구별한 **완전한** 의미와, 따라서 그 유효 범위도 충분히 이끌어 내지 못했다. 주도면밀한 독자는 제6연구가 그 구별을 충분히 고려하지 않았다는 점을 발견할 것이다. (이 주석은 2판에서 첨부한 것이다.)

7 볼차노, 『학문이론』 1권, 57항. 이 경우 '표상'은 '표상 그 자체'와 같은 것을 뜻하며, 이것은 우리의 '의미'라는 개념에 상응한다.

치사에도 고유한 의미를 배분한다.

다른 한편, 우리는 '단순히 함께 의미하는(mitbedeutend)', 즉 그 자체만으로는 어떠한 의미도 소유하지 않지만, 다른 의미와의 연관 속에서 비로소 의미를 획득하는 단어와 표현에 대해 이야기하는 것을 드물지 않게 듣는다. 표상, 더 나아가 판단, 감정의 현상과 의지의 현상에 대한 완전한 표현과 불완전한 표현을 구별하고, 이러한 구별에서 자의적(kategorematisch) 기호 또는 공의적(synkategorematisch) 기호의 개념을 근거 짓는다. 그래서 마티는 이렇게 주장했다. 자의적 기호나 명사라는 표현으로 "'아버지의', '주변에', '그럼에도' 등 단순히 함께 의미하지는 않지만 그 자체만으로 판단(진술) 또는 감정이나 의지의 결단(간청·명령·의문) 등 완전한 표현을 형성하는 것이 아니라 다만 표상의 표현을 형성하는 모든 언어적 표시 수단"을 나타내며, "'윤리학을 정초한 사람', '아버지의 감정을 상하게 한 아들'이라는 표현은 명사다."[8]

마티와 더불어 다른 저자들이 '공의적'이라는 용어와 '함께 의미하는'이라는 용어를 같은 의미로 이해하고, 더구나 "그것이 어떤 개념을 일깨우는 데 도움이 되더라도, 따라서 어떤 명사의 단순한 부분이더라도 단지 논의의 다른 존립부분과 더불어서만 함께 완전한 의미를 갖는 기호, 또는 어떤 판단(진술)의 표현이나 어떤 감정의 움직임, 의지를 통지(간청·명령의 형식 등)하는 데 기여하는"[9] 기호의 의미로 이해하기 때문에, 그것이 자의적 표현이라는 개념을 그에 상응해 넓게 파악했다. 그래서 어떤 지향적 체험 — 브렌타노의 의미에서 '심리적 현상' — 의 그 자체만으로 유의미한 모든 표현이나 완전한 표현으로 확대했다면, 이

---

8 마티, 『주어 없는 명제〔그리고 논리학 및 심리학과 문법학의 관계〕에 대해』 제3논문, 《학문적 철학 계간지》 8권, 293쪽 주해.

9 마티, 『문법학과 논리학의 관계에 대해(Über das Verhältnis von Grammatik und Logik)』, 『프라하 논문집(Symbolae Pragenses)』. 독일 언어학자 및 교사의 42차 프라하 모임에 독일 고고학회 기념논문집(1893), 121쪽의 주해 2.

본론: 자립적 의미와 비자립적 의미의 차이

때 '표상이나 명사의 자의적 표현', '판단이나 진술의 자의적 표현' 등 개별적으로 분리하기 위해 그것은 본래 더욱 일관되었을 것이다. 물론 이렇게 병렬시키는 것이 과연 정당한지, 예를 들어 간청문장이 간청을 표현하고 소원문장이 소원을 표현하는 것과 동일한 의미에서, 명사가 표상을 표현하는지, 마찬가지로 여기에서 명사와 문장을 통해 '표현되었다'라고 말하는 것이 의미작용 자체의 체험인지, 그리고 이것은 의미지향이나 의미에 대해 어떠한 관계에 있는지 등은 우리가 여전히 진지하게 전념해야 할 문제다.

그러나 자의적 표현과 공의적 표현의 구별, 그리고 이 구별을 도입하는 데 말하곤 하는 것이 확실히 정당하더라도, 공의적 단어에 관해 위에서 언급한 볼차노의 학설에 반대하는 견해는 당연하다. 즉 자의적인 것과 공의적인 것의 차이가 문법적 차이이기 때문에, 그 차이에 기초가 되는 상태도 '단순히 문법적 상태'라고 생각할 수 있을 것이다. 하나의 '표상'을 표현하기 위해 우리는 종종 다수의 단어를 사용한다. 이러한 점은 그때그때 언어의 우연적 특성에 기초한다고 생각할 수 있다. 표현 속의 분절화(Gliederung)는 의미 속에 어떤 분절화와는 전혀 관련이 없다. 따라서 표현을 구축하는 데 이바지하는 공의적 단어는 본래 완전히 무의미한 것이며, 오직 표현 전체에만 참으로 의미가 주어진다.

그렇지만 문법적 구별은 표현의 완전성이나 불완전성이 의미의 어떤 완전성이나 불완전성의 각인으로서, 따라서 문법적 차이를 어떤 본질적 의미의 차이의 각인으로서 포착하려 결심하는 한에서 여전히 다른 해석이 허용된다.[10] 예를 들어, 어떤 표상을 표현하는 데 많은 단어의 명사를 사용하는 것은 단지 우연이나 기분에서 나오는 것이 아니라, 자립적으로 완결된 표상의 통일체 안에서 서로에게 속한 다수의 부분

---

10 마티는 마지막에 인용한 논문에서 자의적 기호를 '오직 그 자체만으로 **완전한 표상**을 일깨우

적 표상과 비자립적 표상의 형식을 적절한 표현으로 마련해 주기 위한 것이다.[11] 비자립적 계기, 가령 두 가지 표상이 하나의 새로운 표상으로 통합되는 지향적 결합형식도 그 자신의 의미에 적합한 표현을 발견할 수 있으며, 어떤 단어나 단어복합의 독특한 의미지향을 규정할 수도 있다. 표상이 어떤 종류이든 표현할 수 있는 '생각'을 의미지향의 영역 속에 충실하게 반영해야 한다면, 이때 아프리오리하게 일어나듯이 표상의 형식에서 각 형식에는 의미의 측면에서 형식이 상응해야 한다. 나아가 언어가 그 언어적 질료 속에 아프리오리하게 가능한 의미를 충실하게 반영해야 한다면, 언어는 구별할 수 있는 모든 의미의 형식에 구별할 수 있는 '표현', 즉 지금의 경우 감성적으로 구별할 수 있는 부호를 부여하도록 허용하는 문법적 형식을 마음대로 사용해야 한다.

5 자립적 의미와 비자립적 의미. 단어의 감성적 부분의 비자립성과 표현하는 부분의 비자립성

명백하게 이러한 견해는 유일하게 올바른 견해다. 우리는 자의적 표현과 공의적 표현뿐 아니라, 자의적 의미와 공의적 의미도 구별해야 한다.[12] 어쨌든 우리는 더 독특하게 자립적 의미와 비자립적 의미에 대해

고, 이 표상을 매개로 어떤 대상을 명명하는 것'으로 정의한다. 어쨌든 여기에서 부가된 공의적 기호(위의 인용을 참조)에 대한 정의는 '문법적 구별이 의미 분야에서 본질적 구별에 근거해야 한다.'라는 점을, 마티의 견해가 확신했던 것처럼 완전히 판명하게 표현하고 있지 않다.

11 더 정확하게 고찰해 보면, '표상'이라는 말은 여기에서 '표상하는 작용'이 아니라 표상작용 속에서 표상된 것 그 자체, 즉 이러한 표상작용 속에 이와 더불어 의식된 분절화와 형식을 지닌 것을 뜻한다. 따라서 '표상의 형식'은 표상된 것 그 자체의 형식이며, 이러한 점은 앞으로도 주의를 기울여야 한다.

12 마티는 최근의 연구 『보편적 문법학과 언어철학의 기초에 대해(*Zur Grundlegung der allgemeinen Grammatik und Sprachphilosophie*)』(할레, 1908)에서 '자의적

본론: 자립적 의미와 비자립적 의미의 차이

이야기한다. 의미가 변위되는 과정 속에 근원적으로 분절된 의미 대신 분절되지 않은 의미가 등장하고, 그 결과 표현의 전체 의미 가운데 이제는 더 이상 표현의 분절항에 상응하지 않는 그 무엇도 당연히 배제되지 않는다. 그러나 이러한 경우, 표현이 언어가 진화되는 가운데 하나의 단어로 융합되곤 하듯이 그 표현은 진정한 의미에서 복합적 표현의 성격을 상실한다. 그러한 표현의 분절항을 우리는 지금, 전혀 표현으로 간주할 수 없기 때문에, 더 이상 공의적 표현으로 간주하지 않는다.

우리는 유의미한 기호만을 표현이라 하며, 그 기호의 표현들이 복합되었을 경우에만 그 표현을 복합적 표현이라 한다. 누구도 '왕(König)'이라는 단어를, 그것이 다수의 음성과 음절로 성립되었기 때문에 복합적 표현이라 부르지 않는다. 이에 반해 다수의 단어로 이루어진 표현을, 그것이 단어의 개념에 속하기 때문에, 즉 단어의 의미가 곧바로 자립적 의미일 필요가 없는 어떤 것을 표현하기 위한 복합적 표현으로 간주한다. 비자립적 의미가 다만 어떤 자립적 의미의 계기로서만 존재할 수 있듯이, 비자립적 의미의 언어적 표현도 자립적 의미의 표현 형식에 존립부분으로서만 기능할 수 있으며, 따라서 그것은 언어적으로 비자립적 표현, '불완전한' 표현이 된다.

자의적 표현과 공의적 표현의 차이에 대한, 맨 처음 머릿속에 떠오르고 순수하게 외적인 파악은 표현의 공의적 부분을 완전히 다른 종류의 표현의 부분, 즉 일반적으로 무의미한 문자나 음성과 음절 같은 단계에 세운다. 내가 '일반적으로'라고 말한 것은, 후자의 표현 부분 중에서도 어형 변화의 접두사나 접미사와 같은 다수의 진정한 공의어가 존재하기 때문이다. 그러나 수많은 경우, 다른 종류의 표현의 부분은 표

(autosemantisch)' 기호와 '공의적(synsemantisch)' 기호에 대해 이야기한다.(같은 책, 205쪽 이하) [이 주석은 2판에서 첨부한 것이다.]

현 그 자체의 부분, 즉 의미하는 부분이 아니라 감성적 나타남으로서 표현의 부분일 뿐이다. 그러므로 공의어는 심지어 각각 단독으로 존재하더라도 이해되며, 내용적으로 규정된 의미의 계기들을 지닌 것으로 파악된다. 이 의미의 계기들은 어떤 보충 — 게다가 질료상 규정되지 않았지만 어쨌든 그 형식상 주어진 내용을 통해 함께 규정된 보충, 그래서 법칙적으로 한정된 보충 — 이 필요하다.

다른 한편, 공의어가 정상적으로 기능하는 경우, 따라서 자립적으로 완결된 표현의 연관 속에 등장하는 경우, 각각의 예를 현전화하는 것이 가르쳐 주듯이 공의어는 생각 전체에 대해 항상 일정한 의미의 관계를 가지며, 그 생각의 어떤 비자립적 항에 대한 의미를 지닌 것이므로, 표현 그 자체에 일정하게 기여한다. 동일한 공의적 표현이 서로 다른 무수한 구문 속에 등장하고, 어디에서나 동일한 의미의 기능을 발휘할 수 있는 점을 숙고해 보면 이러한 발언의 정당성은 명백해진다. 그러므로 공의적 다의어(多義語)를 이성적으로 검토할 경우, 우리는 '동일한 불변화사(不變化詞), 동일한 관계사나 술어가 어디에서나 동일한 것을 의미하는지, 의미하지 않는지'를 의심하거나 이에 대해 논쟁할 수 있다.

그래서 우리는 '그러나' 같은 불변화사, '아버지의' 같은 소유격에 대해 '이것들이 'bi' 같은 단어에서는 단편의 경우와 다르게 의미를 갖는다.'라고 충분한 의미로 말한다. 이 양자는 보충이 필요해 보이지만, 보충할 필요성은 본질적으로 서로 다르다. 전자의 경우 보충할 필요성은 무엇보다 단순히 표현이 아니라 생각이며, 후자의 경우 보충할 필요성은 그저 표현 또는 오히려 그것이 비로소 표현되고, 어떤 생각을 가능하게 불러일으키는 표현의 단편이다. 복잡하게 단어가 조립되어 순차적으로 형성되는 경우, 전체 의미는 단계적으로 구축되지만,[13] 단순

---

13 우리는 마티(『기초를 놓는 연구(*Untersuchungen zur Grundlegung*)』, 211쪽 이하)와

히 단어가 조립되어 순차적으로 형성되는 경우, 생각은 비로소 완성된 단어로 날아든다. 실로 단어의 단편은 바로 그것이 단어의 단편이며, 가령 어떻게 보충해야 하는가 하는 방식으로 어떤 생각을 불러일으키지만 물론 이것은 그 단편의 의미가 아니다. 그리고 때에 따라 이러저러한 보충 — 'bi'에 'billig(값싼, 정당한)', 'bissig(신랄한)', 'Bimstein(속돌)', 'Birne(배나무, 전구)', 'Gebilde(형성물)' 등 — 이 등장하면, 그 의미는 변하지만 의미의 다양성 중 공통의 단어 부분에, 그 부분 자체의 의미로서 분류될 수 있는 어떠한 공통적인 것도 발견되지 않는다. 개개 단어의 의미 가운데 하나의 분절[항]에 관해 그 단어의 부분[bi]의 유의미성에 기인하는 분절을 추구하는 것은 헛수고다. 즉 그러한 단어의 부분은 무의미하다.

6 다른 구별과의 대립. 완결되지 않은 표현, 이상하게 생략된 표현과 결함 있는 표현

이제 해명할 필요가 큰 자립적 의미와 비자립적 의미의 차이를 구별 짓고, 그 차이를 더 일반적인 개념과 연결시킴으로써 더 정확하게 성격 짓고, 이것에 이어 의미 분야에서 가장 중요한 사실, 즉 그 분야 속에 지배하는 합법칙성의 존재를 고정하기 전에 우리에게 출발점으로

같이 이러한 표현 방법을 문자 그대로 받아들이고, 전체 의미를 그 자체만으로도 존재할 수 있을 '건축용 석재'와 마찬가지로 부분적 의미들에서 구축하는 생각을 실로 그러한 표현방법에 깔아 놓을 필요가 없다. 이러한 생각이 잘못되었다는 점은 곧바로 내가 앞으로 상세하게 정초할 비자립적 의미에 대한 학설의 주제다! 나는 본문의 서술이 그와 같은 해석에 쉽게 접근한다는 점, 전체적 상론이 마티의 반론을 통해 어떤 방식으로든 관계된다는 점을 발견할 수 없다. 고립된 공의어의 이해에 관해서는 아래에서 계속될 논구 참조. [이 주석은 2판에서 첨부한 것이다.]

서 이바지한 문법적 차이를 이 차이와 혼동된 다른 차이에서 분리하는 것은 유익할 것이다.

공의적 표현은 비자립적 표현으로서 어떤 방식으로든 보충할 필요가 있으며, 그러한 한에서 그것은 불완전한 표현이다. 그러나 불완전성에 대한 논의는 여기에서 문제 삼을 보충할 필요성과 혼동하면 안 될 다른 의미를 여전히 갖는다. 이러한 점을 명백하게 하기 위해, 우선 자립적 의미와 비자립적 의미로 나누는 것이 단일한 의미와 복합적 의미로 나누는 것과 교차된다는 사실에 주목한다. 예를 들어 '어떤 집보다 큰', '주님의 자유로운 천국 아래', '인생의 걱정거리', '하지만 너의 심부름꾼을 공경하는 주인'과 같은 의미는 비자립적이며, 다수의 구별할 수 있는 존립요소의 부분에도 불구하고 통일적 의미다. 따라서 다수의 비자립적 의미가, 또는 부분적으로는 자립적 의미와 부분적으로는 비자립적 의미가 상대적으로 완결된 통일체로 짜일 수 있고, 이 통일체는 어쨌든 전체로서 비자립적 의미의 성격만 지닌다.

복합적인 비자립적 의미의 이러한 사실은 복합적인 공의적 표현이 상대적으로 완결된 통일체 속에 문법적으로 부각된다. 이러한 표현 가운데 각 표현은 그 표현에 하나의 의미가 속하기 때문에 하나의 표현이며, 그 하나의 표현은 복합적 의미에 분절의 방식으로 표현을 부여하기 때문에 복합적 표현이다. 이러한 의미를 고려하면 그것은 완전한 표현이다. 만약 이 표현을 그럼에도 불완전하다고 받아들이면, 이것은 그 표현의 의미가 그 통일성에 관계없이 완전하게 될 필요가 있음을 내포하는 것이다. 그 의미는 단지 더 포괄적인 의미의 연관 속에서만 존립요소를 가질 수 있으므로 그 언어적 표현도 더 포괄적인 언어적 연관을, 즉 자립적으로 완결된 논의의 보충을 지시한다.

자립적 생각이든 비자립적 생각이든, 그 생각에 논의가 주어진 상황에서라도 완전하게 이해될 수 있는, 불완전한 표현을 부여하는 이상

본론: 자립적 의미와 비자립적 의미의 차이

하게 생략된 논의의 경우에 사정은 완전히 다르다. 여기에서도 결함 있는 표현을 예로 들 수 있는데, 이 표현에는 문맥의 연속성에서 개개의 구문론적 항이 결여된 반면, 적어도 '분산된 단편(disjecta membra)'의 어떤 '함께 속함'은 여전히 알아차리기 쉽게 남아 있을 수 있다. 그와 같이 결함 있는 논의를 보충할 필요성은 공의어를 보충할 필요성과 완전히 다른 성격을 띤다. 그에 속한 의미가 비자립적이기 때문이 아니라 통일적 의미가 완전히 결여되었기 때문에, 결함 있는 논의는 완결된 하나의 논의로서 결코 기능할 수 없다. 결함 있는 비문(碑文)을 해독하는 데 'Caesar …… qui …… duabus ……'를 읽는다면, 외적인 실마리는 문제가 어떤 문장의 통일성, 어떤 의미의 통일성이라는 사실을 시사할 수도 있다. 그렇지만 이러한 간접적 생각은 앞에 놓여 있어도 단편조각의 의미가 아니며, 이 단편조각은 그것이 존재하는 그대로 어떠한 통일적 의미도 전혀 소유하고 있지 않고, 그에 따라 어떠한 표현도 형성하지 않는다. 부분적으로 자립적 의미와 부분적으로 비자립적 의미의 연관 없는 병존(並存)과 이와 관련한 그 의미들의 생소한 부수적 생각, ─ 이 생각은 어떤 의미의 통일체에 속할 것이다 ─ 이것이 주어진 것 모두다.

완결되지 않은, 불완전한, 보충이 필요한 표현에 대한 논의는 명백하게, 심지어 서로 다른 것을 포괄한다. 한편으로 공의적 표현을, 다른 한편으로 이상하게 생략된 표현과, 결국 본래 표현이 아니라 단지 표현의 단편조각일 뿐인 결함 있는 표현을 포괄한다. 이렇게 다른 개념들은 서로 교차한다. 생략된 표현은 자의적일 수 있고, 공의적 표현은 빈틈이 없을(완전할) 수 있다 등등.

7 기초 지어진 내용으로서 비자립적 의미의 파악

우리는 표현을 자의적 표현과 공의적 표현으로, 외견상 별로 중요하지 않은 구별의 의미 분야에서 근본적 구별이 상응한다는 점을 인식했다. 또한 표현의 구별을 출발점으로 삼았다면, 어쨌든 의미의 구별은 근원적 구별, 즉 그 문법적 구별을 최초로 정초하는 구별로 밝혀졌다.

실로 표현의 개념, 또는 한편으로 단순히 음성의 전적으로 감성적인 표현의 부분과, 다른 한편으로 단어의 진정한 의미에서 부분적 표현 또는 더 적확하게 말할 수 있듯이, 구문론적 부분 — 어간의 음절, 접두사, 접미사,[14] 단어, 조화를 이룬 단어복합 — 의 차이는 다만 의미의 차이에 의지함으로써만 확정될 수 있다. 의미가 단일한 의미와 복합적 의미로 나뉘면 이것들에 적합한 표현은 단일한 표현이거나 복합적 표현임에 틀림없으며, 이러한 복합성은 필연적이고 궁극적으로 유의미한 부분, 즉 구문론적 부분으로 소급하여 다시 표현으로 소급한다. 이에 반해 표현을 단순한 감성적 나타남으로서 분석하는 것은 더 이상 유의미하지 않으며, 단순히 감성적인 부분을 항상 산출한다. 마찬가지로 이것 위에 구축된 구별, 즉 자의적 표현과 공의적 표현을 구별할 경우에도 사정은 아주 똑같다.

우리는 필요하다면 이 구별을 그 하나는 오직 그 자체만으로 완전한 표현, 완결된 논의로서 이바지할 수 있는 반면, 다른 하나는 그렇지 않다고 기술할 수도 있다. 그러나 이러한 특성의 다의성을 제한하려 하고, 여기에서 문제가 되는 특성의 의미를 규정하며, 이와 동시에 '왜 어떤 표현은 완결된 논의로서 그 자체만으로 존립할 수 있는데, 다른 표

---

14 접미사와 접두사는 언어의 발달 과정에서 자신의 분절된 의미를 잃어버리지 않는 한에서 구문론적 부분이다.

현은 그러지 않은지'의 내적 이유를 규정하려면, 이미 살펴보았듯이, 우리는 의미의 분야로 되돌아가야 하고, 이 분야에서 어떤 의미가 '비자립적' 의미로서 부착되는지를 보충할 필요성을 입증해야 한다.

공의적 의미를 비자립적 의미로 부름으로써, '우리가 그 속에서 이 공의적 의미의 본질을 본 것'을 이미 말했다. 비자립적 내용 일반에 관해 시험하는 가운데, 우리는 비자립성의 개념을 일반적으로 규정했고, 이것은 우리가 의미의 분야 속에 받아들여야만 한다고 믿는 바로 그 동일한 비자립성이다. 이미 상론했듯이,[15] 비자립적 내용은 존립요소를 그 자체만으로 가질 수 있는 것이 아니라, 다만 더 포괄적인 전체의 부분으로서만 가질 수 있는 내용이다. 이렇게 존립요소를 '가질 수 없음' 은 그 아프리오리한 법칙의 근거를 관련된 내용의 본질적 특성 속에 갖는다.

모든 비자립성에는 법칙이 속하는데, 이 법칙에 따르면, 일반적으로 우리가 α라는 종류로 말한 관련된 종류의 내용은 단지 어떤 전체 $G(\alpha \beta \cdots\cdots \mu)$의 연관 — 기호 '$\beta \cdots\cdots \mu$'는 특정한 내용의 종류에 대한 기호다 — 속에서만 존재할 수 있다. 우리는 '특정한'에 대해 강조했다. 왜냐하면 어떠한 법칙도 단순히 α라는 종류와 임의의 다른 종류 사이에 연관이 존립한다고, 따라서 α만 일반적으로, 또 어떤 보충이든 상관없이 보충이 필요하다고 말하지 않기 때문이다. 오히려 법칙성에는 연관의 방식에서 규정됨(Bestimmtheit)이 속한다. 그래서 독립적 변항(變項)과 비독립적 변항은 고정된 유적 성격과 종적 성격을 통해 한정된 자신의 영역을 갖는다. 이때 이 종류에 의해 '당연히', 또 본질법칙으로 연관의 유에 적합한 형식도 규정된다. 우리는 그 예로서 특히 감성적 직관의 구체적인 것을 사용했다. 그러나 다른 분야, 즉 작용의 체험과 그

---

15 위의 제3연구 5~7항 참조.

추상적 내용의 분야로도 예를 들 수 있을 것이다.

여기에서 우리가 관심을 갖는 것은 오직 의미뿐이다. 우리는 의미를 이념적 통일체로 파악했다. 그러나 물론 우리의 구별은 실재적 분야에서 이념적 분야로 옮겨졌다.[16] 구체적으로 의미하는 작용 속에서 의미에 상응하는 것은 이 의미하는 작용의 본질적 성격을 형성하는 어떤 계기, 이 동일한 의미가 '실현되는' 각각의 구체적 작용에 필연적으로 소속하는 계기다. 단일한 작용과 복합적 작용으로 나누는 것을 고려해, 어쨌든 이제 하나의 구체적 작용이 다수의 부분적 작용을 포함할 수 있으며, 그러한 부분적 작용은 때로는 자립적 부분으로, 때로는 비자립적 부분으로 전체에 내재할 수 있다. 특히 의미하는 작용 그 자체도 복합될 수 있는데, 의미의 작용에서 복합될 수 있다. 이때 전체에는 전체적 의미가 속하며, 각 부분적 작용에는 부분적 의미 ─ 그 자체가 다시 하나의 의미인 의미의 부분 ─ 가 속한다.

그에 따라 우리는 어떤 의미가 구체적 의미작용의 완전한 전체 의미를 형성할 수 있을 경우 그 의미를 자립적이라 하고, 그러지 않은 경우 비자립적이라 한다. 이때 비자립적 의미는 오직 구체적 의미작용의 비자립적 부분의 작용 속에서만 실현될 수 있고, 오직 그 의미를 보충하는 어떤 다른 의미와의 연계 속에서만 구체화(Konkretion)를 획득할 수 있으며, 오직 의미의 전체 속에서만 '존재할' 수 있다. 이렇게 정의된 의미 그 자체의 비자립성은, 우리의 견해에 따라, 공의어의 본질을 규정한다.

---

16 위의 제3연구 7a항.

본론: 자립적 의미와 비자립적 의미의 차이

8 이러한 견해의 어려움

a) 의미의 비자립성은 본래 의미가 부여된 대상의 비자립성에만 놓여 있는가

그러나 이제 우리 견해의 어려운 점도 숙고해 보자. 우선 의미의 자립성과 비자립성의 관계, 의미된 대상의 자립성과 비자립성의 관계를 검토하자. 당장은 결국 의미의 구별이 대상의 구별로 환원된다고 믿을 수도 있을 것이다.[17] 의미를 부여하는 작용은 '표상'으로서, '지향적' 체험으로서 대상에 관계된다. 이제 대상의 어떤 존립요소의 부분이 비자립적이면, 그 존립요소는 그 자체만으로 '표상될' 수 없다. 그에 상응하는 의미는 보충할 필요가 있으며, 이 의미는 그 자체로 비자립적이다. '자의적 표현은 자립적 대상에, 공의적 표현은 비자립적 대상에 관계한다.'라는 것은 자명한 규정으로 생기는 것 같다.

사람들은 이와 같은 견해가 잘못되었다고 즉시 확신한다. '비자립적 계기'라는 표현이 당장 결정적인 반증을 제공한다. 그 표현은 자의적 표현이며, 어쨌든 비자립적인 것을 표상한다. 그래서 일반적으로 모든 비자립적인 것은, 게다가 더 직접적인 방식으로, 예를 들어 '빨간색', '도형', '동등함', '크기', '통일성', '존재' 등 자립적 의미의 대상이 되게 할 수 있다. 이 예에서 '질료적 대상의 계기뿐 아니라 범주적 형식에도 자립적 의미가 상응하고, 자립적 의미는 특히 이러한 형식을 향해 있으며 이러한 한 그 자체만의 대상으로 만드는 반면, 대상은 그 때문에 자립성의 의미에서 그 자체만으로 존재하지 않는다.'라는 점을 안다. 비자립적 계기로 향한 자립적 의미의 가능성은, 어떤 대상적인 것을 의미로

---

17 실질적으로 이와 매우 유사하고 유비적인 물음을 우리는 제4연구 2항에서 다루었다.

'표상하지만' 그것 때문에 모사(Abbild)의 성격을 갖지 않는다는 점을 생각해 보면 결코 놀랄 일은 아니다. 오히려 그 의미의 본질은 바로 지향의 방식으로 자립적인 것과 비자립적인 것 각각의 모든 것에 '향할' 수 있는 어떤 지향 속에 놓여 있다. 그래서 각각의 모든 것은 의미작용의 방식으로 대상적이, 즉 지향적 객체가 될 수 있다.

9 b) 고립된 공의어에 대한 이해

모든 결합에서 고립된 공의어(Synkategorematika)를 이해하는 데 중대한 어려움이 놓여 있다. 우리의 견해가 옳다면, 이때 공의어는 전혀 존재하지 않는다. 우리의 견해에 따르면, 자의로 완결된 논의 ── 로고스(logos) ── 의 비자립적 요소는 분리될 수 없다. 어쨌든 이미 아리스토텔레스가 했듯이, 그래서 모든 결합의 외부에서 이러한 요소를 고찰하는 것이 어떻게 가능할 것인가? 그는 '결합 없이 언급되는 것(ta aneu symploches)'과 '어떤 결합도 되지 않고 언급되는 것(ta kata medemian symplochen legomena)'[18]이라는 표제로, 공의어를 포함한 모든 품사를 총괄했다.

이러한 반론에 우리는 우선 '본래의' 표상과 '본래가 아닌' 표상의 차이를 지적하거나, 여기에서는 동일한 것을 뜻하지만, 단순히 지향하는 의미와 충족시키는 의미의 차이를 지적하는 방식으로 대처할 수 있을 것이다. 즉 다음과 같이 말할 수 있을 것이다.

---

18 (옮긴이 주) 후자는 아리스토텔레스의 『범주론』(가령 1a 16~2a 10)에서 보듯이, '결합되어 언급되는 것'으로 해야 올바른 대조가 될 수 있다. 즉 그 중간에 'medemian'(영어의 'no')은 잘못 삽입되어 인용된 것으로 보인다. 그리고 '결합 없이 언급되는 것'은 그 예로 '사람', '소', '달린다', '서 있다'의 경우를, '결합되어 언급되는 것'은 '사람이 달린다.', '소가 서 있다.'의 경우를 들 수 있다.

본론: 자립적 의미와 비자립적 의미의 차이

'동등한', '~와 결합해', '그리고', '또는'과 같이 고립된 공의어는, 더 포괄적인 의미 전체의 연관 가운데가 아니라면 어떠한 직관적 이해나 의미충족도 얻을 수 없다. '동등한(gleich)'이라는 단어가 의미하는 것을 '명확하게' 하려면 어떤 직관적 동등함에 눈길을 돌려야 하고, 현실적으로('본래적으로') 비교해야 하며, 이러한 비교에 근거해 'a=b'라는 형식의 명제를 충족시켜 이해해야 한다. '그리고(und)'라는 단어의 의미를 명백하게 하려면 어떤 집합작용을 실제로 수행해야 하며, 그래서 본래적 표상이 되는 총체 속에 'a 그리고 b'라는 형식의 의미를 충족시켜야 한다. 이것은 어디에서나 마찬가지다. 따라서 수행된 모든 충족 속에서, 더 포괄적인 내용의 충족시키는 의미의 존립요소로서 필연적으로 기능하는, 충족시키는 의미의 비자립성은 이제 지향하는 의미의 비자립성에 대한 비유적인 논의를 발생시킨다.[19]

의심할 여지없이 더 올바르고 중요한 생각이 여기에서 제시된다. 우리는 이 생각을 '자의적 의미와 연관되지 않은 경우 어떠한 공의적 의미도, 즉 비자립적 의미지향의 어떠한 작용도 인식의 기능을 할 수 없다.'라고 표현할 수도 있다. 물론 의미 대신 보통 단어의 음성과 의미(Bedeutung)나 뜻(Sinn)과의 통일체로 이해된 표현을 말할 수도 있다.

그러나 이제 '충족시킴의 상태 속에서 지향하는 의미와 충족시키는 의미 사이에 존재하는 합치의 통일체를 고려할 경우, 충족시키는 의미는 비자립적이고 지향하는 의미는 자립적이라는 것이 받아들여질 수 있는지', 달리 말하면, '직관적으로 충족되지 않은 의미지향과 표현의 경우, 비자립성에 대한 논의는 단지 비본래적인 논의라는 것, 즉 다만 가

---

19 명백하게 이러한 서술 전체에서 '충족시킴'은 동시에 그 반대인 '실망시킴'을, 따라서 어떤 하나의 의미 전체 가운데 이치에 어긋나게 결합된 의미가 직관적으로 해명하고 통찰하는 경우, 그 명증인 '양립 불가능성'을 명백하게 제시하듯이, 현상학적으로 특유한 성질을 대표해야 한다. 이 경우 지향된 통일체는 직관적으로 통일될 수 없는 것 속에서 '실망시킨다.' 〔이 주석은 2판에서 첨부한 것이다.〕

능한 충족시킴 속에 비자립성을 통해서만 규정된다는 것이 받아들여질 수 있는지' 하는 문제가 생긴다. 이것은 거의 받아들일 수 없는 것이며, 그래서 우리는 공허한 의미지향 — 모든 인식의 기능과 관계없이 표현에 의미〔뜻〕를 부여하는 '비본래적인' '상징적 표상' — 도 그 자체 속에 자립성과 비자립성의 차이를 지닌다는 점을 소급해 지시하게 된다.

그렇지만 이때 최초에 제기된 의문, 즉 '고립된 공의어, 예를 들어 고립된 '그리고'라는 단어가 '이해된다.'는 논쟁할 여지가 없는 사실을 어떻게 설명하는지' 하는 의문으로 다시 돌아온다. 고립된 공의어는 자신의 의미지향에 관해 비자립적이며, 이것은 어쨌든 그와 같은 지향은 단지 자의적 연관 속에서만 존립할 수 있다. 그래서 고립된 '그리고', 고립된 불변화사(不變化詞)는 공허한 음성임에 틀림없을 것이다.

이 어려움은 오직 다음과 같은 방식으로만 해결될 수 있다.

고립된 공의어는 자의적 연관〔맥락〕 속에서와 같이, 동일한 의미를 전혀 갖지 않거나 동일한 의미를 갖는다. 동일한 의미를 가질 경우, 그 공의어는 실질적이지만 완전히 규정되지 않은 의미가 보충되는데, 그 결과 이때 공의어는 일시적으로 생생하고 완전한 표현이 된 의미를 불완전한 표현이 되게 한다. 우리는 고립된 '그리고'를 '우리에게 잘 알려진 어떤 부정사의' — 비록 문자 그대로 분절되지 않았지만 간접적인 — 생각이 이상한 의미로 '그리고'에 전달됨으로써, 또는 모호한 사태에 대한 표상의 도움을 받아 문자 그대로 어떠한 보충도 없이 'A 그리고 B'라는 유형의 생각이 생김으로써 이해하게 된다. 후자의 경우 '그리고'라는 한마디는, 그것이 본래 내적으로 수행된 완전한 의미지향에서 하나의 계기에 속하는 한, 게다가 집합에 대한 자의적 표현의 연관〔맥락〕 속에서와 같이 동일한 계기에 속하는 한 정상적으로 기능한다. 그러나 그 한마디가 현존하는 의미의 보충적 부분을, 정상적으로 표명하는 다른 표현들과의 연관〔맥락〕 속에 놓지 않는 한 이상하게 기

본론: 자립적 의미와 비자립적 의미의 차이

능한다.

이와 같은 방식으로 어려움은 제거되며, 그래서 자립적 의미와 비자립적 의미의 차이가 충족시킴의 분야에서처럼 의미지향의 분야에서도 정확하게 해당된다는 점, 그래서 지향과 충족[시킴] 사이에 일치(Adäquation)의 가능성이 필연적인 것으로 요구되는 상태가 실제로 존립한다는 점을 받아들여도 좋다.

10 의미복합 속의 아프리오리한 법칙성

자립적 의미와 비자립적 의미의 차이가 자립적 대상과 비자립적 대상의 더 일반적인 차이에 관계된다면, 여기에는 결국 '의미는 그것이 새로운 의미로 결합하는 것을 규제하는 아프리오리한 법칙에 의해 지배된다.'라는, 의미 분야에 가장 기본적인 사실 가운데 하나가, 본래 이미 함께, 포함되어 있다. 우리가 아주 일반적으로 비자립적 대상 일반에 대해 규명한 것에 따라, 비자립적 의미의 각 사례에는 새로운 의미를 통해 그것을 보충할 필요성을 규제하는 — 따라서 그 의미가 그 속에 분류되어야 할 연관의 종류와 형식을 입증하는 — 어떤 본질법칙이 속한다. 그 자체가 다시 의미의 성격을, 더구나 비자립적 의미의 성격을 지닌 결합하는 형식 없이 어떤 의미를 새로운 의미에 복합시키는 것은 전혀 존재하지 않는다. 따라서 모든 의미의 결합에서 (아프리오리한) 본질법칙성이 작동한다는 점은 명백하다. 물론 여기에서 중요한 사실은 의미의 분야에만 고유한 것이 아니라, 결합이 일어나는 어디에서나 자신의 역할을 한다는 점이다.

일반적으로 모든 결합은 순수한 법칙에 지배를 받으며, 그래서 특히 실질적으로 통일적 분야에 국한된 모든 질료적 결합은, 즉 결합의 결과가 결합의 항들과 동일한 분야에 속하는 질료적 결합은 집합적 결합과 같이 어떤 분야의 실질적 특수성과 무관하게, 그 결합 항들의 실질적 본질을 통해 구속되지 않는 형식적('분석적') 결합과 대립된다. 어떠한 분야에서도 우리는 각각의 모든 개별자(Einzelheit)를 각각의 모든 형식을 통해 일치시킬 수 없고, 개별자의 분야는 〔결합하는〕 가능한 형식의 수를 아프리오리하게 제한하며 그 형식을 충족시키는 합법칙성을 규정한다. 그러나 이러한 사실의 일반성은 주어진 각 분야에서 이러한 사실을 입증하고, 그러한 사실이 전개되는 특정한 법칙을 탐구하는 의무에서 면제되는 것은 아니다.

특히 의미 분야에 관해서는 지극히 피상적인 고찰도 우리가 의미를 〔새로운〕 의미에 결합하는 데 자유롭지 않으며, 그러므로 유의미하게 주어진 결합의 통일체에서 요소들이 자의적으로 서로 뒤섞이면 안 된다는 점을 미리 가르쳐 준다. 의미는 미리 규정된 어떤 방식으로만 조화를 이루어 다시 유의미한 통일적 의미를 구성하는 반면, 그 밖의 결합의 가능성은 법칙적으로 배제된다. 즉 그 가능성은 하나의 의미 대신 단지 한 무리의 의미만 산출할 뿐이다. 결합의 불가능성은 본질법칙적인 것이다. 즉 결합의 불가능성은 우선 단순한 주관적 불가능성이 아니며, 우리가 통일할 수 없는 것은 단순히 우리의 사실적 무능함 — 우리의 '정신적 조직'에 구속된 강제 — 이 아니다. 우리가 여기에서 문제 삼는 사례에서 그 불가능성은 의미 분야에 순수한 본질, 즉 '본성(Natur)' 속에 근거하는 필증적 명증성을 통해 파악할 수 있는 것으로서 객관적인 이념적 불가능성이다.

더 정확하게 말하면, 이 불가능성은 통일될 수 있는 의미의 개개 특수성에 부착된 것이 아니라, 어쨌든 그 의미를 포섭하는 본질적 유, 즉 의미의 범주에 부착되어 있다. 물론 개개의 의미 자체는 종적인 것 (Spezifisches)이지만, 의미의 범주에 대해 상대적인 그것은 바로 개개의

본론: 자립적 의미와 비자립적 의미의 차이

특수성일 뿐이다. 그래서 산술에서도 숫자로 규정된 수는 수의 형식과 수의 법칙에 대해 상대적인 개개의 특수성이다. 그러므로 아무리 주어진 의미의 경우 결합의 불가능성을 통찰하더라도, 이 불가능성이 절대적인 일반적 법칙 — 이 법칙에 따르면 일반적으로 그에 상응하는 의미의 범주에 속하는 의미는 동등한 질서로, 또 동일한 순수형식의 기준에 따라 결합되면 통일적 성과가 결여됨에 틀림없다 — 을 시사한다는 것은 한마디로 아프리오리한 불가능성이다.

물론 방금 전 상술한 모든 것은 의미 결합의 불가능성에 대해서와 마찬가지로, 그 가능성에 대해서도 타당하다.

이제 예를 하나 들어 살펴보자. '이 나무는 녹색이다.'라는 표현은 통일적으로 유의미한 표현이다. 주어진 의미 — 자립적인 논리적 명제 — 로부터 그에 상응하는 순수한 의미의 형태, 즉 '명제의 형식'으로 형식화해 이행하면, '이 S는 p이다.'라는 형식의 이념(Formidee)을 획득하게 되고, 이 형식의 이념은 그 범위 속에 순수하게 자립적인 의미를 포괄한다.

이제 이러한 형식을 질료화(Materialisierung)하는 것, 이러한 형식을 특정한 명제로 특수화하는 것이 무한히 다양한 방식으로 가능하다는 점, 그러나 이러한 가운데 완전히 자유롭지 않으며, 확고한 제한에 구속되어 있다는 점은 분명하다. 변항 S와 p에 임의의 모든 의미가 대체될 수는 없다. 우리는 이러한 형식의 테두리 속에 '이 나무는 녹색이다.'라는 앞에서 든 예를, '이 황금, 이 대수(代數), 이 푸른 까마귀 등은 녹색이다.'로 바꿀 수 있다. 요컨대 우리는 확장된 의미에서 어떤 명사적 질료 속에 모든 임의의 질료를 삽입할 수 있으며, 마찬가지로 명백하게 p에 대해 임의의 모든 형용사적 질료를 삽입할 수 있다. 이때 언제든 다시 통일적으로 유의미한 하나의 의미를 획득하고, 게다가 앞에서 제시한 형식의 자립적 명제를 획득하지만, 우리가 의미의 질료 범주를 넘어서자마자 그 의미의 통일성은 상실된다. 명사적 질료가 있는 곳에서 임의의 모든 명사적 질료를 대체할 수 있지만, 형용사적 질료나 관계사의 질료, 또는 명제적 질료 전체를 대체할 수는 없다. 그러나 그와 같은 범주의 질료가 있는 곳에서는 언제든 다시 그와 같은 질료를 대체할 수 있다. 즉 항상 동일한 범주의 어떤 질료를 대체할 수 있지만 다른 범주의 질료를 대체할 수는 없다. 이것은 그 형태가 복잡한 것에 상관없이 임의의 의미에 대해 적용된다.

질료의 범주 안에서 질료를 자유롭게 대체하는 경우, 그 결과로 거짓된, 어리석은, 우스꽝스러운 의미 — 명제 전체나 가능한 명제의 항 — 가 생길 수 있지만, 필연적으로 통일적 의미나 그 의미가 통일적으로 수행된 문법적 표현이 생긴다. 우리가 그 범주를 넘어서자마자 이것은 더 이상 그러한 경우가 아니게 된다. '이것 경솔한[20] 이다 녹색(dieses leichtsinnig ist grün)', '더 강렬한 이다 둥근(intensiver ist rund)', '이 집 이다 같다(dieses Haus ist gleich)'와 같이 단어를 병렬시킬 수도 있다. 'a는 b와 유사하다.(a ist ähnlich b)'라는 형태의 관계진술에서 '유사하다(ähnlich)' 대신 '말(Pferd)'을 대체할 수 있다. 그렇지만 우리가 획득하는 것은 언제나 일련의 단어일 뿐이다. 이 가운데 각 단어 그 자체는 어떤 의미를 충분히 갖거나 어떤 완전한 의미연관을 지시하지만, 우리는 통일적으로 완결된 의미를 원리적으로 획득하지 못한다.

더구나 우리가 통일적으로 분절된 의미 속에, 그 자체가 이미 형식이 부여된 통일체인 그 항을 자의로 교환하는 경우나, 어떤 항을 다른 의미에서 임의로 이끌어 낸 항을 통해 대체하려는 경우, 예를 들어 가언적 전건(前件) — 가언명제 자체를 일컫는 의미의 전체 속에 단순한

---

20 주어의 위치에서 형용사를 의도적으로 소문자로 쓰는 것은, 가령 그것이 형용사적 술어로서 있는 것과 **완전히 똑같이**, 형용사적 의미가 표시된 주어의 위치로 옮겨져야 한다는 것을 시사하기 위한 것이다. 계속된 것은 다음 11항 참조. 〔이 주석은 2판에서 첨부한 것이다.〕

본론: 자립적 의미와 비자립적 의미의 차이

항 — 을 명사적 항을 통해, 또는 선언적 판단에서 선언지(選言肢)의 하나를 가언적 후건(後件)을 통해 교환하려 추구하는 경우는 사정이 다르다. 그와 같은 것을 구체적으로 실행하는 대신, 그에 상응하는 순수한 의미의 형태(명제의 형식)에서 추구할 수도 있다. 이때 '그러한 종류로 지향한 결합은 관련된 순수형태 항의 본질을 통해 배제된다.' 또는 '그렇게 형식이 부여된 항은 일정한 구조의 의미 형태에 대한 항으로서만 가능하다.'는 합법칙적이고 아프리오리한 통찰이 즉시 밝혀진다.

결국 자명한 것은, 의미의 구체적인 통일체 속에서 형식의 순수한 계기는 형식이 부여된 계기, 즉 의미에서 사태와의 관련성을 부여하는 계기와 결코 교환될 수 있는 것이 아니라는 점, 또는 예를 들어, '어떤 S는 p이다.' 'S가 p라면, Q는 r이다.' 등과 같이, 통일적으로 유의미한 의미의 형태를 특수화하는 것은 의미 형태의 '명사(Terminis)', 사태와 관련된 질료에 추상적으로 이끌어 낸 형식의 계기를 대입하는 것이 원리적으로 불가능하다는 점이다. '만약 이것 또는 녹색의(wenn das oder grünt)', '하나의 나무 이다 그리고(ein Baum ist und)' 등과 같이 단어를 서로 병렬시킬 수 있다. 그러나 그 일련의 단어는 하나의 의미로서 이해될 수 없다. 일반적으로 하나의 전체 속에 형식이 질료로서, 질료가 형식으로서 기능할 수 없는 것은 분석적 명제이며, 이것은 자명하게 의미의 영역으로 옮겨진다.

요컨대 우리는 그러한 종류의 예를 분석하고 숙고하면서, 모든 구체적 의미는 소재(Stoff)와 형식(Form)의 혼합체(Ineinander)라는 점, 각각의 의미는 형식화를 통해 순수하게 명시될 수 있는 형태의 이념에 지배를 받는다는 점, 계속해서 그와 같은 각 이념에는 아프리오리한 의미의 법칙이 상응한다는 점을 인식한다. 그 법칙은 의미 분야에 아프리오리하게 속하는, 확고한 범주에 지배되는 구문론적 소재에서 구문론적 형식 — 마찬가지로 아프리오리하게 규정되고, 우리가 즉시 인식하듯이,

확고한 형식의 체계로 통합되는 형식 ─ 에 따라 통일적 의미를 형성한다. 이러한 점에서 논리학과 문법학에 대해 동일하게 근본적인 중대한 과제가 생기는데, 그것은 의미의 영역을 포괄하는 아프리오리한 체제를 명백하게 제시하고, 의미의 모든 실질적 특수성을 비워 두는 형식적 구조의 아프리오리한 체계를 '의미의 형식론' 속에 탐구하는 과제다.

11 반론. 표현이나 의미의 본질 속에 뿌리내린 의미의 변양

그러나 이제 가능한 반론을 고려할 필요가 있다. 우선 모든 범주의 의미, 심지어 '그리고'와 같은 공의적 형식이 통상 명사적 의미인 주어의 위치에 놓일 수 있다는 사실에 현혹되지 말아야 한다. 더 자세하게 살펴보면, 도중에 반드시 의미의 변양이 일어나는데, 이 변양에 의해 예를 들어, 명사의 위치에서 등장하는 것은 참으로 다시 명사적인 것인 반면, 명사 이외의 구문론적 형태의 의미 ─ 가령 형용사적 의미나 전혀 단순한 형식 ─ 는 단순히 주어의 위치로 옮길 수 있을 것이다. 그러한 경우는 가령 '''만약(wenn)'은 불변화사이고, '그리고(und)'는 비자립적 의미다.'와 같은 종류의 명제 속에 놓여 있다.

확실히 여기에서 단어는 주어의 위치에 있지만, 그 의미는 ─ 즉시 명백해지듯이 ─ 통상의 문맥 속에서 그 단어의 특유한 의미와 동일한 것이 아니다. 의미가 변화되는 가운데 각 단어와 각 표현이 일반적으로 자의적 전체의 위치에 각각 놓일 수 있음은 전혀 놀랄 만한 일이 아니다. 여기에서 우리가 주목하는 것은 단어의 합성(Komposition)이 아니라 의미의 합성이며, 기껏해야 그 의미를 항상 유지하는 경우에는 단어의 합성이다.

논리적으로 고찰해 보면 모든 의미의 변화는 이상한 것으로 판정될

본론: 자립적 의미와 비자립적 의미의 차이

수 있다. 동일한-통일적 의미를 향한 논리적 관심은 의미기능의 항상성(Konstanz)을 요청한다. 그러나 어떤 의미의 변화는, 심지어 모든 언어의 문법적으로 정상적인 존립요소에 속한다는 것이 사태의 본성에 수반된다. 변양된 의미는 논의의 맥락을 통해 결국 쉽게 이해될 수 있고, 변양의 동기는 지극히 일반적이며, 예를 들어 표현 그 자체의 일반적 성격 속에, 또는 심지어 의미 분야 그 자체의 순수한 본질 속에 뿌리내리고, 그래서 관련된 부류의 비정상성이 어디에서나 반복되며, 이때 논리적으로 비정상적인 것이 문법적으로 승인된 것으로서 나타난다.

여기에는 스콜라철학자의 용어로 '질료적 가정(suppositio materialis)'이 속한다. 모든 표현은 ─ 그 정상적 의미에서 ─ 자의적이든 공의적이든 상관없이, 그에 따라 그 자신의 명사(Name)로서 등장할 수 있다. 즉 표현은 자기 자신을 문법적 나타남(grammatische Erscheinung)이라 부른다. "지구는 둥글다.'는 것은 하나의 진술이다.'라고 말하면, 주어의 표상으로서 기능하는 것은 진술의 의미가 아니라 진술 그 자체의 표상이다. 판단되는 것은 지구가 둥글다는 사태가 아니라 진술의 명제이며, 이 명제 자체는 그 자신의 명사로서 비정상적으로 기능한다. "그리고'는 하나의 접속사다.'라고 말하면, 우리는 '그리고'라는 단어에 통상적으로 상응하는 의미의 계기를 주어의 위치에 놓는 것이 아니며, 여기에는 '그리고'라는 단어를 향한 자립적 의미가 주어의 위치에 있다. 이러한 비정상적 의미에서 '그리고'는 실로 공의적 표현이 아니라 자의적 표현이며, 그 자체를 단어라 한다.

표현이 그 자신의 정상적 의미 대신 이러한 의미의 표상, 즉 정상적 의미로서 그 대상을 향한 의미를 지니는 경우, '질료적 가정'에 정확하게 유사한 것이 놓여 있다. 예를 들어 우리가 "그리고', '그러나', '더 크다'라는 단어는 비자립적 의미다.'라고 말할 경우에 사정은 그러하다. 이 경우 통상 '그리고', '그러나', '더 크다'라는 단어의 의미는 비자립적이라고 말할 것이다. 마찬가지로 "'인간', '책상', '말'은 사물의 개념이다.'라는 표현 속에 주어의 표상으로서 기능하는 것은 이러한 개념의 표상이지 그 개념 자체가 아니다. 앞에서 든 사례와 같이, 이러한 사례에서 의미의 변화는 적어도 문서적 표현 속에 대개 지시되며, 가령 인용부호를 통해, 또는 ── 우리가 적당하게 부를 수 있듯이 ── 다른 '이질의 문법적(heterogrammatisch) 표현수단'을 통해 지시된다.

'한정하는' 술어 대신 '변양시키는' 술어가 부착된 모든 표현은 최종적으로 표시되거나 이와 유사한 방식으로 비정상적으로 기능한다. 즉 논의 전체의 정상적 의미는 다소 복잡한 방식으로 다른 의미를 통해 대체될 수 있다. 이 다른 의미는, 평소 어떻게 구축되더라도 정상적으로 해석하는 기준에 따라 외견상 주어를 대신해 이러저러한 방식으로 관련된 표상을 포함하며, 게다가 때에 따라 논리적-이념적 의미나 경험적-심리학적 의미, 또는 순수현상학적 의미에서 어떤 표상을 포함한다. '켄타우로스는 시인의 상상물이다.'를 예로 들어 보자. 우리는 이것을 거의 바꿔 쓰지 않고 다음과 같이 말할 수 있다. 즉 '켄타우로스에 대한 우리의 표상, 즉 '켄타우로스'에 대한 의미내용의 주관적 표상은 시인의 상상물이다.' '이다', '아니다', '참이다', '거짓이다' 등의 술어는 변양된다. 이 술어가 표현하는 것은 외견상 주어의 성질이 아니라, 그에 상응하는 주어의 의미의 성질이다. 예를 들어 '2×2=5는 거짓이다.'라는 그 생각이 거짓된 생각이며, 그 명제는 거짓된 명제임을 뜻한다.

우리가 마지막 단락의 예에서 변양하는 표상이 주관적 표상인 예, 더 정확하게 말하면, 심리학적 의미나 현상학적 의미의 표상인 예를 제외했다면, '질료적 가정'에 유사한 것을 위에서 처음부터 설명했던 한정 속에 이해하고, 그래서 이 경우 의미의 변화, 더 정확하게 말하면 의미 분야 자체의 이념적 본성에 뿌리내린 의미작용의 변화가 중요한 문제라는 것을 알아차린다. 결국 이 의미작용의 변화는 표현을 도외시〔추상화]한 어떤 다른 의미 — 산술 형성물의 '변환(Transformation)'에 대한 산술의 용어가 어느 정도 유사한 의미 — 에서 의미의 변양 속에 뿌리 내린다. 의미의 분야에는 아프리오리한 법칙성이 존재하는데, 이에 따르면 의미는 본질적 핵심을 유지하는 경우 많은 방식으로 새로운 의미로 변환될 수 있다. 그리고 여기에는 임의의 모든 의미가 아프리오리하게 그것에 관련된 '직접적 표상'으로, 즉 근원적 의미에 대한 고유한 의미로 겪을 수 있는 변환(Umwandlung)도 속한다. 이에 상응해 언어적 표현은 변양된 의미 속에 그 표현 자체의 근원적 의미의 '고유명사'로서 기능한다. 이러한 변양은 그 아프리오리한 일반성에 의해, 모든 경험적 언어의 특수성을 넘어서는 언어적 의미작용(Bedeuten)의 변양으로서, 거대한 부류의 일반적인 문법적 애매함을 발생시킨다.

그 밖에 우리는 계속된 연구에서 의미 그 자체의 본질 속에 근거하는 변양의 다른 사례, 예를 들어 명제 전체가 명사화됨으로써 주어의 위치에 등장할 수 있고, 그래서 일반적으로 명사의 항(項)을 필요로 하는 모든 위치에 등장할 수 있는 중요한 사례에 직면할 기회도 가질 것이다. 여기에서는 우선 앞의 10항에서 서술한 것에 대한 뜻밖의 의혹을 제거하기 위해, 형용사적 술어나 부가어를 명사화하는 사례가 언급될 것이다. 형용사는 술어의 기능과, 더 나아가 부가어의 기능을 하게 이른바 예정되어 있고, 가령 위에서 든 예 '이 나무는 녹색이다.'에서 변양되지 않은 '근원적' 의미에서 정상적으로 기능한다. 그 형용사는 그 자체로 — 그 구문론적 기능을 도외시하면 — 우리가 '이 녹색의 나무'라고 말할 경우, 변화되지 않고 남아 있다.

구문론적 소재에 대립하는 구문론적 형식의 이러한 변화의 방식, 예를 들어 주어로 기능하는 명사적 의미가 목적어의 기능으로 변하거나, 전건으로 기능하는 명제가 후건의 기능으로 변하는 경우에도 일어나는 변화의 방식은 우선 첫째로 확정될 수 있으며, 의미 분야를 관통하는 구조를 기술하는 주요한 주제가 된다. 그러나 술어의 기능이 부가어의 기능으로 변화하는 경우, 동일한 구문론적 소재의 의미에서 형용사적인 것은, 형용사가 단순히 명사적 의미의 부가어적 계기로서 기능하는 것이 아니라 그 자신이 명사화되는 경우, 즉 명사가 되는 경우에 여전히 변양된다. 예를 들어 '녹색은 하나의 색깔이다.'와 '녹색으로 있음(녹색의 것)은 색깔이 있음(유색성)의 종차다.'에서, 이 둘은 동의어로 치환되는 논의에도 불구하고, 곧바로 동일한 것을 뜻하지 않는다. 어느 때는 어떤 구체적 대상 내용의 존립요소에서 비자립적 계기가 사념될 수 있지만, 다른 때는 정언적 진술에서 그 진술하는 항의 측면에서 일어나고, 주어의 정립(Subjektthesis)에 부가되는 술어의 정립(Prädikatthesis)에 상관자인 존재가, 명사화된 것이 사념되기 때문이다.

따라서 '녹색'이라는 동일한 단어는 명사화되는 가운데 자신의 의미를 변화시키고, 문서적 표현 속에 적어도 이러한 변양의 일반적인 것이 대문자의 첫 글자로 쓰는 방식(Schreibweise)으로 암시된다.(그래서 그 쓰는 방식은 논리적으로나 문법적으로 결코 무가치하지 않다.) 이 근원적이고 명사화된 의미 — '녹색의(grün)'와 '녹색(Grün)', '녹색이다.(ist grün)'와 '녹색으로-있음(Grün-sein)' — 는 명백히 하나의 본질적 계기, 하나의 동일한 '핵심'을 공유한다. 이 핵심은 양 측면에서 서로 다른 '핵심형식'을 갖는 추상적인 것이며, 이 형식은 '구문론적 형식' — 이것은 어떤 핵심형식 속에, 또 이 형식과 더불어 실로 핵심내용을 구문론적 소재로서 전제한다 — 과 구별될 수 있다. 형용사의 핵심내용(핵심 그 자체)의 핵심형식의 변양이 명사라는 유형의 구문론적 소재를 산출하면, 이때 그 자신이 규정되어 구축된 이 명사는 바로 형식적 의미법칙에 따라, 구문론적 소재로서 명사를 필요로 하는, 모든 구문론적 기능 속에 나타날 수 있다. 여기에서는 시사하는 이것으로 충분하다. 더 자세한 것은 우리의 형식론을 체계적으로 상론하는 데 속한다.

본론: 자립적 의미와 비자립적 의미의 차이

12 무의미와 이치에 어긋난 것

물론 우리는 공의어에 대한 연구가 이끈 법칙적 비(非)양립성과 '둥근 사각형'과 같은 예가 명시하는 비양립성을 잘 구별해야 한다. 제1연구에서 이미 강조했듯이,[21] 의미가 없는 것(무의미한 것, Unsinn)을 불합리한 것(이치에 어긋난 것, Widersinn)과 혼동되면 안 된다. 후자는 유의미한 것의 분야에 일부를 형성하지만, 과장된 논의가 단지 무의미한 것이라 즐겨 부른다. '둥근 사각형'이라는 결합은 실로 그 자신의 '실존'의 방식, 즉 이념적 의미의 '세계'에서 존재를 갖는 통일적 의미를 제공한다. 그러나 그 실존하는 의미가 실존하는 대상에 결코 상응할 수 없다는 점은 필증적 명증성이다.

반면 '둥근 또는(ein rundes oder)', '인간 그리고 이다.(ein Mensch und ist)'라고 말하면, 그것이 표현된 의미로서 이러한 결합에 상응하는 어떠한 의미도 결코 실존하지 않는다. 함께 정렬된 단어는, 이 단어를 통해 표현된 어떤 통일적 의미의 간접적 표상을 마음속에 불러일으키지만, 우리는 그러한 의미가 실존할 수 없다는, 그와 같이 결합된 종류의 의미 부분들이 통일적 의미 속에 양립할 수 없다는 필증적 명증성도 동시에 갖는다. 누구도 이러한 간접적 표상 자체를 그 단어복합의 의미로서 주장하지 않을 것이다. 정상적으로 기능하는 한 표현은 그 자신의 의미를 일깨운다. 그렇지만 이해가 되지 않는 경우에 그 표현은, 사람들이 의미 그 자체를 곧바로 혼합하는 동안, 가령 유의미한 표현, 또는 이해된 표현으로 자신의 감성적 유사함에 의해 그에 속한 '어떤' 의미의 비본래적 표상을 가져온다.

그러므로 이러한 양 측면의 비양립성 차이는 명백하다. 어떤 경우,

---

21 앞의 제1연구, 15항 3) 이하 참조.

전체적 의미의 대상성이나 진리에 관한 것이 아닌 한, 어떤 부분의 의미는 의미의 통일체 속에 양립한다. 통일적 의미가 비양립적 의미에 의해 어떤 대상에 서로 통일적으로 속하는 것으로서, 표상하는 모든 것이 그 속에 함께 통합되는 어떤 대상 — 예를 들어 어떤 사물이나 사태 — 은 실존하지 않으며 결코 실존할 수 없지만, 의미 그 자체는 실존한다. '목제의 철'이나 '둥근 사각형' 같은 명사, '모든 사각형은 다섯 개의 각을 갖는다.'와 같은 명제는, 그 어떤 것과 마찬가지로, 진솔한 명사 또는 명제다. 다른 경우, 통일적 의미 그 자체의 가능성은 어떤 부분적 의미가 그 통일적 의미 속에 공존하는 것과 양립하지 않는다. 이때 우리가 소유하는 것은 다만 그와 같은 부분적 의미를 하나의 의미로 종합하는 것을 겨냥하는 간접적 표상과, 그래서 동시에 그와 같은 표상에 결코 어떠한 대상도 상응하지 않는다는 통찰, 즉 여기에서 지향된 바와 같은 종류의 그 의미는 실존할 수 없다는 통찰뿐이다. 비양립성의 판단은 이 경우 표상에 관계하며, 전자('둥근 사각형']의 경우 대상에 관계한다. 이 경우 표상에 대한 표상이 등장하고, 전자의 경우 단적인 표상이 판단의 통일체 속으로 등장한다.

여기에서 다룬 아프리오리한 비양립성과, 다른 한편으로는 양립성 또는 이것에 소속한 의미결합의 합법칙성은, 적어도 부분적으로는, 논의의 부분에 대한 문법적 결합을 통제하는 규칙 속에서 문법적으로 명백하게 표명된다. 언어에서 왜 어떤 결합은 허용되고, 다른 결합은 거부되는지 이유를 심문하면, 우리는 물론 매우 현저한 부분으로, 우연적인 언어관습을, 그리고 일반적으로 어떤 언어공동체에서는 이러하고, 다른 언어공동체에서는 다르게 수행된 언어발달의 사실성을 지적한다. 그렇지만 이와 다른 부분으로, 우리는 자립적 의미와 비자립적 의미의 본질적 차이뿐 아니라 이와 밀접하게 연관된 의미결합과 의미전환의 아프리오리한 법칙, 발전된 각 언어에서 문법적 형식론 속에, 또 이에 속한 부류의 문법적 비양립성 속에 다소 명백하게 드러날 수밖에 없는 법칙에 직면하게 된다.

13 의미복합의 법칙과 순수논리적-문법적 형식론

완성된 의미에 관한 학문의 과제는 실로 의미의 본질법칙적 구조와 이 구조에 근거한 의미결합과 의미변양의 법칙을 탐구하고, 이 법칙을 최소한의 수의 독립적 기본법칙으로 환원하는 것이다. 그러나 이것에는 물론 무엇보다 원초적인 의미형태와 그 내적 구조를 추구하고, 이와 연관해 규정되지 않은 것 — 또는 수학과 완전히 유사한 의미에서 변항 — 의 의미와 범위를 그 법칙으로 한정하는, 즉 순수한 의미범주를 확정해야 할 것이다. 형식적 결합법칙이 수행하는 것은 산술이 우리에게 어느 정도 명백하게 해 줄 수 있다. 일반적이든, 단지 일정하게 표시할 수 있는 조건이든, 각기 두 개의 수에서 새로운 수가 생기는 종합의 일정한 형식이 존재한다. '$a+b$, ab, a^b' 등의 '직접적 연산'은 무제한으로, '$a-b$, $\frac{a}{b}$, $\sqrt[b]{a}$, $^b\log a$' 등의 '반전의 연산'은 단지 일정하게 제한된 수에서만 성과로서 수를 제공한다.

사정이 실로 이러하다는 점은 그때그때 존재명제(Existenzialsatz), 더 적절하게 말하면, 존재법칙으로 확인되어야 하며, 어쩌면 일정한 원초적 공리로부터 논증되어야 한다. 이제까지 시사할 수 있었던 몇 가지로부터 이미 명백해지는 것은, 의미 분야에서 의미의 존재나 비존재에 관련된 유사한 법칙이 존립한다는 점, 이러한 법칙 속에 의미는 자유로운 변항이 아니라 의미 분야의 본성 속에 근거한 이러저러한 범주의 범위에 한정된다는 점이다.

의미의 순수논리학에서 더 높은 목표는 의미의 대상적 타당성 — 그와 같은 타당성이 순수한 의미의 형식을 통해 제약되는 한 ──의 법칙 속에 놓여 있으며, 의미의 본질구조와 의미의 형식이 형성되는 법칙에 대한 학설은 필수불가결한 기초를 형성한다. 전통논리학은 이것에 필요한 개개의 발단을 개념론과 판단론 속에 제공하지만, 의미의 순수이념 관점에서, 또 일반적으로 세워질 수 있는 목표에 대한 의식은 없다. 그런데 '판단' ── 이것은 지금 '명제'로 이해되어야 한다 ── 의 기본 구조와 구체적으로 형성되는 형식에 관한 이론은, 각각 구체적 의미 형태가 명제이든, 가능한 항으로서 명제 속에 삽입되든 명백히 의미의 형식론 전체를 포괄한다. 순수논리학 그 자체 속에 '인식의 질료'를 엄격하게 배제하는 의미에서, 의미의 형식(유형, 형태)에 실질적인 존재의 영역과의 특정한 관계를 부여할 모든 것은 배제되어 남는다는 사실에 항상 주의를 기울여야 한다. 어디에서나 실질적인 것 일반에 대한 규정되지 않은 일반적 표상, 그렇지만 확고한 특정 의미의 범주 ── 예를 들어 명사적, 형용사적, 명제적 의미 ── 에 대한, 규정되지 않은 일반적 표상이 실질적 개념 ── 또한 물리적 사물, 공간적인 것, 심리적인 것 등과 같은 최고의 개념 ── 에 대해 가정한다.

따라서 중요한 문제는, 순수논리적 의미의 형식론에서 우선 방금 전에 기술한 순수함의 테두리 속에 수행할 수 있는 원초적 형식을 확정하는 것이다. 더 자세하게 말하면, 자립적 의미의, 완전한 명제의 원초적 형식을 그 명제의 내재적 항들과 그 항들 속의 구조들로 확정하는 것이다. 더 나아가, 가능한 항의 서로 다른 범주를 그 본질에 따라 허용하는 복합과 변양의 원초적 형식을 확정하는 것이다. 이 경우 완전한 명제가 다른 명제의 항이 될 수 있다는 점에 주목해야 한다. 그 결과 중요한 문제는 계속된 복합이나 변양을 통해 파생될 수 있는 무한히 다양한 그 이상의 형식에 대한 체계적 개관이다.

물론 확정될 수 있는 형식은 '타당하다.' 이것은 여기에서 자의적

본론: 자립적 의미와 비자립적 의미의 차이

으로 특수화하는 가운데 실제로 존재하는 의미 — 의미로서 존재하는 — 를 제공하는 형식이다. 그러므로 우선 각각의 원초적 형식에는 동시에 어떤 아프리오리한 존재법칙이 속한다. 이 존재법칙은, 그와 같은 형식을 따르는 모든 의미의 결합은 단지 — 형식에 규정되지 않은 것, 그 변항인 — 명사(名辭)가 어떤 의미의 범주에 속하는 한 실제로 통일적 의미도 생기게 한다는 것을 진술한다. 그러나 파생된 형식의 연역에 관해서 그것은 동시에 그 형식의 타당성의 연역이려 할 것이며, 그래서 그 형식에도 어쨌든 원초적 형식의 존재법칙에서 연역될 수 있는 실존법칙이 틀림없이 속할 것이다.

예를 들어 각기 두 가지 명사적 의미인 M과 N에는 'M 그리고 N'의 원초적 결합형식 — 그 결합의 결과가 다시 동일한 범주의 의미인 법칙과 더불어 — 이 속한다. 만약 명사적 의미에 대해 다른 범주의 의미를, 예를 들어 명제적 의미나 형용사적 의미를 받아들이면 동등한 법칙이 존립할 것이다. 임의의 두 명제가, 'M 그리고 N'의 형식으로 결합되면 다시 하나의 명제를 산출하고, 두 형용사는 다시 하나의 형용사 — 복합적이지만 통일적인 부가어나 술어로 성립할 수 있는 다시 하나의 의미 — 를 산출한다. 또한 임의의 두 명제 M, N에는 그 결과 다시 하나의 명제인 '만약 M이면 그래서 N, M 또는 N'이라는 원초적 결합형식이 속한다. 각기 명사적 의미 S와, 각기 형용사적 의미 p에는 'Sp' — 예를 들어 '빨간 집' — 의 원초적 형식이 속하며, 법칙적으로 그 결과는 명사적 의미라는 범주에 속하는 새로운 하나의 의미다.

그래서 원초적 결합형식의 많은 예를 여전히 이끌어 낼 수 있다. 여기에 속한 모든 법칙의 진술에 대해 주목해야 하는 것은 법칙의 변항을 규정하는 '명제', '명사적 표상', '형용사적 표상' 등은 우리가 범주적 이념을 구상할 때 그러한 의미에 경우에 따라, 또 어떤 규정됨 속에 필연적으로 속하는 변화하는 구문론적 형식을 도외시한다는 점이다. 우리는 명사가 주어의 위치에 있든 관계목적어의 기능에 있든 동일한 명사에 대해, 형용사가 술어 속에 기능하든 부가어로 기능하든 동일한 형용사에 대해, 명제가 독립명제로서 기능하든 연언명제나 선언명제나 가언명제의 전건이나 후건으로서 기능하든, 그 명제가 어떤 명제적 복합명제 속에 항으로서 이러저러한 위치에 있는 동일한 명제에 대해 이야기한다. 따라서 전통논리학에서 많이 사용되었지만 결코 학문적으로 해명되지 않은 '명사(Terminus)'에 대한 논의가 명백하게 규정된다. 전통논리학의 시야에 들어온[22.23] 형식적-논리적 법칙에는, 구조법칙에서와 마찬가지로, 그와 같은 '명사'가 변항으로 기능하며, 가변성의 범위를 한정하는 범주는 그 명사의 범주다. 이러한 범주를 학문적으로 확정하는 것은 명백히 우리가 시도하는 형식론의 첫 번째 과제 중 하나다.

이제 명백하게 제시된 원초적 형식 가운데 단일한 명사에 대해 바로 이러한 형식의 결합을 단계적으로, 또한 항상 다시 대체하면, 그리고 이때 항상 원초적 존재법칙을 적용하면 임의의 복합 속에 서로 접합된 새로운 형식, 즉 연역적으로 확실한 타당성의 형식이 획득된다. 예를 들어 연언의 명제결합에 대해,

(M 그리고 N) 그리고 P

(M 그리고 N) 그리고 (P 그리고 Q)

{(M 그리고 N) 그리고 p} 그리고 Q

라는 형식이 획득된다. 선언과 가언의 명제결합에 대해서도 마찬가지

---

22 전통논리학이 실제로 순수논리적 학설에 제공한 것, 그래서 삼단논법 전체는 진술의미의 논리학('**진술**(apophantisch)' 논리학)에 편입된다.

23 (옮긴이 주) 그리스어 'apophainestai'(제시하다, 나타내다, 설명하다, 진술하다 등)에서 유래한 'Apophantik'으로 후설은 명제·진술·판단·문장 등에 대한 의미론을 설명한다. 판단은 인식론의 대상이고, 문장은 언어학의 대상이며, 명제와 진술은 논리학의 대상이다. 이 용어를 '진술논리'로 옮기는 이유는 그 어원에 가장 잘 어울릴 뿐 아니라, 후설의 'Apophantik'에는 술어논리와 명제논리가 포함되어 있으며, 프레게와 달리 주장이나 주체의 구성활동과 무관한, 추상적 실체로서의 '명제'와 구별되기 때문이다.

본론: 자립적 의미와 비자립적 의미의 차이

이며, 임의의 의미범주의 그 밖의 결합방식에 대해서도 그러하다.

우리는 이 복합이 개관할 수 있는 조합의 방식으로 무한히 진전된다는 사실, 모든 새로운 결합형식은 그 명사에 대해 가변성의 영역으로서 동일한 의미범주에 구속되어 남아 있다는 점, 이러한 영역이 준수되는 한 그에 따라 형성될 수 있는 모든 의미결합이 필연적으로 존재한다는 점, 즉 반드시 통일적 의미를 제시한다는 점을 바로 이해한다. 또한 이에 소속된 존재명제는 원초적 형식에 속하는 명제의 자명한 연역적 귀결이라는 점도 알게 된다. 항상 동일한 결합형식을 적용하는 대신, 우리는 명백하게 자의로 〔형식을〕 변경하면서, 법칙이 허용하는 범위 안에서 서로 다른 결합형식을 조합해, 〔명제의〕 구조를 이용할 수 있고, 그래서 법칙적 방식으로 무수히 복잡한 형식을 산출한다고 생각한다. 이러한 상태를 형식화된 의식으로 만듦으로써, 우리는 그 기본형식 속에 자신의 아프리오리한 기원을 갖는 모든 형식의 측면에서, 의미 분야에 대한 아프리오리한 구성을 통찰하게 된다.

그리고 물론 이 통찰은, 결국 의식 분야 전체의 형식적 구성에 대해 완전히 포괄적인 통찰은, 그러한 종류의 연구에서 추구하는 유일한 목적이다. 의미의 유형을 정식화하는 것과, 이 유형에 소속된 실존법칙을 정식화하는 것을 연결하려는 것, 따라서 의미의 복합이나 표현의 문법적 복합에 관한 실천적으로 유효한 규칙을 획득할 수 있다고 희망하는 것은 어리석다. 여기에는 올바름의 계열을 놓친다는 어떠한 유혹도 없으며, 따라서 이러한 계열을 학문적으로 규정하는 어떠한 실천적 관심도 없다. 정상적 형식에서 벗어난 모든 경우, 무의미는 우리가 사유와 언어의 실천에서 그와 같이 벗어나는 일을 거의 생각해 낼 수 없다는 사실을 직접 명확하게 한다.

그렇지만 가능한 모든 의미형식과 원초적 구조의 체계적 탐구에 부착된 이론적 관심은 그만큼 더 크다. 더 정확하게 표현하면, 중요한 문제는 다음과 같은 통찰이다. 즉 가능한 모든 의미 일반은 의미의 유적 이념 속에 아프리오리하게 미리 지시된 범주적 구조의 확고한 유형학 (Typik)에 따른다는 통찰, 구체적 형태의 가능한 모든 형식이 존재법칙을 통해 확정된 소수의 원초적 형식에 체계적으로 의존하는 — 따라서 전자의 형식은 후자의 원초적 형식에 순수하게 구축함으로써 도출될 수 있다 — 아프리오리한 법칙성이 의미 분야 속에 지배한다는 통찰이다. 이러한 법칙성이 아프리오리하고 순수하게 범주적인 것이기 때문에, 이 법칙성에 의해 '이론적 이성'의 기본적이고 주요한 부분이 우리에게 학문적으로 의식된다.

첨부

나는 위에서 복합과 변양에 대해 이야기했다. 사실상 변양의 법칙성도 우리가 한정한 영역에 속한다. 우리가 이것으로써 사념한 것은 앞에서 논의한 '질료적 가정'과 유사한 것을 명료하게 이해시킨다. 다른 예는, 가령 주어의 명사가 목적어의 위치로 이동하는 경우처럼 결코 쉽게 해명할 수 없는 연관기능(아프리오리한 구문론)의 차이, 따라서 — 격(格)의 형식과 문법적으로 구문론 형식 일반으로 유입된 — 경험적 차이와 여러 겹으로 혼합된 차이를 제공한다. 형용사적 의미의 부가어적 기능과 술어적 기능의 차이와 이와 유사한 종류도 여기에 속한다.[24]

---

24 내가 1판의 이 자리에서 예고하고, 그사이 1901년 이래 괴팅겐대학교 강의에서 여러 차례 개선해 서술한 의미의 형식론에 대한 연구를, 나는 곧바로 『철학과 현상학 탐구 연보』에서 계속 공표될 수 있기를 희망한다. (이 주석은 2판에서 보충한 것이다.)

본론: 자립적 의미와 비자립적 의미의 차이

14 피할 수 있는 무의미의 법칙과 피할 수 있는 이치에 어긋난 법칙. 순수논리적 문법학의 이념

유의미한 것과 무의미한 것의 분야를 단순히 구분하는 데 노력한, 위에서 논의한 형식적 의미의 법칙은 더 넓은 단어의 의미에서 확실히 형식논리적 법칙으로 간주되어야 한다. 물론 논리법칙에 대해 논의하는 경우, 그 의미의 법칙에 대해 거의 생각하지 않고 오직 우리의 실천적 인식의 관심에 비할 데 없이 밀접한, 완전히 다른 법칙에 대해 생각한다. 이 법칙은 유의미한 의미에 제한되어 그 대상적 가능성과 진리에 관계한다. 이 두 종류의 법칙의 관계를 더 자세히 고찰해 보자.

본질적 의미형식의 구성에 필요한 아프리오리한 법칙은, 그와 같은 형식 속에 형성될 수 있는 의미가 '대상이 있는지' 혹은 '대상이 없는지', — 명제의 형식이 문제가 되는 경우 — 그 의미가 가능한 진리를 산출하는지, 아닌지를 완전히 미결정으로 놓아둔다. 이미 말한 바에 따라, 실로 이러한 법칙은 의미와 무의미를 구별하는 단순한 기능을 갖는다. 무의미라는 단어는 여기에서 — 그것을 반복해서 강조하기 위해 — 본래, 그리고 엄밀하게 받아들여야 한다. '왕 그러나 또는 유사한 그리고(König aber oder ähnlich und)'와 같은 단어의 무리는 결코 통일적으로 이해될 수 없다. 각각의 단어 그 자체만으로는 어떤 의미를 갖지만, 그 합성은 그렇지 않다. 의미의 이러한 법칙, 규범적으로 전환하면, 피할 수 있는 무의미의 이러한 법칙은 일반적으로 가능한 의미의 형식을 논리학에 지정하며, 이 논리학은 무엇보다 그 의미의 형식에 객관적 가치를 규정해야 한다. 그리고 논리학은 형식적으로 정합적인 의미와 형식적으로 정합적이지 않은 — 형식적으로 이치에 어긋난 것을 구별하는 — 완전히 다른 종류의 법칙을 수립하는 방식으로 이러한 일을 한다.

의미의 정합성이나 이치에 어긋남은 객관적 불가능성(비양립성)에 대립해, 객관적 가능성과 동시에 아프리오리한 가능성(정합성·양립성) 을 뜻한다. 즉 정합성이나 이치에 어긋남이 의미의 독특한 본질을 통해 제약되고, 그래서 이 본질로 아프리오리한 명증성 속에 통찰될 수 있는 한, 그것은 의미된 대상의 존재에 대한 가능성이나 불가능성 — 의미된 대상적 규정에 대한 존재의 양립성이나 비양립성 — 을 뜻한다. 객관 적이고 의미에 적합한 정합적 의미(Sinn)와 이치에 어긋남(Widersinn)의 이러한 대립은, 우리의 개념규정을 통해, 의미(Sinn)와 무의미(Unsinn) 의 대립과 명확하게 구별된다. 이 경우 통상 느슨한 논의로 개념들이 혼란되고, 모든 이치에 어긋남, 실로 경험적 진리의 조잡한 모든 손상 을 무의미로 부르곤 하는 점에 주목할 필요가 있다.

그러나 여기에서 질료적 (종합적) 이치에 어긋남과 형식적 또는 분석적 이치에 어긋남을 구별할 필요가 있다. 전자의 이치에 어긋남에 대해, 예를 들어 '4각형은 둥글다.'라는 명제에서, 또 잘못된 모든 순수기하 학적 명제의 경우와 마찬가지로 실질적 개념 — 실질적인 궁극적 의 미의 핵심 — 이 일어날 수밖에 없으며, 우리는 후자의 이치에 어긋남 가운데, 바로 의미 범주의 순수한 본질 속에 근거한 모든 단순하고 형식 적인 객관적 비양립성을 모든 실질적 '인식의 질료'를 고려하지 않은 채 포괄한다.(물론 이와 유사한 구별이 정합적 의미의 대립개념을 관통해 나간다.)

모순율과 이중 부정의 공리, 전건긍정 긍정식(modus ponens)과 같은 법칙은, 규범적으로 전환하면, 피할 수 있는 형식적 이치에 어긋남의 법칙 이다. 이 법칙은 순수한 '사유형식'에 의해 대상적인 것 일반에 적용되 는 것, 즉 대상성이 그 속에 사유되는 순수한 의미 형식에 근거해, 의미 된 대상성의 모든 질료가 의미의 객관적 타당성에 대해 '아프리오리하 게' 진술될 수 있음을 보여 준다. 우리가 대상적인 것의 실질적 특수성 에 따라 일반적으로 고려하기 전에 이미 오류가 발생하지 않는다면, 이

본론: 자립적 의미와 비자립적 의미의 차이

러한 법칙은 손상될 필요가 없다. 이 법칙은 제3연구[25]에서 밝힌 의미에서 '분석적' 법칙이며, 실질적 개념을 포함하고 그 타당성 속에 그것에 구속된 것으로서 종합적인 '아프리오리한' 법칙에 대립된다. 분석적 법칙 일반의 영역에서 이러한 형식적 법칙, 즉 순수한 의미의 범주 속에 근거한 객관적 타당성의 법칙은 ── 대상이나 성질, 다수성 등과 같은 ── 형식적 존재론의 범주 속에 근거한 '존재론적-분석적 법칙'과 구별되며, 그 형식적 법칙은 분석적인 것(Analytisches)의 두 번째 더 좁은 개념을 명확하게 규정한다. 우리는 이것을 '진술논리적-분석적인 것', 진술논리 논리학(apophantische Logik)의 의미에서 분석적인 것이라 할 수 있다. 그렇지만 부분적으로, 또한 다만 부분적으로만 여기에서 더 자세히 파고들 수 없는 두 종류의 법칙 사이에 같은 값을 지닌 관계가 존립한다.

이제 객관적 타당성에 관한 모든 문제를 도외시하고, 의미 그 자체의 유적 본질 속에 순수하게 뿌리내린 아프리오리(Apriori), 즉 앞에 놓인 연구 속에 제시된 분과 ── 원초적 의미의 구조, 분절과 결합의 원초적 유형뿐만 아니라, 이 유형 속에 근거한 의미의 복합과 의미의 변양을 조작하는 법칙을 탐구하는 분과 ── 에 제한하면, 우리는 동시에 17세기와 18세기의 합리론이 구상한 보편적 문법학(universelle Grammatik)이라는 생각의, 의심할 여지없는 정당성을 인식하게 된다. 이미 이러한 관점으로 '들어가는 말'에서 암시하면서 말한 것은 더 이상 상세하게 논의할 필요가 없다. 예전의 문법학자가 앞에서 지적한 법칙의 영역을 명석하게 개념화할 필요가 없을 경우, 그 문법학자는 무엇보다 그 법칙의 영역을 본능적으로 주목해야 할 것이다.

또한 문법의 영역에는 확고한 기준, 즉 넘어가면 안 되는 아프리오

---

25 앞의 제3연구, 11항 이하 참조.

리한 규범이 있다. 본래의 논리적 영역에서, '순수논리학'으로서 아프리오리한 것(Aprioisches)이 경험적이며 그리고 실천적으로 논리적인 것(Logisches)과 구별되듯이, 문법적 영역에서는 이른바 '순수'문법적인 것(Grammatisches), 즉 바로 아프리오리한 것 ─ 사람들이 탁월하게 말하듯이, 언어의 '이념적 형식' ─ 은 경험적인 것(Empirisches)과 구별된다. 양 측면에서 경험적인 것은 부분적으로, 인간 본성의 일반적이고 어쨌든 단지 사실적인 특성을 통해, 부분적으로는 인종, 더 정확하게 말하면 민족과 그 역사의 개인과, 그 개인 삶의 경험의 우연적 특수성을 통해 규정된다. 그러나 아프리오리한 것은 적어도 그 원초적 형태에서, 그 밖의 어디에서와 마찬가지로, 여기저기에서 '자명하며', 실로 노골적으로 진부하며, 어쨌든 이것을 체계적으로 입증하고 이론적으로 추구하며 현상학적으로 해명하는 것은 학문적으로 또 철학적으로 가장 큰 관심거리이지만 결코 쉬운 일이 아니다.

물론 경험적 의미에서 일반적으로 인간적인 것의 ─ 약간의 관점에서는 모호한 ─ 영역을 고려함으로써 보편적 문법학에 대한 생각을 아프리오리한 영역을 넘어서며 확장할 수 있다. 이러한 가장 넓은 의미에서 보편적 문법학이 존재할 수 있으며, 존재해야 한다. 이 확장된 영역이 "충분히 규정된 중요한 인식에서 풍부하다."[26]라는 것을 의심할 만한 것이 나에게는 이전에도 없었으며 지금도 거의 없다. 그러나 철학적 관심이 작동하는 곳 어디에서와 마찬가지로, 여기에서도 아프리오리한 것과 경험적인 것을 명확하게 구별하고, '완전히 발달된 범위의 이러한 학과 안에서 문법학자에게 중요한 의미의 형식론에서 획득한 인식이 바로 〔경험적인 것과〕 순수하게 분리될 수 있는 아프리오리한 학과로서,

---

26 이것은 마티가 『보편적 문법학과 언어철학의 기초에 대한 연구』(1908) 61쪽에서 (기묘하게도 나에게 반박하는 의도에서) 말한 것과 같다. 〔이 주석은 2판에서 보충한 것이다.〕

소속하는 자신의 독특한 성격을 갖는다는 사실을 인식하는 것은 지극히 중요한 과제다. 다른 경우와 마찬가지로, 여기에서도 "학문의 경계를 뒤섞는 일은 학문을 확대하는 것이 아니라 훼손하는 것이다."[27]라는 위대한 칸트의 통찰에 따라야 하며, 그 철학적 의미로 완전히 충족되어야 한다.

우리는 '그 가장 넓은 의미에서 보편적 문법학이 구체적 학문이며, 이 학문은 구체적 사건을 설명하는 본질적으로 서로 다른 이론적 학문, 즉 때에 따라 경험적 학문과 아프리오리한 학문에서 자신의 이론적 위치를 갖는 인식에 여러 가지를 수집하는 방식으로 목적을 지닌다.'는 사실에 주목해야 한다. 실로 현대 자연과학 시대에는, 어디에서와 마찬가지로, 문법적 문제에서 경험적-일반적 탐구가 중지되지 않는다는 점을 배려해야 한다. 반면 아프리오리한 학문의 경우에는 사정은 다르다. 어쨌든 모든 원리적 통찰이 아프리오리한 학문에 의거하더라도, 이 학문에 대한 의미는 현대에 들어와 곧바로 거의 위축될 지경이다. 그래서 여기에서 나는 '보편적인 합리적 문법학(grammaire générale et raisonnée)', 즉 '철학적' 문법학이라는 예전 학설에, 그에 상응하는 정당성을 지지한다. 즉 그 학설에서 비록 희미하고 미숙한 지향의 방식이라도 진정한 의미에서 언어의 '합리적인 것(Rationales)'과 특히 '논리적인 것', 의미의 형식에 아프리오리를 겨냥한 것을 지지한다.[28]

내가 올바로 파악했다면, 여기에서 잠정적으로 단지 시사되었을 뿐

---

27 (옮긴이 주) 『순수이성비판』 2판의 서문 B Ⅷ.
28 나는 마티의 반론──그 밖에 내 생각으로는 앞에 놓인 [제4]연구(이 책의 다른 연구와 마찬가지로)의 원리적 특징이 정당화되지 않았다──을 기꺼이 인정한다. 그 반론은 1판에서 "보편적이고 합리적인 문법학이라는 예전 학설에 대한 **모든** 비난은 **단지** 그 역사적 형태가 명석하지 않은 점과, 아프리오리한 것과 경험적인 것을 혼동한 점에 해당된다."라고 말한 것이 너무 앞서 나아간 데 있다. 곧바로 보편적이고 합리적인 문법학이 언어에서 합리적인 것, 논리적인 것을 타당하게 하려는 한, 적어도 비난의 가장 격렬한 말은 이 문법학에 향하지 않는다. (이 주석은 2판에서 보충한 것이다.)

인 차이를 명백하게 의식하고, '언어는 생리학적, 심리학적 기반과 문화사적 기반을 가질 뿐만 아니라 자신의 아프리오리한 기반도 갖는다.'라는 점을 스스로 통찰하는 것은 언어를 탐구하는 데 근본적으로 중요하다. 아프리오리한 기반은 본질적인 의미 형식과 이 형식의 복합이나 변양의 아프리오리한 법칙에 관계하며, 이 아프리오리를 통해 본질적으로 함께 규정될 수 없을 언어란 생각조차 할 수 없다. 모든 언어학자는, 그가 다루는 상태에 관해 명백하든 명백하지 않든, 이 아프리오리한 분야에서 유래하는 개념으로 조작한다.

궁극적으로 다음과 같이 말할 수 있다. 즉 순수논리학 안에서 의미의 순수형식론은, 그 자체에서 고찰해 보면, 최초의, 또 기본적 영역으로서 한정된다. 문법학의 관점에서 고찰해 보면, 그 순수형식론은 하나의 이념적 골격을 드러내는데, 모든 사실적 언어는, 부분적으로 일반적인 인간적 동기나 우연적으로 변동하는 경험적 동기를 따르면서, 그 골격을 경험적 질료로 충족시키고 뒤덮는다. 역사적 언어의 사실적 내용뿐만 아니라 그 문법적 형식이 아무리 이러한 방식으로 경험적으로 규정되더라도, 모든 언어는 이 이념적 골격에 구속되어 있다. 그래서 이 골격에 대한 이론적 규명은 모든 언어 일반의 궁극적인 학문적 해명에 필요한 기반 가운데 하나를 형성함에 틀림없다.

여기에서 다음과 같은 중요한 점에 항상 신중하게 유의해야 한다. 즉 순수형식론에서 명백하게 제시된, 분절과 구조에 따라 체계적으로 규명된 모든 의미의 유형, 그래서 명제의 근본형식, 정언명제의 많은 특수한 형태와 분절의 형식을 지닌 정언명제, 연언명제·선언명제·가언명제의 통일체와 같은, 명제적으로 복합명제의 원초적 유형, 또는 한 측면에서는 전칭과 특칭의 차이, 다른 측면에서는 단칭의 차이, 복수·부정·양태 등의 구문론은 의미 그 자체의 이념적 본질 속에 뿌리내린 철저하게 아프리오리한 존립요소이며, 이에 못지않게 계속된 결과의 복합과 변양의 조작법칙에 따라, 또 그와 같은 원초적 형식에 따라 산출할 수 있는 의미 형태다. 그러므로 아프리오리한 의미의 유형은 경험적-문법적으로 각인된 것〔표현〕에 대립해 그 자체로 제1의 것(Erstes)이며, 사실상 경험적으로 뒤덮이는 가운데 다소 완전하게 드러난, 절대적으로 확고한 '이념적 골격'[29]을 닮았다.

우리가 염두에 두어야만 하는 것은 독일어, 라틴어, 중국어 등이 '그' 존재명제, '그' 정언명제, '그' 가언명제의 전건, '그' 복수, '가능적'과 '개연적' '그' 양태, '존재하지 않는 것' 등이 어떻게 표현되는지의 문제를 유의미하게 심문하는 것이다. '문법학자가 의미의 형식에 관해, 그의 학문 이전의 개인적 견해에 의해 만족하는지', '그에게 가령 라틴어 문법학과 같은 역사적 문법학을 건네주는, 경험적으로 오염된 표상에 의해 만족하는지', 또는 '문법학자가 순수한 〔의미의〕 형식의 체계를 학문적으로 명확하고 이론적으로 연관된 형태로, 곧 우리가 논의하는 의미의 형식론으로 마음에 그리는지'와 관련이 깊은 문제다.

이러한 하부의 논리적 분야에서, 진리와 대상성과 객관적 가능성에 관한 문제가 여전히 취급되지 않고 남아 있다는 점을 고려해 — 모든 언어 그 자체의 이념적 본질을 이해하는 데 이러한 분야의 방금 성격 지은 기능을 고려해 — 우리는 순수논리학을 이와 같이 기초 짓는 분야를 '순수논리적 문법학'이라 부를 수 있다.

주해

1)[30] 이 책 1판에서 나는 '순수문법학'을 말했는데, 그 명칭은 칸트의

---

29 마티는 앞의 책 59쪽 주해에서 이러한 비유가 적합하지 않다고 이의를 제기했다.
30 (옮긴이 주) 이 1)은 1판에 없는 것을 2판에서 보충한 것이다.

'순수자연과학'과 유사한 것으로 생각되었고, 명백하게 그렇게 표시되었다. 그렇지만 의미의 순수형식론이 총체적인 보편적-문법적 아프리오리를 포괄한다고 결코 주장될 수 없는 한, 예를 들어 문법적으로 매우 중대한 영향을 끼치는 심리적 주체의 상호 이해관계에 실로 고유한 아프리오리가 속하는 한 순수논리적으로 문법적인 것에 대한 논의는 적절하다.

2) 앞에서 상론한 것 다음에, 가령 보편적 수학이론이 가능한 모든 개별적 사례를 아프리오리하게 그 자체 속에 포섭하고 일거에 해결하는 것과 마찬가지로, 모든 특수한 문법학을 우연적 특수성으로서 자체 속에 포함하는 보편적 학문이라는 의미에서, 우리가 '보편적' 문법학을 가능하다고 간주하는 생각을 아무도 우리 탓으로 여기지 않는다. 물론 여기에서는 그 밖에 보편적 언어학과 유사한 의미에서 보편적인, 더 자세하게 말하면, 순수논리적 문법학이 문제다. 일반적으로 보편적 언어학이 특정한 언어에 대한 학문에 선행할 수 있는 보편적 이론을, 특히 그래서 이러한 학문 전체에 대해 균등하게 고려되는 전제나 기반을 다루자마자, 바로 이 기반 가운데 단지 하나만 ── 게다가 순수논리학은 그 이론적 고향의 분야다 ── 을 탐구하는 순수논리적 문법학은 그것의 더 좁은 범위에서 보편적 이론을 다룬다. 물론 그 기반을 언어학으로 끌어들이는 것은, 다른 방향에서 심리학의 많은 절(節)을 끌어들이는 경우와 마찬가지로, 단순히 응용하는 것의 관심에만 기여한다.

이러한 관점에서 마티는 물론 아프리오리한 연구와 경험적 연구의 이론적 질서와 관련해 일반적으로 다른 견해를 취한다.[31] 그의 같은 책 67쪽 주해에서, 마티는 내가 순수논리학에 귀속시킨 논리적-문법적 인식은 "이론적 관점에서는 그 자신의 자연적 고향을 언어심리학에 갖는

---

31 마티, 앞의 책, 21항 63쪽 이하 참조.

본론: 자립적 의미와 비자립적 의미의 차이

다. 그리고 언어심리학에서 법칙을 정립하는(nomothetisch) 부분과 논리학은 그 목적에 이바지하고, 적합한 것을 언어심리학에서 차용한다."라고 생각한다. 나는 마티의 견해가 원리적 잘못임을 발견할 수 있다. 그의 견해에 따르면, 우리는 산술뿐만 아니라 계속해서 형식적 수학의 총체적 분과도 ─ 결코 언어심리학이 아닌 ─ 심리학에 편입시킬 것이다. 이러한 분과와 좁은 의미(Sinn), 즉 의미(Bedeutung)의 타당성이론의 순수논리학은, 또한 순수논리학과 순수형식론은, 내 의견에 따르면, 본질적으로 일치한다.[32] 그러한 분과는 모두 '보편수학(mathesis universalis)'의 본질적 통일성에서 다루어야 하며, 그것을 물리학으로 부르든 심리학으로 부르든, 어쨌든 모든 경험적 학문에서 순수하게 분리되어야 한다. 사실 수학자는, 특수하게 철학적 문제를 배제하고 이른바 소박한-독단적 방식이더라도, 철학자의 비난을 걱정하지 않은 채 실제로 이러한 일을 하는데, 이것은 그 학문에 매우 행운이다.

3) 논리학과 문법학의 올바른 관계에 관한 물음의 논의에서, 우리가 하부영역과 상부영역으로 명확하게 구별하고, 이들의 부정적 대립물 ─ 무의미와 형식적으로 이치에 어긋난 것의 영역 ─ 을 통해 특징지은, 두 논리적 영역의 끊임없는 혼동보다 더 혼란스러운 것은 없다. 형식적 진리나 대상성을 겨냥하는 상부영역의 의미에서 논리적인 것은 문법학에 대해서는 확실히 상관없지만, 논리적인 것 일반에 대해서는 그렇지 않다. 게다가 하부영역을 그 추정적 협소함과 자명함뿐만 아니라 그 실천적 무익함 때문에 믿지 않으려 한다면, 우선 '실천적 이익의 문제를 통해 규정될 수 있는 순수이론에 대해 관심 갖기로 탁월한 대표자인 철학자에게 적합하지 않다.'라고 답변해야 할 것이다. 철학자는 실로 '자명한 것'의 배후에는 가장 어려운 문제가 은폐되어 있다는 사

---

32 『논리 연구』 1권, 결론 절[11절] 참조.

실, 이에 못지않게 역설적이지만, 심지어 심오한 의미에서 철학은 진부한 것에 대한 학문으로 불릴 수 있다는 사실도 알아야 할 것이다.

어쨌든 여기에서 최초의 순간에 매우 진부한 것도, 더 정확하게 고찰해 보면, 다양하게 나뉜 심오한 문제의 원천이 된다. 이러한 문제는 아리스토텔레스처럼 말하면 '그 자체로 첫 번째' 문제임에도 불구하고 객관적 타당성에 관심을 갖는 논리학자에게는 최초로 감지되는 문제가 아니기 때문에, ─ 볼차노의 논리학을 포함해 ─ 이제까지의 논리학에서 이러한 문제가 한 번도 학문적으로 공식화되지 않았다는 것, 또는 순수논리적 형식론의 이념이 한 번도 구상되지 않았다는 것은 결코 놀라운 일이 아니다.

이러한 방식으로 논리학은 첫 번째 기초가 결여되었고, 의미의 원초적 요소와 그 구조를 학문적으로 엄밀하고 현상학적으로 해명한 구별, 그리고 이에 속한 본질법칙에 대한 인식이 결여되었다. 그래서 특히 본질적 측면에 따라, 이 분야에 관련되는 많은 '개념론'과 '판단론'이 유지할 수 있는 성과를 거의 낳지 못했다는 사실도 분명하게 설명된다. 실제로 이러한 사실은 대부분 올바른 관점과 목표가 없고, 여기에서 근본적으로 분리할 수 있는 문제의 층들을 혼합하며, 때에 따라 개방되었거나 여러 가지로 뒤덮여 작동하는 심리학주의(Psychologismus)에 그 원인이 있다. 그러나 명백히 이러한 결함 속에 ─ 어쨌든 논리학자의 시선은 항상 그 형식에 있기 때문에 ─ 사태 그 자체에 놓여 있는 어려움이 입증된다.

4)[33] 이와 유사한 또는 대립된 견해에 관해서는 슈타인탈[34]의 『심리

---

33 (옮긴이 주) 원문에는 '3)'으로 되어 있으나 앞의 역주 30에서 밝힌 점에 따라 '4)'가 올바를 것이다.

34 (옮긴이 주) 슈타인탈(H. Steinthal, 1823~1899)은 베를린대학교에서 훔볼트의 언어학에 영향을 받아 언어학과 철학을 공부했다. 베를린대학교 부교수를 거쳐 유대인 학교에서 구약성서와 종교철학을 가르쳤으며, 비교 민속심리학 분야를 개척했다. 저서로 『훔볼트와 헤

본론: 자립적 의미와 비자립적 의미의 차이

학과 언어학 입문(*Einleitung in die Psychologie und Sprachwissenschaft*)(1871)[35]을 비교할 것. 특히 훔볼트[36]의 견해에 대한 빼어나게 명확한 진술[37]을 참조할 것. 이것으로부터 우리는, 여기에서 강연한 것에 의해, 슈타인탈도 매우 존경하는 위대한 학자에게 어느 정도 분명히 접근할 수 있다. 슈타인탈이 반론을 제기한 것은 우리가 구별한 것을 통해 명석하게 해결될 수 있을 것이며, 그래서 상세한 비판은 여기에서 제외될 수 있다.

겔 철학의 언어학』(1848), 『문법학, 논리학, 심리학』(1855), 『그리스와 로마의 언어학 역사』(1863), 『일반 윤리학』(1885), 『성서와 종교철학』(1890) 등이 있다.

35 같은 책, 「들어가는 말」 Ⅳ. '언어작용과 사유작용, 문법학과 논리학' 44쪽 이하.

36 (옮긴이 주) 훔볼트(W. v. Humboldt, 1767~1835)는 프러시아의 철학자이자 언어학자이자 외교관과 베를린대학교의 공동 설립자다. 또한 질풍노도 운동을 이끈 극작가로서 고전주의 예술이론가인 실러(J. C. F. Schiller)와 지속적 교분을 맺으면서 문학적 명성을 얻었고, 교황청과 오스트리아 대사를 역임했으며, 프러시아의 교육장관으로 계몽사상에 입각한 교육개혁을 주도했다. 그는 프랑스와 스페인 국경 지방의 바스크족 언어를 연구해 각광받았으며, 핀다로스(Pindaros)와 아이스킬로스(Aeschylos) 등 고대 그리스와 로마의 작품을 독일어로 번역했다. 저서로『국가 영향력의 한계』(1791~1792), 『인간의 언어구조의 차이와 이것이 인류 종의 정신적 발전에 끼친 영향에 관해』(1836) 등이 있다.

37 위의 책, 63쪽 이하.

지향적 체험과 그 '내용'

들어가는 말

제2연구에서는 종(種) 일반의 이념성의 의미를 해명하고, 이로써 동시에 순수논리학에 대해 중요한 의미를 갖는 이념성의 의미를 해명했다. 모든 이념적 통일체와 마찬가지로, 의미에는 실재적 가능성과 어쩌면 실제성이 상응하고 종의 의미에는 의미하는 작용이 상응하며, 전자는 후자가 이념적으로 파악된 계기일 뿐이다. 그렇지만 의미의 최고 유(類)가 그 기원을 갖는 심리적 체험의 유와 관련해, 그리고 본질적으로 서로 다른 의미의 종류가 그 속에 성립하는 이러한 체험의 더 낮은 종류와 관련해 이제 새로운 문제가 제기된다.

그러므로 중요한 것은 의미와 그 본질적 변종의 기원에 관한 문제에 답변하는 것, 또는 이제까지 우리가 연구해 서술했던 것으로서 이러한 문제에 더 깊고 집요하게 답변하는 것이다. 그 이상의 문제는 이 문제와 밀접히 연관되어 있다. 즉 의미는 직관에 어떤 관계로 등장할 수 있는 의미지향 속에 놓여 있어야 한다. 우리는 그에 상응하는 직관을 통해 의미지향을 충족시킴에 대해, 그리고 '이러한 충족시킴의 최고의 형식은 명증성 속에 주어진다.'라는 것에 대해 여러 번 이야기했다. 그래서 이렇게 주목할 만한 현상학적 관계를 기술하고 그 역할을 규정하는 과제, 즉 이러한 관계 속에 근거하는 인식의 개념을 해명하는 과제가 생긴다. 분석적 연구에 대해서는 한편으로 이러한 과제와, 다른 한편으로 앞에서 지적한 — 특히 논리적 표상과 논리적 판단의 — 의미의 본질에 관한 과제가 결코 분리될 수 없다.

앞에 놓인 [제5]연구는 여전히 이러한 과제를 다룰 수 없다. 왜냐하면 우리가 그 과제 자체에 착수하기 이전에, 매우 많은 더 일반적인 현상학적 연구가 필요하기 때문이다. '작용(Akt)'은 의미작용(Bedeuten)의 체험이어야 하고, 그때그때 개개의 작용 속에 의미에 적합한 것(Bedeutungsmäßiges)은 대상 속이 아니라 곧바로 작용의 체험(Akterlebnis) 속에 놓여 있어야 하며, 작용을 대상을 '향한' '지향적' 체험으로 만드는 것 속에 놓여 있어야 한다. 마찬가지로 의미지향을 충족시키는 직관의 본질은 어떤 작용 — 사유작용과 직관작용은 작용으로서 마땅히 서로 다르다 — 속에 놓여 있다. 물론 충족됨 자체는 특히 그 작용의 성격에 속하는 하나의 관계이어야 한다.

실로 기술심리학에서 '작용'이라는 용어보다 더 논쟁되는 것은 없다. 그리고 이제까지 연구의 위치가 우리의 견해를 특징짓고 표현하는 데 있어 작용의 개념이 이바지한 모든 곳에, 결코 성급한 거절이 아니라면, 의혹이 생길 수 있다. 그러므로 다른 모든 개념에 앞서 이 개념을 해명하는 것은 앞에서 밝힌 과제를 해결하는 중요한 전제조건이다. 지향적 체험의 의미 속에서 작용의 개념이 — 현상학적 순수성에서 파악된 — 체험의 영역에서 하나의 중요한 유의 통일체를 한정한다는 점, 그래서 의미의 체험을 이러한 유로 분류하는 것은 사실상 그 의미 체험의 가치 있는 특징을 제공한다는 점이 명백하게 밝혀진다.

물론 작용 그 자체의 현상학적 본질을 탐구하는 것에는 작용의 성격과 내용의 차이를 해명하는 것도 필요하며, 후자에 관해서는 작용의 '내용'에 대해 논의하는, 근본적으로 서로 다른 의미를 확인하는 것이 필요하다.

작용 그 자체의 본질은, '표상'의 현상학 속으로 상당히 현저하게 파고들지 않으면 충분히 규명될 수 없다. 모든 작용은 하나의 표상이거나 표상을 기초로 갖는다는 잘 알려진 명제는 우리에게 〔작용과 표상의〕 긴밀한 연관을 생각하게 한다. 그럼에도 작용의 본질을 규명하기 위해 표상의 매우 다른 개념 가운데 어떤 것이 이때 관련되는지가 문제되면, 이 경우 애매함에 기초가 되는 서로 착종된 현상을 구별하는 것이 과제의 본질적 부분이 된다.

방금 전 논의한 대충 묘사한 문제 — 약간의 다른 문제는 이 문제와 밀접하게 결부된다 — 를 우리는 서로 혼입된 더 많은 의식 개념의 기술적-심리학적 구별에 부당하지 않게 연결시킨다. 우리는 심리적 작용을 실로 종종 '의식의 활동'으로, 즉 '어떤 내용(대상)에 대한 의식의 관계'라 부르며, 그 가운데 '의식'을 곧바로 모든 종류의 심리적 작용에 통합하는 표현으로 정의한다.

1절 자아의 현상학적 존립요소로서의 의식과 내적 지각으로서의 의식

1 의식이라는 용어의 애매함

심리학에서는 의식에 대해, 마찬가지로 의식의 내용과 의식의 체험 — 통상적으로 사람들은 전적으로 내용과 체험에 대해 이야기한다 — 에 대해 주로 심리적 현상과 물리적 현상의 구별과 관련지어 자주 논의한다. 그리고 이것으로써 한편으로는 심리학에 속한 현상을, 다른 한편으로는 물리적 학문의 영역에 속한 현상을 나타낸다. 심리적 작용의 개념을 그 현상학적 본질에 따라 한정하는 우리의 문제는 이 개념이 곧바로 이러한 연관에서, 즉 심리학의 영역을 추정적으로 한정하는 것에서 생기는 한 이렇게 [심리적 현상과 물리적 현상을] 구별하는 문제와 매우 밀접히 연관되어 있다. 실로 의식에 대한 개념 가운데 하나는 심리학의 영역을 올바로 한정하는 데 정당하게 적용되며, 다른 하나는 심리적 작용의 개념을 규정하는 데 제공된다. 어쨌든 실질적으로 유사하여 쉽게 혼동되는 [의식의] 많은 개념을 구별할 필요가 있다.

아래에서 우리의 관심사인 중요한 의식에 대한 세 가지 개념을 규명하자.

1) 경험적 자아의 내실적 현상학적 존립요소 전체로서, 체험의 흐름이 통일되는 가운데 심리적 체험이 짜인 것으로서 의식.

2) 자신의 심리적 체험에 대한 내적 깨달음(Gewahrwerden)으로서 의식.

3) 모든 종류의 '심리적 작용'이나 '지향적 체험'을 통합하는 명칭으로서 의식.

이것으로써 문제가 된 용어의 모든 애매함을 전부 끌어내지 않았다고 말할 필요는 없다. 예를 들어 나는 특히 학문 이외의 언어 사용에서 통용되는 '의식된다(ins Bewußtsein treten)' '분명히 안다(zum Bewußtsein kommen)', '고양되거나 억압된 자기의식(Selbstbewußtsein)', '자기의식의 각성(Erwachen)' 등 ── 후자의 용어는 심리학에서도 사용하지만 일상생활과 완전히 다른 의미에서 사용한다 ── 의 표현방식을 상기시킨다.

의식의 개념을 명확하게 표시하는 데에 어떻게든 문제가 될 수 있는 모든 용어가 애매하기 때문에, 서로 부각될 수 있는 개념을 일의적으로 규정하는 것은 다만 간접적 방식으로만 가능하다. 즉 같은 뜻의 표현을 비교하고 구별할 수 있는 표현을 대조할 뿐만 아니라 적절하게 바꿔 쓰고 해설함으로써만 가능하다. 따라서 이러한 보조수단을 사용해야 할 것이다.

2 첫째, 자아체험의 내실적-현상학적 통일체로서의 의식. 체험이라는 개념

다음과 같은 비교로 시작하자. 즉 현대 심리학자가 심리학을 구체적인 의식의 통일체로서 개인에 관한 학문, 또는 체험하는 개인의 의식체험에 관한 학문, 또는 그 개인의 의식 내용에 관한 학문으로 정의하거나 정의할 수 있다면, 그 용어를 이러한 연관 속에 병렬시키는 것은 의식에 대한 어떤 개념을 규정하는 동시에 체험과 내용에 대한 어떤 개념도 규정한다. 이 후자의 '체험(Erlebnis)'과 '내용(Inhalt)'이라는 명칭으로 현대 심리학자가 뜻하는 것은, 매 순간 변동하면서 여러 가지로 결합되고 혼합되는 가운데, 그때그때 심리적 개인의 내실적 의식의 통일체를 형성하는 실재적 사건(Vorkommnis)으로, 분트[1]가 정당하게 '일어난 일(Ereignis)'이라 말한 것이다. 이러한 의미에서 지각, 상상의 표상, 상 표상(Bildvorstellung), 개념적 사유의 작용, 추측과 의혹, 기쁨과 슬픔, 희망과 공포, 소원과 욕구 등은 그것이 우리 의식 속에 일어나는 이상 '체험'이나 '의식의 내용'이다. 그리고 구체적으로 충족된 그 전체성에서 이러한 체험과 더불어 이것을 합성하는 부분과 추상적 계기도 체험되는데, 이것은 내실적 의식의 내용이다. 물론 관련된 부분들이 그 자체만으로 어떤 방법으로 분절되는지, 그 부분들이 그것과 관련된 특별한 작용을 통해 한정되는지, 특히 그 부분들이 그 자체만으로 ─ 의식의 현존 속에 그 부분들을 파악하는 지각인 ─ '내적' 지각의 대상인지, 심지어 그 부분들이 그러한 대상일 수 있는지 아닌지는 중요한 문제가 아니다.

이제 이러한 체험의 개념은 '순수하게' 현상학적으로 파악될 수 있다. 즉 그래서 경험적-실재적 현존(자연의 인간이나 동물)과의 모든 관계는 배제되어 남아 있다는 점이 동등하게 지적되어야 할 것이다. 이때 기술적-심리학적(경험적-현상학적) 의미에서 체험은 순수현상학의 의미에서 체험이 된다.[2] 우리가 지금 해명할 예시에서 확신할 수 있고 확신해야 할 점은

---

1 (옮긴이 주) 분트(W. Wundt, 1832~1920)는 헬름홀츠의 제자로 인류학적 문화심리학을 주도하고, 감각·지각·반응시간에 관한 다양한 실험을 통해 심리학을 독립된 과학으로 확립했다. 심리적 현상을 조작주의 내성(內省)의 방법, 심리물리적 실험과 관찰, 사회심리학의 역사적 분석을 통해 감각이나 감정의 단순한 자료(요소)로 분석해 실험적으로 재구성함으로써 정신현상을 설명하는 생리학적 심리학을 추구했고, 경험적 정신과학뿐 아니라 논리학도 심리학에 정초하려는 심리학주의를 주장했다. 저서로 『생리학적 심리학 개요』(1874), 『논리학』(1880~1883), 『윤리학』(1886), 『심리학』(1896), 『민족심리학』(1900~1921) 등이 있다.
2 이에 관해서는 나의 저술 『[순수현상학과 현상학적 철학의] 이념들』(『철학과 현상학 탐구

요구된 배제가 항상 우리의 자유에 놓여 있다는 것, 그 예시에서 최초로 수행되거나 수행될 수 있는 '기술적-심리학적' 제시는 앞에서 말한 의미에서 '순수하게' 파악될 수 있으며, 계속해서 순수한(아프리오리한) 본질 통찰로서 이해될 수 있다는 것이다. 당연히 이것은 이와 유사한 사례에서도 그러하다.[3]

그러므로 예를 들어 외적 지각의 경우, ── 시각적 지각의 나타남의 현상학적 의미에서 ── 구체적인 봄(Sehen)의 내실적 존립요소를 형성하는 색깔이라는 감각의 계기는 지각작용의 성격이나 색깔을 띤 대상에 대한 완전한 지각의 나타남과 마찬가지로 '체험된 내용'이나 '의식된 내용'이다. 반면 이 대상 그 자체는, 그것이 지각됨에도 불구하고, 체험되지도 의식되지도 않는다. 마찬가지로 그 대상에서 지각된 색채도 체험되거나 의식되지 않는다. 그 대상이 존재하지 않는다면, 따라서 지각이 착각이나 환각이나 환상 등으로서 비판적으로 평가될 수 있다면 지각된 보인 색깔, 즉 대상의 색깔도 존재하지 않을 것이다.

정상적 지각과 비정상적 지각, 올바른 지각과 거짓된 지각의 이러한 차이는 지각의 내적 성격, 즉 순수한 기술적 또는 현상학적 성격과 관계없다. 보인 색깔 ── 즉 시각적 지각 속에 나타나는 대상에서 그 성질로서 함께 나타나고, 그 대상과 일체가 되어 현재 존재하는 것으로 정립된 색깔 ── 이 비록 존재하더라도 확실히 체험으로서 존재하지 않는 반면, 이러한 체험 속에, 즉 지각의 나타남 속에서 그 색깔에는 내실적 존립요소가 상응한다. 그 색깔에는 색깔의 감각, 즉 질적으로 규정된 현상학적 색깔의 계기가 상응하는데 이 계기는 지각 속에 또는 그 계기에 독특하게 속한 지각의 구성요소 ── '대상적 색채의 나타남' ── 속에

연보』 1권, 1913), 2장〔현상학적 근본 고찰〕 참조.

3 (옮긴이 주) 이 단락은 1판에서 보충한 것이다.

1절 자아의 현상학적 존립요소로서의 의식과 내적 지각으로서의 의식

객관화하는 '파악'을 겪는다. 우리는 드물지 않게 이 둘, 즉 색채의 감각과 대상의 객관적 채색성을 혼동한다. 바로 오늘날에는 이 둘이 동일하며 단지 서로 다른 '관점과 관심'에서 고찰될 뿐이라고 주장하는 서술이 매우 유행하고 있다. 즉 그것은 심리학적이나 주관적으로 보면 감각을 뜻하고, 물리적이나 객관적으로 보면 외적 사물의 성질을 말한다. 그렇지만 여기에서는 [한편으로] 이 공의 객관적으로 균등하게 보인 빨간색과 [다른 한편으로] 바로 이때 지각 자체 속에 나타나는, 의심할 여지없고 심지어 필연적인 주관적 색채감각의 음영 사이의 쉽게 파악할 수 있는 차이 — 모든 종류의 대상적 성질과 이에 상응하는 감각복합과 관련해 반복되는 차이 — 를 지적하는 것으로 충분하다.

우리가 개개의 규정성에 대해 이야기한 것은 구체적 전체로 옮겨진다. '지각 속에 의식된 내용과 지각 속에 지각된 — 지각에 따라 추측된 — 외적 대상의 차이는 동일한 나타남을 어느 때는 주관적 연관 — 자아에 관련된 나타남의 연관 — 속에, 다른 때는 객관적 연관 — 사태 그 자체의 연관 — 속에 고찰하는 방식의 단순한 차이라는 주장은 현상학적으로 거짓이다. 객체의 나타남이 그 속에 존립하는 체험, 예를 들어 객체 그 자체가 그 속에서 우리에게 추정적으로 현재하는 것인 구체적인 지각의 체험뿐만 아니라, 나타나는 객체 그 자체도 나타남 (Erscheinung)으로 부르는 것을 허용하는 애매함은 [아무리 강조해도] 결코 명확하게 강조될 수 없다. 이러한 애매함의 착각은, 나타나는 객체 그 자체가, 더욱이 나타남의 체험 속에서 내실적으로 발견될 수 있는 것을 현상학적으로 해명하자마자 즉시 사라진다. 사물의 나타남(체험)은 나타나는 사물 — 생생한 자체성에서 우리에게 추정적으로 '대립해 있는 것' — 이 아니다. 우리는 나타남을 의식의 연관에 속하는 것으로 체험하고, 사물은 현상적 세계에 속하는 것으로 우리에게 나타난다. 나타남 그 자체는 나타나지 않지만, 우리에게 체험된다.

현상적 세계[4]의 일원으로서 우리 자신을 나타내면, 물리적 사물과 심리적 사물(물체와 인물)은 우리의 현상적 자아에 물리적 관계와 심리적 관계로서 나타난다. 현상적 객체 ─ 우리는 '의식의 내용'이라고도 즐겨 말한다 ─ 와 현상적 주체 ─ 사물로서, 경험적 인물로서 자아 ─ 의 이러한 관계는 의식의 내용의 통일체라는 의미에서, 의식 ─ 경험적 자아의 현상학적 존립요소 ─ 에 대해 우리가 말하는 체험이라는 의미의 의식 내용의 관계로부터 당연히 분리될 수 있다. 전자에서 문제는 두 가지 나타나는 사물의 관계이고, 후자에서 문제는 체험의 복합에 대한 개별적 체험의 관계다. 물론 그 역도 마찬가지인데, 외적으로 나타나는 사물에 대해 나타나는 인물인, 자아의 관계는 체험으로서 사물의 나타남과 나타나는 사물 사이의 관계로부터 분리될 수 있다. 만약 후자의 관계에 대해 이야기한다면, 우리는 체험 그 자체가 체험 '속에' 지향적으로 현재하는 것이 아니라는 점만 분명히 하면 된다. 이것은 예를 들어, 나타남의 술어가 동시에 나타남 속에 나타나는 것의 술어가 아니라는 점을 확인하는 경우와 같다. 그리고 다른 하나의 새로운 관계는 우리가 나타남 가운데 체험된 감각복합을 나타나는 대상을 향해 돌리는 객관화하는 관계다. 감각복합이 나타나는 작용 속에 체험되지만 이때 어떤 방식으로 '파악되고(auffassen)', '통각이 되는지(apperzeption)', 그리고 우리가 대상이 '나타난다(Erscheinen)'고 하는 경우,[5] 감각에 생기를 불어넣는 파악의 이러한 현상학적 성격 속에 존립한다고 말하며 객관화하는 관계다.

---

4 세계는 여기에서 단지 나타나는 세계**로서만** 문제가 되는 반면, 그 세계의 실존 또는 비(非)실존─이 세계 속에 나타나는 경험적 자아를 포함해─에 관한 모든 문제는, 우리가 이러한 검토 전체를 기술적-심리학적 검토가 아니라 순수현상학적 검토로 활용하려 한다면 배제되어 남을 것이다. 그러므로 우리는 최초에 심리학적으로 수행된 모든 새로운 분석에서 그 분석이 실제로 그것에 **'순수한'** 현상학적 가치를 부여하는 그 '순화함(Reinigung)'을 허용한다는 사실에 언제나 주의해야 한다.

5 또는 위에서 든 의미와 계속해서 사용될 의미에서 나타남 속에 (현상학적으로 이해된) 체험 그 자체를 나타남이라 부른다.

1절 자아의 현상학적 존립요소로서의 의식과 내적 지각으로서의 의식

우리가 지각 속에서 체험하는 것, 즉 지각을 내실적으로 합성하는 것을 비본래적('지향적') 의미에서 '지각 속에 존재하는' 것과 구별하기 위해, 즉 지각과 관련해 필연적으로 발견했던 것과 유사한 본질적 구별은 다른 '작용'의 경우에도 구별될 수 있다. 따라서 이러한 구별을 때로는 더 일반적으로 다루어야 한다. 여기에서 중요한 것은 해명될 수 있는 개념의 단적 의미를 혼란시키는, 확실히 현혹시키는 생각의 방향을 처음부터 차단하는 것이다.

3 현상학적 체험의 개념과 통속적 체험의 개념

〔앞의 항과〕 동일한 의도에서 체험에 대한 우리의 개념이 체험에 대한 통속적 개념과 일치하지 않는다는 점을 여전히 지적해 두자. 이 경우 다시 내실적 내용과 지향적 내용 사이에 방금 시사한 구별이 중요한 역할을 한다.

누군가 '나는 1866년 전쟁[6]과 1870년 전쟁[7]을 체험했다.'라고 말할 경우, 여기에서 '체험했다'가 뜻하는 것은 외적 사건들의 복합이고, 이 경우 체험작용(Erleben)은 지각, 평가〔판단〕, 그 밖의 다른 작용에서 성립하며, 이 작용들 가운데 사건들은 대상적 나타남이 되고, 종종 경험적 자아와 관계된 어떤 정립(Setzung)의 객체도 된다. 우리에게 결정적인 현상학적 의미 속에서 체험하는 의식은 이 사건들에 관여된 사물들

---

6 (옮긴이 주) 독일어를 사용하는 독일연방에 대한 주도권을 놓고 1866년 6월부터 약 2주 동안 프로테스탄트와 관세동맹을 중심으로 한 프로이센이 가톨릭교도에 우월한 기득권을 지켜 왔던 오스트리아와 싸워 프로이센이 승리한 전쟁이다.

7 (옮긴이 주) 스페인 왕위 계승 문제를 빌미로 프로이센과 프랑스가 1870년 8월부터 1871년 1월까지 벌인 전쟁으로, 패배한 프랑스는 막대한 배상금과 함께 자원이 풍부한 알자스로렌 지방 대부분을 프로이센에 넘겨주었다.

과 같이 이 사건들을 자신의 '심리적 체험'으로서, 자신의 내실적 존립 요소나 내용으로서 자체 속에 갖지 않는다. 의식이 그 자체로 발견하는 것, 의식 속에 내실적으로 현존하는 것은 변동하는 그 감각의 질료나 파악의 내용 혹은 정립의 성격 등을 지닌 지각작용, 판단작용 등과 관련된 작용이다.

그러므로 여기에서 체험작용은 외적 사건이나 사물을 체험하는 경우와는 완전히 다르다. 외적 사건을 체험한다는 것은 이 사건을 향한 지각작용, — 언제든 규정할 수 있는 — 앎의 작용 등 어떤 작용을 갖는다는 것을 뜻한다. 이러한 '가짐(Haben)'은 현상학적 의미에서 완전히 다른 종류의 체험작용에 대한 하나의 예를 제공한다. 이것은 '어떤 내용이 경험적 자아의 의식의 통일체 속에, 현상학적으로 통일적인 의식의 흐름 속에 있는 존립요소다.'라고 말할 뿐이다. 이 의식의 흐름 그 자체는 여러 가지 부분에서 내실적으로 합성된 하나의 내실적 전체이며, 이와 같은 각 부분은 '체험된 것'이다.

이러한 의미에서 자아나 의식이 체험한 것은 곧 자신의 체험이다. 체험되거나 의식된 내용과 체험 그 자체 사이에는 어떠한 차이도 없다. 예를 들어 감각된 것은 감각일 뿐이다. 그러나 예를 들어, 외적 지각이 지각된 대상이나 명사적 표상이 명명된 대상 등에 관계하듯, 체험이 체험 그 자체와 구별될 수 있는 대상에 '관계하면', 이 대상은 여기에서 확정할 수 있는 의미에서 체험되거나 의식된 것이 아니라, 바로 지각되고 명명되는 것 등이다.

이러한 상태는 내용상 철저한 본래의 내용에 대한 논의를 정당화한다. '내용'이라는 말의 통상적인 의미는 상대적이며, 아주 일반적으로 그에 속한 부분들의 총체 속에 그 자신의 내용을 지닌 하나의 포괄하는 통일체를 지시한다. 어떤 전체에서 부분으로 파악될 수 있고, 전체를 참으로 내실적으로 구성하는 것은 모두 전체의 내용에 속한다. 내용에 대한 통상의 기술적-심리학적 논의에서 숨겨진 관계의 점, 즉 그에 상응하는 전체는 내실적 의식의 통일체다. 그 의식의 통일체의 내용은 〔직접〕 제시된 '체험'의 총체이며, 이때 우리는 그 복수 형태의 내용으로 이 체험 자체, 즉 내실적 부분으로서 그때그때 현상학적 의식의 흐름을 구성하는 모든 것을 이해한다.

4 체험하는 의식과 체험된 내용의 관계는 결코 현상학적으로 특유한 관계가 아니다

이렇게 서술한 다음 우리가 체험을 체험하는 의식, 또는 체험하는 '현상학적 자아'[8]와 결부해 생각한 관계는 어떤 특유한 현상학적 소견도 소급하여 지시하지 않는다. 보통 논의의 의미에서 자아는 경험적 대상이고, 자신의 자아는 타인의 자아와 아주 똑같으며, 각각의 자아는 어떤 집이나 나무 등과 같이 임의의 물리적 사물과 아주 똑같다. 그렇다면 학문적 검토는 자아의 개념을 더욱더 변양시킬 수 있고, 허구(Fiktion)와 상관없다면 자아는 개체적인 사물적 대상으로 남아 있게 된다. 이 대상은, 그와 같은 모든 대상과 마찬가지로, 통일된 현상적 성질을 통해 대상에 주어진 것으로서, 그 성질 자체의 내용적 존립요소에 근거한 다른 어떠한 통일성도 갖지 않는다.

만약 자아의 신체(Ichleib)를 경험적 자아에서 분리하고, 이때 순수한 심리적 자아를 그 현상학적 내용으로 한정하면, 그 심리적 자아는 의식의 통일체로, 따라서 실재적 체험의 복합으로 환원되는데, 우리

---

8 1판에서는 일반적으로 의식의 흐름을 '현상학적 자아'로 불렀다.〔이 주석은 2판에서 첨부한 것이다.〕

는 ── 즉 각자 자신의 자아에 대해 ── 그 체험의 복합을 어떤 부분으로, 우리 속에 현존하는 것으로서 명증적으로 발견하며 보충하는 부분으로, 충분한 근거에서, 가정한다.

그러므로 현상학적으로 환원된 자아는 다양한 체험 위로 떠다니는 특별한 것이 아니라, 단순히 체험 자신이 결합된 통일체다. 일정한 결합 형식은 내용의 본성 속에, 또 내용이 지배하는 법칙 속에 근거한다. 이 결합 형식은 여러 가지 방식으로 내용에서 〔다른〕 내용으로, 내용의 복합에서 〔다른〕 내용의 복합으로 이행하며, 결국 현상학적으로 환원된 자아 자체일 뿐인 통일적 내용의 전체를 구성한다. 그 내용은, 내용 일반과 마찬가지로, 그 자신의 법칙적으로 규정된 방식을 함께 조화시켜야 하고, 더 포괄적인 통일체로 융합시켜야 하며, 그럼으로써 그것은 하나가 되고 일체이며, 그것을 넘어서서 모든 내용을 지니고 내용 모두를 또다시 통합하는 독특한 자아의 원리가 필요 없는 실로 현상학적인 자아, 또는 의식의 통일체로 이미 구성된다. 다른 경우와 마찬가지로 여기에서도 그러한 원리의 작업수행은 이해하기 어려울 것이다.[9]

5 둘째, 내적 지각으로서 '내적' 의식

마지막 세 항의 고찰에 따라 '의식'과 '체험'과 '내용'이라는 용어에 하나의 의미, 더 정확하게 말하면 하나의 기술적-심리학적 의미가 규정되었고, 현상학적 '순화함'의 경우에서 순수현상학적 의미가 규정되었다. 다른 개념이 명백하게 지시되지 않는 한 앞으로도 이러한 의미를

---

9 앞에서 인용한 『이념들』〔1권〕에서 명백해지듯이, (같은 책, 57항〔순수자아를 배제하는 문제〕; 80항〔순수자아와 체험의 관계〕 참조) 이미 이 항에서 표명한 '순수'자아에 대한 학설에 관한 반론을 저자는 더 이상 인정하지 않는다.〔이 주석은 2판에서 첨부한 것이다.〕

1절 자아의 현상학적 존립요소로서의 의식과 내적 지각으로서의 의식

준수하려 한다.

의식에 대한 두 번째 개념은 내적 의식에 대한 논의에서 명확하게 표명된다. 이것은 일반적이든 일정한 부류의 경우이든 현실적으로 [직접] 제시된 체험을 수반하며, 그 대상으로서 이 체험에 관계해야만 할 '내적 지각'이다. 통상 내적 지각에 부여하는 명증성은 이때 내적 지각을 충전적 지각으로 이해한다는 것을 시사한다. 이 충전적 지각은 체험 자체 속에 직관적으로 표상되지 않고, 내실적으로 주어지지 않은 어떠한 것도 지각 자체의 대상으로 여기지 않는다. 반면 대상이 사실적으로 지각 속에, 또 지각과 더불어 체험되듯이, 지각은 그 대상을 정확하게 직관적으로 표상하고 정립한다. 각각의 지각은 그 자신의 대상을 생생한 자체성(Selbstheit)에서 현재하는 것으로 파악하는 지향을 통해 특징지어진다. 이러한 지향에서 부각된 완벽함은 지각과 상응하며, 대상이 지각 자체 속에 실제적으로, 또 가장 엄밀한 의미에서 '생생하게 (leibhaftig)' 현재한다. 아울러 그것이 존재하는 그대로 남김없이 파악되고 따라서 지각작용 자체 속에 내실적으로 포함될 때, 그 지각은 **충전적**(adäquat)이다.

그래서 충전적 지각은 단지 '내적' 지각일 뿐이라는 점, 충전적 지각은 그 지각과 동시에 주어지고, 그 지각과 더불어 하나의 의식에 속한 체험에 관계할 수 있다는 점은 자명하며, 지각의 순수본질에 입각해 명증적이다. 게다가 이것은, 정확하게 숙고해 보면, 순수현상학적 의미에서 체험에 대해서만 타당하다.

다른 한편 우리는 단적으로, 또 심리학적 논의방식에서 '자신의 체험을 향한 — 자연적인 말의 의미에 따라 내적 지각이라 부를 수도 있을 — 모든 지각은 당연히 충전적 지각이어야 한다.'라고 결코 말할 수 없다. '내적 지각'이라는 표현의 방금 전 밝힌 애매함[양의성]의 경우, 내적 지각 — 그 자신의 체험의 지각으로서 — 과 충전적(명증적) 지각 사이의 용어상 차이를 준수하는 것이 좋다. 이때 내적 지각과 외적 지각 사이의 비뚤어진 인식론적 대립이나 심리학적으로 이용된 대립도 사라질 것이며, 이 대립은 충전적 지각과 충전적이지 않은 지각 사이의 진정한 대립, 그와 같은 체험의 순수현상학적 본질 속에 근거한 대립으로 대체된다.[10]

이제까지 다룬 의식에 대한 두 개념의 가까운 관계는 많은 탐구자의 경우, 예를 들어 브렌타노와 같이, 그들이 첫 번째 의미의 내용에 대한 의식 — 또는 체험되어 있음 — 을 동시에 두 번째 의미의 의식으로 파악해도 좋다고 믿음으로써 성립된다. 이 후자의 의미에서 의식되거나 체험된 것은 내적으로 — 그리고 이것은 브렌타노의 경우 항상 동시에 '충전적'을 의미한다 — 지각된 것이다. 첫 번째 의미에서 '의식되었다'고 말하는 것은 일반적으로 의식의 통일체 속에 체험으로서 [직접] 제시된 것이다. 의식을 일종의 앎(Wissen), 게다가 일종의 직관적 앎으로 이해하려 밀어붙이는 애매함은 여기에서 지극히 해로운 결과를 수반하는 해석을 떠맡길 것이다. 나는 내적 지각 자체가 다시 하나의 체험이므로 새로운 지각이 필요하고, 이때 이 새로운 지각에 대해 동일한 것이 타당하다는 등의 상황에서 생기는 무한소급을 상기시킨다. 이 무한소급은 브렌타노가 일차적 지각의 방향과 이차적 지각의 방향을 구별함으로써 해소하려 시도했던 것이다. 우리의 목표는 여기에서 순수현상학적으로 확인하는 것을 겨냥하기 때문에, 내적 지각이 연속적으로 작동하는 것을 가정하는 필연성이 곧 현상학적으로 입증될 수 없는 한 이러한 종류의 이론은 유보해 두어야 한다.

---

10 내적 지각과 외적 지각에 대해서는 〔『논리 연구』 2-2권〕 「부록」〔외적 지각과 내적 지각. 물리적 현상과 심리적 현상〕 참조.

1절 자아의 현상학적 존립요소로서의 의식과 내적 지각으로서의 의식

6 첫 번째 의식의 개념에 기원을 둔 두 번째 의식의 개념

두 번째 의식의 개념이 '더 근원적인 것', 게다가 '그 자체로 더 앞선 것'임은 명백하다. 학문적으로 질서 지은 방식으로 다음과 같은 숙고를 통해 〔두 번째〕좁은 개념에서 첫 번째 넓은 개념으로 진척시킬 수 있다. 즉 우리가 '나는 생각한다. 그러므로 나는 존재한다.(cogito ergo sum)'나 오히려 단순한 '나는 존재한다.(sum)'를 모든 회의에 대립시켜 자신의 타당성을 주장할 하나의 명증성으로서 요구할 경우, 자아로서 적합한 것이 경험적 자아일 수 없다는 점은 자명하다.

그러나 다른 한편 '나는 존재한다.(Ich bin)'는 명제의 명증성이 항상 의문스럽게 남아 있는 철학적 자아의 개념에 대한 지식과 가정에 의존하지 않을 수 없다는 점을 인정해야 한다. 따라서 우리는 '나는 존재한다.'라는 판단 속에서 그 명증성은 경험적 자아에 대한 표상의 어떤 핵심, 즉 개념적으로 명확하게 한정되지 않은 핵심에 의존한다고 말해야 한다. 그런데 계속해서 '개념적으로 파악되지 않아 형용하기 어려운 핵심에 무엇이 제대로 속할 수 있는지', '따라서 무엇이 경험적 자아에 주어진 것을 명증적 확실성으로 형성하는지' 하는 물음을 제기한다면, 내적(충전적) 지각의 판단을 지시하는 것이 가장 가까울 것이다. '나는 존재한다.'는 명증적일 뿐만 아니라 '나는 이러저러한 것을 지각한다.'라는 형식의 무수한 판단도 명증적이다. 즉 내가 이때 단순히 추측하는 것이 아니라 '지각된 것이 그것이 추측된 것으로 또한 주어져 있으며, 그것은 내가 지각된 것 그 자체를 그것이 존재하는 그대로 파악한다.'는 것을 명증적으로 확인하는 한에서 그러하다. 예를 들어 나를 충족시키는 이 즐거움, 바로 내 눈앞에 아른거리는 이 상상의 나타남 등이다.

이 모든 판단은 '나는 존재한다.'라는 판단의 운명을 공유하며, 개념적으로 완전하게 파악되거나 표현될 수 없다. 그 모든 판단은 단지 자신의 생생한 지향, 하지만 단어를 통해서는 적절하게 전달할 수 없는 지향 속에서 명증적인 것에 불과하다. 충전적으로 지각된 것은, 그러한 종류의 모호한 진술 속에 표현되든 전혀 표현되지 않고 남아 있든 상관없이, 관련된 순간에 현상적인 경험적 자아를 순수현상학적으로 파악할 수 있는 그 내용으로의 환원(Reduktion)이 낳은, 결과의 영역을 형성하는데, 이것은 실로 인식론적으로 최초의 또 절대적으로 확실한 영역이다. 거꾸로 '나는 존재한다.'라는 판단 속에 자아에서 충전적으로 지각된 것은 우선 첫째로 명증성을 가능하게 하며, 정초하는 핵심을 형성한다[11]는 점도 이와 마찬가지로 올바를 것이다.

그런데 다음과 같은 경우는 이러한 영역에 부가된다. 즉 본질적으로 지각에 연결된 과거지향(Retention)이 우리에게 방금 전 현재에 존재했던 것으로서, 마찬가지로 회상(Widererinnerung)이 이전 체험의 현실성에 속하는 것으로서 드러나는 모든 것을 그것이 존재했던 현상학적 내용으로 환원하는 경우, 그래서 반성을 통해 과거지향과 기억 '속에' 재생산해 현상학적인 것으로 되돌아가는 경우다. 마찬가지로 우리는 경험적 근거에 입각해 각 순간 충전적으로 지각된 것과 공존하는 것으로서, 또는 과거지향과 회상의 그 반성적 존립요소와 공존하면서 존재했던 것으로서, 게다가 그 존립요소와 더불어 연속적이고 통일적으로 연관된 것으로서 받아들인다.

---

11 이 책의 1판에서 본질적으로 변경하지 않고 받아들인 서술은 '경험적 자아가 물리적 사물과 동일한 권위의 초재(Transzendenz)를 갖는다.'는 상황에 올바르지 않을 것이다. 이러한 초재를 배제하는 것과 **순수**-현상학으로 주어진 것으로 환원하는 것은 순수자아를 결코 잔여(Residuum)로서 붙잡아 두지 않고, 이때 '나는 존재한다.'는 어떠한 실제적(충전적), 명증성도 존재할 수 없다. 그러나 '이러한 명증성이 실제로 충전적 명증성으로 존립하는가.'(누가 이러한 사실을 부정할 수 있겠는가.)를, 우리는 어떻게 순수자아에 대한 가정을 통과하는가? 그것은 바로 '사유하는 자아(cogito)'의 명증성을 **수행하는** 가운데 파악된 자아이며, 순수한 수행은 그 자아를 당연히 현상학적으로 '순수하게' 파악하고, 필연적으로 '사유하는 자아'의 유형에 '순수한' 체험의 주체로서 파악한다.(이 주석은 2판에서 보충한 것이다.)

내가 여기에서 '연속적이고 통일적으로 연관되는 것'이라 말하는 경우에 뜻하는 것은 구체적인 현상학적 전체의 통일성이며, 이 전체의 부분은 공존(Koexistenz) 속에 서로 기초 짓고 서로 요구하는 계기(Moment)이거나, 그 자신의 본성을 통해 공존하는 가운데 통일의 형식 ─ 게다가 전체 내용에 내실적으로 내재하는 계기로서 실제적으로 전체 내용에 함께 속하는 형식 ─ 을 기초 짓는 단편(Stück)이다. 그리고 서로 공존하는 것의 통일체는 시점에서 〔다른〕 시점으로 서로의 속으로 끊임없이 이행하며, 그 측면에서는 적어도 전체의 통일에 대해 본질적이다. 따라서 전체로서 그것과 분리될 수 없는 하나의 계기가 끊임없이 항속하거나 끊임없이 변화하는 것을 요구하는 변화의 어떤 통일체, 즉 의식의 흐름의 통일체를 구성한다.

이러한 역할을 하는 것은 무엇보다 시간적으로 나타나는 통일체로서 의식의 흐름에 내재적으로 속한 시간, 따라서 사물 세계의 시간이 아니라 의식의 흐름 자체와 더불어 나타나는 시간, 의식의 흐름이 그 속에 흘러가는 시간이 제시하는 형식이다. 이 시간의 각 시점(Zeitpunkt)은 이른바 '시간감각'의 연속적 음영(Abschattung) 속에 제시된다. 의식의 흐름의 각 현실적 국면은, 그 국면 속 흐름의 전체적 시간지평이 제시되는 한 의식의 흐름의 모든 내용을 포섭하는 형식을 갖는데, 이 형식은 그 국면의 내용이 끊임없이 변화하는 동안 연속적으로 동일하게 남아 있다.

그러므로 이러한 것이 자아 ─ 영혼의 주체라는 의미에서 경험적 자아 ─ 의 현상학적 내용을 형성한다. 현상학적인 것으로의 환원은 '체험의 흐름'에서 실재적이고 그 자체로 완결된 이러한 통일, 시간적으로 계속 발전하는 통일을 산출한다. 체험이라는 개념은 '내적으로 지각된 것'과 이러한 의미에서 의식된 것으로부터 경험적 자아를 지향적으로 구성하는 '현상학적 자아' 개념으로 확대된다.

8 순수자아와 의식성(Bewußtheit)[12]

우리는 이제까지 순수자아('순수통각'의 자아)를 전혀 고려하지 않았
는데, 이는 칸트와 가까운 입장의 학자, 또한 많은 경험적 학자에 따르
면, 아주 비할 데 없는 방식으로 모든 의식의 내용 그 자체가 관련되는
통일적 관계 점(Beziehungspunkt)을 건네주어야 한다. 따라서 여기에서
순수자아는 '주관적 체험'이나 의식의 사실에 본질적으로 속한다. 또한
'의식되어-있음(Bewußt-sein)은 자아와의 관계다.'와 이러한 관계 속에
있는 것은 의식의 내용이다.

우리는 단지 의식 속에서만 자아에 관계된 모든 것 ── 그 밖에 그것이
어떤 성질을 갖든 ── 을 내용이라 부른다.

이 관계는 여전히 매우 여러 가지로 변화하는 모든 내용에 대해 명백하
게 하나의 동일한 것이다. 이 관계는 본래 의식의 공통적 특성과 종적 특성
을 형성하는 것이다. 우리는 (내가 여기에서 끊임없이 인용하는 나토르프[13]가
말하기를)[14] 이 관계를 '의식되어 있음'의 사실 전체로부터 구별하기 위해
'의식성'이라는 특별한 표현을 통해 '의식되어 있음'을 강조한다.

---

12 (옮긴이 주) 후설은 1판의 3쪽 정도 분량의 7항(심리학과 자연과학의 상호 경계설정)을
적절하지 않다고 판단해 2판에서는 삭제했는데, 이후 이어진 항의 일련번호는 그대로 유지
했다.

13 (옮긴이 주) 나토르프(P. Natorp, 1854~1924)는 코언(H. Cohen)의 제자로 카시러
(E. Cassirer)와 함께 신칸트 학파(마르부르크 학파)를 주도하며 정밀한 자연과학의 성과를
토대로 다양한 대립요소를 칸트의 순수이성에 입각해 정초하는 논리학과 인식론을 추구했
다. 후설은 『산술철학』의 심리학주의에 대한 그와 프레게의 비판에 자극을 받아 오히려 심리
학주의를 비판했다. 나토르프는 페스탈로치의 영향을 받아 공동체 생활을 강조한 교육사회
학을 창시했다. 저서로 『심리학 입문』(1888), 『사회교육학』(1899), 『정밀과학의 논리적 기
초』(1910), 『일반 심리학』(1912), 『사회적 관념론』(1920) 등이 있다.

14 나토르프의 『비판적 방법에 따른 심리학 입문(Einleitung in die Psycholo-gie nach
kritischer Methode)』, 11쪽 이하 4항 전체 참조.

나에게 의식된 모든 내용에 대해 주관적 관계의 중심으로서 자아는 이러한 내용에 대해 비교할 수 없게 대립해 있고, 그 내용이 자아에 대해 갖는 관계와 같은 종류의 관계를 그 내용에 대해 갖지는 않는다. 그 내용은 자아에 의식되지만 자아는 그 내용을 의식하지 않는다. 다른 것[의식된 내용]은 자아에 의식될 수 있지만 결코 자아 자체는 다른 것[의식된 내용]에 의식될 수 없다는 점에서 바로 자기 자신의 동일함이 분명해진다. 자아 그 자신은 내용이 될 수 없으며, 의식의 어떤 내용이더라도 전혀 다른 종류다. 바로 그래서 자아는 결코 더 자세하게 기술될 수 없다. 왜냐하면 우리가 자아나 자아와의 관계를 기술하려는 모든 시도는 어쨌든 오직 의식의 내용에서만 받아들여질 수 있으며, 따라서 그것 자체, 즉 자아나 자아와의 관계에는 들어맞지 않기 때문이다. 달리 표현하면, 우리가 자아에 대해 만들 각각의 표상은 자아를 대상으로 만들 것이다. 그렇지만 우리는 자아를 대상으로 생각함으로써 이미 자아를 자아로서 생각하기를 중지한다. '자아로-있음(Ich-sein)'은 대상이 아니라, 모든 대상에 대립해 그것에 어떤 것이 대상인 '그러한 것으로 있음'을 뜻한다. 자아와의 관계에서도 동일하다. '의식되어-있음'은 '자아에 대해 대상으로 있음'을 뜻하며, 이 '대상으로-있음'은 그 자체가 다시 대상이 될 수 없다.

의식성의 사실은, 비록 심리학의 근본적 사실이더라도, 현존하는 것으로 충분히 확인될 수 있고, 구별을 통해 주목될 수 있지만 정의될 수 없으며 다른 것에서 여전히 도출될 수 없다.

이러한 상론이 아무리 인상 깊더라도, 나는 정확하게 검토해 보았기에 승인할 수 없다. 우리가 그 '심리학의 근본적 사실'을 생각하지 않을 때 어떻게 그것을 확인할 수 있으며, 자아와 의식을 확인하는 것의 객체로서 '대상으로 만들지' 않고 어떻게 그 사실을 생각할 수 있는가? 이 물음은, 우리가 이 [근본적] 사실에 다만 간접적인 상징적 생각을 통해서만 관계할 수 있을 때 이미 타당할 것이다. 그러나 나토르프에 따르면, 그것은 어쨌든 직접적 직관으로 우리에게 그 자체로서, 그래서 충분히 주어져야 할 '근본적 사실'이어야 한다. 사실상 나토르프는 그것이 '현존하는 것으로 확인될 수 있고, 구별을 통해 주목될' 수 있다고 명백하게 가르친다.

그런데 확인된 것, 주목된 것은 내용이 아닌가? 이때 그것은 대상적이 아닌가? 경우에 따라 대상에 대한 좁은 개념은 실로 배제될 수 있지만, 그것의 넓은 개념은 처음부터 문제가 된다. 그래서 생각이나 감각, 불쾌감 등에 주목해 주의를 기울이는 것이 이러한 체험을 — 그래서 이 체험을 사물의 의미에서 대상으로 만들지 않은 채 — 내적 지각의 대상으로 충분히 만드는 것처럼, 그 관계의 중심인 자아와 어떤 내용에 대한 자아의 각기 일정한 관계는 주목된 것으로서 충분히 대상적으로 주어질 것이다.

그래서 당연히 나는 이 원초적 자아를 필수적인 관계의 중심으로 결코 인정할 수 없다고 고백해야 한다.[15] 내가 오직 주목할 수 있는 것, 따라서 지각할 수 있는 것은 경험적 자아와 자아 자신의 체험이나 외적 객체와 이 자아와의 경험적 관계다. 이 관계는 주어진 순간 곧바로 경험적 자아에게 특별한 '주의를 향함'의 대상이 되는 반면, 자아에 대한 이러한 관계에서 결여된 것은 '내적인 것'이든 '외적인 것'이든 많은 부분이 남아 있다.

나는 여기에서 경험적 자아를 객체에 대한 이 자아의 경험적 관계와 더불어, 현상학적으로 분석하는 것 이외에 이러한 상태를 해명하는 다른 어떠한 방법도 발견할 수 없으며, 그 결과 필연적으로 위에서 주

---

15 그사이 나는 자아의 형이상학(Ichmetaphysik)이 변종된 것에 대한 경계를 통해 주어진 것(Gegebenes)을 순수하게 파악하는 것(Erfassen) 속에 현혹되지 않는 것을 발견하도록 배워 왔고 또는 배웠다. 앞의 6항의 주석 참조.[이 주석은 2판에서 보충한 것이다.]

1절 자아의 현상학적 존립요소로서의 의식과 내적 지각으로서의 의식

장한 견해가 생긴다.

우리는 다른 것과 마찬가지로, 물리적 사물로서 나타나는 '자아의 몸(Ich-Körper)'을 제외시켰고, 경험적으로 이 몸에 결합된 — 이 몸에 속한 것으로 나타나는 — 정신적 자아를 고찰했다. 현상학적-현실적으로 주어진 것으로 환원하면 위에서 기술한 반성적으로 파악할 수 있는 체험의 복합이 제공된다. 이 복합과 영혼적 자아의 관계는 지각된 외적 사물의 '지각된 측면'과 사물 전체의 관계와 유사하다. 나는 자아와 그 대상의 의식된 지향적 관계를 '자아의 신체(Ichleib)', 정신적 인격으로서의 자아, 그래서 경험적 자아주체(Ichsubjekt) 전체(자아, 인간)가 그 속에서 지향적 객체인, — 바로 그와 같은 지향적 체험도 의식의 통일체의 현상학적 존립요소 전체에 속하는 것 — 그와 같은 지향적 체험이 동시에 현상적 자아의 본질적인 현상학적 핵심을 형성하는 것 이외에는 달리 이해할 수 없다.

그러나 이것으로써 작용이나 지향적 체험을 통해 곧바로 한정되는 세 번째 의식의 개념과 마주치는데, 우리는 다음 2절에서 바로 이 개념을 분석할 것이다. 지향적 체험의 특성을 반박하는 사람, 우리가 가장 확실하다고 간주하는 것, 즉 '대상으로 있음(Gegenstand-sein)'이 — 현상학적으로 말하면 — 그 속에 어떤 것이 대상으로서 나타나거나 생각되는 어떤 작용 속에 놓여 있음을 인정하지 않으려는 사람은 물론 '대상으로 있음' 자체가 어떻게 다시 대상적이 될 수 있는지를 이해할 수 없다. 우리의 견해에 따르면 사태는 아주 분명하다. 즉 작용은 그 속에 어떤 것이 나타나는 작용에 대한 특성을 '향해 있다(richten sich)' 또는 작용은 경험적 자아에, 또 그 대상에 대한 이 자아의 관계를 향해 있다. 자아(경험적 자아)의 핵심을 형성하는 것은 이 경우 자아가 대상을 '의식하게 하는' 작용, 자아가 그 작용 '속에'서 관련하여 '향해 있는' 작용이다.

나는 의식의 내용에 대한 자아의 관계가 어떠한 차이도 없다는 논의가 어떻게 타당할 수 있는지 통찰할 수 없다. 왜냐하면 내용으로 체험 — 현상학적 자아의 내실적 구성요소 — 이 이해된다면, 어쨌든 내용이 체험의 통일체로 통합되는 방식은, 일반적으로 부분이 전체에 통합되는 경우와 아주 똑같이, 전적으로 내용의 특수성에 의존하기 때문이다. 그렇지만 내용으로 지각작용·상상작용·기억작용이나 예측작용, 개념적 표상작용이나 술어화작용 등으로서 의식이 향하는 어떤 대상을 사념한다면, 이때는 더욱이 방금 전 사용된 표현을 병렬시키면서 분명하게 드러나는 명백한 차이가 존립할 것이다.

우리가 위에서 주장하듯이, 자아가 자기 자신에게 나타나고 자기 스스로 의식을, 특히 지각을 갖는다는 것에 사람들은 아마 불쾌한 기분을 느낄 것이다. 그러나 경험적 자아의 자기지각은 쉽게 이해할 수 있는 일상적인 일이다. 자아는 어떤 외적 사물과 똑같이 지각된다. 대상이 모든 부분과 측면으로 지각되지 않는다는 것은 자아에서나 외적 사물에서나 중요한 문제가 아니다. 왜냐하면 지각작용에 본질적인 것은 대상을 추측으로 파악하는 것이지 충전적 지각작용이 아니기 때문이다. 물론 지각작용 자체는, 자아의 현상학적 존립요소에 따라 자아에 속하더라도, 많은 다른 것과 마찬가지로 '의식되지만' 주목되지 않으며, 지각이 파악하는 시선 속에 있지 않다. 이러한 점에서 가령 지각된 외적 사물의 나타나지만 어쨌든 파악되지 않은 계기가 지각되지 않는 것과 어느 정도 유사하다. 그럼에도 경험적 자아가 자기지각을 하는 경우 자아가 지각된다는 것은, 외적 사물을 지각하는 경우 사물이 지각되는 것과 같다. 그것은 사실상 생생한 자기현재(Selbstgegenwärt)의 방식으로 의식하여 지각된다.

2판의 첨부

순수자아의 문제에 대해, 여기에서 수행된 — 이미 말했듯이 내가 더 이상 동의하지 않는 — 입장은 이 책의 연구에서 중요하지 않은 것으로 남아 있다는 점을 분명히 강조한다. 이 문제를 통해 평소에, 또 순수현상학적 문제로서 매우 중요하듯이, 지향적 체험의 내실적 내용과 지향적 객체에 대해 — 이 체험의 본질적 관계에 일정한 보편성과 관련되는 현상학의 지극히 포괄적인 문제 영역이 자아 일반에 대해 — 어떤 태도를 취하지 않더라도 체계적으로 철저하게 연구할 수 있다. 그렇지만 이 책의 연구는 오직 그 영역에 한정된다. 최근 출판된 나토르프의 『심리학 입문(*Einleitung in die Psychologie*)』 개정 1판 1권과 같이 매우 중요한 저술이 위에서 말한 상론과 논쟁한다는 점을 고려해, 나는 단순히 삭제하지 않았다.

2절 지향적 체험으로서 의식

그런데 현상학적 본질의 존립요소에 따라, '심리적 작용'이라는 개념과 일치하는 의식에 대한 세 번째 개념의 분석을 더 상세하게 규명할 필요가 있다. 그 개념과 연관해 의식된 내용, 특히 우리의 표상과 판단 등의 내용에 대한 논의는 분리될 수 있으며, 지극히 정확하게 탐구될 수 있는 가장 중요한 여러 가지 의미를 얻는다.

9 브렌타노가 '심리적 현상'의 경계를 설정한 의미

기술적 심리학의 부류를 한정한 것 가운데 브렌타노가 '심리적 현상'이라는 명칭으로 수행하고, 현상을 심리적 현상과 물리적 형상으로 나눈 잘 알려진 구분보다 철학적 관계에서 중요하고 주목받는 것은 없다. 마치 내가 그 위대한 학자를 이 경우에 이끈 확신, 그가 선택한 용어에서 실로 뚜렷이 새겨진 확신에 동의할 수 있어서가 아니다. 즉 그 확신은 심리학과 자연과학의 탐구 분야를 구분하고, 이러한 분과의 탐구 분야를 정당하게 규정하는 것에 대한 논쟁을 아주 간단히 해결할 완전한

'현상'의 분류를 획득하는 것이다. 정말 심리학을 심리적 현상에 대한 학문으로 정의하고, 이와 동등하게 자연과학을 물리적 현상에 관한 학문으로 정의하는 것이 정당한 의미를 지닐 수 있을 것이다.

그러나 브렌타노가 구분한 개념은 문제가 된 정의에서 같은 명칭〔동어반복〕으로 등장한다는 점이 심각한 논쟁의 근거가 된다. 심리학에서 가능한 정의의 의미에서, 모든 심리적 현상이 브렌타노의 의미에서 심리적 현상, 따라서 심리적 작용이 결코 아니라는 점, 다른 한편으로 브렌타노의 경우 애매하게 기능하는 '물리적 현상'이라는 명칭에서 상당 부분 참으로 심리적 현상이 발견된다는 점이 규명될 것이다.[1] 그런데도 브렌타노가 '심리적 현상'이라는 개념을 구상한 가치는 그가 그 구상을 추구한 목적에 의해 전혀 좌우되지 않는다. 명확하게 경계를 설정한 체험의 부류가 여기에서 일어나는데, 이 부류는 일정하고 적확한 의미에서 의식된 심리적 현존재(Dasein)를 특징짓는 모든 것을 자체 속에 포함한다.

그와 같은 체험이 결여된, 가령 감각체험과 같은 종류의 단순한 내용을 자체 속에 갖는[2] 반면, 그 내용을 대상적으로 해석할 수 없거나 그밖에 어떤 방법으로 내용을 통해 대상을 표상할 수 없는 실재적 존재자, — 따라서 더욱이 계속된 작용 속에서 대상에 관계할 수 없고, 대상

---

1 〔브렌타노에서〕 벗어난 나의 견해가 브렌타노 자신이 단순히 규정한 부적절함을 충분히 깨달은 결과, 그것에 부가하는 것이 필요하다고 인정한 한정의 방향(『경험적 관점에서의 심리학(Die Psychologie vom emp. Standp.)』 1권, 127쪽 이하 참조)에서 움직이고 있지 않다는 것을 이 책의 결론(『논리 연구』 2-2권)에서 부록 2〔전통적 구별을 심화시킨 인식론적 동기와 심리학적 동기〕의 논구가 밝혀 준다.
2 우리는 〔이 경우〕 더 이상 '체험된'이라고 말할 수 없다. 체험이라는 개념의 기원은 실로 심리적 '작용'의 분야 속에 있다. 그리고 그 분야의 외연(Extension)이 작용이 아닌 것(Nicht-Akt)도 포괄하는 체험의 개념으로 우리를 이끈다면, 어쨌든 작용이 아닌 것을 작용에 분류하거나 편입시킨 연관과의 관계, 요컨대 의식의 통일체와의 관계는 〔체험이라는 개념에〕 매우 본질적이어서, 우리는 그와 같은 관계가 없을 경우 체험작용(Erleben)에 대해 더이상 이야기하지 못할 것이다.

을 평가할 수 없으며, 대상에 대해 기뻐하거나 슬퍼할 수도 좋아하거나 싫어할 수도 열망하거나 혐오할 수도 없는 존재자 — 이와 같은 존재자를 누구도 더 이상 심리적 존재자라 부르지 않을 것이다. 단순한 감각복합일 뿐인 그와 같은 존재자를 과연 생각해 볼 수나 있는지 의문스럽다면, 아무튼 감각복합을 통해 의식에 적합하게 제시되지만 결코 그 자신이 그 자체로서 나타나지 않는 현상적인 외적 사물을 예로 제시하는 것으로 충분하다. 그러한 외적 사물을, 우리는 앞에서 든 예의 의미에서 모든 심리적 체험이 없기 때문에 그래서 영혼이 없는(seelenlos) 존재나 물체라고 부른다.

만약 우리가 심리학을 도외시하고 더 좁은 철학적 분과의 범위로 들어가면, 최고의 규범적 학문에서 문제가 되는 것은 심리적 현상이라 부르는, 그 체험의 부류에 속하는 체험이라는 사실은 이러한 체험의 부류에서는 근본적으로 중요하다. 왜냐하면 체험을 현상학적 순수함에서 파악하는 한, '논리학·윤리학·미학에서, 즉 이러한 분과의 이념적 법칙을 구축하는 개념으로서 그 체계적 역할을 하는 기본적 개념을 추상하는 구체적 기반은 오직 그러한 체험의 부류 속에서만 발견될 수 있기 때문이다. 여기에서 논리학도 거명함으로써 우리는 동시에 이러한 체험을 더 정확하게 고찰할 계기가 되는 특별한 관심을 상기시킨다.

10 '지향적' 체험으로서 작용의 기술적 성격

어쨌든 이제 브렌타노가 부류의 경계를 설정한 본질, 따라서 심리적 작용의 의미에서 의식이라는 개념의 본질을 정의할 차례다. 위에서 언급한, 분류하는 관심에 이끌려 브렌타노 자신은 심리적 현상과 물리적 현상이라는, 그가 가정한 '현상'의 두 가지 주된 부류를 분리하는 형식과 관련한 연구로 다룬다. 그는 단지 두 가지만 고찰될 수 있는 여섯 가지를 규정했는데,[3] 그 밖의 모든 규정에는 브렌타노의 현상, 특히 물리적 현상에 대한 개념이, 더구나 내적 지각과 외적 지각에서 유지할 수 없게 만드는 어떤 착각을 일으키는 애매함이 파괴적으로 함께 작동하기 때문이다.[4]

우리가 우선적으로 다룬 두 규정 가운데 하나는 심리적 현상이나 심리적 작용의 본질을 직접 밝혀낸다. 그 본질은 임의의 예에서 명백하게 다가온다. 지각 속에 어떤 것이 지각되고, 상(Bild) 표상 속에 어떤 것이 상징[비유]적으로 표상되며, 진술 속에 어떤 것이 진술되고, 사랑 속에 어떤 것이 사랑받으며, 증오 속에 어떤 것이 증오되고, 열망 속에 어떤 것이 열망된다 등등. 브렌타노는 다음과 같이 말할 때 이와 같은 예에서 파악될 수 있는 공통적인 것을 염두에 두었다.

모든 심리적 현상은 중세 스콜라철학자가 어떤 대상의 지향적(또한 정신적) 내재(Inexistenz)라 부른 것을 통해, 우리가 비록 다소 애매한 표현이더라도 어떤 내용에 대한 관계, 어떤 객체 — 이 가운데는 여기에서 실재성이 이해될 수는 없다 — 나 내재적 대상성을 향한 방향이라 부르는 것을 통해 성격 지어진다. 모든 심리적 현상은 비록 각기 동일한 방식은 아니더라도 어떤 것을 객체로서 자체 속에 포함한다.[5]

---

3 (옮긴이 주) 브렌타노는 『경험적 관점에서의 심리학』에서 심리적 현상과 물리적 현상을 구별하는 기준을 다음의 여섯 가지로 제시했다.
  ① 심리적 현상은 표상이거나 표상을 기반으로 하는 현상이다.
  ② 심리적 현상은 연장(延長)을 갖지 않는다.
  ③ 심리적 현상은 지향적 내재, 즉 어떤 대상에 관계함(또는 향함)이라는 특성을 갖는다.
  ④ 심리적 현상은 내적 지각의 유일한 대상이다.
  ⑤ 심리적 현상은 지향적 존재뿐 아니라 현실적 존재도 포함한다.
  ⑥ 심리적 현상은 그 다양성에도 불구하고 항상 통일체로서 나타난다.
4 더 자세한 것은 앞에서 인용한 부록 참조.

'어떤 내용에 의식이 관계하는 이러한 방식'—브렌타노가 다른 곳에서 종종 표현하듯이—은 표상 속에서 바로 표상하는 것, 판단 속에서 판단하는 것 등이다.[6] 심리적 현상을 표상과 판단 그리고 심정의 운동—'사랑과 증오의 현상'—으로 분류하려는 브렌타노의 시도는, 잘 알려져 있듯이, 브렌타노가 바로 근본적으로 다른 세 가지—어쩌면 여러 가지로 세분화되는—종류로 구별한 이러한 관계의 방식에 근거한다.

브렌타노의 '심리적 현상' 분류가 적절하다고 생각하는지, 그와 같은 분류의 천재적 주창자가 심리학에 요구했던 심리학의 연구 전체에 대한 근본적 의미, 심지어 그 분류를 인정하는지는 여기에서 중요하지 않다. 우리가 중요한 것으로 간주하는 오직 한 가지에만 주목하면, '지향적 관계, 요컨대—'작용'의 기술적 유적 성격을 형성하는—지향의 본질적인 종적(種的) 차이가 존재한다.'는 것이다. 어떤 사태의 '단순한 표상'이 그 표상의 이러한 '대상'을 사념하는 방식은 사태를 참이나 거짓으로 간주하는 판단의 방식과는 다른 것이다. 또한 추측과 회의의 방식, 희망과 공포의 방식, 유쾌함과 불쾌함, 열망함과 기피함의 방식, 즉 이론적 회의의 결정(판단의 결정)이나 실천적 회의의 결정(신중하게 선택한 경우 의지의 결정), 이론적 사념의 확인(판단지향의 충족)과 의지의 사

---

5 브렌타노, 『심리학』 1권, 115쪽.
6 (옮긴이 주) 후설은 의식이 항상 '무엇에 대한 의식', 즉 어떤 대상을 향해 있다는 지향성 개념을 받아들이지만, 다음과 같은 특성을 부가해 더 풍부하게 발전시킨다.(H. Spiegelberg, *The Phenomenological Movement* vol. I (The Hague, 1960), 107∼111쪽)
  ① 의식의 작용은 그 흐름 속에 내실적으로 주어진 것, 즉 질료적 자료를 대상에 다양하게 연관시켜 대상화(對象化)한다.
  ② 의식의 작용은 다양하게 연속적으로 주어진 것을 의미의 동일한 지시체 또는 극(極)에 종합적으로 귀속시켜 통합한다.
  ③ 의식의 작용은 동일한 대상의 지평(Horizont)을 형성하는 관련된 양상들과 다양한 형태로 관계 맺게 한다.
  ④ 의식의 작용은 미리 주어진 질료에 근거해 의미를 부여하는 작업수행(Leistung)을 통해 대상성을 드러내 구성한다.

념의 확인(의지의 지향의 충족) 등의 방식과는 다른 것이다. 확실히 모든 작용은 아니더라도 대부분의 작용은 복합적 체험이며, 이 경우 지향 그 자체는 아주 종종 다양하다. 심정(Gemüt)의 지향은 표상의 지향이나 판단의 지향 위에 세워진다.

그러나 이러한 복합을 분해할 경우, 그 자신의 기술적 본질에 따라 다른 종류의 심리적 체험으로 환원될 수 없는 원초적인 지향적 성격에 항상 도달하게 된다. '지향'('작용의 성격')이라는 기술적 유(類)의 통일체가 이러한 유의 순수본질 속에 근거하는 종적(種的) 차이를 제시하고, 그래서 이 차이가 하나의 아프리오리로서 경험적인 심리학적 사실성에 선행한다는 점도 의심할 여지없다. 지향의 본질적으로 서로 다른 종(種)과 아종(亞種)이 존재하며, 특히 작용의 모든 차이를 지향이라는 유에 속하지 않는 요소에만 의거해 그 작용에 짜인 표상과 판단의 차이로 환원하게 된다.

그래서 예를 들어 심미적으로 승인하거나 부인하는 것은 심미적 객체에 대한 단순한 표상작용이나 이론적 평가작용과 대립해 명증적이며, 본질에 따라 독특한 것으로 판명되는 지향적 관계의 한 방식이다. 심미적 승인과 심미적 술어는 표명될 수 있고, 그 진술은 하나의 판단이며, 그러한 것으로 표상을 포함시킨다. 그렇지만 이때 심미적 지향은, 이 지향의 객체와 마찬가지로, 표상과 판단의 대상이다. 심미적 지향 그 자체는 이 이론적 작용과는 본질적으로 다르다. 어떤 판단을 적확하다고 평가하고, 어떤 심정의 체험을 고상하다 등으로 평가하는 것은 종적으로 동일한 지향이 아니라 확실히 유사하고 닮은 지향을 전제한다. 판단의 결정과 의지의 결정 등을 비교하는 경우에도 사정은 마찬가지다.

우리는 순수하게 기술적으로, 어떤 체험의 내적 특성으로 이해된 지향적 관계를 '심리적 현상'이나 '작용'의 본질이 규정된 것으로 파악하며, 그래서 심리적 현상은 '어떤 대상을 지향적으로 자체 속에 포함하는 그러한 현상'[7]이라는 브렌타노의 정의에서, 하나의 본질적 정의를 보게 된다. 물론 그 정의의 '실재성' — 예전의 의미에서 — 은 그 예를 통해 확증된다.[8] 달리 표현하면, 또 순수하게 현상학적으로 파악하면, 그와 같은 체험의 범례적 개개의 사례에서 수행된 이념화작용(Ideation)은 이렇게 수행되어 모든 경험적-심리학적 파악과 현존재의 정립이 착수되지 않은 채 남아 있고, 단지 이 체험의 내실적인 현상학적 내용만 고찰되는 '지향적 체험'이나 '작용'이라는 순수한 현상학적 유의 관념을 — 이때 계속해서 그 순수한 종도 — 우리에게 준다.[9] 모든 체험이 지향적 체험이 아니라는 사실을 감각과 감각복합이 보여 준다. 감각된 시야의 어느 한 단편은, 시각적 내용을 통해 언제나 충족될 수 있듯이, 여러 가지 부분의 체험을 내포할 수 있는 하나의 체험이지만, 이러한 내용은 가령 전체에서 지향된 대상도, 전체 속의 지향적 대상도 아니다.

계속 이어지는 고찰은 '내용'에 대한 두 가지 논의의 근본적 차이를 더 정확하게 설명해 줄 것이다. 우리는 이 두 가지 내용에서 범례적 분석과 비교에서 파악되는 것은, 이념화작용을 통해 순수한 본질적 차이로서 통찰될 수 있다는 점을 어디에서나 확신한다. 우리가 여기에서 언

---

7 브렌타노, 앞의 책, 116쪽.

8 그러므로 우리에게는 '모든 심리적 현상, 예를 들어 감정의 현상이 위에서 말한 특성을 실제로 갖는지' 하는 어떠한 논쟁도 존재하지 않는다. 그 대신 관련된 현상이 '심리적 현상'인지 심문할 수 있을 것이다. 이러한 물음의 특수성은 단어의 부적절함에서 유래한다. 이 점에 관해서는 이후 계속 상세하게 서술할 것이다.

9 우리가 심리학적 통각의 테두리 속에 남아 있다면, 현상학적으로 순수한 '체험'이라는 개념은 심리적 실재성의 개념을 자체 속에 받아들인다. 더 정확하게 말하면, 그 체험의 개념은 동물적 존재(사실적 자연의 동물적 존재이든, 이념적으로 가능한 '동물적' 본질을 지닌 이념적으로 가능한 동물적 존재이든 — 따라서 후자의 경우 현존재 정립(Daseinssetzung)이 배제된다.)의 **심리적 상태**라는 개념으로 변양된다. 또한 그 결과 '지향적 체험'이라는 **순수한 현상학적** 유의 관념(Gattungsidee)은 이와 평행하고 아주 유사한 **심리학적** 유의 관념으로 변양된다. 심리학적 통각을 배제하느냐 작동시키느냐에 따라 이러한 종류의 동일한 분석은 때에 따라 순수한 현상학적 의미를 획득하거나 심리학적 의미를 획득한다. [이 주석은 2판에서 첨부된 주석이다.]

으려 애쓰는 모든 현상학적 확증은 특별히 강조하지 않아도 본질의 확정으로 이해될 수 있다.

브렌타노는 우리에게 가치 있는 심리적 현상의 두 번째 규정을 "그것이 표상이든지 그것의 기반으로서 표상에 의거한다."[10]는 것으로 표현한다.

> 만약 그것이 표상되지 않으면, 아무것도 판단될 수 없고, 또한 아무것도 열망될 수 없으며, 아무것도 희구되거나 두려워할 수 없다.[11]

물론 이러한 규정에서 표상이라는 말로 이해되는 것은 표상된 내용(대상)이 아니라 표상작용, 즉 그 작용이다.

이러한 규정을 우리의 연구에 적절한 출발점으로 간주하지 않는 것은 그 규정이 표상에 대한 한 가지 개념을 전제하는 상황 때문이다. 그 개념은 이 용어가 여러 가지, 또 결코 쉽게 구별할 수 없는 애매한 경우에 비로소 뚜렷하게 드러날 것이다. 그러나 이 경우 '작용'이라는 개념을 규명하는 것은 자연스러운 출발점을 형성한다. 결국 이러한 규정과 함께 그 내용상 앞으로의 연구를 자극할 중요한 명제가 동시에 표명되는데, 우리는 이 명제로 되돌아가야 한다.

---

10 브렌타노, 위의 책, 111쪽.(3항 결론 부분)
11 위의 책, 109쪽.

11 용어상 이끌리는 오해의 방지

a) '정신적' 또는 '내재적' 객체

우리가 브렌타노의 본질적 규정을 고수하는 동안, 앞에서 지적한 그의 확신에서 벗어나기 위해 그의 용어를 거부하지 않을 수 없다. 논의되는 부류의 체험이 문제되는 경우, 심리적 현상뿐만 아니라 일반적으로 현상에 대해 이야기하지 않는 편이 더 낫다. 심리적 현상은 이러한 부류로 심리학의 탐구 분야가 (대체로) 한정되어야 할 브렌타노의 입장에서만 정당성을 갖는 반면, 우리의 입장에서는 모든 체험 일반이 이러한 관점에서 동등한 권리를 갖는다.

그러나 현상이라는 용어에 관해서는, 이 용어는 매우 불리한 다의성이 부착되었을 뿐만 아니라 브렌타노의 경우 명백하게 제기되는 매우 의심스러운 이론적 확신, 모든 지향적 체험은 곧 현상이라는 확신을 은근히 심어 준다. 〔여기에서〕 현상이 브렌타노가 채택한 주된 용어법에서 나타내는 대상 그 자체를 뜻하기 때문에, 그 용어에는 '모든 지향적 체험은 단지 대상에 관계되는 것이 아니라, 그 자체가 어떤 지향적 체험의 대상이다.'라는 뜻이 포함되어 있다. 특히 이때 생각해야 할 것은 우리에게 어떤 것이 가장 특수한 의미에서 나타나게 되는 체험, 즉 지각이다. "모든 심리적 체험은 내적 의식의 대상이다." 그러나 이미 말했듯, 이 명제에 찬성하는 것을 진지하게 숙고해야 한다.

브렌타노가 심리적 현상이라는 용어와 평행하게 사용하거나 말을 바꿔 쓰는 방식 등으로 사용하는 표현은 그 이상의 반론에 부딪힌다. 지각된, 판단된, 소망된 ─ 또는 지각하는, 표상하는 ─ 등의 방식으로 대상은 '의식된다'고 말하는 것, 또는 거꾸로 '의식'(또는 '자아')은 대상에 이러저러한 방식으로 '관계한다.', 대상은 이러저러한 방식으로 '의식에 수용된다.' 등으로 말하는 것은 어쨌든 매우 위험하며, 종종 오류로 이끈다. 그렇지만 지향적 체험은 '어떤 것을 객체로서 자신 속에 포함한다.' 등으로 이야기하는 것도 마찬가지다.[12]

그러한 종류의 표현은 두 가지 오해를 불러일으킨다. 첫째, 의식이나 자아와 '의식된' 사태 사이에서 일어나는 어떤 실재적 사건이나 실재적으로 관계되는 작용이 중요한 문제라는 오해, 둘째, 의식 속에 동일한 방식으로 내실적으로 발견될 수 있는 두 가지 사태, 즉 작용과 지향적 객체의 관계 — 어떤 심리적 내용이 다른 심리적 내용으로 뒤섞여 수용되는 것과 같은 것 — 가 중요한 문제라는 오해다. 관계에 대한 논의를 여기에서 피할 수 없다면, 어쨌든 관계를 심리학적-실재적 내용이나 체험의 내실적 내용에 속하는 것으로 오해하도록 이끄는 표현을 피해야 한다.

우선 두 번째 오해를 자세히 검토하자. 그 오해는 지향적 체험의 본질적 특성을 표시하는 경우, 내재적 대상성이라는 표현을 통해, 또한 이와 동의어로 스콜라철학의 표현인 어떤 대상의 지향적 내재(Inexistenz)나 정신적(mental) 내재를 통해 아주 특별하게 일어난다. 지향적 체험은 표상한 대상에 서로 다른 방식으로 관계하는 특성을 갖는다. 지향적 체험은 바로 지향의 의미에서 그것에 관계한다. 대상은 지향적 체험 속에 '사념하고',[13] 대상을 '겨냥하며' 더구나 표상의 방식인 동시에 판단의 방식 등으로 겨냥한다. 그렇지만 지향의 성격, 특히 표상하고 판단하며 열망하는 등의 지향의 성격을 갖는 어떤 체험이 바로 〔직접〕 제시되어 있다는 것을 뜻할 뿐이다.

---

12 위의 책, 266, 267, 295쪽 등 참조.
13 이 경우 부각된 주목함(Aufmerken), 알아차림(Bemerken)은 '지향'의 '사념작용 (Meinen)'이라는 단어의 의미 속에 수용되지 **않는다**. 계속되는 것은 아래 13항 참조. 〔이 주 석은 2판에서 보충된 것이다.〕

여기에서 어떤 특수한 사례를 제외하고는, 두 가지 사태가 체험에 따라 [직접] 제시되는 것은 아니다. 즉 대상과 그 밖에 대상으로 향하는 지향적 체험이 [직접] 체험되지는 않는다. 또한 부분과 더 포괄적인 전체와 같은 의미에서 두 가지 사태가 있는 것이 아니라, 오직 한 가지인 지향적 체험이 [직접] 제시되는데, 이것의 본질적인 기술적 성격이 바로 [대상에] 관계하는 지향이다. 그 지향은 자신의 종적인 특수한 형태에 따라 완전하고 유일하게 이 대상을 표상하거나 판단하는 작용을 형성한다. 이러한 체험이 [직접] 제시되면 이 속에는 '당연히', 또 내가 강조하는 체험의 고유한 본질에서 '어떤 대상과의' 지향적 '관계'가 수행되고, '그 자체에서' 대상은 '지향적으로 현재에' 있다. 왜냐하면 이 둘은 정확하게 똑같은 것을 뜻하기 때문이다. 물론 그와 같은 체험은, 그 대상이 전혀 존재하지 않거나 아마 결코 존재할 수 없어도, 이러한 자신의 지향과 더불어 의식 속에 현존한다. 그 대상은 사념되며, 즉 그 대상을 사념하는 작용은 체험이다. 그러나 대상은 이때 추측되는 것일 뿐이지 실제로는 전혀 존재하지 않는다.

내가 [로마 신화의] 신 '유피테르(Jupiter)'를 표상하면, 이 신은 표상된 대상이며, 이 대상은 나의 작용 속에 '내재적으로 현재에' 있고, 나의 작용 속에 '정신적 내재'를 가지며, 본래 해석에서 거꾸로 된 논의 방식이 그 밖에 어떻게 나타내더라도 그러하다. 내가 신 유피테르를 표상한다는 것은 내가 어떤 표상의 체험을 갖는다는 것을 뜻하고, 내 의식 속에는 '신-유피테르를-표상하는 작용(den-Gott-Jupiter-Vorstellen)'이 수행된다. 우리는 이러한 지향적 체험을 우리 뜻대로 기술적 분석으로 해부할 수 있지만, 신 피테르를 당연히 그 체험 속에서 발견할 수는 없다. 그러므로 '내재적', '정신적' 대상은 체험의 기술적 (내실적) 존립요소에 속하지 않으며, 따라서 그것은 참으로 결코 내재적이거나 정신적이지 않다. 물론 그것은 '정신 이외의 것(extra mentem)'이 아니며, 결코 존재하지 않는다.

그러나 이것은 그 '신-유피테르를-표상하는 작용'이 실제로 그러한 종류의 체험, 즉 그와 같이 규정된 심리상태(Zumutetsein)라는 것을, 그 자신이 그 표상작용을 경험한 사람이 '나는 이러저러한 전설의 그 신화적 신들의 왕을 표상한다.'라고 정당하게 말하는 것을 방해하지 않는다. 다른 한편 지향된 대상이 존재한다면, 현상학적 관점에서 위에서 언급한 것 가운데 아무것도 변경할 필요가 없다. 표상된 대상이 존재하든, 그 대상이 허구적인 것이고 심지어 전혀 이치에 어긋난 것이든, 의식에 대해 주어진 것은 본질적으로 같은 것이다. 나는 '유피테르'를 '비스마르크'와 똑같이, '바빌론 탑'을 '쾰른 대성당'과 똑같이, '정천각형(正千角形)'을 '정천면체(正千面體)'와 똑같이 표상한다.[14]

이른바 내재적 내용이 오히려 단순히 지향적(지향된) 내용이라면, 다른 한편으로 지향적 체험의 내실적 존립요소에 속하는 참으로 내재적인 내용은 지향적이 아니다. 참으로 내재적인 내용은 작용을 수립하고, 불가결한 거점으로서 지향을 가능하게 하지만, 그것 자체가 지향되지는 않으며, 그것은 작용 속에 표상된 대상이 아니다. 내가 보는 것은 색깔의 감각이 아니라 채색된 사물이며, 내가 듣는 것은 음의 감각이 아니라 가수의 노래다.[15]

---

14 표상된 것의 존재에 대한 확신을 형성하는 우발적인 정립의 성격을 우리는 여기에서 도외시할 수 있다. 또한 인간과 그 밖에 체험된 동물을 포함해 자연의 실제성을 전제하는 모든 것은 수행된 고찰 속에서 배제될 수 있으며, 그 결과 이러한 고찰은 **이념적** 가능성에 대한 검토로 이해될 수 있다고 확신한다. 결국 우리는 '이러한 고찰은 그 내실적 본질의 존립요소에 따라 체험 그 자체에 속하는 것을 명백하기 밝히기 위해, 초월적 통각과 정립의 문제를 분리해서 방법적으로 배제해 숙고하는 성격을 받아들이는 사실을 보게 된다. 이때 체험의 심리학적 통각이 실로 함께 배제되는 한 체험은 **순수한** 현상학적 체험이다.

15 '내적으로 의식된 상(Bild)'과 '의식 밖의 그-자체의-존재(An-sich-sein)'라는 예전부터 전해 오는 도식에 따라 방향이 정해진 내재적 대상과 초월적 대상 사이의 외견상 자명한 차이에 관해서는 2절 21항의 부록[상(像) 이론에 대한 비판과 작용의 '내재적' 대상에 관한 학설에 대한 비판] 참조.

그리고 표상에 대해 타당한 것은 그 표상 위에 수립된 그 밖의 지향적 체험에도 타당하다. 어떤 객체, 예를 들어 '베를린 성(城)'을 표상하는 것은, 이미 말했듯이, 기술적으로 이러저러하게 규정된 종류의 심리상태다. 이 성에 대해 판단하는 것은 그 건축의 아름다움을 감상하거나 이렇게 감상할 수 있으면 하는 등의 소원을 품는 것이다. 이것은 현상학적으로 새로운 방식으로 성격 지어진 새로운 체험이다. 이 모든 체험은 그것이 대상적 지향의 방식인 공통성을 가지며, 이 방식은 일상의 용어에서 '그 성이 지각되었다, 상상되었다, 상(Bild) 속에 표상되었다, 판단되었다.', '그 감상, 그 소원 등의 대상이다.'라고 말할 수밖에 없는 것이다.

'표상 속에 표상되고 판단 속에 판단된 대상에 대한 비유적 논의를 정당화하는 것', '일반적으로 작용의 대상적 관계가 어떻게 완전히 이해될 수 있는지'를 명백하게 밝히려면 여전히 상세한 연구가 필요하다. 그러나 이제까지 파고든 한에서, 어쨌든 내재적 대상에 대한 이러한 논의방식을 완전히 피해서 잘 해 왔다는 점은 분명하다. 그 밖에 유사한 의혹에 빠지지 않는 '지향적 대상'이라는 표현을 갖기 때문에, 그러한 논의방식을 쉽게 피해 왔다.

대상이 작용 속에 지향적으로 '포함되어 있다'는 논의의 부적절함을 고려함에 따라, 대상이 '의식된다', '의식 속에 있다', '의식에 내재적이다' 등의 평행하고 같은 값을 지닌 논의가 매우 해로운 애매함으로 고생한다는 점은 명백하다. 왜냐하면 여기에서 '의식되어-있음(Bewußt-sein)'은 이전에 설명한 의식의 두 가지 의미를 기준으로 뜻할 수 있는 것과 완전히 다른 것을 뜻하기 때문이다. 근대 심리학과 인식론 전체는 이러한 애매함이나 이와 밀접하게 유사한 애매함 때문에 혼란에 빠졌다. 심리학적 사유방식과 전문용어의 영향이 지배적인 경우, 우리 자신의 용어와 현대 심리학 용어가 대립하는 재앙이 일어날 것이다. 우리가 문제 삼은 의식의 첫 번째 개념,〔경험적 자아의 내실적 현상학적 존립요소 전체로서 의식〕즉 경험적-심리학적으로 파악해 보면, 심리적 개체의 실재적 통일체에 속하는 체험의 흐름뿐만 아니라 이 체험의 흐름을 내실적으로 구성하는 모든 계기 역시 의식된 것으로 표시하는 개념은 심리학으로 파고드는 경향을 나타내고, 그래서 우리는 이미 앞의 1절에서 이 개념을 — 오직 본래의 심리학적인 것을 도외시하는 가운데, 따라서 현상학적 순수함에서 — 채택하기로 결정했다. 그러므로 의식에 대한 논의를 내적 지각의 의미 속에, 또 지향적 관계의 의미 속에 심지어 그렇게 사용하는 것을 완전히 피할 수 없더라도 — 이것은 거의 실행할 수 없는 것이다 — 반드시 신중하게 사용해야 한다.

12 b) 작용 그리고 의식 또는 자아와 대상의 관계

첫 번째 오해,[16] 마치 한편으로는 의식이, 다른 한편으로는 의식된 사태가 실재적 의미에서 서로 관계하는 것처럼 생각하는 오해의 경우 사정은 이와 유사하다. 사람들은 '의식' 대신 종종 곧바로 '자아'를 말한다. 사실상 자연적 반성 속에 나타나는 것은 개개의 작용이 아니라, 문제 되는 관계에서 하나의 관계 점(Beziehungspunkt) — 그 두 번째 관계 점은 대상 속에 있다 — 으로서의 자아다. 이때 작용의 체험에 주목하면, 자아는 이 작용의 체험을 통해, 또는 작용의 체험 속에 필연적으로 대상에 관계하는 것으로 보인다. 이 후자의 해석에서 사람들은 심지어 모든 작용에 자아를 본질적이며 어디에서나 동일한 통일 점(Einheitspunkt)으로서 삽입하려는 경향도 보일 것이다. 그래서 이제 우

---

16 앞의 11항 전반부 참조.

리는 어쨌든 앞[8항]에서 거부한 관계의 중심으로서 순수자아를 가정하는 것으로 되돌아가야 할 것이다.

그러나 우리가 이른바 관련된 작용 속에서 살아가면, 예를 들어 나타나는 사건을 지각하는 고찰작용에, 상상의 유희에, 동화를 읽거나 수학적 증명 등에 몰두하면, 수행된 작용에 관계 점으로서 자아에 대해 아무것도 감지되지 않는다. 그런데 자아의 표상은 아주 쉽게 밀고 나가거나 오히려 새롭게 수행될 '준비가 되어' 있을 수 있다. 더욱이 자아의 표상이 실제로 수행되고, [위에서 언급한] 관련된 작용과 일체가 되어 정립되는 경우에만 '우리'는 '우리 자신을' 그렇게 대상에 관계시킬 수 있으며, 자아가 이렇게 관계되는 작용에는 기술적으로 명시할 수 있는 것이 상응한다. 이때 실제적 체험작용 속에 기술적으로 앞에 놓인 것은 그에 상응하는 복합된 작용, 즉 자아의 표상을 하나의 부분으로서 내포하거나, 관련된 사태의 그때그때 표상작용·판단작용·소원작용 등을 두 번째 부분으로서 내포하는 복합된 작용이다.

물론 자아가 각각의 작용 속에, 어떤 대상에 지향적으로 관계된다는 것을 객관적으로 고찰해 보는 것은 — 따라서 자연적 반성의 관점에서도 — 올바르다. 이것은, 자아가 다만 그때그때 체험의 '다발'인 '의식의 통일체'이거나, 그래도 경험적으로 실재적이며, 자연적인 파악에서 의식의 통일체 속에서 체험의 인격적 주체로서 — 체험 속에 자신의 '심리적 상태'를 갖고 관련된 지향과 지각, 판단 등을 수행하는 자아로서 — 지향적으로 구성되는 연속적인 사물적 통일체일 뿐으로 간주되는 한에서 온전히 자명하다. 이러저러한 지향적 체험이 [직접] 제시된다면 당연히 자아는 이러한 지향을 가질 것이다.

그러므로 '자아가 어떤 대상을 표상한다.', '자아가 표상하는 방식으로 어떤 대상과 관계한다.', '자아는 그 표상의 지향적 객체로서 대상을 갖는다.'라는 명제는 '현상학적 자아 속에서 체험의 이러한 구체적 복합체는 그 종적 특색에 따라 '관련된 대상의 표상작용'이라 부르는 어떤 체험이 내실적으로 현재해 있다.'라는 명제와 동일하다. '자아가 대상에 관해 판단한다.'라는 명제뿐만 아니라, '그 자아 속에 이러저러하게 규정된 판단의 체험이 현재에 있다.' 등의 명제도 마찬가지다. 기술하는 것(Beschreibung)은 체험하는 자아와의 관계를 피해 가는 것이 아니지만, 그때그때의 체험 그 자체는 자아의 표상을 부분적 체험으로 포함하는 복합체 속에 있지 않다. 기술하는 것은 객관화하는 반성에 근거해 수행된다. 기술하는 가운데 자아에 대한 반성은 자아 자체가 자신의 작용을 매개로 그 작용의 — 대상과 관계 짓는 것으로 나타나는 관계 짓는 작용으로서의 작용의 — 체험에 대한 반성과 결부된다. 이것으로써 명백히 어떤 본질적인 기술적 변화가 일어났다. 특히 [반성 이전의] 근원적 작용은 더 이상 간단하게 현존하지 않으며, 우리는 그 작용 속에 더 이상 살지 않고, 그 대상에 주의를 기울이며 그 대상에 관해 판단한다.

따라서 '자아와의 관계는 지향적 체험 자체의 본질적 존립요소에 속하는 것이다.'라는 오해는 멀리 떨쳐 버려야 하며, 우리가 수행한 고찰을 통해 이제 배제되어야 한다.[17]

13 우리가 사용하는 용어의 확정

이러한 비판적 예비고찰 이후 우리 자신의 용어를 확정하는 데 있어, 그 용어를 예비고찰에 적합하게 선택해 논쟁의 여지가 있는 전제와 혼란을 일으키는 다의성은 가능한 한 배제해야 한다. 그래서 '심리적 현

---

17 앞의 1절에 [8항의] '첨부'와 나의 저술 『이념들』[1권], l.c.[인용한 곳에서] 참조. [이 주석은 2판에서 첨부한 것이다.]

상'이라는 표현을 전적으로 피하고, 정확성이 요구되는 어디에서나 '지
향적 체험'에 대해 이야기한다. 이 경우 '체험'은 앞에서 확정한 현상학
적 의미에서 이해되어야 한다. '지향적(intentional)'이라는 한정하는 형
용사는 경계 지을 수 있는 체험의 부류에 공통적인 본질의 성격을, 표상
의 방식이나 어떤 유사한 방식으로 대상적인 것(Gegenständliches)에 관
계되는 작용인 지향의 특성을 말한다. 더 간략한 표현으로, 우리는 외국
이나 자기 나라의 언어습관을 받아들이기 위해 '작용(Akt)'이라는 말을
사용할 것이다.

물론 이러한 표현도 우려할 문제가 있다. 우리는 종종 어떤 것에 특
별히 주의를 기울이는 작용(Achten), 즉 주목하는 작용(Aufmerken)의 의
미로 지향에 대해 이야기한다. 어쨌든 지향적 대상은 항상 주목되거나 주
의를 기울이는 대상이 아니다. 그 가운데 많은 작용이 동시에 현재에 있
고 서로 엮여 있지만, 주목함은 그 작용들 가운데 하나가 부각되는 방
식으로 '활동한다.' 우리는 모든 작용을 동시에 체험하지만, 그 가운데
하나의 작용에만 몰두한다.

결국 역사적으로 전승되고 브렌타노 이래 다시 많이 사용된 '지향적
대상'에 대한 논의를 고려한다면, 그 상관적 의미에서 '지향'에 대해 이
야기하는 것은 적절하지 않은데, 특히 우리는 주목하는 작용 — 이것을
하나의 독특한 작용으로 간주할 수 없는 이유를 갖게 될 것이다[18] — 의
의미에서 바로 이 '주목하는'이라는 용어를 갖는다.

그러나 여기에서 또 다른 애매함이 문제가 된다. '지향'이라는 표현
은 '겨냥한다(Abzielen)'라는 말의 비유 중 작용의 특성을 표상하므로,
그래서 무리 없이 또는 일반적으로 이해할 수 있게 이론적이거나 실천
적으로 겨냥한다고 표시될 수 있는 다양한 작용에 매우 적합하다. 그렇

---

18 이 〔2절의〕 19항 끝부분을 참조.

지만 이러한 비유는 모든 작용에 똑같이 충분히 적합하지 않으며, 10항에서 열거한 예에 더 정확하게 주의를 기울이면, 지향의 좁은 개념과 넓은 개념을 구별해야 한다. 비유적으로 말하면, 〔목표를〕 겨냥하는 작용(A b zielen)의 활동에는 그 상관자로서 〔목표를〕 달성하는 작용(E rzielen), 즉 발사하는 작용과 명중하는 작용이 상응한다. 이와 아주 똑같이 '지향', 예를 들어 판단의 지향, 욕구의 지향으로서 어떤 작용에는 '〔목표를〕 달성함'이나 '충족시킴'으로써 다른 작용이 상응한다. 때문에 그 비유는 첫 번째 작용〔목표를 겨냥하는 작용〕에 아주 완벽하게 적합하다. 그러나 충족시킴도 작용이며, 따라서 그것이 (적어도 일반적으로) 또다시 그에 상응하는 충족시킴을 시사하는 그 좁은 의미의 지향이 아니더라도 역시 '지향'이다. 이 애매함은, 일단 인식되면, 위험하지 않다. 물론 〔지향의〕 좁은 개념이 문제되는 경우, 이것은 명백하게 언급되어야 한다. 그밖에 이와 평행하는 '작용의 성격(Aktcharakter)'이라는 표현도 혹시 일어날지 모를 오해를 피하기 위해 우리에게 도움이 된다.

다른 한편 작용에 대한 논의에 관해서는, 물론 여기에서 '행사(actus)'라는 근원적인 단어의 의미를 더 이상 생각하면 안 된다. 이 단어의 의미는 활동에 대한 생각이 전적으로 배제되어 있음에 틀림없다.[19] 그러나 작용이라는 표현은 이미 거대한 계열의 심리학자들의 언어사용 속에 확고하게 뿌리내렸고, 다른 한편 〔사용한 지〕 매우 오래되었으며, 그 근원적 의미에서 완전히 벗어나 우리는 특히 이렇게 명백한 제한에 따라 그 표현을 안심하고 유지할 수 있다. 모든 생생한 어감에서 멀고 역사적으로 전승된 것이 없는 완전히 새로운 조어(造語)를 도입하지 않으려면,

---

19 나토르프가 심리적 작용을 엄격하게 '의식 또는 자아의 활동'으로서 논의하는 것에 반대해, "의식이 종종 또는 언제나 노력하는 것이 수반되는 이유는 오직 의식이 하나의 행위로 나타나고 의식의 주체가 행위하는 자로서 나타나기 때문이다."(『심리학 입문』(1판), 21쪽)라고 말할 때, 우리는 그의 의견에 완전히 동의한다. 우리는 '활동의 신화(Mythologie)'를 거부하지만, 우리는 그 '작용'을 심리적 활동이 아니라 지향적 체험으로 정의한다.

방금 전 언급한 종류의 불리함을 실로 피할 수 없을 것이다.

14 작용을 기술적으로 기초 지어진 체험의 부류로 가정하는 것에 대한 의구심

이러한 모든 용어적 해설에서, 이미 우리의 논리적-인식론적 관심을 통해 요청된 것과 같은 종류의 기술적 분석으로 깊이 파고드는 것은 정당하다. 그렇지만 이러한 분석을 계속하기 전에 우리가 기술하는 기반과 관련한 어떤 반론을 고려할 필요가 있을 것이다.

첫째, 우리가 '작용'이나 '지향적 체험'이라는 명칭으로 기술했던 체험의 부류를 한정하는 것에 대해 탐구자 그룹은 전적으로 반론을 제기한다. 이러한 관점에서 브렌타노가 이렇게 한정하는 것을 도입한 근원적 방식, 그가 이렇게 한정함으로써 추구한 목표, 이때 그가 깜빡해서 잘못을 저지른 약간의 오해도 혼란을 불러일으키며, 이것들은 그렇게 한정하는 것의 대단히 중요한 기술적 내용을 부정한다. 예를 들어 나토르프는 이렇게 한정하는 것을 결정적으로 반박한다. 그러나 이 탁월한 연구자가 "나는 자아에 대한 음(音)의 현존을 계속 고려하지 않아도 그 음을 자체만으로, 또는 다른 의식 내용과의 관계 속에서 고찰할 수 있지만, 그 음에 대해 생각하지 않고 나 자신과 내가 듣는 것을 그 자체만으로 고찰할 수는 없다."[20]라고 반론을 제기할 경우, 여기에서 우리를 혼란시킬 만한 것은 전혀 없다. 마치 그것이 듣는 음과 다른 것이듯, 확실히 듣는 것(Hören)은 음을 듣는 것과 분리될 수 없다. 그렇지만 이것이 들은 음, 즉 지각된 객체와 음을 듣는 것, 지각하는 작용의 이중적인

---

20 나토르프, 『심리학 입문』(1판), 18쪽.

것(Doppeltes)이 구별될 수 없음을 뜻하지는 않는다.

나토르프가 들은 음에 대해 "나에 대한 그 음의 현존재, 이것은 그 음에 대한 나의 의식이다. 어떤 내용이 자기 자신에 대해 현존재하는 것 이외에 다른 방식으로도 자신의 의식을 붙잡을 수 있는 사람을 따라서 나는 …… 이것을 흉내 낼 수 없다."라고 말할 때, 그것은 확실히 옳다. 그러나 물론 나는 '어떤 내용이 자기 자신에 대해 현존재하는 것'이 더 이상의 현상학적 분석을 인정하고 요구하는 일이라고 생각하게 된다.

우선 알아차리는 방식의 차이가 문제다. 또한 내가 그 내용을 그저 다른 것에 곁들여 알아차리는지, 그 내용을 특히 우선적으로 염두에 두고 겨냥하는지에 따라서, 전체 속에 특별히 부각시키지 않고 그 대상을 단지 함축적으로, 또는 그 대상을 부각시키는 서로 다른 방식으로 그 내용은 나에게 현존한다. 우리에게 더 중요한 것은 [한편으로] 의식되었지만 그 자체가 지각의 객체가 되지 않은 감각의 의미에서 내용의 현존재와, [다른 한편으로] 바로 지각의 객체라는 의미에서 내용의 현존재의 차이다.

앞에서 음을 예로 든 것은 어쨌든 그 차이를 폐기하지 않고 어느 정도 은폐한다. '나는 듣는다.'는 심리학에서 '나는 감각한다.'를 뜻할 수 있다. 일상의 논의에서 이것은 '나는 지각한다.', '나는 바이올린의 아다지오, 새가 지저귀는 것 등을 듣는다.'를 뜻한다. 서로 다른 작용은 동일한 것을 지각할 수 있고, 완전히 다른 것을 감각할 수 있다. 동일한 음을 우리는 공간적으로 때에 따라 가깝거나 멀리서 듣는다. 그 반대도 마찬가지다. 동일한 감각의 내용을 때에 따라 이러저러하게 '우리는 파악한다.' '통각'의 학설에서 통상 주로 강조되는 것은 '이전 체험에서 뒤에 남은 소인(Disposition) 덕분에 실제로 자극을 통해 발생된 것이 모든 것이든 일부이든 상관없이, 그 소인이 현실화되는 것(Aktualisierung)에서 유래하는 계기를 통해 은폐되는 가운데, 동일한 자극이라는 전제에서 감각된 내용은 어디에서나 동일하지 않다.'는 상황이다.

그렇지만 이러한 설명은 결코 충분하지 않으며, 무엇보다 현상학적으로는 전혀 중요한 문제가 아니다. 의식 속에 직접 제시된(체험된) 내용이 어떻게 성립하더라도 '의식 속에 동일한 감각의 내용이 현존하며 어쨌든 서로 다르게 파악된다는 것', 달리 말하면 '동일한 내용에 근거해 서로 다른 대상이 지각된다는 것'은 생각해 볼 수 있다. 그러나 파악 자체는 결코 새로운 감각의 유입으로 환원되지 않고, 그것은 작용의 성격이며, '의식의 방식', '심리상태(Zumutesein)의 방식'이다. 우리는 이 의식의 방식에서 감각에 대한 체험작용을 관련된 대상의 지각이라 부른다.

여기에서 자연과학적-심리학적 고찰방식으로 자연적 현존재의 테두리 안에 확인된 것이 모든 경험적인 것-실재적인 것을 배제하는 경우 그 순수현상학적 존립요소를 우리에게 명백하게 제시한다. 만약 순수한 체험에 눈길을 돌리고 그것의 고유한 본질내용을 주시하면, 우리는 형상(形相)으로(ideativ) 순수 종(種)과 종적 상태를 파악하고, 따라서 이 경우 그것이 지각된 것과의 관계에서 감각과 파악, 지각의 순수한 종뿐만 아니라 이것에 속한 본질관계를 형상으로 파악한다. 이때 우리는 '감각된 내용의 존재는 그 내용을 통해〔직접〕제시되지만 내실적으로 의식된 것은 아닌 지각된 대상의 존재와는 완전히 다른 것이다.'라는 점도 보편적 본질의 상태로서 통찰한다.

이 모든 것은 예를 적당하게 변경시킴으로써, 즉 시각의 지각 영역으로 이행함으로써 더욱 분명해진다. 여기에서 의문을 가진 사람에게 다음과 같은 숙고를 제시한다.

나는 어떤 사물, 예를 들어 이 상자를 보고 나의 감각을 보지는 않는다. 나는 그 상자가 아무리 회전하고 방향을 바꾸더라도 항상 이러저러한 이 상자를 본다. 이때 나는 —— 지각된 대상을 의식의 내용이라 부르기를 좋아한다면 ─ 언제나 동일한 '의식의 내용'을 갖는다. 훨씬 더 적절한 의미에서 체험된 내용을 의식의 내용이라 부른다면, 나는 그 상자가 회전할 때마다 새로운 의식의 내용을 갖는다. 그러므로 매우 다른 내용이 체험되지만, 어쨌든 동일한 대상이 지각된다. 따라서 일반적으로 말하면, 체험된 내용은 그 자체로 더 이상 지각된 대상이 아니다. 이때 주목해야 할 점은 '대상의 실제적 존재나 비존재는 지각의 체험 그 자체의 본질에 중요하지 않다.'는 것, 그래서 '지각의 체험이 이러저러하게 사념된 것으로서 이러저러하게 나타나는 이 대상에 대한 지각이라는 것에도 중요하지 않다.'는 것이다.

더 나아가 체험된 내용이 변화되는 가운데 우리가 하나의 동일한 대상을 지각하면서 파악할 수 있다고 추측하는 것은 그 자체로 다시 체험의 영역에 속한다. 우리는 실로 '동일성 의식', 즉 동일성을 파악한다는 이러한 추측작용(Vermeinen)을 체험한다. 이제 나는 '무엇이 이러한 의식의 기초가 되는가?' 하고 묻는다. 이에 대해 양 측면에서 서로 다른 감각의 내용이 주어지지만, 그것은 '동일한 의미'로 파악되고 통각이 된다는 답변, 이러한 '의미'에 따른 파악은 '나에 대한 대상의 현존재를 첫째로 형성하는 체험의 성격이다.'라는 답변은 정확하지 않은 것이 아닌가? 더구나 동일성 의식은 이러한 양 측면에서 체험의 성격에 근거해, 이 양자가 바로 동일한 것을 사념한다는 것에 대한 직접적 의식으로서 수행된다는 답변도 정확하지 않은 것이 아닌가? 그리고 이러한 의식은 다시 우리가 정의한 의미에서 작용, 그 대상적 상관자가 앞에서 말한 동일성 속에 놓여 있는 작용이 아니지 않은가?

나는 이 모든 질문이 그것을 시인하는 답변을 명증적으로 요구한다고 믿게 될 것이다. 나는 이 경우 명백하게 드러난 내용과 작용의 차이, 특히 [한편으로는] 제시하는 감각의 의미에서 지각의 내용과, [다른 한편으로는] 파악하면서 이때 서로 다르게 층이 겹쳐진 성격으로 구비된 지향 ── 이 지향은 파악된 감각과 일체가 되어 완전히 구체적인 지각의 작용을 형성한다 ── 의 의미에서, 지각 작용 사이의 차이보다 더 명증적인 것을 전혀 발견할 수 없다.

물론 체험에 대한 가장 넓은 기술적 의미에서 의식의 내용도 지향적 성격이고, 마찬가지로 우리가 일반적으로 확인할 수 있는 차이가 '당연히' 내용의 차이인 한 완전한 작용이다. 그러나 체험할 수 있는 것의 이러한 가장 넓은 영역 안에서 우리는 [한편으로는] 대상적 지향이, 게다가 그때그때 체험의 내재적 성격을 통해 구성되는 지향적 체험과, [다른 한편으로는] 이러한 체험의 경우가 아닌 것, 따라서 작용의 소재로서 기능할 수 있지만 그 자체가 작용은 아닌 내용의 명백한 차이를 발견한다고 믿는다.

이러한 차이를 더 판명하게 하는 동시에 다른 작용들의 성격을 서로 대비시키는 예는 지각을 기억과 비교하고, 또한 이 둘을 물리적 상(회화, 조각 등)이나 기호를 통해 표상과 비교하게 해 준다. 그렇지만 가장 유리한 예를 제공하는 것은 표현이다. 예를 들어 어떤 도형이나 아라베스크[아라비아 무늬]가 최초에는 순수하게 심미적으로 영향을 끼치다가, 이제 갑자기 상징이나 문자기호를 다룰지도 모른다고 이해할 경우를 생각해 보자.[21] 그렇다면 여기에 차이가 있는가? 혹은 누군가 그에게 완전히 생소한 말을 단순한 음성의 복합으로서 ── 그것이 하나의 단어라는 것도 예감하지 않은 채 ── 주의 깊게 듣는 경우를 받아들이고, 이 경우를 그가 나중에 그 단어의 의미에 친숙해져 대화하는 도중에 수반하는 직관화(Veranschaulichung)가 전혀 없는데도 이해해서 듣는 경우와 비교해 보자. 이해는 되었지만 단순히 상징적으로 기능하는 표

---

21 내 글 「기초논리학으로의 심리학적 연구(Psychol. Studien zur elementaren Logik)」, 《철학 월보》 30권(1894), 182쪽에서 인용.

현이 생각 없는 말의 소리(Wortlaut)에 비해 그 이상이 되는 경우는 일반적으로 무엇인가? 우리가 구체적인 것 A를 단순히 직관하는지, 그것을 '임의의 A'를 '재현하는 것'으로서 파악하는지의 차이를 형성하는 것은 무엇인가? 이러한 경우와 이와 유사한 무수한 경우, 변양은 작용의 성격 속에 놓여 있다. 모든 논리적 차이와 특히 범주적 형식의 모든 차이는 지향의 의미에서 논리적 작용 속에서 구성된다.

이와 같은 종류의 예를 분석하다 보면 현대의 통각이론은 논리적-인식론적 관심에 대해 결정적인 점을 간과했음이 명백해진다. 그 통각이론은 현상학적 사태에 적합하지 않으며, 현상학적 사태를 분석하고 기술하는 데 전혀 관여하지 않는다. 그렇지만 파악의 차이는 무엇보다 기술적 차이이며, 단지 그러한 차이만 인식을 비판하는 사람에게 다소 관계하지만, 영혼의 무의식적 심층 또는 생리학적으로 일어난 일의 영역에서 은폐되거나 가정된 어떤 사건은 관계하지 않는다. 오직 그와 같은 기술적 차이만, 그것이 인식비판을 전제하듯이, 모든 초월적 정립을 배제한 순수현상학적 파악을 허용한다.

우리에게 통각은 체험 자체 속에서, 체험의 기술적 내용 속에서 감각의 조야한 현존재와 대립해 존립하는 그 이상의 것이다. 말하자면 감각에 생기를 불어넣고 그 자신의 본질에 따라 우리가 이러저러한 대상적인 것을 지각하게 만드는 — 예를 들어 이 나무를 보고 저 벨소리를 들으며 꽃향기를 맡는 등 — 것은 작용의 성격이다. 감각과 마찬가지로 감각을 '파악하거나' '통각을 하는' 작용은 여기에서 체험되지만, 대상적으로 나타나지 않는다. 그것은 보이거나 들리지 않으며, 어떤 '감각기관(Sinn)'에 의해서도 지각되지 않는다. 다른 한편, 대상은 나타나고 지각되지만, 체험되지 않는다. 물론 이 경우 우리는 충전적 지각의 사례를 배제한다.

그 밖의 다른 경우도 이와 명백히 유사하다. 예를 들어, 단적이거나 모사하는 상상(Imagination)의 작용에 속하는 감각 ─ 파악의 토대로서 기능하는 내용을 어떻게 부르든 ─ 에 대해서도 타당하다. 비유적[상징적]으로(bildlich) 만드는 파악은 우리가 지각의 나타남 대신 체험된 감각에 근거해 상(像)으로 표상된 대상(가령 회화에서의 켄타우로스)이 나타나는 상의 나타남을 갖게 만든다.[22] 우리는 지향적 대상과의 관계에서 표상 ─ 지향적 대상에 지각하고 기억하며 상상하고 모사하며 표시하는 지향 ─ 이라고 부르는 동일한 것은, 작용에 내실적으로 속한 감각과의 관계에서 '파악', '해석', '통각'으로 불린다는 점을 동시에 이해한다.

나는 우리가 고찰한 예를 고려해 '의식에', 즉 대상적인 것과의 지향적 관계에 사실상 본질적으로 다른 '방식'이 존재한다는 것을 명증적으로 요구한다. 지향의 성격은 지각의 경우, 단적인 '재생산적' 현전화의 경우, 조각이나 회화 등을 파악하는 일상의 의미에서 상 표상의 경우, 또한 기호에 대한 표상의 경우와 순수논리학의 의미에서 표상인 경우에 종적으로 다르다. 어떤 대상을 생각으로 표상하는 논리적으로 다른 각각의 방식에는 지향에서 차이가 상응한다. 나는 '우리가 이 모든 차이를 아는 것은, 오직 우리가 개개의 사례 속에 그 차이를 간취하기, 즉 직접 충전적으로 파악하기 때문이며, 이 차이를 비교하면서 개념적으로 이해하고, 그래서 그 자체로 다시 서로 다른 종류의 작용 속에 직관과 사고의 객체[대상]로 만든다.'는 것도 논쟁의 여지가 없다고 간주한다.

언제나 우리는 간취된 것으로서 그 차이에서 이념화하는 추상을 통해, 그 차이 속에 개별화된 순수한 종과 이에 속한 종적 본질의 연관을

---

22 지각의 표상과 상상의 표상 사이의 관계에 대해 많이 논의된 논쟁은, 적당하게 준비된 현상학적 기초가 부족하고 이것에서 기인하는 명확한 개념과 문제제기가 결여된 경우, 정당한 결과에 이를 수 없을 것이다. 그리고 단순한 지각과 모사의 의식이나 기호의 의식의 관계에 대한 물음도 마찬가지다. 이 경우 **작용의 성격**이 서로 다르다는 것, 예를 들어 **상의 성격**(Bildlichkeit)과 더불어 본질적으로 새로운 지향의 방식은 체험된다는 것은, 내가 믿듯이, 확실하게 증명된다.

충전적으로 파악할 수 있다. 나토르프가 이에 반대해 "의식의 모든 풍부함, 모든 다양성은 오히려 내용에만 놓여 있다. 단순한 감각의 의식은 그 본성(Art)에 따라, 의식으로서, 세계에 대한 의식과 전혀 구별되지 않는다. 의식성(Bewußtheit)의 계기는 양쪽에서 전적으로 동일한 것이며, 그 차이는 오직 내용에 놓여 있다."[23]라고 말할 때, 나에게는 그가 의식과 내용에 대한 서로 다른 개념을 구별하지 않고 이것들을 동일시하는 것을 인식론적 원리로 고양시키려는 것처럼 생각될 것이다. 우리 자신이 '의식의 모든 다양성은 내용에 놓여 있다.'라는 것을 어떤 의미에서 가르쳤는지는 위에서 설명했다. 이때 내용은 의식을 내실적으로 구성하는 체험이고, 의식 자체는 체험의 복합이다.

그러나 세계는 결코 사유하는 사람의 체험이 아니다. 체험은 '그 세계를 사념하는 것(die-Welt-Meinen)'이고, 세계 자체는 지향된 대상이다. 이러한 구별에서, 내가 여전히 명백하게 강조하듯, 우리가 세계나 그 밖에 임의의 대상에 대해 객관적 존재, 참된 실제적 '그 자체의 존재(An-sich-sein)'를 형성하는 것은 무엇이고 어떻게 의문시하는지는 중요하지 않으며, 우리가 '통일체'로서 객관적 존재를 어떻게 자신의 '다양성'을 지닌 주관적으로 사유된 존재(Gedacht-sein)로 규정하는지도 중요하지 않다. 마찬가지로 형이상학적으로 내재적 존재와 초월적 존재가 어떤 의미에서 대립될 수 있는지 등도 중요하지 않다. 여기에서 중요한 문제는 모든 형이상학에 앞서, 또한 인식론의 입구에 놓여 있는 구별, 따라서 바로 인식론이 우선 첫째로 답변해야 할 어떠한 물음도 [이미] 답변된 것으로 전제하지 않는 구별이다.

---

23 나토르프, 앞의 책, 19쪽.

15 하나의 동일한 현상학적 유(類)(게다가 '감정'의 유)의 체험이 부분적으로 작용이나 '작용이 아닌 것(Nichtakt)'이 될 수 있는가

지향적 체험의 유(類)에 적합한 통일성과 관련해 한 가지 어려움이 생긴다.

즉 체험을 지향적 체험과 지향적이지 않은 체험으로 경계 짓는 관점은, 동일한 체험이나 하나의 동일한 현상학적 유(Gattung)의 체험이 때에 따라 대상적인 것과의 지향적 관계를 갖거나 갖지 않을 정도로 단순한 외면적 관점은 아닌지 의문을 제기할 수 있다. 이 의문에 동의하거나 거부하는 견해에 대한 예증은 부분적으로 그 의문을 해결하려는 생각도 문헌적으로, 즉 지향적 관계의 징표가 '심리적 현상'— 심리학의 영역으로서 — 의 경계를 한정하는 데 충분한지 하는 논쟁과 연관해 이미 논의되었다. 특히 후자의 논쟁은 감정 영역에 속하는 일정한 현상과 관련된다. 그 밖에 감정의 경우 지향성(Intentionalität)이 명백해 보이기 때문에 이중의 의문이 생길 수 있다. 즉 사람들은 이 지향적 감정의 작용에도 '그 지향적 관계는 그 감정의 작용에 단순히 비본래적으로 부착된 것은 아닌지', '지향적 관계는 오히려 직접적이고 본래적으로 그 감정의 작용에 짜이고 엮인 표상에 속하지 않는지' 의문을 품거나, 지향적 성격을 일부 감정에는 인정하고 다른 감정에는 부정하면서, 감정의 부류에 대해 단지 지향적 성격의 본질성에만 의문을 제기한다. 그래서 통상 다루어진 논쟁의 연관은 우리가 여기에서 제기한 논쟁의 연관과 더불어 명백하다.

우선 '지향적 관계를 본질적으로 수반하는 체험의 종류가 일반적으로 감정의 부류 속에서 발견되는지' 검토해 본 다음, '이 관계가 동일한 부류의 다른 체험에서도 결여될 수 있는지' 고찰하려 한다.

a) 지향적 감정은 과연 존재하는가

일반적으로 많은 감정 체험의 경우, 대상적인 것의 지향적 관계가 실제로 그러한 체험에 명백히 나타난다. 예를 들어 어떤 멜로디를 좋아함, 요란한 기차의 기적 소리를 싫어함 등에 똑같이 적용된다. 일반적으로 기쁨이나 슬픔, 표상된 어떤 것에 대한 진정한 기쁨이나 슬픔은 자명하게 하나의 작용으로 보인다. 이 경우 '기쁨' 대신 '어떤 것에 즐겁게 만족함', '어떤 것에 매혹됨', '그것에 즐겁게 쏠려 있음'을 말할 수 있고, '슬픔' 대신 '어떤 것에 억지로 또는 괴롭게 싫어함', '그것을 기피함' 등을 말할 수 있다.

감정의 지향성을 반박하는 사람은 '감정은 단순한 마음 상태(Zuständ)이지 작용이나 지향이 아니다. 감정이 대상과 관계하는 경우 그것은 오직 표상의 복합에만 의거한다.'라고 주장한다.

이 후자의 논점은 그 자체로 어떠한 반론도 포함하지 않을 것이다. 다른 한편 감정의 지향성을 옹호한[24] 브렌타노는 스스로, 또 자기모순에 빠지지 않은 채 '감정은, 단순한 표상이 아닌 모든 작용과 마찬가지로, 표상을 기초로 갖는다.'[25]라고 주장한다. 우리는 함께 짜여 엮인 표상을 통해 우리에게 표상되는 그러한 대상에만 감정에 적합하게 관계할 수 있다.

결국 논쟁하는 양 진영의 차이가 나타나는 것은 어느 한 측면에서 본래 다음과 같이 주장하기 위해서다. 즉 '감정은, 그 자체로 고찰해 보면 어떠한 지향도 포함하지 않으며, 자기 자신을 넘어서 [감정으로] 느낀 대상을 지시하지 않는다. 감정은 표상과 통일시킴으로써만 어떤 대

---

24 브렌타노, 『심리학』 1권, 116쪽 이하.
25 위의 책, 107쪽 이하.

상과의 일정한 관계를 얻지만, 이 관계는 지향적 관계와 이렇게 결합하는 관계를 통해서만 규정되며, 그 자체는 지향적 관계로서 포착될 수 없다.' 이것이 바로 반대 진영이 반박하는 점이다.

브렌타노에 의해 여기에서 두 가지 지향이 서로 잇달아 구축되는데, 기초 짓는 지향은 표상된 대상을 제공하고, 기초 지어진 지향은 〔감정으로〕 느낀 대상을 제공한다. 전자의 지향은 후자의 지향에서 분리될 수 있지만, 후자의 지향을 전자의 지향에서 분리할 수는 없다. 이에 반대하는 견해에 따라 여기에서는 오직 하나의 지향, 즉 표상하는 지향만 존립한다.

그 상태를 현상학적으로 간취하는 주의 깊은 현전화(Vergegenwärtigung)는 브렌타노의 견해를 고집스럽게 선호하는 것으로 보인다. 어떤 일에 만족해 열중하거나 싫어해 기피하는 경우, 우리는 그것을 표상한다. 그렇지만 단순히 표상을 갖지 않고, 게다가 그 자체에서 또 그 자체만으로 그 일에 관계없는 것으로서, 이때 단순히 연상적으로(assoziativ) 결합된 것으로서 감정을 갖지 않으며, 오히려 기쁨이나 슬픔은 표상된 대상을 향해 있고, 그와 같은 방향이 없으면 그것들은 결코 존재할 수 없다.

두 가지 심리적 체험, 예를 들어 두 가지 표상이 객관적-심리학적 의미에서 연상되면, 경우에 따라 재생산해 실현된 체험에 객관적 소인〔성향〕을 규제하는 것에는 현상학적으로 명시할 수 있는 '연상적 통일의 성격'이 상응한다. 각 표상이 그 대상에 대해 갖는 지향적 관계 이외에 현상학적으로 어떤 연관의 관계도 발견된다. 즉 어느 한 표상, '나폴리'에 대한 표상은 '베수비오 화산'의 표상을 '수반하고', 이 표상과 독특하게 결합되므로, 우리는 표상된 대상에 관해서도 — 이 경우 본질적인 문제는 그 대상이 표상되어 있음(Vorgestelltsein)의 양식(Wie)을 더 상세하게 기술할 수 있는 방식이다 — 어떤 것이 우리에게 '다른 것을 상기시킨다.'라는 명제를 지금 현상학적 사건의 표현으로 이해한다.

그러나 여기에서 어떤 방식으로 새로운 지향적 관계가 수립된다면, 그로 인해 어떤 하나의 연상적 항(項)은 다른 [연상적] 항에 지향의 대상이 되지 못한다는 점을 쉽게 알게 된다. [요컨대] 지향적 관계는 연상 속에 서로 뒤섞여 혼란되지 않는다. 그렇다면 새로운 지향적 관계는 그 자체로 지향이 아닌 것에 연상된 지향으로부터 어떻게 대상을 마련하는가? 게다가 이 현상학적-연상적 관계는 마치 '즐거운 것(Gefälliges)'에 대한 '즐거움(Gefallen)'의 관계와 결코 같은 등급에 세울 수 없는 비본질적 관계다. 재생산하는 표상은 이러한 재생산의 기능 이외에도 가능하다.

그렇지만 즐거움은 즐거운 것이 없다면 생각해 볼 수 없다. 가령 결과 없는 원인, 자식 없는 아버지를 생각해 볼 수 없는 것처럼, 여기에서는 상관적 표현과 관련되기 때문이 아니라 즐거움의 종적 본질이 즐거운 것과의 관계를 요구하기 때문이다. 이와 마찬가지로, 확신의 계기는 무엇에 대한 확신으로서가 아닌 한 '아프리오리하게' 생각해 볼 수 없다. 어떠한 욕구 — 그 종적 특성에 따라 — 도 욕구된 것 없이는, 어떠한 동의나 승인도 동의나 승인에 적용되는 것 없이는 생각해 볼 수 없다. 이 모든 것은 지향이며, 우리가 말하는 의미에서 진정한 작용이다. 이 모든 것은 그 지향적 관계를 그것에 기초가 되는 어떤 표상에 '의거한다.' 그런데 '의거한다'는 말의 의미에는 '그것이 다른 것에 의거하는 것을 그것 자체도 실로 갖는다.'는 것이 아주 걸맞게 포함되어 있다.

우리는 기초 짓는 표상과 기초 지어진 작용의 관계는 어느 하나가 다른 것을 야기하는 것으로는 결코 올바로 기술되지 않는다는 점도 알게 된다. 다른 사례의 경우, '어떤 사태가 우리의 의혹을 일으킨다. 동의를 강요한다. 욕구를 자극한다. 등등'으로 말하는 것과 같이 '대상이 우리의 만족감을 일으킨다.'라고 말한다. 그러나 외견상 이러한 인과관계의 그때그때 결과는, 따라서 일으킨 만족감, 일으킨 의혹이나 동의는 그 자신 속에 지향적 관계를 완전히 갖는다. 그것은 결코 외적인 인과관계가 아니다. 즉 결과를 그 자체에서 고찰하는 한 원인이 없어도 결과를 생각해 볼 수 있다는, 또는 원인의 작업수행은 그 자체만으로 존재할 수 있다 — 는 것이 첨부되는 것 속에 존립한다 — 는 외적 인과관계가 아니다.

더 정확하게 검토해 보면, 여기에서 일반적으로 지향적 관계를 인과관계로 간주하는 것, 따라서 지향적 관계를 경험적인, 실체적-인과적 필연성의 연관으로 생각하는 것은 확실히 원리상 이치에 어긋난다. 왜냐하면 '야기하는 것'으로 파악된 지향적 객체는 이 경우 오직 지향적 객체로서만 문제되지, '내 밖에 실제로 존재하고 나의 영혼 삶(Seelenleben)을 실재적으로, 심리물리적으로 규정하는 것'으로서 문제되지 않기 때문이다. 내가 그림이나 상상 속에 표상하는[떠올리는] 켄타우로스의 싸움은 실제 아름다운 풍경과 마찬가지로 나에게 만족감을 '불러일으킨다.' 그리고 내가 실제 아름다운 풍경을 또한 심리물리적으로 '나에게 영혼으로(seelisch) 작동시킨 만족함의 상태'에 대한 실재적 원인으로 파악하면, 이것은 내가 본 풍경 — 바로 이러한 나타남의 방식에 의해, 또는 바로 그 '상'이 이렇게 나타나는 색깔이나 형식에 의해 — 을 나의 만족함의 '원천'이나 '근거'나 '원인'으로 간취하는 인과관계와는 총체적으로 다른 '인과관계'다. 만족해 있음이나 만족을 느낌은 물리적 실재성이나 물리적 결과로서 이러한 풍경에 '속하는' 것이 아니다. 여기에서 문제 삼는 작용의 의식 속에 이러저러하게 나타나는 것, 경우에 따라 또한 이러저러하게 판단되고 이러저러한 것을 생각하게 하는 것 등으로서 그 풍경에 속한다. 이와 같은 것으로서 풍경은 그러한 감정을 '요구하고' '일깨운다.'

b) 비지향적 감정은 존재하는가. 감정의 감각과 감정 작용의 구별

이제 다음 문제는 지향적 체험인 감정의 종류 이외에 지향적 체험이 아닌 다른 감정이 존재하느냐다. 이러한 의문에 답변해야 한다면, 우선 자명하게 '예.'라고 답변할 것이다. 이른바 감성적 감정의 광범한 영역에서는 지향적 성격이 전혀 발견될 수 없다. 화상을 입었을 경우, 감성적 고통은 확실히 확신·추측·의욕 등과 동등한 단계에 세울 수 있는 것이 아니라, 울퉁불퉁함·매끈함, 빨간색·파란색 등과 같은 감각 내용과 동등한 단계에 세울 수 있다 — 장미의 좋은 향기, 음식의 감미로운 맛 등 — 그러한 종류의 고통이나 어떤 감성적 쾌감을 현전화하면, 이러저러한 감성의 장(場)에 속하는 감각과 더불어, 감성적 감정은 감각들 사이(untereinander)와 아주 유사하게 서로 융합되는 것을 확인하게 된다.

그런데 물론 예를 들어, 화상을 입었던 고통과 같은 모든 감성적 감정은 어떤 방식으로든 대상적인 것에 관계한다. 즉 한편으로는 자아, 더 상세하게는 화상을 입은 신체 부위에 관계하고, 다른 한편으로는 불타는 물체에 관계한다. 그러나 여기에는 다시 다른 감각과의 동등한 형식성(Förmigkeit)이 밝혀진다. 예를 들어, 촉각은 접촉하는 신체 부위와 접촉되는 다른 물체와 정확하게 마찬가지로 관계된다. 이러한 관계가 지향적 체험 속에 수행되더라도, 이로 인해 누구도 감각 그 자체를 지향적 체험이라 부를 생각조차 하지 않는다. 오히려 감각은 이 경우 지각작용이 제시하는 내용으로 기능하거나, — 아주 오해받기 쉽듯이 — 대상적 '해석(Deutung)'이나 '파악(Auffassung)'을 겪는 상태가 된다. 그러므로 감각 그 자체는 작용이 아니지만, 감각과 더불어 작용이 구성된다. 즉 지각을 파악하는 종류의 지향적 성격이 그 감각을 장악하는 곳에서 그 감각에 마치 생기를 불어넣는다(Beseelung). 바로 이러한 방식으로 불에 타거나, 찔리거나 절단된 고통은, 그 고통이 처음부터 어떤 촉각과 융합되어 등장하듯이, 그 자체로 감각으로 간주해야 할 것으로 보인다. 어쨌든 그 고통은 그 밖의 감각의 기능을 동일한 방식으로, 즉 경험적, 대상적 파악에 대한 근거로 감각의 기능을 하는 것처럼 보인다.

이에 대한 반론은 확실히 없을 테고, 그래서 앞서 제기된 의문은 해결되었다고 생각할 수 있다. 즉 감정의 일부는 지향적 체험에 산정되고, 다른 일부는 비지향적 체험에 산정된다는 점이 입증된다.

어쨌든 그렇다면 여기에서 양 측면의 '감정'은 실제로 하나의 유에 속하는지 의문이 생긴다. 우리는 앞에서 즐거움이나 불쾌함, 승인함이나 부인함, 존중함이나 경시함의 '감정' — 동의함과 거부함, 개연적이라고 간주함과 개연적이지 않다고 간주함의 이론적 작용, 또는 신중한 판단의 결정과 의지의 결정 등의 작용과 명백하게 유사한 체험 — 에 대해 이야기했다. 오직 작용만을 포괄하는 이러한 유의 분명한 본질의 통일체 속에 그 고통의 감각과 쾌감의 감각을 분류할 수는 없을 것이다. 이러한 감각들은 오히려 기술적으로, 그 종적 본질에 따라 촉각·미각·후각 등과 함께 속한다. 그 감각들이 기껏해야 제시하는 내용이나 지향의 객체이지만 그 자체가 지향은 아니라는 점에서 '우리는 〔양 측면의 감정에〕 진정한 유의 통일성을 확보하는 것을 도저히 생각해 볼 수 없다.'는 매우 본질적인 기술적 차이가 드러난다. 물론 앞에서 언급한 즐거움의 작용의 경우, 또 지금 문제 삼는 이 감각의 경우 양 측면에서 동등하게 '감정(Gefühl)'에 대해 논의한다. 그렇지만 이러한 상황에는 의심을 품지 않을 수 없다. 비록 촉각과 관련해 '더듬다'라는 의미에서 '느낀다'라는 말을 일상의 논의에서 사용함으로써 착각할 수 있더라도 그렇다.

이미 브렌타노는 감정의 지향성 문제를 규명하는 가운데 여기에서 말한 애매함을 지적했다.[26] 그는 비록 표현에서는 아니더라도 그 의미에 따라 고통의 감각과 쾌감의 감각('감정의 감각')을 감정의 의미에서 고통과 쾌감으로 구별했다. 전자의 내용 — 또는 노골적으로 말하면, 바로 그 전자[27] — 을 그는 (자신의 용어로) '물리적 현상'으로, 후자는 '심리적 현상'으로 간주했고, 그래서 본질적으로 서로 다른 상위의 유에 속하는 것으로 간주했다. 나는 이러한 견해를 완전히 적절하다고 생각하지만, 다만 '감정이라는 단어의 주된 의미의 경향이 그 감정의 감각을 겨냥하는 것은 아닌지', '이때 감정이라 부르는 다양한 작용은 이것에 본질적으로 짜여 엮인 감정의 감각이라는 그 명칭에 의거하는 것은 아닌지' 의문을 품을 뿐이다. 그렇지만 물론 용어가 부적절한 문제와 브렌타노의 구별이 실질적으로 올바른지에 관한 문제를 혼동하면 안 된다.

그러나 이러한 구별은 감정의 감각과 감정 작용이 결합된 모든 것을 분석하는 경우에도 항상 유념해야 하며, 많은 성과를 거두도록 노력해야 한다. 그래서 예를 들어 운이 좋은 일에 대한 기쁨은 하나의 작용이다. 그런데 정말 단순한 지향적 성격이 아니라, 구체적이고 '당연히' 복합적 체험인 이러한 작용은 기쁜 일에 대한 표상과 이와 관련된 즐거움의 작용이 지닌 성격을 그 작용 자체의 통일성 속에 포함할 뿐만 아니라, 이 표상에 쾌감의 감각을 연결시킨다. 이 쾌감의 감각은 한편으로는 심리물리적 주체가 느끼는 감정의 흥분으로서, 다른 한편으로는 객관적 속성으로서 파악되어 그 장소가 정해진다. 즉 〔일어난〕 일은 장밋빛으로 둘러싸인 것처럼 나타난다.

이러한 방식으로 쾌감에 빠진 일 그 자체는 이제 비로소 '기쁘게 바

---

26 위의 책, 111쪽.

27 나는 고유한 감각의 작용을 전혀 인정하지 않기 때문에 다른 곳에서와 마찬가지로 여기에서도 고통의 감각과 고통의 감각의 '내용'을 동일시한다. 따라서 당연히 나는 감정의 작용에는 표상작용이라는 유(類)의 작용이 **감정에 대한 감각 작용의 형식 속에 기초가** 된다는 브렌타노의 학설에 동의할 수 없다.

라봄', '즐거움', '매력에 빠짐'── 그 밖에 어떻게 부르든── 의 기반이
된다. 이와 마찬가지로 슬픔에 빠진 일은 단지 그 사물적 내용과 연관
에 따라, 그 일로서 그 자체에서, 그 자체만으로, 그 일에 속하는 것에
따라 표상되는 것이 아니라, 슬픔의 색조에 싸여 나타난다. 경험적 자
아가 자기 자신(마음속 고통으로서)과 관계하고 장소를 잡는 이러한 불
쾌한 감각은, 그 일을 감정으로 규정해 파악하는 가운데 이 일 자체와
관계된다. 이러한 관계는 순수하게 표상에 적합하고, 본질적으로 새로
운 지향의 방식은 적대적인 기피함, 적극적인 불쾌함 등에 최초로 놓여
있다. 쾌감의 감각과 고통의 감각은 이것들 위에 세워진 작용의 성격이
폐지되는 동안 지속할 수 있다. 쾌감을 일으키는 사실이 배경 속으로
물러나면, 이 사실이 더 이상 느낌의 색조를 띤 것으로서 통각되지 않
으면, 진정한 지향적 객체는 결코 더 이상 존재하지 않는다. 하지만 어
쨌든 쾌감을 불러일으키는 것은 더 오랜 시간 지속할 수 있는데, 이것
은 경우에 따라 그 자체가 만족스러운 것으로 감각된다. 이때 그 쾌감
을 불러일으키는 것은 대상의 즐거운 속성을 대표하는 것으로서 기능
하는 대신, 이제 단순히 느끼는 주체와 관계되거나 그 자체가 표상되고
즐거운 객체가 된다.

　욕구와 의욕의 영역에서도 이와 유사한 것이 상론될 수 있을 것이
다.[28·29] '우리가 어쨌든 종종 막연한 동경과 충동에 의해 움직이고, 표

28　슈바르츠는 『의지의 심리학(*Psychologie des Willens*)』(라이프치히, 1900) 12항에서
유사한 문제를 다루는데, 여기에 비교하거나 보충하는 데 이 저술이 참조될 것이다.

29　(옮긴이 주) 슈바르츠(H. Schwarz, 1864~1951)는 프러시아에서 태어나 할레대학교
에서 수학과 철학을 배우고, 마르부르크대학교를 거쳐 그라이프스발트대학교의 교수로 독
일철학협회를 공동으로 설립했으며, 나치 국가사회주의를 철학적으로 정초했다. 2차 세계
대전 이후 동독에서 활동했다. 저서로 『지각의 문제』(1892), 『비판적 실재론이란 무엇인
가』(1894), 『윤리학 개요』(1896), 『윤리학을 정초할 의지의 심리학』(1900), 『도덕적 삶』
(1901), 『현대 유물론』(1904), 『공동체와 이념』(1930), 『국가사회주의의 세계관』(1933)
등이 있다.

2절 지향적 체험으로서 의식

상되지 않은 궁극적 목적을 쫓기 때문에 모든 욕구함이 욕구된 것과의 의식적 관계를 요구하는 것으로 생각된다.'라는 점에 어떤 어려움을 발견한다면, 특히 '적어도 근원적인 의식적 목적에 대한 표상이 결여된 자연적 본능의 광범위한 영역'을 지적한다면, 우리는 다음과 같이 답변할 것이다. 즉 여기에는 우선 단순한 감각, ─ 유비적으로 욕구의 감각에 대해 이야기할 수 있겠지만, 욕구의 감각이 본질적으로 새로운 감각의 유에 속한다고 주장해야만 하는 것은 아니다 ─ 따라서 실제로 지향적 관계를 결여해 지향적 욕구함의 본질적 성격도 유적으로 무관한 체험에 놓여 있다고 답변한다. 아니면 중요한 문제는 지향적 체험, 하지만 방향이 규정되지 않은 지향으로서 성격 지어진 체험인데, 이 경우 대상적 방향이 '정해지지 않음(Unbestimmtheit)'은 결여되었다(Privation)는 의미를 갖는 것이 아니라, 어떤 기술적 성격과, 게다가 어떤 표상의 성격을 표시함에 틀림없다고 말한다. 그래서 '어떤 것'이 움직일 때, '어떤 것'이 소리를 낼 때, '누군가' 벨을 울릴 때 등 우리가 수행하는 표상, 게다가 모든 표명함과 언어적 표현 이전에 수행된 표상도 방향이 '정해지지 않았다.' 이 정해지지 않음은 이 경우 정해지지 않은 '어떤 것'을 표상하는 것이 바로 그것의 정해짐(Bestimmtheit)인 지향의 본질에 속한다.

물론 많은 사례에서 때에 따라 다른 해석이 적합할 수 있다. 그래서 우리는 여기에서 지향적 충동이나 욕구와 비지향적 충동이나 욕구 사이에 유적 공통성의 관계가 아니라 단지 애매함의 관계를 인정할 뿐이다.

또한 우리가 분류하는 논의는 구체적 복합체에 따라 방향이 정해진다는 점, 이러한 통일체의 전체적 성격은 때에 따라 감각의 계기 ─ 예를 들어 쾌감의 감각이나 충동의 감각 ─ 나 이 감각의 계기에 의지하는 작용의 지향을 통해 규정되어 나타날 수 있다는 점에 주의해야 한다. 이에 따라 표현이 형성되고 적용되는 것은 때로는 감각의 내용에 따라, 때로는 작용의 지향에 따라 방향이 정해지는데, 그 결과 문제 되는 애매함이 생길 계기가 주어진다.

첨부

이러한 해석의 당연한 경향에는 강도의 모든 차이가 일차적으로, 또 본래적으로 기초 짓는 감각을 인정한다는 점, 그러나 곧 그 작용의 구체적인 전체 성격이 그 작용의 기초가 되는 감각의 강도 차이를 통해 함께 규정되는 한, 구체적 작용은 단지 이차적 의미에서만 인정한다는 점이 있다. 작용의 지향, 즉 그 작용에 작용으로서 자신의 본질적 특성을 최초로 부여하고 그것을 특히 판단이나 감정 등으로 성격 짓는 그 비자립적 계기는 그 자체로 강도가 없을(intensitätslos) 것이다. 어쨌든 여기에서는 더 상세한 분석이 필요하다.

16 기술적 내용과 지향적 내용의 구별

작용의 본질에 대한 우리의 견해를 반론에 맞서 확실하게 지키고, 지향의 성격 — 유일한 기술적 의미에서 의식성 — 속에 그 작용의 본질적 유에 적합한 통일성을 인정한 다음, 우리는 이제까지의 상론에 따라 즉시 이해할 수 있는 중요한 현상학적 구별, 즉 어떤 작용의 내실적 내용과 그 작용의 지향적 내용 사이의 구별을 도입한다.[30]

---

30 이 책 1판에서 이것은 '**내실적 또는 현상학적 내용**'이라고 했다. 사실상 '현상학적'이라는 말은, 또한 '기술적'이라는 말과 같이, 이 책의 1판에서는 오직 **내실적** 체험의 존립요소와 관련해 **사념되었고**, 2판에서도 이제까지 우선적으로 이러한 의미로 사용되었다. 이것은 심리학적 태도의 자연스러운 출발에 상응한다. 그러나 수행된 연구를 반복해 곰곰이 숙고하는 가운데, 또 (특히 여기 16항에서부터) 다룬 문제를 더 깊게 숙고하는 경우 '지향적 대상성 그 자

작용의 내실적 현상학적 내용이라는 말로, 우리는 구체적 부분인지 추상적 부분인지와 상관없이 그 부분들의 전체 총괄, 달리 말하면 그 작용들을 내실적으로 구축하는 부분적 체험의 전체 총괄을 이해한다. 그와 같은 부분을 명시하고 기술하는 것은 경험과학의 태도로 수행되는, 순수하게 기술적인 심리학적 분석의 과제다. 실로 이러한 분석은 평소에, 또 일반적으로 내적으로 경험된 체험 그 자체에서 그것이 경험 속에 내실적으로 주어진 것과 같이 분석하는 것 — 게다가 발생적 연관을 고려하지 않은 채, 하지만 그것이 자기 자신 이외에 의미하는 것과 그것이 타당할 수 있는 대상도 고려하지 않은 채 — 을 겨냥한다. 분절된 음성 형태에 대한 순수하게 기술적인 심리학적 분석이 발견하는 것은 음성과 그 추상적 부분이나 통일 형식이지, 음의 진동이나 청각기관 등과 같은 것이 아니다. 다른 한편, 그 심리학적 분석이 발견하는 것은 그 음성 형태를 어떤 이름으로 부르는 이념적 의미와 같은 것이나, 그 이름을 통해 명명될 수 있는 인물과 같은 것도 전혀 아니다.

이러한 예는 우리가 염두에 두는 것을 충분히 명백하게 만든다. 물론 우리는 오직 그와 같은 기술적 분석을 통해서만 작용의 내실적 내용에 대해 안다. 이 경우 직관의 명석함이 불완전하기 때문에, 또는 기술하는 개념이 적절하지 않기 때문에, 요컨대 방법에 결함이 있기 때문에 폴케트가 논의하는 여러 가지 '꾸며 낸 감각'이 일어날 수 있다는 사실은 부정될 수 없다. 그러나 이것은 개개의 경우와 관련된 기술적 분석

체—그것이 구체적인 작용의 체험 속에 그 자체로 의식된 것과 같은 것으로 받아들인 대상성—를 기술하는 것은 내실적 작용의 존립요소를 기술하는 것과 비교해 그것과 다른 방향에서 순수하게 직관적으로, 또 충전적으로 수행할 수 있게 기술하는 것을 제시한다.'라는 점, '이러한 기술 역시 현상학적 기술로 불러야만 한다.'라는 점에 통감했고, 점점 더 통감할 수밖에 없었다. 이러한 방법적 시사를 추구하면, 그 결과 여기에서 돌파구를 연 문제의 영역과 기술하는 층을 완전히 자각해 구별함으로써 현저하게 개선하는 일이 필연적이고 중요하게 확장된다. 나의 저술 『이념들』 1권(특히 **인식작용**(Noesis)과 **인식대상**(Noema)에 관한 상론인 3장의 3절) 참조. [이 주석은 2판에서 첨부한 것이다.]

의 유효성에만 관계된다. 만약 어떤 것이 명증적이면, 실로 지향적 체험은 구별할 수 있는 부분과 측면을 포함한다는 점이 명증적이며, 오직 이것만이 여기에서 중요한 문제다.

그런데 이제 심리학적-경험과학의 태도에서 현상학적-이념학문의 태도로 전환해 보자. 우리는 모든 경험과학의 통각과 현존재의 정립을 배제하고, 내적으로 경험된 것이나 그 밖의 방식으로 (가령 단순한 상상) 내적으로 직관된 것을 그 순수한 체험의 존립요소에 따라 받아들이며, 이념화작용(Ideation)을 위한 단순한 범례적 기반으로 간주한다. 내적으로 경험되고 직관된 것에서 이념적으로(ideativ) 보편적인 본질과 본질의 연관을 이끌어 내 간취한다. 즉〔유의〕보편성(Generalität)에서 서로 다른 단계의 이념적 체험의 종, 그리고 이념적으로 타당한 ─ 관련된 종에 속하는 이념적으로 가능한 체험에 대해 '아프리오리하게', 절대적인 보편성에서 타당한 ─ 본질 인식을 이끌어 내 간취한다. 그래서 순수현상학 ─ 여기에서는 내실적 존립요소로 향한 현상학 ─ 의 통찰을 획득하며, 따라서 그 기술(記述)은 철저하게 이념적 학문의 기술이며, 모든 '경험'으로부터, 즉 실재적 현존재를 함께 정립한다는 점에서 순수하다. 만약 단순한 논의방식 자체에서 체험에 대한 내실적 ─ 그리고 일반적으로 현상학적 ─ 분석과 기술에 대해 이야기하면, 설명을 심리학적인 것에 결부시키는 것은 단순히 통과해 가는 단계라는 점, 심리학적인 것에 속하는 경험적-실재적 파악과 현존재의 정립 ─ 예를 들어 실재적인 공간적-시간적 세계에서 체험하는 동물적 실재성〔동물〕의 '상태'로서 체험 ─ 은 최소한이라도 작동하지 않고 남는다는 점, 한마디로 어디에서나 순수현상학적 본질타당성이 사념되고 요구된다는 점을 항상 주의해야 한다.[31]

---

31 (옮긴이 주) 이 단락은 2판에서 추가된 것이다.

내실적 의미에서 내용은 모든 분야에서 타당한, 가장 보편적인 내용의 개념을 지향적 체험에 단적으로 적용한 것이다. 그런데 내실적 내용에 지향적 내용을 대립시키면,[32] 그 말은 이미 이제는 지향적 체험(또는 작용) 그 자체의 특성이 문제되어야 한다는 것을 시사한다. 그러나 총체적으로 작용의 종적 본성에 근거하며, 동일한 방식으로 '지향적 내용'이라는 현상학적 명칭으로 사념될 수 있고, 또한 몇 번이고 사념되는 서로 다른 개념이 여기에서 제공된다. 그래서 우선 지향적 내용의 세 가지 개념, 즉 작용의 지향적 대상, 작용의 지향적 질료 ── 이것은 작용의 지향적 질에 대립된다 ── 그리고 지향적 본질을 구별해야 한다. 우리는 이 구별을 다음에 계속되는 일련의 매우 일반적인, 또한 인식의 본질을 해명하는 더욱 한정된 목적에 불가결한 분석의 연관 속에서 배워 알게 될 것이다.

17 지향적 대상의 의미 속의 지향적 내용

지향적 내용의 첫 번째 개념은 자세한 예비 설명이 전혀 필요 없다. 그것은 지향적 대상, 예를 들어 우리가 어떤 집을 표상하면 바로 이 집에 관계한다. 일반적으로 지향적 대상은 관련된 작용의 내실적 내용에 속하지 않고 오히려 완전히 내실적 내용과 구별된다는 것을 이미 설명했다. 이것은 '외적' 사물에 관계된 작용뿐 아니라, 부분적으로는 자신의 [직접] 제시된 체험에 지향적으로 관계된 작용에도 타당하다. 예를

---

32 '지향적'이라는 말과 병행해 '실재적(real)'이라는 말이 훨씬 더 좋게 들리겠지만, 이것은 곧바로 내실적 체험의 내재로의 환원을 통해 배제되어야만 할 사물적 초재라는 생각으로 매우 결정적으로 수반해 이끈다. 그래서 '실재적'이라는 말에 사물적인 것과의 관계를 완전히 의식적으로 부여하는 것이 좋다.

들어, 내가 현실적으로 현재하는 나의 체험, 그렇지만 의식의 배경에 속하는 체험에 대해 이야기하는 경우도 마찬가지다. 〔지향적 대상과 내실적 내용이〕부분적으로 합치되는 경우는, 예를 들어 충전적 지각의 작용에서와 같이, 지향적 작용 자체 속에 체험된 것을 지향이 실제로 겨냥할 때뿐이다.

작용의 대상으로 이해된 지향적 내용과 관련해 다음과 같은 것이 구별된다. 즉 대상이 지향된 그대로의 대상과 지향된 바로 그 대상 자체다. 모든 작용 속에는 어떤 대상이 이러저러하게 규정되어 '표상되고', 바로 그러한 것으로서 그 대상은 판단하는 지향, 느끼는 지향, 욕구하는 지향 등의 경우에 따라 변화하는 지향의 목표점이 된다. 그러나 작용 그 자체의 내실적 존립요소에 외적인 — 실제적이거나 가능적인 — 인식의 연관은, 이제 그것이 하나의 지향에 통일되는 방식(Art)을 통해, 동일하게 표상된 대상 앞에 놓여 있는〔최초의 표상작용의〕지향이 전혀 관여하지 않는 객관적 성질을 분배할 수 있다. 또는 바로 객관적 인식의 통일성에 의해 동일한 대상을 표상한다고 완전히 주장할 수 있는 여러 가지 새로운 표상이 생길 수 있다. 이때 그러한 모든 표상에는 지향된 바로 그 대상이 있지만, 각 표상에서 지향은 각 지향이 다른 방식으로 그 대상을 사념하는 서로 다른 지향이다. 그래서 예를 들어 '독일 황제'라는 표상은 그 대상을 황제로서, 더욱이 독일의 황제로서 표상한다. 이 황제 자신은 프리드리히 3세 황제의 아들, 빅토리아 여왕의 손자이며, 그 밖에 여기에서는 거명되거나 표상되지 않은 여러 가지 속성을 갖는다. 그에 따라 주어진 어떤 표상과 관련해, 그 대상의 지향적 내용과 비(非)지향적 내용에 대해 시종일관 충분히 이야기할 수 있을 것이다. 어쨌든 특별한 용어가 없더라도 오해받지 않을 적절한 많은 표현, 예를 들어 대상에 대해 지향된 것 등이 여기에서 발견된다.

방금 전 다룬 구별과 연관해, 이와 다르고 여전히 더 중요한 구별이 있다. 즉 한편으로 어떤 작용이 완전히 향하는 대상성과, 다른 한편으로 동일한 작용을 구축하는 서로 다른 부분적 작용이 향하는 대상의 구별이다. 각각의 작용은 그 작용에 속한 대상성에 지향적으로 관계된다. 이것은 단일한 작용뿐만 아니라 복합적 작용에도 타당하다. 아무리 어떤 작용이 부분적 작용들에서 복합되었더라도, 그 작용은 자신의 상관자를 하나의 대상성 속에 갖는다. 이 대상성은 우리가 완전한, 또 일차적 의미에서 그 작용에 관계한다고 진술하는 것이다. 부분적 작용 — 만약 실제로 이것이 단순히 일반적 작용의 부분이 아니라, 복합적 작용의 부분으로서 내재하는 작용이라면 — 도 대상과 관계하는데, 이 대상은 비록 때에 따라 그럴 수 있더라도 일반적으로 전체적 작용의 대상과 동일하지 않다.

물론 전체적 작용에 대해서도 어떤 방식으로 그 작용은 이 대상과 관계한다고 말할 수 있지만, 어쨌든 이것은 이차적 의미에서만 타당하다. 즉 전체적 작용이 일차적으로 대상을 지향하는 부분적 지향에서 바로 구축되는 한 전체적 작용의 지향도 그 대상을 향한다. 또는 다른 측면에서 살펴보면, 그 대상이 전체적 지향의 대상이 되는 것은 그것이 전체적 작용의 본래 대상을 그것이 지향되는 방식으로 구성하는 데 도움을 주는 한에서다. 그 대상은 가령 전체적 작용에서 일차적 대상이 상관적 관계 점(Beziehungspunkt)으로 표상되는 것을 매개로 하여 관계들에 대한 관계의 지점으로서 기능한다. 예를 들어 '탁자 위의 나이프'라는 명사에 상응하는 작용은 명백하게 복합되었다. 여기에서 전체적 작용의 대상은 나이프이고, 부분적 작용의 대상은 탁자다. 그렇지만 전자의 전체적 작용이 바로 탁자 위에 존재하는 것으로서 나이프를 사념하고, 그래서 나이프를 탁자와의 이러한 위치 관계에서 표상하는 한, 우리는 이차적 의미에서 '탁자는 명사의 전체적 작용의 지향적 대상이다.'라고 말할 수도 있다.

또한 중요한 다른 부류의 사례를 예시하면, '책상 위에 놓여 있다.'

라는 명제에서 나이프는 그것에 '관해' 판단되거나 그것에 '대해' 진술된 대상이다. 그럼에도 나이프는 일차적 대상이 아니다. 즉 판단의 완전한 대상이 아니라 단지 판단에서 주어의 대상일 뿐이다. 판단 전체에는 완전한 대상으로서 판단된 사태가 상응하는데, 이것은 동일한 사태로서 단순한 표상 속에서 표상되고, 어떤 소원이나 질문, 의심 속에 소원되고 질문되며 의심될 수 있다 등등. 후자의 관점에서 그 판단에 일치하는 '나이프는 마땅히 탁자 위에 놓여 있어야 한다.'라는 소원은 나이프와 관련되지만, 이 소원 속에 내가 소원하는 것은 나이프가 아니라 '나이프가 탁자 위에 놓여 있는 것', 사태가 그러한 관계이어야 한다는 것이다. 그리고 명백히 이러한 사태는 관련된 판단, 심지어 그 판단의 표상과 혼동되면 안 된다. 내가 정말 소원하는 것은 판단이나 어떤 표상이 아니다. 마찬가지로 이에 상응하는 질문도 나이프와 관계하지만, 물어보는 것은 나이프가 아니라, ── 이것은 정말 아무런 의미도 없다 ── 나이프가 탁자 위에 놓여 있음 ── 나이프가 어떻게 있든 ── 이다.

지향적 내용이라는 용어의 첫 번째 의미에 관해 우선적으로 논의했다. 이러한 용어의 다의성을 고려해 우리는 지향적 대상이 사념되는 모든 경우, 결코 지향적 내용에 대해서가 아니라 바로 관련된 작용의 지향적 대상에 대해 이야기하는 것이 가장 좋을 것이다.

18 단일한 작용과 복합적 작용, 기초 짓는 작용과 기초 지어진 작용

이제까지는 지향적 내용이라는 용어에서 하나의 의미만을 알게 되었다. 그 이상의 의미는 작용의 현상학적 본질에서 약간의 중요한 특성에 주목하고, 이 특성에 근거한 이념적 통일체를 해명하려는 아래의 연구에서 생길 것이다.

　　　　　　　　　　　　　　　2절 지향적 체험으로서 의식

이미 언급한 단일한 작용과 복합적 작용의 차이와 결부시켜 보자. 기계들을 임의적으로 연결한 모든 것이 복합적 기계가 아니듯이, 작용들에서 복합된 모든 통일적 체험이 실로 복합적 작용인 것은 아니다. 이러한 비교에서 여전히 더 필요한 것을 명료하게 하자. 복합적 기계는 그 자체가 기계들에서 복합된 하나의 기계이며, 게다가 이러한 결합은 기계 전체의 성능이, 곧 부분적 기계의 성능이 통합된 전체의 성능이 되는 종류의 결합이다. 복합적 작용의 경우도 이와 유사하다. 각각의 부분적 작용은 자신의 특수한 지향적 관계를 가지며, 그 각각은 자신의 통일적 대상과 이 대상에 관계하는 자신의 방식을 갖는다.

그러나 이 여러 가지 부분적 작용은 하나의 전체적 작용으로 통합되며, 이 전체적 작용의 전체적 작업수행은 지향적 관계의 통일성 속에 존립한다. 이 경우 개개의 작용은 그 개개의 작업수행을 통해 전체적 작용에 기여한다. 즉 표상된 대상성의 통일체와 이 대상성에 대한 지향적 관계 방식 전체는 부분적 작용들과 나란히(neben) 구성되는 것이 아니라, 체험 일반의 단순한 통일성이 아니라, 통일적 작용을 성립시키는 그 부분적 작용을 동시에 결합하는 방식으로 부분적 작용들 속에(in) 구성된다. 만약 부분적 작용이 자신의 대상을 자신의 〔고유한〕 방식으로 표상하지 않는다면, 전체적 작용의 대상은 그것을 사실적으로 나타낼 수 없을 것이다. 실로 부분적 작용은 — 대상의 부분이든, 대상에 대한 외적 관계의 항(項)이든, 관계의 형식 등이든 — 대체로 표상할 수 있는 기능을 가져야 한다. 이와 동일한 것은 표상하게 하는 것(Vorstelligmachen)을 넘어서서 부분적 작용의 질적인 것(Qualitatives)과 그 통일체를 전체적 작용의 질(質)로 형성하며, 그래서 이러저러한 대상성이 '의식되는' 종적(種的)으로 서로 다른 방식을 규정하는 그러한 작용의 계기에도 타당하다.

그 예로서 정언적 진술이나 가언적 진술의 통일성이 이바지할 수 있다. 이때 전체적 작용은 판명하게 부분적 작용으로 분절된다. 정언적 진술의 주어 항은 술어의 정립, 술어를 긍정하거나 부정하는 발언이 구축되는 기초가 되는 작용(주어의 정립)이다. 마찬가지로 가언적 진술의 전제는 명백하게 한정된 부분적 작용 속에 구성되는데, 그 전제에 제약되어 정립된 결론은 그 부분적 작용 위에 구축된다. 이 경우 그때그때의 전체적 체험은 명백하게 하나의 작용이며, 이것은 하나의 전체적 대상성, 즉 하나의 사태를 수반하는 하나의 판단이다. 그 판단이 주어의 작용과 술어의 작용, 전제하는 작용과 결론 내리는 작용에 나란히, 또는 그 사이에 있는 것이 아니라 완전히 지배하는 통일체로서 이것들 속에 존재하듯이, 이와 상관적 측면에서 판단된 사태는 그 통일체가 여기에서 나타나는 것으로서 주어와 술어에서, 전제된 것과 이것에 입각해 정립된 것에서 구축된 객관적 통일체다.

그 상태는 또한 복잡할 수 있으며, 그와 같이 여러 가지로 분절된 하나의 작용 — 그런데 그 항은 그 자체로 다시 분절될 수 있다 — 에 기초해 새로운 작용이 구축될 수 있다. 예를 들어 어떤 사태를 확인하는 것에 기초해 어떤 기쁨이 구축된다면 이것은 그 사태를 넘어서는 기쁨이다. 기쁨은 그 자체만으로 구체적 작용이 아니며, 판단은 이것과 나란히 놓여 있는 하나의 작용이 아니다. 오히려 판단은 기쁨에 대해 기초 짓는 작용이며, 기쁨의 내용을 규정하고 기쁨의 추상적 가능성을 실현시킨다. 왜냐하면 그와 같은 기초 지음이 없다면 기쁨은 전혀 존재할 수 없기 때문이다.[33] 또한 판단은, 추측이든 회의나 질문이나 소망이나 의지의 작용이든 기초 지을 수 있으며, 마찬가지로 역으로 후자의 작용이 기초 지음으로 등장할 수 있다. 그래서 그 결합하는 작용 속에

---

33 그러므로 여기에서는 (이 책의) 제3연구에서 다룬 엄밀한 의미에서 기초 지음(Fundierung)이 중요한 문제인데, 그래서 우리는 이 용어를 어디에서나 이러한 엄밀한 의미에서만 사용한다.

2절 지향적 체험으로서 의식

전체적 작용으로 통합되는 다양한 결합이 존재하며, 지극히 피상적이라도 고찰해 보면 작용들이 짜여 엮이거나 기초 짓는 방식으로 〔상위의 작용에〕 지배를 받는 작용과 구체화하는 가운데, 이것을 가능하게 하는 작용을 통해 주목할 만한 차이 ── 이제까지 이 차이를 체계적으로 규명하는 것은 기술적-심리학적으로 규명하는 것조차 지극히 빈약한 출발 마저도 거의 착수되지 않았다 ── 가 존립한다는 사실을 가르쳐 준다.

19 복합적 작용에서 주목함의 기능. 그 사례로서 말의 음성과 의미 사이의 현상학적 관계

이러한 관점에서 차이가 아무리 크더라도, 위에서 분석한 사례 못지 않게 우리의 관심을 끄는 하나의 사례가 제시되는데, 나는 이전에 이미 검토한[34] 표현과 의미에 대한 전체를 말하려 한다. 여기에서 누구도 벗어날 수 없는 앞으로의 관찰은 다음과 같은 사실, 즉 이른바 복합적 작용이 함께 타당하게 되는 활동성(Aktivität)에 관해 매우 현저한 차이가 가능하다는 사실도 예시된다. 기쁨의 예와 같이 중요한 문제가 기쁨 자신의 작용의 지향이든 모든 부분을 일관되게 이끄는 통일의 형식이든 상관없이, 모든 부분적 작용의 통일성을 포괄하고 모든 부분적 작용을 포섭하는 작용의 성격은 통상 최대의 활동성을 전개하게 된다. 우리는 이러한 작용 속에서 우선적으로 살아가지만, 하위〔부분적〕 작용에는 전체적 작용과 그 지향에 대해 그 하위 작용의 작업수행이 갖는 중요함의 기준에 따라서만 살아간다. 어쨌든 방금 전 작업수행에서 중요함의 차이에 대해 이야기했다면, 그것은 명백하게 그 자체로 어떤 부분적 작용

---

34 〔이 책의〕 제1연구 9·10항.

은 도움이 되고 다른 부분적 작용은 그러지 못한, 여기에 속하는 종류의 어떤 우선성(Bevorzugung)에 대한 다른 표현일 뿐이다.

이제 앞에서 지적한 예를 고찰해 보자. 중요한 문제는 한편으로는 감성적인 말의 소리로 간주된 표현이 구성되는 작용과, 다른 한편으로는 이와 전적으로 다른 작용, 즉 의미가 구성되는 작용의 통일이다. 이 통일은 여전히 의미를 구성하는 작용과, 이 작용이 직관을 통해 더 가깝거나 멀게 충족시킴을 발견하는 작용의 통일과는 명백하게 본질적으로 다른 결합이다. 그리고 결합의 방식뿐만 아니라 서로 다른 작용이 수행되는 활동성도 본질적으로 서로 다르다. 가령 표현은 지각되지만, 어쨌든 '우리의 관심은' 이러한 지각작용 속에서 '살아가지 않는다.' 우리가 〔관심의〕 방향을 돌리지 않았을 때 주의를 기울이는 것은 기호가 아니라, 〔기호에 의해〕 표시된 의미다.

그러므로 지배적 활동성은 당연히 의미를 부여하는 작용에 주어진다. 이때 경우에 따라 수반되고, 전체적 작용에 통일되어 함께 짜여 엮인 작용 — 명증적으로 만들거나 예시하거나 그 밖의 방법으로 기능하는 직관의 작용 — 은 서로 다른 정도로 지배적인 '관심'을 요구한다. 우리가 그 속에서 살아가는 지각이나 판단을 표현하려 할 때, 지각의 판단이나 이와 유사하게 구축된 상(Bild)의 판단에서처럼, 또는 마찬가지로 명증성에 의해 완전히 규명된 법칙의 판단에서처럼, 직관은 지배적일 수 있다. 지배적 생각이 불완전하거나 아주 전적으로 비본래적인 직관화(Veranschaulichung)의 경우와 같이, 직관은 더욱 뒤로 물러나 결국 완전히 사소한 것으로 나타날 수 있다. 이때 그것은 거의 아무 관심도 부착되지 않은 일시적 환영(Phantasma)이다. 어쨌든 우리는 극단적인 경우 '수반하는 직관적 표상이 과연 〔표현되어〕 명확한 작용의 통일성에 속하는지', '수반하는 직관적 표상이 문제가 된 작용과 공존하지만 이 작용과 더불어 하나의 작용으로 결합되지는 않는, 단순히 수반하는 것에 지나지 않는지' 의심해 볼 수 있다.

표현의 경우, 상태에 대한 최상의 해명이 우리에게 제공하는 독특한 가치에 힘입어 몇 가지 점을 더 자세하게 논의하자.

표현과 의미는 어떤 작용 속에 제시되는 두 가지 객관적 통일체다. 표현 그 자체, 예를 들어 쓰인 말은, 이미 제1연구에서 상론했듯이,[35] 종이 위에 쓴 어떤 임의의 필선(筆線)이나 잉크 얼룩과 똑같이 물리적 객체다. 따라서 그것은 그 밖의 어떤 물리적 객체와 동일한 의미로 '주어진다.(gegeben)' 즉 그것은 나타난다.(erscheinen) 다른 곳에서와 같이 여기에서 '그것이 나타난다.'는 것은, '어떤 작용이 체험이라는 것은 그 속에서 이러저러한 감각의 체험이 어떤 방식으로 '통각된다.(apperzeption)'는 것'을 뜻한다. 물론 여기에서 문제되는 작용은 지각이나 상상의 표상이다. 이 표상 속에 물리적 의미에서 표현이 구성된다.

그런데 표현을 표현으로 만드는 것은, 우리가 알고 있듯이, 표현에 연결된 작용이다. 이 작용은 외적으로 표현과 나란히 있는 것도, 다만 동시적으로 의식되는 것도 아니다. 오히려 표현과 더불어 일체를 이루며, 그래서 양쪽 작용을 결합하는 것 — 왜냐하면 우리가 물론 '표현'이라는 명칭으로 편안하고 꾸밈없이 '표현을 표상하는 작용의 통일'을 뜻하기 때문이다 — 이 실제로 통일적인 전제적 작용을 산출한다는 것을 거의 인정하지 않을 수 없게 일체를 이룬다. 그러므로 예를 들어, 어떤 진술이나 주장은 엄밀하게 통일적 체험이며, 게다가 솔직히 즐겨 말할 수 있듯이, 판단이라는 유에 속하는 통일적 체험이다. 우리가 우리 자신 속에서 발견하는 것은 작용들의 단순한 총합이 아니라, 우리가 그것에서 마치 신체적 측면과 정신적 측면을 구별하는 듯한 하나의 작용이다. 이와 마찬가지로 표현되어 명확한 소원은 표현과 소원이 단순히 서

---

35 〔이 책의〕 제1연구 10항 전반부 참조.

로 곁에 있는 것(Beieinander) — 또한 소원에 관한 판단이 아직 없는 경우, 이것은 물론 논쟁의 여지가 있다 — 이 아니라, 하나의 전체이자 하나의 작용이다. 그리고 우리는 이것을 곧바로 소원이라 부른다.

이러한 통일체 속에서 물리적 표현, 말의 소리는 적어도 비본질적인 것으로 간주될 수 있다. 임의의 다른 말의 소리가 이것을 대신해 그와 동일한 기능을 할 수 있는 한 물리적 표현도 비본질적이며, 심지어 정말 완전히 생략된 경우에도 물리적 표현은 비본질적일 것이다. 그러나 물리적 표현이 일단 현존하고 말의 소리로서 기능하면, 어쨌든 그것은 옆에 주어진 작용과 더불어 하나의 작용으로 융합된다. 또한 이 경우 연관은 어느 정도까지는 완전히 비본질적인 것이다. 왜냐하면 이것은 표현 자체, 즉 나타나는 말의 소리 — 객관적인 문자의 기호 등 — 가 전체적 작용 속에서 사념된 대상성의 존립요소로서도, 심지어 '실질적으로' 그 대상성에 속하는 것이나 그 대상성을 어떤 방식으로 규정하는 것으로도 간주되지 않기 때문이다.

그러므로 말의 소리를 구성하는 작용이 주장하는 전제적 작용에 수행하는 기여는, 앞에서 논의한 예 — 가령 완전한 술어화에서 술어의 항에 속하는 부분적 작용 — 의 기준에 따라 기초 짓는 작용의 기여와 성격이 서로 다른 종류다.

그렇지만 다른 한편, 우리는 말(Wort)과 사태(Sache) 사이의 어떤 지향적 연관이 그 모든 경우에도 현존한다는 점을 보지 못한다. 예를 들어 말이 사태를 명명함으로써, 어쨌든 그 말은 어떤 방식으로든 다시 그 사태와 일치해 그 사태에 속하는 것으로서 나타난다. 물론 그렇더라도 실질적(sachlich) 부분이나 실질적으로 규정된 것으로서 나타나는 것은 아니다. 따라서 실질적 관계없음은 그에 상응하는 작용을 그 상관자로서, 하나의 유일한 작용에 결합시키는 것에 상응하는 어떤 지향적 통일을 배제하지 않는다. 이러한 사실을 확인하는 데에는 말과 사태의 통

2절 지향적 체험으로서 의식

일을 과장하는, 가령 신비로운 통일의 형식으로, 이 통일에 객관적 성격을 끼워 넣어 쉽게 제거할 수 없는 경향을 기억하는 것도 충분히 도움이 될 수 있다.[36]

그런데 표현의 나타남과 의미를 부여하는 작용을 포함하는 이러한 결합된 작용 속에서, 그것은 그 전체적 작용의 성격을 본질적으로 규정하는 명백히 후자의 의미를 부여하는 작용이거나, 이 작용 자체 속에 지배하는 작용의 통일이다. 따라서 우리는 실로 [표현되어] 명확한 체험과, 이에 상응하는 [표현되지 않아] 명확하지 않은 체험을 '판단'이나 '소원' 등 동일한 명칭으로 부른다. 따라서 그 체험의 복합체에는 어느 한 [의미를 부여하는] 작용이 독특한 방식으로 우세하다.

이것은 때에 따라 다음과 같이 표현한다. 즉 만약 표현작용 그 자체를 정상적으로 수행하면, '우리는' 물리적 객체로서 표현을 구성하는 작용 속에 '살아가지' 않으며, 우리의 '관심'은 이 물리적 객체에 관한 것이 아니다. 오히려 우리는 의미를 부여하는 작용 속에 살아가며, 오직 이러한 작용 속에 나타나는 대상적인 것에만 '향해 있다.' 우리는 이것을 겨냥하며, 특수하고 적확한 의미에서 이것을 '사념한다.' 우리는 물리적 표현에 특별히 주의를 향하는 것이 어떻게 충분히 가능한지도 이미 지적했지만, [이 경우] 그 체험의 성격을 본질적으로 변경시키고, [그 결과] 이 말의 보통 의미에서 여전히 하나의 '표현작용'으로 존재하기를 즉시 중지한다[는 사실도 이미 지적했다].

명백히 여기에서 문제 삼는 것은 모든 노력에도 불구하고 여전히 충분하게 해명되지 않은 일반적 사실, 즉 주목함(Aufmerksamkeit)의 사실이다.[37] '주목함은 위에서 명확하게 밝힌 '지향적' 체험이라는 의미에서 작

---

36 여기에서 언급한 작용의 복합에 관해 더 깊게 분석하는 시도는 다음의 제6연구(『논리 연구』 2-2권)의 6항 이하 참조.
37 우리는 지배적인 추상이론에 대한 비판과 연관해 이미 위의 제2연구 22항에서 이 문제

용에 속하는 두드러지게 부각된 기능이다.' 그래서 '어떤 내용이 의식 속에 단적인 현존재라는 의미에서, 체험되어 있는 것(Erlebtsein)과 지향적 대상성을 혼동하는 한, 주목함을 기술적으로 이해하기 위한 어떠한 논의도 있을 수 없다.' 작용은, 우리가 이 작용 속에 '살아가고' 경우에 따라 작용을 수행하는 데 '전념할' 수 있기 위해 현존함에 틀림없다. 작용을 수행하는 데 ── 더 자세하게 기술할 수 있는 수행하는 양상에 ── 전념하는 가운데, 우리는 이러한 작용의 대상에 주의를 기울이고, 이 대상에 부수적으로 또는 일차적으로 주의를 향하며, 경우에 따라서는 이 대상에 주제적으로 몰두한다. 〔작용을 수행하는 데 전념하는〕 그것과, 〔대상에 주의를 기울이는〕 이것은 동일한 것으로, 단지 서로 다른 측면에서 표현된 것일 뿐이다.

이에 반해 사람들은 주목함에 대해, 마치 이것이 그때그때 체험된 내용에 주어져 우선적으로 부각시키는 양상에 대한 명칭인 것처럼 이야기한다. 동시에 마치 이 내용 ── 그때그때의 체험 그 자체 ── 이 통상의 논의로 '우리가 그것에 주목한다.'라고 말하는 것에 관한 것처럼 이야기한다. 물론 우리는 체험된 내용에 대해 주목할 가능성을 부정하지는 않지만, 체험된 내용에 주목하는 경우, 그것은 바로 지각, 즉 '내적' 지각의 대상으로 현존하는데, 지각은 여기에서 의식과의 연관 속에 있는 단순한 현존재가 아니라, 오히려 그 속에서 내용이 우리에게 대상적이 되는 하나의 작용이다. 그래서 우리가 그때그때 주목하고 주목할 수 있는 것은 일반적으로 어떤 작용의 지향적 대상, 단지 지향적 대상뿐이다. 이러한 견해는 아주 간략하게 반성해 보아도 그 실제적 의미를 알 수 있는 통상의 논의방식과 조화를 이룬다. 이 논의방식에 따라 그때그때 주목함의 대상은 내적이든 외적이든 지각과 기억과 예상의 대상 또

와 마주쳤다.

는 학문적으로 숙고하는 사태 등이다.

확실히 우리가 주목하는 것을 '의식 속에 갖는' 경우에만 주목함에 대해 논의할 수 있다. '의식의 내용'이 아닌 것은 감지할 수 없으며, 주목될 수 없고, 의식의 주제가 될 수 없다. 이것은 자명하지만, '의식의 내용'이라는 말이 애매하기 때문에 위험하다. 그 자명성은 결코 '주목함이 향하는 방향이 필연적으로, 마치 체험하지 않은 사물이나 그 밖에 실재적이거나 이념적인 대상도 알아차릴 수 없다는 듯이, 체험의 의미에서 의식의 내용으로 향하는 방향'을 뜻하지 않는다. 오히려 '우리가 주목해야만 할 것이, 그 말의 가장 넓은 의미에서 우리에게 대상적이 되거나 표상되는 어떤 작용이 주목함의 기초가 되어야 한다.'는 점을 뜻한다. 이러한 표상작용은 비직관적일 수도 직관적일 수도 있으며, 비충전적일 수도 충전적일 수도 있다. 물론 다른 관점에서 검토해야 할 문제는 우리가 '어떤 작용 속에서 살아가고', 그래서 그 작용의 대상에 일차적이거나 이차적으로 주의를 향하며, 때에 따라 그 대상에 '특별히 몰두할' 경우, 그 작용이 동시에 존재하는 다른 작용에서 받는 우선권 자체가 결과적으로 우세한 모든 작용을 '당연히' 복합적 작용으로 만드는, 하나의 작용으로 간주해야 하는지, 주목함이라는 명칭에서 중요한 것은 오히려 작용을 단순히 — 그 고유한 특수성에서 더 자세하게 기술할 수 있는 — 수행하는 양상이 아닌지 — 이 경우 의심할 여지가 없듯이 — 의 문제다.

어쨌든 우리는 여기에서 주목함의 '이론'을 완성하려 하지 않고, 주목함이 작용의 성격을 부각시키는 요인으로서 복합적 작용 속에 실행하고, 이것을 통해 주목함의 — 복합적 작용이 현상학적으로 형성되는 데 본질적으로 영향을 끼치는 — 중요한 기능을 규명하려 한다.

20 작용의 질(質)과 질료의 차이

바로 이전에 다룬 '우리가 그 속에서 살아가는 작용'과 '그것에 수반해 경과하는 작용'의 차이와는 완전히 다른 방향에서 지극히 중요하고 최초로 완전히 자명한 차이가 있다. 즉 〔한편으로는〕 단순히 표상·판단·감정·욕구 등에 따라 각 작용을 특징짓는 작용의 일반적 성격과, 〔다른 한편으로는〕 이렇게 표상된 것으로서 표상, 이렇게 판단된 것으로서 판단 등 각 작용을 특징짓는 작용의 '내용'의 차이다. 그래서 예를 들어 '2×2=4'와 '입센(Ibsen)은 연극에서 현대 사실주의의 대표적 창시자다.'는 동일한 종류의 주장으로서 두 주장이며, 각각은 주장으로서 질을 지닌다. 이러한 공통점을 '판단의 질(Urteilsqualität)'이라 한다. 그러나 이 둘은 다른 '내용'의 판단이며, 우리는 다른 내용의 개념을 구별하여 여기에서는 '판단의 질료(Urteilsmaterie)'를 말한다. 이것은 우리가 모든 작용에서 수행한 '질'과 '질료'의 구별과 유사하다.

질료의 경우 중요한 문제는 주어의 작용, 술어의 작용 등과 같이 작용의 존립요소를 구분하고 다시 통일시키는 것이 아니다. 그에 따라 통일된 전체의 내용은 작용 그 자체일 것이다. 우리가 여기에서 염두에 두는 것은 이와 완전히 다른 것이다. 질료의 의미에서 내용은 구체적인 작용의 체험에 하나의 구성요소이며, 그 작용의 체험은 완전히 다른 질의 작용과 이 구성요소를 공통적으로 가질 수 있다. 그래서 그 질료가 동일하게 같은 것으로 남아 있는 동안 우리가 작용의 질이 변화되는 일련의 동일성을 수립할 때, 그 구성요소는 가장 명석하게 뚜렷이 나타난다. 여기에 거창한 준비절차는 전혀 필요 없다. 우리는 동일한 내용이 때에 따라 단순한 표상의 내용이나 어떤 판단의 내용, 또한 어떤 질문이나 의혹이나 소원 등의 내용일 수 있다는 통상의 논의를 기억한다. '화성에 지성적 존재〔인간〕가 있을 것이다.'라고 표상하는 사람은, '화성에 지성적 존재가 있다.'라고 진술하는 사람과 동일한 것을 표상하며, 또다시 '화성에 지성적 존재가가 있는가?'라고 질문하는 사람이나, '화성에 아무튼 지성적 존재가 있으면 좋겠다!'라고 소원하는 사람 등과 동일한 것을 표상한다. 여기에서 신중하고 정확하게 이에 상응하는 표현을 명시적으로 열거해 보자. 작용의 질이 서로 다른 경우 '내용'의 동등함은 그것이 뚜렷하게 문법적으로 표명된 것을 알게 되며, 그래서 문법적 구조의 조화는 우리가 분석하는 방향을 시사한다.

그렇다면 이 경우 동일한 내용은 무엇을 뜻하는가? 지향적 대상성은 서로 다른 작용에서 명백하게 동일하다. 하나의 동일한 사태가 표상 속에 표상되고, 판단 속에 타당한 사태로 정립되며, 소원 속에 소원되고, 질문 속에 질문된다. 그러나 이러한 논평으로는 다음과 같은 고찰이 어떻게 밝혀지는지 충분히 알지 못한다. 즉 내실적인 현상학적 고찰에서 대상성 그 자체는 아무것도 아니다. 실로 대상성은, 일반적으로 말하면, 그 작용에 초월적(transzendent)이다. 어떤 의미에서, 또 어떤 권리로 대상성의 '존재'에 대해 논의하는지에 상관없이, 대상성이 실재적인지 이념적인지, 참으로 가능한지 불가능한지에 상관없이 작용은 '대상성을 향해' 있다.

이제 존재하지 않는 것(Nichtseiendes), 또는 초월적인 것이 결코 내재하지 않는 작용 속에 지향적 대상으로 타당할 수 있는지 질문하면, 이에 대해서는 우리가 위에서 제시한 사실상 완전히 충분한 이 하나의 답변, 즉 '그 대상은 지향적 대상이며, 이것은 일정하게 성격 지어진 지향, 이렇게 규정되는 가운데, 바로 우리가 이 대상을 향한 지향이라 부르는 것을 형성하는 지향을 지닌 작용이 존재한다는 것을 뜻한다.'라는 답변만 존재할 뿐이다. 대상에 관계하는 작용(Beziehen)은 작용의 체험 자체의 본질적 존립요소에 속하는 특성이며, 이 특성을 나타내는 체험은 (정의에 따라) 지향적 체험 또는 작용이라 부른다.[38] 대상에 관계하는 방식에서 모든 차이는 관련된 지향적 체험의 기술적 차이다.

그런데 이제 무엇보다 주의를 기울여야 할 점은 작용의 현상학적 본질 속에 드러나는 특성, 즉 어떤 특정한 대상성에는 관계되고, 다른 대상성에는 관계되지 않는 특성이 작용의 현상학적 본질 전체를 끌어낼 수 없다는 것이다. 우리는 방금 전 대상에 관계하는 방식에서 보이는 차이에 대해 이야기했다. 하지만 여기에서 근본적으로 서로 다르고 서로에 대해 완전히 의존하지 않고 변경되는 차이들이 총괄된다. 그 차이의 하나는 작용의 질에 관계한다. 우리가 '대상성이 때에 따라 표상된 대상성, 판단된 대상성, 질문된 대상성 등의 방식으로 지향적이다.'라고 이야기할 경우의 차이다. 이러한 변경(Variation)에 의해, 이 변경에 완전히 의존하지 않는 다른 변경, 즉 대상적 관계의 변경이 교차된다. 즉 어느 한 작용이 이 대상적인 것에 관계하고, 다른 작용이 저 대상적인 것에 관계할 수 있으며, 이 경우 중요한 문제가 동일한 질의 작용인지 서로 다른 질의 작용인지는 상관없다. 각각의 질은 각각의 대상적 관계와 조합될 수 있다. 그러므로 이 두 번째 변경은 작용의 현상학적 내용 속에, 질에서 서로 다른 두 번째 측면에 들어맞는다.

그러나 대상적인 것을 향한 변화하는 방향과 관련된 이 후자의 변경의 경우, 우리는 이 방향을 구별하는 것이 작용 그 자체 속에 놓여 있음에 틀림없어도 서로 다른 '대상적 관계의 방식'에 대해 곧바로 이야기하지는 않는다.

더 자세하게 검토해 보면, 여기에서는 질에 의존하지 않는 여전히 다른 변경의 가능성 ── 대상적인 것과 관계하는 서로 다른 방식은 이 가능성을 고려해 매우 많이 논의되는 문제다 ── 이 명백하게 제시된다. 동시에 이것에 의해 방금 전 수행한〔구별한〕 이중의 변경이 우리가 질료로

---

38 이에 대해서는 이 2절 21항의 결론에 있는 부록 참조.

서 정의해야 하는 것을 질에서 명석하게 분리하는 것에 아직 완전히 적합하지 않다는 점에 주목하게 된다. 이 변경 가능성에 따라 우리는 각 작용에서 두 가지 측면, 예를 들어 작용을 표상이나 판단으로서 특징짓는 질과, 대상적인 것과의 특정한 관계를 작용에 부여함으로써, 예를 들어 표상이 다른 것이 아닌 바로 이것을 표상하게 만드는 질료를 구별해야 한다. 이것은 확실히 옳지만, 아무튼 어떤 점에서는 오해받기 쉽다. 즉 사람들은 최초의 순간의 상태를 단순하게 '질료는 작용에 다른 대상이 아닌, 이 대상을 곧바로 향하는 방향을 부여해 주는 작용에 속하며, 따라서 작용은 그 자신의 질적 성격과 지향해야 할 대상을 통해 명백하게 규정된다.'라고 해석하는 경향이 있다. 바로 이러한 추정적 자명성은 옳지 못한 것으로 입증된다.

사실상 쉽게 알 수 있는 것은 우리가 질과 대상적 방향을 동시에 고정하더라도 여전히 어떤 변경이 가능하다는 점이다. 예를 들어 동일하게 표상으로서 질을 띤 — 동일하게 대상적인 것을 향하고, 게다가 명증성을 지닌 — 두 가지 작용이, 이 작용들이 자신들의 완전히 지향적 본질에 따라 서로 일치하지 않고도, 나타날 수 있다. 그래서 '등변삼각형'이라는 표상과 '등각삼각형'이라는 표상은 내용상〔내포에서〕 서로 다르지만, 명증적으로 입증되듯이, 이 두 가지 표상은 동일한 대상을 향해 있다. 이 두 가지 표상은 동일한 대상을 표상하지만 여전히 '서로 다른 방식으로' 표상한다. 이와 유사한 것이 'a+b라는 단위의 길이'와 'b+a라는 단위의 길이'와 같은 표상에도 적용되는데, 물론 이때 단지 그러한 '같은 값을 지닌' 개념을 통해서만 구별되고, 그 밖에 의미가 동일한 진술에 대해서도 적용된다. 예를 들어 '비가 내릴 날씨다.'와 '날씨가 비가 올 것 같다.'는, 다른 종류지만 같은 값을 지닌 진술로서 이 둘을 비교하는 경우에도 마찬가지다. 그러나 '오늘 비가 내린다.'라는 판단, '오늘 아마 비가 내릴 것이다.'라는 추측, 아무튼 '오늘 비가 내렸으면 좋겠네!'라는 소원 등 일련의 작용을 생각해 보면, 이 일련의 작용은 대상적 관계 일반뿐만 아니라 새로운 의미로 이해된 대상적 관계의 방식, 그러므로 작용의 질을 통해 미리 규정되지 않은 방식에 관해서도 동일성의 가능성을 예시한다.

질은 특정한 방식으로 이미 '표상하게 된 것'을 소원된 것, 심문된 것, 판단에 적합하게 정립된 것 등 지향적으로 현재에(gegenwärtig) 있는 것만을 규정한다. 그에 따라 우리는 '질료'를 작용 속의 작용에 최초로 어떤 대상적인 것과의 관계를 부여해 주는 것으로 간주해야 하고, 더욱이 이 관계는 완전하게 규정되어 그 작용이 사념하는 대상적인 것 일반뿐만 아니라, 그 작용이 대상적인 것을 사념하는 방식도 질료를 통해 대부분 규정되어 있다.[39]

더 판명하게 말할 수 있듯이, 질료는 작용의 현상학적 내용 속에 있는 작용의 특성이며, 작용이 대상성의 파악을 그때그때 규정할 뿐만 아니라, 작용이 그 대상성을 무엇으로(als was) 파악하고, 작용이 그 자체로 그것의 징표나 관계나 범주적 형식을 그 대상성에 나누어 주는 특성이다. 대상이 다른 어떤 대상이 아니라 [바로] 이 대상으로서 작용에 타당한 것은 작용의 질료에 [그 원인이] 있으며, 그 질료는 어느 정도 질을 기초 짓는 — 그러나 질의 차이에 상관없이 — 대상적 파악의 의미, 요컨대 '파악의 의미'다. 동일한 질료가 서로 다른 대상적 관계를 부여할

---

39 규정되어 있음(Bestimmtheit)과 규정되지 않음(Unbestimmtheit)이라는 용어에는 유감스럽게도 불가피한 다의성이 방해하고 있다. 예를 들어, 분명하게 보인 앞면이 '규정되어' 나타나는 반면, 지각된 대상의 뒷면이 함께 사념되지만 상대적으로 '규정되지 않고' 사념되는 것 속에 놓여 있는 지각의 표상이 규정되지 않음에 대해 이야기한다면, 또는 '이 A_0는 b이다.'라는 단칭진술이 판단하는 '규정되어 있음'에 대립해, '어떤 A는 b이다.' '약간의 A는 b이다.'와 같은 '특칭'진술을 판단하는 경우 규정되지 않음에 대해 이야기한다면, 이와 같은 종류의 규정되어 있음과 규정되지 않음은 본문에서 문제 삼는 것과는 완전히 다른 의미를 갖는다. 본문에서 문제 삼는 규정되어 있음과 규정되지 않음은 앞으로 논의하는 가운데 더 판명하게 밝혀지듯이, 가능한 질료의 특수성에 속한다. [이 주석은 2판에서 보충한 것이다.]

2절 지향적 체험으로서 의식

수는 결코 없지만, 서로 다른 질료는 동일한 대상적 관계를 충분히 부여할 수 있다. 앞에서 든 예는 후자의 예를 보여 준다. 일반적으로 같은 값을 지녔지만 동어반복이 아닌 표현의 차이는 질료에 관계한다. 물론 그와 같은 차이에는, 마치 어떤 단편이 동일한 대상에 상응하고 이와 다른 단편은 그 대상에 대한 표상의 서로 다른 방식에 상응하듯이, 질료를 생각해 볼 수 있게 세분화하는 어떤 것에도 상응하지 않는다. 명백히 대상적 관계는 대상적 관계의 특정한 방식으로서만 '아프리오리하게' 가능하다. 그리고 이 관계는 완전히 규정된 질료 속에서만 성립될 수 있다.

여전히 다음과 같은 소견을 첨부하자. 즉 작용의 질은 확실히 모든 질료에서 분리되면 전적으로 생각해 볼 수 없을 작용의 추상적 계기다. 가령 우리는 판단의 질이지만 특정한 질료의 판단은 아닐 어떤 체험이 가능하다고 간주해야 하는가? 그렇다면 판단은, 참된 본질적 성격으로서 판단에 명증적으로 소속된 지향적 체험의 성격을 상실하게 될 것이다.

이와 유사한 것이 질료에도 타당하다. 어떤 표상작용의 질료이든, 어떤 판단작용 등의 질료이든 생각해 볼 수 없는 것으로 간주될 것이다.

방금 고찰한 것에 따라, 때로는 질의 차이에 때로는 질료의 차이에 관계하는 '대상적 관계의 방식'에 대한 논의의 이중 의미를 처음부터 알아차려야 한다. 우리는 '질'과 '질료'라는 용어를 적절하게 이끌어 내 사용함으로써 이 이중 의미에 대처할 것이다. 동일한 논의가 여전히 다른 중요한 의미를 갖는다는 것은 이후 밝혀질 것이다.[40]

---

40 제6연구(『논리 연구』 2-2권) 27항에 열거된 것 참조.

21 지향적 본질과 의미에 적합한 본질

당장 새로운 구별을 다루기 위해 참으로 어려운, 관련된 문제를 더 자세하게 규명하는 일을 잠시 연기하자. 이 새로운 구별을 다루는 가운데 작용의 완전한 기술적 내용에서 구별될 수 있는, 작용의 '지향적 내용'이라는 또다시 새로운 개념이 생길 것이다.

각 작용의 기술적 내용 속에 우리는 질과 질료를 이 두 가지가 서로 다른 것을 필요로 하는 계기로서 구별했다. 이 두 가지를 다시 종합하면, 우선 우리가 이렇게 함으로써 관련된 작용을 그저 복원한 것으로 보인다. 더 정확하게 살펴보면, 어쨌든 '그에 따라 두 가지 계기가 통일되어 구체적으로 완전한 작용을 형성하지 못한다.'는 다른 견해가 우리와 맞서 대두된다. 사실상 두 가지 작용은 그 질의 관점에서뿐만 아니라 그 질료의 관점에서도 서로 등등하고, 그럼에도 여전히 기술적으로 서로 다르다. 그런데 곧 듣게 되듯이 질과 질료를 어떤 작용의 철저히 본질적이며, 따라서 결코 없어서는 안 될 존립요소로 간주해야 하는 한, 완전한 작용의 다만 한 부분을 형성하는 두 작용의 통일은 작용의 '지향적 본질'이라 부르는 것이 적절할 것이다. 이 용어와 이 용어에 속한 상태의 파악을 고수할 작정이기에, 우리는 이 두 가지 용어를 동시에 도입한다. 즉 중요한 문제가 표현에서 의미를 부여하는 작용으로서 기능하거나 기능할 수 있을 작용 ─ 모든 작용이 이것을 할 수 있을지는 앞으로 규명해야 할 것이다 ─ 인 한에서, 특히 작용의 '의미에 적합한 본질'에 대해 논의해야 한다. 그 본질을 이념화하는 추상은 우리의 이념적 의미(Sinn)에서 의미(Bedeutung)를 〔결과로〕 산출한다.

우리가 개념을 규정한 것에 정당성을 부여하려면 우선 다음의 새로운 계열의 동일화(Identifizierung)를 지적하는 것이 도움이 될 수 있다. 우리는 일반적으로, 또 충분한 의미에서 '어떤 개인이 서로 다른 시간에 또는 동일한 시간이든 서로 다른 시간이든 많은 개인이 동일한 표상이나 기억이나 예상을 가질 수 있고, 동일한 지각을 할 수 있으며, 동일한 주장을 표명하고, 동일한 소원이나 동일한 희망 등을 품을 수 있다.'라고 말한다.[41]

동일한 표상을 갖는 것은 동일한 대상을 표상하는 것을 뜻하지만, 이 두 가지가 동일하다는 뜻은 아니다. 내가 그린란드의 얼음평원에 대해 갖는 표상은 〔노르웨이의 북극 탐험가〕 난센(F. Nansen)이 그것에 대해 갖는 표상과는 확실히 다른 것이다. 마찬가지로 '직선'과 '가장 짧은 선'이라는 이념적 대상은 동일하지만, 직선을 적절하게 정의할 경우 표상은 서로 다르다.

동일한 표상이나 동일한 판단 등에 대한 논의는 나의 의식이 다른 사람의 의식과 어느 정도 함께 성장된다는 듯이, 작용들이 개별적으로 동일하다는 것을 뜻하지 않는다. 마찬가지로 그것은 완전한 동등함의 관계, 따라서 마치 어느 한 작용이 다른 작용의 복사본인 것처럼, 작용의 모든 내적 구성요소에 관해 차이가 없음을 뜻하지 않는다. 우리가 어떤 사태에 대해 동일한 표상을 갖는 것은 그 사태가 단순히 일반적으로 표상되는 것이 아니라 정확하게 동일한 사태로서 표상되는, 즉 앞에서 상론한 것에 따라, 동일한 '파악의 의미'에서 또는 동일한 질료에 근거해 표상되는 표상을 가질 경우다.

이때 우리는 '본질적으로' 그 밖의 현상학적 차이에도 불구하고 사실상 동일한 표상을 갖는다. 그와 같은 본질적 동일성의 의미는, 우리가 높은 단계의 작용에 대한 기초 지음으로서 표상의 기능을 생각할 때 가장 분명하게 밝혀진다. 왜냐하면 이러한 본질적 동일성을 다음의 같

---

41 현상학적 본질의 차이를 이념화해 파악할 때 범례화하는(Exemplifizierung) 경험적으로 심리학적인 것 모두는 중요하지 않고 문제에서 제외해야 한다는 사실에 항상 주의를 기울여야 한다.〔이 주석은 2판에서 보충한 것이다.〕

은 가치로도 표시할 수 있기 때문이다. 즉 '두 가지 표상 가운데 그 각각에 근거해, 게다가 순수하게 그 자체만으로(따라서 분석적으로) 고찰해 보면, 표상된 사태에 관해 다른 것은 전혀 없이 정확하게 동일한 것을 진술하게 하는 두 가지 표상은 본질적으로 동일한 것이다.'라고 표시할 수 있기 때문이다. 다른 종류의 작용과 관련해서도 이와 유사하다. 판단된 사태의 경우, 어느 한 판단에 따라 순수하게 판단 내용 그 자체에 근거해 타당한 모든 것이 그 사태에 대한 다른 판단에 따라서도 타당해야 하고, 그 밖에 다른 것일 수 없을 경우, 두 가지 판단은 본질적으로 동일한 판단이다. 이 판단들의 진리 가치는 동일하며, '그' 판단, 즉 판단의 질과 판단의 질료의 통일체로서 지향적 본질이 동일할 경우, 명백히 이 판단들의 진리의 가치는 동일하다.

이제 지향적 본질은 작용을 현상적으로 [완전히] 끌어낼 수 없다는 점도 명백하게 밝혀 보자. 예를 들어 단순한 구상(Einbildung)으로서 질이 부여된 상상(Phantasie)의 표상이, 앞에서 고찰한 관점에서, 비본질적으로 변화되는 것은 그 상상의 표상을 함께 구축하는 감성적 내용의 충만함과 생생함이 증가하거나 감소될 경우다. 또는 대상과 관련해서, 대상이 때로는 더 큰 명석함과 판명함으로 나타나고, 때로는 몽롱한 희미함 속으로 사라지며 그 색조가 퇴색하는 등의 경우다. 여기에서 강도(強度)의 변화를 인정하는지, 여기에서 등장하는 감성적 환영과 지각 내부에 있는 감각이 동등함을 원리적으로 부정할 수 있는지는, 바로 작용의 지향이, 이른바 작용의 사념(Meinung)이 변화되지 않는 한 어쨌든 절대적인 질이나 형식 등에 별로 중요한 문제가 아니다. 허구적 상상의 나타남이 현상학적으로 그렇게 두드러진 모든 변화의 경우, 대상 그 자체는 항상 변화되지 않고 동등하게 규정된 하나의 동일한 대상으로서 우리 의식에 현전하고(질료의 동일성), 이때 우리는 그 대상이 아니라 '나타남(Erscheinung)'의 변화를 인정하며, 그 대상을 불변하고

항속하는 것으로 '사념하고', 단순한 허구의 방식으로 그렇게 사념한다.(질의 동일성)

이에 반해 질료는 변화된 것으로서 스스로를 부여하는 대상에 대한 통일적 표상이 흘러가는 가운데, 지향적 대상 속에 '스스로를' 변화시키는 대상의 동일성이 상응하는 것인 〔대상의 변화를〕 포괄하는 통일의 형식에 관계없이 변화한다. 그리고 그 이전에 대상의 지향적 내용에, 즉 이러한 표상 그 자체의 대상에 속하지 않았던 ── 변화되지 않은 채 의식된 대상에 대한 ── 새로운 징표가 파악될 때, 이와 유사한 것이 타당하다.

지각의 경우에도 사정은 다르지 않다. 또한 '동일한' 지각을 공유하거나 이미 공유한 것을 단순히 '반복하는' 경우, 여기에서 중요한 문제는 오직 질료의 동일한 통일성, 그래서 체험의 기술적 내용 속에 어떤 변화를 결코 배제하지 않는 지향적 본질의 동일한 통일성일 뿐이다. 이와 동일한 것은 상상이 지각에서, 또는 지각된 것을 표상하게 하는 데에서 갖거나 가질 수 있는 변화하는 특정 부분에 대해서도 타당하다. 내 앞에 놓여 있는 이 담뱃갑의 뒷면에 대한 상상의 표상이 일반적으로 내 속에 생기는지, 이때 그 상상의 표상이 충족시킴·끊임없음·생생함 등에 관해 이러저러하게 관계하는지는 지각의 본질적 내용(파악의 의미)을 언급하지 않으며, 따라서 이것을 지각의 본질적 내용에서, 〔이 개념을〕 적합하게 이해한다면, 현상학적으로 다른 다수의 지각 작용과 대립해 동일한 지각에 대한 완전히 정당화된 논의가 설명될 것이다. 이 모든 경우에 대상은 동일하게 규정됨으로써 동일하게 구비되어 지각된 것으로서, 즉 지각하는 방식으로 '사념되거나' '파악되고' 정립된 동일한 것으로서 전제된 모양이 된다.

그 밖에 지각은, 상상의 표상이 대상이나 사태를 지각이 그것을 지각으로(perzeptiv) 파악하는 것과 '정확하게 동일한 것으로' 상상으로

(imaginativ) 파악해서, 대상이나 사태에 다른 것이 부가되지 않는 해석에 어떤 것이 객관적으로 전혀 부가되지 않는 한 상상의 표상과 함께 질료를 공유할 수도 있다. 그런데 표상도 동등하게 질이 될 수 있기 때문에(기억의 경우), 직관적 작용에서 종류의 차이는 지향적 본질을 통해서는 규정되지 않는다는 사실을 우리는 이미 안다.

물론 이와 유비적인 것이 모든 종류의 작용에도 타당하다. 많은 사람이 소원하는 지향이 동일할 때, 그들은 동일한 소원을 품는다. 어떤 사람의 경우 그 소원은 완전히 표현되고, 다른 사람의 경우는 그렇지 않으며, 어떤 사람의 경우는 기초 짓는 표상의 내용과 관련해 직관적으로 명석하고, 다른 사람의 경우는 다소 비직관적이다 등등. 각각의 경우에 '본질적인 것'의 동일성은 명백히 위에서 구별한 두 가지 계기 속에, 즉 동일한 작용의 질과 동일한 질료 속에 놓여 있다. 그러므로 우리는 표현적 작용, 특히 의미를 부여하는 작용에 대해서도 주장하고, 게다가 위에서 미리 표명한 것과 같이 작용의 의미에 적합한 것, 즉 그 작용 속에 이념적 의미의 내실적인 현상학적 상관자를 형성하는 것이 작용의 지향적 본질과 합쳐진다.

의미에 적합한 본질 — '구체적으로' 의미작용 — 에 대해 파악한 것을 확인하기 위해 우리는 그것을 통해 의미의 통일성과 대상성의 통일성을 분리했던 동일성의 계열[42]뿐만 아니라, 지향적 본질에 대한 일반적 파악을 예시하는 데 도움이 된 표현적 체험의 빈번한 예를 지적한다. '그' 판단이나 '그' 진술의 동일성은 다양한 개개의 작용 속에 바로 동일한 것으로 반복되고, 이 작용 속에 의미에 적합한 본질을 통해 대표되는 동일한 의미가 놓여 있다. 여기에서 〔동일한 의미〕 이외에 작용의 다른 존립요소에 관한 매우 현전한 기술적 차이가 미결로 남아 있다

---

42 위의 제1연구 1절 12항의 중반부 이하 참조.

2절 지향적 체험으로서 의식

는 것을 우리는 상세하게 설명했다.[43]

11항과 20항에 대한 부록.
'상(像) 이론'에 대한 비판과 작용의 '내재적' 대상의 학설에 대한 비판

작용과 주관의 관계를 현상학적으로 해석하는 경우, 거의 근절하기 어려운 두 가지 기본적 오류를 경계해야 한다.

1) 사물 그 자체는 '외부에' 또는 적어도 상황에 따라 존재하고, 의식 속에 상(Bild)은 그 사물을 대리하는 것(Srellvertreter)으로서 존재한 다고 말함으로써, 각각의 작용 속에 포함된 표상작용의 사실을 충분히 해명했다고 믿는 상 이론의 오류를 경계해야 한다.

이 이론에 반해 이러한 파악은 가장 중요한 점을 완전히 간과했다 는 사실, 즉 우리는 비유[상징]적으로 표상하는(bildlich) 가운데 나타나 는 '상의 객체'에 근거해 모사된 객체 — '상의 주체(Bildsujet)' — 를 사 념한다는 사실을 알아차려려 한다. 그러나 이제 상으로 기능하는 객체 의 상의 성격(Bildlichkeit)은 명백히 내적 성격('실재적 술어')이 결코 아 니다. 마치 어떤 객체가, 예를 들어 빨간 공의 모양과 마찬가지로, 비유 [상징]적인 것은 아니다. 그렇다면 우리가 의식 속에서만 주어지는 '상' 을 넘어설 수 있고, 이것을 상으로서 의식에 전혀 상관없는 어떤 객체에 관계 지을 수 있는 것은 무엇 때문인가?

상과 사태의 유사함을 지적하는 것은 더 이상 도움이 되지 않는다. 적어도 사태가 실제로 존재할 경우, 그 유사함은 객관적 사실로서 확실 히 현존한다. 그러나 전제된 모양으로 인해 단지 상을 갖는[44] 의식에 대

---

43 위의 제1연구 2절 17항과 4절 30항 참조.

해서는 이러한 사실이 무용하다. 따라서 그것은 그 상의 외적 객체(상의 주체)를 표상하는 관계, 더 자세하게는 모사하는 관계의 본질을 해명하는 데 도움이 될 수 없다. 두 대상의 유사함은, 이 유사함이 아무리 크더라도, 어떤 대상을 다른 대상의 상으로 만들지 않는다. 유사한 것을, 유사한 것에 대한 상을 대표하는 것으로 이용할 수 있으며, 단순히 어떤 대상을 직관적으로 현재에 갖는데, 그 대신 어쨌든 다른 대상을 사념할 수 있는 표상하는 자아의 능력을 통해 비로소 그 상은 일반적으로 상이 된다.

그런데 이 속에 함축될 수 있는 점은 상 그 자체가 독특한 지향적 의식 속에 구성된다는 점, 이러한 작용의 내적 성격, 즉 이러한 통각의 방식에 종적 특성은 일반적으로 우리가 비유[상징]적 표상작용이라 부르는 것을 형성할 뿐만 아니라, 마찬가지로 내적이며 특수하게 규정되어 있음에 따라, 이러저러하게 규정된 객체의 비유[상징]적 표상작용이라 부르는 것도 다시 형성한다는 점이다. 그러나 상의 객체와 상의 주체를 서로 대립시키는, 반성적이고 관계 짓는 논의는 상상적 작용 그 자체 속에 실제로 나타나는 두 가지 객체를 지시하는 것이 아니라, 새로운 작용 속에 수행되는 가능한 인식의 연관을 지시한다. 이 인식의 연관 속에 비유[상징]적 지향은 충족되므로, 그래서 상과 현전화된 상태의 종합은 실현될 것이다.

외적 대상에 대립된 내적 상에 대한 조야한 말투는 기술적 심리학에서, 더구나 순수현상학에서[45] 결코 허용되면 안 된다. 회화는 상을 구성하는 의식에 대한 상일 뿐이다. 즉 이 의식은 지각에 적합하게 의식에 나타나는 일차적 객체[회화]에 자신의 ── 따라서 여기에서는 지각

---

44 정확하게 살펴보면, 비본래적이며 상의 이론에서 (본래적이기 때문에) 옳지 않게 해석된 용어를 우리는 잠정적으로 용인해 둔다.
45 (옮긴이 주) 이 괄호 안의 문구는 2판에서 첨가된 것이다.

속에 기능하는—상상적 통각을 통해 비로소 그 상의 '타당성'이나 '의미'를 부여한다. 따라서 [어떤 객체를] 상으로 파악하는 것이 의식에 지향적으로 주어진 어떤 객체를 이미 전제한다면, 그것은 명백히 무한소급으로 이끌 것이다. 이 객체 자체와 언제나 다시 어떤 상을 통해 구성되어야 할 것, 따라서 단적인 지각에 관해 지각에 내재하는 '지각의 상'—이것을 '매개로' 지각은 '사태 그 자체(Sache selbst)'에 관계한다—에 대해 진지하게 다루어야 한다.

다른 한편, 여기에서 다음과 같은 사실을 철저히 통찰해 배워야 한다. 즉 각각의 경우, 의식에 대해, 또 의식 속에, 의식 자신의 본질적 내용에서 표상의 대상에 어떤 '구성(Konstitution)'이 필요하다는 사실, 그래서 어떤 대상이 의식에 대해 표상되는 것은 '초월적인 사태 그 자체'에 어떤 방식으로 유사한 '내용'이 의식 속에 간단히 존재한다—정확하게 검토해 보면, 이것은 온전히 이치에 어긋난 것으로 해소된다—는 것을 통해서가 아니라, 의식 그 자체의 현상학적 본질 속에 그 대상성과의 모든 관계가 포함되어 있고, 오직 그 속에서만 원리적으로 포함될 수 있으며, 게다가 '초월적' 사태와의 관계로서 포함될 수 있다는 것을 통해서다. 초월적 사태와의 이러한 관계는 단적인 표상작용이 문제일 경우에는 '직접적' 관계이고, 기초 지어진 표상작용, 가령 모사하는 표상작용이 문제일 경우에는 간접적 관계다.

이에 따라 마치 이른바 '상'과 의식의 관계가 그림과 그 그림이 전시된 방과의 관계처럼, 또한 마치 두 객체가 서로 뒤섞이는 것을 상정함으로써 최소한의 것만 이해될 수 있는 것처럼 논의하거나 생각하면 안 된다. 우리가 근본적 통찰로 끌어올려야만 하는 것, 즉 우리가 소원했던 이해는, 따라서 여기에서는 예전의 매우 넓은 의미—칸트[46·47]와 흄의 '구상력(Einbildungskraft)'—에서 '상상(Imagination)'의 작용체험에 대한 이해는, 오직 여기에 속한 작용에 대한 현상학적 본질의 분석을 통해서만 획득될 수 있다는 사실, 그리고 우선 그 작용의 (아프리오리한) 본질의 특수성이 그 작용의 체험 가운데 '어떤 객체가 나타나고', 때로는 단적으로 직접 나타나고, 때로는 그 자체만이 아니라 그 객체에 유사한 어떤 객체의 '비유[상징]적 현전화'로서 '타당하게' 나타난다는 사실이다. 이 경우 [다른 것을] 재현하는 상의 객체 자체는, 나타나는 모든 객체와 마찬가지로, 상의 성격을 우선 첫째로 기초 짓는 작용 속에 다시 구성된다는 점을 간과하지 말아야 한다.

명백하게 이러한 설명은 '적절하게 변경해' 기호이론의 더 넓은 의미에서 재현(Repräsentation)이론에 적용된다. '기호로-존재함'은 결코 실재적 술어가 아니며, 마찬가지로 기초 지어진 작용의 의식이 필요하고, 현상학적으로 유일하게 기준이 되는 것이자, 이러한 술어를 고려해 유일하게 내실적으로 현상학적인 것인 새로운 종류의 어떤 작용의 성격으로 되돌아가야 한다.

이와 같은 모든 '이론'은 '그것이 순수현상학적 분석을 통해 표상의 부류 안에서 직관적 표상과 공허한 표상을 밝혀내는, 본질적으로 서로 다른 풍부한 표상의 방식을 간단히 무시한다.'라는 반론에 직면한다.

2) 일반적으로 한편으로 '단순히 내재적'이거나 '지향적인' 대상과, 다른 한편으로 어쩌면 이 대상에 상응하는 '실제적'이고 '초월적인' 대상의 내실적 차이를 만든다면 이것은 중대한 오류다. 즉 이때 이러한 차이를 의식 속에 내실적으로 현존하는 기호나 상과, 이것에 의해 표시

---

46 여기에서는 특히 칸트의 『순수이성비판』 A 120(본문의 주석) 참조.

47 (옮긴이 주) 이 본문의 주석은 다음과 같다. "구상력이 지각 자체의 필연적 구성요소라는 사실을 심리학자는 전혀 생각해 보지도 않았다. 이것은 이러한 능력[구상력]을 일부는 재생산에만 국한시킨 데에서 유래하고, 일부는 감각이 인상들을 제공해 줄 뿐만 아니라 인상들을 조립하고 대상의 상(像)을 실현시킨다고 믿는 데에서 유래한다. 그러나 그 상을 실현시키기 위해서는 의심할 여지없이 인상의 감수성 이외에 그 이상의 것, 즉 인상들을 종합하는 기능이 요구된다."

되거나 모사된 사태의 차이로 해석하거나, '내재적' 대상에 임의의 다른 방식으로 어떤 내실적 의식의 자료를, 가령 심지어 의미를 부여하는 계기의 의미에서 내용을 끼워 넣는 것은 중대한 오류다.

수 세기를 통해 장황하게 이어진 그와 같은 오류 — 사람들은 안셀무스의 존재론적 증명[48]을 생각할 것이다 — 는, 비록 실질적인 어려움에서 생겼더라도, 내재(Immanenz)에 대한 논의와 이와 유사한 종류에 대한 논의의 애매함에 의거한다. 우리는 '표상의 지향적 대상은 표상의 실제적 대상과, 경우에 따라서는 표상의 외적 대상과 '동일한 것'이다.', '이 둘을 구별하는 것은 '이치에 어긋난 것'이다.'라고 표명하기만 하면 되고, 모든 사람은 이것을 승인해야 한다. 초월적 대상은 '표상의' 지향적 대상이 아니라면, 결코 이러한 표상의 대상이 아닐 것이다. 물론 이것은 단순한 분석적 명제다. 표상의 대상, 즉 '지향'의 대상은 표상된 대상, 지향적 대상이며 또 이러한 것을 뜻한다. 내가 신이나 어떤 천사, 지성적 존재 그 자체 또는 물리적 사물이나 둥근 사각형 등을 표상한다면, 여기에서 거명된 이러한 것과 초월적인 것이 바로 사념되며, 따라서 이것은 달리 말하면 지향적 객체다. 이때 이 객체가 존재하는지 허구적인 것인지 불합리한 것인지는 상관없다.

대상이 '단순히 지향적' 대상이라는 것은, 물론 대상이 어쨌든 단지 '지향' 속에 — 그래서 그 지향의 내실적 존립요소로서 — 존재한다거나 지향 속에 그 대상의 어떤 그림자가 존재한다는 것이 아니라 지향, 즉 그와 같은 성질을 지닌 어떤 대상을 '사념하는 작용'이 존재하지만[49] 그

---

48 (옮긴이 주) 안셀무스(Anselmus, 1033~1109)는 '신의 존재를 부정하는 것은 이렇게 부정하는 사람이 자신의 오성 속에 신의 관념을 갖고 있음을 인정하는 것이다. 더 위대한 것을 생각할 수 없는 관념인 신의 관념은 오직 오성 속에서만 존재할 수 없고, 실재 속에서도 존재한다. 그러므로 신은 존재한다.'라는 논증으로 보편논쟁을 야기하는 단초가 되었다. 그는 신앙이 모든 이성을 앞선다는 입장에서 '알려고 나는 믿는다.(credo ut intelligam)'라고 했다.

49 '사념작용'을 다시 강조하기 위해 곧바로 그 대상에 주목하는 것, 또는 심지어 그 대상에

대상은 존재하지 않는다는 것을 뜻한다. 다른 한편, 지향적 대상이 존재한다면 지향, 사념작용뿐만 아니라 사념된 것 역시 존재한다. 어쨌든 여전히 현대에도 적지 않은 학자들이 매우 오해하는 이러한 자명함에 대해서는 이 정도의 언급으로 충분하다.

그렇지만 방금 상술한 것은 당연히 이미 언급했듯이 그때그때 지향된 대상 그 자체와, 이때 그 대상이 지향된 한에서 어떤 파악의 의미에서, 또한 어쩌면 직관의 어떤 '충족됨' 가운데 그 대상은 구별된다는 점, 후자에는 독특한 분석과 기술(記述)이 필요하다는 점이 배제되지 않는다.[50]

주제적으로 몰두해 있는 것은, 사념작용에 대한 우리의 통상의 논의에서도 함께 포괄된 것을 뜻한다. 〔이 주석은 2판에서 추가된 것이다.〕

50 (옮긴이 주) 이 단락은 2판에서 첨부한 것이다.

3절 작용의 질료와 그 기초가 되는 표상

22 작용의 질료와 질의 관계에 관한 의문

지향적 체험 일반의 현상학적 구조와 관련된 일반적 연구는 특히 의미 분야에 속하는 우리의 주도적 문제를 해명하는 데 적지 않게 중요한 고찰로 매듭지었다. 중요한 문제는 질과 질료의 관계뿐만 아니라 각각의 작용이 그 기반으로서 '표상'을 필요로 하며 그와 같은 것을 포함하는 의미다. 여기에서 이제까지[1] 거의 주목되지 않았고, 어쨌든 명확하게 공식화되지 않은 근본적 어려움에 바로 직면하게 된다. 우리의 현상학적 인식에서 이러한 공백은 사람들이 그러한 인식을 충족시키지 않은 채 지향적 체험의 본질구조와 의미의 본질구조를 실제로 이해하는 것도 결코 중요한 문제가 될 수 없다고 판단해야만 하기에 더욱 민감한 공백이다.

우리는 질과 질료를 모든 작용의 두 가지 내적 구성요소이자 두 가지 계기로 구별했다. 확실히 이 구별은 정당하다. 예를 들어 어떤 체

---

[1] 물론 1판이 출간된 시점에 관련된다. (이 주석은 2판에서 추가한 것이다.)

험을 판단으로 부른다면, 그 체험은 어떤 내적 규정성(Bestimmtheit)을 틀림없이 가지며, 그 체험을 판단으로서 소원, 희망이나 다른 종류의 작용과 구별하는 외적으로 부착된 표시를 갖지 않는다. 그 체험은 이러한 규정성을 모든 판단과 공유한다. 그렇지만 그 체험을 각각 다른, 또는 '본질적으로' 다른 판단과 구별하는 것은 무엇보다 — 이후의 어떤 연구로 구별할 수 있는 계기는 도외시하고 — 질료다. 그리고 질료는 작용의 내적 계기도 제시한다. 이러한 점을 분명하게 보여 주는 것은 가령 고립된 개개의 판단 속에 질과 질료를 분석하면서 설명할 수 있는 상태가 쉽지 않기 때문에 직접적 방법이 아니라, 오히려 질에서 서로 다른 작용을 대비시키고 — 가령 감성적 분야에서 동일한 강도나 색깔을 발견하는 경우와 유사하게 — 각 작용 속에 공통적 계기로서 동일한 질료를 발견하는, 그에 상응하는 동일성에 관해 비교하는 방법이다.

문제는 이렇게 동일한 것이 무엇인지, 이것이 질의 계기와 어떤 관계인지뿐이다. 이때 중요한 것은, 가령 감성적 직관에서 색깔과 형태와 같이 비록 작용의 추상적 존립요소라 하더라도 작용의 선언적(選言的)인 두 가지 존립요소인지, 이 두 가지 존립요소는 유와 종차 등에서 다른 관계에 있는지다. 이러한 문제는 질료가 작용에서 이 작용에 일정한 대상적 관계를 부여하는 것이어야 한다는 것보다 더 중요하다. 그렇지만 모든 사유작용이 작용 속에 수행되는 것을 기억해 보면, 이러한 관계의 본질에 관해 최대한 명석함을 획득하는 것은 근본적인 인식론의 관심이다.

23 질료를 '단순히 표상하는' 기초 짓는 작용으로 해석함

가장 가까운 답변을 브렌타노가 '심리적 현상'을 규정하면서 사용

3절 작용의 질료와 그 기초가 되는 표상

했던 잘 알려진 명제, 즉 그와 같은 모든 현상, 또는 우리가 한정하고 명명한 것에 따르면, '모든 지향적 체험은 하나의 표상이든가 그 기반으로서 표상에 기인한다.'라는 명제가 준다. 더 상세하게 진술해 보면, 이 주목할 만한 명제의 의미는 '모든 작용에서 지향적 대상은 표상하는 작용 속에 표상된 대상이다.'와 '처음부터 중요한 문제가 '단순한' 표상작용이 아닌 경우, 그 표상작용은 항상 하나나 그 이상 여러 작용, 또는 오히려 작용의 성격과 매우 독특하고 긴밀하게 짜이고 엮여 이것을 통해 표상된 대상은 동시에 판단된·소원된·희망된 대상으로서 있다.'는 의미다. 그러므로 지향적 관계의 이러한 중복성은 작용들이 결부된 병존 (Nebeneinander)과 계기(Nacheinander) — 이때 대상은 각 작용에 의해 새롭게, 따라서 반복해 지향적으로 현재해 있을 것이다 — 가 아니라, 하나의 엄밀한 통일적 작용 속에서 수행된다. 이 통일적 작용에서 하나의 대상은 오직 한 번만 나타나지만, 이 유일하게 현재 존재함 속에서 복합적 지향의 목표점이 된다. 이 명제를 다음과 같이 다른 말로 설명할 수 있다. 즉 지향적 체험은 일반적으로 그 체험 속에 대상을 표상하게 만드는 표상하는 작용의 체험이 〔직접〕 제시되는 것을 통해서만 어떤 대상적인 것과 자신의 관계를 획득한다. 만약 의식이 대상을 바로 대상으로 만들고, 그래서 대상도 이제 감정이나 욕구 등의 대상이 되는 것을 가능케 하는 어떠한 표상작용도 수행할 수 없다면, 대상은 의식에 대해 아무것도 아닐 것이다.

이러한 새로운 지향적 성격은 명백히 완전한 자립적 작용으로서 파악될 수 없다. 그 지향적 성격은 객관화하는 표상의 작용이 없다면, 따라서 표상의 작용 속에 기초하지 않고는 실로 생각해 볼 수 없다. 욕구함 속에, 또 욕구함과 더불어 동시에 표상되지 않을 요구된 대상이나 사태는 사실적으로 생기지 않을 뿐만 아니라 전적으로 생각해 볼 수조차 없다. 그리고 이것은 모든 경우에 그러하다. 그래서 이것은 아프리오리성

(Apriorität)을 요구하는 상태이며, 이 상태를 진술하는 보편적 명제는 명증성으로 확실하게 이해되는 본질법칙이다.

이에 따라 그 예로 욕구를 기초 짓는 표상에 부가하는 것을 '그것이 여기에 있고 또한 그 자체만으로 있는 것, 무엇보다 그 자체만으로 이미 어떤 대상적인 것에 대한 지향일 수 있는 것'을 부가하는 것으로 간주하지 않고, 비자립적인 지향적 요소를, 이 요소가 실제로 어떤 대상적인 것과의 관계를 갖지만 이 같은 관계가 없다면 '아프리오리하게' 생각해 볼 수 없는 한 부가하는 것으로 간주해야 한다. 그 요소가 어떤 대상적인 것과 맺는 이 관계는, 바로 어떤 표상과 긴밀하게 짜여 엮임으로써만 전개되거나 이 관계를 획득할 수 있다. 이 후자〔표상〕는 어쨌든 단순한 작용의 질 이상의 것이며, 표상을 통해 기초 지어진 욕구의 질과 달리 '단순한' 표상으로서 그 자체만으로 매우 충분히 존재할 수 있고, 구체적인 지향적 체험으로서 그 자체만으로 존립할 수 있다.

이러한 설명에 앞으로의 고찰에서 유념해야 할 한 가지 주의사항을 첨부한다. 즉, 브렌타노의 의미에서 충분히 승인해도 좋듯이, 나타나는 대상이 존재하는 것이나 존재하지 않는 것으로 정립되고, 이에 관해 그 밖의 모든 작용이 중지된 단순한 구상의 표상에 모든 사례, 또는 어떤 표현, 가령 어떤 진술명제를 믿거나 믿지 않음을 결정하지 않은 채 이해하면서 받아들이는 사례도 '단순한 표상'에 대해 증거로 삼는 예로 간주해야 한다. 단순한 표상의 개념은 특히 '믿음(belief)'의 성격 — 판단은 이 성격이 부가되어 비로소 완성될 것이다 — 과 대조하는 가운데 명백하게 파악되고, 바로 이러한 대조가 최근 판단이론에서 중요한 역할을 하는 것은 이미 잘 알려져 있다.

이제 우리의 명제로 되돌아가면, 처음에 언급되었듯이, 이 명제 속에 표현되고 방금 전 설명된 상태를 질료와 질의 관계에 대한 해석에 적용하며, 그에 따라 이 관계를 '질이 변화하는 가운데 유지된 질료의 동일성은 그 기초가 되는 표상의 '본질적' 동일성에 의존한다.'라고 규정하는 것은 매우 당연하다. 달리 표현하면, 작용이 동일한 '내용'을 갖고 그 지향적 본질에 따라 어떤 작용은 바로 이러한 내용의 판단, 다른 작용은 소원, 제3의 작용은 회의 등이라는 점만을 통해 서로 구별되는 경우에 그것은 '본질적으로' 동일한 표상을 소유한다. 표상이 어떤 판단에 기초가 되면, 그것은 ── 지금은 질료의 의미에서 ── 판단의 내용이다. 표상이 어떤 욕구에 기초가 되면 그것은 욕구의 내용이다 등등.

그것은 방금 전 '본질적으로' 동일한 표상이라 불렀다. 이것은 '정말 질료가 어떤 작용의 단순한 추상적 계기이기 때문에 질료와 그 기초가 되는 표상이 실제로 하나의 동일한 것이다.'라는 것을 뜻하면 안 된다. 오히려 이전에 검토한 것에 따라, 본질적으로 동일한 표상에 대해 논의할 경우 중요한 문제는 하나의 동일한 질료를 지닌 표상이다. 이 표상은 물론 질료에 대해 중요하지 않은 계기를 통해 여전히 현상학적으로 구별될 수 있다. 또한 질이 동일한 것이기 때문에, 이 모든 표상은 동일한 '지향적 본질'을 갖는다.

그 결과 다음과 같은 상태가 밝혀진다.

〔표상 이외의〕 다른 모든 지향적 본질이 질과 질료의 복합인 반면, 표상의 지향적 본질은, 이제 우리가 어떻게 부르든, 단순한 질료나 단순한 질이다. 달리 표현하면, 표상 이외의 다른 모든 작용의 지향적 본질이 복합적이라는 상황만, 더구나 그래서 그것이 자신의 본질적 존립요소 가운데 한 부분으로서 표상의 방식을 필연적으로 내포하는 상황만 질과 질료의 차이에 대한 논의를 지금 정초하게 될 것이다. 이때 질료라는 명칭으로 바로 이렇게 필연적으로 기초 짓는 표상의 방식이 이해될 것이다. 바로 이 때문에 '당연히' 단순한 표상일 단일한 작용의 경우 그 차이 전체가 폐지될 것이다. 그러므로 다음과 같이 말해야 할 것이다. 즉 질과 질료의 차이는 작용의 추상적 계기에 대한 근본적으로 서

로 다른 유(Gattung)의 어떠한 차이도 표시하지 않는다. 그것 자체에서만 고찰해 보면, 질료 그 자체는 '질', 즉 표상의 질과 다른 것이 결코 아니다. 우리가 작용의 지향적 본질로 표시했던 것은 바로 작용 속에 있는 질적인 것(Qualitatives) 전체일 것이다. 이것은 사실상 우연적으로 변화하는 것에 비해 작용 속에 있는 본질적인 것일 것이다.

그러면 이 상태는 다음과 같은 방식으로 표명될 것이다.

어떤 작용이 단일한 작용, 따라서 단순한 표상이라면, 그 작용의 질은 우리가 지향적 본질이라 부른 것과 합치한다. 그 작용이 복합적 작용 — 여기에는 단순한 표상과 구별되는 모든 작용이 포함되고 그 밖에 복합적 표상도 포함된다 — 이라면, 복합적인 지향적 본질은 통일적으로 결합된 질과, 이와 동시에 통일적으로 전체의 질을 정초하는 질의 복합체일 뿐이다. 그렇지만 그래서 원초적이든 복합적이든 모든 질은 그 자체가 표상의 질은 아닌 형성체〔복합체〕 속에, 자신의 측면에서 표상의 질을 통해 기초 지어짐에 틀림없다. 이 표상의 질은 이러한 기능 속에 그에 상응하는 '질료', 그리고 복합적 전체 작용과 관련해 전체의 질료일 것이며, 또는 그렇게 부른다.

24 어려운 점. 질(質)의 유(類)를 세분화하는 문제

이러한 견해 전체가 매우 확실하게 이해되는 것으로 보이고 전혀 의심할 여지없는 명증성에 의지하더라도, 그 견해는 다른 가능성을 배제하는 종류가 결코 아니다. 지적된 명증성 — 브렌타노의 명제의 명증성 — 이 확실히 존립하지만, 그 명증성 자체 속에 결코 놓여 있지 않은 것을 그 명증성 속으로 들어가 생각하는 것은 아닌지의 문제다. 어쨌든 지향적 체험의 유일한 유(類) — 이것의 지향적 본질, 또는 지금 동일한 것을 뜻하는 그 지향적 질은 실제로 단일한 지향적 질일 수 있다 ─ 로서 표상²의 독특한 우선권이 눈에 띈다. 그리고 이와 연관해 과연 지향적 본질(요컨대 지향)의 서로 다른 종류의 유를 궁극적으로 종으로 세분화하는 것이 어떻게 이해될 수 있는지 하는 어려움이 생긴다. 예를 들어 우리가 판단할 경우 완전한 판단의 지향은, 즉 진술하는 작용 속에 진술명제의 의미에 상응하는 계기는, 〔한편으로〕 관련된 사태를 표상하게 만드는 표상의 지향에서 구축되고, 〔다른 한편으로〕 그 사태가 존재하는 사태의 방식으로 성립하게 만드는 본래 판단의 성격으로서 그 표상의 지향을 보충하는 지향에서 구축된 복합적인 것이다.

이때 우리는 '그와 같이 부가하는 지향의 궁극적 종차(種差)는 사정이 어떠한가?' 하고 묻는다. 지향의 최고 유(類)는, 직접적이든 간접적이든 상관없이, 판단의 지향의 종(種)으로 특수화되고, 이때 우리는 물론 이 판단의 지향을 이른바 기초 짓는 표상의 지향에서 추상화해 순수하게 그 자체만으로 받아들여야 한다. 그런데 판단의 지향의 이러한 종은 이미 궁극적 종차가 아닌가?

명석한 개념을 유지하기 위해 유에 적합한 본질을 진정으로 세분화하는 더 확실한 예를 비교해 고찰하자. 본질적 의미에서 질이라는 유는 색깔이라는 종으로 특수화되고, 이 색깔이라는 종은 다시 하위의 빨간색, 게다가 특정한 빨간색의 뉘앙스로 특수화된다. 이것은 궁극적 종차이며, 이러한 유 안에 놓여 있는 어떠한 진정한 세분화도 결코 허용하지 않는다. 여기에서 오직 가능한 것은 다른 유에 속하는 다른 규정성과 짜여 엮인 것인데, 그 규정성은 그 자체로 자신의 유에 관해 다시 궁극적 종차다. 이렇게 짜여 엮인 것은 내용적으로 규정하면서 작동하지

---

2 다시 강조하듯이, 그 표상은 믿음(belief)의 작용에 대립된 그 '단순한' 표상이다. 그 밖에 다른 표상의 개념에 기초를 놓을 경우, 브렌타노의 명제의 의미와 사정은 어떠한지 하는 문제를 우리는 다음의 두 절〔4·5절〕에서 상세하게 연구할 것이다.

만, 더 이상 진정한 의미에서 세분화하며 작동하는 것은 아니다.[3] 그래서 '동일한' 빨간색은 이러저러한 형태로 확장될 수 있다. 빨간색의 계기는 변화되지만 질로서 변화되는 것은 아니며, 본질적으로 그 계기에 속한 '확장'이라는 새로운 유의 계기에 따라 변화된다. 나는 '본질적으로 속한 계기에 관해서'라고 [강조해] 말했다. 색깔이 확장되지 않으면 존재할 수 없는 것은 실로 색깔 일반의 본질 속에 근거한다.

이제 우리가 든 사례로 돌아가자. 우리는 '구체적 판단 속에 기초 짓는 표상에 부가되는 판단의 성격은 사정이 어떠한가?'를 물었다. 판단의 성격은, 가령 모든 판단의 경우 완전히 동등한 것인가? 따라서 판단의 지향이라는 종 — 순수하게 이념적으로 파악해 보면, 단일한 종이지만 표상과 복합되지 않은 종 — 은 본래 이미 가장 낮은 종차가 아닌가?[4]

어쨌든 이것을 받아들이는 데 망설일 수 없다. 만약 그것을 받아들이고, 이때 모든 종류의 지향에 대해서도 일관되게 받아들이려 시도한다면, 우리는 표상의 경우 심각한 어려움에 직면할 것이다. 왜냐하면 표상이라는 종 안에서 더 이상 어떠한 세분화도 현존하지 않는다면, '종에서(in specie)' 이러저러한 표상의 차이는, 예를 들어 '황제'라는 표상과 '교황'이라는 표상의 차이는 표상하는 지향 그 자체에 관계하지 않기 때문이다. 그렇다면 이러한 표상, 더 적절하게 말하면 이러한 지향적 본질, 즉 이러한 표상의 의미를 세분화하는 것은 무엇인가?

그런데 그 표상의 의미는 '표상'이라는 성격(질)과 완전히 다른 유의 이차적 성격에서 형성된 복합체임에 틀림없다. 그리고 일차적 성격 안의 대상적 관계에서 모든 차이가 명백하게 상실될 것이기 때문에, 그 차

---

3 제3연구 1절 4항 이하 참조.

4 나는 여기에서 '긍정판단'과 '부정판단'이라는 논란의 여지가 있는 아종(亞種)을 고려하지 않는다. 이러한 종(아종)을 받아들이는 사람은 지금 논의에서 판단 그 자체 대신 어디에서나 가령 '긍정판단'으로 대체할 것이고, 그것을 부정하는 사람은 그 말의 경우 우리의 논의방식을 받아들일 것이다. 그렇지만 이것은 상세히 논의하는 것의 본질에 중요하지 않다.

3절 작용의 질료와 그 기초가 되는 표상

이를 완전한 의미로 도입하는 것은 이차적 성격일 것이다. 달리 말하면, 표상에 속하는 지향적 본질 — 앞에서 든 예에서는 의미 — 은 그래서 표상의 지향 일반의 궁극적 종차일 수 없고, 궁극적으로 세분화된 표상의 지향에는 완전히 다른 유의 완전히 새로운 규정성이 반드시 부가될 것이다. 모든 표상의 의미는 서로 다른 유에 속하는 두 가지가 함께 짜여 엮인 이념적 통일체로서, '표상의 지향'과 '내용'의 복합체일 것이다. 우리의 옛 명칭으로 되돌아가면 다음과 같이 말해야 할 것이다. 즉 위에서 살펴보았듯이, 모든 종류의 지향이 동일한 방식으로 세분화되는 것을 자명한 것으로 간주하면, 다시 작용의 질과 질료의 본질적 차이를 확정해야 할 것이다. 우리가 앞에서 규정한 의미에서, 질료가 기초가 되는 표상의 지향적 본질과 동일하고, 이 지향적 본질 자체가 다시 단순한 표상의 질과 동일하다는 견해는 유지될 수 없을 것이다.

25 두 가지 해결 가능성에 대한 더 정확한 분석

많은 사람은 여기에서 이상하게 여기며, 우리 자신이 초래한 어려움을 제거하지 않는다면 그 어려움에 얼마나 많은 번잡한 논의가 필요한지 질문할 것이다. 실로 모든 문제는 아주 단순하다. 물론 모든 표상의 작용은 표상이라는 종류의 보편적 작용의 성격을 띠며, 이 작용의 성격은 결코 더 이상 진정한 세분화를 허용하지 않는다. 그렇지만 무엇이 표상을 다른 표상과 구별하는가? 물론 '내용'이다. '교황'이라는 표상은 바로 교황을, '황제'라는 표상은 황제를 표상한다.

그러나 여기에 현존하는 현상학적 차이 — 이념적 통일체의 측면에서 종적 차이 — 를 결코 분명히 이해하지 못하고, 무엇보다 대상으로서 내용과 질료 — 파악의 의미〔뜻〕(Auffassungssinn)나 의미(Bedeutung) — 로서의 내용을 결코 근본적으로 구별하지 못한 사람은 그러한 '자명성'을 어쩔 수 없이 받아들일지 모른다. 마찬가지로 본래적 의미에서 대상은 표상 '속에(in)' 결코 존재하지 않는다는 진리를, 이것이 매우 중요한 문제가 되는 이러한 입장에서 작동시키지 않는 사람도 그러한 '자명성'을 어쩔 수 없이 받아들일지 모른다.

그래서 번잡한 논의가 꼭 필요하다. 표상 속에 결코 존재하지 않는 대상은 표상과 다른 표상 사이의 어떠한 차이도 생기게 할 수 없고, 그래서 특히 표상이 표상하는 것에 관한 차이, 즉 그때그때 표상 자신의 내용에서 우리에게 매우 친숙한 차이도 생기게 할 수 없다. 그런데 이러한 '〔표상하는〕 것(was)'을 지향된 대상에서 구별할 수 있고, 표상 그 자체에 내재한 '내용'으로 이해하면, 우리가 그 내용을 이러한 것으로 이해해야 하는 것이 곧바로 문제가 된다. 여기에서 우리는 위에서 이미 시사했고 지금 다시 최대한 명확하게 설명하려는 다음 두 가지 가능성 이외에 어떠한 가능성도 알지 못한다.

그 가능성 하나는 표상의 내실적 내용 속에 변화하는 지향적 본질과, 이와 동시에 변화하는 대상적 관계를 형성하는 것이 때에 따라 다르게 세분화되는 표상의 질 그 자체라는 점을 가정하는 것이다. 표상 '교황'과 '황제' —— 이것은 교황 자신도 황제 자신도 아니다 —— 는 색깔 '빨간색'과 '푸른색' —— 양쪽에서 '뉘앙스'로 생각된 특정한 차이로서 —— 이 서로 구별되는 것과 정확하게 유비적인 방식으로 구별된다. 보편적인 것은 표상이고, 특수한 것은 의미의 본질에 따라 완전하게 규정된, 궁극적으로-세분화된 표상이다. 마찬가지로 비교하는 경우에 보편적인 것은 '색깔'이고, 특수한 것은 '이러저러하게' 규정된 '색깔', 이러한 '뉘앙스의 빨간색', 저러한 '뉘앙스의 푸른색'이다. 어떤 표상이 어떤 대상에 어떤 방식으로 관계하는지는 그 표상이 표상 외부에 그 자체만으로 존재하는 대상에서 마치 표상이 진지하게 받아들일 수 있는 의

3절 작용의 질료와 그 기초가 되는 표상

미에서 대상을 '향하거나', 그렇지 않으면 가령 펜으로 글을 쓰는 손과 같이 대상과 더불어, 또는 대상에서 창조할 수 있게 만들듯이 작동되지 (Sich-betätigen) 않는 덕분이다. 표상이 대상에 관계하는 것은 마치 표상에 외적으로 남아 있는 어떤 것 덕분이 결코 아니라, 오직 표상 자신의 특수성 덕분이다. 이 후자는 모든 해석에 대해 타당하지만, 지금 앞에 제시된 해석은 이것을 '그때그때 주어진 표상은, 단순히 그 표상이 이러저러하게 세분화된 표상의 질에 의해, 바로 이러한 방식으로 이러한 대상을 표상하는 하나의 표상이다.'라고 규정한다.

다른 가능성은 여기에서 제공된 두 번째 가능성으로서 '교황'이라는 그 — 이념적으로 하나인 — 표상에 대한 논의나 '교황'이라는 말의 그 의미에 대한 논의에서 이념화하는 추상을 겪은 완전한 지향적 — 또는 앞에서 든 예에서 완전히 의미에 적합한 — 본질이 두 가지 추상적 계기로 나뉜, 본질적으로 복합적인 것임을 가정하는 것이다. 그 추상적 계기 가운데 하나는 표상의 질, 즉 순수하게 그 자체만으로 어디에서나 동등한 표상작용을 하는 작용의 성격이다. 다른 하나는 '내용(질료)'인데, 이것은 작용의 성격에서 내적 본질에 대한 그 차이로서 속하는 것이 아니라, 바로 부가된 완전한 의미를 완성하는 것이다. 이 경우 두 계기의 관계를 비교하는 것은 '특정한 색깔'과 '연장(延長)'의 관계와 같다. 각각의 색깔은 어떤 연장의 색깔이며, 마찬가지로 각각의 표상은 어떤 내용의 표상이다. 양쪽 연관은 결코 우연적인 것이 아니라 필연적이며, 더구나 아프리오리한 것이다.

그러한 비교는 우리가 어떻게 복합의 종류를 파악해 알려 하며, 지금 입장에서 어떻게 파악해 알아야만 하는지 시사해 준다. 그것은 여전히 올바른 적절한 명칭을 아직 부여하지 못한 복합의 형식이다. 브렌타노나 그와 아주 가까운 몇몇 학자는 여기에서 형이상학적 부분들의 결합이라 말하고, 슈툼프는 속성적[한정적] 부분이라는 명칭을 선호한다.

내적 속성을 현상적인 외적 사물들의 통일체로 결합하는 것은, 이러한 복합 형식의 이념이 그 근거에서 기초될 수 있는 전형적인 예를 제공해 준다. 그에 따라 단지 추상을 통해 내용과 구별될 수 있는, 표상하는 질의 순수한 성격에 그것을 규정하는 내용으로서 부가되는 보충적 성격은 실제로 새로운 유에 속하는 것으로 간주되어야 한다. 왜냐하면 그 보충적 성격 자체를 다시 질적 성격으로 파악하려 하자마자 우리가 제거하려 지금껏 노력한 그 어려움이 다만 명칭만 바뀐 채 새롭게 겹겹이 쌓이기 때문이다.

그러므로 '작용의 질'이라는 유에서 '내용'이나 '질료'를 구별하려고 결심해도 좋다면, 우리는 '그 자체만으로 표상작용을 표상작용으로, 이와 일관된 방식으로 이때 판단작용도 판단작용으로, 욕구작용을 욕구작용 등으로 만드는 질적 성격은 자신의 내적 본질 속에 어떤 대상과 아무 관계도 갖지 않는다.'라고 말해야 할 것이다. 그렇지만 그와 같은 성격은 다분히 보충적 '질료' 없이 존재할 수 없고, 그 대상과의 관계는 이 질료와 함께 비로소 완전한 지향적 본질로, 그래서 구체적인 지향적 체험 자체로 들어온다는 것, 즉 이념법칙의 관계는 〔질적 성격의〕 이러한 본질 속에 근거한다. 이것은 '당연히' 표현적 체험의 의미에 적합한 본질로 옮겨지며, 그로 인해 우리는 의미에 적합한 본질을, 예를 들어 서로 다른 사람들이 진술하면서 내리는 동일한 판단에 대해 이야기한다. 이 의미에 적합한 것, 즉 이상적으로 말하면 의미는 구체적인 판단체험의 경우, '내용'(판단의 질료)과 '속성으로' 짜여 엮이는 가운데 판단하는 정립의 작용의 성격(추상적인 판단의 질)이며, '대상', 즉 사태와의 관계는 이 내용을 통해 완성된다. 그래서 이때 우리는 이 판단하는 정립에서 연장이 없는 어떠한 색깔도 생각해 볼 수 없듯이, 어떤 내용이 없다면 결코 아프리오리하게 생각해 볼 수 없다.

　　　　　　　　　　　3절 작용의 질료와 그 기초가 되는 표상

26 제안된 해석의 검토와 거부

그런데 이렇게 서로 논쟁하며, 동등하고 주도면밀하게 숙고된 가능성들 사이에서 우리 자신은 어떻게 결정해야 하는가?

첫 번째 가능성을 가정하면, 일련의 지향적 체험에서 표상은 기묘한 예외의 모습을 띤다. 왜냐하면 '표상', '판단', '소원', '의지' 등의 질을 대등한 종으로서 포괄하는, '지향적 질'이라는 본질적인 유 안에서는 '표상'이라는 종이 다시 세분화되는 반면, 즉 이러저러한 '내용' —— 이러저러한 질료 —— 의 표상이라 부르는 모든 것에서 차이가 세분화되는 반면, 판단의 질, 소원의 질, 의지의 질 등은 궁극적 차이이기 때문이다. 이 차이에서 내용의 차이는 그때그때의 질과 복합되거나 '그 기초가 되는' 표상의 질에서 보이는 차이일 뿐이다.

또한 사태는 이와 다르게 파악될 수 없다. 왜냐하면 가령 다른 판단을 구별하는 내용, 마찬가지로 서로 다른 소원이나 의지 등을 구별하는 내용을, 역시 판단, 소원, 의지 등 질의 종에서의 차이로 파악함으로써 동등한 형식성(形式性)을 수립하는 것은 가능하지 않기 때문이다. 서로 다른 순수한 종은 실로 동일한 궁극적 차이를 가질 수 없다. 우리가 지금 동일한 단계의 서로 다른 종 —— 이 가운데 하나는 궁극적 차이를 그 아래에 갖지만, 다른 모든 것은 이미 그 자체로 궁극적 차이로 존재해야 하는 —— 을 받아들여야 한다면, 이러한 해석의 불리함은 새로운 해석을 통해 대체되지 않는가?

이에 따라 두 번째 설명한 가능성에 친숙해지며, 이 가능성은 즉시 우리의 해석을 크게 변경시키도록 다그치는 것으로 보일 것이다. 도대체 우리는, 모든 지향적 체험이 '단순한' 표상이든, 자신의 필수적 '기반'으로서 함축적 표상이든, 과연 명제에서 고수할 수 있는 진정한 근거를 갖고 있는가? 작용으로서 표상의 그와 같은 우선권은, 그 자체가 표상은 아닌 모든 작용의 그와 같은 복합은 거의 쓸모없는 가정처럼 보인다. 지금 기준으로 삼는 확신의 의미에서, 독특한 유의 체험으로 파악된 '내용'이 단지 복잡을 통해 — 지극히 내적인 복잡을 통하든, 적극적인 내적 속성의 복잡을 통하든 — 표상작용에서 작용의 성격과 일치되고, 이러한 복합적 방식이 여기에서 우리가 이러한 내용의 작용이라 부르는 것을 성립시킬 수 있다면, 왜 다른 종류의 작용에서 사태가 사정이 다르거나 적어도 달라야 하는가? 앞에서 말한 표상의 질과 '내용'의 복합적 형식은 어떤 측면에서는 '이러한 내용의 표상' 전체를 제약한다. 그렇다면 다른 작용의 경우, 예를 들어 판단에서 왜 판단의 질과 내용에 관계된 이러한 복합적 형식이 '이러한 내용의 판단' 전체를 성립시키지 못하는가?

많은 종류의 작용의 특수성을 통해 어떤 매개가 법칙적으로 요구될지 모른다. 많은 작용의 질이 단지 복합 속에서만 등장할 수 있고, 그래서 작용 전체 속에 다른 작용의 질, 게다가 동일한 질료와 관계된 작용의 질 — 예를 들어 이러한 질료의 표상작용 — 이 많은 종류의 작용에 필연적으로 기초가 되고, 따라서 그 작용과 질료의 연결이 반드시 간접적인 것일 수도 있다. 그러나 이러한 사정이 항상 어디에서나 그래야만 한다는 것, 무엇보다 여기에서 문제 삼는 '단순한 표상작용'이라는 종류의 작용은 매우 중요한 역할을 한다는 것, 그런데 그 자체가 표상작용이 아닌 각각의 작용은 그와 같은 표상작용의 매개를 통해서만 자신의 질료를 획득할 수 있다는 것, 이것은 이제 자명한 것으로 보이지 않고 처음부터 개연적인 것으로 보이지도 않는다.

27 직접적 직관의 증언. 지각의 표상과 지각

우리는 그러한 기술적 논쟁의 문제를 규명하는 데 최우선의 것임에 틀림없는 것으로, 즉 '내적 지각의 증언'이나 우리가 충분한 근거에서 선호해 말하듯이, 지향적 체험의 직접적인 직관적 본질분석의 증언으로 이러한 논증을 끝맺는다. 서술하는 데에 이러한 반전은 허용될 수 있으며 상황에 따라 필요하다. 올바로 이해된 내재적 본질직관의 명증성, 또는 그와 같은 경우 사람들이 잘못된 것이라 말하듯이, '내적 지각'의 명증성에 대해 확실히 우리는 인식론적 관계에서 당연한 모든 경의를 표하려 한다. 그러나 이 '명증성의 증언은 이 증언이 요청되자마자, 따라서 개념적으로 포착되고 진술되자마자 그 힘을 아주 크게 잃어버리고, 그 결과 정당화된 의심이 자연히 생길 수도 있다. 이러한 '내적 지각'에 의거함으로써 사람에 따라 서로 다른 견해에 이르며, 사람에 따라 서로 다른 견해를 내적 지각 속에서 읽거나 내적 지각에서 읽어 낸다. 우리의 경우도 마찬가지다. 이렇게 실행된 분석은 곧바로 이러한 것을 여기에서 인식하고, 현상학적 본질직관에 주어진 것을 해석하는 데 생긴 착각을 하나하나 구별하고 평가하는 입장에 〔우리를〕 세운다. 이와 동일한 것이 개개 사례의 내적 직관에 근거해 성립하는 보편적 명제의 명증성에도 타당하다. 이러한 명증성은 해석하면서 부가하는 것에 대립해 고찰되어야 한다.

우리는[5] 위에서 '내적 지각의 명증성'에 통상 의거할 경우, 내재적 본질직관 대신 내재적 지각을 '잘못된 것'이라 부른다고 말했다. 왜냐하면 더 정확하게 살펴보면, 그와 같이 의거하는 모든 것이 그 자체로 순수현상학적 영역의 본질의 사태이거나, 이와 같은 본질의 사태를 심리

---

5 (옮긴이 주) 이하 아래의 세 문단은 2판에서 보충한 것이다.

학적 실재성으로 단순히 옮기는 사태를 확인하는 데 도움이 되기 때문이다. 현상학적 사태를 확인하는 것은 그 인식의 근거를 결단코 심리학적 경험 속에, 특히 자연스러운 단어의 의미에서 내적 지각 속에 가질 수 없으며, 오히려 이념화하는 현상학적 본질직관 속에서만 가질 수 있다. 이 본질직관(Wesenserschauung)은 내적 직관에서 그 범례적 출발점을 받아들인다.

그러나 한편으로 이 내적 직관은 곧바로 현실적인 내적 직관이나 그 밖의 내적 경험(기억)일 필요가 없으며, 오히려 충분한 직관적 명석함을 지닌 한에서만 가장 자유로운 허구 속에 형성된 모든 내적 상상과 아주 똑같이 본질직관에 이바지할 수 있고, 심지어 우선적으로 이바지한다. 다른 한편, 이미 여러 번 강조했듯이, 현상학적 직관은 심리학적이거나 자연과학적인 모든 통각과 실재적 현존재 정립을 처음부터 배제하며, 실제적 사물이나 신체, 나 자신의 경험적 자아주체를 포함해 인간 등 — 일반적으로 순수의식을 초월하는 모든 각각의 것과 같이 — 과 심리물리적 자연의 모든 정립을 처음부터 배제한다. 이렇게 배제하는 것은 '현상학적 본질직관이 내적 직관에 근거해 내재적 이념화작용(Ideation)으로 수행되며, 이 본질직관은 이념화하는 시선(Blick)을 오직 직관된 체험 자신의 내실적, 또는 지향적 존립요소에 따라 방향을 정하고, 이러한 단수의 체험들 가운데 개별화된 종적 체험의 본질을, 이것에 속한 — 따라서 '아프리오리한' '이념적' — 본질의 사태와 마찬가지로, 충전적으로 간취하는 방식으로 수행된다.'는 사실에 의해 본래 '당연히' 수행된다.

이러한 상태를 완전히 명석하게 파악하는 것, 그리고 인식론적 규명, 마찬가지로 의식의 자료에 관한 보편적 명제를 수립할 경우 필증적 명증성에 의거한 심리학적 규명으로 '명증성의 원천은 내적 경험 속에, 특히 내적 지각 속에 놓여 있으며, 따라서 현존재를 정립하는 작용 속에 놓여 있다.'는 것을 믿을 때 이것은 단순한 가상일 뿐이라는 사실을 확신하는 것은 지극히 중요하다. 이러한 주된 오해는 내적 경험과 심리학의 토대를 실제로 떠나지 않은 채 필증적 명증성에 대해, 심지어 아프리오리한 통찰에 대해 이야기하는 사실을 통해 순수논리학과 윤리학, 인식론의 요구를 충족시킬 수 있다고 믿고, 극단적 경험론을 극복할 수 있다고 믿는 심리학주의의 그 놀이방식(Spielart)을 일으키는 원인이다. 이것으로 우리는 원리적으로 흄을 넘어서지 말아야 한다. 흄은 '관념의 관계(relations of ideas)'라는 형식으로 아프리오리를 인정했지만, 동시에 내적 경험과 이념화작용을 원리적으로 구별하지 않아 이념화작용을 유명론의 입장에서 우연적 사실로 왜곡했다.

이제 세세하게 검토해 보면, 모든 지향적 체험이 '표상'을 기반으로 갖는다는 것은 물론 명증적이다. 우리가 판단하는 사태가 우리에게 표상되지 않으면 우리는 판단할 수 없다는 것은 명증적이며, 이것은 질문·회의·추측·욕구 등의 경우도 마찬가지다. 그러나 이 경우 '표상'은 그와 같은 연관 이외에 우리가 표상이라 부르는 것과 동일한 것을 뜻하는가? 특히 그 명증성을 '모든 작용의 체험은 '단순한 표상'이든가 '표상'을 기반으로 갖는다.'는 법칙으로 확장시킬 때, 우리는 애매함의 유혹에 빠지지 않을 수 있는가?

처음부터 의아하게 생각하게끔 만들 수 있는 것은, 우리가 엄밀하게 기술하는 방식에서 실제로 체험에 의거할 때, '단순한 표상'이 아닌 작용을, 이른바 이 작용을 구축하는 부분적 작용으로 분석하는 것이 결코 어디에서나 성공하지는 않을 것이라는 상황이다.

어쨌든 참된 작용의 복합에 대한 한 사례를 지향적 관계의 방식으로, 게다가 질료가 완전히 동일한 경우를 가정하여, 의심스러운 작용의 복합에 대한 어떤 사례와 대조해 보자. 나는 지각이나 기억의 방식으로, 어쩌면 진술하는 작용의 의미에서 판단작용의 방식 등으로, 나를 기쁘게 하는 것이 나에게 존재하는 방식으로 나에게 직면하지 않고는 그것에 대해 기뻐할 수 없다. 이 경우 복합은 아주 명백하다. 예를 들어 내가 지각하면서 기뻐하듯이 기쁨 작용의 성격은 지각 속에 근거한다. 이 지각은 그 자신의 작용의 성격을 지니며, 그 자신의 질료를 통해 동시에 기쁨에 대한 질료를 만들어 낸다. 기쁨의 성격은 완전히 폐지될 수 있지만 지각은 남아서 그 자체로 변화되지 않은 채 존립한다. 그러므로 지각은 의심할 여지없이 구체적인-완벽한 기쁨의 체험 속에 있는 하나의 존립요소다.

그런데 지각은 즉시 의심스러운 작용의 복합에 한 예를 제공해 준다. 우리는 모든 작용에서와 같이, 여기에서 질과 질료를 구별한다. 지각에 상응하는 단순한 표상, 가령 단순한 상상과 비교하는 것은 동일한 대상이 어떻게 동일한 것으로서, — 동일한 '파악의 의미' 속에 — 또한 완전히 다른 방식으로 현전할 수 있는지를 밝혀 준다. 지각에서 대상은 '생생하게', 이른바 몸소 현재에 있는 것으로 보인다. 상상의 표상에서 '대상은 눈앞에 아른거리며', '현전하지만', 생생하게 현재에 있지는 않다.[6] 그럼에도 이것은 우리가 여기에서 문제 삼는 차이가 아니다. 그것은 질료에도 질에도 상관하지 않는 계기를 통한 차이이며, 예를 들어 동일한 파악의 의미 속에 표상된 하나의 동일한 대상 등의 지각과 기억의 차이와 마찬가지다.

그러므로 그러한 차이를 추상하는 가운데 지각과 이에 상응하는 어떤 '단순한' 표상을 비교해 보자. 우리의 견해에 따르면, 추상적인 공통

---

6 (옮긴이 주) '현재에(gegenwärtig)' 또는 '현재화(Genwärtigung)'는 원본적 지각이 생생한 '지금' 속에 현재 존재하는 것으로 '직접 제시하는 것(Präsentation)'이며, '현전하는(vergegenwärtig)' 또는 현전화(Vergegenwärtigung)는 기억이나 상상처럼 시간 공간적으로 지금 여기에 현존하지 않는 것을 의식에 다시 현존하게 만드는 것, 즉 '직접 제시하는 것'과 함께 통각과 연상을 통해 예측에 의해 주어지는, '간접적으로 제시하는 것(Appäsentation)'의 작용이다.

3절 작용의 질료와 그 기초가 되는 표상

요소인 질료는 양쪽에서 서로 다른 방식으로, 서로 다른 작용의 질 속에 주어진다. 우리에게 의심스러운 것으로 나타나는 다른 견해에 따르면, 지각작용에 기초가 되는 질료는 그 자체가 다시 작용의 질, 즉 단순한 표상작용을 기초 짓는 작용의 질이 된다. 그렇다면 이것을 분석할 경우 어떤 것이 발견될 수 있는가? 그 견해에 따라 지각은 하나의 작용의 복합으로 간주되어야 하고, 단순한 표상을 하나의 자립적 작용으로서 지각에서 실제로 분리시켜야 하는가?

아마 사람들은 여기에서 지각에 정확하게 상응하는 환상(Illusion)의 가능성을 지적하고, 환상은 그것이 착각으로 밝혀진 다음 지각 속에 완전히 그렇게 짜여 엮여, 지각에 질료를 제공하는, 고립되고 단순한 표상으로서 파악될 수 있다고 생각한다. 환상은, 아직 착각으로 인식되지 않은 한, 전적으로 지각이다. 그러나 그에 따라 지각의 성격, 즉 '신념(belief)' 작용의 질은 폐지되고, 단순한 지각의 표상은 남아 있게 된다. 이와 동등한 복합은 모든 지각의 경우 앞으로도 받아들일 수 있고, 어디에서나 기초가 되는 지각의 표상은 — 그 질은 지각의 질료를 형성한다 — '신념'의 성격을 통해 보충된다고 생각한다.

더 정확하게 검토할 목적으로 구체적 예를 고찰해 보자. 〔밀랍 인형〕 전시실 속에서 즐겁게 거닐면서, 우리는 친절하게 윙크하는 낯선 부인 — 잘 알려진 전시실의 농담 — 을 계단에서 마주친다. 그것은 우리를 순간적으로 착각하게 만드는 인형이다. 착각에 빠져 있는 한 우리는 어떤 다른 것과 마찬가지로 지각을 갖는다. 우리는 어떤 부인을 보지 인형을 보는 것이 아니다. 착각을 인식하면, 그 관계는 거꾸로 되어 이제 어떤 부인을 표상하는 인형을 본다. 물론 표상작용에 대한 이러한 논의는 인형이 어떤 부인의 상(像)으로서 기능한다는 것, 따라서 가령 동일한 전시실 속에 나폴레옹'의' 밀랍 인형, 비스마르크'의' 밀랍 인형이 초상(肖像)으로서 기능하는 방식으로 기능한다는 것을 뜻하지 않는다.

따라서 그 인형이라는 사물의 지각은 모사하는 의식의 기반이 아니라, 오히려 단순히 인형과 일체가 된 부인이 동시에 나타나는데, 이 두 가지 지각적 파악, 또는 두 가지 사물의 나타남은 나타나는 어떤 내용에 따라 이른바 합치되면서 서로 침투된다. 그리고 이 둘은 서로 충돌하는 방식으로 침투되며, 이때 주목하는 시선은 때에 따라 이러저러하게 나타나는 ─ 그렇지만 존재 속에 지양되는 ─ 객체로 향할 수 있다.

이제 다음과 같이 말할 수 있을 것이다. 즉 이 경우 근원적인 지각의 표상이, 완전히 떨어져 나간 현존재에 이르는 것이 아니라, 새로운 지각인 인형에 대한 지각과의 연관 속에 등장한다면, 그 지각의 표상은 인형에 대한 지각 속에 어쨌든 본래 지각에 대해 기초 짓는 것으로서 이바지하지 않는다. 지각된 것은 단지 인형뿐이고, 오직 인형만 실제의 것으로 '신념(Glauben)' 속에 현존한다. 그래서 당면한 목적에 대해 완전히 충분한 방식으로 분리하는 데 성공한다. 그런데 이러한 분리가 어쨌든 충분한 것은, 우리가 참으로 여기에서 분리하는 것에 대해 이야기할 권리를 가졌을 때뿐이다. 즉 두 번째의〔인형에 대한 지각의〕 경우, 부인에 대한 표상이 실제로 출발한〔첫 번째〕 경우와 동일한 부인에 대한 지각 속에 포함된 것으로 간주될 수 있을 때뿐이다.

그런데 표상은 전자의 경우 ─ 착각이 밝혀진 다음 ─ 는 서로 충돌하는 가운데 '지양된' 지각적 의식과 같은 것을 뜻한다. 그것이 거기에 등장하듯이, 그렇게 질이 부여된 이 지각적 의식은 물론 근원적 지각 속에 포함되어 있지 않다. 확실히 이 둘은 공통 요소를 갖는다. 즉 이 둘은 이러한 점에서 유리하지 않게 선택할 수 있을, 우리가 든 예 속에서 지각과 이에 상응하는 표상 사이에 일반적으로 가능한 정도로 서로 동등하다. 확실히 이 둘 ─ 여기에는 그렇게 계속되는 동등함이 결코 필요하지 않을 것이다 ─ 은 동일한 질료를 갖는다. 그것은 양쪽에서 나타나는 동일한 부인이며, 동일한 부인은 동일하게 같은 현상적 규정성을 지닌 채 여기저기에 나타난다.

그러나 그 부인은 한편으로는 실제성으로서, 다른 한편으로는 이에 대립해 허구로서 생생하게 나타나면서 어쨌든 무효한 것(Nichtiges)으로서 우리 앞에 있다. 양자의 차이는 질 속에 놓여 있다. 물론 마치 그녀 자신이 거기에 있는 것처럼, 즉 참으로 실제 인물인 것처럼 '거의' 그러한 기분이 들 수 있다. 작용의 질료와 그 밖에 질 이외의 구성요소에 관해 유별난 동등함이 사실상 상의 성격(Bildlichkeit)의 의식에서 지각의 의식으로 전락하는 경향을 불러일으킨다. 윙크하는 부인을 향한 지각의 경향(신념의 경향)은 부분적으로 지각의 경향에 합치되지만, 다른 계기에 따라 이것을 배척하는 인형(밀랍으로 만든 사물 등)에 대한 지각의 측면에서 겪는, 특히 그 지각의 신념의 질에서 겪는 생생한 모순만이 우리가 이러한 지각의 경향에 실제로 굴복하지 않게 한다. 그렇지만 이 모든 경우에서 그 차이는 마치 이러한 표상이 지각 속에 포함될 수 있다는 생각이 배제되어 남는 종류의 차이다. 동일한 질료가 어느 때는 지각의 질료이고, 다른 때는 단순한 지각적 허구의 질료다. 이 둘은 명백하게 통합될 수 없다. 지각은 결코 동시에 지각된 것의 허구일 수 없으며, 허구는 결코 허구로 만들어진 것의 지각일 수 없다.

그에 따라 기술적 분석은 많은 사람이 거의 자명하게 생각하는 견해를, 즉 모든 지각은 복합체이며, 이 복합체 속에서 지각작용의 질적인 것을 형성하는 '신념'의 계기는 '지각의 표상'의 완전한 작용, 그 자신의 질을 갖춘 작용 위에 구축된다는 견해를 결코 우선시하지 않는 것 같다.

28 특히 판단의 경우 상태에 대한 탐색

이와 유사한 상태를 논리학자가 특히 관심을 쏟는 부류의 작용인

'판단'의 경우에 발견한다. 이 말을 우리는 여기에서 진술('술어화')에 따라 방향이 정해진, 이에 따라 지각과 기억, 이와 유사한 작용 ― 기술적으로 본질적 유사함에도 불구하고 ― 을 배제한 지배적인 의미로 이해한다. 판단 속에 우리에게 '나타나는 것'은, 더 명확하게 말하면, 우리에게 지향적으로 대상적이 되는 것은 사태다. 사태는, 비록 감성적으로 지각된 것에 관계하더라도, 우리에게 지각된 것의 방식으로 '외적 감각'이든 '내적 감각'이든 상관없이 감성적으로 나타날 수 있는 대상이 아니다.

지각 속에서 대상은 생생하게 현존하는 것으로 우리에게 주어진다. 이러한 지각에 근거해 '그 대상은 존재한다.'라는 판단을 내리는 한, 우리는 그 대상을 현재에 존재하는 대상이라 부른다. 지각이 사라진 경우에도 본질적으로 동일한 것으로서 존립해 남아 있을 수 있는 이러한 판단에서 '나타나는 것', 즉 지향적으로 의식된 것은 존재하는 감성적 대상이 아니라 '대상이 존재한다.'라는 사실이다. 더 나아가 판단 속에 우리에게 나타나는 것은 '어떤 것이 이러저러한 성질을 지녔다.'는 것이며, 물론 회의하는 추측작용으로서가 아니라, ― 판단에 대한 논의의 통상의 의미에서 ― 확고한 사념작용이나 확실성, 확신해 있음으로 이해되어야 하며, 이렇게 보이는 것은 일반적으로 내용상 서로 다른 형식으로 수행된다. 'S가 존재하든지 아니다.', 'S는 p이든지 p가 아니다.', 'S는 p이든지 Q는 r이다.' 등은 하나의 사념작용(Vermeinen)이다.

판단하는 사념작용의 객체적인 것(Objektives)을 우리는 '판단된 사태'라 부르고, 반성하는 인식 속에서 이것을 판단작용 그 자체와 구별한다. 이 판단작용 그 자체는 우리에게 이러저러하게 그렇게 또는 다르게 존재하는 것처럼 보이는 작용이다. 이것은 지각에서 지각된 대상을 작용으로서 지각작용과 구별하는 것과 정확하게 똑같다. 이러한 유비에 상응해 '판단의 작용 속에 질료를 형성하는 것이, 따라서 판단을 이러한 사태의 판단으로 한정하는 것은 표상작용의 기초 짓는 작용 속에 놓여 있다.'

3절 작용의 질료와 그 기초가 되는 표상

라는 쟁점이 되는 문제가 이제 여기에서도 숙고되어야 한다. 이러한 표상에 의해 사태는 우선 표상될 것이고, 판단하는 정립은 새로운 작용으로서, 더 정확하게 말하면, 그것 위에 새롭게 구축된 작용의 질로서 이렇게 표상된 것에 관계할 것이다.

그런데 각각의 판단에 — 본질보편성에서 말하면 '아프리오리하게' — 그 판단과 더불어 질료를 공유하는 판단이 존재한다는 것, 따라서 판단이 그것을 판단하는 것과 정확하게 상응하는 방식으로, 정확하게 동일한 것을 표상하는 표상이 존재한다는 것을 누구도 의심하지 않는다. 그래서 예를 들어 '지구의 질량은 태양의 질량에 대략 1/325000이다.'라는 판단에는, 그 판단에 소속된 '단순한' 표상으로서, 누구나 수행하는 작용, 이러한 발언을 듣고 이해하지만 판단하면서 결정할 동기를 전혀 발견하지 못하는 작용이 상응한다.

이제 우리는 '이 동일한 작용은 판단의 존립요소이며, 판단은 다만 단순한 표상작용에 잉여(Plus)로서 부가되는, 판단하면서 결정함을 통해서만 구별되는가?' 하고 질문한다. 나로서는 기술적 분석으로 이러한 점을 확인하려 노력했지만 실패했을 뿐이다. 여기에서 요구되는 작용의 질에서 나는 이중성을 전혀 찾지 못했다. 물론 우리는 분석하려는 의도에서, 단순한 표상에 대한 논의에서 논증을 이끌어 내면 안 된다. '단순한'(단순한 것)이라는 말은, 일반적으로 여기에서 어떤 결함을 시사한다. 그러나 이 결함은 **보충**을 통해 제거될 수 있는 것이 결코 아니다. 그래서 우리는 지각과 '단순한' 구상을 대립시킨다. 그 차이는 지각의 측면에서는 장점에 있지만 잉여에 있지 않다. 판단작용에 대립해 단순한 표상작용에 대한 논의에서도 마찬가지로, 판단작용의 결함에는 단순한 표상작용의 장점이, 즉 바로 표상된 상태에만 관련해 판단에 적합하게 결정함의 장점이 상응한다.

29 계속: 사태의 단순한 표상에 대한 '승인'이나 '동의'

아마 다른 사람들은 우리가 놓쳐 버린 복합이 어떤 경우 분명하게 드러나는 것을 발견할지 모른다. 즉 그들은 우리가 즉시 판단에 적합하게 결정하지도 않은 채 단순한 표상 — 이 단순한 표상에는 비로소 나중에 명증적인 새로운 작용으로서 동의(승인이나 거절이나 거부)가 부가된다 — 이 우리 머릿속에 떠다니는, 잘 알려진 체험을 기억할 것이다.

물론 우리는 이러한 명증성을 의심하지 않지만, 그 명증성과 전체의 상태를 다르게 해석하려고 충분히 시도할 수 있다. 확실히 새로운 작용은 '단순한 표상'에 연결된다. 즉 새로운 작용은 단순한 표상을 뒤따르고, 이때 의식 속에서 자신을 주장한다. 그러나 이제 다음과 같은 의문이 생긴다. 즉 '새로운 작용은 예전의 작용을 실제로 완전히 자신 속에 포함하는지', 더 상세하게는 '새로운 작용은 가령 지각의 작용에 기쁨의 작용의 질이 집합되고, 그래서 구체적인 기쁨의 작용을 완성하듯이, 예전의 작용에 단순한 표상으로서 고유한 판단의 질, 즉 '신념'의 성격이 부가된 결과 구체적인 판단의 체험이 완성되어 단순히 예전의 작용에서 생기는지' 하는 의문이다.

새로운 작용이 예전의 작용에서 이렇게 일어나는 가운데, 우리가 질료라 부른 것이 그 속에 포함된 어떤 동일한 것으로 유지되어 남아 있다는 점은 전혀 의심할 여지가 없다. 그러나 이 동일한 것이 표상작용의 완전한 작용일 필요는 없고, 이 표상작용을 통해 기초 지어진 새로운 질이 부가되는 것이 유일한 변화다. 또한 그 과정은 '단순한 표상작용의 근원적 작용의 경우에는 표상작용의 고유한 성격이 판단의 성격을 통해 교체되는 반면, 동일한 것은 그 속에 포함된 질료와 더불어 그 자체만으로는 완전한 작용을 형성하지 못하는 추상적 계기 속에 계속 존속할 수 있다.'고 해석될 것이다.

3절 작용의 질료와 그 기초가 되는 표상

어쨌든 더 정확하게 해야 한다. 이제까지는 상태의 한 부분만 방금 시도한 생각으로 어느 정도 기술했다. 그래서 특히 바로 동의에 대한 논의를 정초하는 것이 결여되었다. '우리는 다른 사람이 표명한 판단에 동의한다.'고, 동의를 특히 지지해 이야기하는 경우의 예에서 더 신중하게 기술한다. 이때 다른 사람의 논의는 직접 우리의 측면에서 같은 의견의(gleichstimmig) 판단을 일깨우지 않는다. 즉 같은 의견의 판단을 수행하는 것, 전달을 단순히 받아들이는 것은 동의하는 것을 뜻하지 않는다. 오히려 동의하는 것에는 우리 자신은 판단하지 않은 채 그 진술을 이해하는 것, 따라서 다른 사람이 진술한 것이 우리에게 '단순히 제기된 것'으로 의식되는 것이 필요하므로, 그래서 우리는 이것을 이제 검토하거나 숙고한다. 왜냐하면 동의가 구축되는 단순한 표상작용의 경우, 중요한 문제는 명백히 이 모든 작용이기 때문이다.

그래서 우리는 다른 사람이 생각한 것을 숙고하면서 깊이 파고든다. 우리에게 처음에 단순히 제기된 것은 제기된 것〔미결정〕으로 머물지 말아야 하며, 우리는 이것을 의문시하며 어떤 결정을 내리려고 의도한다. 이때 결정, 즉 승인하는 찬성 그 자체가 일어나며, 그래서 우리 자신이 판단하고 다른 사람과 같은 의견으로 판단한다. 그런데 이러한 판단에는 앞선 '단순한 표상', 숙고하면서 제기된 것〔미결정으로 놓아둔 것〕과 의문을 제기하는 것이라는, 그 일련의 작용이 확실히 포함되어 있지 않다. 오히려 한편으로는 논의하는 사람의 판단에, 다른 한편으로는 숙고하는 의문에 '같은 의견'인 판단, 즉 동일한 질료를 지닌 판단이 주어진다. 그래서 동의가 수행된다. 나는 그 판단에 동의하고, 즉 나는 정확하게 똑같이 판단하고 동일한 질료에 근거해 판단한다. 나는 그 의문에 동의한다. 즉 나는 그 의문 가운데 의심스러운 것으로 간주했던 것을 정확하게 참으로 간주한다. 따라서 그 작용은 다시 동일한 질료에 근거해 수행된다.

그러나 더 자세하게 살펴보면, 그 분석은 여전히 불완전하고, 동의하는 데 독특한 것이 본래적으로 결여되어 있다. 질문과 이와 같은 의견의 판단, 또는 판단과 이와 같은 의견의 판단이 잇달아 있는 것 (Nacheinander)이 여전히 전체, 즉 의문이나 판단에 동의하는 판단을 만들지 못한다. 두 가지 서로 다른 항이 명백히 어떤 이행하는 체험을 매개하거나 연결한다. 숙고하고 질문하는 '지향'은 같은 의견을 결정하는 가운데 자신을 충족시키고, 그것이 통일되는 계기의 현상학적 성격을 지닌 그 대답이 이렇게 충족되어 통일되는 가운데, 두 작용은 단순히 잇달아 있는 것이 아니라 긴밀하게 통일되어 서로 관련된다. 답변이 그 질문에 적합하면, 결정은 '그것은 숙고하는 고찰에서 명백했던 것과 정확하게 마찬가지로 그러하다.'라고 말한다.

숙고가 수레의 비유에 정확하게 상응해 이리저리 흔들릴 경우, 질문이 반문으로 반문이 다시 질문 — '이것은 그러한 것인지 아닌지?' — 으로 반전되는 경우에는 지향도 바로 이중적이며, 숙고하는 체험 전체는 '이것은 그렇다 — 이것은 그렇지 않다.'의 두 가지 가능한 결정 가운데 각각을 통해 그 자체가 충족된다. 물론 이때 충족시키는 답변은 숙고하는 질문에서, 특히 그 답변에 상응하는 반쪽에 관련된다. 반면 더 단일한 경우에 대립적 질료를 지닌 결정은 부정적 충족시킴의 성격, 이른바 실망함의 성격을 갖는다. 이것은 단순히 '예.'와 '아니오.'에 한정되지 않은 다양한 선언(選言)으로 자연히 이행된다. 이때 부정적으로 충족시킴은 'A도 B도 C 등도 아니다.'라는 결정 속에 놓여 있다.

숙고하는 질문과 관련된 이러한 충족시킴의 체험에는, 일종의 긴장을 이렇게 해소하는 데 동의하는 판단, 어떤 사람이 진술한 다른 판단에 관련해 동의하는 판단에 대한 근원적인 논의의 원천도 명백히 놓여 있다. 진술하는 사람은 같은 의견의 판단을 즉시 기대할 수 없을 때 숙고하는 사람으로서 경청하는 사람을 떠올리고, 경청하는 사람의 동의

3절 작용의 질료와 그 기초가 되는 표상

를 얻기 원한다. 이때 그는, 숙고하지 않고도 동일한 판단이 생기는 경우조차 의견일치를 동의로 파악하며, 특히 의견일치의 가치는 철저하게 숙고했을 경우 더 높게 평가된다. 듣는 사람은 숙고할 기회가 전혀 없을 경우조차 다른 사람[말하는 사람]과 대립해 스스로를 숙고하는 사람이라고, 또 그래서 동의하는 사람이라고 기꺼이 말하며, 결국 동의를 얻은 기쁨을 다른 사람[말하는 사람]에게 주려 한다. 그래서 전적인 의견일치에는 종종 동의하는 생각이 삽입되는 반면, 실제의 동의는 지각되거나 표상된 판단을 문제되는 것 — 이것은 자신의 측면에서 그에 상응하는 현실적 판단 속에 자신의 충족시킴(이에 대립된 경우 자신의 실망함이나 거부함)을 발견한다 — 으로 이끄는 복잡한 체험 속에서 구성된다.

이렇게 고찰한 다음, 우리는 동의를 추측·기대·희망·소원 등을 '겨냥하는' 지향을 충족시킴과 아주 유사한 종류의 이행하는 체험으로 간주해야 한다. 예를 들어 소원이 충족되는 경우, 소원의 지향과 소원된 것이 일어남은 단순히 잇달아 있는 것이 아니라, 독특한 충족시킴의 의식 속에서 통일체를 갖는다. 또한 우리는 여기에서 질료에 관해 의견일치를 발견한다. 그러나 이 의견일치만으로는 충분할 수 없고, 그 밖에 동일한 질료를 지닌 임의의 두 작용을 충족시킴의 통일체로 만들어야 할 것이다. 그래야 충족시킴의 의식은 비로소 'S는 p이어야 한다.'라는 소원과 'S는 p일 것이다.'라는 판단에 적합한 경험작용을 — 본질법칙에 따라 제한하는 방식으로 — 통합하고, 소원 자체에 적확한 의미에서 지향하고 겨냥하는 작용의 성격을 부여하듯이, 이제는 판단에 적합한 경험작용에다 충족시키는 작용의 상관적 성격을 부여한다.

이러한 분석은 동시에 이후 연구에서 주목하려는 것을 완전히 분명하게 밝혀 준다. 즉 그것은 '판단론', 더 적절하게 말하면, 판단작용의 고유한 질과 표상된 어떤 사태 — 더구나 표상된 어떤 대상 — 를, 동의함이나 승인함 또는 거부함이나 부인함과 동일시하는, 즉 판단에 대한 순수현상학적 특성의 묘사는 옳지 않다는 것이다. 부가하는 동의는 이전의 작용에 단순한 표상을 부가하는 작용의 질이 아니다. 그 분석이 실제로 발견하는 것은 우선 단순한 표상 — 여기에서 이것은 '확실치 않음'이나 '의문시됨' '숙고함'의 작용이 서로 뒤섞여 있는 것을 포함한다 — 이며, 이 단순한 표상은 충족시킴의 성격에 의해 동일한 질료를 지닌 판단으로 이행해 간다. 가령 판단은 그 자체만으로, 또 그 자체 속에 맨 먼저 주어진 그 단순한 표상을 승인하는 것이 아니라, 오직 그와 같은 충족시킴의 연관 속에서만 승인하고 동의하며, 오직 이 충족시킴의 연관 속에서만 판단은 이러한 상관적 술어를 얻는다. 이것은 '표상'(또는 숙고)이 오직 그 충족시킴의 연관 속에서만 이렇게 동의함을 '겨냥하는' 지향의 상관적 성격을 얻는 것과 마찬가지다.

다른 종류의 충족시킴, 가령 소원을 충족시킴과 유비시키는 것은 여기에서 매우 계몽적이다. 그래서 실로 소원하는 사실이 일어남도, 더 적절하게 말하면, 이렇게 일어남에 대한 신념 — 정말 여기에서 중요한 문제는 객관적 일어남이 아니라 그 일어남에 대한 우리의 앎, 확신이다 — 도 그 자체만으로 보면, 또한 그 자체 속에 소원을 충족시킴의 성격을 갖는 것이 아니라, 바로 소원하며 자신의 소원이 충족되고 있는 것으로 체험하는 사람에 대해서만 충족시킴의 성격을 갖는다. 아무도 여기에서 충족시킴의 체험을 근원적인 소원에 새로운 작용의 질을 단순히 부가하는 것으로 기술하려 하지 않으며, 심지어 그 과정의 최종 목표인 충족시키는 확신을, 소원을 그 기초가 되는 부분적 작용으로서 포함할 복합체로 해석할 생각조차 하지 않을 것이다.

그러므로 이 모든 것을 고찰한 다음 단순한 표상에 추가해 동의하는 체험은, 우리가 의구심을 품은 지향적 체험의 구성을 적어도 판단의 분야에 입증하기 위해서는, 더 이상 논증으로서 이바지할 수 없다.

첨부

물론 우리는 동의에 앞서 숙고하는 경우, 대부분 판단의 결정을 향한 소원의 지향도 짜여 엮여 있다는 사실을 간과하지 않았다. 그러나 이른바 이론적 의문 — 이 의문 속에 '의문스러운 것으로 나타나는 것'이 구성된다 — 에 답변하는 충족시킴을, 이 의문 속에 기초 지어진 소원(소원의 의문)과 동일시하려는 것은 철저하게 잘못된 것으로 간주할 것이다. 우리는 '의문(Frage)'이 이중의 의미를 지닌 말이라고 생각한다. 그 하나의 의미에서는 어떤 소원이 생각되고, 다른 의미에서는 그와 같은 모든 소원이 그것을 전제하듯이, 어떤 독특한 종류의 작용이 생각된다. 소원은 '판단의 결정'을 겨냥한다. 즉 소원은 의문을, 이 의문이 선언적(選言的)일 경우, 회의(Zweifel) — '두 가지 경우' — 를 해결할 판단을 겨냥한다. 요컨대 소원은 '의문'에 대한 답변을 목표로 삼으며, 따라서 이 의문은 여기에서 그 자체가 소원인 것은 아니다.

이와 마찬가지로 그 회의도 심정의 작용은 아니다. 그것은 결코 이론적 의문과 구별되는 작용, 단지 우연적으로 이론적 의문에 짜여 엮인 작용이 아니라, 방금 언급한 이론적 의미에서 곧바로 선언적 의문의 특수한 사례다.

30 '단순한 표상작용'으로서 동일한 단어와 명제의 이해에 대한 해석

그런데 우리의 회의에 뒤따르는 일반적 논증을 반박하는 것이 아마 당연하다고 생각할 것이다.

동일한 단어와 어구는 서로 다른 문맥 속에, 또한 완전히 서로 다른 작용에 대한 표현의 부분으로서 그 동일한 의미를 보존한다. 그래서 그 단어와 어구에는 어디에서나 기초가 되는 표상작용으로서만 파악될 수 있는, 어디에서나 동일한 종류의 체험이 상응한다.

어떤 사람은 판단하면서 'S는 p이다.'라고 말한다. 다른 사람은 동일한 말을 듣고 스스로 판단하지 않은 채 그것을 이해한다. 동일한 단어는 동일한 의미로 기능하며, 동일하게 이해되어 사용되고 받아들여진다. 그런데 그 차이는 다음과 같이 분명하다. 즉 두 번째 경우에는 말에 대한 단순한 이해가 수행되며, 첫 번째 경우에는 그 이상이라는 점이다. 이해하는 것은 동일하지만, 우리는 그 밖의 것을 판단한다. 예의 범위를 확장해 보자. 서로 다른 사람이 'S는 p일 것이다.'라는 바로 동일한 것을 소원·희망·추측·의심할 수 있으며, 게다가 이에 소속된 표현으로 작용할 수 있다. 이 모든 것은 공통의 단어를 이해하고 판단하는 사람이 'S는 p이다.'라고 단순히 이해하는 이 사람과 공유한 것도 판단하는 사람과 공유한다. 물론 단순히 이해하는 사람의 경우와 '판단하는 사람의 경우에는 여전히 확신·소원·희망 등의 성격이 부착되어 나타나는 것'이 명백히 고립되어 놓여 있다. 단순한 이해작용은 여기에서 단순한 표상작용이며, 이 단순한 표상작용은 동일한 '질료'를 지닌 일련의 작용에 대해 어디에서나 동일한 기반을 제공한다. 물론 이때 표현적 작용에 대한 동일한 파악은 비표현적 작용으로 이행된다.

이것은 확실히 매혹적인 논증이다. 동일한 의미, 단어나 명제의 동일한 이해에 대한 논의는 이 경우, 표현되는 서로 다른 종류의 작용 속 어디에서나 의심할 여지없이 동일한 것을 지시한다. 더구나 우리는 단지 이러한 작용 ── 확신·소원·희망 등 ── 속에 어떤 '입장'을, 따라서 주관적 행위를 부가하는 것에 관련된 것만 아니라, 그 자체만으로 어떤 활동 속에, 이해를 활동적으로 수행하는 가운데 획득하는 것으로 추측하는 것을 지시한다. 그런데 이 가운데 아무리 실제로 현상학의 독특한 성격으로 되돌아가더라도, 우리가 작용(Akt)의 개념을, 가령 활동

(Aktivität)을 통해 정의하지 않으며, 그 단어를 단순히 '지향적 체험'이라는 표현에 대한 약어(略語)로 사용하려 하는 점을 충분히 주의해야 한다.

그러나 우리가 지향적 체험이라는 표현으로 이해하는 것은, 잘 알려져 있지만, 단지 예를 통해서만 판명하게 될 수 있는 '의식의 방식'으로, '지향적으로' 어떤 대상성에 '관계된' 모든 구체적 체험이다. 그래서 그 동일한 이해는 다시 해석에 대해 두 가지 가능성을 열어 준다. 한 가지 가능성은 그 자체가 결코 완전한 작용은 아니지만, 그 작용에 대상적 관계의 규정성을 부여하는 것이 관련된 작용 속에 충분히 포함되어 있는, 공통적인 것이다. 이때 이 공통적인 것은 서로 다른 작용의 질 속에 주어지며, 이것을 통해 그때그때 작용의 완전한 지향적 본질이 완성된다. 다른 가능성은 공통적인 것이 완전한 지향적 본질 속에 존립하고, 그래서 함께 속하는 그룹의 모든 작용의 이해에 이 고유한 작용이 기초가 되는 것이다. 이때 이 작용은 때에 따라 이러저러한 그 이상의 작용이나 작용의 질을 기초 짓는다. 이것을 통해 예를 들어, 단순한 표상작용이 판단의 질로 풍부해져서 판단이 되거나 소원의 질로 풍부해져서 소원 등이 생길 것이다.

어쨌든 우리는 기초 짓는 표상이 진술명제에 대한 '단순한 이해' 속에 이른바 그 고립되는 것이 실제로 고립되는 것, 더욱이 여기에서 요구되는 의미에서 고립되는 것임을 결코 확실한 것으로 간주할 수 없다. 오히려 더 정확하게 고찰해 보면, 이러한 체험과 현실적 판단의 관계는, 가령 단순한 상상의 표상과 정확하게 이에 상응하는 기억의 관계와 유사하다는 사실이 밝혀진다. 동일한 '의미'로 의식된 하나의 동일한 대상에 지향적으로 관계하는 서로 다른 방식이 있으며, 이것은 질료는 동일하지만 질이 서로 다른 두 가지 작용이 있다는 것을 뜻한다. 이들 가운데 어느 한 작용이 다른 작용 속에 내실적으로 포함되어 있지 않으므로, 그 작용은 다른 작용 속에 새로운 질이 부여되는(Qualifizierung) 단순한 성장을 겪을 것이다.

31 우리의 해석에 대한 최종적 반론. 단순한 표상과 고립된 질료

여기에서 공정하게 기술적 관계로 깊게 파고드는 사람, 편견에도 애매함에도 현혹되지 않는 사람은 우리와 마찬가지로 다음과 같은 점을 확신하게 될 것이다. 즉 '단순한' 표상으로서 고립되어 있고, 특히 특수하게 독자적인 작용으로서 판단에 대립된 작용의 의미에서, 표상은 흔히 상정하듯이 인식하는 가운데 어떠한 중요한 역할도 하지 않는다는 점, 사람들이 표상에 부과하는 것 — 즉 모든 작용에서 지향적 대상성을 표상하게 만드는 것 — 은, 모든 작용이 추상적 계기로서 작용의 지향적 본질에 속하기 때문에, 모든 작용에 필연적으로 속하는 비자립적 체험을 통해 이행된다는 점이다.

이에 반대하는 측은 은밀히 언제든 다시 다음과 같은 논증으로 현혹할 것이다. 즉 지향적 성격이 어떤 대상적인 것에 관계할 수 있기 위해, 이 대상적인 것은 우리에게 표상되어야 한다. 그렇다면 내가 전혀 표상하지 않을 때, 나는 어떻게 그 사태를 참으로 간주하고 소원하거나 의심하는 등을 할 수 있는가? 표상하게 만드는 것은 바로 그 기초가 되는 표상이다.

이러한 점에서 실질적으로 아무것도 논박되지 않는다. 여기에서 주장하는 것은 완전히 참이며, 단지 우리의 해석에 대한 어떠한 반론도 없을 뿐이다. 실로 각각의 지향적 체험에는 사태가 표상되는 것을 이행하는 구성요소나 측면이 내재해 있다. 그러나 그 자체가 하나의 완전한 작용인 구성요소, 이것이 바로 문제다. 그리고 무엇보다 우리가 특히 관심을 두는 판단의 경우와 관련해서, 또한 판단된 사태의 표상으로서 판단에 내재하는 구성요소와 관련된 것이 문제다. 구성요소 속에 사태에 대한 '표상작용'을 이해하는 본질의 계기에 관해서, 이 구성요소가 우리가 평소 작용의 질이라 부르는 성격, 즉 표상된 사태가 그것이 판단된 사태, 소원된 사태 등이 되는 데 힘입는, 잘 알려진 성격으로서, 본질적으로 다른 유임에 틀림없다는 사실이 부정할 수 없는 것으로 우리에게 끈질기게 달라붙는다. 우리는 앞에서 논의한 그 '단순한' 표상작용도 이러한 성격에 계산해 넣지만, '내용'이나 질료의 동일하게 남아 있는 계기는 그 질료나 그 기초가 되는 작용의 구성요소 전체가 표상이나 표상작용이라 하더라도, 이러한 성격에 계산해 넣지 않는다.

결국 사람들은 다음과 같은 타개책을 시도할 것이다. 즉 '내용'이 작용의 질이 아니라는 점을 인정하면, 어쨌든 작용 속에, 따라서 작용의 질로 보충하는 짜여 엮임 속에 등장하는, 바로 동일한 내용이 다른 상황 아래 그 자체만으로, 또는 모든 작용의 질에서 벗어난 구체적인 체험 속에 등장하는 것이 가능한 것으로 나타날 수도 있다. 그리고 단순한 표상의 참된 사례는, 후자의 방법으로, 구체적 체험으로 성립될 것이다. 즉 우리가 이 경우 작용이라는 개념에 어떤 작용의 질이 함께 현존함(Mitvorhandensein)을 계산해 넣는 한 어쨌거나 구체적 체험은 결코 '작용'이 아니다.

그런데 여기에 속하는 체험의 본질에 주목해 고찰하는 경우, 단순한 표상작용을 실제로 하나의 작용으로 파악해야만 한다. 질료를 작용의 질과 짜 엮는 것은, 범례적(exemplarisch)[7] 직관에 근거해 확신하듯이,

---

7 (옮긴이 주) 범례는 이 책에서 의식체험을 표상(지각, 판단), 정서, 의지의 영역으로 구분하면서 공통적으로 포함된 표상작용을 근본으로 삼아 분석한 것, 『이념들』 1권에서 이념화하는 본질직관의 과정, 『위기』에서 이념적 대상성이 학문적 전통으로 전승되고 발전해 가는 역사성을 해명하면서 기하학의 공리나 원리를 우선적으로 다룬 것 등 후설현상학의 지향적 분석에서 일관된 특성이다.

추상적 계기들을 짜 엮는 것이다. 그러므로 질료는 고립되어 일어날 수 없지만, 작용의 질이라는 최고 유를 통해, 법칙적으로 한정되는 임의의 계기를 통해 보충되는 경우에만 질료는 구체화(Konkretion)를 명증적으로 획득할 수 있다. 물론 단순히 이해하는 것, 일반적으로 단순히 '막연하게 받아들이는 것'은 신념을 '정립하는 것'이나, 그 밖에 추측이나 소원 등 '태도를 취하는 것'과는 완전히 본질적으로 다른 것이다. 그러나 이때 작용의 질이라는 전체 유 속에서 바로 그 차이를 인정하고 현상학적으로 확정해야 한다.[8]

---

8 이에 대해 나의 저술 『이념들』 1권, 2장(원전에는 3장 4절) 109항(중립성 변양) 참조. '질적 변양'('중립성 변양')의 특징에 대한 더 깊은 인식은 '작용의 질' 이론을 더 발전시킬 필요가 있다. 그 이론은 이 책 3절에서 수행된 숙고의 본질적 내용을 다루지는 않지만, 여기에서 획득한 성과를 부분적으로 수정해 해석한 것을 수반한다.〔이 주석은 2판에서 첨가한 것이다.〕

3절 작용의 질료와 그 기초가 되는 표상

4절 판단론을 특히 고려해 기초 짓는 표상에 대한 검토

32 표상이라는 말의 이중 의미, 그리고 모든 작용을 표상의 작용을 통해 기초 짓는 것에 관한 명제의 추정적 명증성

3절의 성과를 확실한 것으로 간주해도 좋다면, '표상'에 대한 이중의 개념이 구별될 수 있을 것이다. 첫 번째 의미에서 '표상'은 판단·소원·의문 등과 같이 하나의 작용 또는 독특한 하나의 작용의 질이다. 개개의 단어나 문장 전체가 그 통상의 기능 이외에 단순히 이해되는 모든 경우, 즉 우리 스스로 판단·질문·소원하지 않고 서술문·의문문·소원문을 이해하는 경우, 이러한 표상의 개념에 대한 예를 제공해 준다. 어떠한 '태도도 취하지 않고' 어떤 생각을 막연히 '단순히 눈앞에 떠올리는 것' 모두, '단순히' 상상하는 것 등도 마찬가지다.

이와 다른 의미에서 '표상'은 결코 작용이 아니라, 모든 완전한 작용속에 지향적 본질의 한 측면을 형성하는 작용의 질료다. 아니 더 구체적으로 파악해 보면, 이 질료가 완전히 구체화되는 데 필요한 그 밖의 계기와 합체되어 있다. 이것은 나중에 재현함(Repräsentation)이라 부를 것이다. 이러한 '표상'은 모든 작용과 마찬가지로 ─ 첫 번째 의미에 따라 ─ 표상하는 작용에 대한 기초가 된다. 그렇다면 서로 다른 종류의 작용 속에 동일한 것으로 기능할 수 있는 질료는, '표상작용'이라는 독특한 작용의 질과 더불어 고유한 '의식의 방식'으로 주어진다.

단순히 표상하는 작용이라는 용어의 의미를 앞에서 든 예에 따라 이해하면, 다른 작용과 마찬가지로, 그 작용의 경우 의심할 여지없이 질과 질료로서 현상학적으로 분석을 수행할 것이다. 판단의 경우는, 확신의 종적 성격과 확신의 내용을 구별하는 것과 정확하게 똑같이, 단순히 표상하는 작용의 경우는 [한편으로는] 단순히 이해하는 작용, 단순히 받아들이는 작용의 독특한 심리상태와 [다른 한편으로는] 이렇게 이해하는 작용의 본질(Was)을 형성하는 규정성을 구별한다. 단순한 표상작용을 판명하게 하거나, 그 개념을 명확하게 부각시킬 예의 범위를 아무리 선택해도 동일한 것은 명백하게 타당하다.

그러나 항상 염두에 두어야 할 것은 이러한 분석의 경우, 작용을 가능하게 세분하는 것이 아니라, 이러한 작용의 추상적인 계기나 측면을 구별하는 것에 대해 이야기한다는 점이다. 이 계기는 서로 비교해 고찰하는 가운데 드러나며, 작용들을 어떤 일련의 동등함과 차이로 분류할 가능성을 규정하는 작용 자체의 본질 속에 놓여 있다. 그러한 일련의 분류로 직관적으로 명시할 수 있는 동등함이나 차이는 질과 질료와 같은 바로 그 측면이다. 그래서 누구도 어떤 운동을 방향이나 가속도 등으로 분해할 수 없지만, 그 운동에서 이 규정성을 구별할 수는 있다.[1]

앞에서 다룬 연구에 따라 '모든 지향적 체험은 그 자체로 (단순한) 표상이거나, 어떤 표상을 그 기반으로 갖는다.'라는 명제는 추정적 명증성으로 분명하게 밝혀진다. 그 착각은 앞에서 설명한 표상의 이중 의미

---

1 (옮긴이 주) 물체의 운동은 그 방향과 속력이 일정한 등속운동과 속도가 시간에 따라 바뀌는 가속도운동으로 구분된다. 그런데 가속도운동에서는 운동의 크기[속도]와 방향을 반드시 함께 갖는 벡터양을 갖는다.

4절 판단론을 특히 고려해 기초 짓는 표상에 대한 검토

에 근거한다. 그 명제의 첫 번째 부분에서 그 명제는, 내가 올바로 이해했다면, 일종의 작용의 의미에서 표상에 대해 이야기하고, 두 번째 부분에서는 단순한 — 위에서 말한 방식으로 완전하게 된 — 작용의 질료의 의미에서 표상에 대해 이야기한다. 이 두 번째 부분 그 자체만으로는, 따라서 '모든 지향적 체험은 어떤 표상을 그 기반으로 갖는다.'라는 명제는, 표상이 완전하게 된 질료로 해석되는 한 진정한 명증성일 것이다. 또한 표상이 여기에서 작용으로 해석된다면, 우리가 반박한 거짓된 명제가 생긴다.

어쨌든 여기에서 다음의 의혹에 신중하게 주의해야 한다. 즉 '표상'을 작용으로 해석하는 데에는 오직 한 가지 방법만 존재하는가? 문제되는 명제는, 아마 우리의 반론이 다루지 않고 남겨 둔 다른 해석을 허용하지 않는가? 이러한 경우, 우리의 서술은 통상의 단어 설명에 따르면서 그것을 전제한 표상작용이라는 그 개념과 관련해 완전히 적합할 수도 있지만, 다른 표상의 개념과 관련해, 그리고 이것을 통해 획득할 수 있는 다의적인 무지개 같은 명제의 새로운 해석에는 적합하지 않다.

33 새로운 표상의 개념에 근거한 명제의 권리 회복. 명명함과 진술함

그러므로 명제는 다른 표상의 개념에 근거해 완전히 올바로 유지될 수 있는지 하는 의문이 제기된다.

작용의 통일성에는 그때그때 작용에 속하는 객관적 통일성, 작용이 '지향적으로' 관계하는 — 가장 넓은 의미로 이해할 수 있는 — 대상성의 통일체가 상응한다. 그런데 명제가 표상이라는 개념으로 그때그때 작용의 이러한 대상적 통일성 전체에 관계하고, 그 작용에 기초가 되어야 할 어떤 작용을 이해하는 한, 판단 속에서 사념되고 소원 속에서 소원되며 추측 속에서 추측되는 등의 사태가 필연적으로 표상된 사태이고, 게다가 독특한 종류의 작용인 '표상작용' 속에 표상된 사태인 한 우리는 지금 검토하는 명제를 의심스럽게 여긴다. 이 경우 표상작용이라는 명칭은 '단순한' 표상작용, 즉 우리가 각기 떨어진 개개의 단어 등을 단순히 이해하거나, '완전히 중립적 태도를 취해' 들은 서술문을 단순히 이해함으로써 범례적으로 판명하게 하는 종류의 작용을 포괄한다.

그러나 '표상작용'이라는 용어에 새로운 개념을 부가하고, 게다가 표상의 표현으로서 그 명칭에 대한 논의가 그 개념으로 이끌어 가는 한에서, 특히 당연하다고 생각되는 개념을 부가하는 경우에 그 명제는 즉시 새롭고 명확한 의미를 획득한다. 물론 이때 이러한 표상작용이 그때그때 작용의 객관적 통일성 전체를 지향적으로 포괄한다고 더 이상 요청해선 안 된다. 즉 우리는 '표상작용'이라는 명칭으로 일정한 '좁은 의미'에서, 가령 한줄기 사념하는 빛 속에 대상적인 것을 사념하는 지각과 이에 평행하는 직관의 기준에 따라, 또는 정언적 진술 속에 하나의 항인 주어의 작용이나 가언적 진술의 작용 속에 전건의 항 등으로 기능하는 단적으로 전제하는 작용의 기준에 따라 어떤 것이 우리에게 대상적이 되는 모든 작용을 포괄할 수 있다.

여기에서 다음과 같은 지극히 중요한 기술적 차이에 주목하게 된다.

우리가 판단, 즉 그 자체만으로 완결되어 진술하는 작용을 수행하면, 예를 들어 'S는 p이다.'에 어떤 것은 존재하거나 존재하지 않는 것처럼 보인다. 그러나 이 경우 우리에게 '표상되는' 동일한 존재는, 우리가 'S가 P로-있음(P-sein des S)'이라 말하는 경우와 명백하게 완전히 다른 방식으로 표상된다. 마찬가지로 'S는 p이다.'라는 사태에서는, 우리가 단적으로 'S는 p이다.'라고 진술하는 판단 속에서 의식되는 방식과, 우리가 'S가 p라는 사실' 또는 단순하게 'S가 p라는 사실은 ……한 결과를 낳는다, 기쁘다, 의심스럽다' 등을 말할 때와 같이, 다른 판단의 주어

4절 판단론을 특히 고려해 기초 짓는 표상에 대한 검토

의 작용 속에서 의식되는 방식이 완전히 다르다. 가언명제나 인과명제의 전건 속에 '만약 ……' 또는 'S가 p이기 때문에'라고, 선언적 후건 속에 '그것이 아니면 S는 p이다.'라고 말할 때도 마찬가지다.

이 모든 경우 사태 — 이것은 가령 판단이 아니다 — 는 사태가 판단의 완전한 객관적 상관자를 형성하는 판단에서와 다른 의미로, 우리에게 대상적이 되며, 따라서 변경된 의미로 우리에게 표상된다. 이때 사태는 우리가 지각하거나 상상하는, 또는 그림을 감상하는 가운데 한줄기 시선의 빛으로 바라보는 사물 — 비록 사태가 사물은 아니며, 본래의 좁은 의미에서 지각되며, 구상되고 모사되는 것이 결코 아니더라도 — 과 유사한 의미에서 명백히 대상적이다.

주어로서 기능하는 명제에 관해서, 나는 위에서 삽입구 속의 그 명제는 가령 판단의 표상이 아니라 이에 상응하는 사태의 표상이라고 말했다. 이러한 점에 충분히 주의해야 한다. 물론 구체적 체험으로서 판단은 사물과 마찬가지로 가능한 지각과 구상[상상]의 대상, 어쩌면 물리적 모상은 아니더라도 모상의 대상이 된다. 이때 이것들은 판단 속에서 주어의 대상으로도 기능할 수 있다. 이것은 판단에 관한 판단의 경우다. 판단의 표현에서는 판단된 판단이 예를 들어 '이 판단', '너의 판단'과 같이 단순히 간접적으로 표시되지 않을 경우, 하나의 명제는 주어의 위치에 있다. 그러나 어떤 명제가, 그와 같이 주어의 위치에 있는 그 명제가, 여기에서와 같이 항상 어떤 판단을 명명하는 기능을 갖는 것은 아니다. 어떤 판단에 관해 판단하는 것은 실로 어떤 사태에 관해 판단하는 것과는 다른 것이다. 따라서 어떤 판단을 주어로서 표상하거나 명명하는 것과 또한 이와 다른 것, 즉 어떤 사태를 주어로서 표상하거나 명명하는 것도 다른 것이다. 예를 들어, 내가 'S가 p인 것은 기쁘다.'라고 말하는 경우, 나는 어쨌든 '그 판단이 기쁘다.'고 생각하지 않는다. 이때 판단으로 단수의 작용이나 명제를 생각하든, 종적 의미에서 판단을 생각하든 상관없다. 오히려 기쁜 것은 사정이 그러하다는 것, 즉 객관적 사태인 사실이다. 이것은 'S 가 p로-있음 ─ 정당한 사실〔진리〕의 승리 등 ─ 은 기쁘다.'라는, 비록 의미가 변양되었지만 객관적으로 같은 값을 지닌 어법을 가르쳐 준다.

이렇게 변경된 표상의 개념을 기초에 놓고, 이때 위에서 이미 언급했듯이, '기초 짓는 작용으로서 표상이 기초 지어진 작용으로서 질료 전체를 포괄한다.'라는 주장도 폐지하면, '그 자체가 표상은 아닌 모든 작용은 표상 속에 기초 지어짐에 틀림없다.'라는, 앞에서 거부되었던 명제는 우리가 명증성으로서 충분히 주장해도 좋을 실제로 중요한 내용을 획득한 것처럼 보인다. 물론 지금 이 명제를 더 정확하게 다음과 같이 정식화해야 할 것이다. 즉 각각의 작용은 그 자체로 표상이거나 '하나나 다수의' 표상 속에 기초 지어져 있다. 지각, 기억이나 예상, 구상 등의 단일 항의 (한줄기 빛의) 작용은, 이 명제 전반부에 해당하는 예를 제공해 준다. 그런데 그것은 '단순한' 표상일 것이다. 판단(술어화작용)은 앞에서 지적한 단어의 의미에 따라, 그 대응 상(像)으로서 이에 상응하는 단순한 표상과 마찬가지로, 그 명제 후반부의 예를 제공해 준다. 완전히 표명된 모든 진술이 적어도 하나의 '명사'를 포함하듯이, 하나의 판단은 적어도 하나의 표상을 그 기반으로 갖는다. 'S는 p이다.'가 단순한 판단에 표준형식을 분배한다는 지배적 견해가 옳다면, 최소한 두 가지 표상이나 두 가지 명사를 채용해야 할 것이다. 그러나 최대한의 수는 무한하며, 하나의 유일한 판단 속에 임의의 다수 표상이 가능하고, 판단들의 복합에 이러한 가능성을 전가해도 이 경우에는 상관없다. 왜냐하면 모든 복합판단 역시 하나의 판단이기 때문이다.

다른 모든 작용이 일반적으로 완전한 작용인 한 동일한 것이 다른 모든 작용에도 타당한 것으로 보인다. 'S가 p이면 좋겠다!' '진리가 승리하면 좋겠다!' 등의 소원은 S와 p 속에 자신의 표상을 가지며, 진리는 단적으로 주어를 정립하는 대상이며, 소원은 진리에서 술어로 표상된

4절 판단론을 특히 고려해 기초 짓는 표상에 대한 검토

승리한다[라는 동사]에 근거한다. 이와 유사하게 구축된 모든 작용의 경우, 예를 들어 지각된 어떤 것에 관한 기쁨과 같이, 직관에 직접 근거한 더 단순한 작용의 경우처럼, 사정은 마찬가지다.

결국 우리는 '모든 작용의 복합 속에 궁극적으로 기초 짓는 작용은 필연적으로 표상이다.'라는 명제를 여전히 부가할 수 있다.

34 어려운 점. 명사(名辭)의 개념. 정립하는 명사와 정립하지 않는 명사

물론 새로운 표상의 개념도 어려운 문제가 있다. 궁극적인 기초 지음을 위임받은 그 작용은, 이 작용이 어떤 대상적인 것을 일정하고 적확한 의미에서 '표상하게' 만드는 한에서 명백하게 공통점을 갖는다. 그러나 '이러한 의미에서 표상이 지향적 체험에서 하나의 본질적 유를 표시하는지', 그래서 '유에 적합한 통일성이 순수하게 작용의 질을 통해 규정되고, 그 표상의 영역에서 배제된 작용이 철저하게 질에서 다른 유에 속하는 것임에 틀림없는지'는 여기에서 언급되지 않았다. 그러나 이러한 점은 공통성이 존립해야 할 곳에서 결코 쉽게 결정을 내릴 수 없다.

이와 관련해, 가령 다음과 같이 더 상세하게 논의될 수 있다. 즉 통상적으로 일어나듯 명사를 표상의 표현으로 표시하면, 이 경우 표상의 개념은 여기에서 본질적으로 문제가 된다. 어쨌든 명사로 표현할 수 있는 모든 '표상'은 우리가 우선 엄밀하게 관찰하려는 통일성을 형성한다. 표현이라는 용어의 서로 다른 의미는 물론 이 경우 표상으로서 명사적 의미지향뿐만 아니라 이에 상응하는 의미충족도 생각될 수 있다는 점을 수반한다. 그렇지만 여기에서 의미지향과 의미충족, 즉 비직관적 작용과 직관적 작용은 앞에서 한정한 표상의 개념에 균등하게 포섭된다.

명사(名辭)의 경우, 우리는 그 자체만으로는 어떠한 완전한 작용도 뚜렷하게 새기지 않는 단순한 명사(名詞)로 이해하면 안 된다. 만약 여기에서 명사가 무엇인지, 또 무엇을 의미하는지를 명석하게 파악하려면 명사가 정상적인 의미에서 기능하는 그 문맥, 특히 그 진술을 살펴보는 것이 가장 좋다. 그런데 여기에서 명사로서 적용되어야 할 단어들이나 단어 복합은, 완전히 단순한 진술의 주어를 제시할 수 있거나, ── 이 경우 그것은 완전한 주어의 작용을 표현한다 ── 구문론적 형성을 도외시하면 그 단어 자체의 지향적 본질을 변경시키지 않은 채 진술하면서 단순한 주어의 기능을 충족시킬 수 있을 경우에만 하나의 완결된 작용을 표현한다.[2] 따라서 단순한 명사가, 어쩌면 수반될 형용사절이나 관계절과 함께 완전한 명사를 만드는 것이 아니다. 오히려 매우 중요한 의미의 기능을 지닌 정관사나 부정관사를 여전히 부가해야 한다. '그 말', '하나의 꽃다발', '모래 위에 세워진 어떤 집', '의회의 개막', '의회가 열려 있다는 사실'과 같은 표현도 명사다.

그런데 우리는 하나의 현저한 차이에 주목한다. 많은 경우, ── 하지만 명백히 모든 경우는 아니다 ── 명사나 명사적 표상은 대상을 실제로 존재하는 것으로 지향하고 명명하는 종류이며, 그래서 명사나 명사적 표상은 단순한 명사 이상이려 하지 않을 것이다. 달리 말하면, 완전한 진술로 적용하려 하지 않을 것이다. 이것은 '진술은 그 의미가 변양되지 않고는 결코 주어의 위치에 등장할 수 없다.'라는 사실을 통해 이미 배제되었다. 판단은 판단된 대상이라는 의미에서 판단의 주어로 기능할 수 있지만, 어떤 의미를 변경하지 않고는 결코 다른 판단의 주어의 작용으로, '표상'으로 기능할 수 없다. 물론 우리는 이 중요한 명제를 더 자세하게 정초하지 않은 채 인정하려 하면 안 된다. 그 정초는 계속해서

---

2 그러므로 'A와 B는 p이다.' 'A 또는 B는 p이다.'와 같은 예가 그것을 예시하듯이, 주어의 측면에서 연언(논리곱)이나 선언의 다항성(多項性)은 배제된다. 또한 우리는 '주어의 기능은 그 자체로 단순하고, 술어는 확장된 의미에서 결코 복수(複數)가 아니다.'라고 말할 수 있다.

4절 판단론을 특히 고려해 기초 짓는 표상에 대한 검토

보충될 것이다.

　따라서 외견상 완전한 진술이 주어 속에 있는 경우를 잠시 도외시하면, '하인리히 왕자'나 '광장의 기사 롤랑(Roland) 조각상', '황급히 서두르는 우편배달부' 등과 같은 명사를 고찰하게 된다. 이러한 명사를 실제 대화에서 정상적 의미로 사용하는 사람은 하인리히 왕자가 실제 인물이지 가공의 인물이 아니라는 사실을, 광장에 롤랑 조각상이 있다는 사실을, 우편배달부가 황급히 서두른다는 사실을 '안다.' 실로 그 이상이다. 확실히 명명된 대상은 구상된 대상과 다르게 그의 눈앞에 있으며, 그 대상은 그에게 존재하는 것으로 나타날 뿐만 아니라 그는 이 대상도 그 자체로 표현한다. 그럼에도 그는 명명하는 작용 속에서 이 모든 것 가운데 아무것도 진술하지 않는다. 예외적으로 그는 적어도 부가어로 존재를 표현할 수도 있다. 즉 '실제로 존재하는 S' ── 그가 이와 대립된 경우 아마 '추정적인 S'나 '구상된 S' 등으로 말하듯이 ── 의 형식으로 그 존재를 표현할 수도 있다.

　그러나 문법적으로 수식된 명사의 경우에도 ── 그 명사가 단순히 의미가 확장되는 대신 본질적 의미가 변양되지 않았는지는 결정되지 않은 채 남아 있다 ── 정관사 속에 표현된 작용의 동일한 계기를 통해 〔그 존재가〕 정립되며, 단지 질료만 변화된다. 어쨌든 이때에도 'S가 존재한다는 것'이 진술되는 것이 아니라, S는 경우에 따라 그 의미가 변양되어 부가어로 '실제로 존재하는 것'으로 표상되고, 그것에 정립되며, 따라서 '실제로 존재하는 그 S'의 형식으로 명명된다. '명명한다'는 여기에서 그 의미상 '진술한다'와 동일한 것이 아니다.

　이것을 인정하면, 두 가지 명사나 명사적 작용, 즉 명명된 것에 존재자의 가치를 부여하는 명사적 작용과 그렇지 않은 명사적 작용을 구별해야 한다. 후자의 예는, 일반적으로 그와 같은 것이 필요한 경우에, 어떠한 존재의-태도도 취하지(Seins-Stellungnahme) 않으며, 실제로 착수하는 모든 존재를 검토하는 명사적 질료를 우리에게 제공해 준다.

이와 유사한 차이는, 가언의 전건이나 원인의 전건을 비교하는 것이 가르쳐 주듯이, 다른 기초 짓는 작용의 경우에도 명백하게 발견된다. 어쨌든 이 작용은 명사적 작용과 본질적으로 유사하기 때문에 이것은 달리 예상될 수 없다. 일반적으로 정립적 작용과 비정립적 작용의 차이는, 본래 명사적 표상의 분야를 훨씬 넘어서는 지금 언급한 의미에서, 표상의 분야 전체를 넘어서서 퍼져 있다. 넓은 의미의 표상에 속하는 직관적 표상의 영역에서 ── 그 자체가 명사적으로 기능하지 않지만 명사적 의미지향을 충족시키는 것을 논리적 소명으로 삼는 ── 직관적 표상은 정립하는 작용이다. 즉 정립하는 사념의 '한줄기 빛으로(in Einem Strahl)' 대상적인 것을 장악하는 감성적 지각과 기억 그리고 예상이다. 이에 반해, 예를 들어 나타나는 것의 실제성에 대해 태도를 취하는 모든 것을 정지한 환상 ── 단순한 상상의 모든 경우도 마찬가지로 ── 은, 그 존재의 평가를 박탈당했기 때문에 비정상적 지각은 비정립적이다. 실로 모든 정립하는 작용에는 일반적으로 동일한 질료의 가능한 비정립적 작용이 속하며, 그 역도 마찬가지다.

그런데 이러한 특징적 차이는 명백히 작용의 질의 차이이며, 그래서 표상의 개념 속에 일정한 분열이 있다. 그렇다면 우리는 표상이라는 하나의 유에 대해 엄밀한 의미에서 논의해도 좋은가? 정립적 표상과 비정립적 표상은 이러한 통일적 유의 종이나 차이라고 인정해도 좋은가?

정립적 작용이 이미 기초 지어진 작용으로 파악되고, 그래서 정립적 작용 자체는 결코 단순한 표상이 아니지만 표상 속에 기초 지어져 정립의 성격 ── 이와 관련해 이때 정립의 성격이 판단의 질의 성격과 완전히 명백하게 동일한 종류가 아닌지는 더 숙고해야 한다 ── 이 단순한 표상에 새롭게 부가된다는 것을 인정해도 좋다면, 어려운 점은 일거에 제거될 것이다.

그러나 앞에서 수행한 분석에 따르면, 이러한 해석은 당연히 의심스러운 것으로 보인다. 지각에서 단순한 표상의 작용이, 또는 현실적 진술에서 판단된 진술이 아니라 단순히 이해된 진술의 작용이 분리될 수 없듯이, 예를 들어 명사적 의미지향의 정립적 작용에서 정립 없는[비정립적] 작용은 분리될 수 없다. 명사적 작용과 명제적 작용의 유비는 정립적이며, 완전히 명사적인 모든 작용에는 가능한 자립적 진술이 '아프리오리하게' 상응하고, 비정립적인 모든 작용에는 이에 상관적인 변양된 진술의 단순히 진술을 이해하는 작용이 '아프리오리하게' 상응하기 때문에 필연적으로 완전한 유비임에 틀림없다. 그러므로 분석은 더 넓은 영역에서도 '동일한 내용의 정립적 작용과 비정립적 작용의 공통점은 하나의 완전한 작용 속에 존립하는 것이 아니라, 두 경우 서로 다른 작용의 질이 주어지는 단순한 작용의 질료 속에 존립한다.'라는 결과로 이끌 것이다. 어떤 명사를 단순히 이해할 수 있지만, 이렇게 단순히 이해하는 것은 명사를 정립하면서 사용하는 것 속에 포함되지 않는다. 그래서 이 경우 지금 언급한 명사적 작용의 의미에서, 표상의 부류로 의문스럽게 분열시키는 것을 제거할 길이 전혀 없다.

35 명사적 정립과 판단. 판단은 명사적 작용의 부분이 될 수 있는가

그러나 이제 위에서 제기한 문제, 즉 일반적으로 정립적 표상과 술어적 판단의 유사함과 일반적으로 올바른 관계에 관한 문제로 되돌아가자. 아마 사람들은 두 종류의 작용의 차이를 비본질적 차이로 간주하려고, 가령 '정립적 명사는 물론 어떠한 진술, 즉 자립적 술어화가 전혀 아니며, 이른바 스스로 만족하는 판단의 표현이 결코 아니다.'라고 말하려 시도할 것이다. 어쨌든 그로 인해 정립적 명사는 그 위에 구축될 수 있는 다른 작용에 대한 전제나 기반으로 이바지할 바로 그와 같은 판단을 제공한다. 판단의 지향적 내용을 변화시키지 않는 이러한 기능은 언어적 형식을 구별하면서 규정하는 것이다. 누군가 '황급히 서두르는 그 우편배달부는…….'이라 말하면, 어쨌든 이 속에는 '그 우편배달부가 황급히 서둘러 간다.'라는 판단이 포함되어 있다. 따라서 명사적 형식은 계속 이어지는 술어의 정립을 시사하는 정립된(thetisch) 주어의 기능에 대한 단순한 지시다.

그런데 의문스러운 그 차이를 마치 동일하게 남아 있는 판단에 단지 새로운 작용이 결합되고, 명사의 문법적 형식이 단순히 이러한 결합의 방식을 간접적으로 지시하는 성격인 것처럼 완전히 피상적으로 만드는 이러한 방식을 우리 대부분은 인정할 수 없을 것이다. 볼차노와 같이 통찰력 있는 대부분의 논리학자는 명사와 진술의 차이를 본질적인 것으로 간주했고, 더 성숙해진 학문은 그들에게 정당성을 부여했다. 양쪽에서 공통점은 존재할 수 있지만, '그 차이는 단지 외면적인 것이다.'라는 견해는 반드시 반박되어야 한다. 더 정확하게 말하면, '명사적 작용과 완전한 판단은 결코 동일한 지향적 본질을 가질 수 없다.'는 점, 따라서 '어느 한쪽의 기능이 다른 쪽 기능으로 전환되는 모든 것은 공통적 존립요소가 유지되더라도 이 지향적 본질 속에 필연적인 변화를 초래한다.'는 점을 분명하게 이해해야 한다.

여기에서 우리를 혼란시키는 것은 대부분 '진정한 술어화, 완전한 진술은 '어떤 방식으로', 사실상 주어로 기능할 수 있다.'는 상황이다. 이 경우 완전한 진술 역시 주어의 작용 그 자체가 아니라면, 그것은 어쨌든 주어의 작용에 어떤 방식으로 접합된다. 즉 다른 곳에서 이미 표상된 주어와 관련해 한정하는 판단으로서 접합된다. 예를 들어 '그 장관 — 그는 방금 전 차를 탔다 — 은 결정을 내릴 것이다.' 삽입구 속의 진술 대신, 의미를 변경하지 않고도 '방금 전 차를 탄 그 장관'이나 '그 — 방금 전

4절 판단론을 특히 고려해 기초 짓는 표상에 대한 검토

차에 탄 ── 장관'을 뜻할 수 있다.

그러나 우리는 그와 같은 해석이 어디에서나 적합하지 않다는 사실을 안다. 부가어는 종종 한정적 술어화를 제시할 수 있다. 하지만 부가어가 항상 이러한 일을 하더라도, ── 물론 이러한 일은 일어나지 않는다 ── 그 부가어는 어쨌든 주어명사의 다만 한 부분에만 관계한다. 그와 같은 모든 한정적 첨가를 삭제한 후에도 완전한 명사는 여전히 남아 있는데, 이 명사에 단지 주어로 기능하는 판단작용을 상정하는 것은 헛된 노력일 것이다. 우리가 든 예에서 한정하는 술어화는 '장관'이라는 명사에 의거하는데, 이 명사에서 두 번째 술어화는 더 이상 분리되지 않는다. 이 경우 기초가 되는 판단은 무엇이어야 하는가? 그 판단은 어떻게 자립적 파악으로 표현되는가? '그 장관'은 가령 '그 사람 ── 그는 장관이다.'와 같은 것을 뜻하는가? 그러나 이때 '그(der)'는 하나의 완전한 명사일 것이며, 고유한 판단을 그 자체만으로 요구할 것이다. 하지만 이러한 판단이 어떻게 표명되는가? 그것은 가령 자립적으로 파악되어 '그 사람은 존재한다.(der existiert)'로 표현되는 판단인가? 그래도 이 속에는 실로 다시 '그 사람(der)'이라는 동일한 주어가 담겨 있고, 그래서 우리는 무한소급에 빠질 것이다.

모든 부가어적 명사를 포함해, 명사의 대부분은 직접적이든 간접적이든 판단에서 '발생하고', 이 기원에 따라 판단을 소급해 지시하는 점은 의심할 여지가 없다. 그러나 발생함과 소급해 지시함에 대해 이렇게 논의함으로써 명사와 판단은 서로 다른 것이라는 점을 이미 말했다. 그 차이는 아주 명확하게 밝혀져서, 우리는 이론적 선입견을 위해, 또는 표상작용과 판단작용에 대한 학설에서 요망하는 더 큰 단일화를 위해 그 차이를 무시하면 안 된다. 일시적인 판단작용은 이 판단작용에서 비로소 생기는 명사적 의미가 아니다. 판단의 침전물로서 명사 속에 주어진 것은 판단 대신 판단과 명확하게 구별되는 '변양'이다. 변양된 작용을 수행하는 것은 더 이상 변양되지 않은 작용을 포함하지 않는다. 만약 '도시 할레(Halle)는 잘레(Saale) 강변에 있다.', 'π는 초월수이다.'를 경험하거나 통찰하면, '잘레 강변의 도시 할레'와 '초월수 π'도 계속 경험하거나 통찰한다. 이때 우리는 더 이상 판단하지 않으며, 적어도 판단을 전혀 필요로 하지 않고, 그 판단이 그것에 덧붙여 일어날 경우에도 명사적 의미작용의 작용에 전혀 기여하지 않는다. 이것은 모든 경우에 그러하다.

물론 우리는 위에서 '판단은 한정하는 기능으로 등장할 수 있다.'라고 말했지만, 이것을 아주 엄밀하고 본래적으로 받아들이면 안 된다. 왜냐하면 더 정확하게 검토해 보면, 이러한 기능은 이른바 명사를 수식하는 부가어를 우리 눈앞에 생기게 하는 한에서만 등장하기 때문이다. 판단 그 자체가 부가어적 기능은 아니며, 그와 같은 기능도 결코 이어받을 수 없다. 판단은 단지 부가어적 의미가 현상학적으로 생기는 토대만 수립할 뿐이다. 이러한 작업이 수행되면 판단은 다시 폐기될 수 있지만, 그 자신의 의미기능을 지닌 부가어는 계속 남는다. 그래서 앞에서 든 예외적 경우에 우리는 복합체와 연관된다. 즉 부가어적 기능은 술어적 기능과 짜여 엮이고, 술어적 기능은 부가어적 기능을 파생시키지만, 이에 덧붙여 동시에 그 자신만의 타당성을 주장하려 한다. 그래서 명사적 표현은 삽입구 속에 있다. 보통의 부가어적 기능의 경우는 이러한 혼란에서 벗어나 있다. '그 독일 황제'나 '초월수 π'에 대해 이야기하는 사람은, '그 황제 — 그는 독일의 황제다.'나 'π — 그것은 초월수다.'를 뜻하지 않는다.

방금 전 상론한 것을 완전히 이해하려면 중요한 보충설명이 필요하다. 앞에서 우리는 '변양된' 작용을 수행하는 것은 더 이상 '근원적' 작용을 포함하지 않는다고 말했는데, 이 두 작용이 복합된 것은 기껏해야 우연적일 뿐이고 불가결한 방식이다. 그러나 이것이 '근원적' 판단은 '변양된' 작용 속에 어떤 방식으로, '논리적으로' '포함되어 있다.'는 사

4절 판단론을 특히 고려해 기초 짓는 표상에 대한 검토

실을 배제하지 않는다. 여기에서 '발생되어 있음'과 '변양'에 대한 논의는 결코 경험적-심리학적 의미나 생물학적 의미로 이해되면 안 되며, 체험의 현상학적 내용 속에 근거한 독특한 본질관계를 표현한다는 점에 주목해야 한다. 명사적 표상, 부가어적 표상 자신의 본질내용 속에는 그 표상의 지향이 그에 상응하는 판단을 '소급해 지시한다.'는 점과, 그 표상은 그 자체에서 이러한 판단의 '변양'으로서 주어진다는 점이 포함되어 있다.

'p로 존재하는 S'(초월수 π)라는 유형의 표상의 의미를 '실현하려' 하고, 그 의미를 완전히 판명하여 본래 수행하려 하면, 그래서 그와 같은 표현에 의해 '사념된 것'을 충족시키면서 증명하는 길을 밝혀내려면, 우리는 이른바 그에 상응하는 술어적 판단에 호소해야 하며, 그 판단을 수행하고 명사적 표상을 '근원적으로' 그 판단에서 이끌어 내 성립시키고 파생시켜야 한다. 동일한 것은 '적절하게 변경되어' 비정립적인 부가어적 표상에도 명백하게 타당하다. 그 표상이 '본래적으로' 수행되는 경우, 그 표상은 질적으로 변양된 작용에서 근원적으로 파생될 수 있기 위해, 현상학적으로는 질적으로 변양된 종류의 술어적 작용 — 실제적 판단의 대응물 — 을 요구한다.

그러므로 부가어적 표상의 본질 속에는 현상학적으로, 한편으로는 발생함과 파생되어 있음에 대한 논의가, 다른 한편으로는 소급해 지시함에 대한 논의가 표현해 주는 어떤 간접성(Mittelbarkeit)이 포함되어 있다. 그래서 모든 명사적 부가어의 타당성을 정초하는 것은 '아프리오리하게' 그에 상응하는 판단을 정초하는 것으로 되돌아가게 되며, 이와 상관적으로 반드시 말해야 할 것은, 그때그때 범주적으로 포착된 명사적 대상은 그에 속한 사태에서 '파생되며', 이 사태는 참으로 존재함에서, 명사적 대상 이전에, 그 자체로 존재하게 된다.

따라서 이렇게 상론한 다음에 아주 일반적으로, 명사와 진술 사이에는 의미에 적합한 본질과 관계하는 차이가 존립한다, 또는 본질적으로 서로 다른 작용으로서 '표상'과 '판단'에 의거하는 차이가 존립한다고 주장해도 좋다. 지향적 본질 속에 어떤 존재자를 지각하면서 파악하는지, 또는 '그것이 있다.'고 판단하는지가 동일한 것으로 되지 않듯이 어떤 존재자 그 자체를 명명하는지, 또는 그 존재자에 대해 '그것이 있다.'고 진술(술어화)하는지도 동일한 것으로 되지 않는다.

이제 모든 정립적 명사에는 가능한 판단이 명백하게 상응한다는 점, 모든 부가어에는 가능한 술어화가 상응하며 반대도 마찬가지라는 점에 주의를 기울이면, 작용의 본질에 관해 작용의 동일성을 부정한 다음에는 '여기에는 법칙적 연관, 명백히 이념법칙적 연관이 존립한다.'라는 가정만 남아 있다. 이 연관은 이념법칙적인 것으로서, 서로 분류된 작용들이 인과적으로 발생함이나 경험적으로 함께 존립함을 뜻하는 것이 아니라, 이념적으로(ideativ) 파악할 수 있는 관련 작용의 본질[3]에 대한 어떤 이념법칙적 조작이 '함께 속함'을 뜻한다. 이러한 작용의 본질은 그 '존재'와 그 법칙적 '존재질서'를 ― 순수한 수와 순수한 종류의 기하학적 형태가 산술적 이념성이나 기하학적 이념성의 영역 속에 갖는 것과 마찬가지로 ― 현상학적 이념성의 영역 속에 갖는다.

순수한 이념의 아프리오리한 범위로 들어가면, 우리는 다음과 같이, 즉 '사람'은 ― 순수한 무조건적 보편성에서, 관련된 작용들의 종적 의미의 본질을 고려해 ― 그 작용들에 분류된 작용을 '수행할 수 없는데', 그 가운데 한 작용을 '수행할 수 없다.'라고 말할 수도 있다. 실로 게다가 타당성의 논리 관점에서도 여기에 분류해 넣음(Zuordnung)이 ― 사람이 이성적 방식으로 예를 들어 'S가 존재한다는 것'을 '잠재적으로' 동시에 인정하지 않은 채, '이 S'와 더불어 착수할 수 없다는 정

---

3 순수논리적-문법적으로 이 경우 의미작용의 순수한 본질 속에 근거한 일종의 의미변양이 앞에 놓여 있다.(이 책 제4연구 11항 중간 참조)〔이 주석을 포함해 "이념적으로 ...... '함께 속함'을 뜻한다."까지는 2판에서 보충된 것이다.〕

도로 — 법칙적으로 같은 값의 형식으로 존립한다고 말할 수도 있다. 달리 말하면, 어떤 정립적 명사를 지닌 어떤 명제가 타당하고, 이 명사에 상응하는 존재판단이 타당하지 않다는 것은 아프리오리하게 양립할 수 없는 것이다. 그것은 사유작용의 '단순한 형식'에 근거하거나, '본래' 사유작용의 가능한 형식에 속하는 종적 이념으로서 범주에 근거한 그룹의 '분석적' 이념법칙 가운데 하나다.

36 계속: 진술작용이 완전한 명사로서 기능할 수 있는가

여전히 중요한 한 부류의 예를 검토해야 하는데, 그 예에서 명사적 작용과 판단 사이의 관계에 대한 우리의 견해를 실증하기 위해서다. 중요한 문제는 진술명제〔서술문〕가 단지 한정적 의도에서 사용되고, 동시에 — 현실적 진술로서 — 명사의 부분을 형성하는 것으로 보이는 경우가 아니라, 그것이 곧바로 명사로, 아주 완전한 명사로 기능하는 것으로 보이는 경우다. 예를 들어 '마침내 비가 내렸다는 사실은 농부를 기쁘게 할 것이다.'의 경우, 주어 문장이 완전한 진술임을 인정하는 것은 불가피해 보인다. 정말 그것이 실제로 비가 내렸다는 것을 뜻하기 때문이다. 그러므로 판단이 부문장의 형식을 통해 겪은 변양된 표현은, 여기에서 '그 진술이 여기에서 주어의 기능을 하는' 상황, '그 진술은 그 위에 구축되는 술어의 정립에 대해 근본적 작용을 제시해야 하는' 상황을 시사하는 데에만 이바지할 수 있다.

이 모든 것은 매우 그럴 듯하게 들린다. 만약 우리가 반박한 견해가 그래도 이러한 부류에서 실제로 지지되면, 그러한 경우에 실제로 허용되면, 이때 우리의 반박에도 불구하고, 그 견해가 더 넓은 범위에서도 지지될 수 없는지 하는 의문도 즉시 일어날 것이다.

그 예를 더 자세하게 숙고해 보자. '농부가 어떤 것에 대해 기뻐할 것인가?'라고 질문했을 때 사람들은 '……라는 것에 대해', 또는 '마침내 비가 내렸다는 사실에 대해'라고 답변한다. 따라서 그 사실, 즉 존재의 방식으로 정립된 사태는 기쁨의 대상이며, 그것에 관해 진술된 주어다. 이러한 사실을 서로 다르게 명명할 수 있다. 다른 모든 대상의 경우와 마찬가지로, 단순하게 '이것'이라 말할 수 있지만, '이 사실'이나 더 자세하게 규정해 '비가 내린 사실'이나 '비가 내림' 등으로도 말할 수 있다. 그런데 물론 앞에서 든 예와 같이, '비가 내렸다는 것'으로도 말할 수 있다. 이처럼 나란히 놓인 가운데, 이 명제는 사실에 대한 다른 모든 명사적 표현의 의미에서와 같이 정확하게 하나의 명사라는 점, '이 명제는 의미를 부여하는 작용 속에서 결코 다른 명사와 본질적으로 구별되지 않는다는 점이 분명해진다. 그 명제는 다른 명사와 똑같이 명명하고, 명명하면서 표상하고, 다른 명사가 다른 것, 즉 사물이나 속성 등을 명명하는 것과 같이, 그 명제는 바로 어떤 사태를, 특히 경험적 사실을 명명한다.(또는 표상한다.)

그런데 이러한 명명작용과 사태를 자립적 진술로, 따라서 앞에서 든 예에서 '마침내 비가 내렸다.'라는 진술로 진술하는 작용 사이의 차이는 무엇인가?

우리는 우선 '마침내 비가 내렸다 ─ 이것이 농부를 기쁘게 한다.'라고 단적으로 진술하고, 그런 다음 명명하면서 사태에 관계하게 된다. 여기에서 [명명작용과 진술작용의] 대조를 연구할 수 있다. 이 대조는 실로 명백하다. 사태는 명명작용의 측면과 진술작용의 측면에서 동일하지만, 우리에게 완전히 다른 방식으로 대상적이 된다. 단적인 진술에서 우리는 비에 관해, 그리고 비가 내렸음에 관해 판단한다. 이 둘은 단어의 적확한 의미에서 우리에게 '대상적'이며, 표상된다.

그러나 우리는 표상들이 잇달아 있음(Nacheinander)을 수행하지 않

4절 판단론을 특히 고려해 기초 짓는 표상에 대한 검토

고 하나의 판단, 즉 표상들을 '결합하는' 독특한 '의식의 통일'을 수행한다. 그리고 이렇게 결합하는 가운데 사태에 대한 의식이 우리에게 구성된다. 판단을 수행하는 것과 '어떤 것을 향해' 어떤 것을 정립하는 이러한 '종합적' 방식으로, 어떤 사태가 '의식되는' 것은 같은 하나(einerlei)다. 어떤 정립(Thesis)이 수행되고, 두 번째 비자립적 정립은, 이것에 입각해 이러한 정립이 잇달아 정초되는 가운데 사태의 종합적 통일이 지향적으로 구성되는 정도로 수행된다. 이러한 종합적 의식은 이른바 한줄기 빛의 정립 속에, 하나의 가능한 단적인 주어의 작용 속에——하나의 표상 속에—— 어떤 것을 대상으로 정립하는 것(Gegenübersetzen)과는 명백하게 완전히 다른 것이다.

우리는 비교하면서 그 비가 '의식되는' 방식에 주의를 기울일 수도 있고, 무엇보다 사태가 진술되어 있음인 판단의 의식을 우리가 든 예에서 직접 서로 인접한 표상의 의식, 즉 '이것(das)이 농부를 기쁘게 할 것이다.'라는 동일한 사태가 명명되어 있음과 비교할 수도 있다. '이것(das)'은 〔'마침내 비가 내렸다.'라고〕 진술된 사태를 손가락으로 지시함으로 그것은 동일한 사태를 사념한다. 그러나 이러저러한 성질을 지닌——심리적 사건이 이미 흘러간 것으로서 실로 판단작용에 선행하는——이 사념작용(Meinen)은 판단작용 그 자체가 아니다. 이 사념작용은 새로운 종류의 새로운 작용이며, 지시하는 것으로서 이전에 이미 종합적으로——여러 줄기 빛으로——구성된 사태에, 한줄기 빛의 정립으로 단순히 대립시키며, 결국은 판단과는 완전히 다른 의미에서 그 사태를 자신의 대상으로 삼는다.

따라서 이 사태는 판단 속에 '근원적으로' 의식된다. 한줄기 빛 속에 그 사태를 향한 지향은 여러 줄기 빛의 지향을 전제로 하며, 그 자신의 의미에서 여러 줄기 빛의 지향을 소급해 지시한다. 그러나 적확한 의미에서, 사태가 '대상적'이 되거나 '표상되는' 한줄기 빛의 의식의 방식으로 이행될 수 있는 ─ '이념적' 본질의 가능성으로서 ─ 가능성이, 모든 여러 줄기 빛의 의식의 방식 속에 '아프리오리하게' 근거한다. 이것은 가령 기하학적 형상의 이념적 본질 속에 '사람'이 그 형상을 공간속에 회전시키고, 어떤 다른 형상으로 변형시킴으로써 변화시키는 등의 가능성이 '아프리오리하게' 근거하는 것과 마찬가지다. 어쨌든 이제 '의식의 방식', 즉 객체가 지향적이 되는 방식은 두 경우 서로 다르다는 점이 분명해졌다. 그러나 이것은 우리가 '본질적으로' 서로 다른 작용, 즉 서로 다른 지향적 본질의 작용을 다룬다는 것에 대한 다른 표현일 뿐이다.

본래의 지시작용을 도외시하면, 위의 예에서 강조한 '이것(das)'의 본질적인 것도 주어의 위치 ─ 그리고 어떤 문맥 속에 바로 표상을 요구하는 다른 모든 위치 ─ 에서 단순한 명제의 생각에 포함되어 있지만, 다른 한편으로 자립적인 본래 진술의 생각에는 필연적으로 결여되어 있다. 정관사에 기초가 되는 의미의 계기가 생생해지자마자 표상작용도 지금의 의미에서 수행된다. 이때 언어나 방언이 정관사를 실제로 사용하는지, '그 인간(der Mensch)'이나 '인간(homo)' 또는 '카를(Karl)'이나 '그 사람 카를(der Karl)'로 말하는지는 상관없다. 이 의미의 계기도 주어로 기능하는 명제 'S는 p이다.' 속에 결여되지 않았다는 점을 쉽게 알 수 있다. 사실상 'S는 p이다.'는 'S는 p라는 이것'과 같은 것을 뜻하며, 'S는 p라는 사실, 상황 등'을 단지 조금만 바꿔 쓴 것이다.

요컨대 그 상태는 여기에서 판단, 즉 주어나 일반적으로 명사적 작용일 수 있는 현실적 술어화에 대해 이야기하는 것과 아주 밀접하다고 생각되는 종류가 결코 아니다. 오히려 우리는 사태에 대한 명사로 기능하는 명제들 사이에, 이와 상응하는 같은 사태에 대한 진술들 사이의 지향적 본질에 관해서, 차이 ─ 단지 이념법칙적 관계를 통해서만 매개되는 차이 ─ 가 존재한다는 점을 아주 명석하게 알게 된다. 진술은 결코 명사로서 기능할 수 없으며, 명사는 그 본질적 본성을 변경시키지 않고는, 즉 자신의 의미에 적합한 본질과 더불어 그 의미 자체를 변경시키지 않고는 결코 진술로서 기능할 수 없다.

물론 이것으로써 이에 상응하는 작용이 기술적(記述的)으로, 서로 총체적으로 무관하다는 점을 말하려는 것은 아니다. 진술의 질료는 명사적 작용의 질료와 부분적으로 동일하며, 양측에서 비록 서로 다른 형식이지만 동일한 용어를 사용해 동일한 사태가 지향된다. 그에 따라 표현의 형식에서 큰 유사함은 우연적이 아니라 의미 속에서 정초된다. 의미의 기능이 변경되었는데도 때에 따라 표현이 변경되지 않고 유지된다면, 바로 특수한 다의성의 경우를 갖는 것이다. 이 경우는 표현이 변칙적 의미로 기능하는 광범위한 부류에 속한다. 이러한 변칙은 의미의 분야에 순수한 본질 속에 뿌리내린 것으로, 명백하게 일종의 순수문법적 변칙이다.[4]

이렇게 우리의 해석이 어디에서나 일관되게 수행되었다면, 우리는 어디에서나 표상과 판단을 구별하고 표상 안에서 존재의 가치를 분배하는, 정립하는 표상과 그렇지 않은 표상을 구별할 수 있을 것이다. 이때 우리는 'S가 p이기 때문에'라는 종류의 명제인 인과적 전건명제에 판단의 성격을 부정하는 것에, 그리고 이 명제를 우리가 정립적 명사와 비정립적 명사의 관계를 인식했던 것과 동일한 관계에서 가언적 전건명제로 이끄는 것에도 주저하지 않을 것이다. '때문에(weil)'는 'S는 p이다.'라고 진술된 판단을 소급해 지시할 수 있지만, 인과명제 자체 속에서 이 판단은 더 이상 수행되지 않는다. 그것은 더 이상 'S는 p이다.'라고 진술되지 않으며, 단적으로 '표상하는' 기반(Untersetzung) ─ 이 기반은 인과적 전제명제의 정립으로서, 그 자신의 의미에서 판단하는 종합의 변양으로서

---

4 제4연구, 11항 그리고 13항 끝의 '첨부' 참조.

성격 지어진다 — 위에 두 번째 정립, 결론명제의 정립이 정초된다.('그
것에 입각해' 수행된다.) 그 전체는 새로운 형식의 판단하는 종합이며, 이
종합에 의미의 내용은, 단지 약간 바꿔 쓰면, '정초하는 사태의 존재가
귀결되는 사태의 존재를 제약한다.'로 표현될 수 있다. 더구나 이 경우
전제명제와 결론명제는, 우리가 'S는 p이다. 이것 때문에 그래서 Q는 r
이다.'라고 진술하는 경우와 같이, 오직 복합의 방식으로만 판단으로서
기능할 수 있다. 이 경우 중요한 문제는 종합적으로 결론을 확인하는
것뿐만 아니라, 'S는 p이다.'와 'Q는 r이다.'의 두 가지 사태를 판단에 적
합하게, 이들을 관계 짓는 종합적 의식 자체 속에서 획득하고 유지하는
것이다.

　방금 전 수행한 광범위한 고찰이 밝혀 주는 점은, 본래 좁은 의미의
명사적 표상은 더 넓지만 확고하게 한정된 부류의 '정립적' 작용, '한줄
기 빛으로 정립하는' 작용을 우리에게 재현한다는 것이다. 이러한 점은
앞으로 실제로 명사적 표상을 고찰할 경우에도 확고하게 유지되어야
한다. 따라서 '명사적 표상'이라는 용어는, 그것이 부류의 용어로서 기
능하는 경우, 매우 확장된 의미로 이해되어야 한다.[5]

　'판단'이라는 명칭으로, 자립적으로 완결된 진술의 의미가 이해되
는, 여기에서 기준이 되는 용어법에도 충분히 주의를 기울여야 한다.
이러한 의미가 내적으로 변양되지 않고, 가언적 전제명제나 인과적 전
제명제의 의미로 되지 않으며, 마찬가지로 명사적 의미 일반으로 되지
않는다는 것은 우리가 위에서 확인한 논제(Thesis)다.

5　(옮긴이 주) 이 단락은 2판에서 보충한 것이다.

5절 판단론에 대한 추가. 명사적 작용과 명제적 작용의 질적으로 통일적인 유(類)로서의 '표상'

37 다음 연구의 목표. 객관화하는 작용의 개념

방금 전 실행된 연구는 위의 34항을 시작할 때 제기한 문제를 아직 해결하지 못했다. 우리가 거둔 성과는 '표상'과 '판단'이 본질적으로 서로 다른 작용이라는 것이다. 여기에는 ─ 단어의 다의성이 언제나 다시 곧바로 기준이 되는 개념으로 돌아갈 것을 요구한다 ─ 명사적 작용의 의미에서, '표상'에 대한 논의와 진술의 의미에서, 더구나 그 자체로 완결된 정상적인 진술을 수행하는 의미에서 '판단'에 대한 논의가 포함되어 있다. 그러므로 명명작용과 진술작용은 '단순히 문법적으로' 다른 것이 아니라, '본질에서 다른 것'이며, 다시 의미를 부여하는 작용이든 의미를 충족시키는 작용이든 이 두 작용은 자신의 지향적 본질에 따라, 또 이러한 의미에서 작용의 종류로서 서로 다르다. 그런데 이것으로써 표상과 판단, 명명작용과 진술작용에 의미(Bedeutung)를 부여하는 작용과 충족시키는 의미〔뜻〕(Sinn)를 부여하는 작용이 지향적 체험의 서로 다른 '근본 부류'에 속한다는 것을 증명했는가?

물론 이에 대해 부정하는 답변이 반드시 나올 것이다. 그러한 것은 전혀 화제가 되지 않는다. 우리는 지향적 본질이 '질료'와 '질' 양 측면에서 구축된다는 사실, 작용의 '근본적 부류'의 구별이 — 즉시 분명해지듯이 — 단지 작용의 질에만 관계된다는 사실을 숙고해야 한다. 더 나아가, 우리가 서술한 것에서 '명사적 작용과 명제적 작용이 전적으로 서로 다른 질이며, 심지어 서로 다른 질의 유임에 틀림없다.'는 것이 결코 아니라는 사실을 숙고해야 한다.

마지막에 강조한 점에 불쾌해해서는 안 된다. 우리의 의미에서 작용의 질료는 작용에 생소한 것이나 외면적으로 부착된 것이 결코 아니며, 작용의 지향의 — 지향적 본질 그 자체의 — 분리될 수 없는 측면인 내적 계기다. 우리에게 동일한 사태가 의식될, '서로 다른 의식의 방식'에 대한 논의를 착각하면 안 된다. 그 논의는 서로 다른 종류의 작용을 지시하지만, 그로 인해 여전히 서로 다른 종류의 작용의 질을 지시하지는 않는다. 그 질이 동일한 경우 — 실로 우리는 질료의 이념을 구상할 경우 이것에 영향을 받는다[1] — 동일한 대상성은 여전히 서로 다른 방식으로 의식될 수 있다. 우리는 예를 들어, 같은 값으로 정립하는 표상들을 염두에 둔다. 이 표상들은 곧 서로 다른 질료에 의해 동일한 대상으로 향한다. 그래서 어떤 진술이 명사적 기능 또는 그 진술과 동등한 기능으로 이행할 경우, 그 본질적 의미의 변양 — 위에서 이 의미의 변양을 증명하는 데 중점을 두었다 — 은 질이 동일할 경우나 또는 적어도 명사적 변양의 종류에 따라 질의 유가 동일할 경우 질료가 변경되는 것 이외에 다른 어떤 내용도 갖지 않을 수 있다.

이것으로써 실제적 상태를 기술했다는 것은, 이미 질료 그 자체에 대한 주목할 만한 고찰을 알려 준다. 위에서 검토한 예에서 필연적으로 인식된 보충, 즉 명사적으로 유의미한 관사를 통한 보충, 또는 명제적

---

1 위의 [제5연구] 20항 중반 참조.

5절 판단론에 대한 추가. 명사적 작용과 명제적 작용의 질적으로 통일적 류로서의 '표상'

의미를 주어의 기능으로 옮겨 놓는 경우에 '……라는 상황'이나 '……라는 사실'과 같은, 명사적 표현을 통한 보충은 동일하게 옮겨진 질료의 본질적 내용에서 의미를 바꾸어 해석하는 것(Umdeutung)이 드러나는 장소를, 따라서 근원적 진술 속에서 결여되거나 근원적 진술 속에서 다른 진술을 통해 대리한 파악의 기능이 나타나는 장소를 입증해 준다. 양 측면에서 일치하는 본질의 계기는, 어디에서나 볼 수 있듯이, 서로 다르게 '범주적으로 형성된다.' 예를 들어 'S는 p이다.'라는 형식도 이것의 명사적 변양인 'p인 S'라는 형식과 비교될 것이다.

다른 한편, 계속 이어지는 고찰은 '질을 고려해 명사적 작용과 명제적 작용 사이에 유적 공통성이 존립하고, 이로써 동시에 우리는 앞에서 마지막에 고찰한 표상의 개념과 비교해 또다시 더 넓고 여전히 더 중요한 새로운 표상의 개념을 한정하는 데 이른다.'는 사실을 분명하게 밝혀 줄 것이다. 이 새로운 표상의 개념을 통해 '모든 작용을 표상 속에 근거 지음'에 관한 명제는 특히 중요한 새로운 해석을 부여받을 것이다.

지금 논의한 '표상'에 대한 두 가지 개념을 구별하기 위해 좁은 개념과 관련해서는 '명사적 작용'으로, 넓은 개념과 관련해서는 '객관화하는 작용'으로 부르려 한다.(그러나 궁극적으로 용어를 제안하지는 않겠다.) '명사적 작용'이라는 명칭으로 의미를 부여하는 작용으로서, 명사적 표현에 부착되었거나 의미를 부여하는 작용에 충족시킴을 부가하는 작용뿐 아니라 이와 유사하게 기능하는 모든 작용, 즉 그 작용이 문법적 기능을 하는지와 상관없이 이미 앞의 4절에서 명사적 표상의 개념을 전면적으로 도입함에 따라 거의 강조될 필요가 없는 작용도 포함한다.

명사적 작용 안에서 정립적 작용과 비정립적 작용을 구별했다. 그 정립적 작용은 어느 정도 존재를 사념하는 것(Seinsmeinung)인데, 감성적 지각이든, 추측해 존재를 파악하는 것 일반의 더 넓은 의미 지각이든, 그것이 대상 '자체' ── 생생하든 일반적으로 직관적이든 ── 를 파악하려 추측하지 않는 그 밖의 작용이든, 어쨌든 대상을 존재하는 것으로 사념한다.[2] 그 밖의 다른 작용들은 그 대상의 존재를 결정하지 않고 놔둔다. 객관적으로 고찰해 보면 대상은 존재할 수도 있지만, 그 작용들 자체 속에서 대상은 존재의 방식으로 추측되지 않거나, 실제적인 것으로 타당하지 않거나, 오히려 '단순히 표상된다.' 이 경우 정립적인 모든 명사적 작용에는 비정립적인 명사적 작용이, 즉 동일한 질료의 그와 같이 '단순한 표상'이 상응하며, 반대도 마찬가지라는 법칙은 타당하다. 이때 이렇게 상응하는 것은 물론 이념적 가능성의 의미에서 이해되어야 한다.

사태를 그렇게 표현할 수도 있는 어떤 변양(Modifikation)은 정립적인 모든 명사적 작용을 동일한 질료의 단순한 표상으로 이행시킨다. 우리는 정확하게 동일한 변양을 판단한 경우에서 다시 보게 된다. 모든 판단에는 자신의 변양, 즉 그 판단이 참으로 간주한 것을 참과 거짓에 관해 전혀 결정하지 않고,[3] 정확하게 단순히 대상적으로 표상하는 작용이 속한다. 현상학적으로 고찰해 보면, 판단의 변형은 정립적인 명사적 작용의 변양과 완전히 같은 종류다.

그러므로 정립적인 명제적 작용으로서 판단은, 비정립적인 명제적 작

---

2 〔제4절의〕34항 중반에 있는 예들 참조.
3 이 경우 이러한 표현방식은 바꿔 쓴〔완곡한〕표현이라는 점에 주의해야 한다.

용으로서 단순한 표상 속에 그 상관자를 갖는다. 양측에서 그에 상응하는 작용은 동일한 질료를 갖지만, 그 질은 서로 다르다. 그런데 명사적 작용의 경우, 정립적 작용과 비정립적 작용을 하나의 질의 유로 계산하듯이, 명제적 작용의 경우에도 판단과 이것이 변양된 대응물은 하나의 질의 유로 계산된다. 양쪽에서 질적 차이는 동일하지만, 상위에 있는 질의 유의 차이로서 요구하면 안 된다. 우리는 정립적 작용에서 변양된 작용으로 이행하는 경우, 가령 어떤 명사적 작용에서 욕구작용이나 의지작용으로 이행하는 경우와 마찬가지로, 이질적인 부류로 들어가지 않는다. 그러나 어떤 정립적인 명사적 작용에서 어떤 작용을 주장하는 진술로 이행하는 경우에는, 일반적으로 어떤 질적 차이를 인정할 이유를 결코 찾을 수 없다. 이에 상응하는 '단순한 표상'을 비교하는 경우도 물론 마찬가지다. 오직 질료, 지금 연구에 기준이 되는 의미에서 질료만 두 경우의 차이를 형성한다. 따라서 질료만 명사적 작용의 통일을, 그리고 다시 명제적 작용의 통일을 규정한다.

이것에 입각해 이제껏 고찰한 모든 작용을 그 '질적' 본질에 따라 함께 포괄하고, '표상'이라는 용어가 지향적 체험의 전체 부류 안에서 의미할 수 있는 '가장 넓은' 개념을 규정하는 지향적 체험의 포괄적 유가 한정된다. 우리 자신은 이렇게 질적으로 통일되고, 그것의 자연스러운 범위에서 받아들인 유를 '객관화하는 작용'의 유라 부르려 한다. 그 유를 분명하게 대조해 보면 다음과 같다.

1) 질적 세분화를 통해 정립적 작용 — 밀과 브렌타노의 의미에서 '신념(belief)', 판단의 작용 — 과 비정립적 작용, 정립에 관해서는 '변양된' 작용, 즉 정립적 작용에 상응하는 '단순한 표상'을 분류한다. '정립적' 신념이라는 개념의 외연을 어디까지 구분하는지는 여기에서 결정하지 않고 보류해 둔다.

2) 질료의 세분화를 통해 명사적 작용과 명제적 작용의 차이가 생

긴다. 어쨌든 이러한 차이가 일련의 동등한 질료적 차이 아래 하나의 단독의 차이가 아닌지는 여기에서 검토되지 않는다.

4절에서 수행한 분석을 개관하면, 본래 철저한 대립으로서 여기에서 여러 줄기 빛의-통일적인 종합적 작용과, 하나의 정립 속에 정립하거나 막연하게-소유하는 한줄기 빛의 작용 사이의 대립이 벌어진다. 그러나 술어적 종합은 특히 우선적으로 사용되는 종합의 형식, 또는 오히려 하나의 전체적 형식체계를 제시할 뿐이며, 이 형식 속에 매우 빈번하게 짜인 다른 형식, 즉 연언적 종합과 선언적 종합과 같은 형식이 이에 대립된다는 점을 알아야 한다. 예를 들어 'A와 B와 C는 p이다.'라는 복수의 술어화(Prädikation)에서, 세 가지 술어 층(層)에서 동일한 술어 p로 귀착되는 통일적 술어화를 갖는다. A의 근본적 정립'에서', B의 두 번째 정립, C의 세 번째 정립'에 걸쳐 두루' 동일하게 확보된 p가 세 가지 층으로 이루어진 하나의 작용 속에 정립된다. 이 경우 이러한 판단의 작용은, 마치 '중간 휴지(休止)'을 통해 하나의 주어 항이 자신의 측면에서 세 개의 명사적 항의 통일적 연언이 되도록, 주어의 정립과 술어의 정립으로 분절된다. 이 세 개의 항은 연언 속에 결합되어 있지만 결코 하나의 명사적 표상으로 통합되지 않는다.[4]

그러나 술어적 종합과 마찬가지로, '연언적' — 더 특징적으로 말하면 집합적 — 종합도, 그 종합이 종합을 통해 이미 구성된 집합을 새로운 한줄기 빛의 작용으로 단적으로 '표상된', 대상이므로, 적확한 의미에서 '대상적'이 되는 '명사화(Nominalisierung)'를 허용하는 것은 타당하다. 그런데 집합에 대한 명사적 표상은 다시 그 자신의 의미 속에, 근원적 작용에 비해 변경된 자신의 '질료' 속에 그 집합을 근원적으로 구성하는 작용이나 의식을 '소급해 지시한다.' 더 자세하게 고찰해 보면, 술

---

4 (옮긴이 주) 이 문단과 다음 문단은 제2판에서 보충한 것이다.

5절 판단론에 대한 추가. 명사적 작용과 명제적 작용의 질적으로 통일적 류로서의 '표상'

어화하는 종합의 경우 우리에게 끈질기게 달라붙는 것[5] — 이 경우 더구나 우리는 '정언적' 종합의 술어적 근본형식에만 의거한다 — 이 일반적으로 모든 종합의 경우에도 발견된다. 이 모든 경우 종합적인 여러 줄기의 빛이 그에 속한 소급해 지시하는 질료를 수반하는, '명사적' 한줄기 빛으로 전환하는 명사화의 기본적 조작이 가능하다.

따라서 이념적으로 가능한 '객관화하는' 작용을 전반적으로 고찰할 경우, 사실상 '정립적' 작용과 '종합적' 작용, '한줄기 빛의' 작용과 '여러 줄기 빛의' 작용의 근본적 차이로 되돌아온다. 한줄기 빛의 작용은 분절되지 않은 것이며, 여러 줄기 빛의 작용은 분절된 것이다. 각각의 항은 자신의 객관화하는 질 — '존재'에 태도를 취하는 자신의 방식이나 이에 상응하는 질적 변양 — 과 자신의 질료를 갖는다. 동시에 하나의 객관화하는 작용으로서 종합적 전체는 하나의 질과 하나의 질료를 갖는데, 이 경우 그 질료는 분절된 것이다. 그와 같이 전체를 분석하는 것은 한편으로는 항으로, 다른 한편으로는 종합적 형식(구문론의 형식)으로 이끈다. 더구나 그 항의 측면에서 단층적 항과 다층적 항으로, 즉 그 자체가 다시 분절되는 동시에 종합적-통일적으로 분절된다. 위에서 든 예에서는 복수의 술어화의 연언적 주어가 그러하며, 가언적 술어화의 연언적 전건명제의 결합도, 양쪽에서 이에 상응하는 선언적 결합도 마찬가지다.[6]

최후에 우리는 단순한 항, 즉 한줄기 빛의 객관화하는 항에 이르지만, 이 때문에 필연적으로 궁극적 의미에서 원초적 항에 이른 것은 아니다. 왜냐하면 한줄기 빛의 항은 명사화된 종합, 즉 그 항 자체가 다시 사태가 될 수 있는 등 사태나 집합 또는 선언지(選言肢)의 명사적 표상일 수 있

---

5 위의 35항 중간 부분 참조.
6 (옮긴이 주) 이 문단과 다음 두 문단은 2판에서 보충한 것이다.

기 때문이다. 그러므로 다소 복잡한 종류로 되돌아가 관계함이 질료 속에 등장하고, 이와 함께 고유하게 변양된 간접적 의미에서 '함축된' 분절화와 종합적 형식이 등장한다. 항들이 더 이상 소급해 관계하지 않으면, 이러한 점에서도 단층적이다. 이것은 예를 들어 고유명사를 표상할 경우나, 모든 한 가지 항의 ── 설명적 종합에서 분해되지 않는 ── 지각, 상상의 표상 등의 경우와 명백하게 동일하다. 그와 같은 완전히 단적인 객관화(Objektivation)는 모든 '범주적 형식'에서 벗어나 자유롭다. 모든 (단적이 아닌) 객관화하는 작용에 대한 분석은, 이 작용에 포함된 명사화하는 것 속에 소급해 지시하는 계층을 추적하는 한 최후에는 형식과 질료에 따라 단층적인, 그러한 종류의 '단적인' 작용의 항으로 명백하게 귀착된다.

마지막으로 언급해 두는 점은, 가능한 분절화와 종합적 형성에 대한 일반적 고찰이 제4연구에서 순수논리적-문법적 법칙성으로 말했던 그 법칙성으로 이끈다는 것이다. 이러한 점에서 본질적으로 중요한 문제는, 모든 형식이 객관화하는 종합이 구축되는 데 부각되는 질료, 객관화하는 작용의 의미일 뿐이다. 여기에는 예를 들어 '통일적으로 완결된, 객관화하는 모든 질료는, 그래서 모든 가능한 자립적 의미는 모든 가능한 형식의 모든 종합 속에 항의 질료로서 기능할 수 있다.'라는 명제가 포함된다. 이 명제로부터 '그와 같은 모든 질료는 완전한 명제적(술어적) 질료이거나 그와 같은 질료의 가능한 하나의 항이다.'라는 특수한 명제로 이해된다. 다른 한편으로 질을 고려하면, 우리는 '이념적으로 파악해 보면, 임의의 객관화하는 질료는 임의의 질과 결합될 수 있다.'라는 명제를 주장할 수 있다.

지금 검토하는 연구와 연관해, 특별한 관심을 가질 수도 있는 명사적 작용과 명제적 작용의 특수한 차이를 주시해 보면, 방금 전 주장한 임의의 질과 임의의 질료가 결합할 가능성은 쉽게 입증될 수 있다. 앞의 37항의 분석에서, 우리는 단지 판단이, 따라서 정립적인 명제적 작용이 명사적 작용으로 변양되는 것에만 관계하는 한 질과 질료가 결합할 가능성은 여전히 전면적으로 밝혀지지 않았다. 그러나 예를 들어 — 단순히 이해하지만, 〔참이나 거짓의〕 태도를 취하지 않고 표명하는 가운데 — '2×2는 5'가 '2×2는 5라는 사실'이라는 명사로 변화되듯이, '단순한' 표상으로 질적으로 변양된 모든 판단이 이에 상응하는 명사적 작용으로 변화된다는 것은 명백하다.

우리는 명제가 질에 관계하지 않고 그와 같이 명사로 변하는 경우에도, 따라서 일반적으로 종합적인 명제적 질료가 명사적 질료로 단순히 변하는 경우에도, 변양에 관해 이야기하기 때문에, 질에 관계하는 완전히 다른 종류의 그 변양 — 정립적 명사나 진술이 정립이 없는 명사나 진술로 변하는 변양 — 을 명백하게 '질적 변양'이라 부르는 것은 적절하다. 이 경우 단지 형식을 부여하거나 형식적 차이를 정초하는 질료가 유지되어 남아 있는 한, 또는 모든 내적 분절화와 형식에 따라 명사는 명사로 진술은 진술로 유지되어 남아야 하는 한, 정립적 작용의 '같은 형식의 변양'에 대해서도 이야기해야 한다. 그런데 '같은 형식의 변양'이라는 개념이 자연적인 의미에서, 즉 그 작용의 '질료'에 관계하지 않는 모든 변양을 포함할 정도로 매우 일반적인 의미에서 파악되는 경우, 이때 그 개념은, 우리가 설명할 것과 같이,[7] 여기에서 문제가 되는 질적 변양이라는 개념보다 더 넓은 개념이다.

39 객관화하는 작용의 의미에서 표상, 그리고 그 질적 변양

객관화하는 작용을 하나의 부류로 총괄하는 경우에 이러한 부류 전

---

7 40항 참조.

체가 하나의 질적 대립을 통해 특징지어졌다는 사정, 따라서 모든 명사적 '신념(belief)'과 마찬가지로 모든 명제적 판단, 즉 모든 완전한 판단에는 그에 대한 대응물로서 '단순한 표상'이 속한다는 사정은 우리에게 결정적으로 중요하게 느껴진다. 이러한 질적 변양이 지향적 체험의 한 부류를 특징짓는 데 일반적으로 적합한지, 그 변양이 오히려 지향적 체험의 영역 전체에서 구분하는 동기로서 그 타당성을 갖지 못하는 것은 아닌지 하는 의문이 지금 일어난다. 후자의 경우, 다음과 같이 당연하다고 생각되는 논증이 제시된다. 즉 일반적으로 모든 지향적 체험에는 단순한 표상이 상응한다는 논증이다. 소원에는 소원의 단순한 표상이, 증오에는 증오의 단순한 표상이, 의욕에는 의욕의 단순한 표상 등이 상응한다. 현실적 명명작용과 진술작용에 이에 상응하는 단순한 표상이 상응하는 것도 이와 똑같다.

그런데 여기에서 근본적으로 서로 다른 사항을 혼동하면 안 된다. 가능한 모든 체험과 같이, 실로 아주 일반적으로 가능한 모든 객체와 마찬가지로, 가능한 모든 작용에는 그 작용에 관련된 표상이 속하며, 이 표상은 정립적 표상의 질뿐만 아니라 비정립적 표상 — '단순한' 표상으로서 — 의 질이 될 수 있다. 어쨌든 요컨대 그것은 결코 하나의 표상이 아니라 서로 다른 종류의 표상들의 다양체 전체이며, 이 경우 암묵적으로 그것을 실행하게 되듯이, 명사적 유형의 표상으로 제한할 때조차 이것은 그 자체로 타당하다. 이러한 표상은 직관적 표상이나 사유의 표상, 직접적 표상이나 부가어로 매개된 표상으로서, 이 모든 것은 여러 가지 방식으로 그 객체를 표상할 수 있다. 그러나 우리의 목적에는 어쨌든 모든 종류의 표상이 어디에서나 동일한 방식으로 가능하기 때문에 한 가지 표상에 대해 논의하는 것, 또는 그 표상들 가운데 어느 하나를, 가령 상상의 표상을 끄집어내는 것으로 충분하다.

따라서 모든 객체에는 그 객체의 표상이, 집에는 그 집의 표상이, 표

5절 판단론에 대한 추가. 명사적 작용과 명제적 작용의 질적으로 통일적 류로서의 '표상'

상에는 그 표상의 표상이, 판단에는 그 판단의 표상 등이 상응한다. 그러나 여기에서, 앞에서[8] 이미 상론했듯이, 판단의 표상은 판단된 사태의 표상이 아니라는 점에 주의를 기울여야 한다. 마찬가지로 더 일반적으로는, 어떤 정립의 표상은 그 정립의 방식으로 표상된 대상의 표상이 아니다. 이 두 가지 경우에 표상된 대상은 서로 다르다. 그러므로 예를 들어, 어떤 사태를 실현하려는 의지는 이러한 사태의 판단이나 명사적 정립을 실현하려는 의지와는 다른 것이다. 정립하는 작용에는 그 작용과 어떤 작용 일반에 이 작용에 대한 표상이 상응하는 것과는 총체적으로 다른 방식으로, 그 정립하는 작용의 질적 대응물이 상응한다. 어떤 작용의 질적 변양은 마치 그 작용과 관련된 표상을 산출하는 것과는 총체적으로 다른 '조작'이다.

이 두 가지 조작의 본질적 차이는 다음과 같은 점에서 분명해진다. 즉 후자의 '표상하면서 객관화하는' 조작은, 그 기호에 따라 이렇게 진행되는데,

O, V(O), V[V(O)], ……

이 경우 O는 어떤 객체, V(O)는 O에 대한 표상을 표시하며, 이것은 '무한히' 반복될 수 있다. 그러나 그 질적 변양은 그렇지 않다. 또한 표상하는 객관화는 모든 객체 일반에 적용될 수 있는 반면, 질적 변양은 '작용'에 대해 오직 하나의 의미만 갖는다. 물론 이 속에는 하나의 계열의 변양에서 '표상'이 오직 명사적 표상인 반면, 다른 계열의 변양에서는 이러한 제한이 생기지 않는다는 점이 포함되어 있다. 결국 전자에서는 질이 전혀 문제가 되지 않으며, 변양은 본질적으로 질료에 관계하는 반면, 질적 변양의 경우인 후자에서 변양된 것은 바로 질이다.

'신념'의 모든 작용에는 그 대응물로서 '단순한' 표상이 상응하는

---

8 앞의 33항 중간 참조.

데, 이 표상은 '신념'의 그 작용과 정확하게 같은 방식으로, 즉 동일한 질료에 근거해 동일한 대상성을 표상하고, 표상한 대상성을 존재를 사념하는 방식으로 정립하는 대신 오히려 [미결정으로] 그대로 놓아둔다 (dahinstellen)는 점에서만 '신념'의 작용과 구별된다. 물론 이러한 변양은 '신념'이라는 개념에 포함되지 않는 작용의 경우, 어떤 의미를 부여하는 것처럼 반복되지 않는다. 따라서 그 변양은 사실상 이러한 질의 작용과 그 대응물 사이에 유일한 연관을 만들어 준다. 예를 들어, 정립적 지각이나 기억은 그에 상응하는 동일한 질료의 '단순한' 구상의 작용 속에 그 대응물을 갖는다. 따라서 예를 들어, 묘사된 것의 존재 여부에 어떠한 태도도 취하지 않고 단순히 심미적으로 감명을 받는 어떤 그림을 감상하는 경우와 같이 지각적 상(像)의 직관에서, 또는 우리가 그 존재에 대해 어떠한 현실적 태도도 취하지 않고 상상 속에 잠기는 경우와 같이 '상상의 상(Bild)'의 직관에서도 그러하다. 물론 이 경우 '단순한' 표상은 다시 대응물을 갖지 않으며, 그 대응물은 그것이 무엇을 사념하고 작업을 수행해야 하는지 전혀 이해할 수 없다. '믿는 작용'이 '단순한 표상작용'으로 변화되면, 우리는 기껏해야 신념작용으로 되돌아갈 수 있다. 그러나 동일한 의미에서 반복되고 계속 수행되는 변양은 존재하지 않는다.

질적 변양의 조작을 표상하는 객관화, 즉 명사적 객관화의 조작으로 대체할 경우에는 사정이 다르다. 후자의 조작의 경우는 분명하게 반복이 가능하다. 우리는 이것을 자아에 대한 작용의 관계에서, 또한 서로 다른 시점이나 인물로 이 작용을 배분하는 데에서 가장 단순하게 나타낸다. 어떤 때 나는 어떤 것을 지각하고, 다른 때 내가 그것을 지각한 것을 머릿속에 떠올리며, 세 번째는 내가 지각한 것을 머릿속에 떠올린 것을 다시 머릿속에 떠올린다 등등.[9] 다른 예를 들어 보자. A가 묘사되었다. 두 번째 그림은 첫 번째 그림을 모사하면서 묘사하고, 이때 세 번째 그림은 두 번째 그림을 모사하면서 묘사한다 등등. 이 경우 차이는 명백하다. 물론 그것은 감각내용의 단순한 차이가 아니라 파악하는 작용의 성격, 특히 지향적 질료의 차이이며, 이 차이가 없다면 상상의 상, 그림 등에 대한 논의는 실로 무의미할 것이다.

그리고 이 차이를 내재적으로 파악하면, 우리는 그에 상응하는 체험을 수행하며, 이때 그 지향적 차이를 반성적으로 주시하자마자 내재적으로 파악된 차이를 현상학적으로 확신한다. 이것은 예를 들어, 우리가 '나는 지금 A를 지각하고, B를 상상으로 표상하는데 C는 이 그림 속 여기에서 묘사된다.' 등으로 구별하면서 진술할 때의 경우다. 이러한 관계를 분명하게 이해한 사람은 표상에 대한 표상을 현상학적으로 입증할 수 없다며, 실로 단순한 허구로 설명하는 사람의 오류에 빠지지 않는다. 그렇게 잘못 판단하는 사람은 여기에서 구별한 두 가지 조작을 혼동하며, 단순한 표상에 대한 표상에다 이러한 표상으로의 질적 변양 — 물론 이러한 변양은 불가능하다 — 을 대체시킨다.

그런데 우리는 같은 형식의 변양을 통해 서로 동렬에 놓은 질에 관해서 유적 공통성을 받아들여야만 한다고 믿고,[10] '질적으로 변양되거나 변양되지 않은 모든 판단의 통일이 본질적으로 구축되는 — 단순한 의미지향의 작용에 주시하든, 의미충족의 작용에 주시하든 상관없이 — 모든 작용에 이러한 질의 이러저러한 것이 귀속된다.'는 주장을 옳다고 간주한다. 그 밖에 앞에서 단지 정립적 작용의 경우에만 가능한

---

9 물론 이 모든 것은 경험적–심리학적으로 이해되면 안 된다. (우리가 지금 연구하는 어디에서나 마찬가지로) 중요한 문제는 우리가 그 자체로 필증적 명증성에서 파악하는 순수본질에 근거한 아프리오리한 가능성이다.

10 어쨌든 이에 대해서는 나의 『이념들』(1권), (3장 4절 114항의) 233쪽에서 '유적 공통성'을 '본질과 대응본질'의 독특한 관계로서 해석한 것 참조. 일반적으로 지금 우리가 연구한 성과를 계속 추구하면 많은 점에서 본질적으로 심화되고 개선될 것이다. 특히 '중립성 변양'에 관해서는 앞의 책, 109항 참조. (이 주석은 2판에서 보충한 것이다.)

[11] 질적 대응물을 구별한, 완전히 임의적인 작용의 그 단순한 표상이 단순한 표상으로서 그 자체가 그와 같은 대응물이며, 단지 그 단순한 표상은 오히려 그 표상의 객체인 그 원본적 작용에 대한 대응물이 아니라는 점은 자명하다. 어떤 소원의 단순한 표상은 소원의 대응물이 아니라, 그 소원에 관련된 어떤 정립적 작용, 예를 들어 그 소원에 대한 지각의 대응물이다. 소원에 대한 지각과 단순한 표상, 이러한 쌍은 하나의 유에 속하며, 이 둘은 객관화하는 작용이다. 반면 소원 그 자체와 소원에 대한 지각, 또는 소원을 구상하거나 그 밖에 그 소원과 관련된 표상은 서로 다른 유에 속한다.

40 계속: 질적 변양과 상상적 변양

정립적 작용을 참으로 간주된 작용으로, 그 대응물을 구상하는 작용으로 부르는 것은 아주 당연하다. 이 두 표현은 첫눈에 언뜻 보기에, 이것들을 지지해 말하더라도, 특히 후자의 용어를 고정시키는 데에 나름의 의문이 생긴다. 이러한 의문을 검토하는 것을 몇 가지 중요한 보충을 설명할 계기로 받아들이자.

논리적 전통 전체는 오직 판단, 즉 진술의 의미의 경우에만 '참으로 간주하는 것(Fürwahrhalten)'에 대해 이야기한다. 그러나 지금은 모든 지각이나 기억, 예상, 표현적-명사적 정립의 모든 작용을 '참으로 간주함'이라 부른다. 더 나아가 '구상(Einbildung)'이라는 단어에 관해서는, 이 단어는 통상 논의에서 비정립적 작용을 뜻하지만, 그 단어의 원본적 의미가 감성적 구상의 영역을 넘어서는, 그 단어의 외연에 '참으로 간

---

11 앞의 주석 참조.〔이 주석은 2판에서 보충한 것이다.〕

5절 판단론에 대한 추가. 명사적 작용과 명제적 작용의 질적으로 통일적 류로서의 '표상'

주함'의 가능한 모든 대응물을 자체 속에 포함할 정도로 확장됨에 틀림없다. 다른 한편 그 단어는, 마치 구상이 의식된 허구나 대상이 없는 표상, 전혀 거짓된 사념인 것처럼 여기는 생각이 배제되어 남아 있음에 틀림없는 한 그 의미를 제한할 필요가 있다.

우리는 누군가 이야기한 것을, 그것이 참인지 거짓인지 어떤 방식으로든 결정하지 않고 종종 받아들인다. 심지어 통상적으로 어떤 소설을 읽을 경우에도 사정은 같다. 우리는 중요한 문제가 심미적 허구라는 점을 알고 있지만, 이러한 앎은 순수하게 심미적으로 감상할 경우에는 작동되지 않고 남는다.[12] 이 경우 모든 표현은 의미지향의 측면뿐 아니라 여기에서 생기는 상상을 충족시키는 측면에서도 비정립적 작용을 지닌 것, 즉 앞에서 검토한 용어의 의미에서 '구상'을 지닌 것이다. 그러므로 이것은 진술 전체와도 관련된다. 판단은 어떤 방식으로 수행되지만, 그 판단이 실제적 판단의 성격을 갖지는 않는다. 우리는 거기에서 이야기된 것을 믿지도 않고, 부정하거나 의심하지도 않는다. 어떠한 것도 참으로 간주하지 않고 그것을 감상하며, 실제적 판단 대신 '단순한' 구상'을 수행한다. 그러나 그 논의를 가령 그것이 마치 실제적 판단을 대신해 상상의 판단이 나타나듯이, 곧바로 생각나게 하는 것으로 이해하면 안 된다. 우리는 오히려 그 사태를 '참으로 간주함'으로서 판단하는 대신, 동일한 사태의 질적 변양, 즉 중립적으로 막연히 〔미결정으로〕 놓아둠(Dahingestellthaben) ── 이 사태를 상상함(Phantasieren)과 결코 동일시하면 안 된다 ── 을 수행한다.

'구상'이라는 명칭에는 그 용어를 채택하는 데 심각한 방해가 되는 불리한 점이 바로 부착되어 있다. 그 명칭은 상상적 파악, 상상의 파악

---

12 물론 그 밖에 예술작품, 예를 들어 심미적으로 그림을 감상하는 데 이와 유사한 것이 적용된다.

이나 본래 의미에서 상의 파악을 지시하는 반면, 어쨌거나 '모든 비정립적 작용은 상상하는 작용이며, 모든 정립적 작용은 상상하지 않는 작용이다.'라고 결코 말할 수 없다. 적어도 여기에서 '모든 정립적 작용은 상상하지 않는 작용이다.' 예를 들어 상상된 감성적 대상은 변양된 방식으로 구상된 대상으로뿐 아니라 정립의 방식으로 존재하는 대상으로도 우리에게 나타날 수 있다. 심지어 그 대상은 이 대상을 재현하는 직관의 내용이 동일하게 남아 있는 경우에도 우리에게 그렇게 나타날 수 있다. 따라서 직관이 일반적으로 이 대상과 관계하는 규정성뿐 아니라 동시에 상상적 재현함 — 이것은 상상에 적합한 표상이나 모사하는 표상의 방식으로 그 대상을 현전화한다 — 의 성격도 부여하는 것이 동일하게 남아 있는 경우에도 마찬가지다.

예를 들어, 그려진 도형 등을 지닌 어떤 그림이 나타내는 내용은, 이것을 실제적 객체의 표상으로 간주하든 어떠한 정립도 없이 순수한 심미적 태도로 감상하든 동일한 것으로 남아 있다. 통상 지각하는 경우, 이와 평행하는 상태가 순수하게 생기는지, 즉 질 이외에는 현상학적 존립요소가 완벽하게 동일한 경우에는 지각이 질적으로 변양되며, 그래서 지각이 통상적인 정립의 성격을 상실할 수 있는지가 당연히 의심스러운 것으로 나타난다. 즉 대상을 '그 자체'로서(그리고 생생하게) 현재화하는 지각적 파악에 대해, 특징적인 지각적 파악이 즉시 상의 파악 — 이러한 파악에서 대상은 통상 지각적 상의 성격(Bildlichkeit)인 경우, 가령 그림 등의 경우와 유사하게 상으로서 나타나지 더 이상 그 자체가 주어진 것으로서 나타나지 않는다 — 으로 이행되지는 않는지 의문이 제기된다.

어쨌든 여기에서 입체사진술의 현상처럼, 여러 가지 감성적 가상(Schein)을 지적할 수 있을 것이다. 즉 우리는 아무튼 입체사진술의 현상을 심미적 객체와 아주 똑같이, 따라서 〔그 존재에 대해〕 어떠한 태도도 취하지 않고 '단순한 현상'으로 아주 잘 받아들일 수 있으며, 동시에 그래도 다른 것에 대한 상으로서가 아니라, 그것 자체로서 아주 잘 받아들일 수 있다. 그런데 지각은 자신의 정립의 성격을 변화시키지 않고도 그에 대응하는 상의 성격으로, 따라서 비록 서로 다른 형식의 파악이더라도 동등한 질료를 그 자체로 내포한 하나의 작용으로 충분히 이행할 수 있다.

우리는 여기에서 질적 변양과 상상적 변양이라는 두 가지 같은 형식의 변양이 구별되는 것을 알게 된다. 이 두 가지 변양에서 질료는 변화되지 않는다. 질료가 동일한 경우, 작용 속에서 여전히 변할 수 있는 것은 곧 단순히 질이 아니다. 질과 질료는 의미에 적합한 것이고, 어떠한 작용에서도 분리될 수 없으므로, 질과 질료를 '완전히 본질적인 것'으로 파악했다. 그렇지만 우리는 처음부터 그 작용 속에 여전히 다른 계기가 구별될 수 있다는 점을 지적했다. 바로 다음의 연구가 더 정확하게 밝혀 주듯이, 바로 이 점으로 인해 비직관적 객관화와 직관의 차이, 또한 지각과 상상의 차이가 고려될 것이다.

일단 이에 대한 기술적(記述的) 관계가 해명되면, '판단'이라는 단어를 전통의 의미에 따라, 변양되지 않은 진술의 의미로 제한하는지, '신념' 작용의 영역 전체에 적용할 수 있는 분야로 인정하는지는 명백히 단순한 용어상의 논쟁거리다. 질료 — 여기에는 질료에 대한 우리의 개념에서 '있다(ist)'뿐만 아니라 '없다(ist nicht)'도 포함된다 — 가 개념을 한정하는 데 함께 규정되는 한 첫 번째 경우에서 작용의 어떠한 '근본 부류'도 실로 가장 낮은 질적 차이조차 완전히 포괄하지 못한다는 사실은 전혀 문제되지 않는다. '판단'이 논리적 용어이기 때문에, 어떤 개념이 그 용어에 의미를 부여할 수 있는지는 오직 논리적 관심과 논리적 전통에서만 결정해야 한다. 이러한 점에서 모든 논리적인 것으로 되돌아가, 관계되어야 할 궁극적 통일체로서, (이념적) 진술의미의 개념과 같은 기본 개념은 그 자연스러운 전통적 표현을 반드시 유지해야 한다. 따라서 '판단의 작용'이라는 용어는 이에 상응하는 작용의 종류에, 완전한 진술의 의미지향에, 이 의미지향에 적합하게 동일한 의미의 본질을 소유하는 충족시킴에 한정되어야 할 것이다. 정립하는 모든 작용을 판단이라 부르는 것은, 질적으로 공통성을 지닌 모든 경우에 명사적 작용과 명제적 작용이 분리되는 본질적 차이를 은폐하며, 그럼으로써 일련의 중요한 관계를 혼란시키는 경향을 띤다.

'판단'이라는 용어의 경우처럼, '표상'이라는 용어의 경우도 유사하다. 논리학이 이 용어로 이해하는 것을 논리학 자체의 요구가 결정해야 한다. 이때 표상과 판단의 명확한 구별과, '표상이 완전한 판단을 가능하게 구축하는 것으로서 간주되어야 할 상황'을 확실히 고려해야 한다. 이때 우리는 볼차노가 그의 논저 『학문이론(*Wissenschaftslehre*)』(1837)의 기초를 놓았던 논리적 판단의 가능한 모든 부분적 의미를 총괄하는 그 표상의 개념을 받아들여야 하는지, 또는 비교적 자립적인 이러한 종류의 의미, 즉 현상학적으로 말하면 완결된 판단의 항과 특히 명사적 작용에 한정해야 하는지, 나아가 오히려 다른 방향의 구분을 선택해 단순히 재현, 즉 질을 추상한 다음에 남아 있어서 그 자체 속에 지향적 본질로부터만 질료를 포함하는, 그때그때 작용의 내용 전체를 표상으로 파악해야 하는 것인지 하는 의문은 어려운 문제이며, 어쨌든 이 자리에서 결정될 수 있는 문제가 아니다.

41 모든 작용의 토대로서 표상에 관한 명제의 새로운 해석. 질료를 일차로 지닌 것으로서 객관화하는 작용

더 오래된 시대나 현대 몇몇 학자는 '표상'이라는 용어를 넓게 파악

5절 판단론에 대한 추가. 명사적 작용과 명제적 작용의 질적으로 통일적 류로서의 '표상'

해, 그 용어에 '단순히 표상하는' 작용과 더불어 '참으로 간주하는' 작용과 특히 판단을 포함하고, 요컨대 객관화하는 작용의 전체 영역을 포함한다. 완결된 하나의 질의 유를 명시하는 이 중요한 개념을 기초에 놓으면서, 위에서 이미 예고했듯이, 표상의 기초에 대한 명제는 새롭고 특히 중요한 의미를 얻었다. 이 의미 가운데 앞에서 언급한 명사적 표상의 개념 위에 구축되는 의미는 단순히 이차적으로 파생된 개념이다. 다시 말해, 우리는 모든 지향적 체험은 객관화하는 작용이거나 그와 같은 작용을 '기초'로 갖는다고 말해도 좋다. 즉 이 후자의 경우, 지향적 체험은 객관화하는 작용을 필연적인 존립요소로서 자체 속에 가지며, 이 존립요소의 전체적 질료는 동시에 게다가 개별적으로 동일한 '그 체험의' 전체적 질료다.

우리가 여전히 명석하지 않은 명제의 의미를 설명하면서, 이미[13] 말했던 모든 것을 우리는 거의 단어에 충실하게 여기에서 주장할 수 있으며, 그럼으로써 동시에 '객관화하는 작용'이라는 용어에 그 정당성을 부여할 수 있다. 왜냐하면 그 자체가 일종의 객관화하는 것이 아닌 어떠한 작용도, 또는 오히려 어떠한 작용의 질도 — 이 작용의 질과 하나의 통일적 작용으로 엮여 짜인 객관화하는 작용에 의거하지 않는 한 — 자신의 질료를 자신의 것으로 삼을 수 없다면, 객관화하는 작용은 이 작용이 바로 자신의 새로운 방식으로 관계해야 할 그 밖의 모든 작용에, 대상성을 가장 우선으로 표상하게 만드는 유일한 기능을 갖기 때문이다.

대상성과의 관계는 일반적으로 질료 속에 구성된다. 그러나 우리의 법칙에 따르면, 모든 질료는 객관화하는 작용의 질료이며, 단지 그와 같은 작용에 의거해서만 그 작용 속에 기초 지어진 작용의 질의 질료가 될

---

13 앞의 (3절) 23항 참조.

수 있다. 우리는 어느 정도 일차적 지향과 이차적 지향을 구별해야 하며, 이 가운데 이차적 지향은 자신의 지향성을 오직 일차적 지향을 통한 기초 지음에만 의거한다. 그 밖에 일차적으로 객관화하는 작용이 정립적(참으로 간주하는, 믿는) 작용이나 비정립적('단순히 표상하는', 중립적) 작용의 성격을 갖는지는 여기에서 중요하지 않다. 많은 이차적 작용은, 예를 들어 기쁨이나 슬픔과 같이 철저하게 참으로 간주해야 한다. 예를 들어 소원이나 심미적 감정과 같은 다른 이차적 작용에는 단순한 변양으로 충분하다. 그런데 기초에 놓인 객관화하는 작용은 아주 빈번히 이두 가지 종류의 작용이 함께 포함된 복합체다.

42 그 이상의 상론. 복합적 작용에 대한 기본 명제

주목할 만한 상태를 더 자세히 밝히기 위해, 다음과 같은 논의를 첨부하자.

합성된 모든 작용은 '당연히' 질에서 복합적이다. 그 작용은 그 속에 개별적 작용들이 구별될 수 있을 정도로—질의 종류나 차이가 다르든 동일하든—많은 질을 갖는다. 더 나아가 합성된 각각의 작용은 기초 지어진 작용이다. 그 작용의 전체적 질은 작용들의 질의 단순한 총계가 아니라, 그 통일성이 이렇게 구축하는 질 속에 기초 지은 바로 하나의 질이다. 마찬가지로 전체적 질료의 통일성은 부분적 작용들의 질료의 단순한 총계가 아니라, 그 질료가 부분적 작용에 일반적으로 분배되는 한에서 부분적 질료 속에 기초 짓는다. 그러나 어떤 작용이 질에서 복합적이고, 다른 작용 속에 기초 지어지는 방식으로 본질적 차이가 존재하며, 이 차이는 서로 다른 방식을 고려해 존재하는데, 이렇게 서로 다른 방식 속에 서로 다른 질이 서로 그리고 통일적 전체의 질료와 어쩌면 부분적 질료에 관계하며, 이렇게 서로 다른 방식 속에서 그 질료는 서로 다른 기본적 기초 지음을 통해 통일성을 획득한다.

어떤 작용은 자신의 복합적 전체의 질이 여러 가지 질로 세분될 수 있으며, 그래서 그 각각이 하나의 동일한 질료를 개별적으로-동일하게 공유할 정도로 복합적일 수 있다. 예를 들어, 어떤 사실에 대한 기쁨에서 기쁨의 특수한 질은 우리에게 그 사실이 표상되는 '참으로 간주함'의 특수한 질과 복합되어 있다. 이에 따라 우리는, 이러한 각각의 질은 그 가운데 임의의 유일한 한 가지 질을 제외하고는 폐지되는 반면, 언제나 한 가지 구체적으로 완전한 작용만 남아 있을 수 있다고 생각할지 모른다. 더 나아가 임의의 유의 질은 앞에서 지적한 방식으로, 어떤 유일한 질료와 결합될 수 있다고 생각할지 모른다. 그러나 우리의 법칙에 따르면, 이 모든 것은 가능하지 않으며, 일반적으로 그와 같은 각각의 복합체와 각각의 작용에는 객관화하는 작용의 유에 속하는 작용의 질이 필연적으로 현존함에 틀림없다. 왜냐하면 객관화하는 작용의 질료가 아닌 한 어떠한 질료도 결코 실현될 수 없기 때문이다.

그 결과 다른 유의 질은 항상 객관화하는 질 속에 기초 지어진다. 그 질은 어떤 질료와 결코 직접적으로, 또 그 자체만으로 결합될 수 없다. 그 질이 등장하는 경우에 그 전체적 작용은 필연적이고 질적으로 여러 가지 형식의 작용, 즉 서로 다른 질의 유의 질을 포함하는 작용이다. 더 자세하게 말하면, 그래서 그 전체적 작용의 전체적 질료를 자신의 전체적 질료로서 소유하는 전체적 작용으로부터 항상 완전히 객관화하는 작용은, 즉 일방적으로[14] 분리될 수 있다. 그런데 이에 상응하는 의미에서 한 가지 형식의 작용은 단일한 작용일 필요가 없다. 한 가지 형식의 모든 작용은 객관화하는 것이며, 우리는 심지어 거꾸로 '객관화

---

14 제3연구 (2절) 16항 참조.

하는 모든 작용은 한 가지 형식이다.'라고 말해도 좋다.

그렇지만 객관화하는 작용은 여전히 복합적일 수 있다. 이때 부분적 작용의 질료는 전체적 작용의 질료의 단순한 부분이다. 이 전체적 작용 속에서 전체적 질료는, 부분적 작용에는 질료의 부분이 속한다는 사실과 전체적 질의 통일체에는 전체적 질료의 통일체가 속한다는 사실로 구성된다. 그 밖에 나누는 것은 명시적으로 분절하는 것일 수 있지만, 앞에서 기술한[15] 종류의 명사화에서 명사화된 질료 안에서도 통상 자유로운 종합 속에 허용되는 모든 형식을 함축적으로 분절하는 것이 등장할 수 있다.[16]

모든 진술명제는, 주장하는 것으로서 정상적 의미에서 기능하든, 변양된 의미에서 기능하든, 여기에 속하는 예를 제공해 준다. 그 항들에는 부분적 질료를 지닌 기초에 놓인 부분적 작용이 상응하며, '있다'나 '없다', '만약'과 '그렇다면', '그리고', '또는' 등의 결합하는 형식들에는 기초 지어진 작용의 성격, 동시에 전체적 질료의 기초 지어진 계기가 상응한다. 이 모든 복합의 경우, 그 작용은 한 가지 형식의 작용이다. 우리는 전체적 질료에 속하는 오직 한 가지 객관화하는 질을 발견할 뿐이고, 하나 이상의 객관화하는 질은 전체로서 포착되는 하나의 유일한 질료에 관계될 수 없다.

그런데 객관화하는 전체적 작용이 전체적 질료에 관련된 새로운 종류의 질과 결합됨으로써, 또는 분절된 통일적 직관에 근거해 어느 항에 관련해 즐거움이, 다른 항과 관련해 불쾌함이 생기는 경우와 같이, 새로운 질이 단순히 개개의 부분적 작용에 첨가됨으로써 그와 같은 한 가지 형식성은 여러 가지 형식성을 산출한다. 반면 어느 때와 같이 전체

---

15 위의 [제5연구 5절] 38항 중간 부분 참조.
16 (옮긴이 주) 마지막 문장과 여기에 포함된 주석은 2판에서 보충한 것이다.

5절 판단론에 대한 추가. 명사적 작용과 명제적 작용의 질적으로 통일적 류로서의 '표상'

적 질료에 근거하든, 그 부분에 근거하든 객관화하지 않는 종류의 작용의 질을 포함하는 각각의 복합적 작용 가운데 이 작용의 질은 전부 삭제될 수 있다. 이때 여전히 근원적 작용의 전체적 질료를 자체 속에 포함하는, 완전한 객관화 작용은 남아 있다.

여기에서 지배적인 법칙성에 따라, 각각의 복합적 작용을 궁극적으로 기초 짓는 작용, 또는 명사적 항들 속에 궁극적으로 함축된 작용은 객관화하는 작용임에 틀림없다는 귀결도 계속해서 나온다. 이 작용은 모두 일종의 명사적 작용이며, 더욱이[17] 결국 궁극적으로 함축된 항들은 모든 점에서 단일한 명사적 작용이고, 단일한 질과 단층적 질료를 단적으로 결합한 것이다. 그래서 우리는 '모든 단일한 작용은 명사적이다.'라는 명제도 표명할 수 있다. 물론 거꾸로 '모든 명사적 작용은 단일하지 않다.'라는 명제는 타당하지 않다. 객관화하는 작용 속에 분절된 질료가 등장하자마자 그 속에서 어떤 범주적 형식이 발견되고, 우리가 여전히 더 자세하게 규명할 것처럼,[18] 기초 지어진 작용 속에 구성되는 것이 모든 범주적 형식에 본질적이다.

지금 논의하고 또한 곧바로 이어지는 상론에서, 우리는 질료를 지향적 본질의 단순한 추상적 계기로 이해할 필요가 없다. 오직 질을 추상하는 가운데 질료도 작용의 전체, 따라서 바로 다음 연구에서 '재현'이라 부르게 될 것으로 대체할 수 있을 것이다. 이때 모든 본질적인 점은 계속 존속한다.

---

17 앞의 38항 중간 부분에 따라. 〔이 주석은 제2판에서 보충한 것이다.〕
18 제6연구(『논리 연구』 2-2권) 2장에서.

43 앞에서 다룬 명제에 대한 이전 해석의 재검토

그런데 사람들은 왜 우리가 위에서[19] 명사적 표상의 개념에 근거해 해석한 브렌타노의 명제가, 동일한 명제를 새로이 해석한 단순한 이차적 귀결이라 주장할 수 있는지도 이해하게 된다. 그 자체가 실로 객관화하지 않는, 또는 순수하지 않은 모든 작용이 객관화하는 작용 속에 기초 지어지면 당연히 그 작용도 궁극적으로 명사적 작용 속에 기초 지어져야 한다. 왜냐하면 객관화하는 모든 작용은, 이미 논의했듯이, 단일하거나—그래서 '당연히' 명사적이거나—복합적이기—단일한 작용, 즉 다시 명사적 작용 속에 기초 지어지기—때문이다. 이 새로운 해석은, 오직 이 해석의 경우에만 그 본질적 근본관계가 순수하고 명확하게 밝혀지기 때문에 명백하게 더욱더 중요하다. 다른 해석에서는, 비록 그 해석이 옳지 않은 것을 전혀 진술하지 않더라도, 두 가지 근본적으로 서로 다른 종류의 기초 지음이 혼합되거나 교차된다.

1) 객관화하지 않는 작용—기쁨, 소원, 의욕과 같은—을 객관화하는 작용—표상, 참으로 간주함—속에 기초 지음. 이 경우 일차적으로 작용의 질은 다른 작용의 질 속에 기초 지어지고, 비로소 간접적으로 질료 속에 기초 지어진다.

2) 객관화하는 작용을 다른 객관화하는 작용 속에 기초 지음. 이 경우 일차적으로 작용의 질료는 다른 작용의 질료 속에 기초 지어진다.(예를 들어, 술어적 진술의 질료는 기초 짓는 명사적 작용의 질료 속에 기초 지어진다.) 왜냐하면 우리는 다음과 같은 사태도 주시할 수 있기 때문이다. 즉 어떠한 질료도 객관화하는 질이 없다면 불가능하다는 상황은, 이때 당연히 '어떤 질료가 다른 질료 속에 기초 지어지는 경우, 전자의

---

19 앞의 41항.

5절 판단론에 대한 추가. 명사적 작용과 명제적 작용의 질적으로 통일적 류로서의 '표상'

질료의 객관화하는 작용도 후자의 질료의 바로 그와 같이 객관화하는 작용 속에 기초 지어진다.'라는 귀결을 가져야 한다. 따라서 모든 작용이 항상 명사적 작용 속에 기초 지어진다는 사실은 서로 다른 원천을 갖는다. 근원적 원천은, 어디에서나 '어떠한 질료적 기초 지음도 더 이상 포함하지 않는 모든 단순한 질료는 명사적 질료이고, 이에 따라 궁극적으로 기초 짓는 모든 객관화하는 작용은 명사적 작용이다.'라는 데 놓여 있다. 그러나 다른 종류의 모든 작용의 질이 객관화하는 작용 속에 기초 지어져 있기 때문에, 명사적 작용을 통한 궁극적 기초 지음은 객관화하는 작용에서 모든 작용 일반으로 옮겨진다.

6절 표상과 내용이라는 용어에서 가장 중요한 애매함의 총괄

44 '표상'

5절에서는 '표상'이라는 말의 네다섯 가지 애매한 개념을 만났다.

1) 작용의 질료로서 표상. 또는 손쉽게 보충해 말할 수 있듯이, 작용에 기초가 되는 재현(Repräsentation)으로서 표상, 즉 질을 제외한 작용의 완전한 내용으로서 표상이다. 왜냐하면 이 개념도 질과 질료의 관계에 대해 특별히 관심을 갖는 경우, 질료를 특히 강조하는 데 중요하더라도 우리의 상론에 일정한 역할을 하기 때문이다. 질료는 마치 어떤 대상이 작용 속에서 사념되는 경우처럼 그 대상이 어떤 의미로 사념되는지를 말한다. 그러나 재현은 게다가 지향적 본질 밖에 놓여 있는 계기, 즉 예를 들어 그 대상이 지각적 직관이나 상상적 직관, 또는 단순히 비직관적 사념작용의 방식으로 사념되게 만드는 계기를 끌어온다. 이에 관해서는 바로 다음의 연구[『논리 연구』 2-2권]의 1장에서 포괄적인 분석이 이어진다.

2) '단순한 표상'으로서, 어떤 '신념(belief)' 형식의 질적 변양으로서 표상. 예를 들어 동의하거나 거부하는 내적 결정 없이, 추측이나 의혹

등을 제기하지 않고 단순히 명제를 이해하는 것으로서 표상.

3) 명사적 작용, 예를 들어 진술작용에서 주어의 표상으로서 표상.

4) 객관화하는 작용으로서의 표상. 즉 각각의 질료(또는 재현)가 일차적으로 그와 같은 작용의 질료(또는 재현)로서 주어져야 하기 때문에, 필연적으로 각각의 완전한 작용 속에서 대리하는 부류의 작용의 의미에서의 표상. 이 질적 '근본적 부류'는 '신념'의 작용, 즉 명사적 작용과 명제적 작용뿐 아니라 그 '대응물'을 포함한다. 그래서 2)와 3)의 의미에서 모든 표상이 여기에 속한다.

'표상'에 대한 이러한 개념, 또는 이 표상을 통해 포괄된 체험을 정확하게 분석하는 것과, 서로에 대한 이들의 관계를 궁극적으로 확인하는 것은 여전히 이후 현상학적 탐구의 과제가 될 것이다. 여기에서 시도하려는 것은 다만 논의되는 용어의 다른 애매함을 열거하는 것이다. 그 애매함을 명확하게 구별하는 것은 우리의 논리적-인식론적 노력에 근본적으로 중요하다. 이러한 애매함을 해소하기 위해 불가결한 전제를 형성하는 현상학적 분석을 이제까지는 상술한 것에서는 물론 단지 부분적으로만 '상세하게(in extenso)' 알아 왔다. 그러나 여전한 결함은 이미 여러 차례 언급되었고, 대부분 그 요점을 간략하게 지적하는 정도로 시사했다. 그러므로 다음과 같이 계속 열거해 가자.

5) 표상작용은 빈번하게 단순히 사유되는 작용(sich Denken)에 대비된다. 이때 직관과 개념의 대립으로 부르는 동일한 차이가 결정적이다. 어떤 '타원체[면]'에서 나는 어떤 표상을 갖지만, '쿠머¹ 곡면'에서는 갖지

---

1 (옮긴이 주) 쿠머(E. Kummer, 1810~1893)는 고등학교 수학교사를 지낸 후 브레슬라우대학교를 거쳐 베를린대학교 교수로 활동했다. 고등학교 재임 시절의 제자인 크로네커(L. Kronecker)는 후설의 스승이다. 특히 대수기하학의 다양체인 쿠머 곡면, 쿠머 방정식, 초기하급수의 관계, 페르마(P. de Fermat)의 마지막 정리를 해결하는 과정에서 도입한 '이상수(理想數)' 등 해석학·기하학·대수학·정수론·응용수학 등 수학의 여러 분야에 크게 기여했다.

못한다. 그러나 적절한 도면이나 모형을 통해, 또는 이론적으로 상상을 발휘함으로써 그것에 대한 표상을 획득할 수 있다. '둥근 사각형'이나 '정29면체' 등은 '표상할 수 없는 것'이라는 의미에서 아프리오리하게 불가능한 것이다. '삼차원 이상의 유클리드 다양체의 완전히 한정된 단편', '수 π', 이와 유사한 것도 마찬가지로 모든 양립 불가능성에서 벗어난 형태. 표상할 수 없는 이 모든 경우, 우리에게 '단순한 개념'이 주어진다. 더 정확하게 논의하면, 우리는 명사적 표현을 갖는데, 의미지향은 이 표현에 생기를 불어넣으며, 이 의미지향 속에서 의미된 대상은 다소 규정되지 않은 방식으로 ─ 특히 가령 '어떤 A'라는 규정되지 않은 부가어의 형식으로 확정되어 명명된 부가어를 단순히 지닌 것으로서 ─ '사유된다.'

그런데 단순한 사유작용에는 '표상작용'이 대립되고, 명백히 이것은 단순한 의미지향을 충족시키는 것, 게다가 적절한 충족시킴을 부여하는 직관이다. 따라서 이 새로운 부류의 사례는 궁극적 인식의 관심에 대해, 만족스럽지 못한 사유의 표상 ─ 순수한 상징적 의미지향이든, 항상 충전적이지 못한 단편적 직관으로 혼합되었든 ─ 이 '그에 상응하는 직관'에 전면적으로, 또 분절된 방식으로 밀착된다는 사실을 통해 지원한다. 즉 지각이나 상상 속에 직관된 것이 사유작용의 측면에서 지향되었던 것과 정확하게 똑같이 규정되어 우리 눈앞에 나타난다. 그러므로 이제 어떤 것이 표상된다는 것은 단순히 사유된 것, 즉 그래서 의미는 되었지만 기껏해야 매우 불충분하게 직관되었던 것에 대한, 그에 상응하는 직관이 획득된다는 것을 뜻한다.

6) 매우 통상적인 의미에서, 표상의 개념은 지각에 대립된 상상에 관계한다. 이 표상의 개념은 통상의 논의에서 지배적이다. 만약 내가 '성 베드로 교회'를 보면, 나는 그것을 표상하지 않는다. 그러나 그 교회를 '기억의 상' 속에 현전화할 때나 회화나 데생 등에서 상상할 때,

나는 그 교회를 표상한다.

7) 방금 전 표상은 상상의 구체적 작용이다. 더 자세하게 살펴보면, 그러나 여기에서 예를 들어 '이 사진은 성 베드로 교회를 표상한다.'는 말에서와 같이, 물리적 사물로서 상은 묘사된 것의 표상을 뜻한다. 나아가 이때 표상은 이 경우, 나타나는 상의 객체(Bildobjekt) ── 상의 주체 (Bildsujet)와, 묘사된 객체와 구별되는 ── 를 뜻한다. 여기에서 사진의 색깔 속에 나타나는 사물은, 촬영된 교회(상의 주체)가 아니라 단지 촬영된 교회를 표상할 뿐이다.

이러한 애매함은 기억이나 단순한 상상에서 단적인 현전화의 '상의 성격'으로 옮겨진다. 상상된 것 그 자체가 체험 속에 나타나는 것은, 어떤 상이 의식 속에 내실적으로 그 속에 있는 것과 같이 소박한 방식으로 해석되고, 자신이 나타나는 방식의 양식(Wie) 속에 나타나는 것이 내적 상으로 간주되며, 이것은 그려진 상이 상상된 사태에 대한 '표상'으로 간주되는 것과 동일하다. 이때 내적 '상'과 이 상이 다른 가능한 상들과 하나의 동일한 사태를 '표상하는', 그 상의 방식은 지향적으로 구성되며, 상 자신은 상상의 체험의 내실적 계기로서 간주될 수 없다는 사실[2]은 [여기에서] 분명하게 이해되지 않았다.

8) 어떤 상의 관계가 상정되는 모든 경우, 표상에 대한 애매한 논의는 다음과 같은 생각도 효과적인 역할을 한다. 종종 아주 충전적이지 않은 상이 사태를 '재현하고', 동시에 사태를 생각나게 하고, 사태를 표시하는 기호가 된다. 사태를 표시하는 기호인 경우, 그래서 내용이 풍부한 직접적 표상을 그것에서 이끌어 내는 것은 적절한 것으로 증명된다. 사진은 원본적인 것을 기억나게 하고, 동시에 원본적인 것을 재현하는 것이며, 방식으로는 원본적인 것을 대리하는 것이다. 사진의 상

---

2 [제5연구 2절] 21항의 부록 '상 이론에 대한 비판' 참조.

표상은, 그렇게 하지 않으면 원본적인 것의 지각에 근거해 없어질지 모를 여러 가지 판단을 가능하게 한다. 예를 들어, 대수학의 기호처럼 사태에 내용적으로 무관한 기호도 종종 유사한 기능을 한다.

기호는 그 기호로 표시된 것 ── 이것이 비록 비직관적인 것, 적분 등과 같은 것이더라도 ── 에 대한 표상을 불러일으키고, ── 적분의 완전한 정의상의 의미를 현전화한 경우와 같으며 ── 우리의 생각을 그것으로 이끈다. 동시에 기호는 수학적 조작의 연관 속에 '재현적인 것'으로, 대리하는 것으로 기능할 수 있으며, 이것에 의해 우리는 마치 기호화된 것이 기호 속에 직접 주어지듯이 덧셈, 곱셈 등으로 연산을 한다. 우리는 앞에서 규명한 것에 따라, 이러한 표현방식은 상당히 조잡하지만,[3] 표상에 대한 논의를 규정하는 견해를 명시한다는 점을 안다. 따라서 표상은 표상을 불러일으킴과 대리함이라는 이중의 의미에서 재현과 같은 것을 뜻한다. 그래서 수학자는 칠판에 그리면서 'OX는 쌍곡선의 점근선(漸近線)을 나타낸다.〔표상한다.〕' 또는 계산하면서 'x는 방정식 $f(x)=0$의 근(根)을 표시한다〔표상한다.〕'라고 말한다.[4] 일반적으로 기호는, 상의 기호이든 명명의 기호이든 상관없이, 기호로 표시된 것의 '표상'을 뜻한다.

재현 ── 우리는 이것을 가령 용어상 고정시키려 하지 않는다 ── 에 대한 지금의 논의는 객체와 관계된다. 이러한 '재현하는 객체'는 어떤 작용 속에 구성되며, 어떤 새로운 작용을 이끌어 내 지시하는 표상작용을 통해 새로운 객체에 대해 '재현하는 것'의 성격을 얻는다. 재현에 대한 더 원초적인 다른 의미는 이미 1)에서 지적했고, 이때 재현하는 것은 체험된 내용이다. 이 내용은 재현 속에 객관화하는 파악을 겪으며,

---

3 제1연구 〔2절〕 20항 참조. 또한 이에 대해서는 제2연구 〔3절〕 20항과 3절 '추상화와 재현' 참조.
4 이러한 논의방식은 최근에는 더욱더 사용하지 않지만, 오래전에는 실제로 통상적이었다.

6절 표상과 내용이라는 용어에서 가장 중요한 애매함의 총괄

이러한 방식으로 그 자체가 대상적이 되지 않고 어떤 객체가 우리에게 표상되는 데 도움을 준다.

이것은 즉시 새로운 애매함으로 넘어간다.

9) 지각과 상상의 차이 ── 상상 그 자체는 다시 중요한 기술적 차이를 나타낸다 ── 는 언제나 다시 감각과 환영의 차이와 혼동된다. 전자는 작용의 차이이며, 후자는 작용이 아닌 것의 차이, 즉 지각하거나 상상하는 작용 속에서 파악된 체험된 내용의 차이다.(이러한 의미에서 재현하는 모든 내용을 '감각'이라 부르려면, 가령 용어상 인상적 감각과 재생산적 감각을 구별해야 할 것이다.) 감각과 환영 사이에 일반적으로 본질적인 기술적 차이가 존재하는지, 생생함·불변함이나 일시성 등의 통상적으로 지적된 차이가 충분한지, 또는 양 측면의 의식의 방식으로 되돌아올 수 있는지에 대해 우리는 여기에서 더 파고들 수는 없다.

어쨌든 경우에 따라서는 내용적 차이가 실로 지각과 상상의 차이를 형성하지 않는다는 점은 확실하다. 후자의 차이는, 그 분석이 의심할 여지없이 명석하게 가르쳐 주듯이, 오히려 작용 그 자체의 차이다. 우리는 지각이나 상상 속에 기술적으로 주어진 것을, 체험된 감각이나 환영의 단순한 복합으로 간주하는 것을 전혀 생각해 볼 수 없을 것이다. 다른 한편, 단지 이 둘 사이가 통상 혼합되는 것에는 표상으로, 때로는 ── 6)과 7)에 따라 이해된 ── 상상의 표상으로, 때로는 이에 상응하는 환영, 상상의 상의 성격에 대표하는 내용의 복합으로 이해하므로, 여기에서 새로운 애매함이 생기는 원인을 제공한다.

10) 나타남 ── 예를 들어 구체적인 상상의 체험이나 어쨌든 '상상의 상' ── 과 나타나는 것을 혼동함으로써, 우리는 표상된 대상도 표상이라 부른다. 지각의 경우도 마찬가지이고, 일반적으로 단순한 직관이나 이미 논리적으로 파악된 직관의 의미에서, 표상의 경우도 그러하다. 예를 들어 '이 세계는 나의 표상이다.'

11) 모든 의식의 체험 — 내실적인 현상학적 의미에서 내용 — 은 내적 지각이나 그 밖에 내적 주시함(의식성, 근원적 통각)의 의미에서 의식된다는 의견, 이렇게 주시함에 의해 '당연히' 어떤 표상이 주어진다 — 의식이나 자아는 자기 자신 앞에 그 내용을 세워 놓는다 — 는 의견은 모든 의식의 내용을 표상으로 이끈다. 이것이 로크 이래 영국 경험론철학의 '관념(ideas)'이다.(흄은 이것을 '지각(perceptions)이라 부른다.) 어떤 표상을 갖는 것과 어떤 내용을 체험한다는 이러한 표현은 여러 차례 같은 값을 지닌 것으로 사용되었다.

12) 논리학 안에서 논리학의 특수한 표상의 개념을 다른 표상의 개념과 구별해 유지하는 것은 매우 중요하다. 이러한 점에서 여러 개념이 문제가 된다는 점을 우리는 앞에서 이미 이야기했다. 이제까지 열거한 것에서 아직 언급하지 않은 것으로, 특히 볼차노의 '표상 그 자체'라는 개념을 재차 거명할 수 있는데, 우리는 이 개념을 완전한 진술 안에서 자립적이거나 비자립적인 모든 부분적 의미로서 해석했다.

표상에 대한 모든 순수논리적 개념에 관해 한편으로 이념적인 것(Ideales)과 실재적인 것(Reales), 즉 순수논리적 의미에서 명사적 표상과 이 표상이 그 속에서 실현된 작용으로 구별할 수 있다. 다른 한편으로 단순한 의미지향과 이 지향에 다소간 적합한 충족시킴을 제공하는 체험, 즉 직관의 의미에서 표상을 구별할 수 있다.

13) 사유체험의 현상학으로 진지하게 파고드는 모든 사람은 앞에서 열거한 애매함 이외에 그 애매함의 해로움을 반드시 겪으며, 여전히 다른 애매함, 부분적으로는 덜 중요한 애매함이 존재한다. 예를 들어 의견(Meinung) — 속견(doxa) — 의 의미에서 표상에 대한 논의가 언급되어야 할 것이다. 그것은 우리가 모든 유사한 용어의 경우 그와 같은 것을 발견하는 것과 같은, 당연하다고 생각되는 전이를 통해 생기는 애매함이다. 그래서 나는 '그것은 널리 퍼진 의견, 표상, 견해, 직관, 해석 등이

다.'라는, 언어적으로 여러 가지이지만 언제나 다시 같은 뜻을 지닌 표현방법을 기억하게 된다.

45 '표상의 내용'

물론 '표상'에 상관적인 표현은 그에 상응해 다의적이다. 특히 이점은 '표상이 표상한 것', 또는 표상의 '내용'에 대한 논의에 들어맞는다. 트바르돕스키가 치머만을 본받아 지지했듯이, 표상의 내용과 대상의 단순한 구별이 멀리 떨어져 충분하지 않았다는 점 — 여기에서 일반적으로 명확한 구별을 관철하는 것이 칭찬할 만하더라도 — 은 이미 이제까지의 분석으로 명백하다. 치머만과 트바르돕스키가 논리적 영역을 제한한다는 의식 없이 염두에 둔 논리적 영역에서 명명된 대상 이외에 단순히 한 가지가 '내용'으로서 구별되는 것이 아니라, 여전히 여러 가지가 구별될 수 있으며, 구별되어야 한다. 무엇보다 내용으로, 예를 들어 명사적 표상의 내용으로 사념되는 것은 이념적 통일체로서 의미, 즉 순수논리적 의미에서 표상이다. 이것에 상응하는 것은 표상작용의 내실적 내용 속에, 내실적 계기로서 표상의 질과 질료를 지닌 지향적 본질이다.

더 나아가 우리는 내실적 내용 속에 지향적 본질에 속하지 않는 분리할 수 있는 존립요소, 즉 작용의 의식 속에 — 지향적 본질 속에 — 그것이 파악된 '내용'인 감각과 환영을 구별한다. 게다가 많은 표상의 경우, 다시 형식과 내용에 대한 다의적 구별이 이루어진다. 특히 여기에는 질료 — 총체적으로 새로운 의미에서 — 와 범주적 형식의 구별이 중요한데, 이것을 여전히 매우 깊이 있게 고찰해야 한다. 예를 들어 이와 연관된 것은 그 자체로 일의적이지 않은 개념의 내용에 대한 논의다. 즉 내용[내포]='징표'의 총괄이며, 이것은 그 결합형식과 구별된다. 작용(Akt)과 내용(Inhalt), 대상(Gegenstand)을 단순히 대조하는 것에 서 내용에 대한 통일적 논의가 얼마나 의문시되는지는 위에서 부분적 으로 증명된 트바르돕스키가 빠져든 혼란이 밝혀 준다. 트바르돕스키 는 '이중의 방향으로 움직이는 표상의 활동'이라는 논의에서, 이념적 의미[뜻](Sinn)에서 의미(Bedeutung)를 완전히 간과해, 명증적인 의미의 차이를 어원(Etyma)의 차이로 되돌림으로써 그 의미의 차이를 심리학 적으로 무산시키며 '지향적 내재(Inexistenz)'에 대한 학설과 보편적 대 상에 대한 학설을 다루었다.

주해

표상작용과 표상된 내용 사이에 어떠한 차이도 존립하지 않는다는 견해, 또는 그러한 차이는 적어도 현상학적으로 입증될 수 없다는 견해 가 현대에 종종 표명되었다. 이 문제에 어떤 태도를 취하는지는 자연 히 표상작용과 내용이라는 말로 무엇을 이해하는지에 달려 있다. 이러 한 말을 단순히 감각과 환영을 소유함으로써 해석하고, 파악의 현상학 적 계기를 간과하거나, 이것을 고려하지 않는 사람은 '표상작용이라는 고유한 작용은 존재하지 않으며, 표상작용과 표상된 것은 동일한 하나 다.'라고 당연히 확실하게 말한다. 체험을 단순히 체험하는 것으로서, 그렇게 단순히 내용을 소유하는 것은 결코 지향적 — 바로 파악의 의미 를 통해 대상적인 것에 관계되는 — 체험이 아니며, 특히 내적 지각작 용도 아니다. 그러므로 우리는 감각과 감각내용을 동일시한다.

그러나 표상에 대한 각기 서로 다른 개념을 구별한 사람은, 그와 같 이 한정된 개념이 유지될 수 있는지 혹은 결코 유지된 적이 없는지를, 그 개념이 다만 더 근원적인 지향적 표상의 개념에 대한 오해로 생겼 다는 것을 의심할 수 있는가? 표상이라는 개념을 아무리 규정하더라도

6절 표상과 내용이라는 용어에서 가장 중요한 애매함의 총괄

그 속에는 그와 동시에 심리학뿐만 아니라 인식비판과 논리학, 특히 순수논리학에도 기준이 되는 개념이 맞아떨어져야 한다는 점에는 모든 사람의 의견이 일치한다. 따라서 이러한 점을 인정하고, 어쨌든 앞에서 지적한 개념을 기초에 놓는 사람은 '당연히' 이미 혼동 속에 빠졌다. 왜냐하면 인식비판과 순수논리학에서 이러한 개념은 전혀 아무 기능도 갖지 않기 때문이다.

에렌펠스와 같이 그 밖의 면에서는 매우 날카로운 통찰력을 지닌 학자가 때로는[5] '우리가 표상의 내용과 구별된 표상의 작용이라는 가정이 없어도 되는 이유는, 그렇지 않으면 어떤 대상 A에 대한 표상과 그 대상의 표상에 대한 표상의 어떠한 심리학적 구별도 지정할 수 없기 때문이다.'라고 말하고는, 이와 모순되게 그러한 현상이 실존함에 대해서는 결코 직접 확인할 수 없다고 말하는 것에 대해 나는 단지 혼란에서 유래한 것이라고밖에는 나 자신에게 설명할 수 없다. 나는 여기에서 '표상의 작용 그 자체가 우리에게 직접 직관되는 것은, 우리가 표상과 이 표상에 대한 표상의 이러한 차이를 곧바로 현상학적으로 확인하는 경우다.'라고 말하게 될 것이다. 그러나 그러한 경우가 존재하지 않는다면, 이때 그와 같은 구별의 정당성을 간접적으로 정초할 수 있을 논증은 이 세상 어디에서도 결코 발견할 수 없을 것이다. 이는 우리가 표상작용이 실존함을 직접 확인할 수 있는 것과 마찬가지로, 단순한 음성 형태와 명사로서 이해된 동일한 음성 형태 사이의 차이를 분명하게 이해하는 경우라고 나는 생각한다.

---

5 《감각기관의 심리학과 생리학 잡지(*Z. f. Psycho. u. Psysio*)》(16권, 1897).

찾아보기 (인 명)

찾아보기 (용어)

이종훈

성균관대학교 철학과와 같은 대학교 대학원 철학과에서 후설현상학을 전공해 박사학위를 받았다. 현재 춘천교육대학교 윤리교육과 교수로 재직 중이다. 저서로『현대의 위기와 생활세계』(1994),『아빠가 들려주는 철학이야기』제1~3권(1994, 2006),『현대사회와 윤리』(1999),『후설현상학으로 돌아가기』(2017)가 있으며, 역서로『언어와 현상학』(커닝햄, 1995),『소크라테스 이전과 이후』(컴퍼드, 1995),『시간의식』(후설, 1996),『경험과 판단』(후설, 1997),『유럽 학문의 위기와 선험적 현상학』(후설, 1997),『데카르트적 성찰』(후설, 2002),『엄밀한 학문으로서의 철학』(후설, 2008),『순수현상학과 현상학적 철학의 이념들』제1~3권(후설, 2009),『형식논리학과 선험논리학』(후설, 2010),『현상학적 심리학』(후설, 2013),『수동적 종합』(후설, 2018) 등이 있다.

현대사상의 모험 34

논리 연구 2-1 현상학과 인식론 연구

1판 1쇄 찍음 2018년 10월 31일
1판 1쇄 펴냄 2018년 11월 15일

지은이   에드문트 후설
옮긴이   이종훈
발행인   박근섭·박상준
펴낸곳   ㈜민음사

출판등록 1966. 5. 19. 제16-490호
주소   서울특별시 강남구 도산대로 1길 62 (신사동)
          강남출판문화센터 5층 (06027)
대표전화 515-2000/팩시밀리 515-2007
홈페이지 www.minumsa.com

한국어판 © ㈜민음사, 2018. Printed in Seoul, Korea

ISBN   978-89-374-1635-4 (94160)
          978-89-374-1600-2 (세트)